潍坊统计年鉴

WEIFANG STATISTICAL YEARBOOK

2009

潍 坊 市 统 计 局
国家统计局潍坊调查队 编
潍 坊 市 统 计 学 会

（京）新登字 041 号

图书在版编目（CIP）数据

潍坊统计年鉴. 2009/潍坊市统计局，国家统计局潍坊调查队，潍坊市统计学会编. —北京：中国统计出版社，2009. 9
ISBN 978 - 7 - 5037 - 5759 - 4

Ⅰ. 潍… Ⅱ. ①潍… ②国… ③潍… Ⅲ. 统计资料 - 潍坊市 - 2009 - 年鉴 Ⅳ. C832. 523 - 54

中国版本图书馆 CIP 数据核字（2009）第 150997 号

潍坊统计年鉴 - 2009

作　　者/ 潍坊市统计局
责任编辑/ 郑淼淼
E - mail/ yearbook@ stats. gov. cn
责任校对/ 郭　川
封面设计/ 郭　川
出版发行/ 中国统计出版社
通信地址/ 北京市西城区三里河月坛南街 57 号　　中国统计出版社
邮　　编/ 100826
电　　话/ （010）63376907
印　　刷/ 潍坊学苑印刷有限公司
经　　销/ 新华书店
开　　本/ 880 × 1230 毫米 1/16
字　　数/ 112 万字
印　　张/ 34. 0
印　　数/ 1 - 1200 册
版　　别/ 2009 年 9 月第 1 版
版　　次/ 2009 年 9 月第 1 次印刷
书　　号/ ISBN 978 - 7 - 5037 - 5759 - 4/C · 2258
定　　价/ 200. 00 元

编 辑 说 明

一、《潍坊统计年鉴—2009》是一部全面反映潍坊市国民经济和社会发展情况的资料性年刊，是认识和研究潍坊市情、制定政策、指导工作的重要资料和历史性的工具书。

二、《潍坊统计年鉴—2009》收录了2008年度潍坊市及各县市区国民经济和社会发展方面的统计资料，全省各市、县（市区）资料以及潍坊市各乡镇（街道）资料，全书共分为十六部分。

三、本年鉴所列各项指标，使用的数字均为年报数或年快报数，涉及经济普查的有关专业数据，以《第二次经济普查资料汇编》为准。

四、本年鉴所用价格，除标明用不变价格之外，其他均按当年价格计算。

自2006年年报开始，驻潍城、寒亭、坊子、奎文区及高新、经济开发区市属及上属单位专业统计数据按“在地统计”原则进行统计。

五、本年鉴“工业”、“贸易业”部分，除标明口径的之外，其他均为规模以上统计口径。人口数字口径为公安户籍人口数，人均GDP自2006年开始按常住人口计算。

六、本年鉴在编辑过程中，得到了有关部门和单位的大力支持，在此谨表衷心感谢。由于编者水平有限，难免存在不足之处，恳请广大读者提出宝贵意见，以便改正。

《潍坊统计年鉴－2009》编辑委员会

主　　编:侯方武

副 主 编:李　军

编　　辑:(按姓氏笔画为序)

丁树燕	于　丹	于晓玲	马志刚	尹美美
王玉梅	王忠伟	王运华	王英明	王振松
王淑艳	王新梅	王学忠	王　琦	田常孝
刘军生	刘　涛	刘　成	刘国良	关付明
孙晓红	孙晓斌	孙雪玲	曲晓东	朱　杰
朱常法	齐永刚	李华生	杜保松	花　芳
张云广	张　宁	张　虹	李忠显	李结红
李春国	李浩清	吴玲玲	辛智东	陈秀丽
房　艳	单吉升	杨　屹	周仁欣	范振学
孟祥太	赵焕贵	赵秀华	赵凤文	袁荣华
秦永红	桑永平	徐伟伟	郭　川	高学香
黄衔辉	傅忠亮	焦　强	程　琳	曾庆华
葛爱民	窦智坤	雷威东	魏绍忠	

目　　录

一、综　　合

二、人　　口

三、城镇单位从业人员和职工工资

四、固定资产投资和建筑业

五、财政、金融、保险

六、价 格 指 数

七、人民生活

八、农　　业

九、工　业

十、能　源

十一、交　通

十二、贸 易 业

十三、对外经贸、旅游

十四、教育科技

十五、社会、环境

十六、附　　录

政 府 工 作 报 告

——2009年2月4日在潍坊市第十五届人民代表大会第二次会议上

潍坊市市长　　许立全

各位代表：

现在，我代表市人民政府，向大会作工作报告，请予审议，并请各位市政协委员和其他列席人员提出意见。

一、2008年政府工作回顾

2008年，是本届政府施政的第一年。一年来，在市委的领导下，在市人大常委会、市政协的监督支持下，市政府团结带领全市人民，以科学发展观为统领，认真落实"一六三三"的思路举措，积极应对复杂多变的经济形势，同心同德、扎实工作，较好地完成了市十五届人大一次会议确定的各项任务，在科学发展道路上迈出了坚实步伐。

——*经济平稳较快发展*。实现地区生产总值2491.8亿元，增长13.2%；全社会固定资产投资1523.4亿元，增长26.1%；社会消费品零售总额830.3亿元，增长23.1%。

——*质量效益同步提升*。规模以上工业实现主营业务收入5310亿元、利税425亿元、利润278亿元，分别增长24.3%、16.6%和18.8%。财政总收入260亿元，增长15.8%；地方财政收入132亿元，增长19.3%。税收占地方财政收入的比重达到85.1%。

——*城乡面貌明显改观*。全市城市化率达到48.8%。一批城建重点项目顺利完成，中心城区实现绿量翻番。创建成为国家卫生城市、省级文明城市。新农村建设取得新成效。

——*社会事业更加繁荣*。科技、教育、文化、卫生、体育等事业全面发展。民主法制建设继续加强，和谐稳定局面进一步巩固。我市入选中国最具创新力城市50强。

——*人民生活持续改善*。城镇居民人均可支配收入15691元，农民人均纯收入7072元，分别增长14.4%和12.6%。城乡居民本外币储蓄余额1332.5亿元，较年初增加287.4亿元。

一年来，市政府主要做了以下几个方面的工作：

（一）*积极应对经济形势变化，全力以赴保持经济平稳较快发展*。灵活审慎地把握宏观调控的方向、节奏和力度，一以贯之地强化科学投入，扩大好的增量，推动科学发展，"六项投入"大幅增长。上半年，认真落实中央"两防"各项措施，统筹安排、合理调度各类资源，积极化解夏季煤电油运紧张状况，有力地控制物价过快上涨，保障了正常的生产生活秩序。下半年，针对经济增速放缓等情况，果断制定支持房地产业发展、优化金融环境、促进中小企业发展、支持流通业发展、鼓励采购优质地产品等多项措施，提振了全市的发展信心，进一步优化了发展环境。针对中央扩内需、保增长的政策措施，第一时间制定具体贯彻意见，及时筛选申报重点投资项目，在中央新增1000亿元的投资中，我市争取到3.24亿元，占全省的15%以上。长深高速潍坊段、潍黄输油管道等一批重大项目获得批准，为持续扩大投入创造了条件。

（二）*坚定不移地抓好结构调整，加快转变发展方式*。围绕发展先进制造业，加快实施技术改造，推动传统产业升级，完成工业技改投入630亿元，占全社会固定资产投资的41.4%。实施高新技术产业赶超战略，市级重点支持的13个研发平台形成研发能力，信息技术产业快速发展，高新技术产业产值占规模以上工业总产值的比重达到28.1%。积极培育服务业"四大载体"，繁荣发展金融、物流、文化旅游等现代服务业，完成服务业增加值755.1亿元，增长16.8%。金融贷款、旅游业总收入增幅均居全省第一。启动百处林场建设工程，植树1.5亿株，成片造林72.7万亩，生态市建设迈出新步伐。坚持把节能降耗作为刚性任务，实施对标降耗，强化行业、企业监管，加快淘汰落后生产能力；突出排污总量控制，狠抓虞河、丹河等重点流域治理。万元地区生产总值能耗、化学需氧量和二氧化硫排放量均完成了年度目标,市内主要河流水质实现整体好转。

(三)坚持统筹城乡发展,扎实推进新农村建设。深入实施"三化三带动"战略,促进产业化经营、标准化生产,农村经济快速健康发展。农业全面丰收,粮食总产创十年来最高水平。销售收入过亿元龙头企业达到143家,农民专业合作社发展到788个。健全完善农业标准、农产品质量监测认证和安全监管三大体系,发展优质农产品基地490万亩、品牌713个。大力改善农村生产生活条件,新建改造农村公路3894公里,北部水网建设全面启动,"四河串联"工程全线贯通,除险加固小型水库180座,新增自来水受益人口30.2万人、沼气用户3.2万户。兑付惠农补贴11亿元。努力完善"110"式农业科技信息服务体系,培训农民5.5万人次,转移农村劳动力11.7万人。"多村一社区"的农村社区建设模式在全国推广。

(四)提升中心城市功能品位,加快一体化发展步伐。高起点编制重要板块、重点项目规划,全力推进"五大板块"转型升级。中心城市城建投资大幅增加,新改扩建福寿街等城市主干道17条,改造旧小区20个,整治背街小巷74条;金融中心一期竣工,文化艺术中心、奥体中心、白浪河综合整治开发等重点工程加快建设。城中村改造扎实推进。实施"黄土不露天"等绿化工程,城区绿化覆盖率达到37.7%。中心城区社区网格化布局调整到位。加快推进北部沿海开发,配套园区150平方公里,开工项目115个,完成规模以上固定资产投资208.2亿元。潍坊港吞吐量突破1000万吨,一类口岸开放通过省预验收,万吨级码头、防潮大坝、疏港公路等重大项目进展顺利。峡山区被批准为省级可持续发展实验区。加快重大基础设施建设,荣乌高速、胶济铁路客运专线潍坊段建成通车,青临、益羊铁路连接线竣工,12项国省道路网改建工程顺利完成,鲁皖成品油管道建成运营,"数字潍坊"规划建设进展顺利,城乡电网建设"4117"工程基本完成。实施区域一体化发展战略,县级市和小城镇功能日趋完善;成功举办2008(青岛)潍坊周,签署了"青潍一体化"发展的指导意见和行动计划,青潍合作取得实质性成果。

(五)深化改革扩大开放,努力激活发展活力。稳步推进各项改革。加快企业股份制改造,82家企业改制为股份有限公司。3家企业股票上市,4家上市公司实现再融资,共募集资金72.8亿元。事业单位改革基本结束。扎实推进农村综合改革,乡镇机构改革全面完成。我市被确定为全省唯一的综合配套改革试点市。加快转变外贸发展方式,努力克服金融危机、贸易壁垒等不利因素影响,实现外贸进出口总额83.8亿美元、增长28.8%,对外劳务合作取得新突破。开展节会招商、产业招商和专业招商,投资5000万元以上项目实际到位资金630.5亿元,实际到帐外资4.85亿美元。风筝会被评为全国"改革开放30周年30个最受关注节庆"。

(六)积极推进文化建设,繁荣各项社会事业。广泛开展群众性精神文明创建活动,培育发展和谐文化,城乡文明水平明显提高,荣获全国创建精神文明城市工作先进城市。加快推进文化惠民"五大工程",建成农家书屋997家,68%的乡镇建成标准化综合文化站,农村电影放映工程行政村覆盖率达到83%。文化产业快速发展,成功举办首届文展会,一批大项目开工建设,一批优秀文化产品走进社会、投放市场。新增国家级非物质文化遗产名录项目5项。我市组织的"中国故事"山东祥云小屋文化展示活动获北京奥组委、文化部组评的"最受欢迎奖"。大力实施科教兴潍战略。组织实施省级以上科技计划项目159项,新增1家国家级企业技术中心、14家省级工程技术研究中心。各级各类教育健康发展,普通高考连续七年保持全省最好成绩,潍坊科技学院实现专升本,山东科技职业学院创办为全国示范高职院校。全民健身和竞技体育取得新成绩,我市运动员在北京奥运会上夺得1枚金牌、1枚银牌,第十一届全运会潍坊赛区筹备工作进展顺利。中心城区完成数字电视整体转换。强化计划生育基层基础工作,人口自然增长率控制在3.25‰。"平安潍坊"建设扎实推进。援藏、援郡工作走在全省前列,援安工作开局良好。新闻出版、外事侨务、民族宗教、妇女儿童、老龄、残疾人、统计、地震、气象、档案、人防、国土、海事等工作都取得了新进展。

(七)着力改善民生,倾情倾力解决事关群众切身利益的实际问题。千方百计扩大就业,新增城镇就业13.2万人,城镇登记失业率控制在3.2%,"双零家庭"实现动态消零。完善社会保障体系,社会保险扩面净增34.5万人,提高了城镇最低工资、城乡低保和优抚补助标准,增加了企业退休人员养老金。建立城镇居民基本医疗保险制度，参保人数达到30万。推动教育均衡发展，设立教育惠民服务中心，对所有农村义务教育阶段学生免收课本费；完善家庭困难学生资助体系，全面实施中小学校方责任保险制度，中心城区建立了中小学生大病医疗统筹制度。强化卫生公益性质，稳步推进全国普及基本医疗卫生制度试点工作，中心城区基本形成“10分钟就医圈”，社区医疗实现“双百双零”；新农合覆盖所有行政村，农民参合率达到97.6%。努力解决低收入家庭住房困难，开工建设经济适用住房10.2万平方米、竣工3.7万平方米，廉租住房保障家庭人均住房建筑面积由12平方米提高到20平方米。市政府承诺为民办好的10件实事全部落实到位。

（八）加强政府自身建设，努力提高执政水平。认真执行市人大及其常委会决议，自觉接受法律监督和民主监督，积极办理人大代表议案、建议和政协委员提案。加强政府效能建设，全面落实提速30%的工作要求，大力压减审批事项，扩大政务公开，推动网上办公，抓好市长公开电话工作，开展“双评”等活动，机关服务质量和办事效率进一步提高。加强政务督查，全面推行“四个一”工作机制，各级抓落实力度明显加大。完善廉政公开承诺制，强化审计监察，认真查处违纪违法案件，反腐倡廉工作取得了新成效。

各位代表，过去的一年，我们经受了多方面的挑战，应对了许多大事、难事。年初，我们努力克服生产、运输等方面的瓶颈制约，积极支援南方抗击雨雪冰冻灾害。四川汶川特大地震发生后，我们及时派出多支救援队伍参加抢险救灾，为灾区捐款捐物2.7亿元，对口支援恢复重建工作得到了中央、省委的充分肯定和灾区人民的高度赞誉。奥运会期间，我们扎实做好各项安全、保障工作，为北京奥运会、青岛奥帆赛的成功举办做出了积极贡献。三鹿奶粉事件发生后，我们迅速落实中央决策部署，全力做好医疗救治、患儿赔付、保护奶农利益、加强源头治理等处置工作，有力维护了群众利益。

各位代表，过去一年的成绩来之不易，这是市委正确领导的结果，是市人大依法监督、市政协民主监督、社会各界鼎力支持的结果，是全市人民共同奋斗、辛勤劳动的结果。在此，我代表市政府，向努力工作在各条战线上的广大干部群众，向各民主党派、工商联、各人民团体和各界人士，向驻潍人民解放军、武警官兵，致以崇高的敬意！向所有关心、支持潍坊发展的海内外朋友，表示衷心的感谢！

在肯定成绩的同时，我们也清醒地看到，我市经济社会发展中还有不少问题和困难，政府工作中也存在不少缺点和不足。主要表现在：一是经济结构性矛盾依然比较突出，粗放型经济发展方式亟须转变，高新技术产业规模较小、自主创新能力较弱，服务业发展相对滞后。二是节能降耗、环境保护形势依然严峻，主要污染物减排压力大，个别流域长期污染严重，农业面源污染尚未有效控制，土地等资源利用率不够高。三是城乡、区域发展不够协调，中心城市辐射带动力不够强，城乡差距依然较大，农民增收长效机制尚未建立健全。四是社会保障体系不够健全、覆盖面还不够广，部分低收入群众生活比较困难。五是受国际金融危机影响，部分企业经营困难加重，就业形势严峻，财政收支压力加大。六是政府职能转变不够到位，作风建设还存在薄弱环节，企业创业环境有待进一步改善。对这些问题，我们将采取有力措施，认真加以解决。

二、2009年政府工作的总体要求和目标任务

2009年是新中国成立60周年，也是推进“十一五”规划顺利实施的关键一年。做好今年的工作，对于维护改革发展稳定大局，加快建设富裕文明和谐的现代化强市，具有十分重要的意义。

今年政府工作的总体要求是：**深入贯彻党的十七大、十七届三中全会和市委十届五次全会精神，以邓小平理论和“三个代表”重要思想为指导，全面落实科学发展观，全面落实中央“保增长、扩内需、调结构”的决策部署，全面落实市委“一三六三四”的思路举措，坚持发展是硬道理，坚持以经济建设为中心，坚持走科学发展道路，把保持经济平稳较快发展作为首要任务，加大科学投入，扩大消费需求，深化改革开放，加快发展方式转变和经济结构调整，加强节能减排和生态环境保护，持续改善民生和促进社会和谐，奋力开创经济社会又好又快发展新局面，以优异成绩迎接建国六十周年。**主要预期目标是：地区生产总值增长11%；地方财政收入增长10%；规模以上工业增加值增长12%，服务业增加值增长15%，高新技术产业产值占规模以上工业总产值的比重达到30%；全社会固定资产投资增长20%，社会消费品零售总额增长15%，外贸进出口总额增长10%；城镇居民人均可支配收入、农民人均纯收入均增长8%；城镇登记失业率

控制在3.8%以内;居民消费价格涨幅控制在4%左右。主要约束目标是:万元地区生产总值能耗降低6.09%,二氧化硫排放量降低3.4%,化学需氧量降低7.2%;人口自然增长率控制在6.1‰以内。

各位代表,今年可能是新世纪以来我国经济发展最为困难的一年。世界性金融危机尚未见底,国内经济环境日趋严峻,保增长、保民生、保稳定的任务更加繁重,我们面临前所未有的挑战。挑战面前,信心是金。有信心才有思路、有信心才有力量、有信心才有希望。中央和省保增长、扩内需、调结构的政策措施,是我们战胜困难的有力支撑;国家环渤海经济圈、山东"一体两翼"、黄河三角洲高效生态经济区、半岛城市群等重大区域发展战略的全面实施,是我们加快发展的难得机遇;我市人口众多,正处在工业化、城镇化加快发展时期,消费升级的预期,扩大内需的潜力,是我们实现较长时期发展的持续动力。特别是改革开放30年,我市综合实力、发展活力显著增强,农业"三化"水平较高,大企业支撑带动力强,房地产业发展比较健康;金融生态环境良好,职业教育规模大、水平高,推进发展的体制机制较为完善;北部沿海开发更使我们具备了很大的发展空间和资源优势。困难之中有希望,挑战之中有机遇。只要我们坚定发展信心、用好支撑条件,把握积极作为、科学务实的基调,努力以为化危、以为求机,就一定能够保持经济平稳较快发展,夺取经济社会发展的新胜利!

今年的政府工作,必须把握好以下六个方面:一是解放思想。困难面前必须把解放思想放在一切工作的首位,打破常规,打破条框束缚,创新思路理念,创新发展模式,创新工作方法,创造性地开展工作。二是科学发展。必须全面准确地把握科学发展观的深刻内涵,凡是符合科学发展观的事情就全力以赴地去做,凡是不符合的就毫不迟疑地改正。三是改革推动。把改革作为推动经济社会发展的根本动力,利用好先行先试的政策机遇,不失时机地加快重点领域和关键环节改革,着力消除影响科学发展的体制机制障碍。四是改善民生。更加重视倾听民意、关注民生,下大气力解决群众反映强烈的突出问题,切实维护群众利益,凝聚人心,和衷共济,调动全市人民建设美好家园的积极性。五是安全稳定。牢固树立维护安全稳定是第一责任的思想,深入开展平安建设、和谐创建,完善责任体系,健全工作机制,巩固和谐局面。六是狠抓落实。切实把工作的着力点放在抓落实上,不事张扬,埋头苦干,雷厉风行抓落实,脚踏实地促发展,用实实在在的工作克服困难、战胜困难,开创经济社会发展的新局面。

三、努力扩大投资和消费,千方百计保增长

充分利用国家扩内需、保增长的政策,坚持加大投入、刺激消费、支持企业并举,采取一切有效措施拉动经济增长。

(一)加大科学投入。进一步扩大投资规模,优化投资结构,以科学投入保增长、促调整、增后劲。一是确保投量。采取向上争取、向内挖潜、对外招商等多种形式,落实各方面责任,调动一切积极因素,强化项目推进机制,确保完成固定资产投资计划。二是优化投向。投入区域上,重点向北部沿海、各级各类经济开发区、市县两级中心城区和重点镇倾斜。投入领域上,加大产业发展、生态建设和公共服务三大投入,产业发展投入突出高新技术、现代服务业、现代农业、文化产业。严格控制"两高"和产能过剩行业投资,防止低水平重复建设和盲目扩张。三是抓好项目落实。加快96个中央新增1000亿元投资项目建设进度,全力推进749个先进制造业、高新技术、服务业、节能环保等重点项目建设。实施一批拉动力强、辐射带动作用大的交通能源基础设施项目,搞好潍坊港万吨级码头、潍坊至青州快速通道、潍黄输油管道等项目建设。积极做好环渤海高等级公路、朐沂铁路、潍日高速等项目的前期工作。集中土地资源,重点保障重大投资项目建设用地。切实加强投资项目监管,确保项目建设质量,提高投资效益。四是拓宽融资渠道。以74个申报项目为重点,积极争取国家、省投资和项目支持。坚持直接融资与间接融资相结合,灵活运用贷款贴息、信用担保、投资参股、以奖代补等手段,引导金融资金、国外资金和民间资金参与重点项目建设。

(二)推动消费增长。积极扩大最终消费,带动中间需求,进一步拉动农村消费、促进城市消费。一是稳定和扩大住房消费。全面落实国家和省、市各项扶持政策,适时制定出台新的刺激调控措施,引导和改善市场预期,促进房地产业健康发展。消除政策、体制障碍,活跃住房二级市场。加快房地产市场信息系统建设,加强市场监测和分析。有序推进城中村改造。鼓励房地产企业强化产品和服务创新,满足多层次消费需求。二是培育消费热点。促进汽车等消费稳定增长，拓展社区物业、教育培训、家政服务、文化旅游、体育健身等服务性消费，引导居民消费结构升级。扩大“家电下乡”规模，鼓励生产企业开发符合农民消费特点的产品，增加简包装、低成本、质量好的商品供给。三是大力改善消费环境。继续整顿和规范市场秩序，严厉打击制假售假、价格欺诈等违法行为。进一步完善鼓励消费的政策，大力发展消费信贷。加快发展社区商业，继续推进“双进”工程、“放心早餐”工程、“农贸市场改造升级”工程。健全农村流通网络，加快实施“万村千乡”市场工程，引导超市和连锁店向农村延伸发展，大力促进农村消费。

（三）积极帮助企业渡过难关。保企业就是保增长。特殊时期，政府必须有特别之为。适时制定实施特殊时期扶持政策，排查确定一批重点企业，有针对性地做好帮扶工作。认真落实税收优惠和中央、省取消部分行政事业性收费的政策，全面清理规范市以下行政事业性收费项目，最大限度减轻企业负担。切实做好煤电油气运、重要原材料的供需衔接，保障重点企业生产要素需求。建立健全信贷担保机制，推动银企合作，切实保障行业龙头企业资金链安全，对信用好、订单多但面临资金周转困难的企业给予全力支持。

四、加快结构调整，提高经济发展质量

充分运用国际金融危机带来的倒逼机制，以提高自主创新能力、增强发展协调性和可持续性为目标，推进发展方式转变和经济结构战略性调整，努力打造富有竞争力的现代产业体系。

（一）做强做大先进制造业。一是支持企业全力开拓市场。强化市场开发指导，引导企业加强市场调研，细分市场需求，加快产品结构调整和优化升级。推动企业营销创新，强化“五个对接”，进一步扩大优势产品市场占有份额。加大技术改造力度，重点推进367项投资过亿元技改项目建设，增加高端产品份额。扩大政府采购范围，增加对优质地产品的采购。二是加快高新技术产业发展。深入实施高新技术产业赶超战略，进一步落实扶持高新技术产业发展的政策规定，重点支持电子信息、光机电一体化、生物医药、新材料、新能源及环保等产业发展，抓好半导体照明、电声器件、太阳能利用、服务外包等重点项目。继续加快公共研发平台建设，新认定一批国家、省级企业技术中心和工程技术研究中心。进一步推进各类产业园、软件园建设，支持省级以上开发区建设高新技术企业孵化器，加快向高新技术产业园区转型。三是培植优势产业集群。用足用好国家十大产业调整和振兴政策，制定产业集群发展规划。支持行业龙头企业、优势企业联合兼并重组，提高产业集中度和资源配置效率。鼓励大企业积极调整经营重点，更加注重核心技术与产品研发、品牌打造和管理创新。继续实施中小企业“四五六”工程，以产业链为纽带，推动大中小企业配套协作。大力实施名牌战略，新创中国驰名商标、中国名牌产品10个以上。四是全面提升企业素质。组织开展以创新创业为主要内容的“企业年”活动，规范企业基础管理，强化财务管理，鼓励企业练内功、挖潜力、降成本、增效益。推进企业信息化建设，加快信息技术与生产经营的融合。指导企业开展全员培训，全面提高职工队伍素质，为企业振兴和长远发展夯实人才基础。加强企业家队伍建设，强化社会责任意识，增强战略管理和应对危机的能力。

（二）繁荣发展服务业。认真落实国家搞活流通扩大消费的政策，加大“四大载体”培育力度，规范提升传统服务业，壮大现代服务业发展规模。一是培植壮大金融业。优化金融生态环境，完善金融体系，着力打造潍坊金融品牌。严厉打击恶意逃废金融债务行为，努力防范和规避金融风险。积极发展各类金融机构，加快组建农村商业银行，扩大村镇银行试点，大力发展小额贷款公司，不断优化银行结构布局，构建全省最具竞争力的现代金融服务体系。加快金融中心二期工程建设。深化金融机构改革，推进金融业务创新，扩大信贷投放，确保金融机构存贷款增量、增幅保持全省先进水平。二是大力发展现代物流业。继续做大骨干物流企业，争取18家企业年物流额过50亿元，其中6家过100亿元。加快鲁东物流中心等重点物流园区建设。鼓励发展电子商务，提升流通现代化水平。三是加快发展旅游会展、商务服务等产业。科学整合资源，加快组建旅游企业集团，推动一批重点旅游项目建设。以“山东人游山东”活动为契机，继续打造潍坊“逍遥游”品牌。坚持市场导向，努力发展节会经济，做大会展业规模，精心办好风筝会、鲁台会等节会。加快发展会计、律师、审计、评估、咨询等市场中介服务业。四是改进提升传统服务业。支持批发零售、住宿餐饮、休闲娱乐等服务行业发展，满足群众日常生活和消费需求。突出传统特色，积极扶持老字号和服务名牌企业发展。

（三）切实抓好节能减排和环境保护。今年是完成“十一五”节能减排目标的关键之年，无论遇到什么困难，推进全社会节能减排的决心不能变，完成节能减排的任务不能变，建设生态市的目标不能变。一是大力推进节能减排。加强能耗监测和能源审计，严格执行固定资产投资能评制度，严把用能准入关。强化重点领域节能工作，突出抓好工业、交通、建筑和公共机构节能；强化对年耗能5000吨标煤以上重点企业的监控。完善落后产能退出机制，加快淘汰落后产能。推广高效节能产品，积极发展生物质能、风能、太阳能和浅层地热能等新能源。大力推进重点企业、经济园区和重要区域循环经济发展。二是搞好污染治理和环境保护。强化环境监察、监测和执法，严格排污总量控制和许可证管理。以水和大气污染治理为重点，加大重点流域、区域和重点污染源的综合整治力度，加快“两高”项目退出生态脆弱区域，市域内主要河流水质两年全部达到国家功能区标准。积极推进省级中心镇、工业园区污水处理厂、生活垃圾无害化处理场建设。鼓励支持环保产业发展。三是继续抓好生态市建设。加大“十大重点工程百个建设项目”推进力度，加强植树绿化、水土保持及生态修复工作，新增造林面积30万亩。

五、加快发展现代农业，扎实推进社会主义新农村建设

认真落实党的十七届三中全会精神，坚持以“稳粮、增收、强基础、重民生”为重点，加快转变农业发展方式，努力促进农村经济社会全面发展。

（一）提高农业综合生产能力。继续实施“三化三带动”战略，按照高产、优质、高效、生态、安全的要求，大力提升现代农业水平。落实最严格耕地保护制度，建设国家大型商品粮基地、优质粮食产业工程和标准粮田，确保粮食安全。深入贯彻《农产品质量安全法》，完善农产品质量标准和检验监测体系。全面推广农产品质量安全区域化管理经验，强化对农业投入品使用、生产过程、产品质量全程监控。积极实施品牌战略，新建改造种植标准化基地20处、畜牧标准化场区300处，新认证无公害农产品和绿色、有机食品90个。搞好禽流感、美国白蛾等重大动植物疫病防控。继续扶持农业龙头企业和农民专业合作组织发展。建立现代农业科技支撑体系，抓好国家、省科技推广扶持项目，完善农技“110”服务，建设农业科技信息港。进一步提升农业装备水平。筹办好第七届中国花卉博览会等农业节会。

（二）加强农村基础设施和公共事业建设。切实加大“三农”投入，改善农业生产条件，促进公共服务城乡均等化。加大投入，完成19座大中型水库和187座小型水库除险加固年度任务，加快北部水网建设。积极推进农村饮用水安全工程、清洁工程和能源建设，改进沼气生产方式，新增沼气用户3.5万户。争取50%以上乡镇中心初中、中心小学达到省定办学条件，中心幼儿园达到省级示范幼儿园标准。继续推进文化惠民“五大工程”。搞好省“266”乡镇卫生院项目建设，提升800个村级卫生室服务能力，镇级计生服务站全部达到标准化。农村五保集中供养率达到80%以上。加强农村社区基础设施和服务设施建设，整合各类资源，提高为民服务质量。推广“多村一社区”建设经验，年内实现全覆盖。

（三）努力增加农民收入。进一步强化政策支持、技能培训、非农就业等措施，多渠道促进农民增收。认真落实粮食直补、农资综合补贴、良种补贴、农机具购置补贴和扶持生猪、奶牛、蛋鸡生产等惠农政策。健全县域农村实用人才培训网络，培训农民12万人次。完善县、乡、村三级就业服务体系，引导农民有序外出就业，鼓励农民就近转移就业，扶持有条件、有能力的农民工返乡创业，转移农村劳动力10万人。加强农民负担监管，切实减轻农民负担。

六、深化改革开放，增强发展活力

以我市被确定为全省综合配套改革试点市为契机，加大重点领域和关键环节改革力度，建立更具活力的体制机制。一是深化经济体制改革。大胆进行搞活做强企业实验。加快企业股份制改造，健全法人治理结构，完善现代企业制度，搞好配套改革。继续做好培植上市资源、推进企业上市工作。探索政府发债、并购贷款、治污减排专项债券、企业联合债券等多种融资形式。加强国有资产运营管理和政府投资管理，实行政府投资项目公司化运作。建立有效缓解土地约束的土地管理体制，大力推进旧村改造和土地整理改革，节约集约用地。二是深化农村综合改革。稳定和完善农村基本经营制度，建立健全土地承包经营权流转市场，探索推行农民宅基地及住房改革。全面启动农村集体资产股份制改造工作。积极做好政策性农业保险试点，推进新型农村养老保险制度试点。完成集体林权制度改革试点。推广和完善村级事务契约化管理、村务公开民主管理网站等经验，不断提高农村民主管理水平。三是深化社会事业改革。加快文化体制改革，在综合执法、事业转企业、国有文化资产监管、公益性文化事业单位内部改革等方面实现突破。完成全国普及基本医疗卫生制度试点工作，深化医保制度改革，提高医疗保障水平。构建现代学校制度，有效整合职教资源，搞好中小学教师职称评聘改革全国试点。四是深化社会管理改革。建立健全以社区为依托的社会管理体制机制，完善流动人口、暂住人口、重点人员和各种社会组织的管理服务机制。五是深化行政管理改革。积极探索行政审批扁平化改革，减少管理层级。大力推进开发区转型和体制创新。落实好压减行政审批事项工作，加快建设电子审批、在线查询监督系统。按照公平、顺畅、便捷的要求，完善投资创业服务机制。

针对日趋复杂严峻的国际经济形势，必须转变外经贸发展方式，加快推进资本、人才、市场、资源和运行规则“五个国际化”。一是坚定不移地抓好招商引资。调整利用外资重点领域，突出产业招商和专业招商，引进一批支撑性重点项目。推动企业加强与国内外大公司的战略合作。引导外资以参股、并购等方式参与企业改组改造。鼓励现有外资企业增资扩张。二是努力保持对外贸易稳定增长。大力实施科技兴贸战略，加快培育国家级、省级科技兴贸创新基地。加大对俄罗斯、欧盟和新签自由贸易区国家的市场开拓力度。稳定纺织品、农产品等传统优势产品出口，扩大高新技术产品、机电产品和自主品牌产品出口。支持企业进口关键设备、购买先进技术、收购知名品牌。大力推动加工贸易转型升级。积极发展服务贸易，逐步提高服务贸易比重。三是推动企业安全高效“走出去”。鼓励有条件的企业到海外参股并购，扩大境外能源资源合作利用。积极开展境外承包工程，扩大外派劳务规模，做好对韩劳务合作业务。四是优化开放环境。帮助企业防范和化解贸易摩擦风险，进一步完善大通关体系，确保出口退税“应退尽退”。力争实现潍坊港一类口岸开放。充分发挥出口加工区新增功能作用，努力实现保税加工、保税物流、货物贸易、服务贸易的新突破，打造全市对外开放的新平台。

七、强化中心城市带动作用，促进区域协调发展

大力推进城市“五大板块”转型升级，增强中心城市辐射能力，促进资源要素整合，努力实现片区互动、优势互补、内外协调、合作共赢的区域一体化发展新格局。

（一）着力提升中心城区功能。以创建国家园林城市为总抓手，推动中心城区建设管理再上新台阶。一是突出规划引领作用。以科学的理念、前瞻性的思维高起点做好各层次规划编制工作。加快修编与总体规划相配套的消防、防灾避险等专业规划。编制地下空间开发利用规划、白浪河市区以北60公里概念性规划。搞好水生态环境、城市综合交通规划研究。完成新开工重点项目修建性规划。二是抓好重点工程建设。加快文化艺术中心、奥体中心建设，完善城市功能。新建改造10条城区主干道、4座桥梁，搞好水网、电网、气网、热网等配套建设，增强城市承载能力。加快白浪河综合整治开发，大力实施城区绿化、亮化工程，抓好种花增色和特色夜景建设，栽植花卉1500万株，建成潍坊植物园，改善生态环境，提升城市品位。三是进一步提高城市管理水平。深入开展“城市管理提升年”活动，加强城市管理综合执法，打造整洁、优美的城市环境。搞好“数字潍坊”基础性信息化工程建设，积极推动基于3G的无线网络应用。全面推进社区网格化管理。建设虞河污水处理厂，改造现有两座污水处理厂，完善生活垃圾场污水处理设施和城区西部污水收集管网，建成市污水处理厂中水回用项目。

（二）全面推进重点区域开发建设。一是提高北部沿海建设发展的层次和水平。以建设滨海新城理念为指导，完成沿海地区总体规划、滨海经济开发区总体规划、各专项规划和区域环评，启动中心城区至滨海轻轨、新机场规划建设。加快港口、防潮大坝、区内重要道路建设进度，疏港公路建成通车。规划建设一批行政、商务、教育、医疗等功能性项目。大力推进重点项目和重点产业园建设，着重培育石油化工、机械制造、电力能源、临港物流、生态农业和畜牧业等重点产业。加强资源节约和环境保护，科学高效利用土地、卤水等资源。继续搞好“两廊、八河、十路、十二生态片区”绿化。二是加快峡山生态经济发展区建设。启动近期建设规划和各项专业规划，推进重点基础设施建设。加强水源地保护，大力发展生态高效农业和水生态旅游业。做好库区困难群众生活保障工作。三是搞好小城镇建设与发展。培强做大镇域优势产业，打造区域性特色产业群。鼓励支持城市工业、服务业向小城镇和农村延伸。全面完成强镇扩权改革，搞好第二批小城镇建设提升工作，激发小城镇发展活力。

（三）扎实做好区域合作和对口支援工作。加强与周边城市合作，推动各县市沿界融入半岛城市群、济南都市圈、环渤海经济圈等区域发展，在更大范围内谋求发展资源和空间。认真落实“青潍一体化”发展指导意见和行动计划，加强现代农业、先进制造业、服务业、交通运输、科技、环保、公共服务、就业等领域合作，启动专项调研课题，筹办好2009（青岛）潍坊周和相关活动。继续做好支援北川县桂溪乡、贯岭乡灾后重建工作，支持安塞县发展农业产业化，帮扶南木林县、鄄城县加快发展。

八、全面发展社会事业，推进社会文明进步

（一）加快文化强市建设。进一步解放和发展文化生产力，不断提升文化软实力。一是加强社会主义核心价值体系建设。实施公民道德建设工程，深化“信用潍坊”建设，培育一批道德模范和道德建设示范点。扎实推进全国文明城市创建，以全运会、七博会为契机，广泛开展各类群众性精神文明创建活动，提升市民素质和城市文明程度。努力提高舆论引导水平，加强对外文化交流和城市品牌宣传。二是进一步完善公共文化服务体系。发挥文化事业发展专项基金的引导作用，加大文化事业发展投入，抓好市县两级大型文化设施建设。年内全市文化部门归口管理的公共博物馆、纪念馆向社会免费开放。实施精品工程，组织好重点文化产品的创作生产。加强文化市场管理，继续开展“扫黄打非”工作，净化城乡文化环境。组织办好第二届中国（潍坊）文化艺术展示交易会和庆祝建国六十周年大型系列文化活动。积极开展国家级、省级非物质文化遗产名录和代表性传承人申报评选工作，切实加强文化遗产保护。三是大力发展文化产业。实施文化产业发展规划，落实支持文化产业发展政策，促进传媒、印刷、出版和创意等现代文化产业繁荣壮大，加快提升风筝、年画、奇石等民俗文化产业发展水平。着力抓好一批文化产业园区、示范基地和重点企业，年内争创1个国家级和2个省级文化产业示范基地。

（二）扎实做好科技、教育、人才工作。积极创建全国科技进步先进市和国家知识产权示范城市。加大国家、省科技计划项目争取力度，组织实施省级以上科技计划项目140项，培育市级以上科技成果130项。全面提升基础教育和素质教育水平，推进城乡教育均衡发展。制定市区学校发展规划，落实区办义务教育责任，着力解决中心城区小学大班额和社区小学、幼儿园配套问题。大力发展职业教育，加快滨海新城高职园区建设。进一步改善高校办学条件，支持驻潍高校搞好重点学科、重点实验室建设和申报博士、硕士授予权单位。强化人才队伍建设，加大公务员培训力度，实施科研团队引进计划和留学人员来潍创业计划，构建高层次人才集聚和潍坊籍人才回流机制，争取引进更多的高层次人才。

（三）积极发展卫生、人口和计划生育、体育等事业。围绕提高全市人民健康水平和健康保障水平，加快推进市民健康中心等重点卫生项目建设，完善城乡卫生服务体系。实施“振兴中医”计划。切实加强公共卫生管理。推进人口计生基层基础工作规范化，加大对重点人群违法生育治理力度，坚决守住人口底线。深入实施全民健身工程，精心组织好第十一届全运会有关赛事。关心支持妇女儿童、残疾人和老龄工作。积极推进民族宗教、外事侨务、对台、档案、统计、气象、防震减灾、海事等工作。做好国防教育、人民防空、民兵预备役工作，扎实开展双拥共建活动。

九、着力保障和改善民生，提高人民群众生活质量

坚持把改善民生作为政府工作的出发点和落脚点，努力增加公共支出，最大限度提高人民群众的满意度和幸福感。

（一）努力扩大就业再就业。实施更加积极的就业政策，努力保持就业形势基本稳定，年内新增城镇就业9万人。发挥好政府投资和重大项目带动就业的作用，鼓励劳动密集型产业特别是中小企业和服务业吸纳就业。进一步开辟公益性就业岗位，帮助城镇失业人员和困难人员就业。落实创业优惠政策，支持自主创业、自谋职业，全年培训创业人员1.65万人，促进以创业带动就业。坚持把大学毕业生就业放在就业工作的首位，认真落实加强高校毕业生就业工作的7项措施，鼓励和引导高校毕业生到城乡基层、中小企业和非公有制企业就业创业。加强基层劳动保障服务平台建设，统筹做好复退转业军人、城乡困难群体和务工回流人员就业工作。

（二）进一步完善社会保障体系。以人人享有基本生活保障为目标，加大社会保险征缴扩面力度，将更多非公有制经济组织从业人员、灵活就业人员和农民工纳入社会保险覆盖范围。扎实推进城镇居民基本医疗保险，调整完善工伤、失业、生育等保险政策。加强社保基金管理，确保基金安全。进一步健全以廉租住房制度为重点、以货币补贴为主要形式的住房保障机制，对符合年度保障条件的低收入家庭实现“应保尽保”。加快社会化养老服务步伐。完善社会救助体系，推进市社会福利院、流浪未成年人救助保护中心建设，建成市儿童福利院。落实物价上涨与提高困难群众生活补贴和保障标准联动机制，继续开展各类慈善助学、助医、助困等活动，确保每个孩子不因贫困而失学，确保城乡困难家庭基本生活水平不下降。

（三）全力抓好安全生产。深入开展“安全生产责任落实年”活动，强化企业主体责任和政府监管责任，依法从重从快从严打击非法生产、经营、储存、运输烟花爆竹等危险品的违法行为。加强基层建设、基础工作和基本功训练，建立健全村居公共安全保障机制，督促企业增加安全生产投入，提高企业安全生产技术水平。继续抓好隐患排查治理和专项整治行动，严肃查处各类安全事故。

（四）切实加强社会管理。努力保持物价基本稳定。深入实施食品药品放心工程，大力开展食品药品安全示范县、镇（街道）创建活动，严厉打击制售假劣食品药品行为，实现药品数字化监管，确保群众饮食用药安全。积极推进基层民主政治建设，深入实施“五五”普法规划和“四五”依法治市规划，开展“法治城市”、“法治县（市、区）”创建活动。扎实推进“平安潍坊”建设，完善社会治安防控体系，依法防范和打击违法犯罪活动。加强信访工作，健全信访工作机制，引导群众合理合法表达利益诉求，坚决纠正各种损害群众利益的行为。进一步完善城市应急联动与社会综合服务系统，提高政府保障公共安全和处置突发事件的能力。

各位代表，越是在困难的情况下，政府越要关注群众的衣食住行、安危冷暖，越要解决好涉及群众切身利益的突出问题，越要温暖人心、凝聚力量。今年，我们将认真落实上级有关政策，切实加大地方财政投入，努力办好涉及民生的10件实事：

①中心城区开发1200个社区公益性岗位，用于安置“零就业”家庭成员。②企业退休人员基本养老保险金提高10%左右。③农村低保标准提高到每人每年1000元，城乡低保实现“应保尽保”。④“新农合”政府补助标准提高到80元，住院补偿比例提高2—3个百分点。⑤实施农村小学每校新进一名英语教师计划，全市农村小学三年级以上全部按国家标准开设英语课程。⑥中心城区完成6个旧小区、45条街巷改造。⑦完成850户农村贫困残疾人危房改造。⑧投资1.5亿元，解决460个行政村、30万人饮用水安全问题。⑨投资13.5亿元，新建改造农村公路2000公里，新增通油路行政村300个。⑩中心城区新购公交车辆150标台，规划建设2处公交换乘站，公交线网延伸至滨海区、峡山区。

十、加强政府自身建设，提高驾驭发展的能力和水平

面对严峻的经济形势、繁重的发展任务，各级政府必须更加清醒、更加坚定、更加努力地工作，切实肩负起推动经济社会又好又快发展的历史重任。

（一）努力提高科学预见和把握形势的能力。结合开展深入学习实践科学发展观活动，更加主动地加强学习，不断充实现代经济、金融、管理等方面的知识，努力形成适应形势任务发展变化的知识结构。坚持把创新作为政府工作的第一动力，加强对宏观形势的分析研究，把握走势、顺应形势、发挥优势，努力在宏观经济环境中营造更为有利的区域发展环境。注重对经济社会发展全局性、前瞻性、战略性问题的思考，善于运用创新的思维、改革的思路、积极的办法，解决好发展中的难点问题和人民群众关注的热点问题，提高推动经济发展、促进社会进步的水平和驾驭全局的能力。

（二）始终保持奋发有为、昂扬向上的精神状态。面对困难，退缩没有出路，奋进迎来光明。各级政府必须树立必胜的信心，必须坚定顽强的意志，必须付出不懈的努力，必须争取最好的成果。坚持把务实作为政府工作的第一要求，牢固树立正确的事业观、工作观、政绩观，始终以饱满的热情，恪尽发展之责。全面推行一线工作法，建立政府领导具体抓重点投资项目制度和联系企业、乡镇制度，跟踪问效，一抓到底。大力倡导重实绩、干实事、求实效的工作作风，改进工作考评考核，建立和完善行政问责制度，在攻坚破难中检验干部的开拓创新能力和顽强拼搏作风，把关键时期的实际表现和工作成效作为考察任用干部的重要内容，激励各级干部在战胜挑战中接受考验、锻炼成长。

（三）大力改进政府管理和服务。在继续抓好经济调节、市场监管的同时，更加注重社会管理和公共服务，把财力物力等公共资源更多地向社会管理和公共服务倾斜，以更大的力度、更多的精力发展社会事业和解决与人民生活密切相关的问题。切实提高行政效率，确保提速30%。深入推进政务公开，加强电子政务建设，对涉及群众利益和公共政策的事项，及时向群众公开。继续开展“双评”活动，发挥好市长公开电话作用，加大“三乱”治理力度，努力营造宽松的发展环境。

（四）不断提高依法行政水平。严格依照法定权限和程序行使权力、履行职责、接受监督。依法向人大及其常委会报告工作，及时向人民政协通报情况，自觉接受人大及其常委会的法律监督、政协的民主监督和社会监督。认真办理好人大代表议案、建议和政协委员提案。主动听取民主党派、工商联、无党派人士和人民团体的意见建议。全面推行行政执法责任制，加强行政执法监督，完善行政执法评议考核、行政赔偿和过错追究制度，用制度约束和规范公务员的权力，做到严格、公正、文明执法。

（五）切实加强廉政建设。严格执行党风廉政建设责任制，认真落实中央工作规划和省实施办法。加大治理商业贿赂力度，保证公共资源交易公开、公平、公正。带头厉行节约，严格控制一般性支出和楼堂馆所建设，严格控制行政经费预算，用车经费、会议费、接待费、出国经费一律以2008年预算为基数缩减5%。全面落实《行政机关公务员处分条例》和公务员培训、奖励、考核规定，发挥好审计、监察等部门的监督职能，不断提高公务员队伍整体素质。

各位代表，尽管今年因国际经济环境变化带来的未知因素较多，尽管前进的道路上充满了困难和挑战，但历史的使命和人民的期待给了我们搏击风浪、负重前行的强大动力。让我们紧密团结在以胡锦涛同志为总书记的党中央周围，坚持以邓小平理论和“三个代表”重要思想为指导，深入贯彻落实科学发展观，在市委的坚强领导下，紧紧依靠全市人民，不避艰辛、迎难而上，开拓创新、埋头苦干，为保持经济平稳较快增长、加快建设富裕文明和谐的现代化强市而努力奋斗！

2008年潍坊市国民经济和社会发展统计公报

潍坊市统计局
国家统计局潍坊调查队
（2009年2月12日）

2008年，是我们党和国家发展进程中不寻常、不平凡的一年，也是潍坊经济面临考验、接受挑战、团结奋斗、开拓进取的一年。在市委、市政府的正确领导下，全市上下认真学习党的十七大和十七届三中全会精神，深入贯彻落实科学发展观，围绕“一六三三”思路目标，积极应对复杂多变的经济形势，着力优化调整经济结构，加快转变经济发展方式，大力推进全面小康建设，积极推动科学发展、和谐发展、率先发展，取得了经济社会发展的新成就。城乡面貌发生了新的变化，各项社会事业繁荣进步，政治建设、经济建设、文化建设和党的建设全面推进，社会政治和谐稳定，人民生活水平继续提高。

一、综　　合

*宏观经济健康协调平稳发展。*初步核算，2008年潍坊市生产总值（GDP）完成2491.8亿元，按可比价格比上年增长13.2%；其中第一产业增加值281.7亿元，增长5.7%；第二产业增加值1455.0亿元，增长12.6%，其中工业增加值1339.4亿元，增长12.8%；第三产业增加值755.1亿元，增长16.8%。一、二、三产业分别拉动GDP增长0.6、7.5和5.1个百分点。按常住人口计算，人均GDP达到28106元（按年末汇率折算为4112美元），比上年增长12.4%。三次产业结构调整为11.3:58.4:30.3。

*2008年各县市区、市属开发区生产总值完成情况：*潍城区131.7亿元，寒亭区77.7亿元，坊子区66.2亿元，奎文区105.4亿元，青州市263.5亿元，诸城市362.6亿元，寿光市400.6亿元，安丘市142.7亿元，高密市239.6亿元，昌邑市192.5亿元，临朐县113.5亿元，昌乐县128.5亿元，高新技术产业开发区125.7亿元，滨海经济开发区86.3亿元，经济技术开发区22.8亿元。

第四季度反映企业综合经营状况的企业景气指数达116.8%，企业家信心指数108.8%。

*企业上市工作取得新突破。*全年共募集资金78.9亿元。全年有歌尔声学、昱合股份、豪源集团3家公司在境内外上市；沃华医药、潍柴动力、晨鸣纸业和山东海龙4家上市公司实现再融资。

*名牌创建工作有新突破。*2008年，全市新创中国驰名商标15件，新认定山东省著名商标41件，续展28件。到2008年底，全市共创中国驰名商标32件，认定山东省著名商标200件。共有10个省政府质量管理奖、5个地理标志保护产品，31个中国名牌产品，51个国家免检产品，201个山东名牌产品，17个山东服务名牌项目。

*沿海开发工作成绩显著。*加快推进北部沿海开发，配套园区150平方公里，开工项目115个，完成规模以上固定资产投资208.2亿元。潍坊港吞吐量突破1000万吨，一类口岸开放通过省预验收，万吨级码头、防潮大坝、疏港公路等重大项目进展顺利。

*非公有（民营）经济发展迅速。*2008年，全市非公有（民营）经济增加值完成1376.1亿元，比上年增长15.3%，占GDP的比重由上年的54.0%上升到55.2%；全市非公有（民营）经济户数21.2万户，增长10.7%；从业人员121.2万人，增长8.5%；注册资金942.7亿元，增长14.9%；纳税额173.1亿元，增长20.0%，占全部税收比重69.8%，提高了0.5个百分点。

*企业注册资本稳中有升。*截止到12月底，内

资企业注册资本(金)达到461.6亿元,比上年增长9.9%。其中,国有企业52.7亿元;集体企业47.8亿元,增长16.7%;公司301.6亿元,增长12.4%。外商登记管理又上新台阶。全市新设立外商投资企业及外商投资企业分支机构共352户,其中外商投资企业64户,分支机构288户。

安全生产形势持续稳定。全市累计发生各类安全事故2757起,死亡542人,同比分别下降24.3%和14.6%。

二、农　　业

2008年,市委、市政府全面落实国家惠农政策,加大扶持力度,农民积极性不断提高,农业生产运行良好。全年完成农林牧渔业总产值561.6亿元,按可比价格增长6.8%。

主要农作物产量稳中有增。2008年,全市粮食播种面积达到1149.3万亩,增长4.6%;粮食总产量491.2万吨,增长9.7%;棉花产量5.2万吨,下降0.1%;油料产量30.0万吨,增长1.1%;烤烟产量2.9万吨,下降8.9%。蔬菜产量974.7万吨,增长1.7%;水果产量101.5万吨,下降4.7%。

林业工作取得明显成效。2008年,全市共完成造林71.7万亩,新建农田林网45万亩,四旁植树3211万株,育苗12.85万亩。百处林场、北部沿海林网、荒山造林、村镇绿化等重点生态工程进展迅速,建成生态林场30处。全市森林面积达492.6万亩,活立木蓄积量1227万立方米,林木覆盖率达到30.6%。

畜牧业生产稳定发展。2008年,全市生猪出栏538万头,比上年增长13.8%;家禽出栏3.5亿只,增长15.7%;肉类总产量104万吨,增长7.6%;禽蛋产量25.9万吨,下降10.0%;奶类产量21.6万吨,下降20.0%。

渔业经济持续发展。2008年,全市渔业总产值达到29.0亿元,按可比价增长2.9%;水产品总产量46.2万吨,增长28.2%。

农业机械化水平进一步提高。2008年,全市农业机械总动力1082万千瓦,比上年增长9%;农业机械总值72亿元,增长11%;在国家农机购置补贴政策的激励下,大型农业机械快速增长,联合收获机达到1.3万台,增长30%,玉米联合收获机达到3383台,列全省第一。全年共完成机耕面积757千公顷,机播面积868千公顷,机收面积693千公顷。

加强村镇发展,推进新农村建设。2008年,全市完成村镇建设总投资80亿元,其中基础设施投资20.5亿元,分别比上年增长27.4%和25.8%。新建改造道路2040公里,修建排水管沟1948公里,新建绿地685万平方米,初步完成了首批30个小城镇改造提升任务。全部行政村实现村村通汽车、通电话;新增农村自来水受益人口30.2万人,完成改造农村自来水受益人口40万人。全年农村用电量54亿千瓦小时,下降6.4%;化肥施肥量(折纯)54.2万吨,下降11.9%。

三、工　　业

工业生产效益同步提高。工业生产增长较快。截至2008年底,全市规模以上工业企业达到4348家,比上年增加36家;实现增加值1343.5亿元,增长14.4%。全市工业产品销售率98.07%,比上年下降0.38个百分点。

规模以上工业主要产品产量如下:

产品名称及单位	2008年	比上年增长(%)
原煤(万吨)	91.7	-3.7
发电量(亿千瓦时)	156.5	5.3
钢材(万吨)	386.1	14.9
水泥(万吨)	769.8	-7.4
焦炭(万吨)	120.0	4.2
烧碱(万吨)	56.2	10.5
纯碱(万吨)	214.2	2.5
原油加工量(万吨)	325.8	23.8
化肥(万吨折纯)	66.2	0.7
合成氨(万吨)	100.5	7.4
农业运输机械(万辆)	3.6	-28.7
小型拖拉机(万台)	10.5	-10.5
内燃机(万千瓦)	6029.7	11.6
合成洗涤剂(万吨)	8.9	-12.6
服装(万件)	33797.6	0.6
纱(万吨)	65.4	10.0
布(亿米)	29.1	8.1
印染布(亿米)	15.2	-6.5
原盐(万吨)	1117.2	28.8

卷烟(亿支)	200.0	0.0
饮料酒(千升)	36.2	15.8
纸浆(万吨)	89.8	19.5
机制纸及纸板(万吨)	298.1	12.4
轮胎外胎(万条)	2985.8	38.9
塑料制品(万吨)	35.9	24.0

工业投入保持较快增长。2008年,全市完成工业投资622.1亿元,比上年增长17.1%。在建项目2361个,其中638个项目建成投产。全市计划5000万元以上项目480个,其中过亿元的项目207个,当年完成投资294.9亿元,占规模以上投资的19.7%。

工业经济效益明显提高。2008年,全市规模以上工业完成主营业务收入5418.3亿元,比上年增长24.3%;实现利润282.0亿元,增长18.8%;实现利税447.1亿元,增长16.6%;实交税金175.2亿元,增长18.5%;;工业亏损面3.89%,提高0.9个百分点;亏损企业亏损额10.1亿元,增长225.4%。产成品存货220.6亿元,增长17.8%,应收账款净额254.7亿元,增长16.0%,两项资金占流动资产平均余额的34.2%。

节能降耗成效显著。2008年,全市共实施十大节能工程重点项目81个,总投资98亿元,已建成投产36个,年可节能49万吨标准煤。严把源头、淘汰落后。全市对5个新增高耗能项目实行区域等量淘汰落后产能,共等量淘汰落后产能能耗16万吨标准煤。2008年,全市先后淘汰海化水泥等9家企业的水泥立窑生产线15条、144万吨熟料生产能力;淘汰了华阳钢铁125立方高炉;关停小造纸、小电镀、小铸造等企业139家;关停小火电29.5万KW。

四、固定资产投资及建筑业

固定资产投资较快增长。2008年,全市全社会固定资产投资完成1523.4亿元,比上年增长26.1%。其中规模以上投资完成1499.9亿元,增长26.2%;规模以下投资完成23.5亿元,增长22.0%。规模以上投资施工项目4494个,其中总投资过1000万元的项目3046个。在规模以上投资中,一产投资完成45.2亿元,增长130.4%;二产投资完成646.8亿元,增长13.0%;三产投资完成807.9亿元,增长138.7%。城镇投资完成1174.5亿元,增长30.1%;农村投资完成325.4亿元,增长18.0%。

房地产开发投资较快增长。2008年,全市共完成房地产开发投资196.4亿元,比上年增长25.4%,其中住宅投资150.1亿元,增长27.0%。全年商品房销售额127.8亿元,增长21.9%。

建筑业平稳发展。2008年,全市资质以上建筑施工企业完成产值312.4亿元,比上年增长27.0%;全员劳动生产率123992元/人,增长9.1%。实行投标承包工程面积2749.8万平方米,增长7.2%,占施工工程面积的74.3%。

五、交通运输邮电

交通运输业较快发展。2008年,全市交通基础设施建设共完成投资56.1亿元,其中公路建设完成投资46.3亿元;场站、港口、机场、地方铁路建设等完成投资9.8亿元。到年末,全市公路通车里程21996公里(含村道14079公里),其中高速公路352公里,公路密度达137.4公里/百平方公里。营业性机动车辆达到12.2万辆,其中客车7662辆(含出租车4088辆);载货汽车56997辆;其他机动车及拖拉机57863辆。全年完成公路客运量15620万人,旅客周转量102.6亿人公里;完成货运量16021万吨,货物周转量130.4亿吨公里。全市港口完成货物吞吐量1053.2万吨。航空运输完成客运量28721人,货运量14158吨。青临铁路完成货运量50万吨。

邮政事业稳步发展。2008年,全市完成邮政业务总量5.4亿元,比上年增长5.3%。信函3725万件,增长5.7%;包裹26.0万件,下降8.9%;特快专递203万件,增长29.3%;报纸9469.9万份,增长20.7%;杂志156.5万份,增长154.8%。邮政储蓄平均余额131.3亿元,增长2.5%。

电信业保持较快发展。2008年,全市电信企业实现电信业务总量57.7亿元,比上年下降0.3%。移动电话用户发展到532.3万户,增长17.4%,固定电话用户数(含小灵通)236.3万户,下降8.2%。

信息基础设施日益完善。2008年,在全国城市信息化50强评比中我市列41位。全市通信光缆总长度67.3万芯长千米,互联网出口带宽90G,

电话普及率92.1部/百人，互联网用户超过100万户。广播电视综合人口覆盖率达到100%，有线电视用户达到190万户，比去年增加20万户，有线电视通村率和入户率分别达到100%和85%。

六、国内贸易与现代物流业

国内消费市场稳中有升。2008年，全市实现社会消费品零售总额830.3亿元，比上年增长23.1%。按销售地区分，城市零售额实现482.5亿元，增长23.5%，县零售额实现52.7亿元，增长24.6%，县以下零售额实现295.2亿元，增长22.2%。按行业分，批发贸易业零售额180.3亿元，增长37.0%；零售贸易业零售额530亿元，增长20.0%；餐饮业零售额75.5亿元，增长22.1%。

城乡市场网络体系不断完善。2008年，城区各类商业网点发展到3.6万处，其中1万平方米以上的13处，年交易额过亿元的各类商品交易市场达到104个。全市新建改建“农家店”510个，累计达到4289个，乡镇覆盖率达到100%，新建农村配送中心16个。各类农业生产资料村级服务站6592处，农村社区综合服务中心发展到100处。

现代物流业发展速度加快。2008年，全市物流企业发展到2100多家，物流总额过50亿元的企业发展到16家，过100亿元的5家。鲁东物流中心建设和发展速度加快，进园项目达到56个，配送范围覆盖到全省大部分地区。

七、对外经贸、招商引资与旅游

对外经贸继续保持较快增长。据海关统计，2008年全市进出口总额83.8亿美元，比上年增长28.8%；其中出口65.4亿美元，增长26.2%；进口18.4亿美元，增长38.8%。按企业性质划分，三资企业出口27.3亿美元，增长21.4%；集体、民营企业出口29.2亿美元，增长40.0%。按大类商品划分，机电产品出口14.4亿美元，增长63.5%，高新技术产品出口2.5亿美元，增长81.1%，化工产品出口11.9亿美元，增长40.0%，纺织服装出口17.2亿美元，增长21.3%，农产品出口10.2亿美元，下降5.5%。新批外商投资项目165个，合同利用外资7.56亿美元，增长37.3%，实际到账外资4.85亿美元，增长17.0%。完成对外承包劳务新签合同额17.5亿美元，营业额8.3亿美元，外派人员5842人次，分别增长11%、106%和2%。

招商引资成效突出。2008年，全市投资5000万元以上招商引资项目673个，实际到位资金630.5亿元，同比增长35.1%。

旅游业进一步发展。2008年，全市接待境内外游客共1882.5万人次，比上年增长32.5%；旅游总收入148.5亿元，增长36.2%。接待国内游客1869.3万人次，增长32.2%；国内旅游收人143.6亿元，增长35.1%。

八、财政金融保险

地方财政收入稳步增长。2008年，全市完成财政总收入260亿元，比上年增长15.8%，其中，地方财政收入132亿元，增长19.3%，地方财政收入增幅高出全省平均水平2.5个百分点，列全省第3位。在地方财政收入中，增值税完成25.2亿元，增长9.3%，营业税完成22.8亿元，增长24.2%，企业所得税完成12.4亿元，增长24.5%，个人所得税2.4亿元，增长5.7%。财政总支出完成182.3亿元，增长22.6%，其中，地方财政支出完成160.4亿元，增长18.7%。在财政总支出中，一般公共服务支出30.7亿元，增长13.5%，公共安全支出9.9亿元，增长24.5%，教育支出51亿元，增长32.2%，科学技术支出4.4亿元，增长20.5%，文化体育与传媒支出2.2亿元，增长39.7%，社会保障和就业支出12.5亿元，增长30.5%，医疗卫生支出8.7亿元，增长42.2%，环境保护支出4.1亿元，增长114.5%。

金融运行呈良好发展态势。2008年，全市金融机构存、贷款总量大幅增加，经营效益明显提高，支持了全市经济又好又快发展。年末全市金融机构本外币各项存款余额2060.05亿元，比年初增加407.82亿元，增长24.7%。本外币储蓄存款余额1332.46亿元，比年初增加287.36亿元，增长27.5%。金融机构各项贷款本外币余额1513.4亿元，比年初增加302亿元，增长24.9%。货币持续回笼，全年现金收支相抵，净回笼42.8亿元。金融机构经营效益大幅增加，实现盈利合计38.9亿元，同比增盈16.2亿元。

保险业健康发展。2008年，全市产、寿险累计实现保费总收入56.6亿元，比上年增长35%；其中产险实现保费收入15.9亿元,增长16.6%;寿险实现保费收入40.7亿元,增长47.1%。全年共支付赔款和给付保险金9.8亿元,增长27.3%;其中产险支付赔款8.6亿元,增长27.7%,寿险支付赔款1.2亿元,增长18.9%。

九、科学技术

科技创新能力明显增强。2008年,全市在全国城市创新能力评价中排名第36位,居地级市第15位,被评为中国优秀创新型城市。实施各类各级科技计划365项。争取省级以上科技计划项目164项,争取资金8732万元。在全省首次自主创新产品认定中,全市有64项产品通过认定。科技成果培育迈上新台阶。全市培育科技成果216项,评出市级科技进步奖149项,有25项获得省科技进步奖。科技创新平台建设全面推进,13个研发平台形成研发能力,培育市级以上工程技术研究中心72家,其中省级工程技术研究中心14家。

专利工作成绩突出。2008年,全市共申请专利4858件,比上年增长26.4%;专利授权2586件,增长23.8%;发明专利申请623件,增长18.9%。

质量技术监督工作成绩突出。加快推进标准化战略。全市工业产品标准覆盖率达98.6%,重点产品的采标率达70%以上。有3家企业顺利通过国家级标准化良好行为AAAA级确认,实现零的突破;通过AAA级确认的企业23家;AA级确认的企业135家,列全省各地市之首。能源计量工作措施到位。全市累计有165家企业通过计量体系确认,11家企业的266个产品获得C标志。监管模式进一步完善。全市已有120家企业的360个监控点的视频图像接入产品质量监管和应急指挥系统。

高新技术产业持续快速发展。2008年,全市开发高新技术产品88个,高新技术产业实现产值1526.95亿元,占规模以上工业总产值的比重达到28.1%,比年初提高2.8个百分点。有80家企业通过国家级高新技术企业认定。

潍坊高新技术产业开发区,规模以上工业实现主营业务收入246.7亿元,增长23.6%,完成工业增加值74.5亿元,增长17.1%。财政总收入23.9亿元,增长27.5%;地方财政收入10.5亿元,增长22.9%。进出口总额10.0亿美元,增长39.9%。完成固定资产投资84.1亿元,增长32.5%。全区新认定高新技术企业26家,高新技术产业总产值181亿元,增长28.2%,占全区规模以上工业总产值的70.23%。2008年,全区专利申请284个、授权193件,同比分别增长14.6%、13.5%。

潍坊滨海经济开发区,完成地方财政收入8亿元,增长5.2%;实际利用外资7045万美元,增长50.8%;出口总额完成3.9亿美元,增长73.8%;规模以上固定资产投资完成92.3亿元,增长32.7%;规模以上工业实现增加值80.7亿元,增长17.9%,实现主营业务收入259.9亿元,增长26.2%,完成工业利税32.6亿元,增长21.8%。

潍坊经济开发区,规模以上工业主营业务收入实现56.7亿元,增长38.8%;规模以上固定资产投资完成45.8亿元,增长32.7%;出口创汇4.8亿美元,增长215.4%;财政总收入达到2.2亿元,增长13.3%,其中地方财政收入1.2亿元,增长20.1%。高新技术发展实现新突破,全年新认定省级以上高新企业4家,新增省、市级研发中心3个。项目建设快速推进,全年新开工建设项目42个,总投资40.5亿元。

潍坊出口加工区,累计完成固定资产投资10451万元,实现工业总产值8673万元,其中高新技术产值7683万元,增加值538万元;实现进出口额1586万美元,其中出口额1297万美元;实现财政总收入566万元,其中地方财政收入297万元。

十、城市建设

城市建设快速发展。2008年,全市共完成城市建设总投资56亿元,其中中心城市38亿元。中心城市突出抓好重大功能性项目建设,文化艺术中心一组团城市艺术馆竣工,二组团青少年宫和劳动人民文化宫主体封顶,三组团图书馆和科技馆基础垫层全部完成;奥体中心地基基础和看台主体全部完成。加快城市道路建设,中心城市新改扩建福寿街、庄检路、民主街、金马路、泰祥街等31条道路,城市路网框架进一步完善。坚持“高大密厚多彩”绿化,以绿制胜的城市特色彰显。旧城区和城中村改造步伐加快。城市形象进一步提升,人居环境明显改善,拉动了城市经济的快速发展。2008年全市人口城镇化率为49.23%。

十一、教育、卫生、文化、体育

教育发展实现新突破。2008年,全市小学1347处,在校生58.2万人;初中348处,在校生28.2万人;普通高中63处,在校生17.4万人;普通高校10处,在校生11.3万人。初中升学率90%,高中段普及率持续上升。教育教学质量持续提高,青少年科技创新大赛成绩连续四年位居全国地市级首位。中职招生实现重大突破,2008年我市中等职业教育学校多渠道招生54601人,占高中段招生数的比例为51.0%。新成立民办学校和培训机构48家,投资过亿元项目5个,过千万元项目16个。义务教育经费保障体系基本建立,资助各类家庭经济困难学生15万人。在省政府年度教育督导评估中,总分名列全省第二。

卫生事业发展再上新台阶。全市卫生系统紧紧围绕"大众卫生"主题,以实施全国基本医疗卫生制度试点为主线,大力推进医疗服务体系、健康保障体系和卫生监督体系建设,全市人民健康水平和健康保障水平进一步提高。全市拥有各类医疗卫生机构1488所,实际开放床位30516张,卫生技术人员42733人。"小病社区低收费,大病住院有保险,防保服务政府管"为主要内容的基本医疗卫生制度框架体系基本健全并启动运行。农村"525"工程积极推进,全市"10分钟就医圈"初步形成。新农合参合农民总数达到625万人,参合率97.6%。潍坊市建成国家卫生城市。

文化出版事业蓬勃发展。2008年,全市已有70%的乡镇建成了标准化综合文化站,居全省前列。在市级以上刊物正式发表各类文艺作品1900多件,其中省级以上奖励20多项。全市240余支放映队放映近9万余场次,圆满完成全市行政村放映覆盖面达到80%的任务目标。全市重点文化项目已达到122个,其中投资过5000万元的项目75个,过亿元的项目48个。全年登记版权作品203件,在全省名列前茅。全市新闻出版产业总收入达36亿元,初步形成了门类较全、功能较为完善的新闻出版产业体系。

体育工作成绩突出。2008年,全市体育工作积极推进实施"奥运人才工程"、"全民健身工程"和"体育设施工程"三大工程,竞技体育、群众体育、体育设施建设、十一运筹备及体育产业等都实现了新的突破。通过体彩公益金资助和发动社会力量,共完成了近3000处农民体育健身工程,使全市50%以上的农村社区都配有了体育健身设施。

十二、市场物价

2008年,全市居民消费价格总指数105.2%,同比上涨5.2个百分点。其中食品类、烟酒及用品类、居住类、医疗保健和个人用品类和家庭设备及维修服务类价格分别上涨13.4%、5.8%、5.6%、1.5%和0.7%,衣着类、娱乐教育文化用品及服务类、交通通讯类分别下降1.2%、0.7%、0.3%。原材料燃料动力购进价格和工业品出厂价格分别上涨12.5%和8.9%。房屋销售价格指数、土地交易价格指数和房屋租赁价格指数分别上涨5.4%、15.5%和1.2%。固定资产投资价格指数上涨7.8%,建筑安装工程价格指数上涨10.7%。

十三、民生与人口

城乡居民收入稳步增长。据抽样调查,2008年全市城镇居民人均可支配收入15691元,比上年增长14.4%,城镇居民人均消费性支出11575元,增长7.2%;年末百户城区居民家庭拥有彩电115台,电冰箱103台,洗衣机100台,空调器88台,移动电话191部,家用电脑65台,家用汽车14辆。农民人均纯收入7072元,增长12.6%,农民人均生活消费性支出4828元,增长17.1%。年末百户农村居民家庭拥有彩电112台,电冰箱73台,洗衣机76台,移动电话146部,摩托车79辆。城镇在岗职工平均工资23722元,增长23.8%。

就业再就业工作成效显著。2008年,实现城镇就业再就业13.2万人,农村劳动力转移就业11.7万人,下岗失业人员实现再就业3.9万人,"4050"等就业困难人员实行再就业0.66万人,城镇登记失业率控制在3.2%。"双零家庭"实现动态消零。就业总量稳步提升,就业质量明显提高,就业局势持续稳定。

社会保障能力逐步提高。2008年,继续完善养老、医疗、失业、工伤、生育五项社会保险制度,全年各项社会保险扩面净增34.5万人,征缴各项社会保险基金55.9亿元,基金支付49.2亿元,基本保持收支平衡。提高了企业退休人员养老金。建立城镇居民基本医疗保险制度,参保人数达到30

万人。

计划生育综合改革稳步推进,低生育水平保持稳定。2008年,全市出生77887人,性别比为107.4,合法生育率为94.9%,人口出生率和自然增长率分别为9.01‰和3.25‰。据公安部门统计,全市年末户籍总人口862.5万人。据人口变动和劳动力调查资料推算,全市年末常住人口889.54万人。

注:(1)公报所列地区生产总值(GDP)、增加值等价值指标按当年价格计算,增长速度按可比价格计算。

(2)公报所列数字为年快报数或初步统计数字,正式数字以《2009年潍坊统计年鉴》为准。

(3)交通客货运量数据为全国专项调查前原口径数。

行 政 区 划 一 览 表(一)

县市区	土地总面积(平方公里)	所辖乡镇名称	所辖街办名称	村委会个数	居委会个数	乡镇数量	街办数量
潍城区	289		城关街办 西关街办 南关街办 北关街办 于河街办 望留街办	172	77		6
寒亭区	869	高里镇 朱里镇	寒亭街办 开元街办 固堤街办	357	10	2	3
坊子区	595	黄旗堡镇	坊城街办 九龙街办 凤凰街办 坊安街办	270	24	1	4
奎文区	88		大虞街办 北苑街办 东关街办 潍州路街办 广文街办 梨园街办 廿里堡街办	65	43		7
青州市	1560	弥河镇 王坟镇 庙子镇 邵庄镇 高柳镇 何官镇 东夏镇 谭坊镇 黄楼镇	王府街办 益都街办 云门山街办	1002	63	9	3
诸城市	2172	昌城镇 辛兴镇 相州镇 皇华镇 贾悦镇 枳沟镇 林家村镇 石桥子镇 百尺河镇 桃林乡	密州街办 龙都街办 舜王街办	1249	89	10	3
寿光市	1997	稻田镇 侯镇 羊口镇 台头镇 营里镇 田柳镇 化龙镇 上口镇 纪台镇	圣城街办 文家街办 洛城街办 古城街办 孙家集街办	968	7	9	5
安丘市	1710	景芝镇 凌河镇 大盛镇 石埠子镇 石堆镇 金冢子镇 官庄镇 辉渠镇 柘山镇 吾山镇	兴安街办 新安街办	1137	94	10	2

行 政 区 划 一 览 表(二)

县市区	土地总面积(平方公里)	所辖乡镇名称	所辖街办名称	村委会个数	居委会个数	乡镇数量	街办数量
高密市	1603	柏城镇 夏庄镇 姜庄镇 大牟家镇 阚家镇 井沟镇 柴沟镇	朝阳街办 醴泉街办 密水街办	883	77	7	3
昌邑市	1812	卜庄镇 北孟镇 龙池镇 围子镇 柳疃镇 饮马镇	奎聚街办 都昌街办	649	42	6	2
临朐县	1834	五井镇 冶源镇 寺头镇 九山镇 辛寨镇 沂山镇 龙岗镇 柳山镇	城关街办 东城街办	877	60	8	2
昌乐县	1102	乔官镇 唐吾镇 红河镇 营邱镇	城关街办 宝成街办 朱刘街办 城南街办 五图街办	619	80	4	5
高新开发区	118		新城街办 清池街办	108	8		2
滨海开发区	198		大家洼街办 央子街办	39	12		2
经济开发区	58		北城街办	46	1		
峡山生态区		赵戈镇 太保庄镇		227		2	
全市合计	16005			8718	687	68	49

①

综　合

ONE

GENERAL SURVEY

1-1 全市主要统计指标

（2008年）

指标名称	计量单位	全市	市辖区
一、人口、劳动力及土地面积	-		
（一）人口	-		
年末总人口	万人	862.48	172.11
其中：非农业人口	万人	398.3	124.91
年平均人口	万人	860.81	162.87
常住人口	万人	862.48	172.11
暂住人口（一个月以上）	万人	33.01	16.61
年出生人口	人	80399	17129
年死亡人口	人	58219	9645
年末总户数	万户	264.93	53.73
（二）从业人员	-		
年末单位从业人员数（城镇）	万人	68.62	25.55
其中：长期职工	万人		
第一产业（农、林、牧、渔业）	万人	0.3	0.04
第二产业	万人	37.28	14.47
（1）采矿业	万人	1.35	0.78
（2）制造业	万人	30.63	11.43
（3）电力、燃气及水的生产和供应业	万人	1.5	0.51
（4）建筑业	万人	3.8	1.75
第三产业	万人	31.04	11.04
（1）交通运输、仓储及邮政业	万人	0.93	0.5
（2）信息传输、计算机服务和软件业	万人	0.32	0.16
（3）批发和零售业	万人	2.89	1.68
（4）住宿、餐饮业	万人	0.74	0.5
（5）金融业	万人	1.76	0.8
（6）房地产业	万人	0.46	0.4
（7）租赁和商业服务业	万人	0.19	0.1
（8）科学研究、技术服务和地质勘查业	万人	0.64	0.24
（9）水利、环境和公共设施管理业	万人	0.66	0.16
（10）居民服务和其他服务业	万人	0.05	0.02
（11）教育	万人	10.14	2.13
（12）卫生、社会保障和社会福利业	万人	3.9	1.05
（13）文化、体育和娱乐业	万人	0.27	0.15
（14）公共管理和社会组织	万人	8.09	3.15
（15）国际组织	万人		
城镇私营和个体从业人员	人	520948	183749
年末城镇登记失业人员数	人	37643	14912

1－1 续表 1

指标名称	计量单位	全市	市辖区
（三）土地面积及水资源	－		
行政区域土地面积	平方公里	16005	1993
其中：建成区面积	平方公里		132
城市建设用地面积	平方公里		131
其中：居住用地面积	平方公里		45
公共设施用地面积	平方公里		17
工业用地面积	平方公里		34
水资源总量	万立方米	272800	
二、综合经济	－		
（一）地区生产总值（当年价格）	万元	24918100	6483060
第一产业增加值	万元	2816900	241848
第二产业增加值	万元	14550500	3667430
采矿业	万元	189670	6710
制造业	万元	12724830	3157170
电力、燃气及水的生产和供应业	万元	440000	172980
建筑业	万元	1196000	330570
第三产业增加值	万元	7550700	2573782
地区生产总值（2005 年价格）	万元	22461800	5858812
人均地区生产总值	元	28106	42870
地区生产总值增长率	%	13.2	15
（二）财政	－		
地方财政一般预算内收入	万元	1319579	450779
其中：各项税收	万元	1122835	414335
其中：企业所得税	万元	123838	55779
个人所得税	万元	23935	9177
地方财政一般预算内支出	万元	1823495	626473
一般性公共服务支出	万元	307235	114625
科学技术支出	万元	44433	19236
教育支出	万元	510254	146714
文化体育与传媒支出	万元	22072	9810
医疗卫生支出	万元	86691	27213
环境保护支出	万元	41432	17526

1－1 续表2

指标名称	计量单位	全市	市辖区
城乡社区事务支出	万元	194334	66704
交通运输支出	万元	15003	10414
社会保障和就业支出	万元	125161	48968
社会保险基金支出	万元	352999	163474
（三）金融	－		
年末金融机构存款余额	万元	20600481	8173823
其中：城乡居民储蓄年末余额	万元	13324580	3951043
年末金融机构各项贷款余额	万元	15133987	6575622
（四）保险	－		
保费收入	万元	561305	
其中：财产险	万元	150369	
人身险	万元	410936	
赔款、给付	万元	167948	
其中：财产险	万元	86870	
人身险	万元	81078	
三、农业	－		
蔬菜产量	吨	9746570	
水果产量	吨	1014992	
肉类总产量	吨	1036966	
奶类产量	吨	215919	
水产品产量	吨	462015	
四、工业	－		
规模以上工业法人企业：	－		
（一）工业企业数	个	4835	978
（1）内资企业	个	4322	833
其中：国有企业	个	38	19
私营企业	个	3268	517
其中：私营独资企业	个	614	99
私营股份有限公司	个	85	20
（2）港、澳、台商投资企业	个	153	33
（3）外商投资企业	个	360	112
（二）工业总产值（当年价）	万元	53175073	13412752
（1）内资企业	万元	43570486	10573043
其中：国有企业	万元	2871607	1835862
私营企业	万元	19066783	2705160
其中：私营独资企业	万元	2911973	440032
私营股份有限公司	万元	508091	93679

1－1 续表3

指标名称	计量单位	全　市	市辖区
(2)港、澳、台商投资企业	万元	2953747	608108
(3)外商投资企业	万元	6650840	2231601
(三)企业财务	-		
从业人员年平均人数	万人	83.45	20.23
流动资产年平均余额	万元	14142683	4804416
固定资产净值年平均余额	万元	12673145	4579436
主营业务收入	万元	51534462	12343092
主营业务税金及附加	万元	292926	92494
本年应交增值税	万元	1305266	482141
利润总额	万元	2769531	714847
五、交通运输、邮电通信、能源电力	-		
(一)交通运输	-		
铁路旅客运量	万人	498.6	
铁路货物运量	万吨	528	
境内铁路营业里程(含国家、合资和地方铁路)	公里	353	
民用汽车拥有量	辆	703106	
其中:私人汽车拥有量	辆	604109	
公路客运量	万人	15620	
公路货运量	万吨	16021	
境内等级公路里程	公里	21849	
境内高速公路里程	公里	352	
沿海港口货物吞吐量	万吨	1053	
内河港口货物吞吐量	万吨		
水运客运量	万人		
水运货运量	万吨	359	
民用航空货邮运量	吨	14158	
民用航空客运量	人	28721	
(二)邮电通讯	-		
年末邮政局(所)数	处	280	53
邮政业务收入	万元	39345	
电信业务收入	万元	573702	
年末固定电话用户数	万户	253.17	55.6
年末移动电话用户数	万户	532.25	186.4
国际互联网用户数	户	477608	208715
(三)能源消费	-		
能源消费量	万吨/标准煤	2664	693
全年用电量	万千瓦时	2410982	873723

1－1续表4

指标名称	计量单位	全市	市辖区
其中：工业用电	万千瓦时	1847316	637599
居民生活用电	万千瓦时	292340	61212
六、内外贸易、外经、旅游	－		
（一）商业	－		
限额以上批发零售贸易业商品销售总额	万元	7523522	3680327
社会消费品零售总额	万元	8303000	2434000
限额以上批发零售企业数（法人数）	个	455	183
其中：零售业	个	251	94
（二）外贸 外经	－		
货物进口额（海关数）	万美元	183779	
货物出口额（海关数）	万美元	654075	
外商直接投资：	－		
当年新签项目（合同）个数	个	86	50
当年实际使用外资金额	万美元	48495	18593
（三）旅游	－		
海外游客人数（含一日游游客）	人	131771	
其中：外国人	人	105923	
港、澳、台同胞	人	25848	
旅游（外汇）收入	万美元	7081	
星级饭店数	个	39	
七、固定资产投资	－		
（一）固定资产投资	－		
全社会固定资产投资总额	万元	15233965	4777623
其中：城镇固定资产投资额	万元	11745192	4396362
其中：房地产开发投资额	万元	1964366	1047531
其中：住宅	万元	1501445	765781
全年新增固定资产	万元	7201843	2258616
（二）房地产	－		
商品房屋销售面积	万平方米	507.27	263.22
其中：住宅	万平方米	457.51	225.02
其中：高档别墅公寓	万平方米	2.46	0.37
商品房屋销售额	万元	1277761	712694
其中：住宅	万元	1089207	571072
其中：高档别墅公寓	万元	7755	1207
商品房屋空置面积	万平方米	29.01	19.26
八、教育、科技、文化、卫生	－		
（一）教育	－		

1－1 续表5

指标名称	计量单位	全市	市辖区
学校数	－		
普通高等学校数	所	10	8
中等职业教育学校数	所	63	17
普通中学学校数	所	411	75
小学学校数	所	1347	249
专任教师数	－		
普通高等学校教师数	人	5720	4639
中等职业教育学校教师数	人	7723	1311
普通中学教师数	人	38555	6750
小学教师数	人	37228	7083
在校学生数	－		
普通高等学校学生数	人	112167	86490
高中阶段在校学生数	人	174360	28287
中等职业教育学校学生数	人	158761	43401
普通中学学生数	万人	46.92	8.14
小学学生数	万人	58.24	11.61
初中毕业生升学率	%	90	92
成人高等学校在校学生数	人	18926	
（二）科技	－		
从事科技活动人员数	人	34263	13498
R&D 内部经费支出	万元	342065	
专利申请受理量	项	4858	
专利申请授权量	项	2586	
其中：发明	项	141	
（三）体育	－		
体育场馆数	个	33	17
（四）文化	－		
剧场、影剧院数	个	34	9
公共图书馆图书总藏量	千册、件	1959	596
（五）卫生	－		
医院、卫生院数	个	244	60
医院、卫生院床位数	张	26623	7279
医生数（执业医师＋执业助理医师）	人	16624	4013
注册护士	人	13464	3579
九、人民生活、社会保障	**－**		
在岗职工平均人数	万人	67.15	25.36
在岗职工工资总额	万元	1592890	646456

1-1 续表 6

指标名称	计量单位	全市	市辖区
(一)居民收支	-		
城镇居民人均可支配收入	元		15691
最低 20% 户人均可支配收入	元		6917
最高 20% 户人均可支配收入	元		34559
城镇居民人均消费支出	元		11575
其中:(1)食品	元		3591
(2)衣着	元		1702
(3)居住	元		1145
(4)家庭设备用品及服务	元		608
(5)医疗保健	元		1165
(6)交通和通信	元		1681
(7)教育文化娱乐服务	元		1307
(二)居民生活	-		
每百户居民家庭拥有:	-		
(1)家用汽车	辆		14
(2)家用电脑	台		65
人均住房使用面积	平方米		24.28
居民消费价格指数(上年为 100)	%		105.2
(三)社会保障	-		
基本养老保险参保人数	人	1260975	458618
基本医疗保险参保人数	人	1103392	435607
失业保险参保人数	人	699541	255238
社会福利院数	个	160	32
社会福利院床位数	张	17758	3362
社区服务设施数	个	924	474
城镇居民最低生活保障人数	人	36451	19615
十、社会治安	**-**		
(一)交通	-		
交通事故死亡人数	人	524	110
交通事故损失额	万元	680	178
火灾事故死亡人数	人		
火灾事故损失额	万元	425	75
(二)社会治安	-		
刑事案件立案数	件	4721	1055
犯罪人数	人	6782	1627
其中:青少年人数(年龄 25 周岁及以下)	人	2208	465
十一、市政公用事业	**-**		

指标名称	计量单位	全市	市辖区
（一）基础设施	－		
城市维护建设资金支出	万元		106328
年末实有城市道路面积	万平方米		2585
排水管道长度	公里		1078
供水综合生产能力（包括自备水源）	万立方米/日		78.5
供水总量	万吨		9402
售水量	万吨		8770
其中：居民生活用水量	万吨		3441
用水人口	万人		153.83
（二）供气	－		
供气总量 （人工、天然气）	万立方米		11570
其中：家庭用量	万立方米		7954
用气人口	人		815000
液化石油气供气总量	吨		10370
其中：家庭用量	吨		9930
用液化气人口	人		593400
（三）公共交通	－		
年末实有公共汽（电）车营运车辆数	辆		1032
全年公共汽（电）车客运总量	万人次		11543
年末实有出租汽车数	辆		2158
（四）绿地	－		
绿地面积	公顷		7707
其中：公园绿地面积	公顷		1790
建成区绿化覆盖面积	公顷		5106
十二、环境保护	－		
三废综合利用产品产值	万元	96912	
工业废水排放量	万吨	17019	
工业废水排放达标量	万吨	16868	
工业二氧化硫去除量	吨	186211	
工业二氧化硫排放量	吨	108036	
工业烟尘去除量	吨	855498	
工业烟尘排放量	吨	23462	
工业固体废物综合利用率	%	93.82	
污水集中处理率	%	84.95	
生活垃圾无害化处理率	%	79.17	

1－2 全市平均每天社会经济活动

（2000－2008 年）

项目	单位	2000 年	2001 年	2002 年	2003 年	2004 年	2005 年	2006 年	2007 年	2008 年
一、全市每天创造的财富										
地区生产总值	亿元	1.91	2.14	2.38	2.73	3.29	4.03	4.71	5.63	6.83
农林牧渔业总产值	亿元	0.76	0.79	0.79	0.88	0.99	1.10	1.16	1.32	1.54
地方财政收入	亿元	0.09	0.11	0.10	0.13	0.14	0.19	0.24	0.30	0.36
工业主营业务收入	亿元	1.81	1.98	2.35	3.35	4.95	7.50	9.29	11.89	14.84
布	万米	106.41	125.69	140.47	236.00	347.95	520.82	619.18	750.68	797.26
原煤	万吨	0.23	0.28	0.18	0.30	0.28	0.28	0.28	0.26	0.25
发电量	亿千瓦时	0.10	0.12	0.12	0.13	0.15	0.20	0.28	0.41	0.43
化 肥	万吨折纯	0.10	0.11	0.11	0.12	0.11	0.13	0.15	0.16	0.18
小型拖拉机	万辆	0.05	0.05	0.05	0.05	0.04	0.04	0.05	0.03	0.03
二、全市每天消费量										
城镇居民人均消费支出	元	14.46	15.27	15.45	16.78	18.69	20.99	24.15	29.59	31.71
社会消费品零售总额	亿元	0.71	0.77	0.86	0.94	1.11	1.35	1.57	1.85	2.27
三、其他经济活动										
公路客运量	万人	9.03	9.68	10.11	10.15	13.40	17.81	18.97	32.43	42.79
住宅竣工面积	平方米	2295.1	1555.0	2793.0	2543.5	2293.9	8536.8	8252.5	11720.9	10052.1
邮电业务总量	万元	439.8	250.3	701.4	942.5	1039.7	1228.6	1534.2	1767.1	1679.6
四、全市人口变动和婚姻										
出生人口	人	253	220	213	204	232	236	228	224	220
死亡人口	人	151	136	145	146	137	143	137	153	160
结婚对数	对	167	140	157	180	195	150	184	192	167
离婚对数	对	5	5	4	6	10	10	13	16	20

1－3 全市国民经济主要比例关系

（2000－2008 年）

单位：%

项 目	2000 年	2001 年	2002 年	2003 年	2004 年	2005 年	2006 年	2007 年	2008 年
一、地区生产总值比例									
第一产业	21.6	19.3	17.6	16.4	15.5	13.4	12.3	11.6	11.3
第二产业	46.3	46.8	47.9	50.7	54.8	56.9	58.2	58.1	58.4
第三产业	32.1	33.9	34.5	32.9	29.7	29.8	29.5	30.3	30.3
二、人口比例									
按性别分									
男	50.7	50.7	50.7	50.6	50.6	50.6	50.5	50.5	50.5
女	49.3	49.3	49.3	49.4	49.4	49.4	49.5	49.5	49.5
按农业非农业分									
农业人口	76.7	75.8	74.3	72.2	70.9	62.1	61.6	56.7	54.9
非农业人口	23.3	24.2	25.7	27.8	29.1	37.9	38.4	43.3	45.1
四、社会从业人员比例									
第一产业	40.9	41.6	40.8	39.1	39.2	38.3	37.5	37.2	36.3
第二产业	33.9	31.0	31.6	32.7	32.7	33.1	33.2	33.2	33.9
第三产业	25.2	27.4	27.6	28.2	28.1	28.6	29.3	29.6	29.8
五、农林牧渔业总产值比例									
农 业	58.5	59.1	57.0	56.5	47.4	55.6	56.5	53.6	53.4
林 业	1.0	1.1	1.1	1.2	1.1	1.0	1.0	1.0	1.1
牧 业	34.8	34.2	35.5	34.2	43.6	35.7	34.0	37.0	37.3
渔 业	5.7	5.6	6.4	6.1	5.9	5.4	5.7	5.4	5.2
六、工业总产值中轻重工业比例									
轻工业	54.5	56.0	56.1	51.2	48.4	46.2	44.9	44.2	42.1
重工业	45.5	44.0	43.9	48.8	51.6	53.9	55.1	55.8	57.9
七、地方财政收入占地区生产总值的比重	**4.9**	**5.2**	**4.4**	**4.6**	**4.4**	**4.8**	**5.1**	**5.4**	**5.3**
八、财政支出比例									
支援农业生产	3.2	5.5	4.2	6.1	4.9	5.1	4.8	8.0	9.9
文教卫生科学事业费	35.8	33.6	37.8	35.9	32.6	29.2	28.6	33.6	36.4
九、金融机构存款余额比例									
企业存款	17.0	17.7	20.9	21.4	21.6	21.0	19.3	21.0	19.1
储蓄存款	75.7	73.9	68.2	67.3	66.0	64.4	64.0	63.3	64.4
财政存款	0.5	1.1	0.6	0.6	0.7	0.7	0.8	1.3	1.0

1－4 全市全国民经济和社会发展主要指标占全省全国的比重

（2008 年）

项目	单位	绝对数			潍坊所占比重(%)	
		潍坊	全省	全国	占山东	占全国
一、人口与就业						
年底总人口	万人	862.5	9417.2	132802	9.16	0.65
二、土地面积	**万平方公里**	**1.6**	**15.7**	**960**	**10.19**	**0.17**
三、工农业总产值						
规模以上工业增加值	亿元	1343.5	16718.8	129112.0	8.04	1.04
农业总产值	亿元	561.6	5613.0		10.01	
四、地区生产总值	**亿元**	**2491.8**	**31072.1**	**300670.0**	**8.02**	**0.83**
第一产业	亿元	281.7	3002.7	34000.0	9.38	0.83
第二产业	亿元	1455.0	17702.2	146183.0	8.22	1.00
第三产业	亿元	755.1	10367.2	120487.0	7.28	0.63
五、人均地区生产总值	**元**	**28106**	**33083**		**84.96**	
六、主要工农业产品产量						
粮食	万吨	491.2	4260.5	52850.0	11.53	0.93
油料	万吨	30.0	340.6	2950.0	8.81	1.02
水产品	万吨	46.2	730.3	4895.0	6.33	0.94
棉花	万吨	5.2	104.1	750.0	5.00	0.69
蔬菜	万吨	974.7	8635.0		11.29	
水果	万吨	101.5	1395.9		7.27	
肉类	万吨	103.7	660.3	7269	15.70	1.43
纯碱	万吨	208.9	296.2	1881.3	70.52	11.10
烧碱	万吨	56.2	365.2	1852.1	15.39	3.04
原煤	万吨	91.7	14150.9	279300.0	0.65	0.03
发电量	亿千瓦时	156.5	2753.7	34668.8	5.68	0.45
水泥	万吨	769.8	13887.3	140000.0	5.54	0.55
布	亿米	29.1	131.8	710.0	22.06	4.09
卷烟	亿支	200.0	1272.6	22198.8	15.72	0.90
化肥	万吨	66.2	857.4	6012.7	7.72	1.10
钢材	万吨	386.1	5027.4	58488.1	7.68	0.66
化学纤维	万吨	23.2	78.5	2415.0	29.50	0.96

注：1、规模以上工业增加值部分全国数据为全部工业增加值。

2、金融部分全省数据为人民币口径。

1－4续表1

项　　目	单　　位	绝　对　数			潍坊所占比重(%)	
		潍　坊	全　省	全　国	占山东	占全国
七、固定资产投资						
全社会固定资产投资额	亿元	1499.9	15435.4	172291.0	9.72	0.87
八、财政、金融(本外币)						
地方财政收入	亿元	132.0	1956.9	61330.4	6.75	0.22
财政总支出	亿元	182.3	2704.8	62592.7	6.74	0.29
金融机构存款余额	亿元	2040.4	26930.2	478444.0	7.58	0.43
城乡居民储蓄存款余额	亿元	1326.5	14382.2	221503.0	9.22	0.60
金融机构贷款余额	亿元	1495.6	20053.9	320049.0	7.46	0.47
九、外贸外经旅游						
进出口总额	亿美元	83.8	1581.5	25616.0	5.30	0.33
进口总额	亿美元	18.4	649.7	14285.0	2.83	0.13
出口总额	亿美元	65.4	931.8	11331.0	7.02	0.58
实际利用外资	亿美元	4.8	82.0	924.0	5.85	0.52
旅游外汇收入	万美元	7081	139100	4080000	5.09	0.17
十、国内贸易						
社会消费品零售总额	亿元	830.3	10381.2	108488.0	8.00	0.77
十一、物价						
居民消费价格指数	%	105.20	105.30	105.90	99.91	99.34
十二、人民生活						
在岗职工平均工资	元	23722	26407	29229	89.83	-
城镇居民人均可支配收入	元	15691	16305	15781	96.23	99.43
农民人均纯收入	元	7072	5641	4761	125.37	148.54
十三、教育、卫生						
高等学校在校生数	万人	11.2	153.4	2021.0	7.30	0.55
中等专业学校在校生	万人	15.9	122.0	2056.3	13.03	0.77
医院、卫生院床位数	万张	1.9	32.0	369.0	9.06	0.51
专业卫生技术人员数	万人	3.7	37.6	492.0	9.84	0.75
医生数	万人	1.7	16.0	205.0	10.63	0.83

1－5 全市国民经济和社会发展主要指标

（1995－2008 年）

项　　目	单　　位	1995 年	2000 年	2001 年	2002 年	2003 年
一、人口						
年底户籍总人口	万人	820.8	844.6	845.9	847.5	847.71
按性别分						
男	万人	416.4	428.6	428.9	429.5	429.2
女	万人	400.5	416.0	417.0	418.0	418.5
按农业非农业分						
农业人口	万人	710.4	647.6	641.2	629.9	612.3
非农业人口	万人	106.6	197.0	204.7	217.5	235.4
人口密度	人/平方公	515.0	533.0	533.0	534.0	534.2
二、从业人员和劳动工资						
全市年末从业人员	万人	426.4	428.8	429.5	433.5	434.6
单位年末从业人员	万人	77.6	66.5	61.7	60.2	58.8
职工年末人数	万人	75.0	64.5	60.5	59.4	58.2
职工工资总额	亿元	37.3	50.2	54.1	59.0	62.8
职工平均工资	元	5063	7701	8775	9845	10780
三、国民经济核算						
地区生产总值	亿元	414.9	675.4	779.6	867.0	995.1
第一产业	亿元	107.8	145.8	150.4	152.6	163.4
第二产业	亿元	185.0	312.5	365.2	415.4	504.7
工　业	亿元	166.0	280.6	325.6	369.7	452.2
第三产业	亿元	122.1	217.2	264.1	299.0	326.9
人均地区生产总值	元	5066	8019	9223	10239	11739
支出法计算的地区生产总值						
最终消费	亿元	158.1	301.0	342.1	366.4	393.8
居民消费	亿元	140.1	266.4	301.6	320.8	342.5
政府消费	亿元	18.0	34.5	40.6	45.6	51.3
资本形成总额	亿元	203.1	292.2	342.4	395.0	480.8
四、固定资产投资						
全社会固定资产投资额	亿元	121.3	189.3	217.4	277.2	517.1
基本建设	亿元	22.9	36.2	35.6	50.7	124.1
更新改造	亿元	13.2	34.5	47.2	62.6	107.5
房地产开发	亿元	5.0	12.2	14.3	20.4	37.1
五、能源						
能源生产总量	万吨标煤	195.3	113.2	128.5	193.2	291.5
原煤	万吨标煤	134.6	60.3	73.2	47.6	78.5
电	万吨标煤	60.7	52.9	55.4	56.0	59.6
六、财政						
地方财政收入	亿元	16.1	34.3	40.8	38.3	45.7
#增值税	亿元		6.9	7.1	7.9	9.3
#营业税	亿元		4.0	4.4	5.0	7.1

1-5 续表1

项　　目	单　　位	2004年	2005年	2006年	2007年	2008年
一、人口						
年底户籍总人口	万人	850.7	852.2	855.3	859.1	862.5
按性别分						
男	万人	430.6	431.1	432.0	434.0	435.5
女	万人	420.1	421.1	423.3	425.2	426.9
按农业非农业分						
农业人口	万人	602.7	529.1	527.0	487.4	464.2
非农业人口	万人	247.9	323.1	328.3	371.7	398.3
人口密度	人/平方公	536.4	537.4	534.4	536.8	538.9
二、从业人员和劳动工资						
全市年末从业人员	万人	436.8	438.4	443.2	446.9	463.1
单位年末从业人员	万人	60.2	69.5	81.6	69.6	68.6
职工年末人数	万人	59.4	68.7	78.0	68.5	67.0
职工工资总额	亿元	72.6	95.0	118.8	128.2	159.3
职工平均工资	元	12329	14085	15604	18904	23722
三、国民经济核算						
地区生产总值	亿元	1199.0	1471.2	1720.9	2056.0	2491.8
第一产业	亿元	185.6	196.8	211.8	237.5	281.7
第二产业	亿元	656.9	836.5	1000.6	1194.7	1455.0
工　业	亿元	587.5	761.7	916.5	1100.3	1339.4
第三产业	亿元	356.5	437.9	508.4	623.8	755.1
人均地区生产总值	元	14120	17279	19677	23349	28106
支出法计算的地区生产总值						
最终消费	亿元	445.3	537.5	690.0	842.1	
居民消费	亿元	381.6	463.9	603.7	732.0	
政府消费	亿元	63.7	73.6	86.3	110.1	
资本形成总额	亿元	591.4	714.9	799.7	912.4	
四、固定资产投资						
全社会固定资产投资额	亿元	825.1	1100.4	1043.2	1208.4	1523.4
基本建设	亿元	445.2				
更新改造	亿元	286.9				
房地产开发	亿元	43.0	79.0	98.4	156.6	196.4
五、能源						
能源生产总量	万吨标煤	323.7	442.0	460.3	661.1	759.9
原煤	万吨标煤	73.0	72.5	71.4	68.0	65.5
电	万吨标煤	65.3	89.7	123.9	184.1	192.3
六、财政						
地方财政收入	亿元	52.6	70.7	88.5	110.6	132.0
#增值税	亿元	8.3	14.7	18.1	23.0	25.2
#营业税	亿元	8.9	11.5	14.3	18.4	22.8

1－5 续表 2

项　目	单　位	1995 年	2000 年	2001 年	2002 年	2003 年
#农牧业税收	亿元	0.9	1.0	0.9	4.0	4.6
财政支出	亿元	20.8	39.9	46.8	52.6	59.2
#支援农业支出	亿元	1.0	2.0	2.6	2.2	3.4
#文教科学卫生事业费	亿元	6.8	14.3	15.6	18.9	21.1
七、金融						
金融机构本外币存款余额	亿元	269.3	560.6	646.5	786.4	902.3
#居民储蓄存款	亿元	192.1	424.5	477.9	536.4	607.0
金融机构本外币贷款余额	亿元	254.0	427.2	476.5	573.7	651.8
八、物价						
居民消费价格总指数						
以 1978 年为 100		368.1	424.3	429.8	425.9	434.4
商品零售物价总指数						
以 1987 年为 100		307.6	262.0	276.4	277.5	277.2
九、居民生活						
居民消费水平						
农村居民	元	1623	2325	2430	2525	2616
城镇居民	元	3497	6590	6987	7062	7565
农村居民						
人均纯收入	元	2270	3437	3579	3643	3921
人均生活消费支出	元	1623	2074	2179	2275	2331
城镇居民						
人均可支配收入	元	4672	6307	7303	7538	8317
人均消费性支出	元	3497	5278	5575	5639	6123
十、农林牧渔业						
农林牧渔业总产值	亿元	224.9	276.6	288.4	289.2	321.1
农业	亿元	137.6	162.0	170.5	164.7	181.5
林业	亿元	2.9	2.8	3.0	3.2	3.8
牧业	亿元	72.0	96.2	98.8	102.7	109.9
渔业	亿元	12.4	15.7	16.1	18.5	19.5
农业生产情况						
粮食总产量	万吨	535.0	367.6	349.7	260.3	293.6
棉花总产量	万吨	3.6	1.7	3.0	2.4	4.6
花生总产量	万吨	13.4	16.6	22.1	19.0	24.6
肉类总产量	万吨	115.1	99.4	102.1	104.6	106.2
水产品总产量	万吨	25.5	52.9	53.0	54.3	58.1
蔬菜产量	万吨	560.0	1002.8	1044.2	1110.0	1160
奶类产量	万吨	9.3	9.9	14.5	17.4	18.5
禽蛋产量	万吨	30.6	40.5	38.2	38.0	38.2
十一、工业						
规模以上工业总产值	亿元	600.9	687.5	742.4	908.9	1243.7

1－5 续表 3

项　　目	单　　位	2004 年	2005 年	2006 年	2007 年	2008 年
#农牧业税收	亿元	2.8	7.8	2.3	2.6	
财政支出	亿元	73.6	95.3	114.9	148.8	182.3
#支援农业支出	亿元	3.6	4.8	5.5	11.9	18.0
#文教科学卫生事业费	亿元	23.8	27.8	32.9	50.0	66.4
七、金融						
金融机构本外币存款余额	亿元	1055.4	1249.3	1425.5	1652.2	2060.0
#居民储蓄存款	亿元	696.2	804.6	913.0	1045.1	1326.5
金融机构本外币贷款余额	亿元	743.9	848.3	1031.7	1258.4	1513.4
八、物价						
居民消费价格总指数						
以 1978 年为 100		446.1	454.1	458.6	476.1	500.8
商品零售物价总指数						
以 1987 年为 100		284.4	287.2	288.6	299.6	315.2
九、居民生活						
居民消费水平						
农村居民	元	3468	3837	3923	4535	
城镇居民	元	7898	8643	10183	12339	
农村居民						
人均纯收入	元	4438	5017	5508	6278	7072
人均生活消费支出	元	3025	3170	3565	4122	4828
城镇居民						
人均可支配收入	元	9297	10318	11846	13716	15691
人均消费性支出	元	6822	7663	8816	10800	11575
十、农林牧渔业						
农林牧渔业总产值	亿元	362.5	399.8	423.0	480.8	561.6
农业	亿元	203.9	222.2	239.2	257.5	300.0
林业	亿元	4.0	4.2	4.4	5.0	6.4
牧业	亿元	127.8	142.6	143.7	177.7	209.5
渔业	亿元	20.2	21.6	24.1	26.2	29.0
农业生产情况						
粮食总产量	万吨	331.3	422.4	433.2	447.9	491.2
棉花总产量	万吨	5.2	4.9	4.6	5.2	5.2
花生总产量	万吨	25.3	24.1	23.8	29.6	29.9
肉类总产量	万吨	120.1	129.5	119.7	128.0	103.7
水产品总产量	万吨	59.1	60.4	64.4	68.1	46.2
蔬菜产量	万吨	1144.0	1202.0	959.0	958.4	974.7
奶类产量	万吨	24.2	24.7	23.6	27.0	21.6
禽蛋产量	万吨	38.3	37.3	28.9	28.8	25.9
十一、工业						
规模以上工业总产值	亿元	1822.4	2724.1	3404.7	4332.2	5318.1

1－5 续表 4

项　　目	单　　位	1995 年	2000 年	2001 年	2002 年	2003 年
#国有经济	亿元	233.6	111.6	115.6	111.6	128.7
#集体经济	亿元	258.3	143.3	115.5	108.5	86.2
按轻重工业分						
#轻工业	亿元	302.2	374.8	415.0	510.0	633.4
#重工业	亿元	235.7	312.7	325.7	399.9	610.3
十二、交通运输邮电						
公路通车里程	公里	6721	7401	7436	7476	7616.4
客运量	万人	2028	3295	4518	4636	3834
#公路	万人	2308	3295	3535	3689	3704
公路旅客周转量	亿人公里	12.3	22.9	25.7	29.4	29.2
货运量	万吨	5377.5	6436.0	8685.0	8419.0	7261.7
#公路	万吨	6186.0	6368.0	6794.0	6556.0	6796.8
公路货物周转量	亿吨公里	39.6	32.5	36.0	37.1	38.9
国内函件	万件	2789.6	3468.4	3380.6	4240.8	4627.9
邮电业务总量	亿元	4.3	16.1	9.1	25.6	27.7
市内电话用总数	万部	20.5	50.8	55.5	66.6	200
十三、国内贸易						
社会消费品零售总额	亿元	165.8	260.0	282.1	313.5	344.6
市	亿元	75.5	127.8	139.1	159.2	193.9
县	亿元	12.7	11.1	11.9	12.7	14.4
县以下	亿元	77.5	121.2	131.1	141.6	136.3
按行业分						
批零贸易业	亿元	103.8	166.3	184.1	208.7	289.7
住宿餐饮业	亿元	11.4	24.6	27.8	32.5	33.2
其他行业	亿元	25.6	69.0	70.2	72.3	21.7
十四、对外贸易						
海关进出口总额	万美元	59574	137240	153595	184384	225329
出口总额	万美元	33307	99413	113423	128244	163855
进口总额	万美元	26267	37827	40172	56140	61474
利用外资						
合同项目个数	个	392	218	266	220	288
合同外资金额	万美元	88416	31479	34100	38772	100275
实际利用外资金额	万美元	51379	14235	16812	25898	50331
#外商直接投资	万美元	51379	8491	15841	25898	39215
对外承包工程和劳务合作						
合同金额	万美元	4116	6482	12181	18477	16641
旅游						
接待旅游人数	万人次	31.32	559.19	576.71	665.10	672.15
#国际游客	万人次	1.32	1.19	1.20	1.38	1.20
旅游外汇收入	万美元	217.0	589.0	831.3	872.9	660

1－5 续表 5

项　　目	单　位	2004 年	2005 年	2006 年	2007 年	2008 年
#国有经济	亿元	98.9	148.1	149.4	174.3	287.2
#集体经济	亿元	122.0	114.2	134.8	161.3	229.0
按轻重工业分						
#轻工业	亿元	881.8	1257.4	1528.5	1919.9	2241.0
#重工业	亿元	940.6	1466.7	1875.9	2412.3	3077.1
十二、交通运输邮电						
公路通车里程	公里	7673.7	7937.2	7776.5	7838.2	21996.3
客运量	万人	4891	6503	6929	11842	15623.0
#公路	万人	4887	6499	6924	11837	15620.0
公路旅客周转量	亿人公里	34.0	40.9	44.5	78.0	102.6
货运量	万吨	7023.0	7903.0	9199.0	13250.1	16380.0
#公路	万吨	6866.0	7732.0	9016.0	13249.0	16021.0
公路货物周转量	亿吨公里	39.9	45.9	56.2	87.7	130.4
国内函件	万件	4011.1	3827.1	3534.3	3630.7	3724.2
邮电业务总量	亿元	38.0	45.3	56.0	64.5	63.1
市内电话用总数	万部	235.0	261.6	269.1	258.1	236.3
十三、国内贸易						
社会消费品零售总额	亿元	405.2	493.3	573.6	674.3	830.3
市	亿元	231.9	289.1	333.7	393.9	482.5
县	亿元	17.1	21.2	33.5	39.1	52.7
县以下	亿元	156.2	183.0	206.5	241.3	295.2
按行业分						
批零贸易业	亿元	342.7	422.2	489.2	573.4	710.2
住宿餐饮业	亿元	41.3	47.0	55.1	66.6	81.4
其他行业	亿元	21.3	24.2	29.3	34.2	38.7
十四、对外贸易						
海关进出口总额	万美元	304369	394057	518604	650518	837854
出口总额	万美元	212712	295084	385846	518137	654075
进口总额	万美元	91657	98973	132758	132381	183779
利用外资						
合同项目个数	个	378	441	219	172	165
合同外资金额	万美元	170080	172764	71821	81431	75630
实际利用外资金额	万美元	101618	50816	68732	81423	48495
#外商直接投资	万美元	37160	50816	68732	61971	48495
对外承包工程和劳务合作						
合同金额	万美元	28378	22251	143857	158290	175098
旅游						
接待旅游人数	万人次	774.5	890.0	1042.3	1421.0	1882.6
#国际游客	万人次	2.0	2.5	4.3	7.4	13.2
旅游外汇收入	万美元	903.1	1055.4	1292.0	3606.9	7081.2

1－5 续表 6

项　　目	单　　位	1995 年	2000 年	2001 年	2002 年	2003 年
十五、教育						
普通高等学校						
招生数	人	2530	5033	9508	13467	18094
在校学生数	人	6434	11664	18977	29100	43966
教职工数	人	1793	1963	2998	4025	4876
#专任教师	人	856	914	1451	2192	2915
中等专业学校						
招生数	人	10195	11204	11204	16685	45000
在校学生数	人	26974	39730	37975	40574	122504
普通中学						
招生数	万人	14.3	22.5	19.4	17.5	19.7
在校学生数	万人	48.2	71.5	69.6	64.8	61.7
教职工数	人	40538	49838	51568	51061	50283
#专任教师	人	32791	42055	42734	42218	41379
技工学校						
招生数	人	8159	4938	5885	9379	10770
在校学生数	人	18777	12503	12775	15419	20186
小学						
学校数	所	4534	2703	2243	2018	1833
招生数	万人	19.9	8.4	9.5	10.8	11.0
毕业生数	万人	12.5	18.0	14.3	11.5	13.1
在校学生数	万人	88.3	64.9	60.3	59.8	57.5
教职工数	人	43889	39882	38755	38874	39380
#专任教师	人	41399	37586	36391	36452	36677
成人高等学校在校学生数	人	15262	16938	19559	21905	26017
十六、科技						
重要科技成果数量	项	237	191	117	116	111
国际领先先进水平	项	11	15	16	5	10
国内领先先进水平	项	179	216	98	111	100
省内领先先进水平	项	37	8			1
十七、卫生、文化事业基本情况						
卫生机构床位数	张	10530	18208	17716	19653	20499
卫生技术人员数	人	17518	27447	27167	27003	28103
#医生数	人	15181	13602	12783	11682	12418
文化(艺术)馆数	个	13	13	13	13	13
文化站数	个	231	253	253	253	252
艺术表演团体数	个	10	10	10	10	9
公共图书馆数	个	11	11	11	11	11

1－5 续表 7

项　　目	单　　位	2004 年	2005 年	2006 年	2007 年	2008 年
十五、教育						
普通高等学校						
招生数	人	25692	31676	33204	35961	39976
在校学生数	人	63435	80472	93880	105272	112167
教职工数	人	5219	6373	7427	7404	7796
#专任教师	人	3323	4106	5319	5265	5720
中等专业学校						
招生数	人	39219	13941	16024	15186	16512
在校学生数	人	126113	41407	42739	42954	43576
普通中学						
招生数	万人	15.8	15.3	14.9	15.6	16.4
在校学生数	万人	57.3	53.6	48.5	46.4	46.9
教职工数	人	48266	46520	46306	46379	46019
#专任教师	人	39656	38231	38062	38440	38555
技工学校						
招生数	人	10153	10521	18002	19628	13800
在校学生数	人	23221	25398	56273	56331	35876
小学						
学校数	所	1740	1616	1454	1383	1347
招生数	万人	10.3	9.4	9.0	9.1	8.5
毕业生数	万人	9.1	8.8	8.3	9.6	10.9
在校学生数	万人	58.7	59.2	60.4	60.2	58.2
教职工数	人	40211	39277	39977	39871	39798
#专任教师	人	37675	36782	37387	37237	37228
成人高等学校在校学生数	人	19122	18951	12729	11166	18926
十六、科技						
重要科技成果数量	项	107	109	126	194	366
国际领先先进水平	项	10	22	26	42	42
国内领先先进水平	项	97	87	97	152	324
省内领先先进水平	项					
十七、卫生、文化事业基本情况						
卫生机构床位数	张	19750	22723	24176	26175	29199
卫生技术人员数	人	28542	29612	29780	32525	37438
#医生数	人	12344	14160	13226	14386	16624
文化(艺术)馆数	个	12	13	13	13	13
文化站数	个	187	180	186	116	294
艺术表演团体数	个	10	9	9	9	9
公共图书馆数	个	11	12	12	12	12

1-6 全市历年地区生产总值

(1978－2008年)

单位:亿元

年份	地区生产总值	第一产业	第二产业	工业	建筑业	第三产业	#交通运输仓储邮电通信业	#批发零售贸易餐饮业	人均地区生产总值(元)
1978	23.54	10.38	10.22	9.78	0.44	2.94	0.70	1.14	335
1979	25.85	11.24	11.30	10.46	0.84	3.31	0.83	1.43	367
1980	27.92	11.86	12.18	11.08	1.10	3.88	1.03	1.69	394
1981	31.67	13.68	13.03	11.74	1.29	4.96	1.29	2.21	443
1982	38.85	18.25	14.38	12.53	1.85	6.22	1.69	2.92	538
1983	43.23	21.30	14.32	12.40	1.92	7.61	2.08	3.50	594
1984	51.24	26.83	15.32	12.94	2.38	9.09	2.48	4.14	698
1985	60.60	28.64	20.17	17.44	2.73	11.79	3.40	6.30	821
1986	73.60	32.15	26.02	21.85	4.17	15.43	4.20	8.00	989
1987	87.80	36.17	31.72	27.02	4.70	19.91	5.00	9.00	1165
1988	118.58	46.32	44.71	39.32	5.39	27.55	5.60	11.50	1550
1989	133.22	44.99	55.60	50.83	4.77	32.63	6.20	13.00	1712
1990	152.20	50.40	60.87	55.80	5.07	40.93	7.00	14.00	1917
1991	177.90	57.90	71.40	65.16	6.24	48.60	8.10	15.50	2202
1992	211.70	64.70	87.00	77.50	9.50	60.00	9.56	21.64	2604
1993	267.41	74.25	116.40	103.90	12.50	76.76	12.08	27.52	3281
1994	337.38	90.46	148.05	133.02	15.03	98.87	17.15	33.63	4132
1995	414.89	107.84	185.00	166.00	19.00	122.05	22.22	39.74	5066
1996	490.14	123.02	221.80	198.00	23.80	145.32	28.18	46.82	5961
1997	549.73	131.78	249.95	224.00	25.95	168.00	31.54	50.90	6653
1998	596.81	141.00	267.00	239.00	28.00	188.81	34.50	55.30	7170
1999	632.87	142.00	288.30	259.30	29.00	202.57	37.09	55.26	7553
2000	697.23	145.80	329.46	295.63	33.83	221.97	31.30	63.55	8277
2001	779.63	150.36	365.22	325.58	39.64	264.05	35.48	71.71	9223
2002	866.99	152.55	415.42	369.65	45.77	299.02	38.09	78.11	10239
2003	995.06	163.44	504.69	452.18	52.51	326.93	39.28	85.20	11739
2004	1199.01	185.58	656.92	587.53	65.00	356.51	43.21	93.58	14120
2005	1471.17	201.40	836.49	761.69	74.80	433.29	54.49	128.37	17279
2006	1720.88	211.81	1000.63	916.51	84.12	508.44	81.08	149.30	19677
2007	2056.02	237.54	1194.67	1100.25	94.42	623.81	113.76	175.64	23349
2008	2491.81	281.69	1455.05	1339.38	115.67	755.07	105.15	212.73	28106

注:本表按当年价格计算。人均地区生产总值从2006年开始按常住人口计算。

1-7 全市历年地区生产总值指数

(1978-2008年)(以上年为100)

单位:%

年份	地区生产总值	第一产业	第二产业	工业	建筑业	第三产业	#交通运输仓储邮电通信业	#批发零售贸易餐饮业
1978	118.48	127.92	108.43	108.75		108.02		
1979	109.32	108.54	109.73	106.07		112.57		
1980	106.68	106.02	105.03	102.86		117.01		
1981	105.43	104.09	104.47	104.38		116.05		
1982	115.51	120.51	106.21	103.66		119.81		
1983	117.13	122.78	105.11	104.56		122.31		
1984	112.29	108.86	111.45	108.05		131.25		
1985	118.71	110.98	128.84	130.72		130.13		
1986	113.02	103.77	126.79	123.15		118.07		
1987	115.16	103.45	125.01	126.78		130.17		
1988	114.17	101.99	115.38	119.15		141.50		
1989	106.70	93.65	113.72	118.22		117.99		
1990	111.25	108.88	108.30	108.43	106.96	119.32	107.14	123.94
1991	110.21	103.15	112.84	112.08	121.10	115.37	104.00	118.59
1992	117.87	104.59	128.67	128.51	130.29	117.61	113.59	132.15
1993	118.14	104.80	127.78	126.80	137.50	116.63	110.50	116.70
1994	112.72	108.63	112.79	113.20	109.09	116.32	124.82	111.11
1995	111.61	106.86	113.76	113.45	116.67	112.08	113.83	107.42
1996	112.23	110.39	114.94	115.24	112.14	109.15	112.22	110.31
1997	109.59	104.42	111.03	110.91	112.17	111.30	104.04	107.11
1998	111.26	107.97	112.03	111.15	120.33	112.44	104.62	109.72
1999	109.58	105.70	112.09	112.99	104.29	108.02	103.88	108.92
2000	110.01	102.79	113.72	113.61	114.71	108.45	106.90	106.49
2001	111.20	103.13	112.49	112.13	115.68	114.74	110.38	112.07
2002	112.50	102.44	115.23	114.48	121.56	114.72	108.48	116.22
2003	115.00	106.25	122.64	123.83	113.00	108.91	101.92	110.46
2004	116.90	109.23	123.98	123.59	127.38	109.63	113.12	112.83
2005	117.12	105.55	120.95	122.93	104.00	116.29	122.50	112.40
2006	116.49	100.22	120.63	121.66	110.15	116.06	122.30	115.88
2007	115.80	102.70	116.50	117.70	103.70	119.60	139.41	113.92
2008	113.20	105.70	112.60	112.80	110.70	116.80	123.80	114.70

注:本表按可比价格计算。

1-8 全市历年地区生产总值构成

（1978-2008年）

单位：%

年份	地区生产总值	第一产业	第二产业	工业	建筑业	第三产业	#交通运输仓储邮电通信业	#批发零售贸易餐饮业
1978	100	44.10	43.42	41.55	1.87	12.49	5.95	9.69
1979	100	43.48	43.71	40.46	3.25	12.80	5.80	9.98
1980	100	42.48	43.62	39.68	3.94	13.90	5.87	9.67
1981	100	43.20	41.14	37.07	4.07	15.66	5.68	9.79
1982	100	46.98	37.01	32.25	4.76	16.01	5.66	9.78
1983	100	49.27	33.13	28.68	4.44	17.60	5.78	9.72
1984	100	52.36	29.90	25.25	4.64	17.74	5.85	9.76
1985	100	47.26	33.28	28.78	4.50	19.46	5.78	10.73
1986	100	43.68	35.35	29.69	5.67	20.96	5.71	10.87
1987	100	41.20	36.13	30.77	5.35	22.68	5.69	10.25
1988	100	39.06	37.70	33.16	4.55	23.23	4.72	9.70
1989	100	33.77	41.74	38.15	3.58	24.49	4.65	9.76
1990	100	33.11	39.99	36.66	3.33	26.89	3.33	3.33
1991	100	32.55	40.13	36.63	3.51	27.32	3.51	3.51
1992	100	30.56	41.10	36.61	4.49	28.34	4.49	4.49
1993	100	27.77	43.53	38.85	4.67	28.70	4.67	4.67
1994	100	26.81	43.88	39.43	4.45	29.31	4.45	4.45
1995	100	25.99	44.59	40.01	4.58	29.42	4.58	4.58
1996	100	25.10	45.25	40.40	4.86	29.65	4.86	4.86
1997	100	23.97	45.47	40.75	4.72	30.56	4.72	4.72
1998	100	23.63	44.74	40.05	4.69	31.64	4.69	4.69
1999	100	22.44	45.55	40.97	4.58	32.01	4.58	4.58
2000	100	21.59	46.26	41.55	4.71	32.15	4.71	4.71
2001	100	19.29	46.85	41.76	5.08	33.87	5.08	5.08
2002	100	17.60	47.92	42.64	5.28	34.49	5.28	5.28
2003	100	16.43	50.72	45.44	5.28	32.86	5.28	5.28
2004	100	15.48	54.79	49.00	5.79	29.73	5.79	5.79
2005	100	13.69	56.86	51.77	5.08	29.45	3.70	8.73
2006	100	12.31	58.14	53.26	4.89	29.55	4.71	8.68
2007	100	11.55	58.11	53.51	4.60	30.34	5.53	8.54
2008	100	11.30	58.39	53.75	4.64	30.30	4.22	8.54

注：本表按当年价格计算。

1-9 全市地区生产总值

(2007－2008年)

单位:亿元

指　　标	2008年	2007年	2008年为2007年%
地区生产总值	**2491.81**	**2056.02**	**13.2**
第一产业	281.69	237.54	5.7
第二产业	1455.05	1194.67	12.6
工　业	1339.38	1100.25	12.8
建筑业	115.67	94.42	10.7
第三产业	755.07	623.81	16.8
交通运输、仓储及邮政业	105.15	83.13	23.8
#交通运输和仓储业		81.23	
邮政业		1.90	
批发和零售业	181.07	149.44	15.2
住宿和餐饮业	31.66	26.20	12.0
金融业	52.14	42.38	15.7
房地产业	92.30	83.15	1.6
其他营利性服务业	84.77	67.28	24.7
信息传输、计算机服务和软件业		32.53	
租赁和商务服务业		9.00	
居民服务和其他服务业		21.50	
文化、体育和娱乐业		4.25	
非营利性服务业	207.98	172.23	19.6
科学研究、技术服务和地质勘查业		5.65	
水利、环境和公共设施管理业		4.20	
教育		41.50	
卫生、社会保障和社会福利业		33.50	
公共管理和社会组织		87.38	

1－10　分县市区地区生产总值

（2007－2008 年）

单位:亿元

地　区	地区生产总值			第一产业增加值			第二产业增加值		
	2008 年	2007 年	2008 年比2007 年增长%	2008 年	2007 年	2008 年比2007 年增长%	2008 年	2007 年	2008 年比2007 年增长%
总　计	**2491.8**	**2056.0**	**13.2**	**281.7**	**237.5**	**5.7**	**1455.1**	**1194.7**	**12.6**
潍城区	131.7	109.5	12.5	7.2	5.7	7.2	73.2	61.9	9.5
寒亭区	77.7	76.7	13.9	7.5	7.9	2.0	41.7	43.8	15.7
坊子区	66.2	54.0	10.5	3.6	3.2	6.0	41.8	33.9	8.7
奎文区	105.4	92.9	10.8	0.8	0.8	5.0	49.5	44.6	6.8
青州市	263.5	221.1	13.9	25.6	24.3	3.9	155.9	129.0	13.2
诸城市	362.6	303.1	13.9	39.7	33.6	4.5	229.3	194.0	13.5
寿光市	400.6	332.9	13.9	51.5	48.2	9.8	216.8	175.7	14.3
安丘市	142.7	132.5	10.6	25.9	26.5	10.1	72.0	67.0	8.8
高密市	239.6	197.9	13.0	30.1	26.5	5.2	161.0	131.5	14.1
昌邑市	192.5	166.9	13.0	24.2	22.8	6.8	122.1	105.2	12.9
临朐县	113.5	98.2	13.1	20.2	18.4	10.2	59.3	50.5	14.1
昌乐县	128.5	102.9	17.0	20.2	17.9	7.0	71.8	56.0	19.2
高新开发区	125.7	97.6	16.3	0.6	0.6	0.3	83.1	64.5	16.2
滨海开发区	86.3	54.7	16.3	2.1	1.7	3.0	73.5	46.2	16.6
经济开发区	22.8	18.3	15.8	0.8	0.7	2.8	16.8	13.4	15.8

1－10 续表 1

单位:亿元

地　区	#工业增加值			第三产业增加值			人均地区生产总值(元)		
	2008 年	2007 年	2008 年比2007 年增长%	2008 年	2007 年	2008 年比2007 年增长%	2008 年	2007 年	2008 年比2007 年增长%
总　计	**1339.4**	**1100.3**	**12.8**	**755.1**	**623.8**	**16.8**	**28106**	**23349**	**12.4**
潍城区	67.1	57.5	8.2	51.3	41.8	17.5	36890	30235	14.4
寒亭区	37.5	39.4	17.1	28.5	25.0	15.1	24061	22735	11.6
坊子区	38.5	31.3	8.6	20.8	16.9	14.9	21998	18970	8.5
奎文区	43.0	39.8	4.7	55.0	47.5	14.7	34785	30886	12.2
青州市	149.1	123.0	13.6	82.0	67.8	18.0	29166	24576	13.6
诸城市	205.7	175.2	13.2	93.6	75.8	18.7	34030	28470	13.3
寿光市	203.1	164.4	13.7	132.2	108.9	15.0	39155	32664	13.5
安丘市	61.1	58.0	8.1	44.8	38.9	13.9	15340	13306	10.3
高密市	149.3	121.1	14.2	48.5	39.9	14.4	28206	22643	12.3
昌邑市	111.6	95.2	12.7	46.2	39.0	16.1	33296	27511	12.4
临朐县	54.3	45.7	14.6	34.0	29.3	13.3	13252	11527	12.2
昌乐县	67.5	52.2	19.8	36.5	28.9	18.5	21420	17253	16.2
高新开发区	75.7	58.4	17.1	42.1	32.5	16.6			
滨海开发区	70.5	43.8	17.9	10.7	6.9	17.8			
经济开发区	14.7	11.6	17.9	5.2	4.1	17.8			

1－11 分县市区地区生产总值构成

（2007－2008 年）

单位:%

地 区	地区生产总值		第一产业		第二产业		第三产业	
	2008 年	2007 年	2008 年	2007 年	2008 年	2007 年	2008 年	2007 年
总 计	**100.0**	**100.0**	**11.3**	**11.6**	**58.4**	**58.1**	**30.3**	**30.3**
潍城区	100.0	100.0	5.4	5.2	55.6	56.6	39.0	38.2
寒亭区	100.0	100.0	9.6	10.3	53.7	57.1	36.7	32.6
坊子区	100.0	100.0	5.5	5.9	63.1	62.8	31.4	31.3
奎文区	100.0	100.0	0.8	0.8	47.0	48.0	52.2	51.1
青州市	100.0	100.0	9.7	11.0	59.2	58.3	31.1	30.7
诸城市	100.0	100.0	11.0	11.1	63.2	64.0	25.8	25.0
寿光市	100.0	100.0	12.9	14.5	54.1	52.8	33.0	32.7
安丘市	100.0	100.0	18.2	20.0	50.5	50.6	31.4	29.4
高密市	100.0	100.0	12.6	13.4	67.2	66.4	20.2	20.2
昌邑市	100.0	100.0	12.6	13.6	63.4	63.0	24.0	23.3
临朐县	100.0	100.0	17.8	18.8	52.2	51.4	29.9	29.8
昌乐县	100.0	100.0	15.7	17.4	55.9	54.5	28.4	28.1
高新开发区	100.0	100.0	0.5	0.6	66.1	66.1	33.5	33.3
滨海开发区	100.0	100.0	2.4	3.1	85.1	84.4	12.4	12.6
经济开发区	100.0	100.0	3.6	4.1	73.7	73.3	22.7	22.6

注:本表按当年价格计算。

1-12 企业景气指数

(2008 年)

	一季度	二季度	三季度	四季度
总体状况	**156.4**	**152.8**	**146.1**	**116.8**
一、按行业门类分				
(一)工业	158.2	154.1	149.0	110.2
1、采矿业	150.2	160.1	159.0	101.2
2、制造业	159.9	154.7	147.0	108.2
3、电力、煤气及水的生产和供应	145.2	147.1	162.0	131.5
(二)建筑业	141.1	139.3	135.3	133.9
(三)交通运输、仓储及邮电通信业	178.0	178.0	178.0	135.5
(四)批发和零售业	160.2	158.5	153.3	144.5
(五)房地产业	149.9	131.5	95.7	89.5
(六)社会服务业	100.0	150.0	100.0	150.0
(七)信息传输、计算机服务和软件	158.5	145.5	159.1	146.3
(八)住宿和餐饮业	137.5	112.5	125.0	118.8
二、按企业登记注册类型分				
1、国有企业	158.6	157.0	165.1	101.6
2、集体企业	165.1	178.4	139.3	95.6
3、股份合作企业	150.0	116.7	150.0	66.7
4、联营企业	100.0	100.0	100.0	100.0
5、有限责任公司	144.3	150.2	133.8	122.9
6、股份有限公司	187.1	155.5	166.7	126.2
7、私营企业	143.5	132.8	122.5	96.4
8、其它内资企业	100.0	100.0	100.0	100.0
9、外商及港、澳、台投资企业	130.5	129.6	117.0	116.1
三、按企业规模分				
总大型	174.7	167.6	165.8	113.3
#特大型	183.0	171.6	173.6	118.9
大型	152.1	156.6	144.7	98.4
中小型	130.4	127.7	119.7	113.9
#中　型	129.3	127.3	118.2	113.6
小　型	160.0	140.0	160.0	120.0
四、特殊分组				
国家重点企业	175.4	142.0	194.7	96.6
国家试点企业集团成员	200.0	200.0	200.0	83.1
乡镇企业	152.3	160.3	139.9	124.2
上市公司	196.0	157.2	177.2	123.3
国有控股企业	166.8	155.5	164.6	109.2

1－13 企业家信心指数

(2008年)

	一季度	二季度	三季度	四季度
总体状况	**152.8**	**151.3**	**144.7**	**108.8**
一、按行业门类分				
(一)工业	152.9	148.0	145.6	102.1
1、采矿业	179.1	160.9	158.3	113.4
2、制造业	151.3	149.2	144.8	99.9
3、电力、煤气及水的生产和供应	159.4	139.3	151.9	121.8
(二)建筑业	129.8	155.7	154.1	110.4
(三)交通运输、仓储及邮电通信业	165.2	179.5	178.0	135.5
(四)批发和零售业	156.2	147.2	133.0	133.8
(五)房地产业	149.9	154.6	95.7	66.4
(六)社会服务业	150.0	200.0	150.0	200.0
(七)信息传输、计算机服务和软件	194.7	164.7	184.6	154.0
(八)住宿和餐饮业	137.5	118.8	131.3	112.5
二、按企业登记注册类型分				
1、国有企业	163.6	152.8	152.2	102.0
2、集体企业	133.2	172.6	125.4	133.0
3、股份合作企业	183.3	150.0	150.0	100.0
4、联营企业	100.0	100.0	100.0	100.0
5、有限责任公司	149.0	146.0	139.1	109.5
6、股份有限公司	158.8	150.1	160.2	96.7
7、私营企业	152.5	132.8	124.1	122.4
8、其它内资企业	100.0	100.0	100.0	100.0
9、外商及港、澳、台投资企业	134.5	128.8	126.6	83.0
三、按企业规模分				
总大型	169.3	161.5	158.5	101.9
#特大型	172.4	166.5	168.1	101.5
大型	160.6	147.9	132.3	103.0
中小型	127.5	127.0	124.8	110.2
#中　型	125.6	125.8	123.5	110.6
小　型	180.0	160.0	160.0	100.0
四、特殊分组				
国家重点企业	142.0	142.0	142.0	72.0
国家试点企业集团成员	200.0	200.0	200.0	62.4
乡镇企业	155.0	151.2	145.5	128.3
上市公司	165.4	152.2	160.7	80.3
国有控股企业	158.3	151.0	149.6	96.0

1-14 全市历年企业景气指数

（1999-2008年）

年　份	一季度	二季度	三季度	四季度
1999	115.63	119.60	105.79	108.20
2000	116.22	129.88	136.54	133.51
2001	139.50	137.36	133.79	136.86
2002	135.96	134.16	135.11	141.51
2003	146.62	127.83	134.36	136.59
2004	138.71	143.29	139.56	143.80
2005	148.00	143.97	141.70	143.92
2006	153.69	149.57	143.94	145.42
2007	147.94	151.02	145.52	147.07
2008	152.80	151.30	144.70	108.80

1-15 全市历年企业家信心指数

（1999-2008年）

年　份	一季度	二季度	三季度	四季度
1999	127.32	129.14	125.95	127.16
2000	119.33	134.14	134.67	129.05
2001	136.74	139.56	131.82	133.09
2002	145.03	146.38	136.76	141.15
2003	141.63	129.89	135.79	139.28
2004	133.15	135.43	136.33	141.91
2005	141.65	145.35	141.36	139.34
2006	149.64	147.80	144.89	146.43
2007	152.18	154.26	152.58	154.35
2008	156.40	152.80	146.10	116.80

②

人口与计划生育

TWO

POPULATION AND FAMILY PLANNING

2－1 全市及各县市

（2008年）

地 区	总户数（户）	户籍人口	男	女
总 计	**2649261**	**8624840**	**4355358**	**4269482**
市辖区	537298	1721087	868651	852436
潍城区	119084	365793	183796	181997
寒亭区	142966	423720	214318	209402
坊子区	129296	434140	220924	213216
奎文区	145952	497434	249613	247821
青州市	268665	903346	454989	448357
诸城市	318454	1078838	546013	542825
寿光市	303434	1025211	517326	507885
安丘市	279711	930242	473125	457117
高密市	276253	879583	440897	438686
昌邑市	194469	624630	312102	312528
临朐县	284710	859950	438599	421351
昌乐县	186267	601953	303656	298297

2－2 全市及各县市区

（2008年）

地 区	出 生	男	女	死 亡
总 计	**80399**	**42770**	**37629**	**58219**
市辖区	17129	9056	8073	9645
潍城区	3873	2076	1797	2175
寒亭区	4025	2088	1937	2716
坊子区	4582	2412	2170	2811
奎文区	4649	2480	2169	1943
青州市	6734	3499	3235	6484
诸城市	9658	5152	4506	7553
寿光市	8733	4707	4026	7074
安丘市	9097	5005	4092	6254
高密市	9006	4747	4259	6873
昌邑市	4841	2521	2320	5014
临朐县	8661	4577	4084	4699
昌乐县	6540	3506	3034	4623

注：市内人口变动包括在省内迁入和迁往省内中。

区　　人　　口　　总　　数

单位:人

18岁以下	18－35岁	35－60岁	60岁以上
1504737	**2213334**	**3599482**	**1307287**
290932	477111	708726	244318
64552	94813	153265	53163
75348	101020	179046	68306
74330	112730	180123	66957
76702	168548	196292	55892
164989	215839	385308	137210
203460	243883	466108	165387
185890	259563	420949	158809
157311	245680	385653	141598
161134	227124	349539	141786
109558	134314	273996	106762
131527	250172	356018	122233
99936	159648	253185	89184

人　口　自　然　变　动　情　况

单位:人

男	女	迁入	省内迁入	省外迁入	迁出	迁往省内	迁往省外
32833	**25386**	**259885**	**242194**	**17691**	**252096**	**236993**	**15103**
5462	4183	204189	198397	5792	26940	21634	5306
1209	966	3306	2409	897	4451	3856	595
1516	1200	2715	1854	861	1609	1234	375
1610	1201	187826	187006	820	2252	1827	425
1127	816	10351	7137	3214	18628	14717	3911
3627	2857	5576	3772	1804	3627	2368	1259
4453	3100	7072	5060	2012	4130	2311	1819
3940	3134	6364	4765	1599	4598	3575	1023
3671	2583	4810	3349	1461	132100	130468	1632
3760	3113	5830	3771	2059	3190	1893	1297
2675	2339	2983	2132	851	58917	58137	780
2625	2074	8626	7450	1176	6241	5149	1092
2620	2003	14435	13498	937	12353	11458	895

2－3　分县市区计划生育情况

（2008 年）

单位:人

地　　区	已婚育龄妇女人数	避孕人数	避孕率（%）	四项手术人数	放环人数
总　计	**1719295**	**1557055**	**90.6**	**90663**	**86741**
潍城区	73641	66023	89.7	3406	3357
寒亭区	67424	61094	90.6	3151	3083
坊子区	62892	56606	90.0	3066	3049
奎文区	61742	54637	88.5	3432	3419
青州市	183760	165721	90.2	7593	7562
诸城市	217614	198993	91.4	12132	11992
寿光市	208825	188618	90.3	9540	9334
安丘市	177052	162670	91.9	10100	9900
高密市	171089	155398	90.8	9587	9517
昌邑市	114492	104398	91.2	4966	4934
临朐县	164119	146633	89.3	10424	8048
昌乐县	119675	108962	91.0	8282	7644
高新开发区	29292	26090	89.1	1294	1226
海化开发区	16600	14924	89.9	803	803
峡山生态区	42700	39157	91.7	2464	2454
经济开发区	8378	7131	85.1	423	419

2－3 续表 1

单位:人

地　　区	合法生育率（%）	合法生育			违法生育			
			一　孩	二　孩		一　孩	二　孩	多　孩
总　计	**93.9**	**74339**	**54274**	**20065**	**4809**	**283**	**3316**	**1210**
潍城区	98.2	3332	2680	652	60		46	14
寒亭区	94.4	2763	1949	814	164	7	122	35
坊子区	95.5	2783	2128	655	132	24	82	26
奎文区	99.4	2776	2460	316	18		17	1
青州市	97.2	7452	5244	2208	211	2	143	66
诸城市	92.0	8389	5977	2412	729	78	470	181
寿光市	98.0	9065	6518	2547	186	7	112	67
安丘市	85.0	7517	5506	2011	1324	47	968	309
高密市	93.1	7962	5477	2485	587	18	389	180
昌邑市	95.8	4152	2876	1276	181	3	140	38
临朐县	94.9	8398	6298	2100	449	5	372	72
昌乐县	95.4	5735	4134	1601	275	20	171	84
高新开发区	96.9	1350	1046	304	43	3	35	5
海化开发区	99.8	613	467	146	1		1	
峡山生态区	78.1	1602	1159	443	448	69	247	132
经济开发区	99.8	450	355	95	1		1	

③

城镇单位从业人员和职工工资

THREE

NOT PRIVATELY OWNED UNIT EMPLOYMENT AND WAGES

3－1　历年劳动工资基本情况

（1950－2008 年）

年　　份	职工年末人数 （万人）	职工工资总额 （亿元）	职工平均工资 （元）
1958	22.86	0.90	393
1959	19.52	0.83	424
1960	19.67	0.89	455
1961	15.38	0.80	455
1962	14.29	0.76	479
1963	15.52	0.80	480
1964	13.95	0.73	485
1965	14.03	0.70	490
1966	18.00	0.77	425
1967	18.45	0.88	430
1968	20.00	0.93	435
1969	20.21	0.94	440
1970	21.57	0.94	445
1971	24.00	1.08	450
1972	24.86	1.22	455
1973	25.24	1.22	460
1974	26.49	1.28	465
1975	27.16	1.29	470
1976	29.22	1.40	475
1977	38.68	1.70	483
1978	38.19	1.99	533
1979	40.07	2.26	581
1980	42.04	2.78	688
1981	44.33	3.06	714
1982	45.68	3.30	738
1983	45.69	3.41	756
1984	47.64	4.27	920
1985	50.11	5.00	1033
1986	53.37	6.14	1195
1987	56.72	7.08	1289
1988	61.67	10.08	1718
1989	62.31	11.15	1805
1990	64.72	12.84	2030
1991	67.85	14.30	2171
1992	71.13	17.08	2470
1993	70.16	21.02	3007
1994	70.99	30.17	4301
1995	74.97	37.32	5063
1996	77.20	42.69	5639
1997	78.63	45.43	5834
1998	76.80	45.11	5889
1999	75.50	47.70	6333
2000	64.48	50.22	7701
2001	60.54	54.12	8775
2002	59.35	59.00	9845
2003	58.17	62.79	10780
2004	59.42	72.57	12329
2005	68.70	96.57	14085
2006	69.02	107.92	15604
2007	68.48	128.21	18904
2008	66.97	159.29	23722

注:1999 年以后为在岗职工情况，不包括离岗职工。

3－2 城镇单位从业人员及劳动报酬

（2008 年）

类　　别	从业人员年末人数（人）	从业人员劳动报酬（千元）	平　均劳动报酬（元）
总　　计	**685792**	**16153017**	**23502**
其中:国有控股企业	134706	3276417	24424
集体控股企业	38831	686926	17616
按企业、事业、机关分组汇总			
企 业	447524	9342901	20816
事 业	179056	5076657	28269
机 关	59019	1729561	29461
其 他	193	3898	20302
按国民经济行业分组总汇总			
农、林、牧、渔业	3004	54152	18282
采矿业	13502	292078	21658
制造业	306330	6187023	20190
电力、燃气及水的生产和供应业	14976	508165	33551
建筑业	37958	738168	18533
交通运输、仓储和邮政业	9253	174647	18793
信息传输、计算机服务和软件业	2981	95760	32264
批发和零售业	28899	521704	18432
住宿和餐饮业	7350	118007	16237
金融业	17572	550235	31547
房地产业	4647	109238	23691
租赁和商务服务业	1876	41222	22234
科学研究、技术服务和地质勘查业	6352	154265	24471
水利、环境和公共设施管理业	6582	120614	17999
居民服务和其他服务业	511	12461	24433
教育	101439	2939689	28656
卫生、社会保障和社会福利业	38969	1107897	28846
文化、体育和娱乐业	2706	74172	27400
公共管理和社会组织	80885	2353520	29240
国际组织			

3－3　国有单位从业人员及劳动报酬

（2008年）

类　　别	从业人员年末人数（人）	从业人员劳动报酬（千元）	平　　均劳动报酬（元）
合　　计	**298835**	**8484495**	**28375**
（一）、按隶属关系分组			
1. 中央	20118	716444	36254
2. 省、自治区、直辖市	16783	576974	34504
3. 市属（地区）	53548	1692266	31762
4. 县及县以下	207795	5480220	26264
5. 其他	591	18591	31725
（二）、按企业，事业，机关分组			
1. 企业	63411	1729375	27305
其中：地方	46091	1108617	23926
其中：省属	4998	136557	27262
2. 事业	176303	5023071	28401
其中：地方	175213	4990266	28391
其中：省属	6383	259397	41063
3. 机关	59019	1729561	29461
其中：地方	56812	1650499	29191
其中：省属	5402	181020	33547
4. 其他	102	2488	24392
其中：地方	10	78	7800
其中：省属			
（三）、按国民经济行业分组			
农、林、牧、渔业	1713	31098	18610
采矿业	2907	61319	20379
制造业	22704	572474	25328
电力、燃气及水的生产和供应业	11533	407911	34891
建筑业	4921	98801	21102
交通运输、仓储和邮政业	5578	108109	19168
信息传输、计算机服务和软件业	1933	68269	35446
批发和零售业	5022	149797	30122
住宿和餐饮业	1285	25506	19973
金融业	5908	229065	38983
房地产业	972	20620	21062
租赁和商务服务业	1208	28087	23504
科学研究、技术服务和地质勘查业	5269	134690	25592
水利、环境和公共设施管理业	6407	117887	18067
居民服务和其他服务业	322	8988	28000
教育	100788	2923571	28681
卫生、社会保障和社会福利业	36971	1073085	29445
文化、体育和娱乐业	2520	71914	28526
公共管理和社会组织	80874	2353304	29242
国际组织			

3－4　集体单位从业人员及劳动报酬

（2008 年）

类　　别	从业人员年末人数（人）	从业人员劳动报酬（千元）	平　均劳动报酬（元）
合　计	**30407**	**517209**	**17467**
（一）、按企业、事业、机关分组			
1. 企业	28157	477231	17420
2. 事业	2250	39978	18049
3. 机关			
4. 其他			
（二）、按国民经济行业分组			
农、林、牧、渔业	83	879	10590
采矿业	406	9806	24153
制造业	15487	232015	15878
电力、燃气及水的生产和供应业	3	36	12000
建筑业	5252	78833	14763
交通运输、仓储和邮政业	356	5459	15080
信息传输、计算机服务和软件业			
批发和零售业	1910	16232	8490
住宿和餐饮业	125	1822	14576
金融业	4359	128396	29301
房地产业	125	2883	23826
租赁和商务服务业	138	3164	23437
科学研究、技术服务和地质勘查业			
水利、环境和公共设施管理业	29	244	8133
居民服务和其他服务业	9	172	19111
教育	230	5154	22409
卫生、社会保障和社会福利业	1891	32062	17265
文化、体育和娱乐业			
公共管理和社会组织	4	52	13000
国际组织			

3－5　其他单位从业人员及劳动报酬

（2008 年）

类　　别	从业人员年末人数（人）	从业人员劳动报酬（千元）	平　均劳动报酬（元）
合　　计	**356550**	**7151313**	**19937**
（一）、按登记注册类型分组			
（一）内资	271223	5484661	20070
1. 股份合作	8402	164088	19851
2. 联营经济	446	10642	23389
其中：国有联营	225	4532	20600
集体联营	119	2619	19692
3. 有限责任公司	176902	3413909	19144
其中：国有独资	1056	45514	41910
4. 股份有限公司	81641	1836651	22275
5. 其他	3832	59371	15732
（二）港澳台商投资	25998	494559	19074
（三）外商投资	59329	1172093	19705
（二）、按企业、事业分组			
1. 企业	355956	7136295	19928
2. 事业	503	13608	27054
3. 其他	91	1410	15667
（三）、按国民经济行业分组			
农、林、牧、渔业	1208	22175	18357
采矿业	10189	220953	21940
制造业	268139	5382534	19992
电力、燃气及水的生产和供应业	3440	100218	29032
建筑业	27785	560534	18805
交通运输、仓储和邮政业	3319	61079	18559
信息传输、计算机服务和软件业	1048	27491	26383
批发和零售业	21967	355675	16605
住宿和餐饮业	5940	90679	15458
金融业	7305	192774	26834
房地产业	3550	85735	24419
租赁和商务服务业	530	9971	19029
科学研究、技术服务和地质勘查业	1083	19575	18804
水利、环境和公共设施管理业	146	2483	17007
居民服务和其他服务业	180	3301	18339
教育	421	10964	26043
卫生、社会保障和社会福利业	107	2750	25943
文化、体育和娱乐业	186	2258	12140
公共管理和社会组织	7	164	23429
国际组织			

3－6 城镇单位从

（2008年）

指　　标	本年增加人数	从农村招收	从城镇招收	录用的复员转业退伍军人
总　　计	**57964**	**18116**	**8905**	**837**
一、国有单位合计	**13709**	**828**	**1134**	**427**
按企业,事业,机关分组				
1. 企业	2609	156	394	70
其中:地方	1590	106	328	57
其中:省属	96	3	5	11
2. 事业	8162	421	638	163
其中:地方	8141	421	637	161
其中:省属	222	4	14	19
3. 机关	2930	251	102	194
其中:地方	2883	249	101	191
其中:省属	83	5		4
二、城镇集体单位合计	**2977**	**1237**	**664**	**22**
三、其他单位合计	**41278**	**16051**	**7107**	**388**
按国民经济分组				
A 农、林、牧、渔业	206	42	34	2
B 采矿业	652	193	198	9
C 制造业	36813	15578	5718	341
D 电力、燃气及水的生产和供应业	430	9	57	14
E 建筑业	2072	896	269	28
F 交通运输、仓储和邮政业	445	12	255	18
G 信息传输、计算机服务和软件业	207	7	8	3
H 批发和零售业	3178	181	641	38
I 住宿和餐饮业	1350	407	597	11
J 金融业	918	100	205	11
K 房地产业	169	19	26	5
L 租赁和商务服务业	100	2	6	1
M 科学研究、技术服务和地质勘查业	236	14	58	8
N 水利、环境和公共设施管理业	61	13	7	3
O 居民服务和其他服务业	10			
P 教育	4206	115	96	22
Q 卫生、社会保障和社会福利业	2763	238	427	57
R 文化、体育和娱乐业	77	2	1	5
S 公共管理和社会组织	4071	288	302	261
T 国际组织				

业 人 员 变 动 情 况

单位:人

录用的大中专技工学校毕业生	调入人数	由外省、自治区、直辖市调入	其他
17823	**5938**	**155**	**6345**
4898	**4273**	**73**	**2149**
1342	597	4	50
746	317		36
27	49		1
2667	2390	59	1883
2652	2387	59	1883
96	41		48
881	1286	10	216
867	1265	8	210
40	27		7
868	**176**	**2**	**10**
12057	**1489**	**80**	**4186**
41	47		40
204	48		
10072	1147	37	3957
262	87		1
811	67	2	1
74	82	1	4
36	153		
1989	172	2	157
127	115	32	93
385	204	5	13
52	48	6	19
35	51		5
81	37	1	38
21	13		4
	10		
1284	1534	51	1155
1186	611	2	244
20	33	1	16
1143	1479	15	598

3－6 续表1

类　　别	本年减少人　　数	离休退休退　　职	开除除名辞　　退	终止解除合　　同
总　　计	**43881**	**8435**	**5822**	**16096**
一、国有单位合计	**15466**	**3867**	**940**	**3988**
按企业,事业,机关分组				
1. 企业	6161	906	598	2481
其中:地方	5277	851	537	2227
其中:省属	1142	119	79	386
2. 事业	7247	2463	319	1337
其中:地方	7222	2454	313	1335
其中:省属	124	62		13
3. 机关	2058	498	23	170
其中:地方	2047	491	23	170
其中:省属	228	64	2	93
二、城镇集体单位合计	**1614**	**434**	**247**	**506**
三、其他单位合计	**26801**	**4134**	**4635**	**11602**
按国民经济分组				
A 农、林、牧、渔业	156	73	7	37
B 采矿业	641	249	213	83
C 制造业	24244	3334	4255	10496
D 电力、燃气及水的生产和供应业	1204	141	320	213
E 建筑业	1663	410	226	829
F 交通运输、仓储和邮政业	813	263	97	111
G 信息传输、计算机服务和软件业	386	51	4	186
H 批发和零售业	3599	630	215	1957
I 住宿和餐饮业	373	47	95	58
J 金融业	851	78	28	503
K 房地产业	84	25	4	16
L 租赁和商务服务业	829	258	40	145
M 科学研究、技术服务和地质勘查业	260	72	6	45
N 水利、环境和公共设施管理业	535	142	38	59
O 居民服务和其他服务业	87	16	2	55
P 教育	2599	1122	68	99
Q 卫生、社会保障和社会福利业	1247	361	85	136
R 文化、体育和娱乐业	75	33	11	3
S 公共管理和社会组织	4235	1130	108	1065
T 国际组织				

离开本单位仍保留劳动关系的职工	死　亡	调　出 人　数				其　他
			调　至 外　省	调至其他地 (市)	调至本地 其他单位	
3347	**661**	**5926**	**202**	**497**	**5227**	**3594**
1162	**397**	**4018**	**154**	**271**	**3593**	**1094**
758	105	643	28	70	545	670
531	78	504	24	32	448	549
14	16	47	17	23	7	481
345	210	2188	110	160	1918	385
345	208	2182	110	159	1913	385
3	5	33	17	11	5	8
59	82	1187	16	41	1130	39
59	80	1185	16	40	1129	39
	13	50	10	6	34	6
209	**12**	**142**	**2**	**13**	**127**	**64**
1976	**252**	**1766**	**46**	**213**	**1507**	**2436**
	4	35	1		34	
56	21	19		1	18	
1746	226	1387	35	191	1161	2800
224	16	235	21	34	180	55
54	15	83	2	3	78	46
94	27	218	3	5	210	3
16	3	10	2	2	6	116
482	40	196	5	14	177	79
71		75	4	3	68	27
69	6	124	2	42	80	43
10	5	20		1	19	4
161	13	211	1	4	206	1
105	6	23	1	7	15	3
29	6	190		1	189	71
9		5			5	
41	112	970	75	105	790	187
38	28	502	16	20	466	97
7	6	13	1	2	10	2
135	127	1610	33	62	1515	60

3－7 国民经济各部门城镇单位在岗职工年末人数

(2008 年)

单位:人

行业名称	总 计	国 有 单 位	城镇集体 单 位	其 他 单 位
总 计	**669735**	**288675**	**29900**	**351160**
农、林、牧、渔业	2996	1710	82	1204
采矿业	13502	2907	406	10189
制造业	304219	21651	15487	267081
电力、燃气及水的生产和供应业	14968	11528	3	3437
建筑业	35529	4741	5083	25705
交通运输、仓储和邮政业	9051	5384	351	3316
信息传输、计算机服务和软件业	2923	1875		1048
批发和零售业	28167	5008	1903	21256
住宿和餐饮业	7304	1285	125	5894
金融业	15485	5275	4238	5972
房地产业	4535	967	125	3443
租赁和商务服务业	1867	1199	138	530
科学研究、技术服务和地质勘查业	6283	5229		1054
水利、环境和公共设施管理业	4782	4607	29	146
居民服务和其他服务业	511	322	9	180
教育	97786	97158	223	405
卫生、社会保障和社会福利业	36936	35135	1694	107
文化、体育和娱乐业	2691	2505		186
公共管理和社会组织	80200	80189	4	7
国际组织				

3－8 国民经济各部门城镇单位在岗职工工资总额

（2008 年）

单位:千元

行业名称	总 计	国有单位	城镇集体单位	其他单位
合 计	**15928895**	**8348985**	**508646**	**7071264**
农、林、牧、渔业	54136	31082	879	22175
采矿业	292078	61319	9806	220953
制造业	6155446	561439	232015	5361992
电力、燃气及水的生产和供应业	507872	407692	36	100144
建筑业	695961	98199	75881	521881
交通运输、仓储和邮政业	171852	105382	5423	61047
信息传输、计算机服务和软件业	94081	66590		27491
批发和零售业	512344	149588	16224	346532
住宿和餐饮业	117621	25506	1822	90293
金融业	526811	217961	125419	183431
房地产业	107875	20495	2883	84497
租赁和商务服务业	41102	27967	3164	9971
科学研究、技术服务和地质勘查业	153350	134184		19166
水利、环境和公共设施管理业	105714	102987	244	2483
居民服务和其他服务业	12461	8988	172	3301
教育	2898903	2883089	5079	10735
卫生、社会保障和社会福利业	1064576	1032279	29547	2750
文化、体育和娱乐业	74082	71824		2258
公共管理和社会组织	2342630	2342414	52	164
国际组织				

3－9 国民经济各部门城镇单位在岗职工平均工资

（2008 年）　　单位：元

行业名称	总 计	国有单位	城镇集体单位	其他单位
合　　计	**23722**	**28879**	**17567**	**20008**
农、林、牧、渔业	18326	18634	10720	18418
采矿业	21658	20379	24153	21940
制造业	20215	26054	15878	19982
电力、燃气及水的生产和供应业	33549	34887	12000	29036
建筑业	18719	21446	15086	18929
交通运输、仓储和邮政业	18937	19407	15190	18567
信息传输、计算机服务和软件业	32352	35686		26383
批发和零售业	18572	30165	8517	16722
住宿和餐饮业	16286	19973	14576	15514
金融业	34153	41572	29517	30917
房地产业	23908	21042	23826	24728
租赁和商务服务业	22278	23581	23437	19029
科学研究、技术服务和地质勘查业	24595	25691		18939
水利、环境和公共设施管理业	21552	21778	8133	17007
居民服务和其他服务业	24433	28000	19111	18339
教育	29276	29302	22776	26506
卫生、社会保障和社会福利业	29149	29703	17767	25943
文化、体育和娱乐业	27519	28661		12140
公共管理和社会组织	29368	29370	13000	23429
国际组织				

3－10　城镇单位在岗职工及工资情况

（2008 年）

类　　别	在岗职工人　数（人）	在岗职工工资总额（千元）	在岗职工人均工资（元）
总　计	**669735**	**15928895**	**23722**
其中:国有控股企业	130817	3234409	24786
集体控股企业	38516	680719	17667
按企业、事业、机关分组汇总			
企 业	439704	9229358	20926
事 业	171336	4974793	28904
机 关	58520	1720952	29592
其 他	175	3792	21669
按国民经济行业分组总汇总			
农、林、牧、渔业	2996	54136	18326
采矿业	13502	292078	21658
制造业	304219	6155446	20215
电力、燃气及水的生产和供应业	14968	507872	33549
建筑业	35529	695961	18719
交通运输、仓储和邮政业	9051	171852	18937
信息传输、计算机服务和软件业	2923	94081	32352
批发和零售业	28167	512344	18572
住宿和餐饮业	7304	117621	16286
金融业	15485	526811	34153
房地产业	4535	107875	23908
租赁和商务服务业	1867	41102	22278
科学研究、技术服务和地质勘查业	6283	153350	24595
水利、环境和公共设施管理业	4782	105714	21552
居民服务和其他服务业	511	12461	24433
教育	97786	2898903	29276
卫生、社会保障和社会福利业	36936	1064576	29149
文化、体育和娱乐业	2691	74082	27519
公共管理和社会组织	80200	2342630	29368
国际组织			

3-11　各县市区城镇单位全部在岗职工年末人数

（2008 年）

单位：人

地　　区	全部在岗职工年末人数				农林牧渔业	采掘业	制造业	电力、煤气及水的生产和供应业
		第一产业	第二产业	第三产业				
总　　计	**669735**	**2996**	**368218**	**298521**	**2996**	**13502**	**304219**	**14968**
市区小计	251531	361	143024	108146	361	7783	112819	5132
潍 城 区	33532	39	12447	21046	39		10208	1077
寒 亭 区	24356	46	11924	12386	46	18	10873	655
#经济开发区	6402	130	4727	1545	130		1784	
坊 子 区	38511	50	28700	9761	50	1992	25457	389
奎 文 区	61705	87	28165	33453	87		23919	493
青 州 市	55337	37	29409	25891	37		23932	1046
诸 城 市	72346	980	45152	26214	980		40418	1294
寿 光 市	62890	304	33523	29063	304	2178	29243	1368
安 丘 市	57521		29274	28247			23816	1289
高 密 市	61152	607	36255	24290	607		31961	1569
昌 邑 市	28774		13262	15512		980	9864	1579
临 朐 县	46348	590	22946	22812	590	1170	19443	1005
昌 乐 县	33836	117	15373	18346	117	1391	12723	686
高新开发区	53522		28623	24899			22804	2518
滨海开发区	32476	9	27853	4614	9	5503	17459	

3-11 续表 1

单位：人

地　　区	建筑业	交通运输、仓储及邮电通信业	信息传输、计算机服务和软件业	批发和零售业	住宿和餐饮业	金融业	房地产业	租赁和商务服务业
总　　计	**35529**	**9051**	**2923**	**28167**	**7304**	**15485**	**4535**	**1867**
市区小计	17290	4962	1563	16603	4957	6815	3839	1030
潍 城 区	1162	1438		2332	762	1487	586	16
寒 亭 区	378	64	61	763	256	439	32	428
#经济开发区	2943		200	485			141	
坊 子 区	862	202		440		303	110	12
奎 文 区	3753	2589	1252	4228	2524	2619	1164	535
青 州 市	4431	974	144	705	481	1409	78	115
诸 城 市	3440	687	333	1672	93	1376	88	44
寿 光 市	734	482	206	1628	168	1292		29
安 丘 市	4169	550	138	2085	425	1075	68	95
高 密 市	2725	673	175	1581	364	987	152	177
昌 邑 市	839	73	128	635	251	989	57	205
临 朐 县	1328	396	112	2695	565	938	112	112
昌 乐 县	573	254	124	563		604	141	60
高新开发区	3301	415	50	8019	1216	1967	781	39
滨海开发区	4891	228		336	199		1025	

3－11 续表 2

单位:人

地　　区	科学研究、技术服务和地质勘查业	水利、环境和公共设施管理业	居民服务和其他服务业	教　育	卫生、社会保障和社会福利业	文化、和娱乐业	公共管理和社会组织	国际组织
总　　计	**6283**	**4782**	**511**	**97786**	**36936**	**2691**	**80200**	
市区小计	2339	1645	239	20932	10384	1533	31305	
潍 城 区	662	441	61	5489	2068	202	5502	
寒 亭 区	64	189		4211	1197	27	4655	
#经济开发区							719	
坊 子 区	279	416	19	3509	926	22	3523	
奎 文 区	1069	511	159	3327	5324	813	7339	
青 州 市	307	474	42	10676	4068	211	6207	
诸 城 市	108	218	23	10149	4278	141	7004	
寿 光 市	18	360	32	12300	4130	227	8191	
安 丘 市	2529	462	50	10811	3723	125	6111	
高 密 市	455	240		9854	3398	238	5996	
昌 邑 市	144	557	64	6020	1806	101	4482	
临 朐 县	267	573	35	9107	2856	55	4989	
昌 乐 县	116	253	26	7937	2293	60	5915	
高新开发区	87	44		3079	398	469	8335	
滨海开发区	178	44		1317	471		816	

3－12　各县市区城镇单位全部在岗职工工资总额

（2008 年）

单位:千元

地　　区	全部在岗职工工资总额				农林牧渔业	采掘业	制造业	电力、煤气及水的生产和供应业
		第一产业	第二产业	第三产业				
总　　计	**15928895**	**54136**	**7651357**	**8223402**	**54136**	**292078**	**6155446**	**507872**
市区小计	6464564	6477	3351643	3083513	6477	183613	2570933	202797
潍 城 区	812666	513	226548	585605	513		167899	34158
寒 亭 区	581700	405	220884	360411	405	210	184600	20908
#经济开发区	144849	3652	100185	41012	3652		37932	
坊 子 区	837473	624	572736	264113	624	43984	510246	7588
奎 文 区	1556230	1062	565031	990137	1062		492013	10591
青 州 市	1266683	801	540334	725548	801		463028	26934
诸 城 市	1934062	17658	1034730	881674	17658		915583	52183
寿 光 市	1728105	8353	750555	969197	8353	48229	627003	46298
安 丘 市	1095939		506425	589514			385550	44096
高 密 市	1231981	9381	603268	619332	9381		537907	34143
昌 邑 市	635542		219910	415632		14402	139886	49933
临 朐 县	818681	8901	327948	481832	8901	21803	256908	30710
昌 乐 县	753338	2565	308644	442129	2565	24031	258648	20778
高新开发区	1660170		938779	721391			704382	129552
滨海开发区	848545	221	727480	120844	221	135539	469841	

3－12 续表 1

单位：千元

地　　区	建筑业	交通运输、仓储及邮电通　信　业	信息传输、计算机服务和软件业	批发和零售业	住宿和餐饮业	金融业	房地产业	租　赁　和商务服务业
总　　计	**695961**	**171852**	**94081**	**512344**	**117621**	**526811**	**107875**	**41102**
市区小计	402200	93777	47254	284394	87205	220333	94348	25806
潍城区	24491	26723		45976	17728	34400	13236	284
寒亭区	15166	927	2767	8839	3180	12659	929	11838
#经济开发区	62253		3360	9200			1320	
坊子区	10918	3566		5688		11302	1677	336
奎文区	62427	47208	39105	73056	37981	106667	33835	12244
青州市	50372	17119	3357	17957	6099	44901	1187	2070
诸城市	66964	18519	11476	46653	1458	58112	2278	1040
寿光市	29025	11821	8274	27734	2419	51176		992
安丘市	76779	8446	7871	41143	6156	45456	1126	1849
高密市	31218	13055	4872	24140	4379	31608	3516	4350
昌邑市	15689	2207	7380	15122	3002	33158	1112	2436
临朐县	18527	4329	1717	46353	6903	28413	2167	1369
昌乐县	5187	2579	1880	8848		13654	2141	1190
高新开发区	104845	8826	2022	133965	23458	55305	17334	1104
滨海开发区	122100	5695		7670	4858		26017	

3－12 续表 2

单位：千元

地　　区	科学研究、技术服务和地质勘查业	水利、环境和公共设施管　理　业	居民服务和其他服务业	教　育	卫生、社会保障和社会福　利　业	文化、体育和娱乐业	公共管理和社会组织	国　际组　织
总　　计	**153350**	**105714**	**12461**	**2898903**	**1064576**	**74082**	**2342630**	
市区小计	79026	38937	4098	715309	339446	48198	1020413	
潍城区	31362	15280	770	170076	49156	4944	175670	
寒亭区	1855	3648		130412	34854	331	148172	
#经济开发区							27132	
坊子区	6180	3128	632	104657	26722	660	99565	
奎文区	33529	13820	2696	131957	203510	25497	229032	
青州市	6995	10688	974	318516	126933	4767	163985	
诸城市	2626	6220	733	336697	120534	3895	271433	
寿光市	519	11915	1709	436052	157476	5389	253721	
安丘市	42494	7689	958	222503	65725	1977	136121	
高密市	10347	5313		283003	85691	5169	143889	
昌邑市	3586	11333	2616	161468	56011	2373	113828	
临朐县	5337	8835	761	207690	60873	963	106122	
昌乐县	2420	4784	612	217665	51887	1351	133118	
高新开发区	1456	1936		142726	13410	16766	303083	
滨海开发区	4644	1125		35481	11794		23560	

3－13　各县市区城镇单位全部在岗职工平均工资

（2008 年）

单位：元

地　　区	全部在岗职工平均工　资	第一产业	第二产业	第三产业	农　林牧渔业	采掘业	制造业	电力、煤气及水的生产和供应业
总　　计	**23722**	**18326**	**20779**	**27547**	**18326**	**21658**	**20215**	**33549**
市区小计	25505	18042	23014	28935	18042	24443	22440	39586
潍 城 区	23935	13154	17667	27766	13154		15890	31923
寒 亭 区	23206	8265	17288	29443	8265	11667	17309	31727
#经济开发区	23469	30433	22308	26273	30433		21203	
坊 子 区	20779	11345	18727	27327	11345	22136	18657	19506
奎 文 区	25279	12207	20007	29793	12207		20481	21526
青 州 市	23029	20025	18574	28042	20025		19298	26023
诸 城 市	27164	17927	23499	33675	17927		23331	40141
寿 光 市	27470	27297	23023	32304	27297	21200	22801	34320
安 丘 市	19179		17503	20897			16271	33920
高 密 市	19680	15455	15952	25618	15455		16033	21664
昌 邑 市	21809		16202	26698		14847	13994	28436
临 朐 县	17736	16392	14434	21044	16392	18291	13394	30137
昌 乐 县	22324	22500	20128	24164	22500	16852	20434	30556
高新开发区	30948		31886	29807			30997	51553
滨海开发区	26634	24556	26669	26431	24556	25344	27202	

3－13 续表 1

单位：元

地　　区	建筑业	交通运输、仓储及邮电通　信　业	信息传输、计算机服务和 软 件 业	批发和零售业	住宿和餐饮业	金融业	房　地产　业	租赁和商务服　务　业
总　　计	**18719**	**18937**	**32352**	**18572**	**16286**	**34153**	**23908**	**22278**
市区小计	21426	18910	30388	17801	17735	32321	24679	25300
潍 城 区	20633	18939		19531	23023	23103	22208	17750
寒 亭 区	10569	14484	45361	11464	12520	28640	29031	28119
#经济开发区	23040		16000	18363			10076	
坊 子 区	12710	17395		13352		36576	15245	33600
奎 文 区	16754	18234	31690	17893	15054	40252	28894	22929
青 州 市	12401	16734	23313	24906	12422	32004	15618	18000
诸 城 市	19193	28317	34566	30060	15677	42635	25886	23636
寿 光 市	19651	23408	40165	17025	14399	39610		34207
安 丘 市	19502	15384	57036	19462	14942	43374	17594	20319
高 密 市	11597	19632	28828	15031	13190	32619	23440	25145
昌 邑 市	18436	25368	57656	23814	11960	32895	19509	12000
临 朐 县	13941	10932	15330	16549	12371	31155	19177	12223
昌 乐 县	9100	10114	15161	16000		22274	15184	20517
高新开发区	24933	21115	40440	17838	20032	28700	22166	28308
滨海开发区	26213	24978		23172	24412		25991	

3－13 续表2 单位:元

地　区	科学研究、技术服务和地质勘查业	水利、环境和公共设施管理业	居民服务和其他服务	教　育	卫生、社会保障和社会福利业	文化、体育和娱乐业	公共管理和社会组织	国际组织
总　计	**24595**	**21552**	**24433**	**29276**	**29149**	**27519**	**29368**	
市区小计	33946	23302	17146	34464	33004	31176	32755	
潍 城 区	46600	34260	12623	30733	24311	23103	31911	
寒 亭 区	28984	17371		32216	29363	12259	31797	
#经济开发区							37736	
坊 子 区	22151	7519	33263	30300	29560	30000	28358	
奎 文 区	31902	27045	16956	39674	38304	31362	31473	
青 州 市	22859	22313	23190	29894	31257	23029	26660	
诸 城 市	26000	28532	31870	32525	28314	28431	38954	
寿 光 市	28833	32914	53406	32695	39115	23740	31051	
安 丘 市	16869	13904	19551	20485	18012	16205	22533	
高 密 市	23463	22046		28303	26432	21810	24175	
昌 邑 市	25077	20346	40875	26702	31100	23495	25374	
临 朐 县	20064	15473	21743	22873	20847	17509	21374	
昌 乐 县	21416	18909	23538	27441	22747	22517	22608	
高新开发区	17542	44000		46400	33441	35672	36822	
滨海开发区	26090	25568		26941	25751		28873	

3－14　各县市区按登记类型分的城镇单位在岗职工人数及构成

(2008 年)

地　区	在岗职工人数(人)	国有单位	城镇集体单位	其他单位	在岗职工人数构成(%)	国有单位	城镇集体单位	其他单位
总　计	**669735**	**288675**	**29900**	**351160**	**100**	**43.1**	**4.5**	**52.4**
市区小计	251531	103019	6564	141948	100	41.0	2.6	56.4
潍 城 区	33532	17319	857	15356	100	51.6	2.6	45.8
寒 亭 区	24356	12650	752	10954	100	51.9	3.1	45.0
#经济开发区	6402	3662	46	2694	100	57.2	0.7	42.1
坊 子 区	38511	9666	637	28208	100	25.1	1.7	73.2
奎 文 区	61705	28830	2205	30670	100	46.7	3.6	49.7
青 州 市	55337	25520	9300	20517	100	46.1	16.8	37.1
诸 城 市	72346	24214	884	47248	100	33.5	1.2	65.3
寿 光 市	62890	30201	4706	27983	100	48.0	7.5	44.5
安 丘 市	57521	25573	2428	29520	100	44.5	4.2	51.3
高 密 市	61152	23187	897	37068	100	37.9	1.5	60.6
昌 邑 市	28774	15702	575	12497	100	54.6	2.0	43.4
临 朐 县	46348	23361	3845	19142	100	50.4	8.3	41.3
昌 乐 县	33836	17898	701	15237	100	52.9	2.1	45.0
高新开发区	53522	15822		37700	100	29.6		70.4
滨海开发区	32476	14628	2067	15781	100	45.0	6.4	48.6

3－15　各县市区按登记类型分的城镇单位在岗职工工资总额及平均工资

（2008 年）

地　　区	总　　计		国有单位		城镇集体单位		其他单位	
	工资总额（千元）	平均工资（元）	工资总额（千元）	平均工资（元）	工资总额（千元）	平均工资（元）	工资总额（千元）	平均工资（元）
总　　计	**15928895**	**23722**	**8348985**	**28879**	**508646**	**17567**	**7071264**	**20008**
市区小计	6464564	25701	3187186	30938	127045	19355	3150333	22194
潍 城 区	812666	23935	513468	29607	21355	23834	277843	17681
寒 亭 区	581700	23206	378276	30039	7463	10168	195961	16692
#经济开发区	144849	23469	89385	26128	619	13457	54845	20275
坊 子 区	837473	20779	261011	27280	11944	18780	564518	18755
奎 文 区	1556230	25279	887494	30832	35111	15909	633625	20727
青 州 市	1266683	23029	762412	29894	123886	13507	380385	18711
诸 城 市	1934062	27164	827742	34262	32594	36296	1073726	23270
寿 光 市	1728105	27470	1014694	32528	82649	21279	630762	22665
安 丘 市	1095939	19179	558588	21848	48880	20066	488471	16762
高 密 市	1231981	19680	603197	26083	17784	20118	611000	15833
昌 邑 市	635542	21809	444565	27934	10541	17927	180436	14277
临 朐 县	818681	17736	505506	21631	55286	14405	257889	13607
昌 乐 县	753338	22324	445095	24938	9981	14178	298262	19632
高新开发区	1660170	30948	636507	40501			1023663	26990
滨海开发区	848545	26634	406014	27914	50553	24891	391978	25648

3－16　各县市区城镇单位从业人员和构成

（2008 年）

地　　区	单位从业人员年末人数（人）	第一产业	第二产业	第三产业	单位从业人员构成（%）	第一产业	第二产业	第三产业
总　　计	**685792**	**3004**	**372766**	**310022**	**100**	**0.4**	**54.4**	**45.2**
市区小计	255401	369	144639	110393	100	0.1	56.6	43.2
潍 城 区	33849	42	12661	21146	100	0.1	37.4	62.5
寒 亭 区	24425	51	11929	12445	100	0.2	48.8	51.0
#经济开发区	6402	130	4727	1545	100	2.0	73.8	24.1
坊 子 区	38783	50	28731	10002	100	0.1	74.1	25.8
奎 文 区	63580	87	28410	35083	100	0.1	44.7	55.2
青 州 市	56614	37	29722	26855	100	0.1	52.5	47.4
诸 城 市	73834	980	45236	27618	100	1.3	61.3	37.4
寿 光 市	65970	304	34577	31089	100	0.5	52.4	47.1
安 丘 市	60043		30501	29542	100		50.8	49.2
高 密 市	63754	607	36394	26753	100	1.0	57.1	42.0
昌 邑 市	29283		13368	15915	100		45.7	54.3
临 朐 县	46901	590	22951	23360	100	1.3	48.9	49.8
昌 乐 县	33992	117	15378	18497	100	0.3	45.2	54.4
高新开发区	53806		28690	25116	100		53.3	46.7
滨海开发区	33529	9	28906	4614	100		86.2	13.8

固定资产投资和建筑业

FOUR

INVESTMENT IN FIXED ASSETS AND CONSTRUCTION

4－1　分县市区全社会固定资产投资完成情况

（2008 年）　　　　单位:万元

县市区名称	全社会	规模以上	城镇以上	房地产开发	农村	规模以下
总　计	**15233965**	**14998790**	**11745192**	**1964366**	**3253598**	**235175**
潍城区	798233	781733	680853	181276	100880	16500
寒亭区	937422	915422	871831	200442	23911	22000
其中:经济开发区	458407	458407	438727	112486		
坊子区	475342	472342	413512	5874	58830	3000
奎文区	764461	764461	670956	508270	113185	
青州市	1550392	1521023	1327838	206110	193185	29369
诸城市	1754302	1749102	1088882	216656	602541	5200
寿光市	1777666	1748666	1332086	77885	481224	29000
安丘市	921215	921215	687754	46539	233461	
高密市	1489636	1454342	990674	144301	463668	35294
昌邑市	1088064	1058064	591634	68719	466430	30000
临朐县	960067	941344	671451	30041	269893	18723
昌乐县	915000	868911	658511	126584	210400	46089
高新开发区	840597	840597	840597	107027		
其中:出口加工区	5480	5480	5480			
滨海开发区	923284	923284	913429	44642	9855	
峡山生态区	38284	38284	5184		33100	

注:所有房地产指标均为快报数,有关房地产年报数以经济普查为准。

4－2 规模以上固定资产投资完成情况

（2008 年） 单位：万元、个、平方米

指标名称	总计（按隶属关系分）	中央	地方
计划总投资	**28597851**	**75237**	**28522614**
本年新开工项目计划总投资	9693694	46952	9646742
自开始建设累计完成投资	20499226	63346	20435880
本年完成投资	14998790	60862	14937928
其中：本月完成投资	1678220	4370	1673850
其中：500 万元以下项目	282847	350	282497
其中：国有经济控股	3111607	54942	3056665
住宅投资	2075516		2075516
内资	14086896	60862	14026034
国有	2436381	50662	2385719
集体	1714740	2020	1712720
股份合作	39357		39357
联营	6714		6714
国有联营			
集体联营	2430		2430
国有与集体联营	4284		4284
其他联营			
有限责任公司	4335580	450	4335130
国有独资公司	2205	350	1855
其他有限责任公司	4333375	100	4333275
股份有限公司	1253025	4730	1248295
私营	3363232		3363232
其他内资	937867	3000	934867
港澳台投资	232477		232477
港澳台合资经营	43180		43180
港澳台合作经营	80136		80136
港澳台独资	83766		83766
港澳台股份有限	25395		25395
外商投资	645491		645491
外商合资经营	336960		336960
外商合作经营	23685		23685
外商独资	97777		97777
外商股份有限	187069		187069
个体经营	33926		33926
个体户	25946		25946
个人合伙	7980		7980
新建	4334875	24040	4310835

指标名称	总计（按隶属关系分）	中央	地方
扩建	3658580	6930	3651650
改建和技术改造	6398663	29092	6369571
建筑工程	8544532	35872	8508660
安装工程	1169651	8513	1161138
设备工器具购置	3269513	15299	3254214
其中:用于更新的设备	129172	4037	125135
其他费用	2015094	1178	2013916
(一)农、林、牧、渔业	318975	5343	313632
农业	20816		20816
林业	57485		57485
畜牧业	144977	5343	139634
渔业	560		560
农、林、牧、渔服务业	95137		95137
(二)采矿业	140602		140602
煤炭开采和洗选业	4332		4332
石油和天然气开采业			
黑色金属矿采选业	77658		77658
有色金属矿采选业	1700		1700
非金属矿采选业	56912		56912
其他采矿业			
(三)制造业	6152239	800	6151439
农副食品加工业	280522		280522
食品制造业	194636		194636
饮料制造业	32057		32057
烟草制品业	12953		12953
纺织业	385633	800	384833
纺织服装、鞋、帽制造业	108645		108645
皮革、毛皮、羽毛(绒)及其制品业	12270		12270
木材加工及木、竹、藤、棕、草制	26701		26701
家具制造业	36699		36699
造纸及纸制品业	265304		265304
印刷业和记录媒介的复制	148699		148699
文教体育用品制造业	37550		37550
石油加工、炼焦及核燃料加工业	49386		49386
化学原料及化学制品制造业	948934		948934
医药制造业	621689		621689
化学纤维制造业	4370		4370

4－2 续表 2

单位:万元、个、平方米

指 标 名 称	总 计（按隶属关系分）	中 央	地 方
橡胶制品业	57360		57360
塑料制品业	56835		56835
非金属矿物制品业	191935		191935
黑色金属冶炼及压延加工业	9500		9500
有色金属冶炼及压延加工业	98265		98265
金属制品业	139433		139433
通用设备制造业	982523		982523
专用设备制造业	217155		217155
交通运输设备制造业	293417		293417
电气机械及器材制造业	449124		449124
通信设备、计算机及其他电子设备	161892		161892
仪器仪表及文化、办公用机械制造	207996		207996
工艺品及其他制造业	113414		113414
废弃资源和废旧材料回收加工业	7342		7342
（四）电力、燃气及水的生产和供应业	299599	19521	280078
电力、热力的生产和供应业	193175	19521	173654
燃气生产和供应业	43424		43424
水的生产和供应业	63000		63000
（五）建筑业	246553		246553
房屋和土木工程建筑业	234753		234753
建筑安装业	2900		2900
建筑装饰业	3990		3990
其他建筑业	4910		4910
（六）交通运输、仓储和邮政业	557193	26148	531045
铁路运输业	36242	23940	12302
道路运输业	342455		342455
城市公共交通业	20670		20670
水上运输业	21397		21397
航空运输业			
管道运输业	750	750	
装卸搬运和其他运输服务业	16190		16190
仓储业	119489	1458	118031
邮政业			
（七）信息传输、计算机服务和软件业	60600		60600
电信和其他信息传输服务业	38014		38014
计算机服务业	22586		22586
软件业			

4－2 续表 3　　单位：万元、个、平方米

指　标　名　称	总　　计（按隶属关系分）	中　　央	地　　方
（八）批发和零售业	702994		702994
批发业	378463		378463
零售业	324531		324531
（九）住宿和餐饮业	131729		131729
住宿业	71055		71055
餐饮业	60674		60674
（十）金融业	7343		7343
银行业	7343		7343
证券业			
保险业			
其他金融活动			
（十一）房地产业	2945010	3100	2941910
房地产业	2945010	3100	2941910
（十二）租赁和商务服务业	137948		137948
租赁业	778		778
商务服务业	137170		137170
（十三）科学研究、技术服务和地质勘查业	65485		65485
研究与试验发展	32000		32000
专业技术服务业	31670		31670
科技交流和推广服务业	1815		1815
地质勘查业			
（十四）水利、环境和公共设施管理业	1105896		1105896
水利管理业	103823		103823
环境管理业	190570		190570
公共设施管理业	811503		811503
（十五）居民服务和其他服务业	144845		144845
居民服务业	96844		96844
其他服务业	48001		48001
（十六）教育	308935		308935
教育	308935		308935
（十七）卫生、社会保障和社会福利业	116804		116804
卫生	100449		100449
社会保障业	780		780
社会福利业	15575		15575
（十八）文化、体育和娱乐业	1159176	5950	1153226
新闻出版业	37115		37115
广播、电视、电影和音像业	53090	3930	49160

指标名称	总计（按隶属关系分）	中央	地方
文化艺术业	498812		498812
体育	37573		37573
娱乐业	532586	2020	530566
(十九)公共管理和社会组织	396864		396864
中国共产党机关	3020		3020
国家机构	200266		200266
人民政协和民主党派			
群众团体、社会团体和宗教组织	1720		1720
基层群众自治组织	191858		191858
(二十)国际组织			
国际组织			
本年新增固定资产	8213700	54788	8158912
施工项目个数	4484	17	4467
其中:500万元以下项目	702	1	701
其中:本年新开工	3463	12	3451
本年投产项目个数	2149	9	2140
本年施工房屋面积	48243532	109377	29040318
其中:住宅	19707711		4292852
本年竣工房屋面积	11699658	38820	8215717
其中:住宅	3669019		557894
本年资金来源合计	16459426	65374	16394052
上年末结余资金	414603	300	414303
本年资金来源小计	16044823	65074	15979749
国家预算内资金	547601	2616	544985
国内贷款	1365028	4250	1360778
债券	1460		1460
利用外资	383460		383460
其中:外商直接投资	171073		171073
自筹资金	11524277	56840	11467437
企事业单位自有资金	4606910	45623	4561287
其中:发行股票			
其他资金来源	2222997	1368	2221629
本年各项应付款合计	852601	5681	846920
其中:工程款	442944	4078	438866
规划用地面积	208643574	342579	208300995
本年实际征用和购置土地面积	25822162	244600	25577562
本年实际征用和购置土地成交价款	361555		361555

4－2 续表5 单位：万元、个、平方米

指 标 名 称	省（按隶属关系分）	地市县属	地 区	县	其 他
计划总投资	**652088**	**27870526**	**3745011**	**4805384**	**19196100**
本年新开工项目计划总投资	184464	9462278	574691	1439427	7448160
自开始建设累计完成投资	535577	19900303	2463011	3626544	13707550
本年完成投资	258741	14679187	1396870	2728267	10480618
其中：本月完成投资	27643	1646207	130491	264967	1248296
其中：500 万元以下项目	400	282097	5965	16767	259365
其中：国有经济控股	241746	2814919	806983	1524803	483133
住宅投资	8353	2067163	295406	411726	1301472
内资	184896	13841138	1286807	2549862	9931037
国有	80551	2305168	667368	1253333	384467
集体	2400	1710320	5000	373979	1314342
股份合作		39357	7260		32097
联营		6714	4284		2430
国有联营					
集体联营		2430			2430
国有与集体联营		4284	4284		
其他联营					
有限责任公司	88250	4246880	348946	520559	3325199
国有独资公司		1855		1855	
其他有限责任公司	88250	4245025	348946	518704	3325199
股份有限公司	13695	1234600	138239	212347	883702
私营		3363232	67469	122740	3169078
其他内资		934867	48241	66904	819722
港澳台投资		232477	42300	10297	179880
港澳台合资经营		43180	42300		880
港澳台合作经营		80136		2130	78006
港澳台独资		83766		8167	75599
港澳台股份有限		25395			25395
外商投资	73845	571646	67763	168108	335775
外商合资经营		336960	61078	90060	185822
外商合作经营		23685	6685		17000
外商独资	900	96877		1174	95703
外商股份有限	72945	114124		76874	37250
个体经营		33926			33926
个体户		25946			25946
个人合伙		7980			7980
新建	18972	4281863	143141	414786	1769570

4－2 续表 6 单位:万元、个、平方米

指 标 名 称	省（按隶属关系分）	地市县属	地 区	县	其 他
扩建	16336	3635314	327312	556690	2751312
改建和技术改造	210398	6159173	384337	1180665	4594171
建筑工程	120533	8388127	884048	1572536	5884077
安装工程	18346	1142792	179758	176380	776168
设备工器具购置	114096	3140118	163489	526162	2450447
其中:用于更新的设备	1000	124135	1380	54236	68519
其他费用	5766	2008150	169575	453189	1369926
(一)农、林、牧、渔业		313632		69234	244398
农业		20816		770	20046
林业		57485		17280	40205
畜牧业		139634		3000	136634
渔业		560			560
农、林、牧、渔服务业		95137		48184	46953
(二)采矿业		140602	384		140218
煤炭开采和洗选业		4332	232		4100
石油和天然气开采业					
黑色金属矿采选业		77658			77658
有色金属矿采选业		1700			1700
非金属矿采选业		56912	152		56760
其他采矿业					
(三)制造业	197419	5954020	430638	669871	4853511
农副食品加工业		280522	460	54870	225192
食品制造业	900	193736		6200	187536
饮料制造业		32057	523	2514	29020
烟草制品业	11500	1453			1453
纺织业		384833	28400	25453	330980
纺织服装、鞋、帽制造业		108645		6000	102645
皮革、毛皮、羽毛(绒)及其制品业		12270			12270
木材加工及木、竹、藤、棕、草制		26701			26701
家具制造业		36699		600	36099
造纸及纸制品业		265304	355	164706	100243
印刷业和记录媒介的复制		148699	9900		138799
文教体育用品制造业		37550			37550
石油加工、炼焦及核燃料加工业		49386	36311	9414	3661
化学原料及化学制品制造业		948934	61191	71402	816341
医药制造业		621689	64813	62801	494075
化学纤维制造业		4370			4370

4－2 续表 7

单位：万元、个、平方米

指 标 名 称	省（按隶属关系分）	地市县属	地 区	县	其 他
橡胶制品业		57360			57360
塑料制品业		56835			56835
非金属矿物制品业		191935		2000	189935
黑色金属冶炼及压延加工业		9500			9500
有色金属冶炼及压延加工业		98265		71278	26987
金属制品业		139433	342	960	138131
通用设备制造业	98379	884144	16138	127351	740655
专用设备制造业		217155	10700	11954	194501
交通运输设备制造业	71710	221707	1500	44500	175707
电气机械及器材制造业	14930	434194	21420	2346	410428
通信设备、计算机及其他电子设备		161892		3651	158241
仪器仪表及文化、办公用机械制造		207996	175563	833	31600
工艺品及其他制造业		113414		1038	112376
废弃资源和废旧材料回收加工业		7342	3022		4320
（四）电力、燃气及水的生产和供应业		280078	4882	86683	188513
电力、热力的生产和供应业		173654		78119	95535
燃气生产和供应业		43424			43424
水的生产和供应业		63000	4882	8564	49554
（五）建筑业	9050	237503	52498	57736	127269
房屋和土木工程建筑业	9050	225703	52498	57736	115469
建筑安装业		2900			2900
建筑装饰业		3990			3990
其他建筑业		4910			4910
（六）交通运输、仓储和邮政业	4900	526145	37762	124653	363730
铁路运输业	4900	7402	2812		4590
道路运输业		342455	34950	112022	195483
城市公共交通业		20670		10670	10000
水上运输业		21397			21397
航空运输业					
管道运输业					
装卸搬运和其他运输服务业		16190			16190
仓储业		118031		1961	116070
邮政业					
（七）信息传输、计算机服务和软件业		60600	2370	6970	51260
电信和其他信息传输服务业		38014	1224	6970	29820
计算机服务业		22586	1146		21440
软件业					

单位:万元、个、平方米

指标名称	省(按隶属关系分)	地市县属	地区	县	其他
(八)批发和零售业	2500	700494	1302	118611	580581
批发业	2500	375963	652	98891	276420
零售业		324531	650	19720	304161
(九)住宿和餐饮业		131729		5015	126714
住宿业		71055		5015	66040
餐饮业		60674			60674
(十)金融业		7343	1760	103	5480
银行业		7343	1760	103	5480
证券业					
保险业					
其他金融活动					
(十一)房地产业	1800	2930110	13813	45943	915988
房地产业	1800	2930110	13813	45943	915988
(十二)租赁和商务服务业		137948	5000	51542	81406
租赁业		778			778
商务服务业		137170	5000	51542	80628
(十三)科学研究、技术服务和地质勘查业		65485	4720	16000	44765
研究与试验发展		32000			32000
专业技术服务业		31670	4720	14500	12450
科技交流和推广服务业		1815		1500	315
地质勘查业					
(十四)水利、环境和公共设施管理业	3564	1102332	199435	346744	556153
水利管理业		103823	16798	45572	41453
环境管理业		190570	58726	12544	119300
公共设施管理业	3564	807939	123911	288628	395400
(十五)居民服务和其他服务业		144845		26696	118149
居民服务业		96844		25466	71378
其他服务业		48001		1230	46771
(十六)教育	21856	287079	52900	147552	86627
教育	21856	287079	52900	147552	86627
(十七)卫生、社会保障和社会福利业		116804	3652	45799	67353
卫生		100449	3652	43819	52978
社会保障业		780			780
社会福利业		15575		1980	13595
(十八)文化、体育和娱乐业	7252	1145974	105984	384605	655385
新闻出版业		37115		18115	19000
广播、电视、电影和音像业		49160	7700	22910	18550

指标名称	省（按隶属关系分）	地市县属	地区	县	其他
文化艺术业	7252	491560	58581	196961	236018
体育		37573	18883		18690
娱乐业		530566	20820	146619	363127
（十九）公共管理和社会组织	400	396464	28385	117669	250410
中国共产党机关		3020		1620	1400
国家机构	400	199866	28385	79279	92202
人民政协和民主党派					
群众团体、社会团体和宗教组织		1720		1720	
基层群众自治组织		191858		35050	156808
（二十）国际组织					
国际组织					
本年新增固定资产	103161	8055751	491695	1440079	6087058
施工项目个数	18	4449	131	497	3821
其中：500 万元以下项目	1	700	11	65	624
其中：本年新开工	6	3445	89	351	3005
本年投产项目个数	4	2136	9	174	1953
本年施工房屋面积	503849	28536469	918585	4006486	23611398
其中：住宅	144066	4148786	57600	666757	3424429
本年竣工房屋面积	16120	8199597	54004	943256	7202337
其中：住宅	3263	554631		115092	439539
本年资金来源合计	263140	16130912	1615487	2836476	11594433
上年末结余资金	7907	406396	102791	58811	235071
本年资金来源小计	255233	15724516	1512696	2777665	11359362
国家预算内资金	7614	537371	374788	97664	64919
国内贷款	11900	1348878	175713	190589	977506
债券		1460		300	1160
利用外资	10197	373263	80740	50588	241935
其中：外商直接投资	8000	163073	60020	8678	94375
自筹资金	214381	11253056	625948	2095809	8488894
企事业单位自有资金	200731	4360556	176682	969432	3203662
其中：发行股票					
其他资金来源	11141	2210488	255507	342715	1584948
本年各项应付款合计	4335	842585	94574	241918	503294
其中：工程款	2688	436178	65159	107559	262237
规划用地面积	242120	208058875	6779944	32063434	169215497
本年实际征用和购置土地面积	49536	25528026	1133158	3559557	20835311
本年实际征用和购置土地成交价款	2046	359509	11857	63636	284016

4－3　城镇以上固定资产投资完成情况

（2008 年）　　单位：万元、个、平方米

指标名称	总计	地市县属			
			地区	县	其他
计划总投资	**23800505**	**23094099**	**3716817**	**4235354**	**15017897**
本年新开工项目计划总投资	7029520	6807668	548267	1191236	5068165
自开始建设累计完成投资	16777227	16193731	2434768	3186195	10469570
本年完成投资	11745192	11440116	1368627	2317357	7680700
其中：本月完成投资	1298077	1266764	128141	217547	918623
其中：500 万元以下项目	135843	135093	5965	10827	118301
其中：国有经济控股	2719695	2431914	790240	1310116	331558
住宅投资	1983561	1975208	291785	396026	1228838
内资	11049859	10818628	1258564	2204952	7281680
国有	2143090	2020784	650625	1126845	243314
集体	1120742	1118942	5000	193416	903527
股份合作	30980	30980	7260		23720
联营	6714	6714	4284		2430
国有联营					
集体联营	2430	2430			2430
国有与集体联营	4284	4284	4284		
其他联营					
有限责任公司	3663908	3575208	340346	509999	2672687
国有独资公司	2205	1855		1855	
其他有限责任公司	3661703	3573353	340346	508144	2672687
股份有限公司	988002	969577	135339	207247	626679
私营	2471124	2471124	67469	122740	2276970
其他内资	625299	625299	48241	44705	532353
港澳台投资	221527	221527	42300	10297	168930
港澳台合资经营	43180	43180	42300		880
港澳台合作经营	75086	75086		2130	72956
港澳台独资	77866	77866		8167	69699
港澳台股份有限	25395	25395			25395
外商投资	459286	385441	67763	102108	215570
外商合资经营	170360	170360	61078	24060	85222
外商合作经营	22485	22485	6685		15800
外商独资	79372	78472		1174	77298
外商股份有限	187069	114124		76874	37250
个体经营	14520	14520			14520
个体户	9340	9340			9340
个人合伙	5180	5180			5180
新建	3881533	3828521	143141	366452	1364562

指标名称	总计	地市县属	地区	县	其他
扩建	2603944	2583678	309912	368874	1904892
改建和技术改造	4732468	4504505	381437	1015427	3107641
建筑工程	6950894	6806879	866828	1372373	4520212
安装工程	944613	918716	174434	153431	580365
设备工器具购置	2228556	2099802	158678	395306	1545798
其中:用于更新的设备	74894	69964	1380	21541	47043
其他费用	1621129	1614719	168687	396247	1034325
(一)农、林、牧、渔业	128080	128080		52176	75904
农业	1680	1680			1680
林业	32214	32214		13580	18634
畜牧业	36900	36900			36900
渔业					
农、林、牧、渔服务业	57286	57286		38596	18690
(二)采矿业	64015	64015	384		63631
煤炭开采和洗选业	4332	4332	232		4100
石油和天然气开采业					
黑色金属矿采选业	34800	34800			34800
有色金属矿采选业	900	900			900
非金属矿采选业	23983	23983	152		23831
其他采矿业					
(三)制造业	4664325	4466106	419138	589493	3457475
农副食品加工业	194311	194311	460	54870	138981
食品制造业	131549	130649		6200	124449
饮料制造业	19177	19177	523	2514	16140
烟草制品业	11500				
纺织业	269836	269036	25500	19493	224043
纺织服装、鞋、帽制造业	89632	89632		6000	83632
皮革、毛皮、羽毛(绒)及其制品业	11640	11640			11640
木材加工及木、竹、藤、棕、草制	7955	7955			7955
家具制造业	22955	22955			22955
造纸及纸制品业	236572	236572	355	164706	71511
印刷业和记录媒介的复制	90626	90626	9900		80726
文教体育用品制造业	15628	15628			15628
石油加工、炼焦及核燃料加工业	42186	42186	29311	9414	3461
化学原料及化学制品制造业	796662	796662	61191	71402	664069
医药制造业	406809	406809	64813	61261	280735
化学纤维制造业					

指标名称	总计	地市县属	地区	县	其他
橡胶制品业	24480	24480			24480
塑料制品业	39435	39435			39435
非金属矿物制品业	141696	141696		2000	139696
黑色金属冶炼及压延加工业	9500	9500			9500
有色金属冶炼及压延加工业	12337	12337			12337
金属制品业	120927	120927	342	960	119625
通用设备制造业	788344	689965	14538	127351	548076
专用设备制造业	204898	204898	10700	11954	182244
交通运输设备制造业	256859	185149	1500	44500	139149
电气机械及器材制造业	278749	263819	21420	1346	241053
通信设备、计算机及其他电子设备	149092	149092		3651	145441
仪器仪表及文化、办公用机械制造	206396	206396	175563	833	30000
工艺品及其他制造业	79052	79052		1038	78014
废弃资源和废旧材料回收加工业	5522	5522	3022		2500
(四)电力、燃气及水的生产和供应业	120399	100878	4882	13483	82513
电力、热力的生产和供应业	52975	33454		12119	21335
燃气生产和供应业	42064	42064			42064
水的生产和供应业	25360	25360	4882	1364	19114
(五)建筑业	196516	188066	52498	54306	81262
房屋和土木工程建筑业	194456	186006	52498	54306	79202
建筑安装业					
建筑装饰业	200	200			200
其他建筑业	1860	1860			1860
(六)交通运输、仓储和邮政业	400254	369206	37762	96453	234991
铁路运输业	36242	7402	2812		4590
道路运输业	233434	233434	34950	83822	114662
城市公共交通业	20670	20670		10670	10000
水上运输业	21187	21187			21187
航空运输业					
管道运输业	750				
装卸搬运和其他运输服务业	12100	12100			12100
仓储业	75871	74413		1961	72452
邮政业					
(七)信息传输、计算机服务和软件业	56300	56300	2370	6970	46960
电信和其他信息传输服务业	34154	34154	1224	6970	25960
计算机服务业	22146	22146	1146		21000
软件业					

指标名称	总计	地市县属	地区	县	其他
（八）批发和零售业	551982	549482	1302	115711	432469
批发业	309426	306926	652	97811	208463
零售业	242556	242556	650	17900	224006
（九）住宿和餐饮业	104459	104459		5015	99444
住宿业	56015	56015		5015	51000
餐饮业	48444	48444			48444
（十）金融业	7343	7343	1760	103	5480
银行业	7343	7343	1760	103	5480
证券业					
保险业					
其他金融活动					
（十一）房地产业	2820692	2808792	9000	36908	808518
房地产业	2820692	2808792	9000	36908	808518
（十二）租赁和商务服务业	92520	92520	5000	51542	35978
租赁业	680	680			680
商务服务业	91840	91840	5000	51542	35298
（十三）科学研究、技术服务和地质勘查业	50185	50185	4720	15000	30465
研究与试验发展	22900	22900			22900
专业技术服务业	26470	26470	4720	14500	7250
科技交流和推广服务业	815	815		500	315
地质勘查业					
（十四）水利、环境和公共设施管理业	804072	804072	190635	265670	347767
水利管理业	81278	81278	16798	41422	23058
环境管理业	137953	137953	58726	8200	71027
公共设施管理业	584841	584841	115111	216048	253682
（十五）居民服务和其他服务业	72386	72386		16896	55490
居民服务业	59846	59846		15666	44180
其他服务业	12540	12540		1230	11310
（十六）教育	297465	275609	52900	145492	77217
教育	297465	275609	52900	145492	77217
（十七）卫生、社会保障和社会福利业	96336	96336	3652	44209	48475
卫生	84141	84141	3652	43679	36810
社会保障业	780	780			780
社会福利业	11415	11415		530	10885
（十八）文化、体育和娱乐业	934895	923713	105164	315921	502628
新闻出版业	37115	37115		18115	19000
广播、电视、电影和音像业	51540	47610	7700	22410	17500

指标名称	总计	地市县属			
			地区	县	其他
文化艺术业	386020	378768	58581	159211	160976
体育	36383	36383	18883		17500
娱乐业	423837	423837	20000	116185	287652
(十九)公共管理和社会组织	282968	282568	26075	85168	171325
中国共产党机关	3020	3020		1620	1400
国家机构	158933	158533	26075	71228	61230
人民政协和民主党派					
群众团体、社会团体和宗教组织	1720	1720		1720	
基层群众自治组织	119295	119295		10600	108695
(二十)国际组织					
国际组织					
本年新增固定资产	5798381	5650970	473395	1160623	3980033
施工项目个数	2762	2732	122	383	2227
其中:500万元以下项目	341	339	11	42	286
其中:本年新开工	1984	1969	81	254	1634
本年投产项目个数	1114	1104	4	113	987
本年施工房屋面积	40532097	20908591	866585	3418736	16623270
其中:住宅	18934717	3375792	10000	493757	2872035
本年竣工房屋面积	8567145	5082084	49604	702056	4330424
其中:住宅	3452522	338134		72092	266042
本年资金来源合计	12822201	12512726	1587242	2387176	8453792
上年末结余资金	386448	378241	102791	58811	206916
本年资金来源小计	12435753	12134485	1484451	2328365	8246876
国家预算内资金	511591	506791	371658	79864	55269
国内贷款	976911	960761	166913	178609	610169
债券	1360	1360		200	1160
利用外资	245405	235208	70020	8878	156310
其中:外商直接投资	146393	138393	60020	8678	69695
自筹资金	8860869	8603257	620353	1735769	6204730
企事业单位自有资金	3796766	3553412	176682	897016	2468934
其中:发行股票					
其他资金来源	1839617	1827108	255507	325045	1219238
本年各项应付款合计	665433	660760	93614	225212	339135
其中:工程款	361681	358655	64552	102277	190603
规划用地面积	62558522	62008823	6732344	15868775	39407704
本年实际征用和购置土地面积	17961789	17667653	1133158	3373764	13160731
本年实际征用和购置土地成交价款	275571	273525	11857	53836	207832

4－4 农村固定资产投资完成情况

（2008 年）

单位：万元、个、平方米

指标名称	总计	地市县属	地区	县	其他
计划总投资	**4797346**	**4776427**	**28194**	**570030**	**4178203**
本年新开工项目计划总投资	2664174	2654610	26424	248191	2379995
自开始建设累计完成投资	3721999	3706572	28243	440349	3237980
本年完成投资	3253598	3239071	28243	410910	2799918
其中：本月完成投资	380143	379443	2350	47420	329673
其中：500 万元以下项目	147004	147004		5940	141064
其中：国有经济控股	391912	383005	16743	214687	151575
住宅投资	91955	91955	3621	15700	72634
内资	3037037	3022510	28243	344910	2649357
国有	293291	284384	16743	126488	141153
集体	593998	591378		180563	410815
股份合作	8377	8377			8377
联营					
国有联营					
集体联营					
国有与集体联营					
其他联营					
有限责任公司	671672	671672	8600	10560	652512
国有独资公司					
其他有限责任公司	671672	671672	8600	10560	652512
股份有限公司	265023	265023	2900	5100	257023
私营	892108	892108			892108
其他内资	312568	309568		22199	287369
港澳台投资	10950	10950			10950
港澳台合资经营					
港澳台合作经营	5050	5050			5050
港澳台独资	5900	5900			5900
港澳台股份有限					
外商投资	186205	186205		66000	120205
外商合资经营	166600	166600		66000	100600
外商合作经营	1200	1200			1200
外商独资	18405	18405			18405
外商股份有限					
个体经营	19406	19406			19406
个体户	16606	16606			16606
个人合伙	2800	2800			2800
新建	453342	453342		48334	405008

指标名称	总计	地市县属	地区	县	其他
扩建	1054636	1051636	17400	187816	846420
改建和技术改造	1666195	1654668	2900	165238	1486530
建筑工程	1593638	1581248	17220	200163	1363865
安装工程	225038	224076	5324	22949	195803
设备工器具购置	1040957	1040316	4811	130856	904649
其中:用于更新的设备	54278	54171		32695	21476
其他费用	393965	393431	888	56942	335601
(一)农、林、牧、渔业	190895	185552		17058	168494
农业	19136	19136		770	18366
林业	25271	25271		3700	21571
畜牧业	108077	102734		3000	99734
渔业	560	560			560
农、林、牧、渔服务业	37851	37851		9588	28263
(二)采矿业	76587	76587			76587
煤炭开采和洗选业					
石油和天然气开采业					
黑色金属矿采选业	42858	42858			42858
有色金属矿采选业	800	800			800
非金属矿采选业	32929	32929			32929
其他采矿业					
(三)制造业	1487914	1487914	11500	80378	1396036
农副食品加工业	86211	86211			86211
食品制造业	63087	63087			63087
饮料制造业	12880	12880			12880
烟草制品业	1453	1453			1453
纺织业	115797	115797	2900	5960	106937
纺织服装、鞋、帽制造业	19013	19013			19013
皮革、毛皮、羽毛(绒)及其制品业	630	630			630
木材加工及木、竹、藤、棕、草制	18746	18746			18746
家具制造业	13744	13744		600	13144
造纸及纸制品业	28732	28732			28732
印刷业和记录媒介的复制	58073	58073			58073
文教体育用品制造业	21922	21922			21922
石油加工、炼焦及核燃料加工业	7200	7200	7000		200
化学原料及化学制品制造业	152272	152272			152272
医药制造业	214880	214880		1540	213340
化学纤维制造业	4370	4370			4370

4－4 续表 2

单位:万元、个、平方米

指标名称	总计	地市县属	地区	县	其他
橡胶制品业	32880	32880			32880
塑料制品业	17400	17400			17400
非金属矿物制品业	50239	50239			50239
黑色金属冶炼及压延加工业					
有色金属冶炼及压延加工业	85928	85928		71278	14650
金属制品业	18506	18506			18506
通用设备制造业	194179	194179	1600		192579
专用设备制造业	12257	12257			12257
交通运输设备制造业	36558	36558			36558
电气机械及器材制造业	170375	170375		1000	169375
通信设备、计算机及其他电子设备	12800	12800			12800
仪器仪表及文化、办公用机械制造	1600	1600			1600
工艺品及其他制造业	34362	34362			34362
废弃资源和废旧材料回收加工业	1820	1820			1820
(四)电力、燃气及水的生产和供应业	179200	179200		73200	106000
电力、热力的生产和供应业	140200	140200		66000	74200
燃气生产和供应业	1360	1360			1360
水的生产和供应业	37640	37640		7200	30440
(五)建筑业	50037	49437		3430	46007
房屋和土木工程建筑业	40297	39697		3430	36267
建筑安装业	2900	2900			2900
建筑装饰业	3790	3790			3790
其他建筑业	3050	3050			3050
(六)交通运输、仓储和邮政业	156939	156939		28200	128739
铁路运输业					
道路运输业	109021	109021		28200	80821
城市公共交通业					
水上运输业	210	210			210
航空运输业					
管道运输业					
装卸搬运和其他运输服务业	4090	4090			4090
仓储业	43618	43618			43618
邮政业					
(七)信息传输、计算机服务和软件业	4300	4300			4300
电信和其他信息传输服务业	3860	3860			3860
计算机服务业	440	440			440
软件业					

指标名称	总计	地市县属	地区	县	其他
（八）批发和零售业	151012	151012		2900	148112
批发业	69037	69037		1080	67957
零售业	81975	81975		1820	80155
（九）住宿和餐饮业	27270	27270			27270
住宿业	15040	15040			15040
餐饮业	12230	12230			12230
（十）金融业					
银行业					
证券业					
保险业					
其他金融活动					
（十一）房地产业	124318	121318	4813	9035	107470
房地产业	124318	121318	4813	9035	107470
（十二）租赁和商务服务业	45428	45428			45428
租赁业	98	98			98
商务服务业	45330	45330			45330
（十三）科学研究、技术服务和地质勘查业	15300	15300		1000	14300
研究与试验发展	9100	9100			9100
专业技术服务业	5200	5200			5200
科技交流和推广服务业	1000	1000		1000	
地质勘查业					
（十四）水利、环境和公共设施管理业	301824	298260	8800	81074	208386
水利管理业	22545	22545		4150	18395
环境管理业	52617	52617		4344	48273
公共设施管理业	226662	223098	8800	72580	141718
（十五）居民服务和其他服务业	72459	72459		9800	62659
居民服务业	36998	36998		9800	27198
其他服务业	35461	35461			35461
（十六）教育	11470	11470		2060	9410
教育	11470	11470		2060	9410
（十七）卫生、社会保障和社会福利业	20468	20468		1590	18878
卫生	16308	16308		140	16168
社会保障业					
社会福利业	4160	4160		1450	2710
（十八）文化、体育和娱乐业	224281	222261	820	68684	152757
新闻出版业					
广播、电视、电影和音像业	1550	1550		500	1050

指标名称	总计	地市县属	地区	县	其他
文化艺术业	112792	112792		37750	75042
体育	1190	1190			1190
娱乐业	108749	106729	820	30434	75475
(十九)公共管理和社会组织	113896	113896	2310	32501	79085
中国共产党机关					
国家机构	41333	41333	2310	8051	30972
人民政协和民主党派					
群众团体、社会团体和宗教组织					
基层群众自治组织	72563	72563		24450	48113
(二十)国际组织					
国际组织					
本年新增固定资产	2415319	2404781	18300	279456	2107025
施工项目个数	1722	1717	9	114	1594
其中:500万元以下项目	361	361		23	338
其中:本年新开工	1479	1476	8	97	1371
本年投产项目个数	1035	1032	5	61	966
本年施工房屋面积	7711435	7627878	52000	587750	6988128
其中:住宅	772994	772994	47600	173000	552394
本年竣工房屋面积	3132513	3117513	4400	241200	2871913
其中:住宅	216497	216497		43000	173497
本年资金来源合计	3637225	3618186	28245	449300	3140641
上年末结余资金	28155	28155			28155
本年资金来源小计	3609070	3590031	28245	449300	3112486
国家预算内资金	36010	30580	3130	17800	9650
国内贷款	388117	388117	8800	11980	367337
债券	100	100		100	
利用外资	138055	138055	10720	41710	85625
其中:外商直接投资	24680	24680			24680
自筹资金	2663408	2649799	5595	360040	2284164
企事业单位自有资金	810144	807144		72416	734728
其中:发行股票					
其他资金来源	383380	383380		17670	365710
本年各项应付款合计	187168	181825	960	16706	164159
其中:工程款	81263	77523	607	5282	71634
规划用地面积	146085052	146050052	47600	16194659	129807793
本年实际征用和购置土地面积	7860373	7860373		185793	7674580
本年实际征用和购置土地成交价款	85984	85984		9800	76184

4-5 分行业按经济类型分的本年完成投资情况

（不含房地产开发企业完成情况）（2008年）

单位:万元

指标名称	总计	国有单位投资	集体单位投资	私营及个体投资	联营
全市总计	**13034424**	**2315368**	**1706817**	**2841991**	
（一）农、林、牧、渔业	318975	59959	68534	85460	
农业	20816	1950	7905	1470	
谷物及其他作物的种植	2440	1950	490		
蔬菜、园艺作物的种植	12500		3500	1470	
水果、坚果、饮料和香料作物的	5876		3915		
林业	57485	12888	28387	5100	
林木的培育和种植	57485	12888	28387	5100	
畜牧业	144977	5343	3433	71632	
渔业	560			560	
海洋渔业	560			560	
农、林、牧、渔服务业	95137	39778	28809	6698	
农业服务业	77489	39778	17531	5718	
畜牧服务业	9060		2690	980	
（二）采矿业	140602	152	8930	57567	
煤炭开采和洗选业	4332		100		
黑色金属矿采选业	77658			23600	
有色金属矿采选业	1700		900	800	
贵金属矿采选	1700		900	800	
非金属矿采选业	56912	152	7930	33167	
土砂石开采	40693			25030	
石棉及其他非金属矿采选	2937			2937	
（三）制造业	6152239	286499	130019	1948288	
农副食品加工业	280522		1320	134434	
植物油加工	45760			39260	
屠宰及肉类加工	42528			18838	
水产品加工	53150			50	
其他农副食品加工	4880			2630	
食品制造业	194636		9704	88656	
焙烤食品制造	1825			525	
糖果、巧克力及蜜饯制造	13580			13580	
方便食品制造	9560			4160	
罐头制造	19500			3200	
调味品、发酵制品制造	50			50	
其他食品制造	139953		9704	67001	
饮料制造业	32057			17540	
酒的制造	25747			16010	
软饮料制造	5810			1530	
烟草制品业	12953	11500	480		
纺织业	385633		880	108982	

指标名称	总计	国有单位投资	集体单位投资	私营及个体投资	联营
棉、化纤纺织及印染精加工	236837			68445	
毛纺织和染整精加工	2000			600	
丝绢纺织及精加工	7375		880	465	
纺织制成品制造	105494			21805	
针织品、编织品及其制品制造	33927			17667	
纺织服装、鞋、帽制造业	108645		805	9940	
皮革、毛皮、羽毛(绒)及其制品业	12270		850	7160	
皮革制品制造	7760		850	6710	
羽毛(绒)加工及制品制造	4050			450	
木材加工及木、竹、藤、棕、草制	26701			13065	
锯材、木片加工	6070			5870	
人造板制造	13925			6255	
木制品制造	6706			940	
家具制造业	36699			20366	
造纸及纸制品业	265304	70078		47928	
造纸	250416	70078		46498	
纸制品制造	14888			1430	
印刷业和记录媒介的复制	148699		200	68687	
印刷	148699		200	68687	
文教体育用品制造业	37550			22980	
文化用品制造	6960			6960	
乐器制造	18000			5400	
石油加工、炼焦及核燃料加工业	49386	29311		2200	
精炼石油产品的制造	42386	29311		2200	
化学原料及化学制品制造业	948934	34309		368371	
基础化学原料制造	63549	28664		13565	
肥料制造	25982			8960	
农药制造	8548			1300	
涂料、油墨、颜料及类似产品制	5511			1611	
合成材料制造	223573	792		124793	
专用化学产品制造	601253	4853		218142	
日用化学产品制造	20518				
医药制造业	621689	54394	1540	88286	
化学纤维制造业	4370				
合成纤维制造	4370				
橡胶制品业	57360			29050	
轮胎制造	19220			7220	
塑料制品业	56835			34890	
非金属矿物制品业	191935			81087	
水泥、石灰和石膏的制造	6727			1727	

单位:万元

指标名称	总计	国有单位投资	集体单位投资	私营及个体投资	联营
水泥及石膏制品制造	16612			4621	
砖瓦、石材及其他建筑材料制造	66090			35747	
玻璃及玻璃制品制造	92300			35476	
陶瓷制品制造	4220				
耐火材料制品制造	2680			2200	
石墨及其他非金属矿物制品制造	3306			1316	
黑色金属冶炼及压延加工业	9500			5600	
有色金属冶炼及压延加工业	98265		71278	10340	
稀有稀土金属冶炼	88538		71278	9885	
有色金属压延加工	7027			455	
金属制品业	139433	342	3100	38092	
结构性金属制品制造	63451		2650	21567	
金属工具制造	5092	342		3800	
集装箱及金属包装容器制造	7560			1560	
建筑、安全用金属制品制造	17210			5705	
不锈钢及类似日用金属制品制造	1800			1800	
其他金属制品制造	41610		450	1970	
通用设备制造业	982523	15677	21750	354733	
锅炉及原动机制造	24139	12629	3200	1610	
金属加工机械制造	32838			9080	
泵、阀门、压缩机及类似机械的	394486	3048	3200	124637	
轴承、齿轮、传动和驱动部件的	9670			680	
风机、衡器、包装设备等通用设	144078			45607	
通用零部件制造及机械修理	166326		6850	71717	
金属铸、锻加工	205636		8500	101352	
专用设备制造业	217155	894	1500	68228	
矿山、冶金、建筑专用设备制造	35998			14918	
化工、木材、非金属加工专用设	11862			2850	
食品、饮料、烟草及饲料生产专	10680			800	
印刷、制药、日化生产专用设备	12840			8240	
纺织、服装和皮革工业专用设备	800				
电子和电工机械专用设备制造	31330		1500	21250	
农、林、牧、渔专用机械制造	58017			5850	
医疗仪器设备及器械制造	29635			11400	
环保、社会公共安全及其他专用	25993	894		2920	
交通运输设备制造业	293417	1500	6972	51489	
汽车制造	260361		6972	43939	
摩托车制造	5200			5200	
自行车制造	2350			2350	
船舶及浮动装置制造	10906				

单位:万元

指标名称	总计	国有单位投资	集体单位投资	私营及个体投资	联营
航空航天器制造	1500	1500			
交通器材及其他交通运输设备制	13100				
电气机械及器材制造业	449124	3662	4540	140124	
电机制造	102511			35410	
输配电及控制设备制造	81852	2016	3500	40711	
电线、电缆、光缆及电工器材制	46885	1346		15339	
家用电力器具制造	15000			4800	
非电力家用器具制造	19984	300	1040	7344	
照明器具制造	25000			1980	
其他电气机械及器材制造	23060			23060	
通信设备、计算机及其他电子设备	161892	500	5000	49900	
通信设备制造	5400			2800	
广播电视设备制造	951	500			
电子器件制造	37067				
电子元件制造	36874			15400	
家用视听设备制造	14200			2800	
仪器仪表及文化、办公用机械制造	207996	60682		14660	
通用仪器仪表制造	20694	13251		2710	
专用仪器仪表制造	159112	47431		6300	
文化、办公用机械制造	27710			5170	
工艺品及其他制造业	113414	628	100	69680	
工艺美术品制造	112339	628	100	68705	
日用杂品制造	1075			975	
废弃资源和废旧材料回收加工业	7342	3022		1820	
(四)电力、燃气及水的生产和供应业	299599	95402	27128	35785	
其中:电力(月报)	181540	77310	4700	10600	
电力、热力的生产和供应业	193175	77310	4700	17475	
电力生产	149456	45726	4700	10100	
水的生产和供应业	63000	18092	21518	6798	
(五)建筑业	246553	141593	51659	4372	
房屋和土木工程建筑业	234753	141593	48759	2422	
土木工程建筑	169794	132158	30687	1392	
其他建筑业	4910			1160	
(六)交通运输、仓储和邮政业	557193	188783	123068	100284	
铁路运输业	36242	33242	3000		
铁路运输辅助活动	6490	6490			
道路运输业	342455	140492	99953	17610	
道路运输辅助活动	255375	123319	90928	3800	
城市公共交通业	20670	10670	5000	5000	
水上运输业	21397	210	10687		

单位:万元

指标名称	总计	国有单位投资	集体单位投资	私营及个体投资	联营
水上货物运输	10500				
水上运输辅助活动	10897	210	10687		
装卸搬运和其他运输服务业	16190			12480	
仓储业	119489	3419	4428	65194	
(七)信息传输、计算机服务和软件业	60600	20578	5540	560	
电信和其他信息传输服务业	38014	19432	5100	560	
电信	680		380	300	
广播电视传输服务	14858	10138	4720		
计算机服务业	22586	1146	440		
(八)批发和零售业	702994	7832	125398	237837	
批发业	378463	6432	53370	106369	
农畜产品批发	18440		500		
食品、饮料及烟草制品批发	18296	200	770	7810	
纺织、服装及日用品批发	36170	5000		3220	
文化、体育用品及器材批发	60919	580	8000	13059	
医药及医疗器材批发	11500			8000	
矿产品、建材及化工产品批发	201148	652	36540	55835	
机械设备、五金交电及电子产品	26690		7560	18145	
零售业	324531	1400	72028	131468	
综合零售	144689	1400	57588	32247	
食品、饮料及烟草制品专门零售	8780		780		
纺织、服装及日用品专门零售	7160		1160	6000	
文化、体育用品及器材专门零售	25175		5000	6720	
汽车、摩托车、燃料及零配件专	80231		700	61745	
家用电器及电子产品专门零售	46326		5800	13586	
五金、家具及室内装修材料专门	10420		1000	9420	
无店铺及其他零售	1750			1750	
(九)住宿和餐饮业	131729		9055	72065	
住宿业	71055		6815	46410	
餐饮业	60674		2240	25655	
(十)金融业	7343		7343		
银行业	7343		7343		
(十一)房地产业	980644	65578	298976	60406	
房地产业	980644	65578	298976	60406	
(十二)租赁和商务服务业	137948	10532	41078	17010	
租赁业	778			680	
机械设备租赁	778			680	
商务服务业	137170	10532	41078	16330	
企业管理服务	6620	6620			
其他商务服务	54672	3912	22000	10860	

指标名称	总计	国有单位投资	集体单位投资	私营及个体投资	联营
(十三)科学研究、技术服务和地质勘	65485	28420	6165	10800	
研究与试验发展	32000	8500		10800	
专业技术服务业	31670	19920	4350		
工程技术与规划管理	650		650		
科技交流和推广服务业	1815		1815		
(十四)水利、环境和公共设施管理业	1105896	525851	228288	48617	
水利管理业	103823	46742	26243	3700	
水资源管理	74820	35792	11890		
环境管理业	190570	71380	17946	17767	
自然保护	74742	48326	416		
环境治理	115828	23054	17530	17767	
公共设施管理业	811503	407729	184099	27150	
游览景区管理	395597	191511	101396	14850	
(十五)居民服务和其他服务业	144845	15666	36187	41386	
居民服务业	96844	15666	36187	30631	
其他服务业	48001			10755	
修理与维护	17911			7095	
(十六)教育	308935	234051	63364	4490	
教育	308935	234051	63364	4490	
中等教育	144522	100300	42662	490	
高等教育	87756	87756			
其他教育	41220	30720	6100	3100	
(十七)卫生、社会保障和社会福利业	116804	39791	29085	3288	
卫生	100449	38891	13930	2988	
医院	81319	34711	4480	2988	
社会福利业	15575	120	15155	300	
提供住宿的社会福利	15575	120	15155	300	
(十八)文化、体育和娱乐业	1159176	457987	207986	109700	
新闻出版业	37115		35615		
出版业	20500		19000		
广播、电视、电影和音像业	53090	29570	14790		
电影	5350		550		
文化艺术业	498812	246932	89081	16810	
图书馆与档案馆	41184	36884	3890	410	
体育	37573	19883	4790		
娱乐业	532586	161602	63710	92890	
(十九)公共管理和社会组织	396864	136694	239014	4076	
国家机构	200266	119454	64156	4076	
国家行政机构	178419	99947	63376	3516	
人民法院和人民检察院	1780		780		
群众团体、社会团体和宗教组织	1720	1720			
基层群众自治组织	191858	13900	173458		

指标名称	总计	股份有限公司	外商投资	港澳台投资	其他内资
全市总计	**13034424**	**4460135**	**624139**	**153662**	**932312**
(一)农、林、牧、渔业	318975	68598	6860	3280	26284
农业	20816	2000		980	6511
谷物及其他作物的种植	2440				
蔬菜、园艺作物的种植	12500	2000		980	4550
水果、坚果、饮料和香料作物的	5876				1961
林业	57485	7210		2300	1600
林木的培育和种植	57485	7210		2300	1600
畜牧业	144977	40608	6860		17101
渔业	560				
海洋渔业	560				
农、林、牧、渔服务业	95137	18780			1072
农业服务业	77489	13682			780
畜牧服务业	9060	5098			292
(二)采矿业	140602	60695			13258
煤炭开采和洗选业	4332	4232			
黑色金属矿采选业	77658	47500			6558
有色金属矿采选业	1700				
贵金属矿采选	1700				
非金属矿采选业	56912	8963			6700
土砂石开采	40693	8963			6700
石棉及其他非金属矿采选	2937				
(三)制造业	6152239	2907550	535069	128643	216171
农副食品加工业	280522	127518	8500	5450	3300
植物油加工	45760	1200		5300	
屠宰及肉类加工	42528	23190			500
水产品加工	53150	53100			
其他农副食品加工	4880	1570	680		
食品制造业	194636	82856	1200	7620	4600
焙烤食品制造	1825	1000	300		
糖果、巧克力及蜜饯制造	13580				
方便食品制造	9560	4500	900		
罐头制造	19500	16300			
调味品、发酵制品制造	50				
其他食品制造	139953	51028		7620	4600
饮料制造业	32057	9137			5380
酒的制造	25747	4837			4900
软饮料制造	5810	3800			480
烟草制品业	12953	973			
纺织业	385633	213701	21536	30734	9800

单位：万元

指标名称	总计	股份有限公司	外商投资	港澳台投资	其他内资
棉、化纤纺织及印染精加工	236837	167624	650	118	
毛纺织和染整精加工	2000	1400			
丝绢纺织及精加工	7375	6030			
纺织制成品制造	105494	32187	20886	30616	
针织品、编织品及其制品制造	33927	6460			9800
纺织服装、鞋、帽制造业	108645	94700	1000	2200	
皮革、毛皮、羽毛(绒)及其制品业	12270	660	3600		
皮革制品制造	7760	200			
羽毛(绒)加工及制品制造	4050		3600		
木材加工及木、竹、藤、棕、草制	26701	5966			7670
锯材、木片加工	6070	200			
人造板制造	13925				7670
木制品制造	6706	5766			
家具制造业	36699	9513		5600	1220
造纸及纸制品业	265304	42897	102271	2130	
造纸	250416	29617	102093	2130	
纸制品制造	14888	13280	178		
印刷业和记录媒介的复制	148699	66752	3000		10060
印刷	148699	66752	3000		10060
文教体育用品制造业	37550	11970	2600		
文化用品制造	6960				
乐器制造	18000	10000	2600		
石油加工、炼焦及核燃料加工业	49386	17875			
精炼石油产品的制造	42386	10875			
化学原料及化学制品制造业	948934	411969	75246	1493	57546
基础化学原料制造	63549	8920			12400
肥料制造	25982	15272			1750
农药制造	8548	4022	3226		
涂料、油墨、颜料及类似产品制	5511	3900			
合成材料制造	223573	64592	19000		14396
专用化学产品制造	601253	295945	53020	1493	27800
日用化学产品制造	20518	19318			1200
医药制造业	621689	444160	19000	11809	2500
化学纤维制造业	4370	4370			
合成纤维制造	4370	4370			
橡胶制品业	57360	28310			
轮胎制造	19220	12000			
塑料制品业	56835	21945			
非金属矿物制品业	191935	93538		5000	12310
水泥、石灰和石膏的制造	6727			5000	

单位:万元

指标名称	总计	股份有限公司	外商投资	港澳台投资	其他内资
水泥及石膏制品制造	16612	10411			1580
砖瓦、石材及其他建筑材料制造	66090	24043			6300
玻璃及玻璃制品制造	92300	52394			4430
陶瓷制品制造	4220	4220			
耐火材料制品制造	2680	480			
石墨及其他非金属矿物制品制造	3306	1990			
黑色金属冶炼及压延加工业	9500		2500		1400
有色金属冶炼及压延加工业	98265	15292			1355
稀有稀土金属冶炼	88538	6580			795
有色金属压延加工	7027	6012			560
金属制品业	139433	88379	1520		8000
结构性金属制品制造	63451	37714	1520		
金属工具制造	5092	950			
集装箱及金属包装容器制造	7560	6000			
建筑、安全用金属制品制造	17210	8505			3000
不锈钢及类似日用金属制品制造	1800				
其他金属制品制造	41610	34190			5000
通用设备制造业	982523	541603	34851	5871	8038
锅炉及原动机制造	24139	6700			
金属加工机械制造	32838	19350			4408
泵、阀门、压缩机及类似机械的	394486	253720	3000	5171	1710
轴承、齿轮、传动和驱动部件的	9670	8990			
风机、衡器、包装设备等通用设	144078	97671			800
通用零部件制造及机械修理	166326	86778	281	700	
金属铸、锻加工	205636	63094	31570		1120
专用设备制造业	217155	126773	10560		9200
矿山、冶金、建筑专用设备制造	35998	14580			6500
化工、木材、非金属加工专用设	11862	9012			
食品、饮料、烟草及饲料生产专	10680	8880			1000
印刷、制药、日化生产专用设备	12840	4600			
纺织、服装和皮革工业专用设备	800	800			
电子和电工机械专用设备制造	31330	8580			
农、林、牧、渔专用机械制造	58017	50467			1700
医疗仪器设备及器械制造	29635	18235			
环保、社会公共安全及其他专用	25993	11619	10560		
交通运输设备制造业	293417	150346	71710		11400
汽车制造	260361	126340	71710		11400
摩托车制造	5200				
自行车制造	2350				
船舶及浮动装置制造	10906	10906			

指标名称	总计	股份有限公司	外商投资	港澳台投资	其他内资
航空航天器制造	1500				
交通器材及其他交通运输设备制	13100	13100			
电气机械及器材制造业	449124	185233	101735	4000	9830
电机制造	102511	64066	1235		1800
输配电及控制设备制造	81852	25525		4000	6100
电线、电缆、光缆及电工器材制	46885	15700	14500		
家用电力器具制造	15000	10200			
非电力家用器具制造	19984	11300			
照明器具制造	25000	23020			
其他电气机械及器材制造	23060				
通信设备、计算机及其他电子设备	161892	45851	17605	43036	
通信设备制造	5400	2600			
广播电视设备制造	951	451			
电子器件制造	37067	100		36967	
电子元件制造	36874	12400	3005	6069	
家用视听设备制造	14200	11400			
仪器仪表及文化、办公用机械制造	207996	26383	55440	890	49941
通用仪器仪表制造	20694	4733			
专用仪器仪表制造	159112		55440		49941
文化、办公用机械制造	27710	21650		890	
工艺品及其他制造业	113414	38880	1195	310	2621
工艺美术品制造	112339	38780	1195	310	2621
日用杂品制造	1075	100			
废弃资源和废旧材料回收加工业	7342			2500	
(四)电力、燃气及水的生产和供应业	299599	65405	66000	79	9800
其中:电力(月报)	181540	22930	66000		
电力、热力的生产和供应业	193175	26690	66000		1000
电力生产	149456	22930	66000		
水的生产和供应业	63000	7713		79	8800
(五)建筑业	246553	8937			39992
房屋和土木工程建筑业	234753	5237			36742
土木工程建筑	169794	1437			4120
其他建筑业	4910	3700			50
(六)交通运输、仓储和邮政业	557193	79738	7200		58120
铁路运输业	36242				
铁路运输辅助活动	6490				
道路运输业	342455	37080	6000		41320
道路运输辅助活动	255375	8000			29328
城市公共交通业	20670				
水上运输业	21397	10500			

4－5 续表10　　　　单位:万元

指标名称	总计	股份有限公司	外商投资	港澳台投资	其他内资
水上货物运输	10500	10500			
水上运输辅助活动	10897				
装卸搬运和其他运输服务业	16190	3710			
仓储业	119489	28448	1200		16800
(七)信息传输、计算机服务和软件业	60600	650		2082	31190
电信和其他信息传输服务业	38014	650		2082	10190
电信	680				
广播电视传输服务	14858				
计算机服务业	22586				21000
(八)批发和零售业	702994	288803		5800	37324
批发业	378463	188181		5800	18311
农畜产品批发	18440	17940			
食品、饮料及烟草制品批发	18296	580			8936
纺织、服装及日用品批发	36170	21250			6700
文化、体育用品及器材批发	60919	38350			930
医药及医疗器材批发	11500	3500			
矿产品、建材及化工产品批发	201148	101561		5800	760
机械设备、五金交电及电子产品	26690				985
零售业	324531	100622			19013
综合零售	144689	40257			13197
食品、饮料及烟草制品专门零售	8780	8000			
纺织、服装及日用品专门零售	7160				
文化、体育用品及器材专门零售	25175	11579			1876
汽车、摩托车、燃料及零配件专	80231	17786			
家用电器及电子产品专门零售	46326	23000			3940
五金、家具及室内装修材料专门	10420				
无店铺及其他零售	1750				
(九)住宿和餐饮业	131729	45977	700		3932
住宿业	71055	17830			
餐饮业	60674	28147	700		3932
(十)金融业	7343				
银行业	7343				
(十一)房地产业	980644	440649		3000	112035
房地产业	980644	440649		3000	112035
(十二)租赁和商务服务业	137948	53898			15430
租赁业	778	98			
机械设备租赁	778	98			
商务服务业	137170	53800			15430
企业管理服务	6620				
其他商务服务	54672	6500			11400

指标名称	总计	股份有限公司	外商投资	港澳台投资	其他内资
(十三)科学研究、技术服务和地质勘	65485	8500	800		10800
研究与试验发展	32000	6300	800		5600
专业技术服务业	31670	2200			5200
工程技术与规划管理	650				
科技交流和推广服务业	1815				
(十四)水利、环境和公共设施管理业	1105896	204990	7510	10778	79862
水利管理业	103823	13000		7378	6760
水资源管理	74820	13000		7378	6760
环境管理业	190570	38343	7510	3400	34224
自然保护	74742				26000
环境治理	115828	38343	7510	3400	8224
公共设施管理业	811503	153647			38878
游览景区管理	395597	56262			31578
(十五)居民服务和其他服务业	144845	30366			21240
居民服务业	96844	5500			8860
其他服务业	48001	24866			12380
修理与维护	17911	9866			950
(十六)教育	308935	2800			4230
教育	308935	2800			4230
中等教育	144522				1070
高等教育	87756				
其他教育	41220	1300			
(十七)卫生、社会保障和社会福利业	116804	5720			38920
卫生	100449	5720			38920
医院	81319	5720			33420
社会福利业	15575				
提供住宿的社会福利	15575				
(十八)文化、体育和娱乐业	1159176	185159			198344
新闻出版业	37115	1500			
出版业	20500	1500			
广播、电视、电影和音像业	53090	8730			
电影	5350	4800			
文化艺术业	498812	70180			75809
图书馆与档案馆	41184				
体育	37573	5000			7900
娱乐业	532586	99749			114635
(十九)公共管理和社会组织	396864	1700			15380
国家机构	200266	1700			10880
国家行政机构	178419	1700			9880
人民法院和人民检察院	1780				1000
群众团体、社会团体和宗教组织	1720				
基层群众自治组织	191858				4500

4－6 城镇、农村固定资产投资完成情况

（不含房地产企业）（2008 年）　　单位：万元、个、平方米

指 标 名 称	总 计（按城乡划分）	城 镇	农 村
计划总投资	**22290203**	**17492857**	**4797346**
自开始建设累计完成投资	16676528	12954529	3721999
本年完成投资	13034424	9780826	3253598
建筑工程	7181678	5588040	1593638
安装工程	966745	741707	225038
设备工器具购置	3248934	2207977	1040957
其中:购置旧设备			
其他费用	1637067	1243102	393965
其中:旧建筑物购置费			
其中:土地购置费	17954	17954	
住宅投资	574071	482116	91955
本年新增固定资产	7201843	4786524	2415319
其中:用于更新的设备	129172	74894	54278
本年施工房屋面积	29149695	21438260	7711435
其中:住宅	4292852	3519858	772994
本年竣工房屋面积	8254537	5122024	3132513
其中:住宅	557894	341397	216497
本年竣工房屋价值	2235	2235	
其中:住宅			
其中:经济适用房			
其中:经济适用房			
其中:经济适用房			
施工项目个数	4484	2762	1722
其中:本年新开工	3463	1984	1479
本年投产项目个数	2149	1114	1035
规划用地面积	208643574	62558522	146085052
本年实际征用和购置土地面积	25822162	17961789	7860373
本年实际征用和购置土地成交价款	361555	275571	85984
本年资金来源合计	14032101	10394876	3637225
上年末结余资金	169968	141813	28155
本年资金来源小计	13862133	10253063	3609070
国家预算内资金	547601	511591	36010
国内贷款	1108914	720797	388117
债券	1460	1360	100
利用外资	354943	216888	138055
其中:外商直接投资	142556	117876	24680
自筹资金	10400073	7736665	2663408
企事业单位自有资金	3932540	3122396	810144
其他资金来源	1449142	1065762	383380
本年各项应付款合计	618013	430845	187168
其中:工程款	287164	205901	81263
表列数外本年拨付他单位投资款			
其中:购置商品房实际支出额			

4－7 城镇、农村新增生产能力综合表

（2008 年）

指 标 名 称	建 设 规 模	本年施工 规 模	其 中:本 年 新开工能力	累计新增 生产能力	其 中:本 年 新 增 能 力
原煤开采	3	3	3	3	3
焦炭	300	300	300	300	300
热轧钢材	20	20			
其他发电	111.26	111.26	100.9	92	90
输电线路长度(11 万伏及以上)	11	11	11	11	11
水泥	225	130	50		
氮肥	30000	30000	30000	30000	30000
磷肥	10000	10000	10000	10000	10000
化学农药原药	400	400	400	400	400
塑料树脂及共聚物	600	600			
合成橡胶	700	700	700		
轮胎外胎	197	197	135		
房间空气调节器	1.5	0.5	0.5	0.3	0.2
新建公路	201.2	201.2	201.2		
其中:高速公路	58	58	58		
一级公路	42.6	42.6	42.6		
改建公路	352	352	352	54	54
二级公路	45	45	45	21	21
新(扩)建公路客、货运站	2	2	2	1	1
新(扩)建公路客、货运站	7000	7000	7000	4000	4000
城市公共交通车辆购置	155	155	155	155	155
城市污水处理能力	3	3	3	3	

4－8 房地产开发投资完成情况

（2008 年）　　　　单位：万元、平方米

指标名称	总计	地市县属	地区	县	其他
计划总投资	**6307648**	**6277648**	**1939730**	**1129156**	**3084731**
自开始建设累计完成投资	3822698	3812698	1148403	716489	1844608
本年完成投资	1964366	1954366	451385	406841	1022708
其中:本月完成投资	137952	137752	33685	26683	74931
其中:土地开发投资额	189338	186338	20756	58294	95521
其中:配套工程投资	50939	50439	7958	7858	33036
其中:国有经济控股	138931	128931	42852	84679	1400
内资	1864199	1854199	403907	405667	971193
国有	121363	111363	37197	72766	1400
集体	42410	42410		12450	12961
股份合作	7300	7300	5500		1800
联营	4284	4284	4284		
国有联营					
集体联营					
国有与集体联营	4284	4284	4284		
其他联营					
有限责任公司	944063	944063	224108	176845	490934
国有独资公司	1855	1855		1855	
其他有限责任公司	942208	942208	224108	174990	490934
股份有限公司	184057	184057	65349	20311	98085
私营	555167	555167	67469	122740	361013
私营独资	6950	6950			6950
私营合伙	12600	12600			12600
私营有限责任公司	494774	494774	61269	109440	320120
私营股份有限公司	40843	40843	6200	13300	21343
其他内资	5555	5555		555	5000
港澳台投资	78815	78815	42300		36515
港澳台合资经营	42300	42300	42300		
港澳台合作经营					
港澳台独资	35405	35405			35405
港澳台股份有限	1110	1110			1110
外商投资	21352	21352	5178	1174	15000
外商合资经营	11178	11178	5178		6000
外商合作经营					
外商独资	10174	10174		1174	9000

指 标 名 称	总 计	地市县属			
			地 区	县	其 他
外商股份有限					
建筑工程	1362854	1357854	335145	283338	691905
安装工程	202906	200906	48316	38603	103501
设备工器具购置	20579	20579	7498	4460	8601
其他费用	378027	375027	60426	80440	218701
其中:旧建筑物购置费	10510	9510	330	3189	5991
其中:土地购置费	309739	307739	55148	62571	187316
住宅投资	1501445	1494245	290985	339211	805490
其中:90 平米以下住房	379948	376948	79854	101526	173368
其中:140 平米以上住房	118544	117544	8455	25300	79064
其中:经济适用房	93772	93772	9748	23750	46824
其中:别墅、高档公寓	9602	9602			9602
办公楼	47068	47068	30901	7285	6082
商业营业用房	289601	287601	90020	34778	155472
其他	126252	125452	39479	25567	55664
本年新增固定资产	1011857	1011532	319628	182595	472390
本年完成开发土地面积	3372986	3272986	745457	726952	1705482
待开发土地面积	4729929	4657679	2048569	637500	1897027
本年购置土地面积	3001020	2828770	410277	710427	1671366
本年土地成交价款	271485	269485	45705	59161	160172
本年资金来源合计	2427325	2417325	575158	450169	1307482
上年末结余资金	244635	244635	89341	45345	100226
本年资金来源小计	2182690	2172690	485817	404824	1207256
国内贷款	256114	256114	90113	61609	99322
其中:银行贷款	250828	250828	90113	58609	97336
非银行金融机构贷款	5286	5286		3000	1986
利用外资	28517	20517	4580		15937
其中:外商直接投资	28517	20517	4580		15937
自筹资金	1124204	1123204	232417	183847	664535
企事业单位自有资金	674370	673370	98377	121759	442454
其他资金来源	773855	772855	158707	159368	427462
其中:定金及预付款	562755	562055	120299	98664	327191
个人按揭贷款	108082	107782	25894	22126	54307
本年各项应付款合计	234588	234188	40804	56922	133663
其中:工程款	155780	155380	22330	33087	98740

4－9 按经济类型分的房地产各主要经济指标

（2008 年）

单位：万元、人

指标名称	总计	国有单位投资	集体单位投资	私营及个体投资	联营
计划总投资	**6307648**	**312498**	**143063**	**1722567**	**10000**
其中：配套工程投资	50939	1850	3033	16013	
自开始建设累计完成投资	3822698	209467	77426	954691	8824
本年完成投资	1964366	123218	49710	555167	4284
建筑工程	1362854	96973	36204	359265	1265
安装工程	202906	11437	6514	49288	3019
设备工器具购置	20579		500	3987	
其他费用	378027	14808	6492	142627	
其中：旧建筑物购置费	10510	1180		6085	
其中：土地购置费	309739	12758	4800	109300	
其中：土地开发投资额	189338	5352	2000	77757	
其中：90 平米以下住房	379948	20140	5952	117104	
其中：140 平米以上住房	118544	2200	3013	44847	
住宅投资	1501445	98920	34487	448054	4084
其中：别墅、高档公寓	9602			1222	
其中：经济适用房	93772			1867	4084
办公楼	47068	6563	6957	12232	
商业营业用房	289601	13206	7551	78287	200
其他	126252	4529	715	16594	
本年新增固定资产	1011857	43804	44151	242426	
年初存货	228526	21195	599	24154	4627
流动资产合计	717940	54397	793	87823	10566
其中：存货	370664	32860	586	57112	
固定资产原价	21910	1359	260	1058	287
固定资产累计折旧	6361	587	62	493	150
本年折旧	1849	66	12	283	12
资产总计	838375	55414	991	95534	38230
负债总计	610014	47216	106	59905	18125
所有者权益合计	228361	8198	885	35629	20105
其中：实收资本	163650	8000	885	20382	3000
国家资本	7600	7000			
集体资本	9661		885		
法人资本	79117	1000		4782	3000
个人资本	64867			15600	
港澳台资本	2405				
外商资本					
主营业务收入	237812	20559	2408	12169	4877
土地转让收入					
商品房屋销售收入	234377	20014	2408	12156	4240
房屋出租收入	830	410			
其他收入	2605	135		13	637
主营业务成本	192259	17723	1923	9428	3915
主营业务税金及附加	13475	1142	157	672	235

单位:万元、人

指 标 名 称	总 计	国有单位投 资	集体单位投 资	私 营 及个体投资	联 营
主营业务利润	28040	1666	315	1664	617
其他业务收入	2339			43	
其他业务利润	485			41	
销售费用	4038	28	13	405	110
管理费用	12080	987	25	1443	143
其中:税金	358	58	5	10	
差旅费	1607	6	20	25	56
工会经费	108	3			57
财务费用	3729	130		203	135
利息支出	2485	72		31	100
营业利润	12716	549	290	59	339
投资收益	－3				
营业外收入	47			9	
营业外支出	239			56	
利润总额	12521	549	290	12	339
应缴所得税	4183	114	100	44	
劳动失业、保险费	640	30	100	8	
住房公积金及住房补贴	73				
本年应付工资总额	5878	471	17	646	645
本年应付福利费总额	630	43	1	71	5
全部从业人员年平均人数	2998	256	14	290	43
本年资金来源合计	2427325	124415	50081	661084	4989
上年末结余资金	244635	4263	2898	83407	2060
本年资金来源小计	2182690	120152	47183	577677	2929
国内贷款	256114	17888	5300	65330	480
利用外资	28517	8000			
其中:外商直接投资	28517	8000			
自筹资金	1124204	58633	30984	315903	
企事业单位自有资金	674370	39233	27147	199330	
其他资金来源	773855	35631	10899	196444	2449
本年各项应付款合计	234588	10482	5529	59257	
其中:工程款	155780	1115	5433	45378	
其中:银行贷款	250828	17888	5300	62330	480
其中:定金及预付款	562755	23954	8884	111775	695
个人按揭贷款	108082	5750	253	29717	754
非银行金融机构贷款	5286			3000	
本年完成开发土地面积	3372986	270059	64460	803738	
待开发土地面积	4729929	243404	42131	1776445	
本年购置土地面积	3001020	382918	12460	1396514	
本年土地成交价款	271485	15609	1000	139988	

4－9 续表2

单位:万元

指标名称	总计	股份有限公司	外商投资	港澳台投资	其他内资
计划总投资	**6307648**	**3555686**	**123434**	**420600**	**19800**
其中:配套工程投资	50939	30025	18		
自开始建设累计完成投资	3822698	2269537	116654	180494	5605
本年完成投资	1964366	1126265	21352	78815	5555
建筑工程	1362854	784491	11096	70205	3355
安装工程	202906	119670	4368	8610	
设备工器具购置	20579	15892	200		
其他费用	378027	206212	5688		2200
其中:旧建筑物购置费	10510	3245			
其中:土地购置费	309739	178089	4792		
其中:土地开发投资额	189338	101504	2375		350
其中:90平米以下住房	379948	227482	6240	2950	80
其中:140平米以上住房	118544	67664		700	120
住宅投资	1501445	852647	19229	38694	5330
其中:别墅、高档公寓	9602	8380			
其中:经济适用房	93772	59482		28339	
办公楼	47068	21316			
商业营业用房	289601	147888	2123	40121	225
其他	126252	104414			
本年新增固定资产	1011857	619206		47000	15270
年初存货	228526	139340	16753	21858	
流动资产合计	717940	476152	26440	61769	
其中:存货	370664	226233	21471	32402	
固定资产原价	21910	17910	439	597	
固定资产累计折旧	6361	4776	190	103	
本年折旧	1849	1335	65	76	
资产总计	838375	525038	58247	64921	
负债总计	610014	387947	53310	43405	
所有者权益合计	228361	137091	4937	21516	
其中:实收资本	163650	109300	9659	12424	
国家资本	7600	600			
集体资本	9661	8776			
法人资本	79117	55206	5454	9675	
个人资本	64867	44718	1800	2749	
港澳台资本	2405		2405		
外商资本					
主营业务收入	237812	171949	13324	12526	
土地转让收入					
商品房屋销售收入	234377	171509	13324	10726	
房屋出租收入	830	420			
其他收入	2605	20		1800	
主营业务成本	192259	138778	11193	9299	
主营业务税金及附加	13475	9858	666	745	

4－9 续表3 单位:万元

指标名称	总计	股份有限公司	外商投资	港澳台投资	其他内资
主营业务利润	28040	19942	1452	2384	
其他业务收入	2339	84	412	1800	
其他业务利润	485	62	379	3	
销售费用	4038	3371	13	98	
管理费用	12080	7241	1323	918	
其中:税金	358	252	23	10	
差旅费	1607	793	55	652	
工会经费	108	44	4		
财务费用	3729	1808	997	456	
利息支出	2485	1299	762	221	
营业利润	12716	10955	－489	1013	
投资收益	－3		－3		
营业外收入	47	25	3	10	
营业外支出	239	110	73		
利润总额	12521	10870	－562	1023	
应缴所得税	4183	3197	214	514	
劳动失业、保险费	640	376		126	
住房公积金及住房补贴	73	73			
本年应付工资总额	5878	3500	275	324	
本年应付福利费总额	630	453	12	45	
全部从业人员年平均人数	2998	2165	105	125	
本年资金来源合计	2427325	1438149	25043	114754	8810
上年末结余资金	244635	120512	1804	29681	10
本年资金来源小计	2182690	1317637	23239	85073	8800
国内贷款	256114	148816	7800	10500	
利用外资	28517	6680	10527	3310	
其中:外商直接投资	28517	6680	10527	3310	
自筹资金	1124204	661174	3612	45098	8800
企事业单位自有资金	674370	391150	3612	10098	3800
其他资金来源	773855	500967	1300	26165	
本年各项应付款合计	234588	140507	18603	210	
其中:工程款	155780	102649	995	210	
其中:银行贷款	250828	146530	7800	10500	
其中:定金及预付款	562755	405644	870	10933	
个人按揭贷款	108082	69346	430	1832	
非银行金融机构贷款	5286	2286			
本年完成开发土地面积	3372986	2221690	13039		
待开发土地面积	4729929	2558792	52157	57000	
本年购置土地面积	3001020	1143932	65196		
本年土地成交价款	271485	110174	4714		

4－10　房地产开发面积及销售情况

（2008 年）　　　　单位:平方米、万元、套

指标名称	总计	住宅	办公楼	商业营业用房	其他
房屋施工面积	19093837	15414859	575401	2745052	358525
其中:本年新开工面积	7269818	6284785	130139	724519	130375
房屋竣工面积	3445121	3111125	70017	239406	24573
其中:不可销售面积	170392	150577	3200	2790	13825
商品住宅竣工套数		29964			
竣工房屋价值	563723	488231	19070	52772	3650
出租房屋面积	72135	153	4000	37982	30000
商品房销售面积	5065184	4567572	69134	417486	10992
现房销售面积	1314623	1245792	24000	42626	2205
期房销售面积	3750561	3321780	45134	374860	8787
商品房销售额	1276143	1087589	21366	165316	1872
现房销售额	355769	333299	7000	15125	345
期房销售额	920374	754290	14366	150191	1527
商品住宅销售套数		41913			
现房销售套数		11145			
期房销售套数		30768			
空置面积	280834	167830	30150	82854	
其中:空置 1－3 年面积	234440	156036	5150	73254	
空置 3 年以上面积	9600			9600	

单位:平方米、万元、套

指 标 名 称	住 宅	其中:90平方以下住 房	其中:140平方以上住 房	经 济适用房	别墅、高档公寓
房屋施工面积	15414859	3290967	1352407	353276	190888
其中:本年新开工面积	6284785	1290478	364872	280314	43000
房屋竣工面积	3111125	869748	264842	58860	16008
其中:不可销售面积	150577	17724			
商品住宅竣工套数	29964	10540	1665	370	93
竣工房屋价值	488231	136551	60187	14859	3223
出租房屋面积	153				
商品房销售面积	4567572	1088047	422530	159724	24573
现房销售面积	1245792	298893	77108	116692	4167
期房销售面积	3321780	789154	345422	43032	20406
商品房销售额	1087589	256446	97936	47157	7755
现房销售额	333299	74785	19180	37215	1663
期房销售额	754290	181661	78756	9942	6092
商品住宅销售套数	41913	13507	2684	1195	322
现房销售套数	11145	3535	476	877	14
期房销售套数	30768	9972	2208	318	308
空置面积	167830	19034	19514		9307
其中:空置 1－3 年面积	156036	18034	13776		9307
空置 3 年以上面积					

4－11 高新技术产业投资完成情况

（2008 年）

单位：万元

指 标 名 称	完成投资	指 标 名 称	完成投资
一、高新技术产业	**3700951**	23、电子工业专用设备制造	29650
1、食品及饲料添加剂制造	125729	24、医疗诊断，监护及治疗设备制造	14900
2、核燃料加工		25、口腔科用设备及器具制造	
3、合成材料制造	223573	26、实验室及医用消毒设备和器具的制造	
4、化学试剂和助剂制造	266878	27、医疗，外科及兽医用器械制造	2935
5、专项化学用品制造	330525	28、机械治疗及病房护理设备制造	1300
6、信息化学品制造	3350	29、假肢、人工器官及植（介）入器械制造	
7、医药制造业	621689	30、其他医疗设备及器械制造	10500
8、防水建筑材料制造	50542	31、汽车整车制造	141648
9、技术玻璃制品制造	43535	32、改装汽车制造	57553
10、光学玻璃制造	4900	33、金属船舶制造	4506
11、玻璃仪器制造		34、船用配套设备制造	6400
12、玻璃纤维及制品制造	11530	35、航空航天器制造	1500
13、特种陶瓷制品制造	500	36、电器机械及器材制造业	449124
14、稀有稀土金属冶炼	88538	37、通信设备，计算机及其他电子设备制造业	161892
15、贵金属压延加工	1010	38、通用仪器仪表制造	20694
16、稀有稀土金属压延加工	6017	39、专用仪器仪表制造	8000
17、气体压缩机械制造	45241	40、光学仪器制造	
18、液压和气压动力机械及元件制造	334655	41、复印和胶印设备制造	22650
19、气体，液体分离及纯净设备制造	94941	42、计算器及货币专用设备制造	
20、制冷，空调设备制造	47217	43、其他仪器仪表的制造及修理	480
21、金属密封件制造	156082	44、核力发电	
22、锻件及粉末冶金制品制造	161311	45、其他能源发电	149456

4－12　历年全社会固定资产投资总额

（1978－2008年）

单位:万元

年　份	全社会投资额	城镇以上投资额	房地产开发投资额	农村投资额	基本建设投资额	更新改造投资额	其他单位投资额
1978	23401				14080	6923	1107
1979	23669				14637	4671	1000
1980	22095				8108	10335	2619
1981	14327				4543	6402	2749
1982	27667				9599	7341	4936
1983	48303				4090	9697	3052
1984	79624				9706	7527	5034
1985	122499				25347	14546	9369
1986	181385				35997	18711	6106
1987	224083				46692	46555	15824
1988	340382				47267	44607	53403
1989	226633		4011		33092	16404	30577
1990	249814		4641		40351	25073	36549
1991	322782		7551		69060	40164	44580
1992	461522		21647		123544	75079	67540
1993	862288		48206		169698	80784	153459
1994	1023194		34150		200790	105204	91198
1995	1212804		49859		229464	132465	97256
1996	1322970		42960		242932	145909	127855
1997	1441912		53639		361036	152748	114630
1998	1642997		78414		403367	236274	115141
1999	1538824		68472		314126	172265	77939
2000	1893436		121921		362240	344633	74375
2001	2195774		159647		358577	472407	96957
2002	2771961		204170		506852	626305	89792
2003	5170941		371004		1240911	1074796	68729
2004	8251367	4525314	430028	3296747	4452445	2869230	70358
2005	11004475	5746649	789969	4769279			
2006	10432205	6912948	984248	3082180			
2007	12083852	9025152	1566274	2757028			
2008	15233965	11745192	1964366	3253598			

注:固定资产投资自2004年开始按城乡划分。

4－13 全市建筑业

（2008年）

项目	入统企业个数	有工作量的企业个数	建筑业合同情况		
			签订的合同额	上年结转合同额	本年新签合同额
总计	**533**	**533**	**39843577**	**13476729**	**26366848**
其中:国有及国有控股	43	43	4361921	2513909	1848012
一、按登记注册类型分组					
内资企业	527	527	39440959	13310819	26130140
国有企业	32	32	3782098	2416429	1365669
集体企业	62	62	4002487	1607714	2394773
股份合作企业	3	3	60833	18613	42220
有限责任公司	200	200	19064881	5291639	13773242
股份有限公司	34	34	2738737	930712	1808025
私营企业	196	196	9791923	3045712	6746211
其他企业					
港、澳、台商投资企业	3	3	360240	161440	198800
外商投资企业	3	3	42378	4470	37908
二、按国民经济行业分组					
房屋和土木工程建筑业	374	374	36918832	12978876	23939956
房屋工程建筑	270	270	30332191	10362057	19970134
土木工程建筑	104	104	6586641	2616819	3969822
建筑安装业	56	56	1717076	350440	1366636
建筑装饰业	66	66	479566	53266	426300
其它建筑业	37	37	728103	94147	633956
三、按隶属关系分组					
中 央	2	2	2559170	2149075	410095
地 方	531	531	37284407	11327654	25956753
省	3	3	503076	144195	358881
市	28	28	6316096	2477982	3838114
县(市、区)及以下	500	500	30465235	8705477	21759758
四、按企业资质等级分组					
施工总承包	339	339	36428675	13119481	23309194
一 级	19	19	13583836	5697349	7886487
二 级	78	78	10860025	3349817	7510208
三级及以下	242	242	11984814	4072315	7912499
专业承包	194	194	3414902	357248	3057654
一 级	16	16	404815	41779	363036
二 级	51	51	1529545	191382	1338163
三级及以下	127	127	1480542	124087	1356455
五、按营业状态分组					
营业	529	529	39843370	13476729	26366641
停业(歇业)	2	2	7		7
筹建	1	1			
当年关闭					
当年破产	1	1	200		200
六、按控股情况分组					
国有控股	43	43	4361921	2513909	1848012
集体控股	110	110	9435023	3394963	6040060
私人控股	374	374	25644015	7401947	18242068
港澳台商控股	3	3	360240	161440	198800
外商控股	3	3	42378	4470	37908

企业生产情况（一）

单位:个、千元

承包工程完成情况				建筑业总产值		
直接从建设单位承揽工程完成的产值	自行完成工程施工产值	分包出去工程的产值	从建设单位以外承揽工程完成的产值		装饰装修产值	在外省完成的产值
31017459	**31006504**	**10955**	**237780**	**31244284**	**1349852**	**1459444**
3135294	3129089	6205	8205	3137294	2732	641510
30593019	30582064	10955	237780	30819844	1338852	1183364
2582611	2576406	6205	6205	2582611	70	641510
3045981	3045981			3045981	13861	31250
86690	86690			86690		
15184715	15184715		110785	15295500	786538	473299
2281689	2281689		1970	2283659	163763	
7411333	7406583	4750	118820	7525403	374620	37305
394202	394202			394202	11000	270230
30238	30238			30238		5850
29007712	29001507	6205	222580	29224087	1058659	1409609
23505579	23505579		205800	23711379	811939	526650
5502133	5495928	6205	16780	5512708	246720	882959
959137	954637	4500	6150	960787	86408	27610
398613	398363	250	1200	399563	202285	10245
651997	651997		7850	659847	2500	11980
1350960	1350960			1350960		608420
29666499	29655544	10955	237780	29893324	1349852	851024
607315	607315			607315		
4840387	4834182	6205	31485	4865667	146339	236895
24218797	24214047	4750	206295	24420342	1203513	614129
27967170	27967170		216540	28183710	855767	1167370
9765310	9765310		77820	9843130	590250	830040
9016884	9016884		1970	9018854	154635	303080
9184976	9184976		136750	9321726	110882	34250
3050289	3039334	10955	21240	3060574	494085	292074
399188	399188			399188	91395	
1311151	1304946	6205	7360	1312306	260609	236895
1339950	1335200	4750	13880	1349080	142081	55179
31017250	31006295	10955	237780	31244075	1349645	1459444
8	8			8	7	
1	1			1		
200	200			200	200	
3135294	3129089	6205	8205	3137294	2732	641510
7224364	7224364		25280	7249644	242081	283945
20233361	20228611	4750	204295	20432906	1094039	257909
394202	394202			394202	11000	270230
30238	30238			30238		5850

4－14 全 市 建 筑 业

（2008 年）

项　　目	按构成分的建筑业总产值			竣　工 产　值	房屋建筑 施工面积	
	建筑工程 产　值	安装工程 产　值	其　他 产　值			本年新 开工面积
总　　计	**26435974**	**3859271**	**949039**	**19671176**	**37030155**	**19720335**
其中:国有及国有控股	2094788	1039236	3270	1483603	584501	482979
一、按登记注册类型分组						
内资企业	26112974	3771629	935241	19458256	36461839	19258485
国有企业	1674960	907381	270	1125176	113383	38061
集体企业	2919773	66224	59984	2086277	4799048	2401248
股份合作企业	82690	4000		46423	68716	40097
有限责任公司	13194726	1449778	650996	9402657	18805564	10514227
股份有限公司	1692822	520477	70360	1617945	2742832	1398407
私营企业	6548003	823769	153631	5179778	9932296	4866445
其他企业						
港、澳、台商投资企业	314840	79362		204760	568316	461850
外商投资企业	8160	8280	13798	8160		
二、按国民经济行业分组						
房屋和土木工程建筑业	25359964	3123265	740858	18635073	36142653	19026094
房屋工程建筑	21780884	1239743	690752	15327430	35530682	18510884
土木工程建筑	3579080	1883522	50106	3307643	611971	515210
建筑安装业	347792	566861	46134	534401	433509	298060
建筑装饰业	236429	88147	74987	181011		
其它建筑业	491789	80998	87060	320691	453993	396181
三、按隶属关系分组						
中 央	516390	834570		703220	39120	
地 方	25919584	3024701	949039	18967956	36991035	19720335
省	606285	1030		2980		
市	4180819	625376	59472	2724924	5427932	2781857
县(市、区)及以下	21132480	2398295	889567	16240052	31563103	16938478
四、按企业资质等级分组						
施工总承包	24697155	2794803	691752	17701760	35422543	18312914
一 级	8527762	1153518	161850	5248143	12125587	5805820
二 级	7697762	915858	405234	6061398	9492021	4751332
三级及以下	8471631	725427	124668	6392219	13804935	7755762
专业承包	1738819	1064468	257287	1969416	1607612	1407421
一 级	345870	22842	30476	156556	249710	211120
二 级	679643	523705	108958	847344	776084	616483
三级及以下	713306	517921	117853	965516	581818	579818
五、按营业状态分组						
营业	26435765	3859271	949039	19670969	37024154	19714334
停业(歇业)	8			7	1001	1001
筹建	1					
当年关闭						
当年破产	200			200	5000	5000
六、按控股情况分组						
国有控股	2094788	1039236	3270	1483603	584501	482979
集体控股	6304619	851825	93200	4328818	8605650	4306374
私人控股	17713567	1880568	838771	13645835	27271688	14469132
港澳台商控股	314840	79362		204760	568316	461850
外商控股	8160	8280	13798	8160		

企 业 生 产 情 况（二）

单位：千元、平方米、人

实行投标承包面积	本年新开工	计算劳动生产率的平均人数	期末从业人数	工程技术人员	一级建造师
27497543	**15669477**	**251986**	**230440**	**37486**	**1483**
558301	482979	14809	14298	3269	132
27035693	15669477	248142	226775	37057	1468
113383	38061	10291	9458	2336	116
3580944	1752925	29988	27820	4403	65
40097	40097	1206	1256	120	
15047851	8548640	120076	101944	16168	917
1601545	1256359	19288	18020	2694	54
6651873	4033395	67293	68277	11336	316
461850		3467	3265	363	15
		377	400	66	
27199822	15448396	234376	213081	34314	1329
26731512	15038806	208502	188651	28960	1144
468310	409590	25874	24430	5354	185
271840	195200	8997	9449	1632	88
		3620	3359	872	37
25881	25881	4993	4551	668	29
39120		2984	3025	944	60
27458423	15669477	249002	227415	36542	1423
		1700	1151	278	32
4980155	2020893	36435	27632	5452	654
22478268	13648584	210867	198632	30812	737
26691512	14923046	232405	211927	34038	1351
10271686	5101820	65145	46673	8143	340
7204620	3822919	69879	68396	10379	738
9215206	5998307	97381	96858	15516	273
806031	746431	19581	18513	3448	132
8000	1000	1744	1318	270	33
393513	340913	6600	6502	1259	59
404518	404518	11237	10693	1919	40
27491542	15663476	251948	230402	37469	1483
1001	1001	7	7	5	
		1	1		
5000	5000	30	30	12	
558301	482979	14809	14298	3269	132
6594249	2849119	62780	53138	7352	153
19883143	12337379	170553	159339	26436	1183
461850		3467	3265	363	15
		377	400	66	

4－15 全市建筑业企业

（2008 年）

项　　目	总　计	厂　房 仓　库	住　宅	办　公 用　房
总　　计	**14842459**	**3125582**	**8279984**	**714238**
其中：国有及国有控股	137543	35114	67083	27706
一、按登记注册类型分组				
内资企业	14606400	2889523	8279984	714238
国有企业	64283	15000	47083	2200
集体企业	2162079	278332	1611127	59692
股份合作企业	50129	6870	37520	3702
有限责任公司	7148525	1654644	3138396	396081
股份有限公司	1231919	190928	832623	52250
私营企业	3949465	743749	2613235	200313
其他企业				
港、澳、台商投资企业	236059	236059		
外商投资企业				
二、按国民经济行业分组				
房屋和土木工程建筑业	14336361	2830334	8159289	704638
房屋工程建筑	14276320	2786093	8143489	704638
土木工程建筑	60041	44241	15800	
建筑安装业	206323	81628	83095	9600
建筑装饰业				
其它建筑业	299775	213620	37600	
三、按隶属关系分组				
中 央	15000	15000		
地 方	14827459	3110582	8279984	714238
省				
市	1506469	215545	798392	151205
县（市、区）及以下	13320990	2895037	7481592	563033
四、按企业资质等级分组				
施工总承包	14256083	2593203	8274542	714238
一 级	3497013	874424	1782094	224717
二 级	4521448	719109	2699036	204923
三级及以下	6237622	999670	3793412	284598
专业承包	586376	532379	5442	
一 级	209620	209620		
二 级	292131	292131		
三级及以下	84625	30628	5442	
五、按营业状态分组				
营业	14842459	3125582	8279984	714238
停业（歇业）				
筹建				
当年关闭				
当年破产				
六、按控股情况分组				
国有控股	137543	35114	67083	27706
集体控股	3291081	537094	2263153	167491
私人控股	11177776	2317315	5949748	519041
港澳台商控股	236059	236059		
外商控股				

房屋建筑竣工面积情况

单位:平方米

批发和零售用房	住宿和餐饮用房	居民服务业用房	教育用房	文化、体育和娱乐用房	卫生医疗用房	科研用房	其他用房
124600	**162042**	**286831**	**1046646**	**68635**	**91434**	**9046**	**933421**
							7640
124600	162042	286831	1046646	68635	91434	9046	933421
9998	16500	14284	45749	14485	26395	3374	82143
	2037						
61892	70620	238549	861715	49150	18148	5672	653658
11594	18020	2138	47300	5000	27286		44780
41116	54865	31860	91882		19605		152840
104435	162042	286831	1029003	68635	91434	9046	890674
104435	162042	286831	1029003	68635	91434	9046	890674
18000			14000				
2165			3643				42747
124600	162042	286831	1046646	68635	91434	9046	933421
5590	2000	160498	125064	1150			47025
119010	160042	126333	921582	67485	91434	9046	886396
122435	162042	286831	1043003	68635	91434	9046	890674
58118	47950	80142	224810	54150	42923	5672	102013
25424	28893	184330	99063	4585	25338		530747
38893	85199	22359	719130	9900	23173	3374	257914
2165			3643				42747
2165			3643				42747
124600	162042	286831	1046646	68635	91434	9046	933421
							7640
25284	21120	42182	77646	14485	26395	3374	112857
99316	140922	244649	969000	54150	65039	5672	812924

4－16 全 市 建 筑 业 企 业

(2008 年)

项　　目	总 计	厂房仓库	住宅	办公用房
总　　计	**12651519**	**2267922**	**7055107**	**739498**
其中:国有及国有控股	110060	23620	55200	24100
一、按登记注册类型分组				
内资企业	12446759	2063162	7055107	739498
国有企业	40740	3750	35200	1790
集体企业	1672354	239883	1192291	52640
股份合作企业	42423	6570	32333	2070
有限责任公司	6451569	1215054	2860156	451222
股份有限公司	1103962	147118	731118	69201
私营企业	3135711	450787	2204009	162575
其他企业				
港、澳、台商投资企业	204760	204760		
外商投资企业				
二、按国民经济行业分组				
房屋和土木工程建筑业	12340310	2117492	6953330	730298
房屋工程建筑	12308840	2097872	6941480	730298
土木工程建筑	31470	19620	11850	
建筑安装业	153400	42880	70940	9200
建筑装饰业				
其它建筑业	157809	107550	30837	
三、按隶属关系分组				
中 央	3750	3750		
地 方	12647769	2264172	7055107	739498
省				
市	1601123	201786	769371	199500
县(市、区)及以下	11046646	2062386	6285736	539998
四、按企业资质等级分组				
施工总承包	12394360	2032362	7052930	739498
一 级	3345873	671525	1628211	258608
二 级	3922491	599827	2338202	243300
三级及以下	5125996	761010	3086517	237590
专业承包	257159	235560	2177	
一 级	104810	104810		
二 级	114870	114870		
三级及以下	37479	15880	2177	
五、按营业状态分组				
营业	12651519	2267922	7055107	739498
停业(歇业)				
筹建				
当年关闭				
当年破产				
六、按控股情况分组				
国有控股	110060	23620	55200	24100
集体控股	2706982	424641	1808042	171824
私人控股	9629717	1614901	5191865	543574
港澳台商控股	204760	204760		
外商控股				

房屋建筑竣工造价

单位:千元

批发和零售用房	住宿和餐饮用房	居民服务业用房	教育用房	文化、体育和娱乐用房	卫生医疗用房	科研用房	其他用房
151686	**182794**	**373788**	**1144249**	**81162**	**118809**	**6080**	**530424**
							7140
151686	182794	373788	1144249	81162	118809	6080	530424
8900	20790	15396	49030	15610	32860	1780	43174
	1450						
96321	87674	320153	958590	61052	24732	4300	372315
10805	19800	2189	50000	4500	38215		31016
35660	53080	36050	86629		23002		83919
133720	182794	373788	1129512	81162	118809	6080	513325
133720	182794	373788	1129512	81162	118809	6080	513325
17100			13280				
866			1457				17099
151686	182794	373788	1144249	81162	118809	6080	530424
40403	2314	217333	121533	1052			47831
111283	180480	156455	1022716	80110	118809	6080	482593
150820	182794	373788	1142792	81162	118809	6080	513325
93328	65994	79972	323813	65552	63577	4300	90993
20890	29700	270650	113900	5130	27832		273060
36602	87100	23166	705079	10480	27400	1780	149272
866			1457				17099
866			1457				17099
151686	182794	373788	1144249	81162	118809	6080	530424
							7140
20520	22820	39021	84080	15610	32860	1780	85784
131166	159974	334767	1060169	65552	85949	4300	437500

财政　金融　保险

FIVE

GOVERNMENT FINANCE BANKING AND INSURANCE

5-1 全市历年财政收支情况

（1978-2008年）　　单位：万元

年份	财政总收入	地方财政收入	工商税收类	农牧业税收类	财政总支出	支农支出	文教卫生事业费	行政管理费
1978		52192	37935	2136	18070	1943	5172	1832
1979		51295	39779	2484	17140	1644	6211	2499
1980		54535	40742	2444	17134	1227	7399	2884
1981		61159	47247	2194	16414	791	7828	2763
1982		66696	55592	2445	19949	1207	8824	3234
1983		60153	48254	2520	21069	1467	9869	4081
1984		60278	52177	2268	22960	885	10783	4994
1985		74965	69360	3334	31363	548	12626	4928
1986		79049	72381	3360	46633	1352	15347	5964
1987		69118	58664	3631	53348	1596	16814	5680
1988		86889	71192	3554	71389	3451	21786	5969
1989		100089	86477	3601	81891	5775	25297	7024
1990		104172	93449	3872	89342	6828	28270	8103
1991		116187	97992	3915	91427	6722	30439	8430
1992		129340	110090	4757	103850	7064	36293	12688
1993		173532	154914	5729	133395	8110	41520	15902
1994	242141	119473	81314	8568	164639	7363	61650	23501
1995	303087	160742	100371	8608	207701	9840	68071	28536
1996	378276	210721	123359	12613	265299	11616	88478	35561
1997	467664	267057	152263	12615	320886	14862	100668	43106
1998	524460	299182	176488	12704	357596	20122	110124	45232
1999	560286	304556	184131	11371	371473	20607	124714	48351
2000	577022	342771	193484	10045	398848	20050	142930	52582
2001	660238	408091	202111	8837	468251	25815	156175	57615
2002	761778	382791	217680	40326	526313	22092	189324	69356
2003	904812	457381	262031	45640	592370	34024	210582	81712
2004	1078078	525808	333915	72451	736213	36104	237730	98295
2005	1416203	707203	482830	78086	953002	48459	278113	113541
2006	1776788	885497	606652	86560	1149328	55283	325993	133210
2007	2244830	1105732	784995	129536	1487856	-	-	-
2008	2599634	1319579	-	-	1823495	-	-	-

注：自2007年起财政收入与支出项目均改为新口径数据，老口径数据不公布。

5-2 全市财政收支情况

（2007-2008年）　　　　单位：万元

	2008年	2007年	比去年同期增减（%）
财政总收入	**2599634**	**2244833**	**15.81**
地方财政收入	**1319579**	**1105732**	**19.34**
增值税	251862	230422	9.30
营业税	228429	183914	24.20
耕地占用税	25756	21776	18.28
企业所得税类	123838	99439	24.54
国有企业计划亏损补贴类	-3968	-2827	40.36
其它收入类	42693	62819	-32.04
专项收入类	51433	44083	16.67
罚没收入.行政性收费收入类	102618	84299	21.73
财政总支出	**1823495**	**1487856**	**22.56**
一般公共服务	307235	270244	13.69
国防	1600	2064	-22.48
公共安全	98488	79125	24.47
教育	510891	386036	32.34
科学技术	44433	36847	20.59
文化体育与传媒	22072	15763	40.02
社会保障和就业	125161	95980	30.40
医疗卫生	86691	60933	42.27
环境保护	41432	19295	114.73
城乡社区事务	194334	205218	-5.30
农林水事务	180393	118954	51.65
交通运输	15003	16212	-7.46
工业商业金融等事务	131335	117948	11.35
其他各项支出	64427	63237	1.88

注：其它收入类为非税中的其他收入，2008年其他各项支出中含1681万元地震灾后恢复重建工作。

5－3 各县市区财政收入情况

（2008 年）

单位：万元

	中央“两税”	地方财政收入	增值税	营业税	城建税	个人所得税	耕地占用税	企业所得税
总计	**887987**	**1319579**	**251862**	**228429**	**84905**	**23935**	**25756**	**123838**
潍城区	37233	57977	12352	20172	6812	1630	38	3267
寒亭区	29499	46260	9829	8994	2480	743	220	4060
坊子区	20578	40223	6785	6747	1647	669	770	4354
奎文区	58948	93951	18802	32634	6522	2547		6954
青州市	170073	117807	23394	16909	13645	2340	1190	7298
诸城市	86581	204085	27044	27419	8483	1981	9031	10551
寿光市	114728	210007	36209	22736	11308	3783	10123	24867
安丘市	39472	43318	12234	9605	3345	1161	186	3761
高密市	51254	117609	17035	20098	7208	1575	2590	7141
昌邑市	57069	79619	16802	13875	6058	1853	143	6841
临朐县	21903	28025	7194	6630	1542	955	234	1867
昌乐县	49077	68330	15284	9333	2829	1110	545	5733
高新开发区	89050	104972	29671	22547	7208	2263	586	15131
滨海开发区	58244	80008	17801	6979	5242	1046	100	9025
峡山生态区	4278	2615	1426	441	286	44		103
市本级		24773		3310	290	235		12885

5－4 各县市区财政总支出情况

（2008 年）

单位：万元

	财政总支出	一般公共服务支出	教育支出	城乡社区事务支出
总计	**1823495**	**307235**	**510891**	**194334**
潍城区	54655	9824	19285	4054
寒亭区	71034	14260	21594	7327
坊子区	59005	11675	16189	6646
奎文区	64465	17672	15997	7645
青州市	144015	24506	51001	11927
诸城市	247810	35881	63546	55013
寿光市	254870	37951	74116	34547
安丘市	101525	13678	37853	3880
高密市	151990	28132	47831	11541
昌邑市	106462	13850	28655	2964
临朐县	86262	13219	30584	3921
昌乐县	104088	25393	29954	3837
高新开发区	48365	9325	6560	17899
滨海开发区	58480	6978	14607	11054
峡山生态区	17403	1492	7726	587
市本级	253066	43399	45393	11492

注：经济区数据统计在寒亭区。

5-5 全市历年主要金融统计指标

（1978-2008年）

单位:万元

年 份	人民币各项存款余额	企业存款	储蓄存款	人民币各项贷款余额	工业贷款	农业贷款	商业贷款	现金投放(+)回笼(-)
1978	31153	9358	4825	123284	33942	3882	83794	556
1979	43144	11148	6396	132555	37080	4011	89855	3727
1980	54851	12880	8556	144675	44746	4885	94276	5650
1981	85871	18004	10245	156942	51056	5142	50531	1527
1982	92202	19951	12715	198733	50094	4847	122039	4798
1983	190006	30105	19843	312897	57962	3223	227707	8856
1984	171292	38686	26150	280759	82038	9896	162779	15950
1985	187554	55538	37769	342767	94331	24311	187428	5590
1986	228404	70885	56461	426282	124643	35885	198663	7280
1987	372969	84231	222873	585226	139128	39598	219145	-1659
1988	468469	95267	298126	707352	172003	61873	264100	20209
1989	599672	106366	388278	825558	223406	76444	277929	-14736
1990	796109	141252	516695	1017297	294184	88875	331939	-23689
1991	937548	181104	650827	1224596	346808	108022	372014	-14314
1992	1197979	231475	787124	1486920	404684	131014	417623	-20718
1993	1439326	257890	989876	1730302	461068	145661	495324	-10152
1994	2013802	424007	1427155	2126191	485110	180789	578636	-29987
1995	2692902	567194	1921155	2539778	542965	153055	668551	-164818
1996	3356912	674931	2477681	3025035	596297	277214	805096	-150895
1997	3980040	865829	2872865	3746318	748504	396381	931895	-94989
1998	4363987	777172	3447561	3967719	736680	507728	914827	-321525
1999	4954087	824174	3872654	4139583	736894	524692	931484	-200859
2000	5606076	950894	4244516	4271984	679935	625686	828053	-118163
2001	6465489	1142925	4779337	4764808	857222	845631	901421	-75084
2002	7864484	1641790	5364243	5737030	1103189	1047225	990317	-141859
2003	9022778	1928506	6069642	6517983	1242115	1231130	960011	-295723
2004	10553633	2282331	6962244	7438962	1397190	1403690	961892	-370637
2005	12492611	2620369	8046118	8482885	1403438	1427510	776893	-398996
2006	14255479	2745272	9130194	10317237	1990919	1772369	709178	-557975
2007	16374435	3399218	10387400	12270158	2508208	1930866	690336	-551196
2008	20404631	3899723	13264880	14955651	2596297	2518179	632524	-427635

5－6　全市金融机构人民币信贷收入情况

（2008 年）

单位：万元

	年末余额	国有商业银行	工商银行	农业银行	中国银行	建设银行	交通银行	农村合作机构	比年初增加
一、各项存款	20404631	9599787	2505712	3315452	1702206	2076417	804519	5625624	4037510
1、企业存款	3899723	2196564	651279	582620	490871	471795	291160	105076	500505
（1）活期存款	2545665	1607956	482707	440355	320071	364823	109774		154182
（2）定期存款	1354058	588608	168572	142265	170800	106972	181386	105076	346323
2、财政存款	194934								－4317
3、机关团体存款	715196	556313	115769	184560	24361	231623	150879	7245	67736
4、储蓄存款	13264880	5750165	1335578	2397292	834633	1182662	228076	4941174	2877480
（1）活期储蓄	4082038	2004431	443727	940163	195714	424827	77915	1429606	703145
（2）定期储蓄	9182842	3745734	891851	1457129	638919	757835	150161	3511568	2174335
5、农业存款	438181	2495	1249			1246		434908	－18924
6、其他存款	1876745	1094250	401837	150980	352341	189091	134404	137221	600748
二、金融债券	7	7		2	1	4			
三、应付及暂收款	386476	171832	18487	79886	38311	35148	7205	140684	109388
其中：应付及预收利息	246145	91570		45285	24567	21718	4610	102681	78935
四、同业往来	156260	153979	64897	84756	19704	3731	4187	11108	137181
五、各项准备	283158	74324	9332	40514	20898	3581	－8167	173308	118042
其中：贷款损失准备金	266840	70254	9332	40107	20816		－8167	161060	117665
六、所有者权益	810216	250883	121020	44397	31301	54164	10678	366553	282788
其中：实收资本	369437							233157	85367
当年结益	376001	260654	120681	44022	41787	54164	10678	60850	376001
资金来源总计	**19483409**	**10193864**	**2843201**	**3515488**	**1787366**	**2143136**	**827017**	**6282881**	**4124169**

5－7　全市金融机构人民币信贷支出情况

（2008 年）

单位:万元

	年末余额	国有商业银行	工商银行	农业银行	中国银行	建设银行	交通银行	农村合作机构	比年初增加
一、各项贷款	14955651	7476608	2817045	1868140	1346002	1445421	391389	4357009	2685493
1、短期贷款	8294278	3147239	966500	1208171	702634	269934	226737	3142542	759903
（1）工业贷款	2596297	2150079	639021	978066	391229	141763	158383		90650
（2）商业贷款	632524	299860	11475	43566	243659	1160	21818		－57812
（3）农业贷款	2518179	80483	1430	79053				2424723	587313
（4）乡镇企业贷款	467916							467816	－262992
（5）其他短期贷款	1801999	494523	293775	59100	22750	118898	45621	250003	299861
其中:个人短期消费贷	94626	93409	1560	11646	13416	66787	107		8756
2、中长期贷款	4860452	3808901	1826051	552510	449527	980813	134539	342111	1284312
（1）基本建设贷款	1879836	1876836	1241612	188026	85063	362135			361679
（2）技术改造贷款	89165	89165			27300	61865			32554
（3）其他中长期贷款	2891451	1842900	584439	364484	337164	556813	134539	342111	890079
其中:个人中长期消费贷	1364071	1184179	459446	209146	210157	305430	59109	106782	364107
3、票据融资	1797785	519297	24494	107459	193841	193503	29200	871304	671900
其中:贴现	1797785	519297	24494	107459	193841	193503	29200	871304	671900
4、各项垫款	3136	1171				1171	913	1052	－30622
二、有价证券及投资	1635609	21578	9910	6650	5018		15855	1082031	284416
三、应收及预付款	83599	37974	1492	13283	8827	14372	3777	25867	34182
其中:应收利息	41207	16793	1084	70	8610	7029	37	15396	12823
四、同业往来		24		1	757	4	4	66368	－300
五、系统内资金往来	2415890	2568001		1604431	404819	653340	403431		1114358
资金运用总计	**19470362**	**10193864**	**2843201**	**3515488**	**1787366**	**2143136**	**827017**	**6282881**	**4124169**

5－8　全市金融机构现金收入情况

（2007－2008 年）

单位:万元

	2008 年	2007 年	比去年同期增减（%）
收入合计	**63895653**	**3719348**	**6.18**
一.商品销售收入	7999726	857408	12.00
二.服务事业收入	2174915	138848	6.82
三.税款收入	326275	88974	37.49
四.城乡个体经营收入	4742999	602657	14.56
五.储蓄存款收入	41889756	1108612	2.72
六.其它金融机构收入	23222	15119	186.57
七.居民归还贷款收入	2242108	301175	15.52
八.汇兑收入	248282	－9339	－3.63
九.有价证券收入	5350	－1183	－18.10
十.其它收入	4243020	617077	17.02

5－9　全市金融机构现金支出情况

（2007－2008 年）　　单位:万元

	2008 年	2007 年	比去年同期增减（%）
支出合计	**5197444**	**5486041**	**－5.26**
一、工资性及个人其他支出	347327	261090	33.03
二、农副产品采购支出	321020	299754	7.09
三、工矿及其他产品采购支出	239235	179294	33.43
四、行政企业管理与经营费支	77547	102744	－24.52
五、城乡个体经营支出	411479	385849	6.64
六、储蓄存款支出	3486278	3901846	－10.65
七、其他金融性公司支出	4918	9982	－50.74
八、居民提取贷款支出	6475	5549	16.68
九、汇兑支出	8341	19092	－56.31
十、有价证券支出	51	101	－49.43
十一、其他支出	294773	320740	－8.10
其中:兑换外币支出	3714	3791	－2.05
投放(＋)、回笼(－)	83961	－2379	－3629.35

5－10　分县市区本外币储蓄存款余额分布表

（2008 年）　　单位:万元

	合计	较年初增加	工商银行	农业银行	中国银行	建设银行
总　计	**13324580**	**2873568**	**2572549**	**3338638**	**1767887**	**2103646**
潍城区	473527	47877	137151	182661	92461	105475
寒亭区	390494	42529	75539	88667		44606
坊子区	278363	34992		65774	63317	73006
奎文区	427214	－6427	91738	215748	59255	86082
青州市	1641594	356029	242322	470023	153938	223399
诸城市	1289705	253557	235658	385544	152759	118190
寿光市	1931569	423971	338174	566179	155053	305410
安丘市	911469	179248	141665	188617	107282	132896
高密市	929293	203518	171320	269933	103898	86030
昌邑市	1128518	218463	157881	310052	147705	153334
临朐县	852289	189122	72171	161979	103734	104212
昌乐县	654843	160429	100834	143441	99262	40624
开发区	185167	41203	113939	135177	28940	81270

5-11 分县市区金融机构信贷收支情况

(2008年)

单位:万元

地　区	人民币各项存款余额	企业存款	财政存款	农业存款
总　计	**20404631**	**3899723**	**194934**	**438181**
潍城区	750451	116309	1	33754
寒亭区	484630	51051	83	11039
坊子区	381897	53100	474	9167
奎文区	780264	142937		83706
青州市	2031506	193686	6161	29365
诸城市	1730481	222039	4225	33250
寿光市	2654610	411063	11023	76193
安丘市	1166848	129628	5158	30335
高密市	1220906	130527	63	40350
昌邑市	1524429	194097	11229	30378
临朐县	1038307	85433	19292	18737
昌乐县	863721	100294	9430	41424
开发区	353702	102247	5	1

5-11 续表1

单位:万元

地　区	人民币各项贷款余额	1.短期贷款	其中:工业贷款	商业贷款	农业贷款	2.中长期贷款	其中:基建贷款
总　计	**14955651**	**8294278**	**2596297**	**632524**	**2518179**	**4860452**	**1879836**
潍城区	565744	209595	20790	27492	82873	328144	138436
寒亭区	417664	232826	56989	9103	103844	147140	81700
坊子区	265828	197039	56600	12282	74419	56692	2000
奎文区	886934	440924	171464	2000	32272	429940	291783
青州市	1137685	695425	168003	67455	337003	258983	162150
诸城市	1493601	943213	329081	54802	367067	397653	195316
寿光市	1933096	1199938	536143	30668	396626	593012	257515
安丘市	747625	478043	108075	19784	271671	170254	35165
高密市	1051448	742158	226509	23571	231232	265738	77711
昌邑市	880183	483586	107133	89316	209635	250939	45095
临朐县	461166	344711	55999	11301	185842	101819	21550
昌乐县	675224	420209	82798	12314	211202	205125	41041
开发区	326662	127630	47382	43411	8813	186246	120920

5－12 全市保险业基本情况

（2007－2008年）

	单　位	2008年	2007年	比去年同期增减（%）
承保额	**亿元**	**8167.6**	**5954.1**	**37.2**
企业财产险	亿元	1341.9	1230.7	9.0
家庭财产险	亿元	65.6	62.5	5.0
运输工具及责任险	亿元	1307.0	992.4	31.7
货物运输险	亿元	147.5	146.5	0.7
养老保险	亿元	387.6	428.2	-9.5
人身意外伤害险	亿元	1400.5	2846.2	-50.8
其它险	亿元	4190.2	247.6	1592.3
保险业务收入	**亿元**	**55.8**	**41.3**	**35.2**
企业财产险	亿元	1.3	1.3	0.8
家庭财产险	亿元	0.1	0.1	-34.5
运输工具及责任险	亿元	12.7	11.2	13.3
货物运输险	亿元	0.2	0.2	7.8
养老保险	亿元	38.6	26.5	45.8
人身意外伤害险	亿元	2.3	1.7	33.1
农业险	亿元	0.3	0.1	156.2
其它险	亿元	0.4	1.8	-80.3
保险业务支出	**亿元**	**9.8**	**7.7**	**27.0**
企业财产险	亿元	0.7	0.6	6.3
家庭财产险	亿元			24.2
运输工具及责任险	亿元	7.3	5.6	29.5
货物运输险	亿元	0.1	0.1	64.1
养老保险	亿元	0.5	0.5	9.8
人身意外伤害险	亿元	0.9	0.8	18.3
农业险	亿元	0.2		1399.3
其它险	亿元	0.1	0.1	-22.4
保险密度	元/人	861.8	480.6	79.3
保险深度	‰	2.2	20.1	-88.8

注：保险密度＝保险业务收入/总人口

保险深度＝保险业务收入/*GDP*

⑥

价格指数

SIX

PRICE INDICES

6－1 居民消费价格类指数

（2008 年）

类别及品名	以上年同期为 100 的指数	类别及品名	以上年同期为 100 的指数
居民消费价格总指数	**105.2**	**四、家庭设备用品及维修**	**100.7**
非食品价格指数	101.1	1、耐用消费品	101.1
服务项目价格指数	101.1	（1）家具	101.2
工业品价格指数	101.1	（2）家庭设备	101.1
扣除食品和能源价格指数	100.8	2、室内装饰品	99.8
扣除鲜菜鲜果总指数	104.1	3、床上用品	99.7
消费品价格指数	106.2	4、家庭日用杂品	100.5
一、食品	**113.4**	5、家庭服务及加工维修	100.0
1、粮食	104.5	**五、医疗保健和个人用品**	**101.5**
2、淀粉及薯类	101.7	1、医疗保健	100.4
3、干豆类及豆制品	136.2	（1）医疗器具及用品	100.0
4、油脂	116.7	（2）中药材及中成药	101.6
5、肉禽及其制品	124.8	（3）西药	100.0
（1）食用畜肉及副产品	131.5	（4）保健器具及用品	100.0
（2）禽	116.0	（5）医疗保健服务	100.0
（3）肉禽加工制品	113.2	2、个人用品及服务	103.5
6、蛋	103.7	（1）化妆美容用品	104.2
7、水产品	104.6	（2）卫生用品	102.3
（1）鱼	109.8	（3）个人饰品	103.0
（2）其它水产品	92.0	（4）个人服务	105.3
8、菜	110.4	**六、交通和通讯**	**99.7**
9、调味品	104.3	1、交通	100.3
10、糖	112.5	（1）交通工具	99.5
11、茶及饮料	109.9	（2）车用燃料及配件	108.8
（1）茶叶	101.7	（3）车辆使用及维修	100.4
（2）饮料	116.4	（4）市区公共交通	100.2
12、干鲜瓜果	127.8	（5）城市间交通	100.0
13、糕点饼干面包	105.7	2、通信	98.7
14、奶及奶制品	105.6	（1）通信工具	93.9
15、在外用膳食品	110.6	（2）通信服务	100.0
16、其它食品及加工费	107.2	**七、娱乐教育文化用品及服务**	**99.3**
二、烟酒及用品	**105.8**	1、文娱耐用消费品及服务	97.7
1、烟草	100.2	2、教育	100.6
2、酒	114.0	（1）教材及参考书	100.0
3、吸烟饮酒用品	100.1	（2）学杂托幼费	100.7
三、衣着	**98.8**	3、文化娱乐用品	101.1
1、服装	99.2	（1）文化娱乐	99.9
（1）男式服装	98.7	（2）书报杂志	100.0
（2）女式服装	99.6	（3）文娱费	103.5
（3）儿童服装	99.0	4、旅游及外出	96.8
2、衣着材料	100.0	**八、居住：**	**105.6**
3、鞋袜帽	97.5	1、建房及装修材料	113.2
（1）鞋	97.3	2、租房	104.4
（2）袜子	100.0	3、自有住房	105.9
（3）帽子	100.0	4、水、电、燃料	103.0
4、衣着加工服务	100.0		

6－2 续表2

类别及品名	以上年同期为100的指数	类别及品名	以上年同期为100的指数	类别及品名	以上年同期为100的指数
理(烫)发	117.7	上网费	100.0	报纸	100.0
洗浴	100.0	信件邮寄	100.0	杂志	100.0
其他	100.0	包裹邮寄	100.0	(3)文娱费	103.5
六、交通和通信	**99.7**	其他	100.0	电影票	100.0
1. 交通	100.3	**七、娱乐教育文化用品及服务**	99.3	景点门票	110.8
(1)交通工具	99.5	1. 文娱用耐用消费品及服务	97.7	有线电视	100.0
摩托车	100.0	电视机	96.4	健身活动	100.0
自行车	100.0	激光视盘机	94.6	其他	100.0
轿车	98.1	摄像机	97.6	4. 旅游	96.8
其他	100.0	照相机	96.0	旅行社收费	95.2
(2)车用燃料及零配件	108.8	家用音响	97.7	宾馆住宿	99.8
汽油	110.5	便携式音响	100.1	其他住宿	99.6
柴油	111.6	电脑	99.7	**八、居住**	**105.6**
零配件	100.0	修理服务	100.0	1. 建房及装修材料	113.2
其他	100.0	其他	100.0	木材	101.1
(3)车辆使用及维修费	100.4	2. 教育	100.6	木地板	125.7
驾驶证	100.0	(1)教材及参考书	100.0	砖	139.2
保险费	100.0	工具书	100.0	水泥	116.7
停车费	100.0	教材	100.0	涂料	118.5
车辆修理服务费	100.0	参考书	100.0	胶合板	104.4
其他	104.3	教育软件	100.0	玻璃	109.7
(4)市区公共交通费	100.2	(2)学杂托幼费	100.7	粘胶	101.5
公共汽车票	100.0	义务教育杂费		油漆	100.0
出租汽车	100.0	非义务教育学杂费	100.0	其他	100.0
其他	101.5	技能培训学费	100.0	2. 租房	104.4
(5)城市间交通费	100.0	托幼费	108.7	公房房租	101.6
飞机票	100.0	其他	100.0	私房房租	105.6
火车票	100.0	3. 文化娱乐类	101.1	其他费用	105.6
长途汽车	100.0	(1)文化娱乐用品	99.9	3. 自有住房	105.9
其他	100.0	乐器	99.9	房屋贷款利率	116.1
2. 通信	98.7	音响光盘和磁带	100.0	物业管理费用	100.0
(1)通信工具	93.9	照相胶卷和存储卡	98.9	维护修理费用	103.1
固定电话机	100.0	录像磁带和视盘	100.0	其他	100.0
移动电话机	90.4	儿童玩具	99.8	4. 水、电、燃料	103.0
其他	100.0	纸张本册	100.0	水	100.0
(2)通信服务	100.0	文具	100.0	电	100.0
移动通信费	100.0	体育用品	100.0	液化石油气	107.5
市内电话费	100.0	其他	100.0	管道燃气	113.2
长途电话费	100.0	(2)书报杂志	100.0	其他燃料	100.0
月租费	100.0	书籍	100.0		

6－3　各月居民消费价格定基指数

（2008年）（以2000年全年平均为100的指数）

类别及品名	一月份	二月份	三月份	四月份	五月份	六月份
居民消费价格总指数	**117.0**	**118.5**	**119.9**	**119.7**	**118.5**	**117.0**
非食品价格指数	103.1	103.3	103.3	103.5	103.7	103.9
服务项目价格指数	117.0	117.0	116.8	117.3	117.0	117.0
工业品价格指数	0.0	0.0	0.0	0.0	0.0	0.0
扣除食品和能源价格指数	0.0	0.0	0.0	0.0	0.0	0.0
扣除鲜菜鲜果总指数	112.9	113.3	113.6	113.8	114.6	114.6
消费品价格指数	117.1	119.0	120.8	120.4	118.9	117.1
一、食品	**150.2**	**155.5**	**160.5**	**159.4**	**154.1**	**148.1**
1.粮食	149.6	151.4	152.2	152.9	152.9	153.1
大 米	180.1	181.8	182.3	182.3	182.3	182.3
面 粉	158.6	159.6	159.6	159.6	158.5	158.5
粮食制品	113.6	113.6	113.6	113.6	113.6	114.1
其 他	227.0	248.5	261.2	275.0	282.7	282.7
2.淀粉	111.5	112.3	113.3	113.3	113.3	113.3
淀 粉	111.5	112.3	113.3	113.3	113.3	113.3
3.干豆类及豆制品	153.3	156.1	160.7	162.5	166.2	170.8
干 豆	177.3	183.0	185.6	189.9	199.1	203.9
豆 制 品	147.2	149.4	154.3	155.6	158.2	162.7
4.油脂	159.9	164.4	163.0	168.5	168.5	167.1
食用植物油	160.9	165.7	164.2	169.9	169.9	168.4
植物油制品	140.3	140.3	140.3	144.3	144.3	144.3
其 他	123.0	123.0	123.0	123.0	123.0	123.0
5.肉禽及其制品	207.6	209.4	213.9	214.2	216.4	213.3
（1）食用畜肉及副产品	245.7	248.9	257.3	256.1	258.7	252.2
猪 肉	282.1	287.3	297.4	292.6	295.1	287.0
牛 肉	149.2	151.5	156.8	160.4	157.3	153.4
羊 肉	175.2	176.7	183.0	190.1	201.5	201.5
畜肉副产品	173.9	169.4	173.5	176.7	176.0	169.4
其 他	0.0	0.0	0.0	0.0	0.0	0.0
（2）禽	145.7	145.6	145.8	153.4	157.8	152.4
鸡	163.6	163.4	163.6	174.7	180.6	172.6
鸭	101.9	101.9	101.9	101.9	101.9	101.9
其 他	115.1	115.1	115.7	118.1	121.0	119.5
（3）加工肉禽	157.4	157.7	157.5	157.5	158.4	161.0
畜肉制品	167.6	167.9	167.7	167.7	168.7	172.2

6-3续表1

类别及品名	七月份	八月份	九月份	十月份	十一月份	十二月份
居民消费价格总指数	**117.1**	**116.9**	**117.3**	**116.9**	**116.2**	**116.7**
非食品价格指数	103.9	103.9	103.9	103.8	103.7	103.6
服务项目价格指数	117.0	117.0	117.0	116.8	116.8	116.8
工业品价格指数	0.0	0.0	0.0	0.0	0.0	0.0
扣除食品和能源价格指数	0.0	0.0	0.0	0.0	0.0	0.0
扣除鲜菜鲜果总指数	114.9	114.8	114.7	114.1	112.8	112.8
消费品价格指数	117.2	116.9	117.5	117.0	116.2	116.8
一、食品	**148.2**	**147.4**	**149.4**	**148.1**	**145.8**	**147.6**
1. 粮食	153.6	153.4	153.6	152.1	151.2	150.4
大米	182.3	182.3	182.3	180.0	176.1	168.4
面粉	158.5	158.5	158.5	158.5	159.4	160.9
粮食制品	114.1	114.1	114.1	113.2	112.0	112.0
其他	290.5	287.2	290.5	277.8	277.8	277.8
2. 淀粉	113.3	113.3	113.3	113.3	113.3	113.3
淀粉	113.3	113.3	113.3	113.3	113.3	113.3
3. 干豆类及豆制品	183.3	184.7	185.5	183.8	183.2	182.3
干豆	213.3	217.2	219.2	208.8	205.1	199.6
豆制品	175.8	176.6	177.2	177.2	177.2	177.2
4. 油脂	168.5	166.0	165.5	165.4	154.9	151.0
食用植物油	169.9	167.4	166.9	166.9	156.6	152.4
植物油制品	144.3	138.6	137.5	137.5	123.3	123.3
其他	123.0	123.0	123.0	114.8	109.3	109.3
5. 肉禽及其制品	212.5	209.6	206.5	199.4	176.2	181.5
(1)食用畜肉及副产品	252.1	252.2	247.2	233.8	190.5	199.6
猪肉	286.6	289.4	283.4	263.4	197.2	211.9
牛肉	158.0	158.0	148.9	153.0	150.6	150.6
羊肉	202.4	194.8	194.8	182.8	181.8	181.8
畜肉副产品	163.6	158.5	159.3	159.3	147.9	147.9
其他	0.0	0.0	0.0	0.0	0.0	0.0
(2)禽	153.4	153.3	153.1	154.6	153.9	157.1
鸡	174.3	174.0	174.0	176.4	175.3	180.3
鸭	101.9	101.9	101.9	101.9	101.9	101.9
其他	119.5	119.5	118.7	118.7	118.7	118.7
(3)加工肉禽	158.7	150.8	149.8	149.6	149.6	149.6
畜肉制品	169.0	157.7	156.4	156.1	156.1	156.1

6－3 续表2

类别及品名	一月份	二月份	三月份	四月份	五月份	六月份
禽制品	126.9	126.9	126.9	126.9	127.4	128.0
6. 蛋	179.3	175.2	174.1	167.8	176.7	182.3
鲜蛋	175.3	170.7	169.5	162.7	172.2	178.3
蛋制品	195.1	195.7	195.7	195.7	197.7	197.7
7. 水产品	145.1	145.5	144.6	143.3	149.9	149.9
(1)鱼	159.4	159.8	157.0	157.1	164.0	165.5
淡水鱼	131.6	134.0	131.8	131.0	138.1	141.9
海水鱼	198.1	193.8	190.1	192.2	197.6	193.3
(2)其他水产品	118.8	119.3	122.3	118.2	124.2	121.1
虾蟹类	0.0	0.0	0.0	0.0	0.0	0.0
其他	0.0	0.0	0.0	0.0	0.0	0.0
8. 菜	185.2	210.5	233.8	203.1	160.2	136.0
鲜菜	188.6	215.9	241.8	207.9	161.0	135.1
干菜及菜制品	124.9	124.9	124.9	124.9	126.4	127.2
薯类	0.0	0.0	0.0	0.0	0.0	0.0
9. 调味品	112.3	112.1	112.5	113.7	113.0	113.1
盐	130.7	130.7	131.3	131.3	131.9	131.9
酱油	112.3	112.3	113.2	113.2	111.3	111.3
醋	114.8	114.8	114.8	114.8	114.8	114.8
味精	99.6	97.0	97.0	97.0	95.5	96.2
其他	96.2	96.2	96.2	102.1	102.1	102.1
10. 糖	122.2	125.9	125.9	125.0	125.0	125.0
食糖	162.9	162.9	162.9	162.9	162.9	162.9
糖果	117.3	122.0	122.0	122.0	122.0	122.0
巧克力制品	101.2	104.6	104.6	104.6	104.6	104.6
糖类小食品	109.1	113.1	113.1	110.2	110.2	110.2
11. 茶及饮料	109.3	109.3	109.9	110.4	110.4	110.4
(1)茶叶	106.6	106.6	108.4	108.4	108.4	108.4
茶叶	106.6	106.6	108.4	108.4	108.4	108.4
(2)饮料	112.6	112.6	112.4	113.2	113.2	113.2
固体饮料	99.7	99.7	99.7	99.7	99.7	99.7
液体饮料	117.9	117.9	117.9	120.2	120.2	120.2
冷冻饮品	115.0	115.0	113.4	109.6	109.6	109.6
12. 干鲜瓜果	168.3	181.4	189.7	217.5	198.7	171.1
鲜瓜果	173.3	188.7	198.5	230.9	208.9	176.5

6－3 续表3

类别及品名	七月份	八月份	九月份	十月份	十一月份	十二月份
禽制品	128.0	128.0	128.0	128.0	128.0	128.0
6. 蛋	184.4	187.9	203.8	205.4	176.4	167.7
鲜蛋	180.5	184.4	201.6	203.4	171.9	162.4
蛋制品	197.7	197.7	197.7	197.7	197.7	197.7
7. 水产品	147.4	147.0	146.9	145.3	139.7	139.5
(1)鱼	162.0	160.2	160.2	158.5	156.0	155.7
淡水鱼	142.6	145.9	145.4	142.8	140.9	140.5
海水鱼	180.5	167.3	168.4	169.1	165.5	165.5
(2)其他水产品	120.8	123.3	123.0	121.6	109.4	109.4
虾蟹类	0.0	0.0	0.0	0.0	0.0	0.0
其他	0.0	0.0	0.0	0.0	0.0	0.0
8. 菜	135.0	136.8	146.6	151.5	155.2	166.2
鲜菜	134.7	136.6	147.1	152.5	156.5	168.4
干菜及菜制品	127.2	127.2	127.9	127.9	127.9	127.9
薯类	0.0	0.0	0.0	0.0	0.0	0.0
9. 调味品	113.1	112.9	113.1	113.1	113.1	112.5
盐	131.9	131.9	131.9	131.9	131.9	131.9
酱油	111.3	111.3	111.3	111.3	111.3	111.3
醋	114.8	114.8	114.8	114.8	114.8	114.8
味精	95.8	94.4	94.4	94.1	94.1	94.1
其他	102.1	102.1	103.1	103.1	103.1	100.2
10. 糖	124.7	125.0	125.0	125.0	125.0	125.0
食糖	160.9	162.9	162.9	162.9	162.9	162.9
糖果	122.0	122.0	122.0	122.0	122.0	122.0
巧克力制品	104.6	104.6	104.6	104.6	104.6	104.6
糖类小食品	110.2	110.2	110.2	110.2	110.2	110.2
11. 茶及饮料	114.2	113.3	113.3	113.3	113.3	114.1
(1)茶叶	108.4	108.4	108.4	108.4	108.4	108.4
茶叶	108.4	108.4	108.4	108.4	108.4	108.4
(2)饮料	119.9	118.4	118.4	118.4	118.4	119.7
固体饮料	99.7	97.1	97.1	97.1	97.1	97.1
液体饮料	131.8	130.5	130.5	130.5	130.5	132.8
冷冻饮品	109.6	109.6	109.6	109.6	109.6	109.6
12. 干鲜瓜果	164.4	157.9	165.7	166.0	183.9	185.8
鲜瓜果	168.6	160.9	170.1	170.5	191.5	193.7

6－3续表4

类别及品名	一月份	二月份	三月份	四月份	五月份	六月份
干(坚)果	134.1	134.1	134.1	134.8	134.8	134.8
13.糕点饼干	111.5	113.1	112.1	112.1	112.2	111.8
糕 点	106.3	106.3	106.3	106.3	105.8	105.0
饼 干	122.6	128.9	124.9	124.9	126.4	126.4
面 包	109.9	109.9	109.9	109.9	109.9	109.9
14.液体乳及乳制品	105.3	108.0	108.0	108.7	109.7	109.6
巴氏杀菌奶或消毒奶	102.5	105.6	105.6	105.6	105.6	105.6
酸 奶	0.0	0.0	0.0	0.0	0.0	0.0
奶 粉	130.9	139.8	139.8	144.9	153.2	154.8
其 他	100.0	100.0	100.0	100.0	100.0	100.0
15.在外用膳食品	110.7	110.7	113.6	113.6	117.7	117.7
主 食	118.9	118.9	123.1	123.1	123.1	123.1
炒 菜	100.8	100.8	100.8	100.8	107.5	107.5
地方小吃	145.2	145.2	163.4	163.4	163.4	163.4
16.其他食品	0.0	0.0	0.0	0.0	0.0	0.0
其他食品	101.7	101.7	104.7	104.7	104.7	104.7
二、烟酒及用品	**109.1**	**110.6**	**111.4**	**111.4**	**111.4**	**111.4**
1.烟草	103.7	103.7	103.7	103.7	103.7	103.7
国产卷烟	104.2	104.2	104.2	104.2	104.2	104.2
进口卷烟	98.4	98.4	98.4	98.4	98.4	98.4
其 他	0.0	0.0	0.0	0.0	0.0	0.0
2.酒	116.6	120.3	122.3	122.3	122.3	122.3
白 酒	131.4	139.2	139.2	139.2	139.2	139.2
葡 萄 酒	98.6	98.6	98.6	98.6	98.6	98.6
啤 酒	101.2	101.2	106.3	106.3	106.3	106.3
其 他	0.0	0.0	0.0	0.0	0.0	0.0
3.吸烟、饮酒用品	100.7	100.7	100.7	100.7	100.8	100.8
吸烟用品	99.9	99.9	99.9	99.9	100.4	100.4
饮酒用品	101.1	101.1	101.1	101.1	101.1	101.1
三、衣着	**93.4**	**93.3**	**93.1**	**93.0**	**93.0**	**93.0**
1.服 装	89.8	89.8	89.7	89.7	89.7	89.6
(1)男式服装	88.1	88.0	87.8	87.8	87.8	87.8
大 衣	84.5	84.3	84.2	84.2	84.2	84.2
毛 线 衣	85.4	85.4	85.3	85.3	85.2	85.2
夹 克 衫	89.7	89.7	89.7	89.7	89.7	88.9

6－3 续表5

类别及品名	七月份	八月份	九月份	十月份	十一月份	十二月份
干(坚)果	134.8	134.8	134.8	134.8	134.8	134.8
13. 糕点饼干	111.8	111.5	112.0	111.0	111.0	111.0
糕 点	105.0	104.3	104.5	104.5	104.5	104.5
饼 干	126.4	126.4	127.9	124.4	124.4	124.4
面 包	109.9	109.9	109.9	109.9	109.9	109.9
14. 液体乳及乳制品	109.6	109.4	109.4	100.2	99.2	99.2
巴氏杀菌奶或消毒奶	105.6	105.3	105.3	90.5	88.5	88.5
酸 奶	0.0	0.0	0.0	0.0	0.0	0.0
奶 粉	154.8	154.8	154.8	154.8	154.8	154.8
其 他	100.0	100.0	100.0	100.0	100.0	100.0
15. 在外用膳食品	121.2	121.2	121.2	121.2	121.2	121.2
主 食	124.6	124.6	124.6	124.6	124.6	124.6
炒 菜	112.2	112.2	112.2	112.2	112.2	112.2
地方小吃	166.1	166.1	166.1	166.1	166.1	166.1
16. 其他食品	0.0	0.0	0.0	0.0	0.0	0.0
其他食品	104.7	104.7	104.7	104.7	104.7	104.7
二、烟酒及用品	**111.4**	**112.7**	**113.2**	**113.2**	**113.2**	**113.2**
1. 烟草	103.7	103.7	103.7	103.7	103.7	103.7
国产卷烟	104.2	104.2	104.2	104.2	104.2	104.2
进口卷烟	98.4	98.4	98.4	98.4	98.4	98.4
其 他	0.0	0.0	0.0	0.0	0.0	0.0
2. 酒	122.3	125.4	126.9	126.8	126.8	126.8
白 酒	139.2	145.7	148.8	148.8	148.8	148.8
葡 萄 酒	98.6	98.6	98.6	97.5	97.5	97.5
啤 酒	106.3	106.3	106.3	106.3	106.3	106.3
其 他	0.0	0.0	0.0	0.0	0.0	0.0
3. 吸烟、饮酒用品	100.8	100.8	100.8	100.8	100.8	100.8
吸烟用品	100.4	100.4	100.4	100.4	100.4	100.4
饮酒用品	101.1	101.1	101.1	101.1	101.1	101.1
三、衣着	**92.9**	**92.8**	**92.5**	**92.4**	**92.3**	**92.3**
1. 服 装	89.6	89.6	89.5	89.4	89.4	89.4
(1)男式服装	87.8	87.8	87.8	87.7	87.6	87.6
大 衣	84.2	84.2	84.2	84.2	84.2	84.2
毛 线 衣	85.2	85.2	85.2	85.2	85.2	85.2
夹 克 衫	88.9	88.9	88.9	88.9	88.9	88.9

6－3 续表6

类别及品名	一月份	二月份	三月份	四月份	五月份	六月份
衬衫	90.3	90.3	90.3	90.3	90.3	90.3
T恤衫	0.0	0.0	0.0	0.0	0.0	0.0
裤子	84.0	84.0	83.6	83.6	83.6	83.6
西服	88.6	88.6	88.5	88.5	88.5	88.5
运动衫裤	91.6	90.8	90.1	90.1	90.1	90.1
内衣	87.6	87.6	87.6	87.6	87.6	87.6
羽绒衣	91.1	91.0	91.0	91.0	91.0	91.0
其他	0.0	0.0	0.0	0.0	0.0	0.0
(2)女式服装	90.9	90.9	90.9	90.9	90.8	90.8
大衣	96.9	96.8	96.8	96.8	96.8	96.8
毛线衣	88.2	88.2	88.2	88.2	88.2	88.2
羽绒衣	92.0	92.0	92.0	92.0	92.0	92.0
套装	90.7	90.7	90.7	90.7	90.7	90.7
衬衫	71.6	71.6	71.6	71.6	71.6	71.6
T恤衫	0.0	0.0	0.0	0.0	0.0	0.0
裙子	90.4	90.4	90.4	90.4	90.4	90.4
裤子	88.6	88.6	88.6	88.6	88.6	88.6
运动衫裤	102.1	102.1	102.1	102.1	102.1	102.1
内衣	95.1	95.1	95.1	95.1	95.1	95.1
其他	0.0	0.0	0.0	0.0	0.0	0.0
(3)儿童服装	91.6	91.6	91.6	91.4	91.3	91.3
套装	88.3	88.3	88.3	88.3	88.3	88.3
裤子	95.4	95.4	95.4	94.9	94.9	94.9
裙子	91.0	91.0	91.0	91.0	90.6	90.6
其他	0.0	0.0	0.0	0.0	0.0	0.0
2.衣着材料	99.7	99.7	99.7	99.7	99.7	99.7
棉布	87.6	87.6	87.6	87.6	87.6	87.6
棉混纺布	106.3	106.3	106.3	106.3	106.3	106.3
化纤布	99.8	99.8	99.8	99.8	99.8	99.8
毛线	107.9	107.9	107.9	107.9	107.9	107.9
3.鞋袜帽	102.2	101.7	101.3	100.9	100.8	100.8
(1)鞋	102.7	102.1	101.7	101.2	101.2	101.2
男鞋	97.2	96.9	96.9	96.8	96.8	96.8
女鞋	108.1	107.3	106.5	105.6	105.6	105.6
童鞋	96.2	96.2	96.2	96.2	96.2	96.2

6-3续表7

类别及品名	七月份	八月份	九月份	十月份	十一月份	十二月份
衬衫	90.3	90.3	90.3	90.3	90.3	90.3
T恤衫	0.0	0.0	0.0	0.0	0.0	0.0
裤子	83.6	83.6	83.6	83.4	83.1	83.1
西服	88.5	88.5	88.5	88.5	88.5	88.5
运动衫裤	90.1	90.1	90.1	90.1	90.1	90.1
内衣	87.6	87.6	87.6	87.6	87.6	87.6
羽绒衣	91.0	91.0	91.0	90.4	90.3	90.3
其他	0.0	0.0	0.0	0.0	0.0	0.0
(2)女式服装	90.8	90.7	90.6	90.6	90.6	90.6
大衣	96.8	96.8	96.8	96.8	96.8	96.8
毛线衣	88.2	88.2	88.2	88.2	88.2	88.2
羽绒衣	92.0	92.0	92.0	92.0	92.0	92.0
套装	90.7	90.7	90.7	90.7	90.7	90.7
衬衫	71.6	71.6	71.6	71.6	71.6	71.6
T恤衫	0.0	0.0	0.0	0.0	0.0	0.0
裙子	90.4	90.4	89.8	89.8	89.8	89.8
裤子	88.6	88.6	88.6	88.6	88.6	88.6
运动衫裤	102.1	102.1	102.1	102.1	102.1	102.1
内衣	95.1	95.1	95.1	95.1	95.1	95.1
其他	0.0	0.0	0.0	0.0	0.0	0.0
(3)儿童服装	91.3	91.3	91.2	90.7	90.7	90.7
套装	88.3	88.3	88.3	87.1	87.1	87.1
裤子	94.9	94.9	94.9	94.9	94.9	94.9
裙子	90.6	90.6	90.2	90.2	90.2	90.2
其他	0.0	0.0	0.0	0.0	0.0	0.0
2.衣着材料	99.7	99.7	99.7	99.7	99.7	99.7
棉布	87.6	87.6	87.6	87.6	87.6	87.6
棉混纺布	106.3	106.3	106.3	106.3	106.3	106.3
化纤布	99.8	99.8	99.8	99.8	99.8	99.8
毛线	107.9	107.9	107.9	107.9	107.9	107.9
3.鞋袜帽	100.5	100.0	99.2	98.7	98.6	98.2
(1)鞋	100.8	100.3	99.4	98.8	98.7	98.3
男鞋	96.7	96.5	96.0	95.7	95.4	95.4
女鞋	104.9	104.1	102.7	101.9	101.9	101.0
童鞋	96.2	96.2	96.2	96.2	96.2	96.2

6－3续表8

类别及品名	一月份	二月份	三月份	四月份	五月份	六月份
(2)袜子	96.0	96.0	96.0	96.0	96.0	96.0
男 袜	97.9	97.9	97.9	97.9	97.9	97.9
女 袜	94.8	94.8	94.8	94.8	94.8	94.8
(3)帽子	97.9	97.9	97.9	97.9	97.9	97.9
男 帽	99.6	99.6	99.6	99.6	99.6	99.6
女 帽	96.8	96.8	96.8	96.8	96.8	96.8
4. 衣着加工服务费	96.4	96.4	96.4	96.4	96.4	96.4
缝 纫	93.1	93.1	93.1	93.1	93.1	93.1
清 洗	100.0	100.0	100.0	100.0	100.0	100.0
四、家庭设备用品及维修服务	**93.2**	**93.2**	**93.4**	**93.4**	**93.7**	**93.8**
1. 耐用消费品	90.7	90.7	90.9	91.0	91.0	91.1
(1)家 具	99.2	99.2	99.2	99.2	99.2	99.2
柜	97.3	97.3	97.3	97.3	97.3	97.3
床	103.7	103.7	103.7	103.7	103.7	103.7
桌	96.2	96.2	96.2	96.2	96.2	96.2
椅	107.0	107.0	107.0	107.0	107.0	107.0
沙 发	99.3	99.3	99.3	99.3	99.3	99.3
其 他	0.0	0.0	0.0	0.0	0.0	0.0
(2)家庭设备	86.4	86.4	86.8	86.9	86.9	87.1
洗 衣 机	79.4	79.4	79.8	79.8	79.8	80.1
电 风 扇	89.6	89.6	89.6	89.6	89.6	89.6
电冰箱(柜)	88.9	88.9	89.4	89.5	89.5	89.6
吸排油烟机	104.3	104.3	104.3	104.3	103.6	103.6
空 调 器	90.9	90.9	91.4	91.7	91.7	91.7
热 水 器	88.3	88.3	88.3	88.3	88.3	88.7
微 波 炉	70.9	70.9	70.9	71.1	71.1	71.1
电 炊 具	100.5	100.5	106.6	106.6	109.5	109.5
2. 室内装饰品	94.6	94.6	94.6	94.6	94.4	94.4
纺织装饰品	97.4	97.4	97.4	97.4	97.4	97.4
装饰灯具	91.0	91.0	91.0	91.0	90.7	90.7
其 他	0.0	0.0	0.0	0.0	0.0	0.0
3. 床上用品	99.7	99.7	99.7	99.7	99.7	99.7
毛 毯	99.1	99.1	99.1	99.1	99.1	99.1
被 子	0.0	0.0	0.0	0.0	0.0	0.0
床上套件	0.0	0.0	0.0	0.0	0.0	0.0

6-3续表9

类别及品名	七月份	八月份	九月份	十月份	十一月份	十二月份
(2)袜子	96.0	96.0	96.0	96.0	96.0	96.0
男 袜	97.9	97.9	97.9	97.9	97.9	97.9
女 袜	94.8	94.8	94.8	94.8	94.8	94.8
(3)帽子	97.9	97.9	97.9	97.9	97.9	97.9
男 帽	99.6	99.6	99.6	99.6	99.6	99.6
女 帽	96.8	96.8	96.8	96.8	96.8	96.8
4. 衣着加工服务费	96.4	96.4	96.4	96.4	96.4	96.4
缝 纫	93.1	93.1	93.1	93.1	93.1	93.1
清 洗	100.0	100.0	100.0	100.0	100.0	100.0
四、家庭设备用品及维修服务	**93.8**	**93.7**	**93.7**	**93.6**	**93.6**	**93.4**
1. 耐用消费品	91.1	91.1	91.1	91.0	91.0	90.9
(1)家 具	99.2	99.2	99.2	98.8	98.8	98.6
柜	97.3	97.3	97.3	97.3	97.3	97.3
床	103.7	103.7	103.7	103.7	103.7	103.7
桌	96.2	96.2	96.2	96.2	96.2	96.2
椅	107.0	107.0	107.0	102.5	102.5	100.4
沙 发	99.3	99.3	99.3	99.3	99.3	99.3
其 他	0.0	0.0	0.0	0.0	0.0	0.0
(2)家庭设备	87.1	87.1	87.1	87.1	87.1	87.1
洗 衣 机	80.1	80.1	80.1	80.1	80.1	80.1
电 风 扇	89.6	89.6	89.6	89.6	89.6	89.6
电冰箱(柜)	89.6	89.6	89.6	89.6	89.6	89.6
吸排油烟机	103.0	102.3	102.3	102.3	102.3	102.3
空 调 器	91.9	91.9	91.9	91.9	91.9	91.9
热 水 器	88.7	88.7	88.7	88.7	88.7	88.7
微 波 炉	71.1	71.1	71.1	71.1	71.1	71.1
电 炊 具	109.5	109.5	109.5	109.5	109.5	109.5
2. 室内装饰品	94.4	94.4	94.4	94.4	94.4	93.8
纺织装饰品	97.4	97.4	97.4	97.4	97.4	96.1
装饰灯具	90.7	90.7	90.7	90.7	90.7	90.7
其 他	0.0	0.0	0.0	0.0	0.0	0.0
3. 床上用品	99.7	98.9	98.9	98.9	98.9	98.9
毛 毯	99.1	99.1	99.1	99.1	99.1	99.1
被 子	0.0	0.0	0.0	0.0	0.0	0.0
床上套件	0.0	0.0	0.0	0.0	0.0	0.0

6－3 续表10

类别及品名	一月份	二月份	三月份	四月份	五月份	六月份
其 他	0.0	0.0	0.0	0.0	0.0	0.0
4. 家庭日用杂品	100.4	100.4	100.4	100.4	101.3	101.3
茶 具	99.7	99.7	99.7	99.7	99.7	99.7
餐 具	96.9	96.9	96.9	96.9	96.9	96.9
厨 具	98.9	98.9	98.9	98.9	98.9	98.9
家用手工工具	99.8	99.8	99.8	99.8	99.8	99.8
洗涤用品	102.6	102.6	102.6	102.6	107.3	107.3
其 他	0.0	0.0	0.0	0.0	0.0	0.0
5. 家庭服务及加工维修服务	100.0	100.0	100.0	100.0	100.0	100.0
家庭服务	100.0	100.0	100.0	100.0	100.0	100.0
加工维修服务	100.0	100.0	100.0	100.0	100.0	100.0
五、医疗保健和个人用品	**109.2**	**109.3**	**109.3**	**110.1**	**111.2**	**111.2**
1. 医疗保健	116.0	116.0	116.0	116.7	116.7	116.7
(1)医疗器具及用品	106.2	106.2	106.2	106.2	106.2	106.2
医疗器具及用品	106.2	106.2	106.2	106.2	106.2	106.2
(2)中药材及中成药	111.6	111.6	111.6	114.0	114.0	114.0
中 药 材	119.3	119.3	119.3	124.0	124.0	124.0
中 成 药	100.5	100.5	100.5	100.5	100.5	100.5
(3)西药	88.5	88.5	88.5	88.5	88.5	88.5
抗微生物药	93.4	93.4	93.4	93.4	93.4	93.4
消化系统用药	91.1	91.1	91.1	91.1	91.1	91.1
呼吸系统用药	0.0	0.0	0.0	0.0	0.0	0.0
解热镇痛及非甾体抗炎药	88.9	88.9	88.9	88.9	88.9	88.9
抗肿瘤药	0.0	0.0	0.0	0.0	0.0	0.0
激素及调节内分泌功能药	0.0	0.0	0.0	0.0	0.0	0.0
循环系统用药	94.2	94.2	94.2	94.2	94.2	94.2
神经系统用药	0.0	0.0	0.0	0.0	0.0	0.0
专科用药	93.9	93.9	93.9	93.9	93.9	93.9
其 他	0.0	0.0	0.0	0.0	0.0	0.0
(4)保健器具及用品	100.1	100.1	100.1	100.1	100.1	100.1
保健器具	99.6	99.6	99.6	99.6	99.6	99.6
滋补保健用品	100.5	100.5	100.5	100.5	100.5	100.5
(5)医疗保健服务	213.9	213.9	213.9	213.9	213.9	213.9
挂 号 费	115.5	115.5	115.5	115.5	115.5	115.5
注 射 费	112.4	112.4	112.4	112.4	112.4	112.4

6-3续表11

类别及品名	七月份	八月份	九月份	十月份	十一月份	十二月份
其 他	0.0	0.0	0.0	0.0	0.0	0.0
4. 家庭日用杂品	101.3	101.2	101.2	101.2	101.2	100.7
茶 具	99.7	98.8	98.8	98.8	98.8	97.6
餐 具	96.9	96.9	96.9	96.9	96.9	96.9
厨 具	98.9	98.9	98.9	98.9	98.9	98.9
家用手工工具	99.8	99.8	99.8	99.8	99.8	99.8
洗涤用品	107.3	107.3	107.3	107.3	107.3	106.0
其 他	0.0	0.0	0.0	0.0	0.0	0.0
5. 家庭服务及加工维修服务	100.0	100.0	100.0	100.0	100.0	100.0
家庭服务	100.0	100.0	100.0	100.0	100.0	100.0
加工维修服务	100.0	100.0	100.0	100.0	100.0	100.0
五、医疗保健和个人用品	**111.2**	**111.2**	**111.2**	**111.2**	**111.2**	**111.2**
1. 医疗保健	116.7	116.7	116.7	116.7	116.7	116.7
(1)医疗器具及用品	106.2	106.2	106.2	106.2	106.2	106.2
医疗器具及用品	106.2	106.2	106.2	106.2	106.2	106.2
(2)中药材及中成药	114.0	114.0	114.0	114.0	114.0	114.0
中 药 材	124.0	124.0	124.0	124.0	124.0	124.0
中 成 药	100.5	100.5	100.5	100.5	100.5	100.5
(3)西药	88.5	88.5	88.5	88.5	88.5	88.5
抗微生物药	93.4	93.4	93.4	93.4	93.4	93.4
消化系统用药	91.1	91.1	91.1	91.1	91.1	91.1
呼吸系统用药	0.0	0.0	0.0	0.0	0.0	0.0
解热镇痛及非甾体抗炎药	88.9	88.9	88.9	88.9	88.9	88.9
抗肿瘤药	0.0	0.0	0.0	0.0	0.0	0.0
激素及调节内分泌功能药	0.0	0.0	0.0	0.0	0.0	0.0
循环系统用药	94.2	94.2	94.2	94.2	94.2	94.2
神经系统用药	0.0	0.0	0.0	0.0	0.0	0.0
专科用药	93.9	93.9	93.9	93.9	93.9	93.9
其 他	0.0	0.0	0.0	0.0	0.0	0.0
(4)保健器具及用品	100.1	100.1	100.1	100.1	100.1	100.1
保健器具	99.6	99.6	99.6	99.6	99.6	99.6
滋补保健用品	100.5	100.5	100.5	100.5	100.5	100.5
(5)医疗保健服务	213.9	213.9	213.9	213.9	213.9	213.9
挂 号 费	115.5	115.5	115.5	115.5	115.5	115.5
注 射 费	112.4	112.4	112.4	112.4	112.4	112.4

6－3 续表 12

类别及品名	一月份	二月份	三月份	四月份	五月份	六月份
检 查 费	104.8	104.8	104.8	104.8	104.8	104.8
手 术 费	417.5	417.5	417.5	417.5	417.5	417.5
住 院 费	131.7	131.7	131.7	131.7	131.7	131.7
理 疗 费	72.2	72.2	72.2	72.2	72.2	72.2
化 验 费	0.0	0.0	0.0	0.0	0.0	0.0
其 他	0.0	0.0	0.0	0.0	0.0	0.0
2. 个人用品及服务	102.7	102.9	103.0	104.1	107.0	107.0
(1)化妆美容用品	95.6	95.4	95.4	98.0	101.5	101.5
化妆美容器具	98.0	98.0	98.0	98.0	98.0	98.0
美容化妆品	94.3	95.3	95.3	98.2	104.0	104.0
护肤品	0.0	0.0	0.0	0.0	0.0	0.0
护发美容品	0.0	0.0	0.0	0.0	0.0	0.0
(2)清洁化妆用品	94.7	94.7	94.7	95.7	97.8	97.8
洗发用品	96.5	96.5	96.5	98.3	101.8	101.8
洗浴用品	93.1	93.1	93.1	94.0	95.8	95.8
其 他	0.0	0.0	0.0	0.0	0.0	0.0
(3)个人饰品	119.4	120.4	121.0	121.0	121.0	121.0
首 饰	139.5	141.6	142.7	142.7	142.7	142.7
皮 件	91.1	91.1	91.1	91.1	91.1	91.1
手 表	100.1	100.1	100.1	100.1	100.1	100.1
领 带	96.2	96.2	96.2	96.2	96.2	96.2
其 他	0.0	0.0	0.0	0.0	0.0	0.0
(4)个人服务	100.0	100.0	100.0	100.0	107.9	107.9
美 容	100.0	100.0	100.0	100.0	100.0	100.0
理(烫)发	100.0	100.0	100.0	100.0	126.5	126.5
洗 浴	0.0	0.0	0.0	0.0	0.0	0.0
其 他	0.0	0.0	0.0	0.0	0.0	0.0
六、交通和通信	**86.2**	**86.2**	**86.2**	**86.2**	**86.2**	**86.3**
1. 交通	100.3	100.3	100.3	100.3	100.3	100.6
(1)交通工具	93.5	93.5	93.5	93.5	93.5	93.5
摩 托 车	95.0	95.0	95.0	95.0	95.0	95.0
自 行 车	99.1	99.1	99.1	99.1	99.1	99.1
轿 车	81.3	81.3	81.3	81.3	81.3	81.3
其 他	100.0	100.0	100.0	100.0	100.0	100.0
(2)车用燃料及零配件	156.8	156.8	156.8	156.8	156.8	164.1

6-3 续表13

类别及品名	七月份	八月份	九月份	十月份	十一月份	十二月份
检查费	104.8	104.8	104.8	104.8	104.8	104.8
手术费	417.5	417.5	417.5	417.5	417.5	417.5
住院费	131.7	131.7	131.7	131.7	131.7	131.7
理疗费	72.2	72.2	72.2	72.2	72.2	72.2
化验费	0.0	0.0	0.0	0.0	0.0	0.0
其他	0.0	0.0	0.0	0.0	0.0	0.0
2. 个人用品及服务	107.0	107.0	107.0	107.0	107.0	107.0
(1)化妆美容用品	101.7	101.7	101.7	101.7	101.7	101.4
化妆美容器具	98.0	98.0	98.0	98.0	98.0	98.0
美容化妆品	104.0	104.0	104.0	104.0	104.0	104.0
护肤品	0.0	0.0	0.0	0.0	0.0	0.0
护发美容品	0.0	0.0	0.0	0.0	0.0	0.0
(2)清洁化妆用品	97.8	97.8	97.8	97.8	97.8	97.8
洗发用品	101.8	101.8	101.8	101.8	101.8	101.8
洗浴用品	95.8	95.8	95.8	95.8	95.8	95.8
其他	0.0	0.0	0.0	0.0	0.0	0.0
(3)个人饰品	121.0	121.0	121.0	121.0	121.0	121.0
首饰	142.7	142.7	142.7	142.7	142.7	142.7
皮件	91.1	91.1	91.1	91.1	91.1	91.1
手表	100.1	100.1	100.1	100.1	100.1	100.1
领带	96.2	96.2	96.2	96.2	96.2	96.2
其他	0.0	0.0	0.0	0.0	0.0	0.0
(4)个人服务	107.9	107.9	107.9	107.9	107.9	107.9
美容	100.0	100.0	100.0	100.0	100.0	100.0
理(烫)发	126.5	126.5	126.5	126.5	126.5	126.5
洗浴	0.0	0.0	0.0	0.0	0.0	0.0
其他	0.0	0.0	0.0	0.0	0.0	0.0
六、交通和通信	**86.2**	**86.2**	**86.2**	**86.2**	**86.2**	**86.0**
1. 交通	100.5	100.5	100.3	100.3	100.3	100.0
(1)交通工具	93.4	93.4	93.0	93.0	93.0	93.0
摩托车	95.0	95.0	95.0	95.0	95.0	95.0
自行车	99.1	99.1	99.1	99.1	99.1	99.1
轿车	80.7	80.7	79.5	79.5	79.5	79.5
其他	100.0	100.0	100.0	100.0	100.0	100.0
(2)车用燃料及零配件	164.1	164.1	164.1	164.1	164.1	155.5

6－3 续表 14

类别及品名	一月份	二月份	三月份	四月份	五月份	六月份
汽 油	187.0	187.0	187.0	187.0	187.0	197.3
柴 油	195.6	195.6	195.6	195.6	195.6	207.3
零 配 件	100.0	100.0	100.0	100.0	100.0	100.0
其 他	0.0	0.0	0.0	0.0	0.0	0.0
(3)车辆使用及维修费	98.1	98.1	98.1	98.1	98.1	98.1
驾 驶 证	100.0	100.0	100.0	100.0	100.0	100.0
保 险 费	91.5	91.5	91.5	91.5	91.5	91.5
停 车 费	100.0	100.0	100.0	100.0	100.0	100.0
车辆修理服务费	100.0	100.0	100.0	100.0	100.0	100.0
其 他	0.0	0.0	0.0	0.0	0.0	0.0
(4)市区公共交通费	100.6	100.6	100.6	100.6	100.6	100.6
公共汽车票	100.0	100.0	100.0	100.0	100.0	100.0
出租汽车	100.0	100.0	100.0	100.0	100.0	100.0
其 他	0.0	0.0	0.0	0.0	0.0	0.0
(5)城市间交通费	100.0	100.0	100.0	100.0	100.0	100.0
飞 机 票	0.0	0.0	0.0	0.0	0.0	0.0
火 车 票	100.0	100.0	100.0	100.0	100.0	100.0
长途汽车	100.0	100.0	100.0	100.0	100.0	100.0
其 他	0.0	0.0	0.0	0.0	0.0	0.0
2. 通信	73.1	73.1	73.1	73.1	73.0	73.0
(1)通信工具	22.0	22.0	22.0	21.9	21.9	21.9
固定电话机	49.3	49.3	49.3	49.3	49.3	49.3
移动电话机	12.7	12.7	12.7	12.6	12.6	12.5
其 他	0.0	0.0	0.0	0.0	0.0	0.0
(2)通信服务	94.7	94.7	94.7	94.7	94.7	94.7
移动通信费	0.0	0.0	0.0	0.0	0.0	0.0
市内电话费	100.0	100.0	100.0	100.0	100.0	100.0
长途电话费	59.2	59.2	59.2	59.2	59.2	59.2
月租费	106.4	106.4	106.4	106.4	106.4	106.4
上网费	0.0	0.0	0.0	0.0	0.0	0.0
信件邮寄	100.0	100.0	100.0	100.0	100.0	100.0
包裹邮寄	100.0	100.0	100.0	100.0	100.0	100.0
其 他	0.0	0.0	0.0	0.0	0.0	0.0
七、娱乐教育文化用品及服务	**106.9**	**106.7**	**106.4**	**106.9**	**106.4**	**106.4**
1. 文娱用耐用消费品及服务	70.2	69.8	69.7	69.6	69.6	69.6

6－3续表15

类别及品名	七月份	八月份	九月份	十月份	十一月份	十二月份
汽 油	197.3	197.3	197.3	197.3	197.3	185.5
柴 油	207.3	207.3	207.3	207.3	207.3	192.8
零 配 件	100.0	100.0	100.0	100.0	100.0	100.0
其 他	0.0	0.0	0.0	0.0	0.0	0.0
(3)车辆使用及维修费	98.1	98.1	98.1	98.1	98.1	98.1
驾 驶 证	100.0	100.0	100.0	100.0	100.0	100.0
保 险 费	91.5	91.5	91.5	91.5	91.5	91.5
停 车 费	100.0	100.0	100.0	100.0	100.0	100.0
车辆修理服务费	100.0	100.0	100.0	100.0	100.0	100.0
其 他	0.0	0.0	0.0	0.0	0.0	0.0
(4)市区公共交通费	100.6	100.6	100.6	100.6	100.6	100.6
公共汽车票	100.0	100.0	100.0	100.0	100.0	100.0
出租汽车	100.0	100.0	100.0	100.0	100.0	100.0
其 他	0.0	0.0	0.0	0.0	0.0	0.0
(5)城市间交通费	100.0	100.0	100.0	100.0	100.0	100.0
飞 机 票	0.0	0.0	0.0	0.0	0.0	0.0
火 车 票	100.0	100.0	100.0	100.0	100.0	100.0
长途汽车	100.0	100.0	100.0	100.0	100.0	100.0
其 他	0.0	0.0	0.0	0.0	0.0	0.0
2.通信	73.0	73.0	73.0	73.0	73.0	73.0
(1)通信工具	21.9	21.9	21.9	21.9	21.9	21.9
固定电话机	49.3	49.3	49.3	49.3	49.3	49.3
移动电话机	12.5	12.5	12.5	12.5	12.5	12.5
其 他	0.0	0.0	0.0	0.0	0.0	0.0
(2)通信服务	94.7	94.7	94.7	94.7	94.7	94.7
移动通信费	0.0	0.0	0.0	0.0	0.0	0.0
市内电话费	100.0	100.0	100.0	100.0	100.0	100.0
长途电话费	59.2	59.2	59.2	59.2	59.2	59.2
月租费	106.4	106.4	106.4	106.4	106.4	106.4
上网费	0.0	0.0	0.0	0.0	0.0	0.0
信件邮寄	100.0	100.0	100.0	100.0	100.0	100.0
包裹邮寄	100.0	100.0	100.0	100.0	100.0	100.0
其 他	0.0	0.0	0.0	0.0	0.0	0.0
七、娱乐教育文化用品及服务	**106.4**	**106.4**	**106.3**	**106.0**	**105.9**	**105.9**
1.文娱用耐用消费品及服务	69.6	69.6	69.4	69.4	69.4	69.4

6－3续表16

类别及品名	一月份	二月份	三月份	四月份	五月份	六月份
电视机	57.7	57.0	56.7	56.6	56.6	56.6
激光视盘机	63.2	63.2	63.2	62.5	62.5	62.7
摄像机	66.5	66.5	66.5	66.5	66.5	66.5
照相机	78.7	78.7	78.8	78.8	78.8	78.8
家用音响	84.8	84.8	84.8	84.8	84.7	84.7
便携式音响	81.1	81.1	81.2	81.2	81.2	81.2
电脑	85.5	85.5	85.5	85.5	85.4	85.4
修理服务	100.0	100.0	100.0	100.0	100.0	100.0
其他	0.0	0.0	0.0	0.0	0.0	0.0
2.教育	129.5	129.5	129.5	129.5	129.5	129.5
(1)教材及参考书	145.2	145.2	145.2	145.2	145.2	145.2
工具书	100.0	100.0	100.0	100.0	100.0	100.0
教材	165.4	165.4	165.4	165.4	165.4	165.4
参考书	142.0	142.0	142.0	142.0	142.0	142.0
教育软件	0.0	0.0	0.0	0.0	0.0	0.0
(2)学杂托幼费	127.6	127.6	127.6	127.6	127.6	127.6
义务教育杂费	0.0	0.0	0.0	0.0	0.0	0.0
非义务教育学杂费	120.3	120.3	120.3	120.3	120.3	120.3
技能培训学费	0.0	0.0	0.0	0.0	0.0	0.0
托幼费	128.2	128.2	128.2	128.2	128.2	128.2
其他	0.0	0.0	0.0	0.0	0.0	0.0
3.文化娱乐类	106.7	106.7	106.7	106.7	106.7	106.7
(1)文化娱乐用品	96.3	96.3	96.3	96.3	96.3	96.3
乐器	100.5	100.5	100.5	100.5	100.5	100.5
音响光盘和磁带	95.9	95.9	95.9	95.9	95.9	95.9
照相胶卷和存储卡	80.6	80.6	80.6	80.6	80.6	80.6
录像磁带和视盘	99.2	99.2	99.2	99.2	99.2	99.2
儿童玩具	95.5	95.5	95.5	95.5	95.5	95.5
纸张本册	97.3	97.3	97.3	97.3	97.3	97.3
文具	100.3	100.3	100.3	100.3	100.3	100.3
体育用品	99.1	99.1	99.1	99.1	99.1	99.1
其他	0.0	0.0	0.0	0.0	0.0	0.0
(2)书报杂志	98.0	98.0	98.0	98.0	98.0	98.0
书籍	100.0	100.0	100.0	100.0	100.0	100.0
报纸	93.4	93.4	93.4	93.4	93.4	93.4

6－3续表17

类别及品名	七月份	八月份	九月份	十月份	十一月份	十二月份
电视机	56.6	56.6	56.3	56.3	56.3	56.3
激光视盘机	62.7	62.7	62.3	62.3	62.3	62.3
摄像机	66.5	66.5	66.5	66.5	66.5	66.5
照相机	78.8	78.8	78.8	77.6	77.6	77.6
家用音响	84.7	84.7	84.7	84.7	84.7	84.7
便携式音响	81.2	81.2	81.2	81.2	81.2	81.1
电脑	85.4	85.4	85.4	85.4	85.4	85.3
修理服务	100.0	100.0	100.0	100.0	100.0	100.0
其他	0.0	0.0	0.0	0.0	0.0	0.0
2. 教育	129.5	129.5	129.5	129.5	129.5	129.5
(1)教材及参考书	145.2	145.2	145.2	145.2	145.2	145.2
工具书	100.0	100.0	100.0	100.0	100.0	100.0
教材	165.4	165.4	165.4	165.4	165.4	165.4
参考书	142.0	142.0	142.0	142.0	142.0	142.0
教育软件	0.0	0.0	0.0	0.0	0.0	0.0
(2)学杂托幼费	127.6	127.6	127.6	127.6	127.6	127.6
义务教育杂费	0.0	0.0	0.0	0.0	0.0	0.0
非义务教育学杂费	120.3	120.3	120.3	120.3	120.3	120.3
技能培训学费	0.0	0.0	0.0	0.0	0.0	0.0
托幼费	128.2	128.2	128.2	128.2	128.2	128.2
其他	0.0	0.0	0.0	0.0	0.0	0.0
3. 文化娱乐类	106.7	106.7	106.7	106.7	106.7	106.7
(1)文化娱乐用品	96.3	96.3	96.3	96.3	96.3	96.3
乐器	100.5	100.5	100.5	100.1	100.1	100.1
音响光盘和磁带	95.9	95.9	95.9	95.9	95.9	95.9
照相胶卷和存储卡	80.6	80.6	80.6	80.6	80.6	80.6
录像磁带和视盘	99.2	99.2	99.2	99.2	99.2	99.2
儿童玩具	95.5	95.5	95.5	95.5	95.5	95.5
纸张本册	97.3	97.3	97.3	97.3	97.3	97.3
文具	100.3	100.3	100.3	100.3	100.3	100.3
体育用品	99.1	99.1	99.1	99.1	99.1	99.1
其他	0.0	0.0	0.0	0.0	0.0	0.0
(2)书报杂志	98.0	98.0	98.0	98.0	98.0	98.0
书籍	100.0	100.0	100.0	100.0	100.0	100.0
报纸	93.4	93.4	93.4	93.4	93.4	93.4

6－3 续表 18

类别及品名	一月份	二月份	三月份	四月份	五月份	六月份
杂 志	100.0	100.0	100.0	100.0	100.0	100.0
(3)文娱费	130.3	130.3	130.3	130.3	130.3	130.3
电 影 票	173.2	173.2	173.2	173.2	173.2	173.2
景点门票	158.1	158.1	158.1	158.1	158.1	158.1
有线电视	100.0	100.0	100.0	100.0	100.0	100.0
健身活动	100.0	100.0	100.0	100.0	100.0	100.0
其 他	0.0	0.0	0.0	0.0	0.0	0.0
4. 旅游	117.5	117.5	115.2	122.0	115.2	115.2
旅行社收费	129.7	129.7	125.8	125.8	125.8	125.8
宾馆住宿	100.0	100.0	100.0	116.3	100.0	100.0
其他住宿	100.0	100.0	100.0	117.1	100.0	100.0
八、居住	**130.0**	**131.0**	**131.4**	**131.4**	**132.6**	**133.9**
1. 建房及装修材料	118.4	123.0	124.3	124.3	129.6	135.7
木 材	131.9	131.9	131.9	131.9	131.9	131.9
木 地 板	0.0	0.0	0.0	0.0	0.0	0.0
砖	109.0	126.9	126.9	126.9	142.4	154.8
水 泥	103.4	106.0	106.0	106.0	112.8	123.1
涂 料	120.4	124.6	128.8	128.8	133.0	148.0
胶 合 板	106.3	106.3	111.2	111.2	111.2	112.6
玻 璃	107.4	109.6	111.0	111.0	118.1	118.1
粘 胶	97.5	97.5	97.5	97.5	99.3	99.3
油 漆	128.4	128.4	128.4	128.4	128.4	128.4
其 他	0.0	0.0	0.0	0.0	0.0	0.0
2. 租房	113.7	113.7	113.7	113.7	113.7	113.7
公房房租	0.0	0.0	0.0	0.0	0.0	0.0
私房房租	0.0	0.0	0.0	0.0	0.0	0.0
其他费用	110.0	110.0	110.0	110.0	110.0	110.0
3. 自有住房	113.3	113.3	113.3	113.3	113.3	113.3
房屋贷款利率	142.1	142.1	142.1	142.1	142.1	142.1
物业管理费用	0.0	0.0	0.0	0.0	0.0	0.0
维护修理费用	103.1	103.1	103.1	103.1	103.1	103.1
其 他	0.0	0.0	0.0	0.0	0.0	0.0
4. 水、电、燃料	145.7	145.7	146.1	146.1	146.1	146.1
水	231.9	231.9	231.9	231.9	231.9	231.9
电	131.0	131.0	131.0	131.0	131.0	131.0
液化石油气	172.7	172.7	176.1	176.1	176.1	176.1
管道燃气	125.0	125.0	125.0	125.0	125.0	125.0
其他燃料	111.8	111.8	111.8	111.8	111.8	111.8

6－3 续表 19

类别及品名	七月份	八月份	九月份	十月份	十一月份	十二月份
杂 志	100.0	100.0	100.0	100.0	100.0	100.0
(3)文娱费	130.3	130.3	130.3	130.3	130.3	130.3
电 影 票	173.2	173.2	173.2	173.2	173.2	173.2
景点门票	158.1	158.1	158.1	158.1	158.1	158.1
有线电视	100.0	100.0	100.0	100.0	100.0	100.0
健身活动	100.0	100.0	100.0	100.0	100.0	100.0
其 他	0.0	0.0	0.0	0.0	0.0	0.0
4. 旅游	115.2	115.2	115.2	111.9	110.6	110.6
旅行社收费	125.8	125.8	125.8	120.2	118.0	118.0
宾馆住宿	100.0	100.0	100.0	100.0	100.0	100.0
其他住宿	100.0	100.0	100.0	100.0	100.0	100.0
八、居住	**134.1**	**134.1**	**134.1**	**133.9**	**133.7**	**133.7**
1. 建房及装修材料	136.5	136.5	136.6	135.4	134.7	134.7
木 材	131.9	131.9	131.9	131.9	131.9	131.9
木 地 板	0.0	0.0	0.0	0.0	0.0	0.0
砖	156.2	156.2	156.2	150.1	148.8	148.8
水 泥	123.1	123.1	123.1	123.1	121.3	121.3
涂 料	148.0	148.0	148.0	148.0	148.0	148.0
胶 合 板	112.6	112.6	112.6	112.6	111.2	111.2
玻 璃	118.1	118.1	118.1	118.1	118.1	118.1
粘 胶	99.3	99.3	100.6	100.6	99.3	99.3
油 漆	128.4	128.4	128.4	128.4	128.4	128.4
其 他	0.0	0.0	0.0	0.0	0.0	0.0
2. 租房	113.7	113.7	113.7	113.7	113.7	113.7
公房房租	0.0	0.0	0.0	0.0	0.0	0.0
私房房租	0.0	0.0	0.0	0.0	0.0	0.0
其他费用	110.0	110.0	110.0	110.0	110.0	110.0
3. 自有住房	113.3	113.3	113.3	113.3	113.3	113.3
房屋贷款利率	142.1	142.1	142.1	142.1	142.1	142.1
物业管理费用	0.0	0.0	0.0	0.0	0.0	0.0
维护修理费用	103.1	103.1	103.1	103.1	103.1	103.1
其 他	0.0	0.0	0.0	0.0	0.0	0.0
4. 水、电、燃料	146.1	146.1	146.1	146.1	146.1	146.1
水	231.9	231.9	231.9	231.9	231.9	231.9
电	131.0	131.0	131.0	131.0	131.0	131.0
液化石油气	176.1	176.1	176.1	176.1	176.1	176.1
管道燃气	125.0	125.0	125.0	125.0	125.0	125.0
其他燃料	111.8	111.8	111.8	111.8	111.8	111.8

6-4 零售价格类指数

(2008年)

类别及品名	以上年同期为100的指数	类别及品名	以上年同期为100的指数
商品零售价格总指数	**105.2**	**四、纺织品**	**99.9**
一、食品	**113.8**	1. 衣着材料	100.0
1. 粮食	104.5	2. 床上用品	99.7
2. 淀粉	101.7	**五、家用电器及音像器材**	**99.6**
3. 干豆类及豆制品	136.2	1. 家庭设备	101.4
4. 油脂	116.7	2. 文娱用耐用消费品	96.9
5. 肉禽及其制品	124.8	3. 音像器材	100.0
(1)食用畜肉及副产品	131.5	**六、文化办公用品**	**99.8**
(2)禽	116.0	**七、日用品**	**100.9**
(3)肉禽加工制品	113.2	1. 日用百货	100.1
6. 蛋	103.7	2. 日用杂品	99.9
7. 水产品	105.1	3. 洗涤用品	103.5
(1)鱼	108.8	4. 其他日用品	99.9
(2)其他水产品	96.1	**八、体育娱乐用品**	**99.8**
8. 菜	110.4	1. 体育用品	99.8
9. 调味品	104.3	2. 娱乐用品	99.9
10. 糖	112.5	**九、交通、通信用品**	**98.1**
11. 干鲜瓜果	127.8	1. 交通运输机械	99.4
12. 糕点饼干面包	105.7	2. 通信器材	95.1
13. 液体乳及乳制品	105.6	**十、家具**	**101.4**
14. 在外用膳食品	110.6	**十一、化妆品**	**104.5**
15. 其他食品	107.2	**十二、金银珠宝**	**101.7**
二、饮料、烟酒	**108.3**	**十三、中西药品及医疗保健用品**	**100.3**
1. 茶及饮料	110.4	1. 医疗器具及用品	100.0
(1)茶叶	101.7	2. 中药材及中成药	101.2
(2)饮料	115.0	3. 西药	100.0
2. 烟草	100.2	4. 保健品及器具	100.0
3. 酒	114.1	**十四、书报杂志及电子出版物**	**100.0**
三、服装、鞋帽	**98.9**	1. 教材及参考书	100.0
1. 服装	99.2	2. 书报杂志	100.0
(1)男式服装	98.7	3. 电子音像制品	100.0
(2)女式服装	99.6	**十五、燃料**	**110.4**
(3)儿童服装	99.0	1. 煤炭及制品	112.1
2. 鞋袜帽	97.6	2. 石油及制品	109.7
(1)鞋	97.4	**十六、建筑材料及五金电料**	**110.9**
(2)袜子	100.0	1. 建筑装璜材料	112.0
(3)帽子	100.0	2. 五金电料	107.5
3. 其他	100.0		

6-5 商品零售价格指数

（2008年）

类别及品名	以上年同期为100的指数	类别及品名	以上年同期为100的指数	类别及品名	以上年同期为100的指数
商品零售价格总指数	**105.2**	(1)鱼	108.8	主食	108.4
一、食品	**113.8**	淡水鱼	117.3	炒菜	107.4
1. 粮食	104.5	海水鱼	98.8	地方小吃	135.6
大米	100.7	(2)其他水产品	96.1	15. 其他食品	107.2
面粉	103.0	虾蟹类	87.9	其他食品	107.2
粮食制品	100.5	其他	169.9	**二、饮料、烟酒**	**108.3**
其他	144.0	8. 菜	110.4	1. 茶及饮料	110.4
2. 淀粉	101.7	鲜菜	110.2	(1)茶叶	101.7
淀粉	101.7	干菜及菜制品	114.2	茶叶	101.7
3. 干豆类及豆制品	136.2	薯类	115.4	(2)饮料	115.0
干豆	130.8	9. 调味品	104.3	固体饮料	100.9
豆制品	137.7	盐	100.7	液体饮料	125.1
4. 油脂	116.7	酱油	105.9	冷冻饮品	110.6
食用植物油	116.8	醋	106.2	2. 烟草	100.2
植物油制品	115.1	味精	94.4	国产卷烟	100.2
其他	117.3	其他	108.2	进口卷烟	99.8
5. 肉禽及其制品	124.8	10. 糖	112.5	其他	100.0
(1)食用畜肉及副产品	131.5	食糖	100.4	3. 酒	114.1
猪肉	136.2	糖果	120.2	白酒	122.5
牛肉	121.5	巧克力制品	104.8	葡萄酒	99.7
羊肉	130.8	糖类小食品	115.5	啤酒	106.5
畜肉副产品	103.9	11. 干鲜瓜果	127.8	其他	100.0
其他	124.0	鲜瓜果	131.5	**三、服装、鞋帽**	**98.9**
(2)禽	116.0	干(坚)果	106.5	1. 服装	99.2
鸡	121.7	12. 糕点饼干面包	105.7	(1)男式服装	98.7
鸭	100.0	糕点	98.9	大衣	98.1
其他	105.1	饼干	121.6	毛线衣	98.3
(3)肉禽加工制品	113.2	面包	102.8	夹克衫	97.1
畜肉制品	115.6	13. 液体乳及乳制品	105.6	衬衫	99.6
禽制品	106.0	巴氏杀菌奶或消毒奶	101.4	T恤衫	99.7
6. 蛋	103.7	酸奶	96.7	裤子	97.0
鲜蛋	102.3	奶粉	145.4	西服	99.4
蛋制品	115.3	其他	100.0	运动衫裤	98.6
7. 水产品	105.1	14. 在外用膳食品	110.6	内衣	99.8

6-5 续表1

类别及品名	以上年同期为100的指数	类别及品名	以上年同期为100的指数	类别及品名	以上年同期为100的指数
羽绒衣	99.6	棉布	100.0	扫描仪	99.9
其他	100.0	棉混纺布	100.0	复印机	100.0
(2)女式服装	99.6	化纤布	100.0	电子辞典	100.0
大衣	99.5	毛线	100.0	计算器	99.5
毛线衣	99.8	2.床上用品	99.7	教学设备	100.0
羽绒衣	100.0	毛毯	100.0	其他	99.1
套装	99.9	被子	100.0	**七、日用品**	**100.9**
衬衫	100.0	床上套件	98.9	1.日用百货	100.1
*T*恤衫	95.3	其他	100.0	自行车	100.0
裙子	99.0	**五、家用电器及音像器材**	**99.6**	雨具	100.0
裤子	99.2	1.家庭设备	101.4	剃须刀具	100.0
运动衫裤	100.0	洗衣机	101.6	电池	100.0
内衣	100.0	电风扇	100.0	卫生纸	100.7
其他	100.0	电冰箱(柜)	101.3	卫生巾	100.0
(3)儿童服装	99.0	吸排油烟机	103.0	其他	100.0
套装	98.2	空调器	101.5	2.日用杂品	99.9
裤子	99.7	热水器	99.9	茶具	99.5
裙子	99.3	微波炉	98.8	餐具	100.0
其他	100.0	电炊具	107.0	厨具	100.0
2.鞋袜帽	97.6	2.文娱用耐用消费品	96.9	其他	100.0
(1)鞋	97.4	电视机	96.4	3.洗涤用品	103.5
男鞋	98.6	激光视盘机	94.6	洗衣粉	105.0
女鞋	96.2	摄像机	97.6	肥皂类	104.2
童鞋	99.4	家用音响设备	97.7	牙膏	100.0
(2)袜子	100.0	便携式音响	100.1	清洁洗涤剂	100.0
男袜	100.0	其他	100.0	4.其他日用品	99.9
女袜	100.0	3.音像器材	100.0	燃气灶具	99.9
(3)帽子	100.0	专业音响器材	100.0	儿童玩具	99.8
男帽	100.0	专业声像器材	99.9	照明器具	100.0
女帽	100.0	**六、文化办公用品**	**99.8**	钟表眼镜及配件	100.0
3.其他	100.0	纸张本册	100.0	日用普通饰品	99.7
领带	100.0	文具	100.0	日用皮革制品	100.0
四、纺织品	**99.9**	电脑及配件	99.7	其他	100.0
1.衣着材料	100.0	打印机及配件	99.8	**八、体育娱乐用品**	**99.8**

6－5续表2

类别及品名	以上年同期为100的指数	类别及品名	以上年同期为100的指数	类别及品名	以上年同期为100的指数
1.体育用品	99.8	金饰品	101.1	3.电子音像制品	100.0
球类	99.5	银饰品	100.1	音响光盘和磁带	100.0
棋牌	100.0	铂金饰品	103.7	录像磁带和视盘	100.0
健身器材	100.0	其他	100.0	计算机软件	100.0
2.娱乐用品	99.9	**十三、中西药品及医疗保健用品**	**100.3**	**十五、燃料**	**110.4**
游艺器材	100.0	1.医疗器具及用品	100.0	1.煤炭及制品	112.1
照相器材	99.7	医疗器具及用品	100.0	原煤	116.3
乐器	99.9	2.中药材及中成药	101.2	煤制品	105.7
九、交通、通信用品	**98.1**	中药材	103.0	2.石油及制品	109.7
1.交通运输机械	99.4	中成药	100.0	液化石油气	107.5
轿车	98.1	3.西药	100.0	管道燃气	113.2
客车	101.1	抗微生物药	100.0	汽油	110.5
货车	100.2	消化系统用药	100.0	柴油	111.6
摩托车	100.0	呼吸系统用药	100.0	其他	100.0
其他	100.0	解热镇痛及非甾体抗炎药	100.0	**十六、建筑材料及五金电料**	**110.9**
2.通信器材	95.1	抗肿瘤药	100.0	1.建筑装璜材料	112.0
固定电话机	100.0	激素及调节内分泌功能药	100.0	木材	101.1
移动电话机	90.4	循环系统用药	100.0	木地板	125.7
传真机	100.0	神经系统用药	100.0	钢材	108.9
其他	100.0	专科用药	100.0	砖	139.2
十、家具	**101.4**	其他	100.0	水泥	116.7
柜	100.5	4.保健品及器具	100.0	涂料	118.5
床	100.7	保健器具	100.0	胶合板	104.4
桌	102.1	滋补保健用品	100.0	玻璃	109.7
椅	102.3	**十四、书报杂志及电子出版物**	**100.0**	粘胶	101.5
沙发	101.8	1.教材及参考书	100.0	油漆	100.0
其他	100.0	工具书	100.0	其他	100.0
十一、化妆品	**104.5**	教材	100.0	2.五金电料	107.5
护肤品	107.2	参考书	100.0	五金工具	110.5
美容化妆品	106.6	教育软件	100.0	电工电料	102.9
护发美容品	102.3	2.书报杂志	100.0	水暖器材	109.1
清洁化妆用品	100.2	书籍	100.0	其他	108.7
药物美容用品	102.8	报纸	100.0		
十二、金银珠宝	**101.7**	杂志	100.0		

6-6 各月商品零售价格定基指数

(2008年)(以2002年全年平均为100的指数)

类别及品名	一月份	二月份	三月份	四月份	五月份	六月份
商品零售价格总指数	**109.8**	**111.0**	**112.1**	**112.2**	**111.5**	**110.6**
一、食品	**152.7**	**157.3**	**161.9**	**161.6**	**157.8**	**152.6**
1.粮食	143.4	145.2	145.9	146.6	146.7	146.9
大米	170.3	172.0	172.5	172.5	172.5	172.5
面粉	149.7	150.6	150.6	150.6	149.6	149.6
粮食制品	113.4	113.4	113.4	113.4	113.4	113.8
其他	182.4	199.7	209.9	221.0	227.2	227.2
2.淀粉	110.8	111.5	112.5	112.5	112.5	112.5
淀粉	110.8	111.5	112.5	112.5	112.5	112.5
3.干豆类及豆制品	149.7	152.4	156.9	158.7	162.3	166.8
干豆	174.1	179.7	182.3	186.4	195.5	200.2
豆制品	142.9	145.0	149.8	151.1	153.6	158.0
4.油脂	168.6	173.3	171.9	177.7	177.7	176.3
食用植物油	170.4	175.4	173.8	179.8	179.8	178.3
植物油制品	148.5	148.5	148.5	152.6	152.6	152.6
其他	123.6	123.6	123.6	123.6	123.6	123.6
5.肉禽及其制品	213.9	215.8	220.4	220.7	223.0	219.8
(1)食用畜肉及副产品	255.5	258.9	267.6	266.3	269.0	262.3
猪肉	300.1	305.6	316.4	311.2	314.0	305.3
牛肉	157.6	159.9	165.5	169.3	166.1	161.9
羊肉	169.4	170.9	177.0	183.9	194.9	194.9
畜肉副产品	173.6	169.2	173.2	176.4	175.7	169.1
其他	0.0	0.0	0.0	0.0	0.0	0.0
(2)禽	151.4	151.3	151.5	159.4	163.9	158.3
鸡	172.2	172.0	172.2	183.9	190.1	181.6
鸭	102.0	102.0	102.0	102.0	102.0	102.0
其他	118.3	118.3	118.8	121.4	124.3	122.7
(3)肉禽加工制品	156.8	157.0	156.9	156.9	157.8	160.4
畜肉制品	167.5	167.9	167.6	167.6	168.7	172.1
禽制品	125.7	125.7	125.7	125.7	126.3	126.8
6.蛋	151.3	147.8	146.9	141.5	149.1	153.8
鲜蛋	146.6	142.8	141.8	136.1	144.1	149.2
蛋制品	190.7	191.3	191.3	191.3	193.2	193.2
7.水产品	141.0	141.2	140.3	139.2	146.5	147.0
(1)鱼	163.9	164.0	161.1	161.3	168.2	169.3
淡水鱼	134.9	137.3	135.0	134.2	141.5	145.4
海水鱼	199.4	195.1	191.3	193.5	198.9	194.6
(2)其他水产品	110.5	111.0	113.6	110.0	118.4	117.9

6－6 续表1

类别及品名	七月份	八月份	九月份	十月份	十一月份	十二月份
商品零售价格总指数	**110.7**	**110.4**	**110.7**	**110.1**	**109.4**	**109.6**
一、食品	**152.8**	**151.9**	**153.4**	**151.8**	**148.7**	**150.2**
1.粮食	147.3	147.1	147.3	145.8	145.0	144.2
大 米	172.5	172.5	172.5	170.3	166.6	159.4
面 粉	149.6	149.6	149.6	149.6	150.5	151.8
粮食制品	113.8	113.8	113.8	112.9	111.7	111.7
其 他	233.4	230.8	233.4	223.2	223.2	223.2
2.淀粉	112.5	112.5	112.5	112.5	112.5	112.5
淀 粉	112.5	112.5	112.5	112.5	112.5	112.5
3.干豆类及豆制品	179.0	180.3	181.1	179.5	178.9	178.0
干 豆	209.4	213.3	215.2	205.0	201.4	196.0
豆 制 品	170.6	171.4	172.0	172.0	172.0	172.0
4.油脂	177.7	175.1	174.5	174.4	163.4	159.2
食用植物油	179.8	177.2	176.7	176.7	165.7	161.3
植物油制品	152.6	146.7	145.5	145.5	130.4	130.4
其 他	123.6	123.6	123.6	115.4	109.9	109.9
5.肉禽及其制品	219.0	216.0	212.8	205.5	181.5	187.0
(1)食用畜肉及副产品	262.2	262.3	257.1	243.1	198.1	207.6
猪 肉	304.9	307.9	301.4	280.2	209.8	225.4
牛 肉	166.8	166.8	157.2	161.6	159.0	159.0
羊 肉	195.7	188.3	188.3	176.8	175.8	175.8
畜肉副产品	163.3	158.2	159.1	159.1	147.6	147.6
其 他	0.0	0.0	0.0	0.0	0.0	0.0
(2)禽	159.4	159.3	159.1	160.6	159.9	163.2
鸡	183.4	183.1	183.1	185.6	184.5	189.8
鸭	102.0	102.0	102.0	102.0	102.0	102.0
其 他	122.7	122.7	122.0	122.0	122.0	122.0
(3)肉禽加工制品	158.1	150.2	149.2	149.1	149.1	149.1
畜肉制品	168.9	157.7	156.3	156.1	156.1	156.1
禽制品	126.8	126.8	126.8	126.8	126.8	126.8
6.蛋	155.6	158.6	171.9	173.3	148.9	141.5
鲜 蛋	151.0	154.3	168.7	170.2	143.8	135.8
蛋 制 品	193.2	193.2	193.2	193.2	193.2	193.2
7.水产品	145.6	145.5	143.5	141.7	136.2	136.0
(1)鱼	165.1	162.5	162.6	161.1	158.4	158.2
淡 水 鱼	146.1	149.5	149.0	146.3	144.4	144.0
海 水 鱼	181.7	168.4	169.5	170.2	166.6	166.6
(2)其他水产品	121.6	126.1	120.2	117.6	106.4	106.4

6－6 续表 2

类别及品名	一月份	二月份	三月份	四月份	五月份	六月份
虾 蟹 类	0.0	0.0	0.0	0.0	0.0	0.0
其 他	0.0	0.0	0.0	0.0	0.0	0.0
8. 菜	184.3	209.5	232.8	202.2	159.5	135.4
鲜 菜	188.6	215.9	241.8	207.9	161.0	135.1
干菜及菜制品	123.2	123.2	123.2	123.2	124.7	125.5
薯 类	0.0	0.0	0.0	0.0	0.0	0.0
9. 调味品	108.1	107.9	108.3	109.4	108.8	108.9
盐	125.0	125.0	125.6	125.6	126.2	126.2
酱 油	108.7	108.7	109.6	109.6	107.8	107.8
醋	112.2	112.2	112.2	112.2	112.2	112.2
味 精	99.5	96.8	96.8	96.8	95.4	96.0
其 他	89.3	89.3	89.3	94.7	94.7	94.7
10. 糖	115.6	119.1	119.1	118.2	118.2	118.2
食 糖	132.3	132.3	132.3	132.3	132.3	132.3
糖 果	112.9	117.4	117.4	117.4	117.4	117.4
巧克力制品	102.4	105.8	105.8	105.8	105.8	105.8
糖类小食品	112.3	116.4	116.4	113.4	113.4	113.4
11. 干鲜瓜果	168.1	181.2	189.6	217.3	198.6	171.0
鲜 瓜 果	173.3	188.7	198.5	230.9	208.9	176.5
干(坚)果	133.4	133.4	133.4	134.1	134.1	134.1
12. 糕点饼干面包	112.1	113.8	112.7	112.7	112.8	112.4
糕 点	106.6	106.6	106.6	106.6	106.1	105.3
饼 干	124.9	131.3	127.3	127.3	128.8	128.8
面 包	109.0	109.0	109.0	109.0	109.0	109.0
13. 液体乳及乳制品	105.1	107.8	107.8	108.4	109.5	109.3
巴氏杀菌奶或消毒奶	102.5	105.6	105.6	105.6	105.6	105.6
酸 奶	0.0	0.0	0.0	0.0	0.0	0.0
奶 粉	129.9	138.7	138.7	143.8	152.1	153.6
其 他	100.0	100.0	100.0	100.0	100.0	100.0
14. 在外用膳食品	110.1	110.1	113.0	113.0	117.1	117.1
主 食	118.8	118.8	123.1	123.1	123.1	123.1
炒 菜	100.3	100.3	100.3	100.3	107.0	107.0
地方小吃	143.6	143.6	161.7	161.7	161.7	161.7
15. 其他食品	108.4	108.4	111.6	111.6	111.6	111.6
其他食品	108.4	108.4	111.6	111.6	111.6	111.6
二、饮料、烟酒	**108.0**	**109.5**	**110.2**	**110.3**	**110.3**	**110.3**
1. 茶及饮料	111.3	111.3	111.7	111.8	111.8	111.8
(1)茶叶	105.6	105.6	107.4	107.4	107.4	107.4

6－6 续表3

类别及品名	七月份	八月份	九月份	十月份	十一月份	十二月份
虾蟹类	0.0	0.0	0.0	0.0	0.0	0.0
其他	0.0	0.0	0.0	0.0	0.0	0.0
8. 菜	134.4	136.2	145.9	150.9	154.5	165.4
鲜菜	134.7	136.6	147.1	152.5	156.5	168.4
干菜及菜制品	125.5	125.5	126.1	126.1	126.1	126.1
薯类	0.0	0.0	0.0	0.0	0.0	0.0
9. 调味品	108.8	108.7	108.9	108.8	108.8	108.2
盐	126.2	126.2	126.2	126.2	126.2	126.2
酱油	107.8	107.8	107.8	107.8	107.8	107.8
醋	112.2	112.2	112.2	112.2	112.2	112.2
味精	95.7	94.2	94.2	93.9	93.9	93.9
其他	94.7	94.7	95.6	95.6	95.6	92.9
10. 糖	117.9	118.2	118.2	118.2	118.2	118.2
食糖	130.7	132.3	132.3	132.3	132.3	132.3
糖果	117.4	117.4	117.4	117.4	117.4	117.4
巧克力制品	105.8	105.8	105.8	105.8	105.8	105.8
糖类小食品	113.4	113.4	113.4	113.4	113.4	113.4
11. 干鲜瓜果	164.2	157.7	165.5	165.9	183.7	185.6
鲜瓜果	168.6	160.9	170.1	170.5	191.5	193.7
干(坚)果	134.1	134.1	134.1	134.1	134.1	134.1
12. 糕点饼干面包	112.4	112.1	112.6	111.6	111.6	111.6
糕点	105.3	104.6	104.8	104.8	104.8	104.8
饼干	128.8	128.8	130.4	126.7	126.7	126.7
面包	109.0	109.0	109.0	109.0	109.0	109.0
13. 液体乳及乳制品	109.3	109.2	109.2	100.0	99.0	99.0
巴氏杀菌奶或消毒奶	105.6	105.3	105.3	90.5	88.5	88.5
酸奶	0.0	0.0	0.0	0.0	0.0	0.0
奶粉	153.6	153.6	153.6	153.6	153.6	153.6
其他	100.0	100.0	100.0	100.0	100.0	100.0
14. 在外用膳食品	120.6	120.6	120.6	120.6	120.6	120.6
主食	124.5	124.5	124.5	124.5	124.5	124.5
炒菜	111.6	111.6	111.6	111.6	111.6	111.6
地方小吃	164.4	164.4	164.4	164.4	164.4	164.4
15. 其他食品	111.6	111.6	111.6	111.6	111.6	111.6
其他食品	111.6	111.6	111.6	111.6	111.6	111.6
二、饮料、烟酒	**111.2**	**112.2**	**112.8**	**112.7**	**112.7**	**112.9**
1. 茶及饮料	115.5	114.6	114.6	114.6	114.6	115.3
(1)茶叶	107.4	107.4	107.4	107.4	107.4	107.4

6－6续表4

类别及品名	一月份	二月份	三月份	四月份	五月份	六月份
茶 叶	105.6	105.6	107.4	107.4	107.4	107.4
(2)饮料	114.1	114.1	113.7	113.9	113.9	113.9
固体饮料	101.4	101.4	101.4	101.4	101.4	101.4
液体饮料	121.1	121.1	121.1	123.5	123.5	123.5
冷冻饮品	114.5	114.5	112.9	109.1	109.1	109.1
2. 烟草	97.5	97.5	97.5	97.5	97.5	97.5
国产卷烟	97.1	97.1	97.1	97.1	97.1	97.1
进口卷烟	99.9	99.9	99.9	99.9	99.9	99.9
其 他	0.0	0.0	0.0	0.0	0.0	0.0
3. 酒	115.5	119.3	121.0	121.0	121.0	121.0
白 酒	126.6	134.1	134.1	134.1	134.1	134.1
葡 萄 酒	103.6	103.6	103.6	103.6	103.6	103.6
啤 酒	104.0	104.0	109.2	109.2	109.2	109.2
其 他	0.0	0.0	0.0	0.0	0.0	0.0
三、服装、鞋帽	**92.2**	**92.1**	**92.0**	**91.9**	**91.9**	**91.8**
1. 服装	90.1	90.0	90.0	89.9	89.9	89.9
(1)男式服装	88.6	88.5	88.4	88.4	88.3	88.3
大 衣	80.6	80.5	80.4	80.4	80.4	80.4
毛 线 衣	82.7	82.7	82.6	82.6	82.5	82.5
夹 克 衫	89.6	89.6	89.6	89.6	89.6	88.8
衬 衫	90.8	90.8	90.8	90.8	90.8	90.8
T 恤 衫	0.0	0.0	0.0	0.0	0.0	0.0
裤 子	87.3	87.3	86.8	86.8	86.8	86.8
西 服	91.7	91.7	91.7	91.7	91.7	91.7
运动衫裤	92.5	91.8	91.0	91.0	91.0	91.0
内 衣	87.3	87.3	87.3	87.3	87.3	87.3
羽 绒 衣	85.9	85.8	85.8	85.8	85.8	85.8
其 他	0.0	0.0	0.0	0.0	0.0	0.0
(2)女式服装	90.8	90.8	90.8	90.8	90.8	90.8
大 衣	93.9	93.8	93.8	93.8	93.8	93.8
毛 线 衣	88.4	88.4	88.4	88.4	88.4	88.4
羽 绒 衣	91.6	91.6	91.6	91.6	91.6	91.6
套 装	93.2	93.2	93.2	93.2	93.2	93.2
衬 衫	61.5	61.5	61.5	61.5	61.5	61.5
T 恤 衫	0.0	0.0	0.0	0.0	0.0	0.0
裙 子	101.6	101.6	101.6	101.6	101.6	101.6
裤 子	86.4	86.4	86.4	86.4	86.4	86.4
运动衫裤	94.5	94.5	94.5	94.5	94.5	94.5

6-6续表5

类别及品名	七月份	八月份	九月份	十月份	十一月份	十二月份
茶 叶	107.4	107.4	107.4	107.4	107.4	107.4
(2)饮料	119.5	118.1	118.1	118.1	118.1	119.2
固体饮料	101.4	98.7	98.7	98.7	98.7	98.7
液体饮料	135.4	134.0	134.0	134.0	134.0	136.4
冷冻饮品	109.1	109.1	109.1	109.1	109.1	109.1
2.烟草	97.5	97.5	97.5	97.5	97.5	97.5
国产卷烟	97.1	97.1	97.1	97.1	97.1	97.1
进口卷烟	99.9	99.9	99.9	99.9	99.9	99.9
其 他	0.0	0.0	0.0	0.0	0.0	0.0
3.酒	121.0	124.2	125.8	125.7	125.7	125.7
白 酒	134.1	140.4	143.3	143.3	143.3	143.3
葡 萄 酒	103.6	103.6	103.6	102.4	102.4	102.4
啤 酒	109.2	109.2	109.2	109.2	109.2	109.2
其 他	0.0	0.0	0.0	0.0	0.0	0.0
三、服装、鞋帽	**91.8**	**91.7**	**91.5**	**91.3**	**91.3**	**91.2**
1.服装	89.9	89.8	89.8	89.7	89.6	89.6
(1)男式服装	88.3	88.3	88.3	88.2	88.1	88.1
大 衣	80.4	80.4	80.4	80.4	80.4	80.4
毛 线 衣	82.5	82.5	82.5	82.5	82.5	82.5
夹 克 衫	88.8	88.8	88.8	88.8	88.8	88.8
衬 衫	90.8	90.8	90.8	90.8	90.8	90.8
T 恤 衫	0.0	0.0	0.0	0.0	0.0	0.0
裤 子	86.8	86.8	86.8	86.6	86.3	86.3
西 服	91.7	91.7	91.7	91.7	91.7	91.7
运动衫裤	91.0	91.0	91.0	91.0	91.0	91.0
内 衣	87.3	87.3	87.3	87.3	87.3	87.3
羽 绒 衣	85.8	85.8	85.8	85.2	85.1	85.1
其 他	0.0	0.0	0.0	0.0	0.0	0.0
(2)女式服装	90.7	90.7	90.5	90.5	90.5	90.5
大 衣	93.8	93.8	93.8	93.8	93.8	93.8
毛 线 衣	88.4	88.4	88.4	88.4	88.4	88.4
羽 绒 衣	91.6	91.6	91.6	91.6	91.6	91.6
套 装	93.2	93.2	93.2	93.2	93.2	93.2
衬 衫	61.5	61.5	61.5	61.5	61.5	61.5
T 恤 衫	0.0	0.0	0.0	0.0	0.0	0.0
裙 子	101.6	101.6	101.0	101.0	101.0	101.0
裤 子	86.4	86.4	86.4	86.4	86.4	86.4
运动衫裤	94.5	94.5	94.5	94.5	94.5	94.5

6－6续表6

类别及品名	一月份	二月份	三月份	四月份	五月份	六月份
内 衣	93.7	93.7	93.7	93.7	93.7	93.7
其 他	0.0	0.0	0.0	0.0	0.0	0.0
(3)儿童服装	92.2	92.2	92.2	92.1	92.0	92.0
套 装	91.3	91.3	91.3	91.3	91.3	91.3
裤 子	98.4	98.4	98.4	97.9	97.9	97.9
裙 子	85.9	85.9	85.9	85.9	85.5	85.5
其 他	0.0	0.0	0.0	0.0	0.0	0.0
2. 鞋袜帽	101.6	101.1	100.7	100.3	100.2	100.2
(1)鞋	101.9	101.4	101.0	100.5	100.5	100.5
男 鞋	98.2	97.9	97.9	97.8	97.8	97.8
女 鞋	105.4	104.6	103.8	102.9	102.9	102.9
童 鞋	97.3	97.3	97.3	97.3	97.3	97.3
(2)袜子	96.4	96.4	96.4	96.4	96.4	96.4
男 袜	98.2	98.2	98.2	98.2	98.2	98.2
女 袜	95.2	95.2	95.2	95.2	95.2	95.2
(3)帽子	98.1	98.1	98.1	98.1	98.1	98.1
男 帽	100.0	100.0	100.0	100.0	100.0	100.0
女 帽	96.9	96.9	96.9	96.9	96.9	96.9
3. 其他	95.9	95.9	95.9	95.9	95.9	95.9
领 带	95.9	95.9	95.9	95.9	95.9	95.9
四、纺织品	**99.4**	**99.4**	**99.4**	**99.4**	**99.4**	**99.4**
1. 衣着材料	99.5	99.5	99.5	99.5	99.5	99.5
棉 布	90.3	90.3	90.3	90.3	90.3	90.3
棉混纺布	100.8	100.8	100.8	100.8	100.8	100.8
化 纤 布	99.8	99.8	99.8	99.8	99.8	99.8
毛 线	103.5	103.5	103.5	103.5	103.5	103.5
2. 床上用品	99.2	99.2	99.2	99.2	99.2	99.2
毛 毯	100.1	100.1	100.1	100.1	100.1	100.1
被 子	0.0	0.0	0.0	0.0	0.0	0.0
床上套件	0.0	0.0	0.0	0.0	0.0	0.0
其 他	0.0	0.0	0.0	0.0	0.0	0.0
五、家用电器及音像器材	**84.6**	**84.4**	**84.6**	**84.6**	**84.6**	**84.7**
1. 家庭设备	92.3	92.3	92.8	93.0	93.0	93.1
洗 衣 机	82.5	82.5	82.9	82.9	82.9	83.2
电 风 扇	92.1	92.1	92.1	92.1	92.1	92.1
电冰箱(柜)	92.5	92.5	93.0	93.1	93.1	93.3
吸排油烟机	106.4	106.4	106.4	106.4	105.8	105.8
空 调 器	91.0	91.0	91.6	91.9	91.9	91.9

6-6续表7

类别及品名	七月份	八月份	九月份	十月份	十一月份	十二月份
内 衣	93.7	93.7	93.7	93.7	93.7	93.7
其 他	0.0	0.0	0.0	0.0	0.0	0.0
(3)儿童服装	92.0	92.0	91.9	91.3	91.3	91.3
套 装	91.3	91.3	91.3	90.0	90.0	90.0
裤 子	97.9	97.9	97.9	97.9	97.9	97.9
裙 子	85.5	85.5	85.1	85.1	85.1	85.1
其 他	0.0	0.0	0.0	0.0	0.0	0.0
2. 鞋袜帽	99.9	99.4	98.6	98.1	98.0	97.6
(1)鞋	100.1	99.6	98.7	98.2	98.1	97.7
男 鞋	97.7	97.5	96.9	96.7	96.4	96.4
女 鞋	102.2	101.4	100.1	99.3	99.3	98.4
童 鞋	97.3	97.3	97.3	97.3	97.3	97.3
(2)袜子	96.4	96.4	96.4	96.4	96.4	96.4
男 袜	98.2	98.2	98.2	98.2	98.2	98.2
女 袜	95.2	95.2	95.2	95.2	95.2	95.2
(3)帽子	98.1	98.1	98.1	98.1	98.1	98.1
男 帽	100.0	100.0	100.0	100.0	100.0	100.0
女 帽	96.9	96.9	96.9	96.9	96.9	96.9
3. 其他	95.9	95.9	95.9	95.9	95.9	95.9
领 带	95.9	95.9	95.9	95.9	95.9	95.9
四、纺织品	**99.4**	**99.1**	**99.1**	**99.1**	**99.1**	**99.1**
1. 衣着材料	99.5	99.5	99.5	99.5	99.5	99.5
棉 布	90.3	90.3	90.3	90.3	90.3	90.3
棉混纺布	100.8	100.8	100.8	100.8	100.8	100.8
化 纤 布	99.8	99.8	99.8	99.8	99.8	99.8
毛 线	103.5	103.5	103.5	103.5	103.5	103.5
2. 床上用品	99.2	98.4	98.4	98.4	98.4	98.4
毛 毯	100.1	100.1	100.1	100.1	100.1	100.1
被 子	0.0	0.0	0.0	0.0	0.0	0.0
床上套件	0.0	0.0	0.0	0.0	0.0	0.0
其 他	0.0	0.0	0.0	0.0	0.0	0.0
五、家用电器及音像器材	**84.7**	**84.7**	**84.6**	**84.6**	**84.6**	**84.6**
1. 家庭设备	93.2	93.1	93.1	93.1	93.1	93.1
洗 衣 机	83.2	83.2	83.2	83.2	83.2	83.2
电 风 扇	92.1	92.1	92.1	92.1	92.1	92.1
电冰箱(柜)	93.3	93.3	93.3	93.3	93.3	93.3
吸排油烟机	105.1	104.4	104.4	104.4	104.4	104.4
空 调 器	92.1	92.1	92.1	92.1	92.1	92.1

6-6续表8

类别及品名	一月份	二月份	三月份	四月份	五月份	六月份
热水器	98.3	98.3	98.3	98.3	98.3	98.7
微波炉	90.6	90.6	90.7	90.9	90.9	90.9
电炊具	99.5	99.5	105.5	105.5	108.4	108.4
2. 文娱用耐用消费品	69.2	68.8	68.7	68.5	68.5	68.5
电视机	65.4	64.6	64.3	64.2	64.2	64.2
激光视盘机	65.3	65.3	65.3	64.6	64.6	64.8
摄像机	63.4	63.4	63.4	63.4	63.4	63.4
家用音响设备	88.2	88.2	88.2	88.2	88.0	88.0
便携式音响	80.8	80.8	80.9	80.9	80.9	80.9
其他	0.0	0.0	0.0	0.0	0.0	0.0
3. 音像器材	98.0	98.0	98.0	98.0	98.0	98.0
专业音响器材	100.0	100.0	100.0	100.0	100.0	100.0
专业声像器材	96.6	96.6	96.6	96.6	96.6	96.6
六、文化办公用品	**93.6**	**93.6**	**93.6**	**93.6**	**93.6**	**93.6**
纸张本册	97.6	97.6	97.6	97.6	97.6	97.6
文具	100.9	100.9	100.9	100.9	100.9	100.9
电脑及配件	85.5	85.5	85.5	85.5	85.4	85.4
打印机及配件	95.0	95.0	95.0	95.0	95.0	95.0
扫描仪	95.8	95.8	95.8	95.8	95.8	95.8
复印机	100.0	100.0	100.0	100.0	100.0	100.0
电子辞典	92.3	92.3	92.3	92.3	92.3	92.3
计算器	98.9	98.9	98.9	98.9	98.9	98.9
教学设备	98.7	98.7	98.7	98.7	98.7	98.7
其他	0.0	0.0	0.0	0.0	0.0	0.0
七、日用品	**98.5**	**98.5**	**98.5**	**99.1**	**99.8**	**99.8**
1. 日用百货	99.0	99.0	99.0	99.1	99.1	99.1
自行车	99.9	99.9	99.9	99.9	99.9	99.9
雨具	102.0	102.0	102.0	102.0	102.0	102.0
剃须刀具	100.2	100.2	100.2	100.2	100.2	100.2
电池	100.0	100.0	100.0	100.0	100.0	100.0
卫生纸	94.3	94.3	94.3	95.2	95.2	95.2
卫生巾	92.6	92.6	92.6	92.6	92.6	92.6
其他	0.0	0.0	0.0	0.0	0.0	0.0
2. 日用杂品	98.6	98.6	98.6	98.6	98.6	98.6
茶具	100.0	100.0	100.0	100.0	100.0	100.0
餐具	97.6	97.6	97.6	97.6	97.6	97.6
厨具	98.6	98.6	98.6	98.6	98.6	98.6
其他	0.0	0.0	0.0	0.0	0.0	0.0

6－6续表9

类别及品名	七月份	八月份	九月份	十月份	十一月份	十二月份
热水器	98.7	98.7	98.7	98.7	98.7	98.7
微波炉	90.9	90.9	90.9	90.9	90.9	90.9
电炊具	108.4	108.4	108.4	108.4	108.4	108.4
2. 文娱用耐用消费品	68.5	68.5	68.3	68.3	68.3	68.3
电视机	64.2	64.2	63.9	63.9	63.9	63.9
激光视盘机	64.8	64.8	64.4	64.4	64.4	64.4
摄像机	63.4	63.4	63.4	63.4	63.4	63.4
家用音响设备	88.0	88.0	88.0	88.0	88.0	88.0
便携式音响	80.9	80.9	80.9	80.9	80.9	80.8
其他	0.0	0.0	0.0	0.0	0.0	0.0
3. 音像器材	98.0	98.0	98.0	98.0	98.0	98.0
专业音响器材	100.0	100.0	100.0	100.0	100.0	100.0
专业声像器材	96.6	96.6	96.6	96.6	96.6	96.6
六、文化办公用品	**93.6**	**93.6**	**93.6**	**93.4**	**93.4**	**93.4**
纸张本册	97.6	97.6	97.6	97.6	97.6	97.6
文具	100.9	100.9	100.9	100.9	100.9	100.9
电脑及配件	85.4	85.4	85.4	85.4	85.4	85.3
打印机及配件	95.0	95.0	95.0	95.0	95.0	95.0
扫描仪	95.8	95.8	95.8	95.8	95.8	95.8
复印机	100.0	100.0	100.0	100.0	100.0	100.0
电子辞典	92.3	92.3	92.3	92.3	92.3	92.3
计算器	98.9	98.9	98.9	98.9	98.9	98.9
教学设备	98.7	98.7	98.7	98.7	98.7	98.7
其他	0.0	0.0	0.0	0.0	0.0	0.0
七、日用品	**99.8**	**99.7**	**99.7**	**99.7**	**99.7**	**99.6**
1. 日用百货	99.1	99.1	99.1	99.1	99.1	99.1
自行车	99.9	99.9	99.9	99.9	99.9	99.9
雨具	102.0	102.0	102.0	102.0	102.0	102.0
剃须刀具	100.2	100.2	100.2	100.2	100.2	100.2
电池	100.0	100.0	100.0	100.0	100.0	100.0
卫生纸	95.2	95.2	95.2	95.2	95.2	95.2
卫生巾	92.6	92.6	92.6	92.6	92.6	92.6
其他	0.0	0.0	0.0	0.0	0.0	0.0
2. 日用杂品	98.6	98.4	98.4	98.4	98.4	98.1
茶具	100.0	99.1	99.1	99.1	99.1	97.9
餐具	97.6	97.6	97.6	97.6	97.6	97.6
厨具	98.6	98.6	98.6	98.6	98.6	98.6
其他	0.0	0.0	0.0	0.0	0.0	0.0

6－6 续表10

类别及品名	一月份	二月份	三月份	四月份	五月份	六月份
3. 洗涤用品	100.8	100.8	100.8	103.2	105.8	105.8
洗 衣 粉	102.8	102.8	102.8	106.1	110.2	110.2
肥 皂 类	100.0	100.0	100.0	103.1	106.1	106.1
牙 膏	98.9	98.9	98.9	98.9	98.9	98.9
清洁洗涤剂	98.2	98.2	98.2	98.2	98.2	98.2
4. 其他日用品	95.6	95.6	95.6	95.6	95.6	95.6
燃气灶具	99.8	99.8	99.8	99.8	99.8	99.8
儿童玩具	93.7	93.7	93.7	93.7	93.7	93.7
照明器具	88.1	88.1	88.1	88.1	88.1	88.1
钟表眼镜及配件	100.4	100.4	100.4	100.4	100.4	100.4
日用普通饰品	95.5	95.5	95.5	95.5	95.5	95.5
日用皮革制品	89.0	89.0	89.0	89.0	89.0	89.0
其 他	0.0	0.0	0.0	0.0	0.0	0.0
八、体育娱乐用品	**100.7**	**100.7**	**100.7**	**100.7**	**100.7**	**100.7**
1. 体育用品	102.1	102.1	102.1	102.1	102.1	102.1
球 类	99.5	99.5	99.5	99.5	99.5	99.5
棋 牌	100.0	100.0	100.0	100.0	100.0	100.0
健身器材	104.7	104.7	104.7	104.7	104.7	104.7
2. 娱乐用品	99.7	99.7	99.7	99.7	99.7	99.7
游艺器材	100.0	100.0	100.0	100.0	100.0	100.0
照相器材	98.8	98.8	98.8	98.8	98.8	98.8
乐 器	100.9	100.9	100.9	100.9	100.9	100.9
九、交通、通信用品	**64.8**	**64.8**	**64.8**	**64.8**	**64.8**	**64.7**
1. 交通运输机械	80.7	80.7	80.7	80.7	80.7	80.7
轿 车	72.2	72.2	72.2	72.2	72.2	72.2
客 车	79.5	79.5	79.5	79.5	79.5	79.5
货 车	94.0	94.0	94.0	94.0	94.0	94.0
摩 托 车	96.4	96.4	96.4	96.4	96.4	96.4
其 他	0.0	0.0	0.0	0.0	0.0	0.0
2. 通信器材	36.2	36.2	36.2	36.1	36.1	36.0
固定电话机	71.5	71.5	71.5	71.5	71.5	71.5
移动电话机	14.1	14.1	14.1	14.0	13.9	13.9
传 真 机	81.5	81.5	81.5	81.5	81.5	81.5
其 他	0.0	0.0	0.0	0.0	0.0	0.0
十、家具	**99.7**	**99.7**	**99.7**	**99.7**	**99.7**	**99.7**
柜	96.5	96.5	96.5	96.5	96.5	96.5
床	103.9	103.9	103.9	103.9	103.9	103.9
桌	96.2	96.2	96.2	96.2	96.2	96.2

6－6 续表 11

类别及品名	七月份	八月份	九月份	十月份	十一月份	十二月份
3. 洗涤用品	105.8	105.8	105.8	105.7	105.7	105.7
洗衣粉	110.2	110.2	110.2	110.2	110.2	110.2
肥皂类	106.1	106.1	106.1	105.7	105.7	105.7
牙膏	98.9	98.9	98.9	98.9	98.9	98.9
清洁洗涤剂	98.2	98.2	98.2	98.2	98.2	98.2
4. 其他日用品	95.6	95.6	95.6	95.5	95.5	95.5
燃气灶具	99.8	99.8	99.8	99.8	99.8	99.8
儿童玩具	93.7	93.7	93.7	93.7	93.7	93.7
照明器具	88.1	88.1	88.1	88.1	88.1	88.1
钟表眼镜及配件	100.4	100.4	100.4	100.4	100.4	100.4
日用普通饰品	95.5	95.5	95.5	95.2	95.2	95.2
日用皮革制品	89.0	89.0	89.0	89.0	89.0	89.0
其他	0.0	0.0	0.0	0.0	0.0	0.0
八、体育娱乐用品	**100.7**	**100.7**	**100.7**	**100.3**	**100.3**	**100.3**
1. 体育用品	102.1	102.1	102.1	101.9	101.9	101.9
球类	99.5	99.5	99.5	98.9	98.9	98.9
棋牌	100.0	100.0	100.0	100.0	100.0	100.0
健身器材	104.7	104.7	104.7	104.7	104.7	104.7
2. 娱乐用品	99.7	99.7	99.7	99.3	99.3	99.3
游艺器材	100.0	100.0	100.0	100.0	100.0	100.0
照相器材	98.8	98.8	98.8	98.0	98.0	98.0
乐器	100.9	100.9	100.9	100.5	100.5	100.5
九、交通、通信用品	**64.6**	**64.6**	**64.2**	**64.2**	**64.2**	**64.2**
1. 交通运输机械	80.4	80.4	79.9	79.9	79.9	79.9
轿车	71.7	71.7	70.7	70.7	70.7	70.7
客车	79.5	79.5	79.5	79.5	79.5	79.5
货车	93.7	93.7	93.7	93.7	93.7	93.7
摩托车	96.4	96.4	96.4	96.4	96.4	96.4
其他	0.0	0.0	0.0	0.0	0.0	0.0
2. 通信器材	36.0	36.0	36.0	36.0	36.0	36.0
固定电话机	71.5	71.5	71.5	71.5	71.5	71.5
移动电话机	13.9	13.9	13.9	13.9	13.9	13.9
传真机	81.5	81.5	81.5	81.5	81.5	81.5
其他	0.0	0.0	0.0	0.0	0.0	0.0
十、家具	**99.7**	**99.7**	**99.7**	**99.0**	**99.0**	**98.6**
柜	96.5	96.5	96.5	96.5	96.5	96.5
床	103.9	103.9	103.9	103.9	103.9	103.9
桌	96.2	96.2	96.2	96.2	96.2	96.2

6－6 续表 12

类别及品名	一月份	二月份	三月份	四月份	五月份	六月份
椅	105.9	105.9	105.9	105.9	105.9	105.9
沙 发	99.4	99.4	99.4	99.4	99.4	99.4
其 他	0.0	0.0	0.0	0.0	0.0	0.0
十一、化妆品	**97.9**	**97.6**	**97.6**	**100.7**	**104.4**	**104.4**
护 肤 品	98.3	96.7	96.7	102.8	108.9	108.9
美容化妆品	94.6	95.5	95.5	98.5	104.3	104.3
护发美容品	99.0	99.0	99.0	99.9	101.7	101.7
清洁化妆用品	101.3	101.3	101.3	102.0	102.0	102.0
药物美容用品	96.0	96.0	96.0	98.5	99.7	99.7
十二、金银珠宝	**101.3**	**102.0**	**102.0**	**102.0**	**102.3**	**102.3**
金 饰 品	97.4	97.4	97.4	97.4	97.4	97.4
银 饰 品	100.3	100.3	100.3	100.3	100.3	100.3
铂金饰品	110.5	112.8	112.8	112.8	114.0	114.0
其 他	0.0	0.0	0.0	0.0	0.0	0.0
十三、中西药品及医疗保健用品	**90.0**	**90.0**	**90.0**	**90.4**	**90.4**	**90.4**
1. 医疗器具及用品	92.8	92.8	92.8	92.8	92.8	92.8
医疗器具及用品	92.8	92.8	92.8	92.8	92.8	92.8
2. 中药材及中成药	95.0	95.0	95.0	96.5	96.5	96.5
中 药 材	89.9	89.9	89.9	93.4	93.4	93.4
中 成 药	97.0	97.0	97.0	97.0	97.0	97.0
3. 西药	86.3	86.3	86.3	86.3	86.3	86.3
抗微生物药	98.6	98.6	98.6	98.6	98.6	98.6
消化系统用药	87.8	87.8	87.8	87.8	87.8	87.8
呼吸系统用药	0.0	0.0	0.0	0.0	0.0	0.0
解热镇痛及非甾体抗炎药	86.1	86.1	86.1	86.1	86.1	86.1
抗肿瘤药	0.0	0.0	0.0	0.0	0.0	0.0
激素及调节内分泌功能药	0.0	0.0	0.0	0.0	0.0	0.0
循环系统用药	95.8	95.8	95.8	95.8	95.8	95.8
神经系统用药	0.0	0.0	0.0	0.0	0.0	0.0
专科用药	95.0	95.0	95.0	95.0	95.0	95.0
其 他	0.0	0.0	0.0	0.0	0.0	0.0
4. 保健品及器具	99.9	99.9	99.9	99.9	99.9	99.9
保健器具	100.0	100.0	100.0	100.0	100.0	100.0
滋补保健用品	99.9	99.9	99.9	99.9	99.9	99.9
十四、书报杂志及电子出版物	**102.8**	**102.8**	**102.8**	**102.8**	**102.8**	**102.8**
1. 教材及参考书	106.5	106.5	106.5	106.5	106.5	106.5
工 具 书	100.0	100.0	100.0	100.0	100.0	100.0
教 材	100.8	100.8	100.8	100.8	100.8	100.8

类别及品名	七月份	八月份	九月份	十月份	十一月份	十二月份
椅	105.9	105.9	105.9	101.4	101.4	99.4
沙 发	99.4	99.4	99.4	99.4	99.4	99.4
其 他	0.0	0.0	0.0	0.0	0.0	0.0
十一、化妆品	**104.6**	**104.6**	**104.6**	**104.5**	**104.5**	**104.2**
护 肤 品	108.9	108.9	108.9	108.9	108.9	108.9
美容化妆品	104.3	104.3	104.3	104.3	104.3	104.3
护发美容品	102.6	102.6	102.6	102.6	102.6	101.5
清洁化妆用品	102.0	102.0	102.0	101.0	101.0	101.0
药物美容用品	99.7	99.7	99.7	99.7	99.7	99.7
十二、金银珠宝	**102.3**	**102.3**	**102.3**	**100.0**	**100.0**	**100.0**
金 饰 品	97.4	97.4	97.4	93.2	93.2	93.2
银 饰 品	100.3	100.3	100.3	100.0	100.0	100.0
铂金饰品	114.0	114.0	114.0	114.0	114.0	114.0
其 他	0.0	0.0	0.0	0.0	0.0	0.0
十三、中西药品及医疗保健用品	**90.4**	**90.4**	**90.4**	**90.4**	**90.4**	**90.4**
1. 医疗器具及用品	92.8	92.8	92.8	92.8	92.8	92.8
医疗器具及用品	92.8	92.8	92.8	92.8	92.8	92.8
2. 中药材及中成药	96.5	96.5	96.5	96.5	96.5	96.5
中 药 材	93.4	93.4	93.4	93.4	93.4	93.4
中 成 药	97.0	97.0	97.0	97.0	97.0	97.0
3. 西药	86.3	86.3	86.3	86.3	86.3	86.3
抗微生物药	98.6	98.6	98.6	98.6	98.6	98.6
消化系统用药	87.8	87.8	87.8	87.8	87.8	87.8
呼吸系统用药	0.0	0.0	0.0	0.0	0.0	0.0
解热镇痛及非甾体抗炎药	86.1	86.1	86.1	86.1	86.1	86.1
抗肿瘤药	0.0	0.0	0.0	0.0	0.0	0.0
激素及调节内分泌功能药	0.0	0.0	0.0	0.0	0.0	0.0
循环系统用药	95.8	95.8	95.8	95.8	95.8	95.8
神经系统用药	0.0	0.0	0.0	0.0	0.0	0.0
专科用药	95.0	95.0	95.0	95.0	95.0	95.0
其 他	0.0	0.0	0.0	0.0	0.0	0.0
4. 保健品及器具	99.9	99.9	99.9	99.9	99.9	99.9
保健器具	100.0	100.0	100.0	100.0	100.0	100.0
滋补保健用品	99.9	99.9	99.9	99.9	99.9	99.9
十四、书报杂志及电子出版物	**102.8**	**102.8**	**102.8**	**102.8**	**102.8**	**102.8**
1. 教材及参考书	106.5	106.5	106.5	106.5	106.5	106.5
工 具 书	100.0	100.0	100.0	100.0	100.0	100.0
教 材	100.8	100.8	100.8	100.8	100.8	100.8

类别及品名	一月份	二月份	三月份	四月份	五月份	六月份
参 考 书	120.6	120.6	120.6	120.6	120.6	120.6
教育软件	0.0	0.0	0.0	0.0	0.0	0.0
2. 书报杂志	100.0	100.0	100.0	100.0	100.0	100.0
书 籍	100.0	100.0	100.0	100.0	100.0	100.0
报 纸	100.0	100.0	100.0	100.0	100.0	100.0
杂 志	100.0	100.0	100.0	100.0	100.0	100.0
3. 电子音像制品	102.8	102.8	102.8	102.8	102.8	102.8
音响光盘和磁带	98.0	98.0	98.0	98.0	98.0	98.0
录像磁带和视盘	109.3	109.3	109.3	109.3	109.3	109.3
计算机软件	101.7	101.7	101.7	101.7	101.7	101.7
十五、燃料	**198.3**	**199.3**	**199.6**	**199.6**	**199.6**	**211.0**
1. 煤炭及制品	167.5	170.3	170.3	170.3	170.3	188.2
原 煤	184.6	189.7	189.7	189.7	189.7	209.2
煤 制 品	143.0	143.0	143.0	143.0	143.0	158.5
2. 石油及制品	210.6	210.6	211.1	211.1	211.1	218.9
液化石油气	193.0	193.0	196.7	196.7	196.7	196.7
管道燃气	125.0	125.0	125.0	125.0	125.0	125.0
汽 油	231.0	231.0	231.0	231.0	231.0	243.7
柴 油	240.4	240.4	240.4	240.4	240.4	254.8
其 他	0.0	0.0	0.0	0.0	0.0	0.0
十六、建筑材料及五金电料	**116.6**	**119.1**	**119.8**	**121.9**	**125.9**	**130.7**
1. 建筑装璜材料	117.2	120.6	121.6	123.1	128.5	135.0
木 材	126.4	126.4	126.4	126.4	126.4	126.4
木 地 板	0.0	0.0	0.0	0.0	0.0	0.0
钢 材	0.0	0.0	0.0	0.0	0.0	0.0
砖	114.3	133.1	133.1	133.1	149.4	162.4
水 泥	107.8	110.4	110.4	110.4	117.5	128.3
涂 料	122.5	126.7	131.0	131.0	135.3	150.6
胶 合 板	106.0	106.0	111.0	111.0	111.0	112.4
玻 璃	104.1	106.3	107.6	107.6	114.5	114.5
粘 胶	98.4	98.4	98.4	98.4	100.3	100.3
油 漆	128.4	128.4	128.4	128.4	128.4	128.4
其 他	0.0	0.0	0.0	0.0	0.0	0.0
2. 五金电料	114.4	114.4	114.4	117.8	117.8	117.8
五金工具	109.6	109.6	109.6	115.8	115.8	115.8
电工电料	105.4	105.4	105.4	105.4	105.4	105.4
水暖器材	128.7	128.7	128.7	132.6	132.6	132.6
其 他	0.0	0.0	0.0	0.0	0.0	0.0

类别及品名	七月份	八月份	九月份	十月份	十一月份	十二月份
参考书	120.6	120.6	120.6	120.6	120.6	120.6
教育软件	0.0	0.0	0.0	0.0	0.0	0.0
2. 书报杂志	100.0	100.0	100.0	100.0	100.0	100.0
书籍	100.0	100.0	100.0	100.0	100.0	100.0
报纸	100.0	100.0	100.0	100.0	100.0	100.0
杂志	100.0	100.0	100.0	100.0	100.0	100.0
3. 电子音像制品	102.8	102.8	102.8	102.8	102.8	102.8
音响光盘和磁带	98.0	98.0	98.0	98.0	98.0	98.0
录像磁带和视盘	109.3	109.3	109.3	109.3	109.3	109.3
计算机软件	101.7	101.7	101.7	101.7	101.7	101.7
十五、燃料	**211.0**	**208.9**	**210.1**	**210.1**	**212.5**	**204.6**
1. 煤炭及制品	188.2	182.1	185.6	185.6	192.5	187.3
原煤	209.2	200.0	206.1	206.1	218.5	209.2
煤制品	158.5	156.5	156.5	156.5	156.5	156.5
2. 石油及制品	218.9	218.9	218.9	218.9	218.9	209.8
液化石油气	196.7	196.7	196.7	196.7	196.7	196.7
管道燃气	125.0	125.0	125.0	125.0	125.0	125.0
汽油	243.7	243.7	243.7	243.7	243.7	229.1
柴油	254.8	254.8	254.8	254.8	254.8	236.9
其他	0.0	0.0	0.0	0.0	0.0	0.0
十六、建筑材料及五金电料	**131.5**	**129.3**	**129.1**	**126.4**	**126.0**	**126.5**
1. 建筑装璜材料	136.0	133.1	132.8	129.2	128.7	129.4
木材	126.4	126.4	126.4	126.4	126.4	126.4
木地板	0.0	0.0	0.0	0.0	0.0	0.0
钢材	0.0	0.0	0.0	0.0	0.0	0.0
砖	163.9	163.9	163.9	157.6	156.2	156.2
水泥	128.3	128.3	128.3	128.3	126.4	126.4
涂料	150.6	150.6	150.6	150.6	150.6	150.6
胶合板	112.4	112.4	112.4	112.4	111.0	111.0
玻璃	114.5	114.5	114.5	114.5	114.5	114.5
粘胶	100.3	100.3	101.5	101.5	100.3	100.3
油漆	128.4	128.4	128.4	128.4	128.4	128.4
其他	0.0	0.0	0.0	0.0	0.0	0.0
2. 五金电料	117.8	117.8	117.8	117.8	117.8	117.8
五金工具	115.8	115.8	115.8	115.8	115.8	115.8
电工电料	105.4	105.4	105.4	105.4	105.4	105.4
水暖器材	132.6	132.6	132.6	132.6	132.6	132.6
其他	0.0	0.0	0.0	0.0	0.0	0.0

6-7 主要工业品出厂价格指数

（2008年）

指标名称	以上月价格为100的平均环比指数	以上年价格为100的同比指数
全部工业品	**100.07**	**108.92**
其中:轻工业	99.85	106.80
(01) 以农产品为原料	99.76	106.22
(02) 以非农产品为原料	100.15	108.65
重工业	100.38	111.91
(01) 采 掘	98.67	146.71
(02) 原 料	99.20	110.10
(03) 加 工	101.13	110.65
其中:生产资料	100.21	109.96
(01) 采 掘	98.67	146.71
(02) 原 料	98.96	108.48
(03) 加 工	100.61	109.26
生活资料	99.72	106.07
(01) 食 品	99.26	109.57
(02) 衣 着	100.22	103.46
(03) 一般日用品	100.08	101.33
(04) 耐用消费品	100.33	106.02
按工业部门分:	**0.00**	**0.00**
01 冶金工业	99.62	120.34
02 电力工业	100.60	102.07
03 煤炭及炼焦工业	100.54	144.93
04 石油工业	99.42	112.09
05 化学工业	98.71	110.87
06 机械工业	101.38	108.06
07 建筑材料工业	101.01	122.94
08 森林工业	99.95	102.70
09 食品工业	99.39	111.79
10 纺织工业	99.88	101.15
11 缝纫工业	100.19	103.23
12 皮革工业	99.98	100.10
13 造纸工业	100.25	108.19
14 文教艺术用品工业	99.38	102.95
15 其它工业	100.26	101.75

6-7 续表1

指　标　名　称	以上月价格为100的平均环比指数	以上年价格为100的同比指数
按工业大类行业分：		
煤炭开采和洗选业	104.56	149.29
非金属矿采选业	97.51	146.21
农副食品加工业	99.11	112.45
食品制造业	99.77	120.50
饮料制造业	100.91	104.61
烟草制品业	100.00	100.00
纺织业	99.89	101.10
纺织服装、鞋、帽制造业	99.89	100.92
皮革、毛皮、羽毛(绒)及其制品业	102.70	125.38
木材加工及木、竹、藤、棕、草制品业	99.93	104.43
家具制造业	100.38	104.45
造纸及纸制品业	100.25	108.19
印刷业和记录媒介的复制	99.35	103.03
文教体育用品制造业	99.90	100.99
石油加工、炼焦及核燃料加工业	98.16	126.72
化学原料及化学制品制造业	98.66	111.03
医药制造业	99.88	105.58
化学纤维制造业	96.83	96.47
橡胶制品业	99.98	106.85
塑料制品业	99.08	103.93
非金属矿物制品业	100.89	120.39
黑色金属冶炼及压延加工业	98.80	126.40
有色金属冶炼及压延加工业	97.84	90.28
金属制品业	100.87	117.02
通用设备制造业	100.64	106.51
专用设备制造业	103.17	110.23
交通运输设备制造业	100.51	109.21
电气机械及器材制造业	99.79	101.47
通信设备、计算机及其他电子设备制造业	99.57	100.73
仪器仪表及文化、办公用机械制造业	94.54	88.42
工艺品及其他制造业	100.12	99.33
电力、热力的生产和供应业	100.60	102.07
燃气生产和供应业	101.27	108.95
水的生产和供应业	100.00	100.00

6－8　主要原材料、燃料及动力购进价格指数

（2008 年）

指　标　名　称	以上月价格为 100 的平均环比指数	以上年价格为 100 的同比指数
全部原材料	**100.07**	**112.54**
（一）燃料、动力类	100.91	113.84
（二）黑色金属材料类	99.42	118.46
其中：钢材	99.16	117.75
其它	100.44	122.19
（三）有色金属材料和电线类	96.66	84.39
（四）化工原料类	99.29	108.76
（五）木材及纸浆类	99.25	102.25
（六）建筑材料及非金属矿类	100.64	126.98
（七）其它工业原材料及半成品类	100.15	110.26
（八）农副产品类	99.09	108.87
（九）纺织原料类	100.38	103.69

6－9　房屋销售价格指数

（2008 年）

指　标　名　称	以上月价格为 100 的平均环比指数	以上年价格为 100 的同比指数
房屋销售总计	**100.4**	**105.4**
一、新建房	100.4	106.0
（一）住宅	100.4	106.4
按房屋类型分		
（1）普通住宅	100.5	107.3
①多层住宅	100.3	106.4
②高层住宅	100.7	110.7
（2）高档住宅	100.4	106.3
其中：别墅	100.2	101.5
按套型分		
90 ㎡及以下	100.3	101.8
（二）非住宅	100.1	103.8
1. 办公楼	99.8	100.2
2. 商业营业用房	100.2	104.6
二、二手房	100.2	102.4
住宅	100.2	102.4
其中：普通住宅	100.0	100.5

6-10 房屋租赁价格指数

(2008年)

指标名称	以上季度价格为100的平均环比指数	以上年价格为100的同比指数
房屋租赁总计	**100.3**	**101.2**
一、住宅	100.5	101.7
商品住宅	100.5	101.7
其中:普通住宅	100.5	101.7
二、非住宅	100.3	100.9
(一)办公楼	100.4	101.5
(二)商业营业用房	100.3	100.8
(三)其他	100.1	100.3

6-11 土地交易价格指数

(2008年)

指标名称	以上季度价格为100的平均环比指数	以上年价格为100的同比指数
土地交易总计	**104.6**	**115.5**
一、居住用地	105.8	119.0
商品住宅用地	105.8	118.5
1.普通住宅用地	105.8	118.8
2.高档住宅用地	114.5	114.5
二、工业用地	103.3	111.8
三、商业营业用地	104.0	115.1
四、其它用地	101.1	102.8

6－12　固定资产投资价格指数

(2008 年)

项　　　　目	以上年价格为100的同比指数
总　计	**107.81**
1. 建筑安装、装饰工程	110.71
2. 设备、工器具购置	102.48
3. 其他费用	109.26

6－13　建筑安装工程价格指数

(2008 年)

项　　　　目	以上年同期价格为100的指数
建安工程费	110.71
其中:人工费	109.88
材料费	111.71
机械使用费	106.17

6－14　建筑安装工程中材料价格指数

(2008 年)

项　　　　目	以上年同期价格为100的指数
钢 材	112.63
木 材	111.48
水 泥	111.09
地方建筑材料	111.84
化 工 材 料	110.54
电 料	102.23
其 它 材 料	103.09

6-15 固定资产投资价格分类指数表

（2008年）（以上年同期价格为100）

项目名称	一季度指数（%）	二季度指数（%）	三季度指数（%）	四季度指数（%）	累计指数（%）
固定资产投资	**112.2**	**107.0**	**108.73**	**103.34**	**107.81**
建筑安装、装饰工程	118.1	109.9	111.86	103.01	110.71
人工费	113.1	105.8	109.38	111.20	109.88
工程管理人员	112.0	111.1	111.27	111.15	111.39
工程技术人员	115.7	111.4	109.99	110.42	111.87
普通工人	112.9	105.0	109.18	111.27	109.59
材料费	121.3	111.7	113.33	100.51	111.71
钢材	129.1	114.1	114.06	93.22	112.63
螺纹钢	134.5	114.2	113.90	85.23	111.96
螺纹钢φ10*mm*以下	123.4	114.5	112.85	78.81	107.40
螺纹钢φ10-15*MM*	141.4	113.9	114.85	101.12	117.83
螺纹钢φ16-20*MM*	108.9	114.8	114.17	76.70	103.63
螺纹钢φ21-25*MM*	137.9	116.2	115.48	87.73	114.33
螺纹钢φ26-30*MM*	138.6	111.4	112.11	100.82	115.74
螺纹钢φ31-35*mm*		113.7			113.73
薄钢板（< =4*MM*）		116.2	109.80	106.06	110.67
冷扎薄钢板厚度0.6-1.0*MM*		116.2	109.80	106.06	110.67
中、厚钢板		116.5	111.86	100.10	109.48
不锈钢板厚度5-15*MM*		116.5	115.70	100.34	110.84
彩色钢板			108.89	100.00	104.45
大型钢材	119.1	117.8	118.31	106.06	115.30
槽钢（高≥180*mm*）		108.3			108.27
圆钢（φ>80*mm*）	119.1	118.4	118.31	106.06	115.46
中型钢材	117.4		113.13	86.67	105.73
角钢（50-100*mm*）	117.4			86.67	102.06
工字钢（高<180*mm*）			113.13		105.77
小型钢材		111.0	117.54	88.75	114.28
扁钢（边宽55*mm*以下）		109.2			109.23
圆钢（φ<38*mm*）		116.0	117.54	88.75	107.43
钢筋	123.0	113.8	114.33	92.43	110.90
钢筋φ6.5*mm*以内	130.2	113.5	113.43	92.16	112.31
钢筋φ6.6-10*mm*	117.6	114.2	115.53	93.20	110.12
钢筋φ11-15*mm*	110.8	116.3	113.99	85.68	106.68
钢筋φ16-20*mm*	116.0	113.4	115.54		114.98
钢筋φ20*mm*以上	100.0	112.4	115.58		109.32
优质钢材	130.3	115.0	118.15	100.00	115.84
优质结构钢	130.3	115.0	118.15	100.00	115.84
钢构件	119.1	117.3		76.59	104.33
钢梯		117.3			117.31
钢梁	118.9			77.59	98.26

6－15 续表 1

项　目　名　称	一季度指数（%）	二季度指数（%）	三季度指数（%）	四季度指数（%）	累计指数（%）
其他	119.2			74.07	96.63
无缝钢管	116.3				116.26
热镀管	116.3				116.26
焊接钢管	123.6			80.00	101.80
普通管	123.6			80.00	101.80
钢带		114.6	114.63		114.61
热轧带钢		118.2			118.18
彩钢卷		111.8	114.63		113.20
铁丝	125.9	117.6	114.66		119.40
8#铁丝	125.9	117.6	114.63		119.39
14#铁丝			116.67		116.67
铁及铁制品		112.0	112.16	100.44	108.20
铁件(加工)		111.9	112.16	100.44	108.16
其他		118.4			118.42
螺栓	113.5				113.51
对拉螺栓	113.5				113.51
钢制脚手架	113.1	112.0	117.65		114.25
脚手架钢材	110.5	112.7	117.65		113.62
脚手架扣件	115.6	107.1			111.34
铁及铁艺制品			114.29		114.29
穿钉			114.29		114.29
木材	112.8	110.5	111.91	110.75	111.48
原木	116.9	110.0	110.27	109.29	111.61
进口(红松原木)	111.5	107.2	109.96	114.33	110.75
进口(白松原木)	123.7	112.3	111.79	107.94	113.91
进口(落叶松原木)	102.9	115.4			109.12
国产(红松原木)	107.4			106.90	107.15
国产(白松原木)		105.9			105.86
国产(落叶松原木)	103.6	106.8	116.05	116.13	110.66
硬杂木原木	122.3	113.7			117.96
其他		109.1	118.18	113.04	113.44
普通锯材	109.3	112.7	114.25	120.27	112.11
进口(红松板方材)		117.7	116.91	101.04	111.87
进口(白松板方材)	122.5	109.0	114.65	112.08	114.55
进口(落叶松方材)	105.3	112.9	114.10	121.76	113.50
国产(红松板方材)	123.6				123.64
国产(白松板方材)	105.9				105.88
国产(落叶松方材)	115.5	109.5	101.11		108.72
特种锯材	110.3	113.9	114.42	87.22	106.47
注油枕木				129.84	129.84

6－15 续表 2

项 目 名 称	一季度指数（%）	二季度指数（%）	三季度指数（%）	四季度指数（%）	累计指数（%）
模板锯材			101.50		101.50
模板木材	112.5	114.8	115.87	86.67	107.45
木摸板	107.1	111.4	103.23		107.26
胶合板	121.0	102.7	111.31	123.07	114.52
三合板	110.0				110.00
五合板	105.9				105.88
九合板		101.6			101.61
多层板（九层以上）	124.3	102.8	111.31	123.07	115.39
纤维板	102.9		116.67		109.81
硬质	102.9				102.94
半硬质			116.67		116.67
刨花板		108.6	108.57		108.57
低密度		108.6	108.57		108.57
竹木及其制品	109.6	112.5	106.25	108.02	109.09
门窗材		112.5	106.25	108.02	108.91
竹夹板	109.6				109.63
水泥	106.2	111.0	116.11	111.03	111.09
通用水泥	106.0	110.8	116.34	111.05	111.05
矿渣硅酸盐水泥 ***P.S*** 32.5 散装	105.1	111.8	117.26	111.87	111.52
矿渣硅酸盐水泥 ***P.S*** 32.5 袋装	103.4	110.2	116.31	110.57	110.12
普通硅酸盐水泥 ***P.O*** 32.5 散装				102.33	102.33
普通硅酸盐水泥 ***P.O*** 32.5 袋装	109.5	109.1	113.98	114.25	111.70
普通硅酸盐水泥 ***P.O*** 42.5 散装	107.1	114.7	100.00	109.68	107.88
普通硅酸盐水泥 ***P.O*** 42.5 袋装	114.8	109.2	116.55	109.91	112.60
普通硅酸盐水泥 ***P.O*** 42.5 袋装 低碱	104.0	111.1	117.86		110.99
其他			114.29		114.29
特性水泥		103.5			103.45
白水泥		103.5			103.45
水泥砖	125.0	116.0	113.60	110.85	116.36
水泥砖	125.0	116.0	113.33	110.84	116.29
路缘（沿）石			115.08	112.65	113.87
彩色釉面水泥砖			108.00		108.00
其他			114.29		114.29
水泥排水管		113.2	116.22		114.69
水泥排水管		113.2	116.22		114.69
地方建筑材料	113.5	108.3	112.26	113.28	111.84
砖	111.7	106.1	112.52	114.71	111.26
页岩砖	111.3	105.9	112.48	113.46	110.77
空心砖		106.7	114.29		110.48
煤渣砖	114.3	112.9	105.79	113.46	111.62

6－15 续表3

项 目 名 称	一季度指数（%）	二季度指数（%）	三季度指数（%）	四季度指数（%）	累计指数（%）
轻体砖			108.70		108.70
红机砖	120.1	106.5	113.46	118.13	114.55
煤矸石煤结多孔砖		111.1	114.82	100.00	108.64
外墙砖				103.19	103.19
其他			116.67		116.67
瓦			106.67		106.67
粘土瓦			106.67		106.67
石灰	118.6	111.3	113.93	115.75	114.90
生石灰	119.3	112.4	111.15	116.39	114.80
熟石灰	114.8	107.3	111.93	100.00	108.51
石灰膏			112.12	114.29	113.21
二灰		109.5	114.29	116.67	113.49
砂子	112.2	110.4	109.36	107.72	109.92
粒砂	115.7	109.7	108.69	106.52	110.15
粗砂	104.3	115.7	111.90	112.89	111.19
中砂	104.9	110.0	111.66	110.54	109.28
细砂	113.6	110.0	109.09	109.09	110.46
石膏制品	111.9	107.0	110.78	111.77	110.36
纸面石膏板	111.9	103.5	113.53	115.57	111.12
纤维石膏板		109.6	109.25	106.25	108.52
布面石膏板		111.5	113.31	109.24	111.35
石材			100.00		100.00
花岗岩板材			100.00		100.00
混凝土	118.6	108.0	112.61	117.69	114.21
普通混凝土	120.4	107.9	112.76	117.79	114.71
加气混凝土				119.35	119.35
加气混凝土砌块	108.7	108.0	107.76	102.33	106.71
泡沫砼砌块		102.9		117.65	110.26
加气蒸压块		114.3	109.09		111.69
空心砌块		113.8	113.79		113.79
砂浆			106.94		106.94
干粉砂浆			106.94		106.94
保温板、管			108.33		108.33
聚苯乙烯泡沫塑料板			108.33		108.33
石子	113.5	110.4	113.00	111.16	112.03
石子	113.5	110.5	113.00	111.16	112.04
级配沙石		100.0	112.94		106.47
碎石		108.3			108.33
其他	115.4				115.38
化工材料	111.5	109.4	111.96	109.23	110.54

6－15 续表 4

项 目 名 称	一季度指数（%）	二季度指数（%）	三季度指数（%）	四季度指数（%）	累计指数（%）
耐热漆	113.3				113.33
耐热漆	113.3				113.30
其他	113.3				113.33
防水材料	128.6			105.00	116.79
其他	128.6				128.57
混凝土外加剂		107.4			107.41
减水剂		107.4			107.41
其他添加剂	110.1	110.4	100.95	100.00	105.38
泵送剂	110.1	110.4	100.95	100.00	105.38
机油			100.00		100.00
机油			100.00		100.00
塑料管	106.0	105.3	107.71	115.09	108.52
PVC 硬塑管	106.7				106.67
PP－R 给水管		105.3	105.26		105.26
增强塑料水管	105.3	105.3			105.26
PVC 半硬塑管			114.29	109.09	111.69
泡沫塑料制品		100.0			100.00
泡沫塑料		100.0			100.00
沥青			113.41	117.07	115.24
沥青砼			113.41	117.07	115.24
建筑成型材料	112.5				112.50
屋面板	112.5				112.50
电料	103.8	100.0	112.77		102.23
绝缘线	100.0	100.0	112.77		104.26
橡胶绝缘线	100.0	100.0		114.29	104.76
塑料绝缘线铜芯（单股）			112.77	96.64	104.71
护套线				91.68	91.68
灯泡		105.3			105.26
普通灯泡		105.3			105.26
分户设备	104.0	100.0		97.68	100.62
灯头盒	104.0				104.00
电表箱				97.73	97.73
开关箱				98.21	98.21
其他		100.0			100.00
其他材料	103.4	102.0	102.07	104.83	103.09
防水材料	100.0				100.00
SBS 防水卷材	100.0				100.00
密封材料			100.00		100.00
密封胶			100.00		100.00
保温材料			110.00	104.98	107.49

6－15 续表5

项 目 名 称	一季度指数（%）	二季度指数（%）	三季度指数（%）	四季度指数（%）	累计指数（%）
EPS 保温板			110.00	106.82	108.41
其他				103.57	103.57
采暖设备	110.3			106.47	108.41
普通暖气片	110.3			109.12	109.73
釉面砖	100.9		109.00	101.87	103.94
彩色	101.0		110.95	101.87	104.62
白色	100.0		107.91		103.96
玻璃大理石	100.0				100.00
墙地砖	117.5		105.88	103.59	108.97
地砖	117.5		105.88	100.67	108.00
防滑地砖				109.50	109.50
陶板地面		103.7	103.70		103.70
陶板地面		103.7	103.70		103.70
玛钢件				111.00	111.00
弯头				110.53	110.53
管箍				114.29	114.29
建筑用小五金				113.64	113.64
直角扣件				113.64	113.64
铝合型材	103.6	102.0	101.33	104.86	102.95
铝合金窗（推拉）		102.0	101.31	105.01	102.79
铝合金窗（平开）				103.64	103.64
铝合金扣板	103.6				103.57
其他			116.00		116.00
塑钢材料		110.6	108.69	98.16	105.80
塑钢窗（推拉）		110.5	103.58	97.72	103.94
塑钢窗（平开）		110.6			110.59
塑钢窗（固定）			115.79		115.79
单扇塑钢全玻地弹门				115.38	115.38
塑钢门				92.48	92.48
仪表				100.58	100.58
热力表				100.58	100.58
普通阀门	102.9	100.5	100.55	106.51	102.64
截止阀（止水螺栓）	102.9	102.9	102.99		102.96
闸阀		100.0	100.00		100.00
调节阀				109.09	109.09
碟阀				100.00	100.00
安全类阀门	100.0	100.0	114.29		104.76
安全阀	100.0	100.0	114.29		104.76
焊接产品				114.29	114.29
电焊条				114.29	114.29

6－15 续表 6

项 目 名 称	一季度指数（%）	二季度指数（%）	三季度指数（%）	四季度指数（%）	累计指数（%）
水、电	101.0			101.82	101.40
工程用水	102.9			105.32	104.13
工程用电	100.0			100.80	100.40
机械费	107.2	105.5	107.21	104.74	106.17
（一）土石方及筑路机械	110.4	105.6	110.11	105.19	107.81
履带式推土机	109.0	105.1	106.07	100.68	105.21
自行式铲运机	120.7	105.8	103.16	103.45	108.27
轮胎式装载机	107.5	109.8	110.89		109.41
履带式拖拉机				101.94	101.94
履带式单斗挖掘机	104.2	100.2	104.80	103.23	103.23
拉铲挖掘机	119.5	108.8	113.46	108.33	112.50
沥青混凝土摊铺机	126.7	107.9	114.29		116.29
光轮压路机	125.0	109.6	114.29	114.29	115.80
振动压路机	105.6	100.0	112.51	112.50	107.64
电动夯实机	115.2	108.5			111.88
强夯机械		100.2	104.00		102.10
平地机		106.7	110.34		108.51
（二）打桩机械			100.00		100.00
履带式柴油打柱机			100.00		100.00
（三）起重机械	105.3	106.4	107.30	104.38	105.83
履带式起重机	111.1	104.4	113.18	106.22	108.72
汽车式起重机	108.0	108.1	112.88	101.31	107.58
龙门式起重机	109.6	109.7	108.22	107.24	108.69
塔式起重机	104.6	105.2	104.84	105.55	105.03
桥式起重机		100.0			100.00
自升式塔式起重机	103.5	109.2	110.09	103.47	106.56
其他		101.7	101.35	100.00	101.01
（四）运输机械	107.3	107.2	107.36	104.32	106.55
载重汽车	110.1	107.2	105.18	104.20	106.67
自卸汽车	106.2	108.5	110.85	104.62	107.55
平板拖车组		109.1	113.97	108.05	110.37
壁板运输车	120.0	108.7	112.80	109.41	112.73
机动翻斗车	103.8	103.8	101.65	102.81	103.01
洒水汽车		101.9		106.67	104.29
电动卷扬机	100.0	102.8	101.80	100.55	101.30
卷扬机带塔	100.0	103.4	103.13	99.23	101.44
提升设备				115.38	115.38
（五）混凝土及砂浆机械	108.0	102.9	105.96	106.22	105.78
混凝土搅拌机	107.9	103.4	106.04	108.37	106.44
灰浆拌和机	109.8	102.8	109.90	105.75	107.07

6－15 续表 7

项　目　名　称	一季度指数（%）	二季度指数（%）	三季度指数（%）	四季度指数（%）	累计指数（%）
灰浆输送泵、液压注浆泵	100.0	101.0	108.72	108.33	104.52
泥浆泵			114.29		114.29
灰浆输送泵	114.3	101.3	100.28	100.00	103.96
混凝土震动器	105.4	100.9	103.24	100.67	102.56
（六）加工机械	108.2	104.1	105.85	103.71	105.47
钢筋调直机	109.5	104.1	105.17	103.16	105.48
钢筋切断机	108.5	103.3	107.39	107.01	106.56
钢筋弯曲机	117.8	106.3	109.23	106.48	110.04
钢筋墩头机		109.2	118.18	118018.00	115.19
预应力钢筋拉伸机			100.00	100.00	100.00
木工圆锯机	101.3	101.5	104.12	105.88	103.19
木工平刨床		100.0	100.00		100.00
型钢剪断机	102.1		106.38	100.00	102.84
翼缘矫正机			102.56	102.28	102.42
刨边机	100.0	100.0	100.00		100.00
石料切割机	106.1		107.43		106.75
电动切割机	109.8	100.0	111.11	110.11	107.75
氧割设备		100.3	115.21	120.00	111.84
手提砂轮机			113.04		113.04
板料校平机		103.6	110.68	107.14	
（七）泵类机械	102.0		107.14	107.14	105.85
电动单级离心泵	107.1	103.6	114.04	107.14	107.14
潜水泵	100.0	103.6	114.04		105.88
（九）其他机械	106.7	103.4	104.80	105.42	105.07
交流电焊机	104.9	104.7	108.28	107.46	106.32
直流电焊机	100.0	100.2	107.54	112.34	105.02
对焊机	109.4	102.8	101.63	101.70	103.88
电渣焊机		101.9			101.89
氩弧焊机	101.2	102.2	100.00		101.14
点焊机	100.0	100.0	100.00	100.00	100.00
电动空气压缩机		104.8		103.23	104.04
锯缝机		100.0			100.00
吹风机		100.0		100.00	100.00
电锤		107.1	116.67		111.91
设备、工器具购置	101.0	102.3	103.40	103.20	102.48
其他费用	116.2	106.4	109.05	105.35	109.26
土地取得费	126.1	107.6	109.07	105.21	112.01
前期工程费	111.7	104.6	110.42	108.58	108.83
施工工作费	110.7	107.0	107.90	101.90	106.87
建设单位其他费用	116.4	106.5	108.82	105.70	109.35

6-16 历年主要价格指数表

（以上年为100）（1978-2008年）

年份	商品零售价格指数	居民消费价格指数	食品类	衣着类	家庭设备用品	医疗保健用品	交通和通信
1978	100.2	100.2	100.8	100.1	99.8	101.4	100.0
1979	100.9	100.8	102.1	100.7	101.3	103.0	99.6
1980	103.2	103.4	104.7	99.8	100.1	100.1	100.5
1981	101.4	101.5	101.8	100.5	99.6	100.0	100.0
1982	99.9	100.0	99.5	101.0	99.2	100.0	100.0
1983	100.3	100.5	99.8	100.6	100.1	101.3	100.0
1984	102.2	102.2	101.6	100.9	102.2	108.6	98.8
1985	106.3	107.0	108.2	102.1	104.8	100.5	97.9
1986	106.0	106.3	106.4	104.4	107.1	112.2	105.2
1987	111.2	110.7	115.8	104.8	106.8	106.2	107.0
1988	119.6	118.9	124.1	112.8	117.3	107.3	117.4
1989	116.3	116.1	113.6	117.6	115.0	117.4	112.9
1990	104.3	105.0	104.3	104.8	103.9	117.7	100.6
1991	108.1	108.0	112.6	105.3	102.9	97.8	103.4
1992	106.1	105.9	109.8	101.8	101.4	100.5	100.6
1993	109.1	110.5	109.0	108.9	105.8	108.1	103.1
1994	115.0	125.1	130.7	112.8	106.4	121.7	106.8
1995	111.8	117.4	121.8	109.0	106.1	111.8	102.3
1996	106.8	109.2	111.3	109.0	102.2	101.7	98.8
1997	101.5	104.0	103.7	101.1	99.4	107.5	98.4
1998	98.5	100.2	97.0	98.9	99.3	123.8	98.0
1999	98.4	100.1	96.4	94.5	99.0	101.7	92.6
2000	100.5	101.2	99.9	101.0	99.0	96.1	94.5
2001	99.9	101.3	99.9	99.3	98.0	107.3	95.9
2002	99.1	100.4	101.0	98.5	98.7	101.1	98.9
2003	99.9	100.5	103.0	99.0	97.0	98.6	98.1
2004	102.6	102.7	108.9	99.4	96.8	101.5	97.4
2005	101.0	101.8	104.0	99.6	99.1	100.0	98.0
2006	100.5	101.0	102.7	99.0	101.4	100.2	98.0
2007	103.3	103.8	110.8	99.0	101.7	100.3	99.2
2008	105.2	105.2	113.4	98.8	100.7	101.5	99.7

6－16 续表 1

年　　份	娱乐教育文　　化	居住类	服　务项目类	工业品出厂价格指数	原材料购进价格指数	房屋销售价格指数	房屋租赁价格指数	土地交易价格指数	固定资产投资价格指数
1978	99.7	100.0	97.7	–	–	–	–	–	–
1979	100.1	100.0	99.9	–	–	–	–	–	–
1980	106.6	100.0	100.4	–	–	–	–	–	–
1981	102.0	100.0	100.0	–	–	–	–	–	–
1982	98.9	100.0	100.0	–	–	–	–	–	–
1983	98.7	100.0	102.8	–	–	–	–	–	–
1984	100.1	102.5	105.7	–	–	–	–	–	–
1985	100.5	118.9	117.8	–	–	–	–	–	–
1986	102.3	104.5	111.4	–	–	–	–	–	–
1987	101.4	100.0	102.6	–	–	–	–	–	–
1988	116.3	100.5	108.7	–	–	–	–	–	–
1989	120.6	104.4	113.7	–	–	–	–	–	–
1990	103.7	106.8	114.0	–	–	–	–	–	–
1991	97.4	101.7	107.0	–	–	–	–	–	–
1992	95.2	100.0	103.9	–	–	–	–	–	–
1993	102.1	157.9	126.9	–	–	–	–	–	–
1994	116.5	165.3	123.0	113.1	114.3	–	–	–	–
1995	105.4	126.3	127.6	112.8	113.4	–	–	–	–
1996	109.3	118.1	107.8	102.8	106.7	–	–	–	–
1997	99.0	118.2	107.7	99.8	102.2	–	–	–	–
1998	98.4	104.5	109.5	93.4	97.2	–	–	–	–
1999	102.7	105.7	126.8	95.7	91.8	–	–	–	–
2000	96.3	109.1	115.6	98.1	100.9	–	–	–	–
2001	108.2	101.1	107.8	99.5	101.5	105.7	98.3	107.9	–
2002	98.7	104.1	102.5	99.5	98.9	102.1	100.2	105.9	–
2003	98.6	104.5	100.0	105.1	107.4	101.0	102.2	104.6	–
2004	99.6	102.6	100.6	109.1	117.2	104.5	102.3	103.8	108.6
2005	101.0	106.3	101.3	104.2	106.7	106.8	100.5	106.6	104.2
2006	100.9	101.9	101.3	101.08	101.97	106.6	102.1	105.2	100.75
2007	99.9	102.7	101.3	104.64	105.79	105.8	101.7	102.5	105.48
2008	99.3	105.6	101.1	108.92	112.54	105.4	101.2	115.5	107.81

人民生活

SEVEN

PEOPLE' S LIVELIHOOD

7－1　历年城镇居民年人均主要指标

（1985－2008年）

单位:元

指标名称	1985年	1986年	1987年	1988年	1989年	1990年
一、调查户数	**99**	**100**	**100**	**100**	**100**	**100**
二、家庭人口数	**348.00**	**349.01**	**346.67**	**344.67**	**343**	**355.5**
#户均有收者人数	2.15	2.1	2.09	2.09	2.09	2.01
三、初期手存现金	**29.97**	**46.95**	**71.04**	**84.72**	**108.44**	**56.27**
四、可支配收入	**736.61**	**896.33**	**1036.87**	**1247.55**	**1394.62**	**1549.63**
五、实际收入	**746.85**	**906.67**	**1045.26**	**1256.46**	**1402.52**	**1558.37**
六、储蓄、借贷收入	**112.02**	**123.28**	**127.62**	**249.47**	**299.42**	**146.05**
七、家庭总支出	**687.08**	**817.48**	**891.68**	**1176.22**	**1284.17**	**1246.06**
消费支出	647.16	765.89	836.24	1118.61	1206.58	1173.62
（一）食品	330.07	386.38	444.83	520.77	570.11	604.47
粮食	78.48	83.21	84.61	94.62	93.43	96.69
豆类及制品	1.89	2.91	3.69	4.5	4.78	4.77
油脂	7.07	7.48	10.1	11.93	11.18	13.81
肉禽及制品	46.15	55.85	61.26	81.39	76.84	82.29
蛋类	25.85	26.16	34.01	46.64	61.63	71.08
水产品	10.45	16.28	16.23	18.31	19.44	27.28
菜类	34.52	43.69	50.12	67.42	73.03	81.41
调味品	4.91	5.48	5.92	6.87	7.27	10.05
糖类	5.40	4.83	6.9	5.12	6.69	7.16
烟草	16.20	16.78	19.75	22.37	29.14	37.82
酒和饮料	16.04	23.8	27.09	27.51	29.93	37.82
干鲜瓜果	23.78	33.84	43.7	39.99	48.17	43.2
坚果及果仁	5.75	7.16	9.09	9.56	10.25	11.03
糕点	17.52	19.8	23.24	26.72	28.7	29.31
奶及奶制品	8.61	8.84	9.28	10.34	11.91	10.39
其它食品	2.72	5.26	6.72	8.65	6.54	8.07
在外用餐	16.28	18.56	25.35	27.75	29.64	24.3
（二）衣着	102.79	118.89	135.92	172.6	170.9	207.05
服装	32.03	34.13	34.29	52.84	62.82	81.13
衣着材料	48.92	58.86	74.31	85.42	76.76	82.91
（三）居住	26.60	25.52	25.9	26.13	36.4	47.02
（四）家庭设备用品及服务	78.24	92.28	134.33	239.6	190.88	144.42
#日用耐用消费品	51.36	58.47	100.39	187.58	128.83	96.66
（五）医疗保健	3.08	2.14	2.73	5.63	12.46	8.27
（六）交通与通讯	3.45	5.37	6.12	5.49	6.66	6.69
（七）娱乐文教服务	80.34	97.69	52.61	102.74	171.77	96.37
文娱耐用消费品	62.95	73.91	22.53	67.45	123.92	46.13
文化娱乐	6.41	13.42	15.35	17.92	17.68	18.52
教育	7.77	9.65	13.54	17.74	29.9	31.72
（八）杂项商品与服务	22.58	37.63	35.38	32.3	47.41	59.33
非消费性支出	39.92	51.59	55.44	57.61	77.59	72.44
八、借贷支出	**147.28**	**179.31**	**264.86**	**318.58**	**352.56**	**292.52**
九、期末手存现金	**54.48**	**80.11**	**87.38**	**95.85**	**173.65**	**222.1**

注：指标"家庭总支出"在2001年前为"实际支出"。

7－1续表1

单位:元

指 标 名 称	1991年	1992年	1993年	1994年	1995年	1996年
一、调查户数	**100.00**	**100**	**100**	**100**	**100**	**100**
二、家庭人口数	**331.00**	**325**	**319.25**	**311**	**316**	**316**
#户均有收者人数	1.96	2.28	2.28	2.32	2.25	2.22
三、初期手存现金	**109.53**	**95.66**	**151.56**	**166.19**	**197.74**	**154.74**
四、可支配收入	**1682.56**	**1998.07**	**2713.74**	**4146.65**	**4672.43**	**5564.8**
五、实际收入	**1691.42**	**2007.88**	**2724**	**4155.78**	**4672.53**	**5565.15**
六、储蓄、借贷收入	**172.71**	**359.2**	**608.16**	**1014.1**	**1756.08**	**1236.76**
七、家庭总支出	**1487.12**	**1764.1**	**2322.36**	**3688.91**	**4883.47**	**5228.2**
消费支出	1399.65	1577.19	2084.04	3032.62	3496.91	4556.55
(一)食品	704.53	797.54	928.68	1281.91	1609.1	1841.97
粮食	120.78	120.78	113.52	184.47	228.65	238.39
豆类及制品	5.09	14.04	9.29	20.44	26.99	21.9
油脂	17.22	26.47	29.4	50.64	47.38	38.99
肉禽及制品	96.85	133.2	160.56	227.88	286.98	323.44
蛋类	83.79	60.38	70.8	87.77	85.51	115.58
水产品	26.46	27.21	28.32	44.45	53.76	76.35
菜类	87.31	94.47	102.48	140.11	172.72	189.31
调味品	10.49	12	10.48	16.05	19.16	19.97
糖类	7.07	12.48	10.78	17.51	31.49	32.61
烟草	42.39	43.01	50.88	55.73	53.1	61.91
酒和饮料	94.63	53.42	63.48	82.03	81.31	104.02
干鲜瓜果	52.23	58.08	63.6	83.31	109.82	140.19
坚果及果仁	12.60	17.16	12.22	22.3	27.06	25.83
糕点	32.87	36.72	32.66	46.99	58.32	77.1
奶及奶制品	13.39	18.92	20.04	24.65	32.05	51.98
其它食品	10.30	3.48	6.3	5.67	7.54	4.65
在外用餐	28.00	117.84	70.48	153.52	261.01	297.28
(二)衣着	239.69	274.28	335.4	447.86	512.81	874.56
服装	90.40	129.26	171	224.96	267.59	489.38
衣着材料	93.19	67.81	77.76	101.51	90.63	126.76
(三)居住	37.63	81.94	189.12	327.39	327.81	228.62
(四)家庭设备用品及服务	175.46	179.11	247.2	335.59	364.51	418.48
#日用耐用消费品	120.09	111.1	171.96	213.56	248.49	235.19
(五)医疗保健	17.67	22.26	23.28	59.16	78.35	149.32
(六)交通与通讯	8.22	33.73	56.52	87.28	132.98	366.02
(七)娱乐文教服务	119.70	117.85	197.28	387.75	334.49	483.81
文娱耐用消费品	56.59	41.25	61.56	96.26	71.58	84.86
文化娱乐	30.07	31.74	35.4	53.18	72.05	119.19
教育	33.03	44.85	100.2	238.31	190.86	279.76
(八)杂项商品与服务	72.16	70.49	106.56	107.68	136.86	193.97
非消费性支出	87.47	186.91	238.32	666.3	1386.57	671.44
八、借贷支出	**289.60**	**429.48**	**759**	**1263.47**	**1317.97**	**1363.94**
九、期末手存现金	**196.92**	**269.16**	**402.24**	**383.75**	**424.91**	**364.51**

单位:元

指 标 名 称	1997年	1998年	1999年	2000年	2001年	2002年
一、调查户数	**100**	**100**	**100**	**100**	**100**	**100**
二、家庭人口数	**312**	**312**	**310.00**	**305**	**292**	**300**
#户均有收者人数	2.19	2.19	2.19	2.21	2.13	2.17
三、初期手存现金	**319.9**	**499.96**	**641.02**	**356.75**	**443.75**	**749.68**
四、可支配收入	**5811.3**	**5859.29**	**5904.45**	**6307.48**	**7303.36**	**7538.02**
五、实际收入	**5859.85**	**5903.39**	**5938.38**	**6342.45**	**7351.07**	**8050.36**
六、储蓄、借贷收入	**1171.65**	**4032.87**	**2339.78**	**2239.31**	**1563.51**	**1213.91**
七、家庭总支出	**5305.6**	**7335.42**	**5709.90**	**5914.9**	**6188.34**	**7076.63**
消费支出	4634	4903	4927.09	5278.33	5575.44	5638.64
(一)食品	1789.78	1667.69	1620.24	1795.89	1961.68	1947.33
粮食	199	153.72	157.29	160.42	155.59	300.67
豆类及制品	24.49	23.13	18.81	22.83	27.23	23.34
油脂	41.09	39.57	38.58	53.16	48.71	42.3
肉禽及制品	337.75	309.94	256.16	284.37	303.68	310.01
蛋类	97.41	82.91	79.29	71.19	70.57	70.57
水产品	80.07	70.58	64.87	82.78	99.6	101.68
菜类	172.81	144.91	143.88	166.55	182.91	203.5
调味品	18.94	18.17	18.34	22.58	26.31	23.33
糖类	30.76	36.74	40.04	45.02	52.9	15.69
烟草	61.57	63.78	58.00	60.98	53.76	53.62
酒和饮料	102.08	88.46	88.85	95.03	100.67	108.18
干鲜瓜果类	165.02	157.25	144.10	168.07	185.67	186.72
糕点	61.54	69.31	53.23	68.26	68.36	72.57
奶及奶制品	42.48	44.66	51.52	57.5	85.62	103.08
其它食品	6.42	6.49	7.58	9.12	13.84	76.55
在外用餐	328.15	336.67	379.19	406.94	465.31	245.26
(二)衣着	909.56	648.58	670.18	695.36	727.52	826.91
服装	518.47	386.61	437.78	459.79	479.06	579.92
衣着材料	119.48	63.69	49.31	42.92	29.42	12.76
(三)居住	320.85	529.3	507.56	529.25	445.87	581.29
(四)家庭设备用品及服务	427.39	614.93	708.55	646.64	813.66	361.42
#日用耐用消费品	276.52	434.37	546.89	480.98	630.42	217.21
(五)医疗保健	159.23	174.03	182.06	286.93	312.31	338.39
(六)交通与通讯	285.65	407.26	319.24	500.92	328.72	473.37
(七)娱乐文教服务	563.83	683.41	762.94	543.96	760.94	950.54
文娱耐用消费品	110.08	199.74	215.68	136.58	165.4	357.7
文化娱乐	144.44	201.48	120.75	130.29	168.1	92.95
教育	309.31	282.2	426.51	277.09	427.44	499.89
(八)杂项商品与服务	177.79	177.3	156.34	279.37	224.73	159.39
非消费性支出	671.51	2423.29	782.80	636.57	612.9	1437.99
八、借贷支出	**1557.62**	**2451.08**	**2652.75**	**2466.45**	**2432.1**	**1834.33**
九、期末手存现金	**488.19**	**649.72**	**556.74**	**557.16**	**737.88**	**779.12**

7-1 续表3 单位:元

指标名称	2003年	2004年	2005年	2006年	2007年	2008年
一、调查户数	**100**	**100**	**100**	**100**	**100**	**100**
二、家庭人口数	**294**	**288**	**286.00**	**283**	**278**	**278**
#户均有收者人数	2.17	2.11	2.07	2.08	2	1.98
三、初期手存现金	**983.71**	**837.82**	**490.21**	**523.45**	**585.72**	**395.69**
四、可支配收入	**8316.86**	**9297.21**	**10317.81**	**11845.99**	**13716.23**	**15691.37**
五、实际收入	**8899.54**	**9823.63**	**10936.52**	**12705.31**	**14700.29**	**16628.49**
六、储蓄、借贷收入	**2403.64**	**3296.49**	**4172.82**	**5360.65**	**5962.18**	**6266.04**
七、家庭总支出	**8110.38**	**8074.17**	**9726.44**	**11297.01**	**13970.84**	**14940.97**
消费支出	6123.14	6822.44	7662.64	8816.26	10799.54	11575.27
(一)食品	2115.96	2378.9	2466.96	2733.27	3144.55	3591
粮食	308.26	343.16	322.05	328.04	370.19	443.18
豆类及制品	29.53	29.57	35.60	32.84	33.96	40.91
油脂	55.38	64.03	50.75	62.53	101.54	117.82
肉禽及制品	317.67	364	415.90	387.16	525.62	612.69
蛋类	73.4	73.72	88.67	84.28	106.77	96.57
水产品	112.62	102.67	122.22	138.44	181.32	193.85
菜类	218.05	220.36	222.70	234.45	310.09	368.52
调味品	24.49	26.91	29.08	33.86	39.75	46.88
糖类	20.49	21.18	21.37	22.83	19.7	23.93
烟草	63.41	58.26	73.37	105.48	83.06	100.56
酒和饮料	109.27	116.2	124.13	157.75	167.68	238.71
干鲜瓜果类	181.47	193.13	232.00	272.13	358.98	355.19
糕点	79.1	72	94.27	108.17	119.13	128.08
奶及奶制品	126.27	130.29	142.25	147.58	197.53	204.19
其它食品	83.73	86.4	54.64	56.98	86.92	105.71
在外用餐	301.92	466.5	409.10	534.13	428.24	500.67
(二)衣着	898.87	795.02	1016.72	1145.44	1687.57	1702.3
服装	662.41	556.13	719.54	819.02	1198.62	1228.15
衣着材料	13.53	13.64	14.54	11.04	8.04	13.24
(三)居住	761.46	780.02	972.66	974.48	967.54	1145.35
(四)家庭设备用品及服务	481.1	537.48	538.10	348.43	567.62	607.72
#日用耐用消费品	312.63	360.33	353.93	174.55	338.96	331.7
(五)医疗保健	299.99	502.59	590.06	578.96	698.98	1165.41
(六)交通与通讯	503.24	805.3	917.65	1554.43	2061.29	1680.68
(七)教育文化娱乐服务	891.79	867.2	947.75	1222.97	1374.75	1306.61
文娱耐用消费品	420.83	223.56	308.02	307.32	447.28	385.46
文化娱乐服务	93.06	84.48	96.73	138.9	199.62	196.48
教育	377.9	559.16	543.00	776.75	727.84	724.67
(八)杂项商品与服务	170.74	155.95	212.74	258.29	297.23	376.19
非消费性支出	1987.24	1251.73	2063.80	2480.75	3171.3	3365.7
八、借贷支出	**3239.4**	**5198.88**	**5161.99**	**7176.26**	**6718.7**	**8453.03**
九、期末手存现金	**979.95**	**825.42**	**509.22**	**530.67**	**573.44**	**773.08**

7－2 历年城镇居民家庭人均全年现金收支情况

（1985－2001年）

单位：元

年份	一、实际收入	国有职工工资	#奖金	集体职工工资	#奖金	国有集体职工从单位得到其他收入	其他类型职工全部收入	#奖金	个体劳动者收入
1985	746.85	383.93	45.54	228.80	45.74	41.77			2.32
1986	906.67	522.73	59.58	203.36	29.25	52.50			2.03
1987	1045.26	626.94	118.51	214.41	44.50	58.08			6.52
1988	1256.46	776.76	174.96	228.12	61.08	59.28	3.00		9.24
1989	1402.52	869.74	181.69	240.98	56.55	83.44	16.90		11.78
1990	1558.37	989.07	160.36	199.69	36.37	92.92	16.29		4.55
1991	1691.42	989.30	155.73	327.82	60.42	94.56	14.18		3.04
1992	2007.88	1208.15	219.04	361.49	64.73	88.50			4.06
1993	2724.00	1524.96	355.08	467.28	93.48	14.38			
1994	4155.78	2356.99	369.07	451.33	50.83	300.63			6.04
1995	4672.53	2785.16	290.96	578.82	39.45	354.30	42.76	3.99	21.29
1996	5565.15	2989.33		968.03		344.07	783.74		
1997	5859.85	3614.36	460.83	787.68	96.30	133.84	798.95	109.99	
1998	5903.39	3844.71	447.54	756.87	54.97	59.85	717.78	56.42	
1999	5938.38	3970.11	387.85	713.30	38.44	30.82	743.74	41.34	
2000	6342.45	3992.95	301.44	808.05	25.68		411.88	10.83	130.97
2001	7351.07	4817.22	339.51	445.08	4.25		703.23	45.47	142.38

7-2续表1 单位:元

年份	其他劳动收入	赠送赡养收入	退离休人员收入	其他收入	二、储蓄借贷收入	#提取储蓄存款	#借入款	#其他借贷收入	三、实际支出
1985	9.70	18.96	39.05	22.32	112.02	80.90	24.71	6.41	687.08
1986	3.49	20.06	63.37	39.13	123.28	98.35	12.99	11.94	817.48
1987	5.21	16.65	76.48	40.97	127.62	108.02	11.07	8.53	891.68
1988	6.24	23.76	75.48	74.58	249.47	206.88	22.08	20.51	1176.22
1989	4.18	15.58	94.80	65.12	299.42	218.17	69.47	11.78	1284.17
1990	2.85	27.17	160.12	65.71	146.05	102.34	19.73	23.98	1246.06
1991	4.76	17.64	189.40	50.72	172.71	147.42	2.11	23.18	1487.12
1992	3.71	30.10	242.35	69.52	359.20	231.75	47.63	79.82	1764.10
1993	36.36	57.72	378.68	244.62	608.16	419.16	66.84	122.13	2322.36
1994	32.56	121.02	747.47	139.74	1014.10	716.67	179.24	118.19	3688.91
1995	58.16	111.41	602.06	118.57	1756.08	1192.08	404.60	159.40	4883.47
1996	11.35	155.20	146.81	166.62	1236.76	748.93	311.97	175.86	5228.20
1997	27.15	149.81	62.58	285.48	1171.65	726.37	206.71	238.57	5305.60
1998	50.49	165.34	102.13	206.22	4032.87	2596.76	896.15	539.96	7335.42
1999	31.49	169.55	154.35	125.02	2339.78	1624.79	272.16	442.83	5709.90
2000	79.20	158.46	588.94	172.00	2239.31	1672.01	214.44	352.86	5914.90
2001	54.09	260.54	570.43	358.10	1563.51	1449.79	22.17	91.55	6188.34

7－2 续表2 单位:元

年 份					四、储蓄借贷支出			
	#消费性支出	#赡养支 出	#赠送支 出	#其它非消费性支出		#存入储蓄款	# 借出 款	#其它借贷支出
1985	647.16	25.52	13.36	1.04	147.28	106.50	18.90	21.88
1986	765.89	27.26	23.01	1.32	179.31	147.25	17.39	14.67
1987	836.24	25.29	26.57	3.58	264.86	229.32	22.07	13.47
1988	1118.61	27.00	26.76	3.85	318.58	230.15	59.64	28.79
1989	1206.58	24.53	29.99	23.07	352.56	223.60	83.74	45.22
1990	1173.62	28.91	38.38	5.15	292.52	245.11	25.90	21.51
1991	1399.65	31.49	51.97	4.01	289.60	230.31	21.67	37.62
1992	1577.19	24.82	83.36	78.73	429.48	311.89	58.00	59.59
1993	2084.04	29.40	117.00	91.92	759.00	464.16	48.84	246.00
1994	3032.62	45.04	229.73	381.52	1263.47	883.76	63.86	315.85
1995	3496.91	58.13	232.68	1095.75	1317.97	854.02	45.13	418.82
1996	4556.55	98.84	298.26	274.55	1363.94	812.47	97.43	454.04
1997	4634.00	104.18	330.94	236.48	1557.62	983.72	82.51	491.35
1998	4903.00	197.91	348.75	1905.76	2451.08	1531.26	66.11	853.71
1999	4927.09	97.25	389.84	295.72	2652.75	1597.48	159.63	895.64
2000	5278.33	81.03	340.58	214.96	2466.45	1588.42	360.49	517.54
2001	5575.44	84.42	348.54	179.94	2432.10	1827.36	92.90	511.84

7－3 历年城镇居民家庭人均全年现金收支情况

（2002－2008年）　　　　单位:元

指标名称	2002年	2003年	2004年	2005年	2006年	2007年	2008年
一、家庭总收入	**8045.95**	**8899.54**	**9823.63**	**10936.52**	**12705.31**	**14700.29**	**16628.49**
工薪收入	6631.72	7277.38	7432.48	8659.84	9626.53	11636.95	12460.11
工资及补贴收入	6568.06	7220.55	7294.16	8525.34	9472.01	11502.85	12213.05
其他劳动收入	63.66	56.83	138.32	134.50	154.52	134.09	247.06
经营净收入	161.24	159.38	282.86	254.46	832.59	866.22	1233.28
财产性收入	77.32	46.25	196.98	184.40	223.04	313.41	303.79
转移性收入	1175.67	1416.53	1911.30	1837.82	2023.15	1883.71	2631.31
#养老金或离退休金	1009.90	1038.14	1126.25	1477.59	1463.03	1506.69	2313.98
赡养收入	28.50	42.99	74.61	66.14	80.96	52.13	30.81
捐赠收入	74.33	167.35	445.98	130.29	400.23	200.95	172.35
二、出售财物收入	**4.41**	**1.58**	**4.15**	**7.16**	**494.04**	**10.58**	**884.07**
三、借贷收入	**1213.91**	**2403.64**	**3296.49**	**4172.82**	**5360.65**	**5962.18**	**6266.04**
#提取储蓄存款	1172.04	2130.51	2823.56	3456.43	5174.40	5886.33	5608.37
借入款	14.87	205.10	256.69	694.15	100.03	21.93	531.94
收回借出款	27.01		0.89	21.62	86.22	53.92	118.71
四、家庭总支出	**7076.63**	**8110.38**	**8074.17**	**9726.44**	**11297.01**	**13970.84**	**14940.97**
消费支出	5638.64	6123.14	6822.44	7662.64	8816.26	10799.54	11575.27
财产性支出			0.81		0.09	55.17	0.54
转移性支出	777.48	904.77	720.01	782.22	1088.74	799.77	1449.87
#捐赠支出	448.11	499.24	364.32	318.53	559.67	387.29	807.68
赡养支出	230.97	305.52	271.67	370.07	360.37	307.63	491.16
社会保障支出	458.81	528.04	482.54	547.49	791.53	934.26	842.30
购房与建房支出	201.69	554.42	48.37	734.09	600.39	1382.10	1072.99
#购房	201.69	554.42	48.37	734.09	600.39	1382.10	1072.99
五、借贷支出	**1834.33**	**3239.40**	**5198.88**	**5161.99**	**7176.26**	**6718.70**	**8453.03**
#存入储蓄款	1593.43	2927.73	4711.88	4781.92	5998.19	6173.64	7980.59
借出款	128.83	70.92	34.73	51.67	104.43	10.78	53.24

7－4 历年城镇居民家庭基本情况

（1985－2008年）

主要指标	1985年	1986年	1987年	1988年	1989年	1990年
调查户数（户）	99	100	100	100	100	100
平均每户家庭人口（人）	3.51	3.49	3.46	3.45	3.43	3.35
平均每户就业人口（人）	2.15	2.1	2.09	2.08	2.09	2.01
国有单位职工	1.36	1.45	1.48	1.5	1.52	1.58
集体单位职工	0.76	0.63	0.55	0.51	0.49	0.37
其他经济单位职工	0.03	0.02	0.06	0.07	0.08	0.06
平均每一就业者负担人数	1.63	1.67	1.66	1.66	1.64	1.67
平均每户离退休者人数	0.25	0.2	0.2	0.17	0.18	0.23
平均每户无收入者人数	1.11	1.19	1.17	1.2	1.16	1.11
人均全年可支配收入（元）	736.61	896.33	1036.87	1247.55	1394.62	1549.63
人均全年消费性支出（元）	647.16	765.89	836.24	1118.61	1206.58	1173.62
人均全年非消费支出（元）	39.92	51.59	55.44	57.61	77.59	72.44
人均净存入银行款（元）	106.5	147.25	229.32	230.15	223.6	245.11
人均年末手存现金（元）	54.48	80.11	87.38	95.85	173.65	222.1
年末人均居住面积（平方米）	8.49	9.05	9.51	9.69	9.74	10.69
平均每户居住房间（间）	0.71	0.74	0.72	0.74	0.75	0.81

7－4续表1

主要指标	1991年	1992年	1993年	1994年	1995年	1996年
调查户数（户）	100	100	100	100	100	100
平均每户家庭人口（人）	3.31	3.25	3.19	3.11	3.16	3.16
平均每户就业人口（人）	1.96	2.01	1.97	1.88	1.94	2.15
国有单位职工	1.4	1.47	1.42	1.48	1.51	1.34
集体单位职工	0.52	0.51	0.54	0.39	0.38	0.51
其他经济单位职工	0.04	0.03	0.01	0.01	0.05	0.3
平均每一就业者负担人数	1.69	1.62	1.62	1.65	1.63	1.47
平均每户离退休者人数	0.25	0.27	0.31	0.44	0.31	0.07
平均每户无收入者人数	1.1	0.97	0.91	0.79	0.91	0.94
人均全年可支配收入（元）	1682.56	1998.07	2713.74	4146.65	4672.43	5564.8
人均全年消费性支出（元）	1399.65	1577.19	2084.04	3032.62	3496.91	4556.55
人均全年非消费支出（元）	87.47	186.91	238.32	666.3	1386.57	671.44
人均净存入银行款（元）	230.31	311.89	464.16	883.76	854.02	812.47
人均年末手存现金（元）	196.92	269.16	402.24	383.75	424.91	364.51
年末人均居住面积（平方米）	10.52	10.31	10.65	12.31	11.65	10.98
平均每户居住房间（间）	0.81	0.82	0.82	0.83	0.83	0.78

7－4 续表 2

主 要 指 标	1997 年	1998 年	1999 年	2000 年	2001 年	2002 年
调查户数(户)	100	100	100	100	100	100
平均每户家庭人口(人)	3. 12	3. 12	3. 1	3. 05	2. 92	3
平均每户就业人口(人)	2. 15	2. 13	2. 12	1. 96	1. 91	1. 85
国有单位职工	1. 51	1. 48	1. 47	1. 25	1. 32	1. 27
集体单位职工	0. 36	0. 4	0. 4	0. 42	0. 27	0. 33
其他经济单位职工	0. 28	0. 25	0. 25	0. 29	0. 22	0. 13
平均每一就业者负担人数	1. 45	1. 46	1. 46	1. 56	1. 53	1. 62
平均每户离退休者人数	0. 04	0. 06	0. 07	0. 25	0. 22	0. 3
平均每户无收入者人数	0. 93	0. 93	0. 91	0. 84	0. 79	0. 83
人均全年可支配收入(元)	5811. 3	5859. 29	5904. 45	6307. 48	7303. 36	7538. 02
人均全年消费性支出(元)	4634	4903	4927. 09	5278. 33	5575. 44	5638. 64
人均全年非消费支出(元)	671. 51	2423. 29	782. 8	636. 57	612. 9	1437. 99
人均净存入银行款(元)	983. 72	1531. 26	1597. 48	1588. 42	1827. 36	1593. 43
人均年末手存现金(元)	488. 19	649. 72	556. 74	557. 16	737. 88	779. 12
年末人均居住面积(平方米)	10. 29	11. 16	11. 36	14. 09	14. 55	18. 41
平均每户居住房间(间)	0. 76	0. 78	0. 8	0. 90	0. 91	

7－4 续表 3

主 要 指 标	2003 年	2004 年	2005 年	2006 年	2007 年	2008 年
调查户数(户)	100	100	100	100	100	100
平均每户家庭人口(人)	2. 94	2. 88	2. 86	2. 83	2. 78	2. 78
平均每户就业人口(人)	1. 85	1. 74	1. 74	1. 79	1. 74	1. 65
国有单位职工	1. 25	1. 15	1. 00	1. 03	1. 2	0. 66
集体单位职工	0. 34	0. 24	0. 21	0. 22	0. 21	0. 39
其他经济单位职工	0. 16	0. 21	0. 35	0. 35	0. 18	0. 22
平均每一就业者负担人数	1. 59	1. 66	1. 64	1. 58	1. 6	1. 68
平均每户离退休者人数	0. 3	0. 33	0. 31	0. 28	0. 26	0. 33
平均每户无收入者人数	0. 77	0. 77	0. 79	0. 75	0. 78	0. 8
人均全年可支配收入(元)	8316. 86	9297. 21	10317. 81	11845. 99	13716. 23	15691. 37
人均全年消费性支出(元)	6123. 14	6822. 44	7662. 64	8816. 26	10799. 54	11575. 27
人均全年非消费支出(元)	1987. 24	1251. 73	2063. 80	2480. 75	3171. 3	3365. 7
人均净存入银行款(元)	2927. 73	4711. 88	4781. 92	5998. 19	6173. 64	7980. 59
人均年末手存现金(元)	979. 95	825. 42	509. 22	530. 67	573. 44	773. 08
年末人均居住面积(平方米)	19. 15	20. 21	20. 78	22. 16	24. 25	24. 28
平均每户居住房间(间)						

7－5　城镇居民家庭年末主要消费品百户拥有量

（2008 年）

指标名称	单　位	合计	最低10%	更低5%	低10%	较低20%	中间20%	较高20%	高10%	最高10%	更高5%
一、耐用消费品											
1. 摩托车	辆	34	40	20	20	20	55	30	30	40	20
2. 助力车	辆	57	60	80	80	55	55	55	20	80	60
3. 家用汽车	辆	14	10	20		5	20	15	20	30	40
4. 洗衣机	台	100	100	100	110	105	95	95	100	100	100
5. 电冰箱	台	103	80	60	100	105	105	95	120	120	120
6. 彩色电视机	台	115	90	80	110	115	115	110	140	130	120
7. 家用电脑	台	65	40	40	70	80	60	55	80	70	80
8. 组合音响	套	26			60	15	25	30	10	50	20
9. 摄像机	架	8			10	10	15	5		10	20
10. 照相机	架	54	10	20	50	60	55	50	80	70	80
11. 钢琴	架	3					5	10			
12. 其它中高档乐器	件	8			10	15	5	15			
13. 微波炉	台	63	30	20	30	75	70	55	80	90	80
14. 空调器	台	88	30	20	140	75	85	90	100	110	140
15. 淋浴热水器	台	85	60	40	70	95	95	85	70	100	100
16. 消毒碗柜	台	4				5	5	5	10		
18. 健身器材	套	3					5	5	10		
19. 固定电话	部	75	60	80	70	75	65	75	90	100	100
20. 移动电话	部	191	140	140	170	235	210	190	140	190	220
四、信息化调查(每百户)											
1. 接入互联网的移动电话	部	3				5	5		10		
2. 接入有线电视网络的电视	台	98	80	80	100	100	100	95	100	110	120
3. 接入互联网的计算机	台	41	20	20	30	50	40	25	70	60	80

7－6　城镇居民年人均现金收支情况

（2008 年）　　单位:元

指标名称	全市平均	最低 10%	更低 5%	低 10%	较低 20%
一、期初手存现金	**395.69**	**194.84**	**147.17**	**322.03**	**412.13**
二、家庭总收入	**16628.49**	**6323.13**	**5481.67**	**8592.84**	**11437.17**
其中:可支配收入	15691.37	5730.09	4644.93	8230.85	10552.86
㈠工资性收入	12460.11	5683.45	4252.41	8007.94	10677.36
1.工资及补贴收入	12213.05	5421.01	3710.03	8004.73	10507.22
2.其它劳动收入	247.06	262.44	542.38	3.21	170.14
(二)经营性收入	1233.28	381.19	787.80	42.86	217.58
㈢财产性收入	303.79	5.10	3.79	11.65	18.32
1. 利息收入	85.15	5.10	3.79	11.65	18.32
2. 股息与红利收入	151.62				
5. 出租房屋收入	67.02				
㈣转移性收入	2631.31	253.39	437.67	530.39	523.91
1.养老金或离退休金	2313.98			420.74	449.52
2.社会救济收入	20.59	184.68	381.67		
其中:最低生活保障收入	20.59	184.68	381.67		
4.赔偿收入	7.19				
6.赡养收入	30.81				
7.捐赠收入	172.35	19.35	20.00	35.71	22.58
9. 记帐补贴	68.15	49.35	36.00	73.93	51.82
10. 其它转移性收入	18.24				
三、出售财物收入	**884.07**			**103.36**	**18.04**
1.出售住房收入	857.49				
2.出售其它物品收入	26.57			103.36	18.04
四、借贷收入	**6266.04**	**3296.83**	**4166.78**	**1473.07**	**2695.51**
1.提取储蓄存款	5608.37	2259.41	3556.11	1312.36	2677.33
2.借入款	531.94	811.61	144.00	160.71	
3.收回借出款	118.71	225.81	466.67		
4.收回储蓄性保险本	2.70				
5.兑售有价证券	4.32				18.18

7－6续表1

单位:元

指标名称	中间20%	较高20%	高10%	最高10%	更高5%
一、期初手存现金	**267.75**	**574.12**	**588.45**	**481.16**	**401.97**
二、家庭总收入	**14608.50**	**19417.77**	**26224.88**	**46341.56**	**61427.03**
其中:可支配收入	13565.89	18510.91	24675.10	44891.39	59983.28
㈠工资性收入	12982.70	13448.56	17219.18	24466.36	26222.42
1.工资及补贴收入	12743.25	13039.40	16849.61	24160.91	25793.33
2.其它劳动收入	239.45	409.17	369.57	305.45	429.09
(二)经营性收入	753.33	1182.81		9704.55	19409.09
㈢财产性收入	212.84	146.48	34.86	2825.28	5546.51
1.利息收入	44.67	54.99	34.86	720.73	1337.42
2.股息与红利收入	24.65	91.48		1649.09	3298.18
5.出租房屋收入	143.52			455.45	910.91
㈣转移性收入	659.62	4639.92	8970.85	9345.37	10249.01
1.养老金或离退休金	440.54	3825.50	8843.89	8562.37	9239.37
2.社会救济收入					
其中:最低生活保障收入					
4.赔偿收入		41.67			
6.赡养收入		120.10		127.27	
7.捐赠收入	90.00	533.79	56.52	568.18	900.00
9.记帐补贴	73.25	87.50	70.43	77.73	90.00
10.其它转移性收入	55.83	31.35		9.82	19.65
三、出售财物收入	**25.13**	**4996.48**	**1.39**	**14.32**	**15.36**
1.出售住房收入		4966.31			
2.出售其它物品收入	25.13	30.17	1.39	14.32	15.36
四、借贷收入	**5328.59**	**7100.78**	**13725.04**	**20198.99**	**19803.67**
1.提取储蓄存款	4524.92	6043.48	11985.91	19926.27	19803.67
2.借入款	803.67	625.00	1739.13		
3.收回借出款		416.67		272.73	
4.收回储蓄性保险本		15.63			
5.兑售有价证券					

7－6续表2

单位:元

指 标 名 称	全市平均	最低10%	更低5%	低10%	较低20%
五、家庭总支出	**14940.97**	**7778.37**	**7389.94**	**7945.87**	**10109.64**
(一)消费性支出	11575.27	6401.54	5473.26	7444.57	8320.91
(二)财产性支出	0.54				
2. 其它	0.54				
(三)转移性支出	1449.87	833.14	1115.93	213.25	957.84
1. 交纳所得税	26.67				1.60
2. 捐赠支出	807.68	406.65	287.93	109.46	821.49
3. 购买彩票	2.58				0.32
4. 赡养支出	491.16	400.00	826.67	96.79	127.86
其中:在外就学子女费用	383.39	400.00	826.67	88.21	70.29
5. 各种非储蓄性保险支出	36.83	7.74		1.79	4.12
其中:车辆保险支出	28.86				
6. 其它转移性支出	84.94	18.75	1.33	5.21	2.44
(四)社会保障支出	842.30	543.69	800.74	288.06	830.89
1. 个人交纳的养老基金	449.80	420.83	599.60	225.48	537.31
2. 个人交纳的住房公积金	224.23	9.62	1.01	35.13	129.13
3. 个人交纳的医疗基金	122.80	103.73	190.52	21.48	112.53
4. 个人交纳的失业基金	35.11	7.55	5.57	5.96	48.36
5. 其它社会保障支出	10.35	1.96	4.05		3.57
(五)购房与建房支出	1072.99				
1. 购房	1072.99				
六、借贷支出	**8453.03**	**1531.40**	**1721.91**	**1563.00**	**3814.39**
1. 存入储蓄款	7980.59	1004.62	1568.57	1444.29	3757.57
2. 借出款	53.24				
3. 归还借款	87.27	235.48	153.33	35.71	3.79
4. 储蓄性保险支出	92.06	109.03		83.00	
7. 归还住房贷款	229.61	182.26			53.03
11. 其它借贷支出	10.26				
七、期末手存现金	**773.08**	**505.02**	**683.77**	**982.44**	**623.67**

7－6续表3　　单位:元

指标名称	中间20%	较高20%	高10%	最高10%	更高5%
五、家庭总支出	**13489.37**	**20053.51**	**24844.93**	**30880.68**	**35232.40**
(一)消费性支出	11644.50	11154.17	20351.00	25441.14	29361.33
(二)财产性支出		3.13			
2.其它		3.13			
(三)转移性支出	885.11	1887.74	3103.97	4224.46	4734.56
1.交纳所得税	9.61	25.30	89.39	157.36	217.24
2.捐赠支出	667.34	689.71	1732.35	1893.45	2370.45
3.购买彩票	0.33	0.21	7.22	22.73	
4.赡养支出	132.50	716.54	1064.35	2098.64	2120.00
其中:在外就学子女费用	62.50	620.92	560.87	1846.36	1965.45
5.各种非储蓄性保险支出	65.13	20.94	204.57	2.73	
其中:车辆保险支出	56.53		201.30		
6. 其它转移性支出	10.20	435.05	6.11	49.55	26.86
(四)社会保障支出	959.76	794.06	1389.96	1215.08	1136.51
1.个人交纳的养老基金	501.77	375.60	480.69	501.50	553.55
2.个人交纳的住房公积金	304.42	220.15	532.57	520.50	504.49
3.个人交纳的医疗基金	95.90	138.43	296.10	167.55	78.47
4.个人交纳的失业基金	38.22	35.15	70.73	25.53	
5.其它社会保障支出	19.46	24.74	9.87		
(五)购房与建房支出		6214.40			
1.购房		6214.40			
六、借贷支出	**6121.82**	**10943.38**	**15065.20**	**34902.96**	**45369.23**
1.存入储蓄款	5652.44	10173.16	14015.81	34054.59	45369.23
2.借出款	33.33	41.67	139.13	345.45	
3.归还借款	261.83				
4.储蓄性保险支出	128.37	150.29	72.17	150.64	
7.归还住房贷款	15.00	578.27	794.61	352.27	
11.其它借贷支出	30.85		43.48		
七、期末手存现金	**602.11**	**1092.27**	**629.62**	**1252.40**	**1046.41**

7－7　城镇居民年人均消费收支情况

（2008 年）　　单位:元

指标名称	全市平均	最低10%	更低5%	低10%	较低20%	中间20%	较高20%	高10%	最高10%	更高5%
消费支出	**11575.27**	**6401.54**	**5473.26**	**7444.57**	**8320.91**	**11644.50**	**11154.17**	**20351.00**	**25441.14**	**29361.33**
其中:服务性消费支出	2293.84	1615.54	1039.09	1053.00	1845.53	2041.46	2121.08	3006.02	6494.54	8214.99
旅游人次	0.33	0.10	0.20	0.20	0.40	0.35	0.50		0.50	1.00
旅游花费总额	57.12	11.61	24.00	5.00	84.09	40.95	91.92		134.55	269.09
一、食品	**3591.00**	**2197.87**	**2024.46**	**2996.87**	**2591.42**	**3459.98**	**3842.49**	**5515.15**	**7106.00**	**5255.24**
㈠粮油类	614.75	447.70	409.71	571.57	463.12	603.37	624.46	927.39	1042.98	669.73
1.粮食	443.18	316.87	288.50	387.14	333.02	452.80	449.57	701.97	712.30	496.23
(1)大米	37.96	29.52	23.90	27.12	26.93	32.43	34.22	84.76	71.08	58.13
(2)面粉	54.89	47.33	38.04	65.49	41.55	44.94	59.61	87.43	74.92	57.90
(3)其它粮食及制品	350.33	240.03	226.56	294.53	264.53	375.43	355.74	529.78	566.30	380.20
2.淀粉及薯类	12.83	9.62	8.14	10.19	7.47	11.57	19.68	13.83	24.30	15.91
3.干豆类及豆制品	40.91	34.91	29.48	41.42	34.77	34.82	38.28	68.81	60.31	52.55
4.油脂类	117.82	86.30	83.60	132.82	87.86	104.19	116.92	142.78	246.08	105.03
(1)食用植物油	117.82	86.30	83.60	132.82	87.86	104.19	116.92	142.78	246.08	105.03
㈡肉禽蛋水产品类	903.12	601.51	603.23	818.60	692.18	798.59	1014.13	1534.97	1450.80	991.46
1.肉类	498.00	335.79	332.76	455.69	376.84	455.38	542.10	864.98	780.28	569.56
(1)猪肉	355.56	247.90	251.53	309.11	264.79	327.13	374.17	625.33	593.56	436.10
(2)牛肉	5.41	2.94	3.09	4.49	3.21	5.22	7.65	5.23	12.50	17.91
(3)羊肉	11.98	6.62	6.82	11.90	12.88	10.79	13.40	15.29	13.67	9.45
(4)其它肉及制品	125.05	78.34	71.32	130.19	95.96	112.24	146.88	219.13	160.55	106.10
2.禽类	114.69	68.17	67.85	102.50	82.68	105.12	152.98	176.84	169.39	93.42
(1)鸡	46.27	29.12	29.80	41.24	35.04	39.14	60.84	75.91	67.23	35.12
(2)鸭	0.44	0.23	0.21	0.15	0.17	0.21	0.65	1.90	0.53	0.23
(3)其它禽类及制品	67.98	38.83	37.84	61.11	47.47	65.77	91.49	99.03	101.63	58.06
3.蛋类	96.57	81.92	87.38	85.76	81.62	84.85	105.17	143.20	140.27	94.25
(1)鲜蛋	90.42	77.89	82.43	82.39	76.87	80.06	97.85	129.47	130.22	90.31
(2)蛋制品	6.15	4.03	4.95	3.37	4.75	4.79	7.32	13.73	10.05	3.93
4.水产品类	193.85	115.63	115.24	174.66	151.03	153.24	213.87	349.94	360.86	234.24
(1)鱼	60.66	38.07	39.52	54.24	42.03	51.46	63.69	133.04	99.32	55.73
(2)虾	53.41	31.74	29.13	55.97	37.62	36.82	61.36	109.95	96.82	73.25
(3)其它水产品及制品	79.79	45.82	46.59	64.44	71.38	64.96	88.82	106.95	164.73	105.25
㈢蔬菜类	368.52	265.91	244.24	348.30	276.36	332.51	398.81	535.47	672.87	542.70

指标名称	全市平均	最低10%	更低5%	低10%	较低20%	中间20%	较高20%	高10%	最高10%	更高5%
1.鲜菜	331.15	241.85	220.09	320.91	252.39	301.01	346.81	499.11	578.74	424.79
2.干菜	26.90	17.39	17.80	18.08	13.73	22.28	40.31	23.25	78.19	101.85
3.菜制品	10.47	6.67	6.35	9.31	10.24	9.21	11.70	13.11	15.94	16.07
(四)调味品	46.88	33.69	33.24	53.30	29.47	47.33	52.28	75.11	66.94	49.79
(五)糖烟酒饮料类	363.20	242.62	205.71	277.99	259.15	328.38	373.51	591.48	787.52	490.57
1.糖类	23.93	15.30	15.89	22.98	19.80	18.92	20.68	40.40	53.22	38.26
2.烟草类	100.56	94.56	57.03	56.39	84.21	70.57	81.05	156.64	280.01	77.17
3.酒类	143.45	79.24	79.09	104.61	96.21	150.73	187.20	226.41	223.02	140.21
(1)白酒	78.24	43.37	43.24	36.00	45.29	82.94	124.16	124.98	118.16	64.06
(2)果酒	8.68	4.71	5.11	4.07	4.93	13.07	5.11	8.47	27.47	33.41
(3)啤酒	49.02	27.02	27.03	46.19	41.62	50.34	48.83	81.95	68.19	38.78
(4)其它酒	7.50	4.14	3.72	18.35	4.38	4.38	9.10	11.01	9.20	3.97
4.饮料	95.26	53.52	53.71	94.01	58.92	88.16	84.58	168.03	231.27	234.92
(1)碳酸饮料	3.77	2.39	2.08	3.40	2.84	4.27	3.20	4.13	8.52	5.07
(2)瓶装饮用水	8.24	4.53	4.82	6.95	4.41	6.62	6.54	16.32	26.26	21.65
(3)茶叶	47.45	26.14	26.53	43.04	26.35	43.75	35.90	88.38	138.84	175.95
(4)其它饮料	35.81	20.46	20.27	40.63	25.34	33.52	38.95	59.20	57.64	32.25
(六)干鲜瓜果类	355.19	239.93	217.96	319.25	266.59	317.54	400.49	557.75	621.20	442.47
1.鲜果	217.72	144.55	133.83	196.48	166.01	201.23	232.94	329.66	397.67	262.93
2.鲜瓜	56.81	36.38	31.26	55.67	38.00	48.38	71.27	101.92	87.76	56.08
3.其它干鲜瓜果类及制品	80.66	59.00	49.86	67.10	62.58	67.93	96.28	126.18	135.76	123.45
(七)糕点、奶及奶制品	332.28	208.34	214.80	312.31	236.96	338.43	361.96	520.68	539.75	316.78
1.糕点	128.08	79.55	73.42	93.96	106.01	135.47	133.89	192.17	206.31	149.40
2.奶及奶制品	204.19	128.79	141.38	218.35	130.95	202.96	228.07	328.51	333.45	167.37
(1)鲜乳品	145.92	94.24	107.88	115.67	93.66	149.31	150.41	269.74	265.52	118.78
(2)奶粉	23.61	12.63	13.66	58.90	12.90	12.10	42.03	17.29	24.16	14.81
(3)酸奶	20.54	13.66	11.75	31.61	13.98	19.34	24.51	27.18	23.51	15.63
(4)其它奶制品	14.12	8.26	8.09	12.18	10.40	22.22	11.12	14.31	20.26	18.16
(八)其它食品	105.71	58.75	60.02	87.06	63.11	137.05	108.73	108.87	228.12	153.93
(九)饮食服务	501.36	99.41	35.55	208.48	304.49	556.78	508.13	663.42	1695.81	1597.83
1.食品加工服务费	0.69	0.17	0.35		0.80	0.65	1.87		0.27	0.55
2.在外饮食	500.67	99.25	35.20	208.48	303.69	556.13	506.26	663.42	1695.54	1597.28

单位:元

指标名称	全市平均	最低10%	更低5%	低10%	较低20%	中间20%	较高20%	高10%	最高10%	更高5%
二、衣着	**1702.30**	**650.34**	**768.75**	**1122.63**	**1506.32**	**1769.15**	**1774.73**	**2437.97**	**3400.80**	**4065.57**
(一)服装	1228.15	455.52	577.45	786.86	1079.33	1267.44	1231.21	1827.92	2584.10	3161.03
(二)衣着材料	13.24			7.50	30.17	4.86	18.63		13.32	24.09
(三)鞋类	388.22	164.38	155.89	286.88	339.23	415.07	420.58	510.25	708.22	776.53
(四)其它衣着用品	60.63	28.47	35.42	32.14	45.08	73.94	84.68	92.52	66.80	73.75
(五)衣着加工服务费	12.06	1.97		9.25	12.52	7.85	19.64	7.29	28.36	30.18
三、居住	**1145.35**	**980.57**	**717.28**	**560.18**	**879.82**	**1079.52**	**1315.43**	**2174.49**	**1651.43**	**1847.90**
(一)住房	83.66	241.94			4.17	91.53	80.25		279.05	80.82
1.租赁房房租	10.79						62.50			
2.住房装潢支出	22.45					16.53			238.64	
3.维修用建筑材料	38.91	241.94			4.17	21.67	17.75		40.41	80.82
4.其它住房支出	11.51					53.33				
(二)水电燃料及其它	969.76	698.04	668.23	510.55	812.44	814.85	1162.12	2085.45	1245.49	1599.65
1.水	67.87	40.15	38.98	46.35	54.44	69.47	69.01	116.62	116.80	138.61
2.电	284.65	221.52	124.96	271.75	234.33	260.17	329.02	425.23	363.98	410.00
3.燃料	135.74	269.12	289.63	84.21	58.66	135.03	124.13	302.19	97.91	56.05
(1)煤炭	55.49	160.16	165.00	35.71	1.52	82.67	25.00	139.13		
(2)罐装液化石油气	18.10	37.01	45.69	13.82	4.90	12.10	21.69	35.00	27.32	
(3)管道液化石油气	4.33	4.76	9.00	3.57	12.78		0.23	4.39		
(4)管道煤气	42.14	67.18	69.93	31.10	28.96	39.94	50.64	70.62	18.14	22.36
(5)管道天然气	15.69				10.50	0.32	26.57	53.04	52.45	33.68
4.取暖费	390.33	167.26	214.67	68.96	292.70	237.79	637.17	980.72	666.80	994.99
5.其它相关支出	91.17			39.29	172.30	112.40	2.79	260.70		
(三)居住服务费	91.93	40.59	49.05	49.63	63.21	173.14	73.06	89.04	126.90	167.44
1.物业管理费	42.52	27.92	30.33	46.42	37.08	35.59	44.95	73.12	56.05	31.98
2.维修服务费	27.70	0.81	1.67	0.29	16.65	94.33	4.57	2.17	29.09	58.18
3.其它居住服务费	21.70	11.87	17.05	2.93	9.48	43.22	23.55	13.74	41.75	77.27
四、家庭设备用品及服务	**607.72**	**164.31**	**110.13**	**685.85**	**548.81**	**528.17**	**629.49**	**1159.85**	**902.03**	**890.69**
(一)耐用消费品	331.70	36.94	9.13	538.32	215.53	323.97	317.06	753.74	444.34	472.73
1.家具	116.86	10.21	2.09	90.54	120.74	135.96	18.37	195.65	369.47	472.73
2.家庭设备	207.50	25.50	4.51	447.78	94.79	188.01	257.05	558.09	74.87	
(1)洗衣机	27.54			162.32	18.15		39.85			
(2)电冰箱	27.28				15.70	84.41	30.89			

7－7　续表3　　　　　　　　　　　　　　　　　　　　　　　　　　　　　　　　　单位：元

指标名称	全市平均	最低10%	更低5%	低10%	较低20%	中间20%	较高20%	高10%	最高10%	更高5%
(4)空调器	62.69	2.03	4.21	160.68	35.32		69.49	313.04		
(5)淋浴热水器	25.71	19.79				0.39	56.67	139.13	26.84	
(8)其它家庭设备	64.28	3.67	0.30	124.78	25.62	103.21	60.14	105.91	48.03	
(二)室内装饰品	4.49				11.94		8.80	1.65		
(三)床上用品	48.56	21.80	25.33	30.94	41.98	16.77	72.42	52.50	158.98	108.27
(四)家庭日用杂品	194.99	105.57	75.66	108.38	244.97	178.50	183.07	262.87	281.35	309.69
(五)家具材料	11.26				14.09	3.33		86.96		
(六)家庭服务	16.72			8.21	20.30	5.60	48.15	2.13	17.36	
1.家政服务	6.26				2.42		26.41		14.18	
2.加工维修服务费	10.17			8.21	16.66	5.60	21.73	2.13	3.18	
五、医疗保健	**1165.41**	**625.24**	**462.88**	**259.34**	**462.23**	**961.68**	**1105.30**	**963.28**	**6087.45**	**8172.60**
(一)医疗器具	12.75	0.11			2.27	16.67	49.84			
(二)保健器具	90.16			14.29	2.80				1112.73	2018.18
(三)药品费	572.98	257.11	252.08	173.20	317.59	504.05	720.42	739.54	1985.15	1958.61
(四)滋补保健品	194.75	4.92		19.56	13.23	217.21	85.04	53.84	1555.17	3078.53
(五)医疗费	294.62	362.95	210.80	52.29	126.33	223.75	249.17	169.90	1434.39	1117.28
(六)其它医疗保健支出	0.16	0.16					0.81			
六、交通和通讯	**1680.68**	**628.23**	**799.46**	**924.15**	**739.75**	**2284.62**	**974.29**	**6151.79**	**2169.14**	**2698.18**
(一)交通	1140.11	349.43	516.08	476.88	240.83	1703.37	404.81	5366.23	1446.14	2251.82
1.家庭交通工具	661.09	12.19	25.20	346.43	19.03	1107.83	46.65	4410.43	104.55	
(1)摩托车	34.89			346.43						
(2)助力车	15.83					35.00			104.55	
(3)家用汽车	579.14					1000.00		4391.30		
(4)其它交通工具	31.23	12.19	25.20		19.03	72.83	46.65	19.13		
2.车辆用燃料及零配件	224.88	213.70	328.17	33.93	48.93	339.86	150.66	201.44	884.32	1640.45
(1)燃料	180.62	186.69	280.60	33.54	44.21	310.12	118.73	185.25	545.42	965.22
其中：汽油	184.45	200.39	320.70	23.21	37.58	327.74	120.35	182.14	559.32	1023.18
其中：柴油	0.72						4.18			
(2)零配件	43.94	26.72	47.06	0.22	4.61	28.94	31.71	16.19	338.40	674.25
(3)其它	0.33	0.29	0.51	0.17	0.11	0.80	0.23		0.49	0.99
3.交通工具服务支出	111.79	63.66	122.77	4.25	62.92	128.97	35.28	425.43	255.32	430.95
(1)维修费	45.98	39.92	73.70	4.25	26.05	82.45	18.22	8.32	167.94	296.13

单位:元

指标名称	全市平均	最低10%	更低5%	低10%	较低20%	中间20%	较高20%	高10%	最高10%	更高5%
(2)车辆使用税费	50.57	8.92	18.44		32.40	20.59	10.21	411.61	20.53	35.61
(3)其它车辆使用费用	15.24	14.83	30.63		4.47	25.93	6.85	5.51	66.85	99.22
4.交通费	142.35	59.88	39.95	92.27	109.96	126.71	172.21	328.92	201.96	180.41
(1)飞机	0.34	0.01		0.04	0.24	1.04	0.06	0.42	0.10	0.03
(2)火车	20.62	6.65	5.31	14.57	21.62	8.61	11.97	83.63	30.80	30.54
(3)长途汽车	15.31	9.11	4.99	6.02	16.70	15.39	9.93	29.63	28.33	29.33
(4)市内公共交通	54.82	28.79	15.10	46.46	28.15	56.76	78.10	127.21	50.36	47.31
(5)出租汽车费	45.29	13.86	12.83	24.42	32.58	37.57	69.23	80.56	86.28	68.43
(6)其它交通费	5.96	1.46	1.70	0.77	10.67	7.35	2.92	7.47	6.09	4.77
(二)通信	540.57	278.79	283.38	447.27	498.91	581.25	569.48	785.55	723.00	446.36
1.通信工具	108.23	2.71		109.88	106.62	149.82	120.92	69.48	159.09	
(1)电话机	12.23	1.94		5.99	12.22	16.33		1.97	60.91	
(2)移动电话	63.96	0.77		71.79	84.40	37.07	88.34	67.51	98.18	
(4)其它通信工具	0.21					0.93	0.08			
2.通信服务	432.34	276.08	283.38	337.39	392.29	431.43	448.56	716.07	563.91	446.36
(1)电信费	421.75	271.40	278.71	333.86	385.51	404.97	441.13	709.90	556.39	441.62
其中:上网费	28.91	45.03	13.47	23.40	27.79	15.71	27.47	53.15	30.32	24.92
(2)邮费	5.04	1.99	2.36	1.75	3.82	14.11	0.78	3.44	3.36	1.81
(3)其它通信服务费	5.55	2.70	2.31	1.77	2.96	12.35	6.66	2.73	4.17	2.93
七、教育文化娱乐服务	**1306.61**	**1078.60**	**508.71**	**758.14**	**1361.02**	**1241.09**	**1023.37**	**1354.53**	**2909.36**	**4224.48**
(一)文化娱乐用品	385.46	202.49	103.66	124.63	284.17	544.75	450.78	445.56	639.34	450.85
1.彩色电视机	60.40	13.56	4.16	4.30	128.65	17.93	114.12	18.44	35.52	40.18
2. 家用电脑	63.44	114.75	1.52	3.65	12.82	198.47	9.55	12.21	21.93	27.46
(1)购买整机	61.34	114.35	1.24	3.38	9.80	195.67	6.72	11.63	19.81	25.74
(3)各种零配件及耗材	2.10	0.40	0.29	0.26	3.02	2.79	2.83	0.59	2.12	1.72
3. 组合音响	4.70	0.51	0.07	0.28	0.72	19.40	0.60	0.49	1.35	2.60
5. 照相机	29.62	8.19	13.12	3.15	8.49	14.04	96.76	59.31	21.80	32.83
7. 其它中高档乐器	9.76	0.90	0.77	1.11	1.50	5.32	37.65	4.12	15.15	7.21
10. 音像制品及软件	1.10	0.25	0.25	0.17	0.79	2.34	1.19	0.34	1.70	1.21
11. 体育用品	1.15	0.15	0.28	4.29	1.00	1.02	0.21	1.61	0.95	1.80
12. 书报杂志	60.29	16.03	18.25	26.35	44.87	85.53	70.71	93.41	85.90	123.02
13. 纸张文具	28.17	9.99	14.92	21.79	22.94	37.36	20.95	57.07	38.06	44.51

单位:元

指标名称	全市平均	最低10%	更低5%	低10%	较低20%	中间20%	较高20%	高10%	最高10%	更高5%
14. 其它文娱用品	126.84	38.15	50.32	59.54	62.38	163.34	99.04	198.58	416.98	170.04
(二)文化娱乐服务	196.48	122.16	161.40	108.86	181.30	201.54	211.52	231.89	374.66	332.91
1.参观游览	35.92	24.54	30.99	6.85	27.03	25.95	54.14	31.32	107.90	185.19
2.健身活动	0.79	1.51	1.54	2.21	0.11	0.16	1.60	0.67	0.14	
3.团体旅游	34.58	4.16	7.43	9.83	67.08	27.84	15.50	17.17	89.69	1.66
4.其它文娱活动	59.37	24.59	45.85	51.33	45.35	67.15	58.03	86.00	114.49	108.09
5.文娱用品修理服务费	65.82	67.37	75.59	38.63	41.73	80.45	82.25	96.73	62.44	37.97
(三)教育	724.67	753.95	243.65	524.65	895.55	494.79	361.07	677.08	1895.36	3440.73
1.教材	147.12	135.53	114.72	273.62	233.09	112.50	38.20	132.35	92.05	145.45
(1)课本及参考书	100.04	105.20	69.09	200.37	138.68	75.70	33.02	78.79	83.97	140.22
(2)教育软件	12.65	1.10		22.05	36.73	2.12		13.65		
(3)其它教材	34.43	29.23	45.63	51.20	57.68	34.67	5.18	39.91	8.07	5.23
2.教育费用	577.55	618.42	128.93	251.04	662.46	382.30	322.88	544.73	1803.32	3295.27
(1)非义务教育学杂费	260.56	143.74	37.34	48.25	187.22	209.80	151.06	369.59	1178.81	2235.58
(2)义务教育学杂费	0.19				0.02	0.83		0.10		
(3)托幼费	37.35	17.58	33.48	64.15	10.77	51.95	6.95	12.11	163.70	299.09
(4)成人教育费	9.16	0.44	0.28	5.42	4.51	6.11	31.29	0.93	8.77	
(5)家教费	9.20	6.30	10.31	0.96	9.39	4.95	15.83	10.07	19.44	38.88
(6)培训班	89.93	35.31	14.65	94.48	164.98	50.29	62.56	111.89	80.78	65.43
(7)学校住宿费	14.01	5.81	1.22		5.37	2.81	16.67	3.99	104.55	209.09
(8)其它教育费用	157.15	409.25	31.67	37.76	280.20	55.55	38.53	36.05	247.26	447.19
八、其它商品和服务	**376.19**	**76.40**	**81.60**	**137.40**	**231.54**	**320.29**	**489.07**	**593.94**	**1214.94**	**2206.66**
(一)其它商品	228.97	56.36	56.73	101.83	169.94	245.45	265.95	435.03	470.07	791.66
1.金银珠宝饰品	26.96	4.63	3.68	4.57	41.24	40.75	12.66	4.84	60.81	114.73
2.手表	0.82	0.11	0.04	3.02	0.28	0.83	1.19	0.12	0.56	1.11
3.理发美容用具	0.71	0.24	0.26	3.76	0.32	0.42	0.33	0.13	0.94	1.34
4.化妆品	124.28	29.60	25.28	44.87	71.46	120.46	162.75	310.65	248.79	418.25
5.其它杂品	76.20	21.78	27.48	45.62	56.64	82.99	89.02	119.30	158.98	256.22
(二)服务	147.21	20.03	24.87	35.57	61.60	74.84	223.12	158.91	744.86	1415.00
1.旅馆住宿费	5.77	1.53	1.88	3.51	1.67	10.05	1.45	2.79	27.79	54.18
2.理发洗澡费	26.15	6.61	9.56	20.00	23.68	24.41	37.98	21.15	53.08	86.59
3.美容费	41.81	4.86	2.97	5.67	24.15	12.12	55.36	121.83	160.65	278.61
4.其它服务	73.48	7.04	10.45	6.39	12.09	28.25	128.33	13.15	503.34	995.62

7-8 农村住户基本情况

(2008年)

指标名称	计量单位	数量	指标名称	计量单位	数量
一、抽样调查户数	**户**	**1220**	房屋及建筑物	元	1015.0
调查户常住人口	人	4196	大中型铁木农具	元	99.1
其中:整 半劳动力	人	3092	农林牧渔机械	元	1019.7
二、劳动力按文化程度分组			2、制造业	元	444.5
1、文盲半文盲劳动力	人	55	3、交通运输业、仓储和邮政业	元	682.3
2、小学文化劳动力	人	507	4、批发、零售、贸易、住宿、餐饮业	元	236.6
3、初中文化劳动力	人	1758	5、社会服务和文教卫生社会保障业	元	133.5
4、高中文化程度劳动力	人	557	6、其它生产用固定资产	元	29.6
5、中专文化劳动力	人	145	**四、年末实际经营土地面积**	**亩**	**1.5**
6、大专以上文化劳动力	人	70	**五、年末人均拥有住房面积**	**平方米**	**35.7**
三、年末人均拥有生产性固资原值	**元**	**4116.5**	1、钢筋混凝土结构面积	平方米	11.4
1、农林牧渔业	元	2495.2	2、砖木结构面积	平方米	24.0
其中:役畜、产品畜	元	319.5	**六、年末人均拥有住房价值**	**元**	**19873.6**

7-9 农村住户人均总收入和纯收入

(2008年)

指标名称	计量单位	数量	指标名称	计量单位	数量
一、全年总收入	**元**	**10040.5**	2、第二产业收入	元	211.7
(一)工资性收入	元	2839.5	(1)工业收入	元	151.1
(1)在非企业组织中得到收入	元	370.9	(2)建筑业收入	元	60.5
(2)在本乡地域内劳动收入	元	1904.8	3、第三产业收入	元	923.7
(3)常住人口外出从业收入	元	563.9	(1)其他产品收入	元	0.9
(二)家庭经营收入	元	6779.2	(2)第三产业服务性收入	元	922.8
1、第一产业收入	元	5643.9	(三)财产性收入	元	242.3
(1)农业收入	元	3647.7	(四)转移性收入	元	179.5
其中:农产品收入	元	3527.2	其中:家庭非常住人口带回和寄回	元	12.2
(2)林业收入	元	44.5	粮食直接补贴收入	元	24.6
(3)牧业收入	元	1951.7	**二、全年纯收入**	**元**	**7071.6**
(4)渔业收入	元	-			

7－10 农村住户人均总支出

(2008年)

指标名称	计量单位	数量	指标名称	计量单位	数量
全年总支出	元	**7863.6**	其中:在外饮食	元	157.7
一、家庭经营费用支出	元	**2647.3**	2、衣着	元	299.7
其中:农业生产费用支出	元	1269.1	3、居住	元	1327.7
牧业生产费用支出	元	1235.6	*A*、居住消费品支出	元	967.9
二、购置生产性固定资产	元	**122.4**	*B*、居住服务性支出	元	359.9
三、建造生产性固定资产雇工支出	元	**7.0**	4、家庭设备用品及服务	元	243.7
四、税费支出	元	**16.3**	5、医疗保健	元	269.8
五、生活消费支出	元	**4827.9**	6、交通和通讯	元	583.0
1、食品消费支出	元	1516.4	7、文教娱乐	元	494.7
A、食品消费品支出	元	1349.2	8、其它商品和服务	元	93.0
其中:主食	元	283.2	**六、财产性支出**	元	**26.6**
B、食品消费服务性支出	元	167.2	**七、转移性支出**	元	**216.2**

7－11 农村住户人均现金收支情况

(2008年)

指标名称	计量单位	数量	指标名称	计量单位	数量
一、年内现金收入合计	元	**9218.3**	**三、年内现金支出合计**	元	**7628.0**
(一)工资性收入	元	2764.7	(一)生产费用的支出	元	2754.7
(二)家庭经营现金收入	元	6115.1	1、家庭经营费用支出	元	2625.4
出售农产品收入	元	2890.0	2、购置生产性固定资产支出	元	122.4
农业服务性收入	元	120.5	(二)税费支出	元	16.3
出售牧业产品收入	元	1833.5	(三)生活消费支出的现金	元	4614.5
(三)财产性收入	元	167.2	(四)财产性支出	元	26.6
(四)转移性收入	元	171.4	(五)转移性支出	元	215.9
二、非收入现金所得	元	**777.4**	**四、非消费性现金支出**	元	**884.4**
其中:从银行信用社得到贷款	元	63.1	其中:存款	元	525.2
借入款	元	155.4	归还借款	元	98.3
收回借出款	元	38.8	**五、期末金融资产余额**	元	**8569.4**
从银行信用社取回存款	元	353.2	**六、期末债务余额**	元	**395.3**

7－12　农村住户年末耐用品拥有量

（2008 年）

指标名称	计量单位	平均每百户	平均每百人	指标名称	计量单位	平均每百户	平均每百人
1、洗衣机	台	76	22	11、固定电话机	部	86	25
2、电冰箱	台	73	21	12、移动电话	部	146	43
3、空调机	台	15	4	其中:接入互联网的	部	15	4
4、抽油烟机	台	28	8	13、彩色电视机	台	112	33
5、吸尘器	台	3	1	其中:接入在线电视网的	台	95	28
6、微波炉	台	16	5	14、黑白电视机	台	1	–
7、热水器	台	46	13	其中:接入有线电视网的	台	1	–
其中:太阳能热水器	台	36	10	15、摄像机	台	2	1
8、自行车	辆	161	47	20、影碟机	台	56	16
其中:电动自行车	辆	54	16	21、照相机	架	15	4
9、摩托车	辆	79	23	22、家用计算机	台	12	4
10、汽车(生活用)	辆	6	2	其中:接入互联网的	台	8	2

7－13　农村住户人均粮食收支情况

（2008 年）

指标名称	计量单位	数量	指标名称	计量单位	数量
一、年初粮食结存	**公斤**	**601.4**	4、饲料用粮食	公斤	117.3
二、年内粮食收入	**公斤**	**942.9**	5、借出粮食	公斤	18.0
1、生产	公斤	788.0	6、归还借粮	公斤	–
2、购入	公斤	153.5	7、其它粮食支出	公斤	–
3、借入	公斤	–	**四、年末粮食结存滚存计算数**	**公斤**	**829.4**
4、收回借出粮	公斤	0.5	**五、年末粮食结存实际调查数**	**公斤**	**598.3**
5、其它	公斤	0.8			
三、年内粮食支出合计	**公斤**	**714.8**			
1、主食用粮	公斤	170.3			
2、出售粮食	公斤	402.5			
3、种籽用粮食	公斤	6.6			

7－14　各县市区农村住户调查主要情况

（2008 年）

	常住人口（人）	全年人均总收入（元）	其中：工资性收入	家庭经营收入	其中:一产	转移性收入
总　计	**4196**	**10040.5**	**2839.5**	**6779.2**	**5643.9**	**179.5**
潍城区	369	9218.7	4065.7	4878.7	2425.1	223.2
寒亭区	315	9999.7	1996.9	7701.0	6459.6	228.8
坊子区	361	8892.3	4432.5	4202.2	2604.2	138.6
奎文区	228	8818.5	4936.1	3055.5	1194.0	220.0
青州市	427	13667.0	1819.3	11190.5	9447.7	338.9
诸城市	404	10786.5	3144.0	7186.5	5843.7	340.7
寿光市	397	12422.2	2484.2	9494.7	8838.8	76.2
安丘市	354	7924.1	1709.0	5778.6	4945.5	84.1
高密市	336	8760.8	3043.9	5543.5	5419.9	92.0
昌邑市	323	8889.3	2290.0	6045.4	5412.6	89.6
临朐县	364	9572.7	3330.0	5863.1	5313.7	238.1
昌乐县	318	9837.0	1405.1	8049.3	7489.0	30.2

7－14 续表 1

	财产性收入（元）	全年人均总支出（元）	其中：#家庭经营费用	#购置固定资产	#生活消费支出	全年人均纯收入（元）
总　计	**242.3**	**7863.6**	**2647.3**	**122.3**	**4827.9**	**7071.6**
潍城区	51.5	6110.5	1172.2	11.7	4834.0	7539.5
寒亭区	73.0	6826.2	2103.9	23.0	4459.4	7508.6
坊子区	119.0	6536.3	1518.2	3.3	4963.9	7239.1
奎文区	606.8	6277.4	876.0	76.4	4947.2	7648.5
青州市	318.2	12423.9	6153.3	113.8	5492.2	7022.8
诸城市	115.3	10851.8	2762.3	321.0	7372.3	7701.4
寿光市	367.1	12509.9	4223.0	292.0	7606.3	7654.1
安丘市	352.4	5214.4	1750.6	70.1	3115.4	6026.3
高密市	81.3	5160.8	1729.6	9.2	3343.5	6889.1
昌邑市	464.3	5095.4	1477.2	69.3	3365.0	7058.6
临朐县	141.4	7186.1	3208.5	71.5	3753.0	6072.7
昌乐县	352.3	7241.3	3141.8	354.4	3544.1	6542.7

7－15　农村住户调查历年主要指标

（1978－2008 年）

年　份	农民人均纯收入（元）	农民人均生活消费支出（元）
1978	95	53
1979	135	104
1980	182	146
1981	208	170
1982	301	214
1983	357	254
1984	402	265
1985	435	347
1986	491	347
1987	574	380
1988	653	339
1989	671	508
1990	764	535
1991	863	580
1992	972	623
1993	1238	932
1994	1734	1236
1995	2270	1623
1996	2893	2028
1997	3076	2049
1998	3260	2074
1999	3331	1998
2000	3437	2074
2001	3579	2193
2002	3643	2275
2003	3921	2331
2004	4438	3025
2005	5017	3170
2006	5508	3564
2007	6278	4122
2008	7072	4828

农　业

EIGHT

AGRICULTURE

8－1　全市及各县市区农村基层情况和农业生产条件

（2008 年）

地　　区	一、农村基层组织情况（个）				二、农村社会基础设施（个）		
	乡、镇个数	#镇	街道办事处个　　数	村委会个　数	自来水受益村数	通汽车村　数	通电话村　数
总　　计	**117**	**67**	**49**	**9220**	**8736**	**9220**	**9220**
市区小计	29	5	24	1364	1292	1364	2728
潍 城 区	6		6	212	212	212	212
寒 亭 区	5	2	3	404	404	404	404
其中：经济开发区				47	47	47	47
坊 子 区	5	1	4	270	267	270	270
奎 文 区	7		7	65	65	65	65
青 州 市	12	9	3	1047	1027	1047	1047
诸 城 市	13	9	3	1329	1329	1329	1329
寿 光 市	14	9	5	969	969	969	969
安 丘 市	12	10	2	1231	1074	1231	1231
高 密 市	10	7	3	960	892	960	960
昌 邑 市	8	6	2	691	641	691	691
临 朐 县	10	8	2	930	847	930	930
昌 乐 县	9	4	5	699	665	699	699
高新开发区	2		2	85	85	85	85
滨海开发区	2		2	51	51	51	51
峡山生态区	2	2		277	208	277	277

8－1 续表 1

地　　区	三、乡村人口、从业人员资源及主要行业分布（万人）						
	乡村户数（万户）	乡　村人口数	乡　　村从业人员数	从业人员按性别分		农林牧渔从业人员	
				1、男	2、女		#农业
总　　计	**200.68**	**689.49**	**359.26**	**193.01**	**166.25**	**183.42**	**159.74**
市区小计	32.15	106.33	56.57	30.47	26.10	24.54	21.22
潍 城 区	4.87	15.34	7.74	4.24	3.50	2.66	2.20
寒 亭 区	8.91	28.86	15.98	8.57	7.42	5.72	5.07
#经济开发区	0.99	3.00	1.06	0.56	0.50	0.50	0.30
坊 子 区	6.72	23.77	13.57	7.38	6.19	6.55	6.10
奎 文 区	2.26	7.18	3.65	2.03	1.62	0.42	0.28
青 州 市	21.52	74.42	36.11	19.96	16.15	19.96	17.87
诸 城 市	25.74	87.42	43.46	23.26	20.20	18.51	15.08
寿 光 市	25.41	89.39	47.98	25.76	22.23	30.73	27.66
安 丘 市	22.69	80.61	42.05	22.59	19.46	26.90	23.56
高 密 市	21.99	74.94	39.59	21.00	18.59	18.13	15.73
昌 邑 市	15.04	49.81	26.35	13.96	12.40	11.99	9.69
临 朐 县	21.21	74.94	40.49	21.94	18.55	19.10	16.62
昌 乐 县	14.94	51.63	26.66	14.07	12.59	13.57	12.30
高新开发区	1.68	5.09	2.74	1.46	1.28	1.17	1.06
滨海开发区	1.70	4.97	2.40	1.31	1.09	1.26	0.89
峡山生态区	6.00	21.14	10.48	5.49	4.99	6.76	5.62

8－1续表2

地　　区	乡村人口、从业人员资源及主要行业分布(万人)					
	工　　业	建筑业	交通运输仓储及邮电通讯业	批发、零售贸易、餐饮业	其　　他从业人员	#外出合同工、临时工
总　　计	**63.85**	**38.02**	**16.14**	**27.64**	**30.19**	**15.37**
市区小计	12.46	6.17	2.27	3.94	7.19	3.01
潍城区	2.26	1.03	0.46	0.70	0.63	0.26
寒亭区	3.76	1.80	0.49	1.08	3.13	0.97
#经济开发区	0.14	0.20	0.05	0.13	0.04	0.02
坊子区	3.03	1.56	0.61	0.77	1.04	0.65
奎文区	1.37	0.32	0.28	0.65	0.61	0.15
青州市	6.90	3.72	1.61	2.54	1.37	0.58
诸城市	7.58	6.33	2.60	4.77	3.66	2.07
寿光市	4.96	3.76	2.31	3.73	2.49	1.12
安丘市	3.36	4.45	1.46	2.04	3.84	2.15
高密市	9.13	4.60	1.69	2.82	3.23	1.86
昌邑市	8.33	2.14	0.80	2.06	1.04	0.89
临朐县	6.19	4.26	1.92	3.21	5.81	2.88
昌乐县	4.95	2.58	1.47	2.53	1.55	0.80
高新开发区	0.54	0.31	0.10	0.23	0.38	0.29
滨海开发区	0.45	0.26	0.07	0.11	0.24	0.11
峡山生态区	1.05	0.89	0.25	0.39	1.15	0.58

8－2　全市及各县市区农村电气化和农业化学化情况

(2008年)

单位:吨

地　　区	农用化肥施用量(实物量)	氮　　肥	磷　　肥	钾　　肥	复合肥
总　　计	**1463391**	**422734**	**152786**	**118127**	**769743**
市区小计	163615	34164	13579	9935	105938
潍城区	6777	1906	535	39	4297
寒亭区	59284	12048	5535	3261	38440
#经济开发区	4850	1092	308	210	3240
坊子区	34193	6129	1347	1447	25270
奎文区	1208	313	40	13	843
青州市	146670	43803	19152	11789	71927
诸城市	244506	80880	19930	21001	122696
寿光市	256622	77035	45285	29707	104596
安丘市	176474	39006	11722	13017	112729
高密市	189990	38159	16058	12616	123157
昌邑市	116348	37341	13209	9874	55924
临朐县	63608	29357	5551	4533	24166
昌乐县	105557	42989	8302	5657	48610
高新开发区	4093	411	71	48	3563
滨海开发区	4660	1498	1194	245	1723
峡山生态区	53401	11859	4857	4883	31802

8－2续表1 单位:吨

地　区	农用化肥施用量(折纯量)	氮　肥	磷　肥	钾　肥	复合肥
总　计	**542167**	**132564**	**35933**	**49010**	**324660**
市区小计	61170	12006	3457	4470	41237
潍城区	1531	424	124	103	880
寒亭区	20371	3856	967	844	14704
#经济开发区	2312	183	45	111	1973
坊子区	11393	1006	296	246	9844
奎文区	236	66	7	6	158
青州市	51251	12112	4229	5828	29081
诸城市	88471	20220	3587	9450	55213
寿光市	101337	33253	12075	12787	43222
安丘市	74470	9345	2670	6107	56349
高密市	66899	9896	2809	3417	50777
昌邑市	41031	14452	3242	3521	19816
临朐县	19130	8690	1154	1211	8075
昌乐县	38409	12590	2708	2219	20891
高新开发区	686	48	29	27	581
滨海开发区	1624	448	378	96	702
峡山生态区	25329	6159	1655	3148	14368

8－2续表2

地　区	农村用电量(万千瓦时)	农用塑料薄膜使用量(吨)	#地膜使用量	地膜覆盖面积(公顷)	农用柴油量(吨)	农药施用量(吨)
总　计	**540218**	**69104**	**16282**	**242239**	**174767**	**17283**
市区小计	52430	3185	1026	24488	16278	2657
潍城区	10810	66	3	57	455	109
寒亭区	9916	1590	485	10236	4551	1403
#经济开发区	200	30	13	16	420	52
坊子区	18080	994	260	2774	3190	436
奎文区	5671	9	6	67	283	10
青州市	55083	14217	2214	20467	15690	1449
诸城市	100209	4738	1922	35009	30629	2703
寿光市	55988	27299	2989	28619	39584	2448
安丘市	44154	4928	2308	35147	14357	2275
高密市	69327	2113	1479	32642	17881	2069
昌邑市	79430	1689	1318	17850	15436	1706
临朐县	35140	3875	1051	10899	10285	802
昌乐县	48457	7060	1975	37118	14627	1175
高新开发区	1038	9	2	63	297	72
滨海开发区	1173	34	27	4205	1895	84
峡山生态区	5742	482	243	7086	5608	542

8－3　全市及各县市区农业主要产品生产情况

（2008 年）

地　　区	农作物总播种面积（公顷）	一、粮食作物合计			(一)夏收粮食		
		播种面积（公顷）	总产量（吨）	单　产（千克/公顷）	播种面积（公顷）	总产量（吨）	单　产（千克/公顷）
总　　计	**1101729**	**766197**	**4912014**	**6411**	**368686**	**2322435**	**6299**
市区小计	151824	128944	772285	5990	62685	381960	6093
潍 城 区	16545	15677	96598	6162	7645	46809	6123
寒 亭 区	53529	45634	294039	6443	22580	141666	6274
#经济开发区	3954	3768	22711	6027	1960	13230	6750
坊 子 区	33259	26081	154550	5926	12755	72896	5715
奎 文 区	1767	1625	9719	5981	760	4140	5447
青 州 市	110912	77736	449798	5786	38576	216913	5624
诸 城 市	167816	122226	818837	6699	60605	409259	6753
寿 光 市	158161	85861	614562	7158	42396	294896	6956
安 丘 市	112050	64067	381671	5958	28524	166046	5822
高 密 市	142818	107312	772586	7200	54283	376398	6935
昌 邑 市	96714	69731	473929	6797	32136	211218	6573
临 朐 县	80351	63670	339300	5330	30086	154612	5139
昌 乐 县	81082	46650	289046	6197	19395	111133	5730
高新开发区	6648	6482	39192	6047	2883	16952	5880
滨海开发区	6310	5292	28708	5426	2646	12820	4845
峡山生态区	33766	28153	149479	5310	13416	86677	6461

8－3 续表 1

地　　区	1. 谷　　物			#小　　麦		
	播种面积（公顷）	总产量（吨）	单　产（千克/公顷）	播种面积（公顷）	总产量（吨）	单　产（千克/公顷）
总　　计	**368216**	**2320751**	**6303**	**368216**	**2320751**	**6303**
市区小计	62678	381940	6094	62678	381940	6094
潍 城 区	7645	46809	6123	7645	46809	6123
寒 亭 区	22580	141666	6274	22580	141666	6274
#经济开发区	1960	13230	6750	1960	13230	6750
坊 子 区	12755	72896	5715	12755	72896	5715
奎 文 区	760	4140	5447	760	4140	5447
青 州 市	38576	216913	5624	38576	216913	5624
诸 城 市	60602	409245	6753	60602	409245	6753
寿 光 市	42396	294896	6956	42396	294896	6956
安 丘 市	28435	165567	5823	28435	165567	5823
高 密 市	53912	375227	6960	53912	375227	6960
昌 邑 市	32136	211218	6573	32136	211218	6573
临 朐 县	30086	154612	5139	30086	154612	5139
昌 乐 县	19395	111133	5730	19395	111133	5730
高新开发区	2883	16952	5880	2883	16952	5880
滨海开发区	2646	12820	4845	2646	12820	4845
峡山生态区	13409	86657	6462	13409	86657	6462

8－3续表2

地　　区	（二）秋收粮食			1、谷　　物		
	播种面积（公顷）	总产量（吨）	单　　产（千克/公顷）	播种面积（公顷）	总产量（吨）	单　　产（千克/公顷）
总　　计	**397511**	**2589579**	**6515**	**372262**	**2457965**	**6603**
市区小计	66259	390325	5891	64767	383744	5925
潍 城 区	8032	49789	6200	7944	49300	6206
寒 亭 区	23054	152373	6609	22865	151702	6635
#经济开发区	1808	9481	5244	1788	9405	5259
坊 子 区	13326	81655	6128	13015	79669	6121
奎 文 区	865	5579	6450	865	5579	6450
青 州 市	39160	232885	5948	37404	226910	6066
诸 城 市	61621	409578	6647	55944	386684	6912
寿 光 市	43465	319666	7355	43284	318853	7367
安 丘 市	35543	215625	6066	30151	177745	5895
高 密 市	53029	396188	7472	51979	391700	7536
昌 邑 市	37595	262711	6989	35792	256558	7169
临 朐 县	33584	184688	5499	29777	164968	5540
昌 乐 县	27255	177913	6528	23164	150804	6510
高新开发区	3599	22240	6180	3599	22240	6180
滨海开发区	2646	15888	6005	2513	15588	6203
峡山生态区	14737	62801	4262	13966	59666	4272

8－3续表3

地　　区	（1）玉　　米			（2）谷　　子		
	播种面积（公顷）	总产量（吨）	单　　产（千克/公顷）	播种面积（公顷）	总产量（吨）	单　　产（千克/公顷）
总　　计	**367788**	**2442198**	**6641**	**2894**	**10008**	**3458**
市区小计	64520	382664	5931	44	117	1759
潍 城 区	7930	49249	6210	14	51	3644
寒 亭 区	22856	151672	6636			
#经济开发区	1780	9381	5270			
坊 子 区	13012	79657	6122			
奎 文 区	865	5579	6450			
青 州 市	35872	222174	6194	1224	3863	3156
诸 城 市	55712	385583	6921	102	350	3432
寿 光 市	43281	318837	7367			
安 丘 市	29482	175140	5940	448	1840	4107
高 密 市	51919	391460	7541	30	123	4100
昌 邑 市	35452	255538	7208	120	360	3000
临 朐 县	28777	161386	5609	794	2959	3726
昌 乐 县	22773	149415	6561	132	396	3000
高新开发区	3599	22240	6180			
滨海开发区	2513	15588	6203			
峡山生态区	13745	58679	4269	30	66	2201

8－3 续表 4

地区	(3)高梁			(4)其它作物		
	播种面积（公顷）	总产量（吨）	单产（千克/公顷）	播种面积（公顷）	总产量（吨）	单产（千克/公顷）
总计	**1009**	**3350**	**3321**	**572**	**2410**	**4217**
市区小计	34	137	4045	170	825	4854
潍城区						
寒亭区	9	30	3333			
#经济开发区	8	24	3000			
坊子区	4	12	3134			
奎文区						
青州市	299	848	2837	9	25	2778
诸城市	18	122	6779	112	629	5616
寿光市				3	16	6000
安丘市	133	447	3360	88	318	3614
高密市				30	117	3900
昌邑市	60	180	3000	160	480	3000
临朐县	206	623	3024			
昌乐县	259	993	3834			
高新开发区						
滨海开发区						
峡山生态区	21	95	4524	170	825	4854

8－3 续表 5

地区	2、豆类			其中：大豆			3、薯类		
	播种面积（公顷）	总产量（吨）	单产（千克/公顷）	播种面积（公顷）	总产量（吨）	单产（千克/公顷）	播种面积（公顷）	总产量（吨）	单产（千克/公顷）
总计	**12387**	**36509**	**2948**	**11823**	**35339**	**2990**	**12862**	**95105**	**7395**
市区小计	1041	2949	2834	966	2752	2849	451	3632	8061
潍城区	40	142	3551	33	131	3969	48	347	7229
寒亭区	155	458	2955	104	306	2942	34	213	6264
#经济开发区	10	23	2300	9	21	2334	10	53	5325
坊子区	117	316	2710	112	305	2716	194	1670	8624
奎文区									
青州市	1092	2457	2250	1081	2434	2252	664	3518	5298
诸城市	4567	14670	3212	4458	14580	3272	1110	8224	7409
寿光市	160	530	3315	155	523	3384	21	283	13224
安丘市	1693	4287	2532	1528	3911	2559	3699	33594	9083
高密市	912	3228	3540	912	3228	3540	138	1260	9131
昌邑市	1530	4435	2898	1414	4107	2904	273	1718	6293
临朐县	827	2125	2570	761	2006	2636	2980	17595	5904
昌乐县	565	1828	3236	549	1798	3275	3526	25281	7170
高新开发区									
滨海开发区	133	300	2256	133	300	2256			
峡山生态区	596	1733	2907	584	1710	2930	175	1403	8015

8－3 续表 6

地　　区	二、油料合计			其中:1、花生			2、油菜籽		
	播种面积（公顷）	总产量（吨）	单　　产（千克/公顷）	播种面积（公顷）	总产量（吨）	单　　产（千克/公顷）	播种面积（公顷）	总产量（吨）	单　　产（千克/公顷）
总　　计	**60223**	**299654**	**4976**	**59998**	**299164**	**4986**	**215**	**469**	**2186**
市区小计	3590	13786	3840	3457	13506	3907	133	280	2111
潍 城 区	55	185	3363	47	166	3533	8	19	2375
寒 亭 区	82	466	5681	81	463	5714	1	3	3000
#经济开发区	4	18	4500	4	18	4500			
坊 子 区	1603	6603	4120	1562	6497	4160	77	197	2571
奎 文 区	11	37	3341	11	37	3341	47	61	1298
青 州 市	21	33	1572	20	32	1601			
诸 城 市	13888	67125	4833	13887	67124	4833			
寿 光 市	91	338	3692	91	338	3692			
安 丘 市	12485	52824	4232	12485	52824	4232			
高 密 市	14568	84338	5790	14568	84338	5790			
昌 邑 市	3453	20902	6054	3363	20694	6153	82	189	2306
临 朐 县	4221	13109	3105	4221	13109	3105			
昌 乐 县	7906	47199	5970	7906	47199	5970			
高新开发区	74	196	2645	27	135	4989	47	61	1298
滨海开发区									
峡山生态区	1765	6300	3570	1729	6208	3591	36	92	2556

8－3 续表 7

地　　区	3、芝　　麻			三、棉　　花		
	播种面积（公顷）	总产量（吨）	单　　产（千克/公顷）	播种面积（公顷）	总产量（吨）	单　　产（千克/公顷）
总　　计	**10**	**20**	**2085**	**41526**	**51596**	**1242**
市区小计				5908	6923	1172
潍 城 区				67	66	986
寒 亭 区				4249	4653	1095
#经济开发区				2	2	1001
坊 子 区				264	420	1590
奎 文 区						
青 州 市	1	1	1001	140	231	1650
诸 城 市	1	1	851	1337	2691	2013
寿 光 市				14964	17643	1179
安 丘 市				3269	4843	1482
高 密 市				4604	6423	1395
昌 邑 市	8	19	2375	9995	10810	1082
临 朐 县				195		1313
昌 乐 县				1114		1595
高新开发区				26	62	2376
滨海开发区				1018	1306	1283
峡山生态区				284	416	1466

8－3 续表8

地　　区	四、烟叶合计			其中：烤烟			五、药材类
	播种面积（公顷）	总产量（吨）	单产（千克/公顷）	播种面积（公顷）	总产量（吨）	单产（千克/公顷）	播种面积（公顷）
总　　计	**12598**	**28969**	**2300**	**12598**	**28969**	**2300**	**1772**
市区小计	214	257	1202	214	257	1202	16
潍 城 区							
寒 亭 区							
#经济开发区							
坊 子 区							16
奎 文 区							
青 州 市	148	373	2520	148	373	2520	
诸 城 市	7025	17778	2531	7025	17778	2531	195
寿 光 市							
安 丘 市	1000	2292	2292	1000	2292	2292	74
高 密 市	823	1542	1874	823	1542	1874	
昌 邑 市							
临 朐 县	2569	4566	1778	2569	4566	1778	1487
昌 乐 县	819	2161	2639	819	2161	2639	
高新开发区							
滨海开发区							
峡山生态区	214	257	1202	214	257	1202	

8－3 续表9

地　　区	六、蔬菜、瓜类			1、蔬菜（含菜用瓜）		
	播种面积（公顷）	总产量（吨）	单产（千克/公顷）	播种面积（公顷）	总产量（吨）	单产（千克/公顷）
总　　计	**212186**	**11444612**	**53937**	**175250**	**9746570**	**55616**
市区小计	12491	605436	48469	10289	503409	48927
潍 城 区	644	32491	50452	571	29832	52245
寒 亭 区	3547	215187	60667	2294	151734	66144
#经济开发区	180	8100	45000	180	8100	45000
坊 子 区	5095	242951	47682	4489	218999	48787
奎 文 区	115	5705	49610	113	5668	50157
青 州 市	31745	1735128	54658	23873	1290303	54048
诸 城 市	22108	993767	44951	20539	926322	45101
寿 光 市	57167	3972652	69492	51622	3724437	72149
安 丘 市	30609	1328358	43398	26199	1145111	43709
高 密 市	14347	849505	59211	13160	774810	58877
昌 邑 市	11102	571471	51475	9754	507975	52079
临 朐 县	8114	292045	35993	5625	183394	32604
昌 乐 县	24503	1096250	44739	14189	690809	48686
高新开发区	66	2494	37784	57	2057	36092
滨海开发区						
峡山生态区	3024	106608	35254	2765	95119	34401

8－3 续表 10

地　区	2、瓜类(果用瓜)			#西　瓜			七、其它农作物
	播种面积(公顷)	总产量(吨)	单　产(千克/公顷)	播种面积(公顷)	总产量(吨)	单　产(千克/公顷)	播种面积(公顷)
总　计	**36936**	**1698042**	**45972**	**24748**	**1219941**	**49295**	**7161**
市区小计	2202	102027	46325	990	58765	59358	661
潍城区	73	2659	36425	35	1519	43400	102
寒亭区	1253	63453	50642	567	34655	61121	17
#经济开发区							
坊子区	606	23952	39498	227	13528	59558	200
奎文区	2	37	18675				16
青州市	7872	444825	56508	7253	430465	59351	1122
诸城市	1569	67445	42986	728	35491	48752	1037
寿光市	5545	248215	44765	636	30067	47295	78
安丘市	4410	183247	41553	2503	113523	45354	481
高密市	1187	74695	62928	585	42723	73031	1164
昌邑市	1348	63496	47105	838	47595	56796	2433
临朐县	2489	108651	43653	2322	102065	43956	95
昌乐县	10314	405441	39311	8893	359247	40397	90
高新开发区	9	437	48500	1	56	52128	
滨海开发区							
峡山生态区	259	11489	44360	160	9008	56372	326

8－4　全市及各县市区茶叶、水果生产情况

(2008 年)

单位:吨

地　区	茶叶产量	水果产量	苹　果	梨	葡　萄
总　计	**120**	**1014992**	**422540**	**86366**	**60566**
市区小计		96707	74143	4367	6795
潍城区		25346	19961	1065	621
寒亭区		57110	49376	1882	3603
#经济开发区		2500	2000		
坊子区		3306	915	399	228
奎文区		16			
青州市		107620	10888	128	142
诸城市	115	95170	34760	8579	1284
寿光市		114518	84966	14733	1511
安丘市	2	126826	23894	21003	601
高密市		76289	37095	7442	20256
昌邑市		102278	22422	22861	1606
临朐县	2	235250	94383	4373	25483
昌乐县		60334	39990	2880	2889
高新开发区					
滨海开发区					
峡山生态区		10929	3890	1021	2343

8－4 续表 1 单位:吨

地　　区	桃	杏	红枣	柿子	山楂	其他
总　　计	**304674**	**12217**	**13435**	**34020**	**61944**	**19229**
市区小计	8855	242	721	507	621	457
潍 城 区	2841	107	509	220	9	13
寒 亭 区	1628	9	178	168	20	246
#经济开发区	500					
坊 子 区	1120	125	27	39	453	
奎 文 区	16					
青 州 市	60701	1828	888	17726	14709	612
诸 城 市	47376	122	1695	663	476	217
寿 光 市	11215	816	639	220	5	412
安 丘 市	69069	1279	1304	1566	2517	5593
高 密 市	7351	33	1760	802	1042	508
昌 邑 市	43092	558	3986	1035	4369	2349
临 朐 县	47176	7009	421	11419	37479	7506
昌 乐 县	9840	330	2022	83	727	1574
高新开发区						
滨海开发区						
峡山生态区	3250	1	7	80	139	198

8－4 续表 2 单位:公顷

地　　区	年末实有果园面积	#苹果园	#梨园	#葡萄园	#桃园	年末实有桑园面积
总　　计	**39424**	**13102**	**2446**	**1792**	**9379**	**4296**
市区小计	3679	2707	199	194	414	171
潍 城 区	969	759	49	13	123	7
寒 亭 区	2118	1713	108	144	94	17
#经济开发区	53	43			10	
坊 子 区	197	48	22	10	82	17
奎 文 区	2				2	14
青 州 市	7130	418	14	12	3126	30
诸 城 市	3114	903	197	61	1397	738
寿 光 市	2404	1636	301	43	216	4
安 丘 市	4626	874	421	25	2037	608
高 密 市	1768	555	108	555	141	737
昌 邑 市	1980	478	604	54	591	329
临 朐 县	13093	4784	438	780	1068	657
昌 乐 县	1629	748	164	67	390	1022
高新开发区						
滨海开发区						
峡山生态区	393	186	21	27	113	116

8-5　全市及各县市区畜牧业生产情况

（2008 年）

地　区	大牲畜年末存栏（万头）	#牛	猪年末存栏（万头）	羊年末存栏（万只）	山羊	绵羊	家禽年末存栏（万只）	兔年末存栏（万只）
总　计	**41.46**	**39.93**	**339.49**	**79.18**	**56.46**	**22.72**	**9682.44**	**155.14**
市区小计	2.58	2.55	12.66	5.17	1.85	3.32	935.19	2.57
潍城区	0.45	0.45	4.78	1.15	0.51	0.64	199.96	0.15
寒亭区	0.63	0.62	6.96	0.93	0.43	0.50	400.06	1.51
#经济开发区	0.03	0.03	0.80	0.03	0.03		25.00	0.20
坊子区	0.57	0.56	5.21	1.22	0.58	0.64	158.00	
奎文区	0.05	0.05	0.36	0.06	0.01	0.05	8.93	
青州市	2.09	2.09	22.76	6.31	5.26	1.05	913.82	1.14
诸城市	13.23	13.13	97.66	10.17	8.86	1.30	1519.51	15.58
寿光市	0.97	0.95	31.95	6.19	1.76	4.43	1199.05	4.98
安丘市	5.58	5.48	30.66	17.49	9.71	7.77	869.76	4.45
高密市	8.13	7.02	57.07	3.45	2.41	1.04	1228.96	86.22
昌邑市	0.97	0.91	17.85	1.70	0.38	1.32	882.35	2.66
临朐县	4.89	4.80	38.50	23.38	22.72	0.66	1190.21	23.00
昌乐县	3.02	3.01	20.39	5.32	3.51	1.81	943.59	14.54
高新开发区	0.06	0.06	0.78	0.28	0.11	0.16	53.00	0.10
滨海开发区	0.01	0.01	0.85	0.29	0.01	0.28	8.64	0.03
峡山生态区	0.81	0.80	3.71	1.25	0.20	1.05	10.66	0.78

8-5 续表 1

地　区	牛出栏（万头）	猪出栏（万头）	羊出栏（万只）	家禽出栏（万只）	兔出栏（万只）
总　计	**27.89**	**537.88**	**114.99**	**34983.37**	**511.53**
市区小计	0.95	29.72	8.73	2193.69	2.62
潍城区	0.23	8.05	1.15	356.36	
寒亭区	0.08	5.81	2.84	1209.42	1.37
#经济开发区	0.01	1.60	0.02	76.00	0.10
坊子区	0.31	5.09	1.09	400.78	
奎文区	0.01	0.56	0.01	9.99	
青州市	2.87	35.38	8.46	1999.44	2.30
诸城市	9.52	207.74	20.02	6375.41	87.27
寿光市	0.60	46.07	14.16	3803.07	19.63
安丘市	2.59	34.10	19.75	1795.65	6.39
高密市	5.82	91.73	4.02	4967.60	254.54
昌邑市	1.82	24.02	3.37	3235.24	6.35
临朐县	0.98	43.85	29.61	5888.27	80.81
昌乐县	2.73	25.27	6.88	4725.00	51.64
高新开发区	0.01	0.57	0.12	71.09	0.07
滨海开发区		0.64	0.16	19.43	0.04
峡山生态区	0.31	9	3.36	126.62	1.14

8－5 续表 2

单位：吨

地　　区	肉类总产量	#牛肉	#猪肉	#羊肉	#禽肉	#兔肉	奶类产量	#牛奶
总　　计	**1036966**	**40651**	**414165**	**13526**	**559734**	**7383**	**215919**	**211474**
市区小计	52926	1286	21489	633	29489	26	31041	31033
潍城区	11097	287	6197	110	4502		7072	7072
寒亭区	20774	96	4273	44	16350	11	15401	15399
#经济开发区	2547	12	1200	3	1330	2	11200	11200
坊子区	10537	491	3823	150	6072		6631	6631
奎文区	1206	12	834	1	360		1576	1576
青州市	70675	4024	26245	1057	39311	39	21821	21544
诸城市	277201	13807	159956	2002	100087	1309	5589	4418
寿光市	96722	851	34877	1766	58743	262	8788	8363
安丘市	62065	3881	27254	2558	28250	89	1279	1269
高密市	153134	9294	70630	524	68402	3357	9554	9237
昌邑市	89334	2698	21497	419	64564	81	1441	1436
临朐县	133644	1377	33762	3883	93049	1454	111000	110901
昌乐县	101264	3434	18455	684	77840	765	25404	23273
高新开发区	1211	1	437	17	755		229	227
滨海开发区	813		494	8	311		6	6
峡山生态区	7287	399	5432	302	1138	15	126	123

8－5 续表 3

单位：吨

地　　区	禽蛋产量	#鸡蛋	#鸭蛋	#鹅蛋	蚕茧产量	#桑蚕茧
总　　计	**259444**	**234820**	**21924**	**1897**	**5427**	**5427**
市区小计	22809	20921	1846	9	355	355
潍城区	6382	5589	793		16	16
寒亭区	4158	4137	12		59	59
#经济开发区	110	110				
坊子区	5892	4907	986		13	13
奎文区	1162	1150	11			
青州市	33214	28227	4983	3	69	69
诸城市	57320	54759	2180	382	1047	1047
寿光市	18003	15670	1580	16	19	19
安丘市	23657	20335	3256	65	629	629
高密市	33087	30988	1853	246	516	516
昌邑市	7874	7659	202	7	1114	1114
临朐县	45630	40444	4051	1110	550	550
昌乐县	17850	15818	1974	58	1126	1126
高新开发区	923	921	2		2	2
滨海开发区	381	349	7			
峡山生态区	3912	3868	35	9	264	264

8－6　全市及各县市区农林牧渔业总产值

（2008 年）

单位：万元

地　　区	农林牧渔业总　产　值	农　业产　值	林　业产　值	牧　业产　值	渔　业产　值	农林牧渔服务业
总　　计	**2225487**	**1085508**	**26125**	**867549**	**140084**	**106221**
市区小计	256995	92396	2537	105256	42047	14759
潍城区	42143	10343	1109	27018	93	3580
寒亭区	92308	38743	398	44008	1569	7590
#经济开发区	8627	2249		6378		
坊子区	33026	19992	381	11681	246	726
奎文区	5358	722	206	4210	25	195
青州市	231249	153052	2365	63891	254	11687
诸城市	331545	113291	6304	199975	3559	8416
寿光市	348566	186242	1271	95893	54916	10244
安丘市	172772	103475	2274	55838	2035	9150
高密市	281849	143841	1985	115200	1715	19108
昌邑市	193368	74555	1231	70520	27762	19300
临朐县	224750	70104	4712	141115	5169	3650
昌乐县	184393	72028	1732	99401	207	11025
高新开发区	4958	2563		1545		850
滨海开发区	36380	2655		1068	30839	1818
峡山生态区	42822	17378	443	15726	9275	

注：本表按不变价格计算。

8－7　全市及各县市区农业产值

（2008 年）

单位：万元

地　　区	农　业产　值	一、谷物及其他作物	粮　食作　物				油　料
				谷　物	豆　类	薯　类	
总　　计	**1085508**	**475477**	**304098**	**295206**	**4577**	**4315**	**46443**
市区小计	92396	55929	48869	48339	365	165	2140
潍城区	10343	6196	6121	6088	17	16	30
寒亭区	38743	21862	18656	18580	65	11	73
#经济开发区	2249	1905	1902	1895	4	3	3
坊子区	19992	10831	9525	9412	38	75	1023
奎文区	722	536	531	531			5
青州市	153052	25742	25472	25051	275	146	5
诸城市	113291	64970	47060	44974	1713	373	10217
寿光市	186242	48651	36698	36621	64	13	53
安丘市	103475	36476	23612	21285	594	1733	8187
高密市	143841	105148	48041	47473	540	28	13072
昌邑市	74555	41531	29322	28694	550	78	3239
临朐县	70104	23020	19401	18345	258	798	2031
昌乐县	72028	26974	17343	15976	220	1147	7315
高新开发区	2563	2458	2386	2386			31
滨海开发区	2655	2655	1775	1739	36		
峡山生态区	17378	11391	9875	9603	209	63	978

注：本表按不变价格计算。

8－7 续表 1

单位:万元

地　　区	棉　花	烟　叶	其他农作物	二、蔬菜园艺作物	1、蔬菜	2、花卉等其他园艺作物
总　　计	**34760**	**9008**	**81162**	**380446**	**303274**	**77172**
市区小计	4735	80	105	16755	16752	3
潍 城 区	45			925	925	
寒 亭 区	3133			4570	4568	2
#经济开发区				10	10	
坊 子 区	283			6966	6965	1
奎 文 区				177	177	
青 州 市	151	114		96819	40023	56796
诸 城 市	1812	5527	354	28992	28992	
寿 光 市	11794		106	115708	115708	
安 丘 市	3130	722	819	35875	35506	369
高 密 市	4327	479	39229	24687	24684	3
昌 邑 市	7283		1687	15758	15758	
临 朐 县	173	1414	1	5704	5703	1
昌 乐 县	1197	672	447	21443	21443	
高新开发区	41			65	65	
滨海开发区	880					
峡山生态区	353	80	105	4052	4052	

注:本表按不变价格计算。

8－7 续表 2

单位:万元

地　　区	三、水果、坚果、饮料	#水果坚果（含果用瓜）	#苹果	#梨	#瓜果类	四、中药材
总　　计	**216680**	**216604**	**49015**	**9846**	**76523**	**12905**
市区小计	19712	19712	8600	497	7442	
潍 城 区	3222	3222	2315	121	102	
寒 亭 区	12311	12311	5728	215	5282	
#经济开发区	334	334	232		2	
坊 子 区	2195	2195	106	45	1724	
奎 文 区	9	9			6	
青 州 市	30491	30491	1263	15	14915	
诸 城 市	19017	18944	4032	978	5339	312
寿 光 市	21883	21883	9856	1680	7916	
安 丘 市	30976	30976	2772	2394	12337	148
高 密 市	14006	14006	4303	848	3093	
昌 邑 市	17266	17266	2601	2606	2916	
临 朐 县	36709	36708	10948	499	3734	4671
昌 乐 县	23611	23611	4639	328	15807	
高新开发区	40	40			40	
滨海开发区						
峡山生态区	1935	1935	451	116	288	

注:本表按不变价格计算。

8－8　全市及各县市区林业产值

（2008年）　　单位:万元

地　区	林　业 产　值	林木的培育 和　种　植	林产品	竹木采伐
总　计	**26125**	**11980**	**9994**	**4151**
市区小计	2537	1474	816	247
潍城区	1109	317	778	14
寒亭区	398	337	16	45
#经济开发区				
坊子区	381	287	3	91
奎文区	206	136		70
青州市	2365	1613	549	203
诸城市	6304	1646	3549	1109
寿光市	1271	1271		
安丘市	2274	410	1634	230
高密市	1985	1475	141	369
昌邑市	1231	924	39	268
临朐县	4712	1320	3164	228
昌乐县	1732	951	13	768
高新开发区				
滨海开发区				
峡山生态区	443	397	19	27

注:本表按不变价格计算。

8－9　全市及各县市区牧业产值

（2008年）　　单位:万元

地　区	牧　业 产　值	一、牲畜 饲　养	#牛	#羊	#奶产品
总　计	**867549**	**42016**	**18277**	**6496**	**15372**
市区小计	105258	3020	798	666	1499
潍城区	27018	879	295	76	506
寒亭区	44008	660	55	224	380
#经济开发区	6378	86	5	1	80
坊子区	11681	771	206	70	475
奎文区	4210	151	34	4	113
青州市	63891	4590	1881	449	1557
诸城市	199975	7671	6241	1010	379
寿光市	95893	2235	392	958	619
安丘市	55838	3325	1696	1151	92
高密市	115200	5318	3811	221	678
昌邑市	70520	2234	1850	228	103
临朐县	141115	10211	645	1409	7941
昌乐县	99401	4121	1792	476	1780
高新开发区	1545	31	4	9	16
滨海开发区	1068	12		12	
峡山生态区	15728	516	204	271	9

注:本表按不变价格计算。

8－9 续表1

地　　区	二、猪的饲养	三、家禽饲养	#肉禽	#禽蛋	四、其他畜牧业
总　　计	**218417**	**546033**	**428791**	**117242**	**61083**
市区小计	24821	36676	26713	9963	40741
潍 城 区	5226	7266	4704	2562	13647
寒 亭 区	3702	16388	14381	2007	23258
#经济开发区	571	1131	969	162	4590
坊 子 区	3282	7615	4944	2671	13
奎 文 区	287	629	106	523	3143
青 州 市	12969	46142	32898	13244	190
诸 城 市	72438	81724	55902	25822	38142
寿 光 市	21707	68671	60852	7819	3280
安 丘 市	23017	28429	17705	10724	1067
高 密 市	45350	59204	44272	14932	5328
昌 邑 市	12251	53798	50250	3548	2237
临 朐 县	13417	116204	95519	20685	1283
昌 乐 县	10268	83878	74649	9229	1134
高新开发区	204	1308	886	422	2
滨海开发区	864	192	175	17	
峡山生态区	11256	3278	1517	1761	678

注:本表按不变价格计算。

8－10　全市及各县市区渔业产值

(2008 年)　　单位:万元

地　　区	渔业产值	海水产品	#养殖	内陆水域水产品	#养殖
总　　计	**140084**	**105075**	**42512**	**35009**	**29153**
市区小计	42047	30839	15445	11208	11163
潍 城 区	93			93	93
寒 亭 区	1569			1569	1569
#经济开发区					
坊 子 区	246			246	209
奎 文 区	25			25	17
青 州 市	254			254	230
诸 城 市	3559			3559	3104
寿 光 市	54916	52132	10673	2784	2784
安 丘 市	2035			2035	1831
高 密 市	1715			1715	1700
昌 邑 市	27762	27370	11646	392	321
临 朐 县	5169			5169	2312
昌 乐 县	207			207	186
高新开发区					
滨海开发区	30839	30839	15445		
峡山生态区	9275			9275	9275

注:本表按不变价格计算。

8－11　全市及各县市区农林牧渔业总产值

（2008 年）

单位：万元

地　　区	农林牧渔业总产值	农业产值	林业产值	牧业产值	渔业产值	农林牧渔服务业
总　　计	**5616446**	**3000756**	**63940**	**2095186**	**290333**	**166231**
市区小计	608789	298378	5092	235241	51055	19023
潍 城 区	110684	34592	2155	69026	231	4680
寒 亭 区	217465	120331	1456	84347	3231	8100
#经济开发区	21452	7464		13988		
坊 子 区	102057	78240	760	21508	737	812
奎 文 区	14435	1642	381	11878	84	450
青 州 市	588719	421158	5035	145808	762	15956
诸 城 市	835823	311377	14216	486446	6608	17176
寿 光 市	1074232	724287	3535	220649	103264	22497
安 丘 市	535702	368583	6201	135718	7380	17820
高 密 市	635099	354806	3550	245866	3807	27070
昌 邑 市	484380	268864	7183	138083	45750	24500
临 朐 县	429765	175890	9456	226035	11231	7153
昌 乐 县	423937	222746	6918	178836	401	15036
高新开发区	11894	7563		2850		1481
滨海开发区	53427	7214		3951	38762	3500
峡山生态区	98827	48796	340	41681	8010	

注：本表按现行价格计算。

8－12　全市及各县市区农业产值

（2008 年）

单位：万元

地　　区	农业产值	一、谷物及其他作物	粮食作物				油料
				谷物	豆类	薯类	
总　　计	**3000756**	**1254893**	**971920**	**945526**	**19166**	**7228**	**110534**
市区小计	298378	168433	148524	146596	1551	377	7402
潍 城 区	34592	22799	22640	22532	81	27	108
寒 亭 区	120331	62549	53437	53156	262	19	255
#经济开发区	7464	6780	6770	6748	16	6	10
坊 子 区	127036	38734	34892	34590	175	127	3543
奎 文 区	9205	890	871	871			19
青 州 市	421158	89517	88667	87212	1242	213	17
诸 城 市	311377	189442	139568	131543	7491	534	25461
寿 光 市	724287	138799	115384	115071	291	22	181
安 丘 市	368583	123406	83446	77833	2199	3414	28420
高 密 市	354806	210817	139970	138515	1407	48	29518
昌 邑 市	268864	139106	108783	106348	2302	133	11235
临 朐 县	175890	76967	63991	61554	1099	1338	7052
昌 乐 县	222746	85061	62130	59231	978	1921	16520
高新开发区	7563	7188	6993	6993			97
滨海开发区	7214	7214	5143	4988	155		
峡山生态区	48796	29059	24548	23466	878	204	3380

注：本表按现行价格计算。

8－12 续表 1

单位:万元

地区	棉花	烟叶	其他农作物	二、蔬菜园艺作物	1、蔬菜	2、花卉等其他园艺作物
总计	**86613**	**26800**	**58963**	**1314124**	**1209631**	**104493**
市区小计	12182	220	105	78582	78579	3
潍城区	51			5429	5429	
寒亭区	8857			24720	24718	2
#经济开发区				20	20	
坊子区	299	220	105	31820	31819	1
奎文区				730	730	
青州市	361	472		250065	166994	83071
诸城市	1536	22720	157	82135	82135	
寿光市	23024		210	517562	517562	
安丘市	7523	2948	1002	164520	164095	425
高密市	10110	1542	29677	104760	104758	2
昌邑市	15307		3781	94978	94978	
临朐县	134	5789	1	29925	29924	1
昌乐县	2810	2767	834	71511	71511	
高新开发区	98			314	314	
滨海开发区	2071					
峡山生态区	806	325		15569	15569	

注:本表按现行价格计算。

8－12 续表 2

单位:万元

地区	三、水果、坚果、饮料	#水果坚果(含果用瓜)	#苹果	#梨	#瓜果类	四、中药材
总计	**418832**	**418356**	**88733**	**10278**	**200625**	**12907**
市区小计	51311	51311	15570	519	29186	52
潍城区	6364	6364	4192	127	932	
寒亭区	33062	33062	10369	224	20040	
#经济开发区	664	664	420		8	
坊子区	7638	7638	192	47	6839	48
奎文区	22	22			19	
青州市	81576	81576	2286	15	63915	
诸城市	39194	38738	7300	1021	19427	606
寿光市	67926	67926	16144	1753	46297	
安丘市	80249	80249	5018	2499	53223	408
高密市	39229	39229	7864	885	18097	
昌邑市	34780	34780	4709	2720	14294	
临朐县	61435	61431	19820	520	13584	7563
昌乐县	66174	66174	3632	343	57043	
高新开发区	61	61			61	
滨海开发区						
峡山生态区	4164	4164	817	121	1295	4

注:本表按现行价格计算。

8－13　全市及各县市区林业产值

（2008 年）　　单位:万元

地　区	林　业 产　值	林木的培育 和　种　植	林产品	竹木采伐
总　计	**63940**	**34370**	**21815**	**7755**
市区小计	5092	3639	1051	434
潍 城 区	2155	1182	950	23
寒 亭 区	1456	1381	16	59
#经济开发区				
坊 子 区	760	568	21	171
奎 文 区	381	250		131
青 州 市	5035	3472	1183	380
诸 城 市	14216	3418	8728	2070
寿 光 市	3535	3535		
安 丘 市	6201	3730	2042	429
高 密 市	3550	2640	336	574
昌 邑 市	7183	6120	563	500
临 朐 县	9456	1320	7776	360
昌 乐 县	6918	5550	32	1336
高新开发区				
滨海开发区				
峡山生态区	340	258	32	50

注:本表按现行价格计算。

8－14　全市及各县市区牧业产值

（2008 年）　　单位:万元

地　区	牧　业 产　值	一、牲畜 饲　养	#牛	#羊	#奶产品
总　计	**2095186**	**184471**	**87751**	**33104**	**61251**
市区小计	235241	14373	3703	4613	5995
潍 城 区	69026	3044	809	205	2023
寒 亭 区	84347	4021	306	2192	1522
#经济开发区	13988	359	32	7	320
坊 子 区	21508	3005	784	289	1896
奎 文 区	11878	716	222	43	451
青 州 市	145808	19112	10047	2537	6210
诸 城 市	486446	32824	26662	4574	1467
寿 光 市	220649	6989	1534	3539	1782
安 丘 市	135718	17484	12938	3896	365
高 密 市	245866	20737	14538	2099	2697
昌 邑 市	138083	7227	6029	673	411
临 朐 县	226035	43533	2245	9362	31735
昌 乐 县	178836	14442	5440	1936	7025
高新开发区	2850	144	33	45	65
滨海开发区	3951	62		60	2
峡山生态区	41681	3381	1549	1779	36

注:本表按现行价格计算。

8－14 续表 1

地　　区	二、猪的饲养	三、家禽饲养	#肉禽	#禽蛋	四、其他畜牧业
总　　计	**941770**	**857620**	**689378**	**168242**	**111325**
市区小计	94757	74208	59657	14551	51903
潍 城 区	30744	16663	12676	3987	18575
寒 亭 区	15441	41831	38999	2832	23054
#经济开发区	2382	1779	1554	225	9468
坊 子 区	10690	7782	3855	3927	31
奎 文 区	1198	910	180	730	9054
青 州 市	64350	61536	42866	18670	810
诸 城 市	259813	126002	89555	36447	67807
寿 光 市	90530	117644	106476	11168	5486
安 丘 市	74466	41335	25705	15630	2433
高 密 市	132315	77288	60535	16753	15526
昌 邑 市	51094	72336	67354	4982	7426
临 朐 县	50362	127939	97567	30372	4201
昌 乐 县	42823	118878	105078	13800	2693
高新开发区	852	1848	1256	592	6
滨海开发区	3604	285	260	25	
峡山生态区	32228	4889	2431	2458	1183

注:本表按现行价格计算。

8－15　全市及各县市区渔业产值

（2008 年）

单位:万元

地　　区	渔业产值	海水产品	#养殖	内陆水域水产品	#养殖
总　　计	**290333**	**227510**	**92046**	**62823**	**52313**
市区小计	51055	38762	28492	12293	12195
潍 城 区	231			231	231
寒 亭 区	3231			3231	3231
#经济开发区					
坊 子 区	737			737	664
奎 文 区	84			84	59
青 州 市	762			762	720
诸 城 市	6608			6608	5761
寿 光 市	103264	98242	20113	5022	5022
安 丘 市	7380			7380	6642
高 密 市	3807			3807	3757
昌 邑 市	45750	44969	10000	781	700
临 朐 县	11231			11231	5014
昌 乐 县	401			401	360
高新开发区					
滨海开发区	38762	38762	28492		
峡山生态区	8010			8010	8010

注:本表按现行价格计算。

8－16　全市农林牧渔业增加值

（2008 年）

指标名称	一、总产值	二、中间消耗	1、物质消耗	2、生产服务支出	三、增加值
农林牧渔业	**5616446**	**2799547**	**2570932**	**228615**	**2816899**
1、农 业	3000756	1147566	1016244	131322	1853190
2、林 业	63940	20768	18675	2093	43172
3、牧 业	2095186	1400599	1338537	62062	694587
4、渔 业	290333	147779	128148	19631	142554
5、农林牧渔服务业	166231	82835	69328	13507	83396

8－17　全市及各县市区农林牧渔业增加值

（2008 年）　　单位:万元

地　　区	合　计	农　　业				
		农　业	林　业	牧　业	渔　业	服务业
总　　计	**2816899**	**1853190**	**43172**	**694587**	**142554**	**83396**
市区小计	291502	154136	1932	100907	29094	5433
潍 城 区	60387	24064	580	35208	85	450
寒 亭 区	84277	48444	420	31839	1174	2400
#经济开发区	7630	4644		2986		
坊 子 区	50639	37999	406	11562	405	267
奎 文 区	8164	1425	288	6161	50	240
青 州 市	289174	233251	3608	45410	522	6383
诸 城 市	387498	168232	7999	196663	3898	10706
寿 光 市	557741	470020	2002	43951	28846	12922
安 丘 市	299205	231540	4068	47811	5460	10326
高 密 市	315609	197692	2371	89520	3025	23001
昌 邑 市	242029	144440	4625	52956	22688	17320
临 朐 县	215179	129794	6604	66517	7941	4323
昌 乐 县	218962	167065	5465	39993	253	6186
高新开发区	6403	4871		998		534
滨海开发区	29569	4328		1384	22315	1542
峡山生态区	52063	33005	238	13755	5065	

8-18 全市及各县市区渔业生产情况

(2008年)

地　区	水产品总产量(吨)	#海水产品	#海水捕捞	海水养殖
总　计	**462015**	**368921**	**219661**	**149260**
市区小计	116149	68720	36220	32500
潍城区	222			
寒亭区	3960			
坊子区	579			
奎文区	68			
青州市	580			
诸城市	8600			
寿光市	208000	203990	162230	41760
安丘市	5000			
高密市	4350			
昌邑市	96801	96211	21211	75000
临朐县	21895			
昌乐县	640			
滨海开发区	68720	68720	36220	32500
峡山生态区	42600			

8-18 续表1

地　区	淡水产品	#淡水捕捞	淡水养殖	水产养殖面积(公顷)	#海水养殖	淡水养殖
总　计	**93094**	**15573**	**77521**	**92948**	**63840**	**29108**
市区小计	47429	5668	41761	38007	21674	16333
潍城区	222	35	187	182		182
寒亭区	3960		3960	625		625
坊子区	579	13	566	108		108
奎文区	68	20	48	18		18
青州市	580	40	540	431		431
诸城市	8600	1100	7500	2759		2759
寿光市	4010		4010	17803	17566	237
安丘市	5000	500	4500	3334		3334
高密市	4350	350	4000	2950		2950
昌邑市	590	40	550	25133	24600	533
临朐县	21895	7795	14100	1867		1867
昌乐县	640	80	560	664		664
滨海开发区				21674	21674	
峡山生态区	42600	5600	37000	15400		15400

8－19　全市及各县市区灌溉面积

（2008年）　　单位：千公顷

地　　区	有效灌溉面积	#当年实灌	林地灌溉面积	果园灌溉面积	旱涝保收面积
总　　计	**512.93**	**422.41**	**18.69**	**38.56**	**394.44**
市区小计	53.42	53.42	1.12	3.27	47.99
潍城区	11.49	11.49	0.11	1.32	11.00
寒亭区	27.62	27.62	0.08	1.19	25.16
坊子区	11.53	11.53	0.63	0.68	9.40
奎文区	0.56	0.56	0.24	0.01	0.81
青州市	53.70	41.00	0.70	1.10	42.50
诸城市	92.98	56.97	1.16	4.75	59.33
寿光市	80.10	75.72	1.87	4.41	73.33
安丘市	58.39	46.23	3.40	5.02	39.69
高密市	67.08	61.86	3.30	2.64	60.00
昌邑市	54.42	40.84	1.27	3.08	36.40
临朐县	16.52	16.52	3.93	12.09	10.00
昌乐县	36.32	29.85	1.94	2.20	25.20

8－19续表1

地　　区	机电排灌面积	#机电提灌面积	#机电井	#固定站	#流动机	#喷滴灌	纯排面积
总　　计	**478.17**	**457.07**	**307.34**	**68.24**	**81.49**	**19.73**	**1.37**
市区小计	53.13	52.39	42.27	3.50	6.62	0.74	
潍城区	11.49	11.36	10.79	0.13	0.44	0.13	
寒亭区	27.28	26.69	19.80	1.89	5.00	0.59	
坊子区	11.53	11.51	9.60	1.41	0.50	0.02	
奎文区	0.74	0.74	0.35	0.07	0.32		
青州市	53.70	47.38	46.09	0.87	0.42	6.32	
诸城市	75.50	74.22	22.55	22.94	28.73	1.28	
寿光市	73.38	65.88	64.09	1.60	0.19	7.50	
安丘市	46.00	44.08	23.56	8.86	11.66	1.92	
高密市	64.49	61.59	43.10	11.86	6.63	1.53	1.37
昌邑市	56.50	56.50	29.92	8.06	18.52		
临朐县	27.15	26.80	17.32	5.85	3.63	0.35	
昌乐县	28.32	28.23	18.44	4.70	5.09	0.09	

8－20　全市及各县市区林业生产情况

（2008 年）

地　　区	当年造林面　　积	按主要林种用途分（公顷）				活立木蓄积量（立方米）
		#用材林	经济林	防护林	特种用途林	
总　　计	**47793**	**18749**	**7278**	**20949**	**817**	**10122744**
市区小计	7562	1758	419	4793	592	926599
潍 城 区	1083			1083		153639
寒 亭 区	1165	236	377	552		195600
坊 子 区	828	177	42	422	187	228360
奎 文 区	540	15		120	405	84000
青 州 市	4260	1608	648	2004		827580
诸 城 市	5967	4152	785	1030		1347002
寿 光 市	4800	400	380	3950	70	678166
安 丘 市	4657	1260	1892	1505		990000
高 密 市	6280	4200	80	2000		2181400
昌 邑 市	2260	610	60	1590		1004401
临 朐 县	8000	3009	2787	2049	155	1283000
昌 乐 县	4007	1752	227	2028		884596
高新开发区	350					
滨海开发区	1266					15000
峡山生态区	2330	1330				250000

8－20 续表 1　　　　单位：公顷

地　　区	营　林　情　况					
	当年四旁（零星）植树（万株）	更　新造　林	低产低效林改造面积	新增农田林网面积	成林抚育面　　积	育　　苗面　　积
总　　计	**3212**	**435**	**152**	**38483**	**74134**	**8565**
市区小计	488	6	40	2885	6436	775
潍 城 区	150				1936	279
寒 亭 区	123			733	1380	220
坊 子 区	60			2000	2502	153
奎 文 区					168	13
青 州 市	510			2010	13600	530
诸 城 市	484	199	112	2253	8238	2383
寿 光 市	580			8000	4000	300
安 丘 市	120				8000	280
高 密 市	420			14000	13300	500
昌 邑 市	200	150		5335	9360	3186
临 朐 县	180				6200	351
昌 乐 县	230	80		4000	5000	260
高新开发区						
滨海开发区	5			112	50	
峡山生态区	150	6	40	40	400	110

8－20续表2

单位:公顷

地区	森林覆盖率（%）	林业用地面积	森林面积	#防护林面积	#经济林面积	#用材林面积
总计	**30.6**	**394618**	**317944**	**97008**	**68791**	**95387**
市区小计		38508	31288	12501	7511	11275
潍城区	20.0	7443	5218	2865	1130	1223
寒亭区	22.5	7754	5117	950	2700	1466
坊子区	18.2	6613	4623	1856	1171	1596
奎文区	30.0	798	630	430	60	140
青州市	30.5	52581	28531	16243	9720	2567
诸城市	31.0	53102	49674	14755	11297	23618
寿光市	15.5	22216	21475	11676	7449	2350
安丘市	29.9	58189	46896	14797	16468	15631
高密市	31.0	37853	37553	8750	1160	27643
昌邑市	23.6	27528	21602	10960	7465	2929
临朐县	35.6	77785	56506			
昌乐县	28.5	26856	24420	7326	7721	9374
高新开发区						
滨海开发区	12.5	5000	5000	2000	2000	1000
峡山生态区	31.0	10900	10700	4400	450	5850

8－20续表3

单位:公顷

地区	灌木林面积	疏林地面积	未成林造林地面积	苗圃地	无林地
总计	**7398**	**2158**	**27054**	**5383**	**34681**
市区小计			4335	624	2262
潍城区			1176	279	771
寒亭区			1816	220	601
坊子区			1190		800
奎文区			153	15	
青州市	4300	690	5161	280	13619
诸城市	208	209	1943	130	937
寿光市			91	300	350
安丘市	188		6245	280	4580
高密市				300	
昌邑市	330	40	193	3062	2302
临朐县	2276	1023	8000	117	9863
昌乐县	95	196	1086	290	769
高新开发区					
滨海开发区					
峡山生态区				110	90

8－21　全市及各县市区主要农业机械年末拥有量

（2008 年）

地　区	农业机械总值(万元)		农业机械总动力（万千瓦）	#柴油发动机动力	汽油发动机动力	电动机动力
	原　值	净　值				
总　计	**721065**	**545755**	**1082.48**	**843.73**	**18.81**	**219.94**
市区小计	91989	60674	166.34	125.20	5.42	35.72
潍城区	15732	10525	18.13	9.97		8.16
寒亭区	36158	25080	85.28	66.20	5.22	13.87
坊子区	35316	21870	54.93	41.72	0.20	13.01
奎文区	4783	3199	7.99	7.31		0.68
青州市	86971	63549	136.77	97.04	0.07	39.67
诸城市	107675	80310	110.39	81.85	7.25	21.29
寿光市	100133	78687	130.09	93.28	3.11	33.71
安丘市	84835	68739	148.87	120.54	0.34	27.99
高密市	86638	67509	139.04	116.95	1.38	20.71
昌邑市	92993	74551	145.72	127.15	1.08	17.49
临朐县	31285	22722	44.25	33.21	0.14	10.90
昌乐县	38546	29014	61.01	48.52	0.02	12.47

8－21 续表 1

地　区	拖　拉　机		大中型拖拉机		小型拖拉机	
	台	千瓦	台	千瓦	台	千瓦
总　计	**178803**	**2383789**	**38010**	**1155465**	**140793**	**1228324**
市区小计	18377	301766	5926	191107	12451	110659
潍城区	968	25042	383	18229	585	6813
寒亭区	7240	140071	2758	92867	4482	47204
坊子区	9824	128686	2532	72854	7292	55832
奎文区	345	7967	253	7157	92	810
青州市	10300	218574	4766	164036	5534	54538
诸城市	20773	308713	7972	193372	12801	115341
寿光市	15347	249299	4313	138222	11034	111077
安丘市	30869	364560	3325	156049	27544	208511
高密市	36027	368398	4485	115716	31542	252682
昌邑市	22711	329204	3744	127806	18967	201398
临朐县	6860	85479	1870	38732	4990	46747
昌乐县	17539	157796	1609	30425	15930	127371

8－21 续表2

地　　区	拖拉机配套农具（部）	1、大中型（部）	2、小型（部）	耕整机（台）	机引犁（台）	播种机（台）	#精少量播种机（台）	地膜覆盖机（台）
总　　计	**239736**	**52801**	**186935**	**12818**	**74424**	**51989**	**21563**	**8925**
市区小计	22835	7287	15548	812	7583	5437	3519	496
潍城区	1442	719	723	150	349	564	546	
寒亭区	10028	4090	5938	105	1188	3122	1853	60
坊子区	10965	2139	8826	399	5852	1414	1056	436
奎文区	400	339	61	158	194	337	64	
青州市	14046	3785	10261	3833	846	3310	3023	
诸城市	55116	11946	43170	1102	10532	9911	6360	1472
寿光市	19211	4386	14825	3723	4206	5272	3199	2362
安丘市	35170	4274	30896	614	16997	3600	1391	670
高密市	53077	15770	37307	1185	16843	12659	861	3592
昌邑市	18789	3531	15258	180	6002	8984	935	238
临朐县	7789	771	7018	479	3903	894	379	
昌乐县	13703	1051	12652	890	7512	1922	1896	95

8－21 续表3

地　　区	花生收获机		棉柴收获机		蔬菜收获机	
	（台）	（千瓦）	（台）	（千瓦）	（台）	（千瓦）
总　　计	**4338**	**80**	**1690**	**1433**	**894**	**1234**
市区小计			130	1433		
潍城区						
寒亭区			130	1433		
坊子区						
奎文区						
青州市					114	1234
诸城市	1060					
寿光市			1170			
安丘市	265					
高密市	2678	80			780	
昌邑市	335		390			
临朐县						
昌乐县						

8－21 续表4

地　区	排灌动力机械		农用水泵（台）	节水灌溉类机械（套）
	台	千瓦		
总　计	**352195**	**2301925**	**332243**	**35082**
市区小计	73306	378389	63990	189
潍城区	16410	77517	9879	40
寒亭区	32717	148851	34673	
坊子区	23193	141928	18186	148
奎文区	986	10093	1252	1
青州市	37673	316539	46007	780
诸城市	20624	182357	16992	1499
寿光市	57750	366329	52125	3941
安丘市	46498	272144	51226	2710
高密市	55759	336021	36831	19188
昌邑市	26385	219434	33841	4720
临朐县	12432	124716	9224	1098
昌乐县	21768	105996	22007	957

8－21 续表5

地　区	联合收获机		#玉米联合收获机		其他收获机械		#马铃薯收获机	
	台	千瓦	台	千瓦	台	千瓦	台	千瓦
总　计	**13507**	**461405**	**3383**	**66292**	**13888**	**3562**	**1395**	
市区小计	2286	92677	625	16331	17376	1433		
潍城区	375	19923	75	6489	194			
寒亭区	924	28494	276	2039	663	1433		
坊子区	869	37272	176	1695	181			
奎文区	118	6988	98	6108	7			
青州市	1798	47635	710	10329	843	1810		
诸城市	2299	78605	473	8467	1941			
寿光市	1984	50694	485	7200	1977	80		
安丘市	1135	34110	216	2677	346			
高密市	2218	102983	465	15726	5184	80	1000	
昌邑市	996	29796	213	3221	1879	123	395	
临朐县	301	5360	56	996	3	36		
昌乐县	490	19545	140	1345	189			

8－21 续表6

地　区	农用运输车		#三轮汽车		低速载货汽车	
	（台）	（千瓦）	（台）	（千瓦）	（台）	（千瓦）
总　计	**282433**	**3604960**	**220094**	**2617365**	**62339**	**987595**
市区小计	53716	562955	45134	427111	8582	135844
潍城区	3441	49652	543	12764	2898	36888
寒亭区	27034	322166	25709	274810	1325	47356
坊子区	18355	148152	16814	115844	1541	32308
奎文区	4886	42985	2068	23693	2818	19292
青州市	40188	499483	32688	338881	7500	160602
诸城市	21371	308333	15239	173030	6132	135303
寿光市	18014	308874	9348	105060	8666	203814
安丘市	31068	547978	29212	469739	1856	78239
高密市	35347	411201	31011	351897	4336	59304
昌邑市	65492	593807	42364	471458	23128	122349
临朐县	6799	163569	4660	71429	2139	92140
昌乐县	10438	208760	10438	208760		

8－22　全市及各县市区主要农业机械化水平

（2008年）

地　区	一、机耕面积（千公顷）	二、机播面积（千公顷）	三、机电灌溉面积（千公顷）	四、机械值保面积（千公顷）	五、机收面积（千公顷）
总　计	**757.62**	**868.88**	**757.69**	**417.00**	**690.97**
市区小计	92.51	117.06	102.14	36.73	90.53
潍城区	8.01	13.05	44.62	3.80	12.10
寒亭区	37.60	47.73	26.22	9.17	39.15
坊子区	41.42	51.61	29.90	23.10	34.69
奎文区	5.48	4.67	1.40	0.66	4.59
青州市	104.26	86.23	130.53	29.58	87.05
诸城市	98.61	149.00	79.09	119.61	124.00
寿光市	94.37	120.70	153.15	37.60	74.84
安丘市	81.32	66.12	95.40	63.60	50.08
高密市	85.48	131.74	67.12	60.38	104.08
昌邑市	67.04	76.88	72.73	51.47	59.80
临朐县	72.35	72.34	26.89	16.81	52.38
昌乐县	61.68	48.81	30.64	1.22	48.21

8-22 续表1

地区	# 小麦			# 玉米		
	机耕面积	机播收面积	机收面积	机耕面积	机播面积	机收面积
总计	**339.41**	**359.67**	**362.54**	**104.46**	**302.59**	**184.21**
市区小计	54.15	60.29	60.23	11.71	53.25	27.55
潍城区	7.43	7.43	7.41		6.45	3.00
寒亭区	23.60	23.68	23.68	5.31	20.33	14.12
坊子区	20.58	26.64	26.58	4.60	24.15	9.98
奎文区	2.54	2.54	2.56	1.80	2.32	0.45
青州市	36.26	36.07	38.09	35.62	23.31	29.87
诸城市	57.02	60.50	60.50		51.25	33.90
寿光市	40.88	42.38	42.38	6.70	32.51	28.67
安丘市	25.98	28.15	28.20	4.50	28.02	14.98
高密市	49.84	53.91	53.88		51.92	23.44
昌邑市	32.10	32.10	32.10	15.69	33.68	13.80
临朐县	24.59	27.68	28.57	24.31	15.85	4.00
昌乐县	18.59	18.59	18.59	5.93	12.80	8.00

8-22 续表2

地区	花生机耕面积（千公顷）	花生机播面积（千公顷）	花生机收面积（千公顷）	棉花机耕面积（千公顷）	棉花机播面积（千公顷）
总计	**53.83**	**41.48**	**38.23**	**33.22**	**30.64**
市区小计	3.54	3.43	0.71	5.51	5.15
潍城区					
寒亭区				4.98	4.98
坊子区	3.54	3.43	0.71	0.53	0.17
奎文区					
青州市					
诸城市	13.71	10.71	11.00		
寿光市	0.09	0.08	0.08	14.96	14.20
安丘市	8.17	2.70	2.96	2.06	
高密市	14.27	14.27	14.27	4.60	3.84
昌邑市	2.86	2.89	1.81	6.09	7.45
临朐县	3.79				
昌乐县	7.40	7.40	7.40		

8－22 续表 3

地　区	保护性耕作面积（千公顷）	机械铺膜面积（千公顷）	农田机械节水灌溉面积（千公顷）
总　计	**25.62**	**96.37**	**270.68**
市区小计	0.48	2.46	45.25
潍城区	0.16		44.50
寒亭区	0.13	0.73	0.54
坊子区	0.17	1.73	0.21
奎文区	0.02		
青州市	2.58	0.40	31.25
诸城市	5.60	20.63	52.37
寿光市	1.10	14.20	11.61
安丘市	2.46	4.78	24.90
高密市	1.33	30.78	62.00
昌邑市	7.20	18.36	26.70
临朐县	4.20	1.30	7.17
昌乐县	0.67	3.46	9.43

8－23 全市历年农业统计主要指标

（1978－2008 年）

年 份	年末实有耕地面积（公顷）	农作物总播种面积（公顷）	其中：粮食（公顷）	粮 食总产量（吨）	棉 花总产量（吨）	花 生总产量（吨）	烤 烟总产量（吨）	蔬 菜总产量（吨）	水 果总产量（吨）
1978	764000	1142067	967867	2576052	19084	28948	104738	1407642	104640
1979	762000	1140320	966487	3021625	18365	26185	92720	1354076	121855
1980	761333	1128413	961540	2958125	35580	33055	100300	1389787	98810
1981	757767	1134093	945180	2548400	37655	26485	127880	1600246	105030
1982	756667	1129820	898900	3246100	65595	25640	197370	2125075	89925
1983	756040	1147953	908273	3605995	101565	37140	124155	2085266	141750
1984	748360	1168480	921380	3526510	139995	52670	129785	1537606	117045
1985	737560	1155553	889100	3704250	102695	123395	158480	1619564	155805
1986	729427	1156780	909187	4037671	77273	121419	94694	1939546	130082
1987	726620	1127640	882487	4075289	87981	126770	129006	1928187	170017
1988	723713	1139707	887007	4094618	74371	108770	139717	1932102	169477
1989	723040	1095393	851467	3831138	64465	92357	139379	2021848	198889
1990	720267	1114153	874220	4513063	83009	103086	132648	2076120	173089
1991	719833	1153213	880753	4954463	111450	99826	121220	2370447	192496
1992	718215	1114987	855880	4800509	66859	70659	91385	3324004	243444
1993	713222	1128054	855328	5217676	65410	102349	86375	4841499	368164
1994	708707	1114141	823519	5226275	38444	144330	34698	5593696	564427
1995	706692	1090775	830956	5349686	35756	133527	39036	5599233	725226
1996	702593	1081656	817541	5396197	33927	111327	59839	6581413	836810
1997	699644	1066947	790281	4466846	25226	74336	73136	7184231	792448
1998	698473	1077942	769215	4922435	34846	140661	51818	8064779	850891
1999	698200	1070068	744450	4472240	17153	133210	51899	8572518	971761
2000	694777	1049187	669701	3676233	16866	165518	45409	10028296	1082144
2001	687190	1004073	602419	3496563	29812	221358	30687	10441937	1071904
2002	680903	974754	571468	2603469	23920	190416	27925	11099748	789778
2003	673060	937783	515552	2936454	46199	245606	33295	11600228	1136081
2004	673551	955538	548905	3312654	51590	253021	24519	11437228	1202414
2005	672405	1062018	710799	4224025	48723	241275	20448	10328489	1181497
2006	671358	1089797	752468	4331772	46100	237694	26130	9589947	1064042
2007	671876	1077377	732747	4479088	51651	295751	31794	9584389	1065020
2008		1101729	766197	4912014	51596	299164	28969	9746570	1014992

注：从 2008 年起指标耕地面积取消。

8-23 续表 1

年 份	肉 类 总产量 (吨)	禽 蛋 总产量 (吨)	水产品 总产量 (吨)	农业机械 总动力 (万千瓦)	农用化肥 施用量 (折纯吨)	农 村 用电量 (万千瓦时)	年末实有 农村劳动力 (万人)			
								第一 产业	第二 产业	第三 产业
1978	67407		44832	113.00	130441	8355	240.84	217.88	15.96	7.00
1979	77512		41675	127.00	150228	12914	244.31	221.11	14.20	9.00
1980	93760		33583	141.00	160706	18815	247.70	224.43	12.01	11.26
1981	119395		33642	159.00	189536	29317	254.12	230.27	10.96	12.89
1982	115436		41962	176.29	220120	36828	262.00	229.20	14.03	18.77
1983	112530	34665	38774	201.57	230799	40239	272.77	231.75	15.54	25.48
1984	131870	67549	34966	231.86	224462	45266	281.45	229.42	20.47	31.56
1985	178230	79755	38609	249.84	223591	48186	298.01	222.12	42.76	33.13
1986	173102	74721	46033	278.51	221655	55553	303.10	219.23	48.05	35.82
1987	172613	91394	50009	293.29	213031	59878	305.66	217.89	53.22	34.55
1988	201436	100375	57399	314.09	222178	69557	313.52	220.69	55.71	37.12
1989	223582	96611	56722	338.18	250841	83271	317.84	227.23	54.75	35.86
1990	266583	100099	59622	343.14	274036	84705	325.96	231.09	56.13	38.74
1991	353400	135700	64889	326.99	316900	95300	334.84	241.98	55.21	37.65
1992	387535	143500	99950	324.19	335471	112391	343.00	238.52	62.51	41.97
1993	602706	210402	141933	415.40	421046	153983	327.87	196.63	76.38	54.86
1994	899118	238216	200137	415.20	369644	177322	326.69	190.93	79.05	56.71
1995	1150787	305667	254524	450.83	438901	208014	320.83	174.67	86.99	59.14
1996	1226738	448763	290964	479.96	471361	226577	320.81	168.78	90.70	61.33
1997	905292	362626	445983	523.15	457517	231529	322.52	174.68	87.98	59.86
1998	932383	396381	510532	564.68	483958	219367	323.67	171.17	90.26	62.24
1999	952914	402820	522040	662.58	506910	244519	327.44	174.32	88.51	64.61
2000	993943	404642	529280	708.12	516280	276720	331.81	179.34	88.51	63.96
2001	1020936	382289	529613	722.90	519435	290506	328.03	177.75	87.66	62.62
2002	1046194	379630	542889	748.30	494590	315958	332.87	175.82	92.77	64.28
2003	1061586	381554	581131	764.80	523830	354969	331.44	169.11	98.07	64.26
2004	1200748	383048	591069	821.80	545973	413561	336.67	170.23	97.86	68.58
2005	1294608	373389	603603	903.96	571878	459574	337.73	166.81	102.04	68.88
2006	1196528	288533	644211	942.39	608616	515026	340.00	165.84	105.06	69.10
2007	1279918	287885	680979	991.54	615107	577112	344.42	165.88	108.26	70.28
2008	1036966	259444	462015	1082.48	542167	540218	359.26	183.42	101.87	73.97

工　业

NINE

INDUSTRY

9－1 各县市区工业企业主要经济指标

（2008年）　　单位：万元

指标名称	全市合计			
	单位数（个）	工业总产值（现价）	主营业务收入	利税总额
总　计	**4835**	**53181258**	**51534462**	**4367723**
一、按登记注册类型分组				
国有经济	38	2871607	1863319	170914
集体经济	69	2290218	2220983	234585
“三资”经济	513	9604587	9264486	868446
二、按轻重工业分组				
轻工业	2404	22410330	21715971	1795653
重工业	2431	30770928	29818491	2572070
三、按企业规模分组				
大型企业	40	14955030	14819765	1362460
中型企业	334	14163106	14170047	1156748
小型企业	4461	24063123	22544650	1848514

9－1续表1　　单位：万元

指标名称	市区小计			
	单位数（个）	工业总产值（现价）	主营业务收入	利税总额
总　计	**977**	**13414077**	**12343092**	**1289482**
一、按登记注册类型分组				
国有经济	19	1835862	1077174	99693
集体经济	27	1117703	1089940	137118
“三资”经济	145	2839710	2708715	315106
二、按轻重工业分组				
轻工业	346	3492650	3393663	329615
重工业	631	9921427	8949429	959867
三、按企业规模分组				
大型企业	12	4920244	4784969	526851
中型企业	87	3582996	3602050	355504
小型企业	878	4910837	3956074	407127

9－1 续表2 单位:万元

指标名称	潍城区			
	单位数（个）	工业总产值（现价）	主营业务收入	利税总额
总计	**178**	**1856582**	**1097297**	**125626**
一、按登记注册类型分组				
国有经济	3	818307	68937	35967
集体经济	2	6283	5339	224
"三资"经济	28	125060	120722	2767
二、按轻重工业分组				
轻工业	66	358932	327940	16144
重工业	112	1497650	769357	109483
三、按企业规模分组				
大型企业	1	122201	101617	8560
中型企业	13	489103	505147	53737
小型企业	164	1245278	490533	63330

9－1 续表3 单位:万元

指标名称	寒亭区			
	单位数（个）	工业总产值（现价）	主营业务收入	利税总额
总计	**254**	**2448688**	**2428642**	**209661**
一、按登记注册类型分组				
国有经济	4	79389	79285	2938
集体经济				
"三资"经济	40	484581	483833	53004
二、按轻重工业分组				
轻工业	106	1235325	1198148	92940
重工业	148	1213363	1230493	116721
三、按企业规模分组				
大型企业	2	280354	276977	5029
中型企业	16	566629	546825	54674
小型企业	236	1601706	1604839	149958

9－1续表4 单位:万元

指标名称	其中:经济开发区			
	单位数（个）	工业总产值（现价）	主营业务收入	利税总额
总计	**71**	**580115**	**609031**	**53280**
一、按登记注册类型分组				
国有经济				
集体经济				
"三资"经济	20	274356	275726	33996
二、按轻重工业分组				
轻工业	35	278400	302486	19255
重工业	36	301715	306545	34025
三、按企业规模分组				
大型企业				
中型企业	4	186837	209949	17204
小型企业	67	393278	399082	36076

9－1续表5 单位:万元

指标名称	坊子区			
	单位数（个）	工业总产值（现价）	主营业务收入	利税总额
总计	**174**	**1827240**	**1818822**	**95052**
一、按登记注册类型分组				
国有经济	2	3913	5284	128
集体经济				
"三资"经济	28	933502	900437	66800
二、按轻重工业分组				
轻工业	76	872881	889858	33219
重工业	98	954359	928964	61832
三、按企业规模分组				
大型企业	2	670158	649471	32790
中型企业	14	713278	737636	30239
小型企业	158	443804	431715	32023

9－1 续表6

单位:万元

指标名称	奎文区			
	单位数（个）	工业总产值（现价）	主营业务收入	利税总额
总计	**51**	**1592325**	**1635042**	**143654**
一、按登记注册类型分组				
国有经济	1	2657	2723	－75
集体经济	4	881579	878167	91454
“三资”经济	9	295119	274862	22471
二、按轻重工业分组				
轻工业	25	343666	352859	35624
重工业	26	1248659	1282183	108031
三、按企业规模分组				
大型企业	2	1078572	1063667	104217
中型企业	16	404909	469374	38722
小型企业	33	108844	102002	715

9－1 续表7

单位:万元

指标名称	临朐县			
	单位数（个）	工业总产值（现价）	主营业务收入	利税总额
总计	**318**	**2100989**	**2114571**	**101303**
一、按登记注册类型分组				
国有经济	2	61098	67518	3753
集体经济	7	21351	21020	1023
“三资”经济	30	199596	198372	8744
二、按轻重工业分组				
轻工业	137	922652	922461	37949
重工业	181	1178337	1192109	63354
三、按企业规模分组				
大型企业				
中型企业	13	363073	392099	20763
小型企业	305	1737916	1722472	80540

9－1 续表 8 单位：万元

指标名称	昌乐县			
	单位数（个）	工业总产值（现价）	主营业务收入	利税总额
总计	**339**	**3033594**	**3117062**	**207404**
一、按登记注册类型分组				
国有经济	2	87806	89190	5016
集体经济	3	6845	6692	208
“三资”经济	49	1037205	1024444	66445
二、按轻重工业分组				
轻工业	173	1425404	1428554	82034
重工业	166	1608190	1688508	125370
三、按企业规模分组				
大型企业	2	591027	605638	46834
中型企业	16	1123938	1122505	92028
小型企业	321	1318630	1388919	68542

9－1 续表 9 单位：万元

指标名称	青州市			
	单位数（个）	工业总产值（现价）	主营业务收入	利税总额
总计	**530**	**5868606**	**5474242**	**344278**
一、按登记注册类型分组				
国有经济	5	425555	133790	10403
集体经济	8	575852	549639	42873
“三资”经济	50	836834	817742	48373
二、按轻重工业分组				
轻工业	208	2153028	1804750	130933
重工业	322	3715577	3669492	213346
三、按企业规模分组				
大型企业				
中型企业	36	2498013	2433264	138818
小型企业	494	3370593	3040978	205460

9－1 续表 10

单位:万元

指标名称	诸城市			
	单位数（个）	工业总产值（现价）	主营业务收入	利税总额
总计	**794**	**9325852**	**9115019**	**729565**
一、按登记注册类型分组				
国有经济				
集体经济	8	26372	23553	2887
“三资”经济	62	2227096	2202252	144232
二、按轻重工业分组				
轻工业	423	4391844	4314913	363670
重工业	371	4934008	4800105	365895
三、按企业规模分组				
大型企业	11	4225939	4198982	274797
中型企业	72	2043780	1983273	171281
小型企业	711	3056133	2932764	283487

9－1 续表 11

单位:万元

指标名称	寿光市			
	单位数（个）	工业总产值（现价）	主营业务收入	利税总额
总计	**529**	**6504197**	**6490654**	**662888**
一、按登记注册类型分组				
国有经济	3	79922	74501	6969
集体经济	6	435011	423801	36967
“三资”经济	32	1243513	1114809	193162
二、按轻重工业分组				
轻工业	210	2075458	1958052	260098
重工业	319	4428739	4532602	402791
三、按企业规模分组				
大型企业	8	3545524	3584679	419305
中型企业	26	933333	933153	97729
小型企业	495	2025339	1972822	145855

9－1 续表 12

单位:万元

指标名称	安丘市			
	单位数（个）	工业总产值（现价）	主营业务收入	利税总额
总计	**346**	**2020790**	**1980687**	**132360**
一、按登记注册类型分组				
国有经济	1	3487	1521	171
集体经济	5	19314	16931	1381
“三资”经济	75	493888	477761	33851
二、按轻重工业分组				
轻工业	214	1183311	1132394	69248
重工业	132	837479	848293	63111
三、按企业规模分组				
大型企业	1	94387	100089	5422
中型企业	22	801165	830097	57396
小型企业	323	1125238	1050501	69542

9－1 续表 13

单位:万元

指标名称	高密市			
	单位数（个）	工业总产值（现价）	主营业务收入	利税总额
总计	**634**	**6036751**	**6061312**	**506205**
一、按登记注册类型分组				
国有经济	3	235773	236336	26666
集体经济				
“三资”经济	42	416706	412425	34492
二、按轻重工业分组				
轻工业	440	4187645	4214018	324736
重工业	194	1849106	1847295	181469
三、按企业规模分组				
大型企业	4	1122661	1124097	80371
中型企业	28	667091	689160	72473
小型企业	602	4246999	4248055	353362

9－1 续表 14

单位:万元

指标名称	昌邑市			
	单位数(个)	工业总产值(现价)	主营业务收入	利税总额
总　计	**368**	**4876402**	**4837823**	**394237**
一、按登记注册类型分组				
国有经济	3	142104	183290	18245
集体经济	5	87768	89407	12128
“三资”经济	28	310040	307966	24040
二、按轻重工业分组				
轻工业	253	2578337	2547167	197370
重工业	115	2298065	2290656	196868
三、按企业规模分组				
大型企业	2	455249	421311	8882
中型企业	34	2149716	2184447	150756
小型企业	332	2271438	2232065	234599

9－1 续表 15

单位:万元

指标名称	高新开发区			
	单位数(个)	工业总产值(现价)	主营业务收入	利税总额
总　计	**125**	**2699619**	**2649727**	**374769**
一、按登记注册类型分组				
国有经济	3	22247	20358	3525
集体经济	2	1882	1882	279
“三资”经济	24	442004	430414	60012
二、按轻重工业分组				
轻工业	39	283096	277305	59209
重工业	86	2416524	2372422	315560
三、按企业规模分组				
大型企业	2	1509612	1473725	285357
中型企业	14	670931	661025	25492
小型企业	109	519076	514977	63921

9－1 续表 16 单位：万元

指标名称	滨海开发区			
	单位数（个）	工业总产值（现价）	主营业务收入	利税总额
总　计	**166**	**2876292**	**2621028**	**327998**
一、按登记注册类型分组				
国有经济	6	909349	900587	57211
集体经济	19	227959	204552	45161
“三资”经济	15	545058	484944	101776
二、按轻重工业分组				
轻工业	19	372951	322702	91759
重工业	147	2503341	2298327	236239
三、按企业规模分组				
大型企业	3	1259346	1219512	90898
中型企业	13	728322	676041	152167
小型企业	150	888624	725475	84933

9－1 续表 17 单位：万元

指标名称	峡山开发区			
	单位数（个）	工业总产值（现价）	主营业务收入	利税总额
总　计	**29**	**113331**	**92535**	**12721**
一、按登记注册类型分组				
国有经济				
集体经济				
“三资”经济	1	14386	13504	8275
二、按轻重工业分组				
轻工业	15	25799	24852	720
重工业	14	87532	67683	12002
三、按企业规模分组				
大型企业				
中型企业	1	9825	6003	474
小型企业	28	103505	86533	12247

9－2 全市工业企业主要经济指标(一)

(2008 年)

单位:万元

指标名称	企业单位数(个)	亏损企业	工业总产值(当年价格)	工业销售产值(当年价格)
总　　计	**4835**	**230**	**53181258**	**52104854**
一、按登记注册类型分组:				
内资企业	4322	172	43576671	42824462
国有企业	38	4	2871607	2880283
中央企业	3		1043722	1036895
地方企业	35	4	1827885	1843388
集体企业	69	1	2290218	2261432
股份合作企业	17	3	124495	120506
联营企业	3		7215	7214
国有联营企业	1		4591	4597
集体联营企业	1		511	504
国有与集体联营企业				
其他联营企业	1		2113	2113
有限责任公司	800	65	13536575	13289924
国有独资公司				
其他有限责任公司	800	65	13536575	13289924
股份有限公司	88	10	5468682	5368644
私营企业	3268	85	19071644	18691432
私营独资企业	614	6	2911973	2843994
私营合作企业	63	2	294300	284342
私营有限责任公司	2506	75	15357280	15066048
私营股份有限公司	85	2	508091	497049
其他企业	39	4	206235	205028
港、澳、台商投资企业	153	11	2953747	2861438
合资经营企业(港或澳、台资)	91	5	1980676	1927534
合作经营企业(港或澳、台资)	3		20363	19796
港澳台商独资经营企业	52	6	323058	317266
港澳台商投资股份有限公司	7		629650	596842
外商投资企业	360	47	6650840	6418955
中外合资经营企业	182	29	4080380	3986014
中外合作经营企业	14		245337	245060
外资企业	159	16	1418271	1396851
外商投资股份有限公司	5	2	906852	791030
二、按经济组织类型分组				
独资企业	932	33	9815127	9699826

9－2 续表1

单位:万元

指标名称	企业单位数（个）	亏损企业	工业总产值（当年价格）	工业销售产值（当年价格）
国有企业	38	4	2871607	2880283
集体企业	69	1	2290218	2261432
私营独资企业	614	6	2911973	2843994
港澳台商独资经营企业	52	6	323058	317266
外资企业	159	16	1418271	1396851
合作、合伙企业	139	9	897945	881946
股份合作企业	17	3	124495	120506
国有联营企业	1		4591	4597
集体联营企业	1		511	504
国有与集体联营企业				
其他联营企业	1		2113	2113
私营合伙企业	63	2	294300	284342
合作经营企业（港或澳、台资）	3		20363	19796
中外合作经营企业	14		245337	245060
其他企业（内资）	39	4	206235	205028
股份有限公司	185	14	7513275	7253564
股份有限公司（内资）	88	10	5468682	5368644
私营股份有限公司	85	2	508091	497049
港澳台商投资股份有限公司	7		629650	596842
外商投资股份有限公司	5	2	906852	791030
有限责任公司	3579	174	34954912	34269519
国有独资公司				
私营有限责任公司	2506	75	15357280	15066048
合资经营企业（港或澳、台资）	91	5	1980676	1927534
中外合资经营企业	182	29	4080380	3986014
其他有限责任公司	800	65	13536575	13289924
三、在总计中:亏损企业	**230**	**230**	**1314713**	**1303251**
在总计中:国有控股企业	74	11	7356785	7194362
在总计中:农村工业	27		232058	220212
在总计中:轻工业	2404	104	22410330	21896947
重工业	2431	126	30770928	30207907
在总计中:大型企业	40		14955030	14626357
中型企业	334	20	14163106	13855721
小型企业	4461	210	24063123	23622777

指标名称	出口交货值	资产总计	流动资产合计	应收帐款
总计	**4943709**	**32794916**	**14723562**	**2695791**
一、按登记注册类型分组:				
内资企业	2859438	24196266	10709781	1823475
国有企业	4102	1654191	576074	72136
中央企业		9718	2515	1217
地方企业	4102	1644473	573559	70919
集体企业	29642	1304369	474454	60974
股份合作企业	11942	80505	36493	15482
联营企业		1969	1398	348
国有联营企业		1169	845	27
集体联营企业		300	103	5
国有与集体联营企业				
其他联营企业		501	450	315
有限责任公司	1104917	9294643	4231690	697959
国有独资公司				
其他有限责任公司	1104917	9294643	4231690	697959
股份有限公司	552898	4907403	2325728	228479
私营企业	1141782	6832914	3008467	742009
私营独资企业	113936	744031	286107	83363
私营合作企业	6875	100244	56432	7560
私营有限责任公司	995728	5676352	2497597	602755
私营股份有限公司	25243	312288	168330	48331
其他企业	14156	120272	55478	6089
港、澳、台商投资企业	632950	2312516	1072313	236304
合资经营企业(港或澳、台资)	372043	1446997	667203	150096
合作经营企业(港或澳、台资)	3164	8468	2864	510
港澳台商独资经营企业	107243	229309	112607	35752
港澳台商投资股份有限公司	150501	627742	289639	49946
外商投资企业	1451321	6286134	2941469	636012
中外合资经营企业	790709	3038911	1560031	238583
中外合作经营企业	81174	153294	64987	29326
外资企业	456827	820350	462842	139296
外商投资股份有限公司	122611	2273580	853609	228807
二、按经济组织类型分组				
独资企业	711750	4752249	1912085	391520

指标名称	出口交货值	资产总计	流动资产合计	应收帐款
国有企业	4102	1654191	576074	72136
集体企业	29642	1304369	474454	60974
私营独资企业	113936	744031	286107	83363
港澳台商独资经营企业	107243	229309	112607	35752
外资企业	456827	820350	462842	139296
合作、合伙企业	117310	464752	217651	59315
股份合作企业	11942	80505	36493	15482
国有联营企业		1169	845	27
集体联营企业		300	103	5
国有与集体联营企业				
其他联营企业		501	450	315
私营合伙企业	6875	100244	56432	7560
合作经营企业(港或澳、台资)	3164	8468	2864	510
中外合作经营企业	81174	153294	64987	29326
其他企业(内资)	14156	120272	55478	6089
股份有限公司	851252	8121012	3637306	555563
股份有限公司(内资)	552898	4907403	2325728	228479
私营股份有限公司	25243	312288	168330	48331
港澳台商投资股份有限公司	150501	627742	289639	49946
外商投资股份有限公司	122611	2273580	853609	228807
有限责任公司	3263397	19456904	8956521	1689393
国有独资公司				
私营有限责任公司	995728	5676352	2497597	602755
合资经营企业(港或澳、台资)	372043	1446997	667203	150096
中外合资经营企业	790709	3038911	1560031	238583
其他有限责任公司	1104917	9294643	4231690	697959
三、在总计中:亏损企业	**157482**	**1638126**	**525505**	**117941**
在总计中:国有控股企业	312863	8441155	3260148	543205
在总计中:农村工业	23062	95521	30792	6188
在总计中:轻工业	3310642	12995184	5828839	1076787
重工业	1633067	19799732	8894723	1619004
在总计中:大型企业	1431058	13692129	6209223	863359
中型企业	1534019	9859346	4472931	783536
小型企业	1978633	9243442	4041408	1048896

指 标 名 称	存　　货	产成品	流动资产年平均余额	固定资产合　　计
总　　计	**4477831**	**2108513**	**14142683**	**14104837**
一、按登记注册类型分组:				
内资企业	3240359	1566590	10457251	10717545
国有企业	136261	41205	653038	1014497
中央企业	705	26	2550	7187
地方企业	135556	41179	650488	1007310
集体企业	100733	55262	418100	738062
股份合作企业	8085	5485	41094	38988
联营企业	588	141	1289	568
国有联营企业	387	43	852	324
集体联营企业	69	2	80	197
国有与集体联营企业				
其他联营企业	132	96	357	47
有限责任公司	1247628	621263	4093472	4260174
国有独资公司				
其他有限责任公司	1247628	621263	4093472	4260174
股份有限公司	716247	285435	2312458	1476078
私营企业	1016125	550555	2879086	3132403
私营独资企业	96225	53601	291572	394083
私营合作企业	13844	7123	41917	43012
私营有限责任公司	844482	466196	2386787	2592420
私营股份有限公司	61575	23635	158810	102888
其他企业	14693	7242	58714	56776
港、澳、台商投资企业	301828	165101	983992	1027232
合资经营企业(港或澳、台资)	167824	89116	588559	613935
合作经营企业(港或澳、台资)	1106	429	1309	5327
港澳台商独资经营企业	37882	17248	110216	96848
港澳台商投资股份有限公司	95017	58308	283909	311122
外商投资企业	935644	376823	2701441	2360061
中外合资经营企业	583392	170076	1471482	1218004
中外合作经营企业	18148	8006	68683	78822
外资企业	135342	72801	425633	317458
外商投资股份有限公司	198763	125940	735642	745776
二、按经济组织类型分组				
独资企业	506441	240117	1898560	2560948

9－2续表5　　　　单位:万元

指标名称	存货	产成品	流动资产年平均余额	固定资产合计
国有企业	136261	41205	653038	1014497
集体企业	100733	55262	418100	738062
私营独资企业	96225	53601	291572	394083
港澳台商独资经营企业	37882	17248	110216	96848
外资企业	135342	72801	425633	317458
合作、合伙企业	56463	28427	213006	223491
股份合作企业	8085	5485	41094	38988
国有联营企业	387	43	852	324
集体联营企业	69	2	80	197
国有与集体联营企业				
其他联营企业	132	96	357	47
私营合伙企业	13844	7123	41917	43012
合作经营企业(港或澳、台资)	1106	429	1309	5327
中外合作经营企业	18148	8006	68683	78822
其他企业(内资)	14693	7242	58714	56776
股份有限公司	1071601	493319	3490819	2635864
股份有限公司(内资)	716247	285435	2312458	1476078
私营股份有限公司	61575	23635	158810	102888
港澳台商投资股份有限公司	95017	58308	283909	311122
外商投资股份有限公司	198763	125940	735642	745776
有限责任公司	2843325	1346652	8540299	8684534
国有独资公司				
私营有限责任公司	844482	466196	2386787	2592420
合资经营企业(港或澳、台资)	167824	89116	588559	613935
中外合资经营企业	583392	170076	1471482	1218004
其他有限责任公司	1247628	621263	4093472	4260174
三、在总计中:亏损企业	**188660**	**85167**	**531305**	**961528**
在总计中:国有控股企业	789671	322383	3192523	3496553
在总计中:农村工业	12530	7036	29083	57543
在总计中:轻工业	2032174	895741	5436916	5511841
重工业	2445657	1212773	8705767	8592996
在总计中:大型企业	1785810	708459	5982637	5448244
中型企业	1385715	686978	4302282	4492152
小型企业	1306306	713077	3857764	4164441

9－2 续表6　　　　单位:万元

指 标 名 称	资 产 总 计			
	固定资产原价	累计折旧	固定资产净值	固定资产净值年平均余额
总　计	**19154758**	**7028005**	**12126753**	**12673145**
一、按登记注册类型分组:				
内资企业	14386102	5221361	9164741	9709138
国有企业	1011936	332976	678961	673828
中央企业	12512	5325	7187	7070
地方企业	999424	327651	671773	666758
集体企业	995933	410639	585294	610823
股份合作企业	74928	43178	31750	23515
联营企业	870	370	501	531
国有联营企业	594	270	324	333
集体联营企业	219	87	131	152
国有与集体联营企业				
其他联营企业	58	12	46	47
有限责任公司	6270303	2577641	3692662	3637089
国有独资公司				
其他有限责任公司	6270303	2577641	3692662	3637089
股份有限公司	1950265	713642	1236623	1843224
私营企业	4016049	1124489	2891560	2870095
私营独资企业	545031	168708	376323	378411
私营合作企业	53334	13922	39412	40561
私营有限责任公司	3297761	913736	2384025	2361491
私营股份有限公司	119923	28123	91800	89632
其他企业	65819	18427	47392	50033
港、澳、台商投资企业	1304662	402045	902617	820395
合资经营企业(港或澳、台资)	756881	240558	516323	455274
合作经营企业(港或澳、台资)	7116	1789	5327	4711
港澳台商独资经营企业	126556	39265	87291	85087
港澳台商投资股份有限公司	414109	120432	293677	275322
外商投资企业	3463994	1404599	2059395	2143613
中外合资经营企业	1890458	860810	1029648	1038325
中外合作经营企业	91194	14197	76997	59271
外资企业	387140	125206	261934	288522
外商投资股份有限公司	1095203	404387	690816	757495
二、按经济组织类型分组				
独资企业	3066596	1076794	1989802	2036671

指标名称	资产总计			
	固定资产原价	累计折旧	固定资产净值	固定资产净值年平均余额
国有企业	1011936	332976	678961	673828
集体企业	995933	410639	585294	610823
私营独资企业	545031	168708	376323	378411
港澳台商独资经营企业	126556	39265	87291	85087
外资企业	387140	125206	261934	288522
合作、合伙企业	293261	91883	201378	178622
股份合作企业	74928	43178	31750	23515
国有联营企业	594	270	324	333
集体联营企业	219	87	131	152
国有与集体联营企业				
其他联营企业	58	12	46	47
私营合伙企业	53334	13922	39412	40561
合作经营企业(港或澳、台资)	7116	1789	5327	4711
中外合作经营企业	91194	14197	76997	59271
其他企业(内资)	65819	18427	47392	50033
股份有限公司	3579500	1266583	2312917	2965673
股份有限公司(内资)	1950265	713642	1236623	1843224
私营股份有限公司	119923	28123	91800	89632
港澳台商投资股份有限公司	414109	120432	293677	275322
外商投资股份有限公司	1095203	404387	690816	757495
有限责任公司	12215402	4592745	7622657	7492179
国有独资公司				
私营有限责任公司	3297761	913736	2384025	2361491
合资经营企业(港或澳、台资)	756881	240558	516323	455274
中外合资经营企业	1890458	860810	1029648	1038325
其他有限责任公司	6270303	2577641	3692662	3637089
三、在总计中:亏损企业	**1346536**	**458552**	**887984**	**871578**
在总计中:国有控股企业	4546130	1611448	2934682	3638704
在总计中:农村工业	78230	21961	56269	48975
在总计中:轻工业	7741952	2873311	4868641	4893994
重工业	11412806	4154693	7258112	7779151
在总计中:大型企业	7708013	3373724	4334290	5033779
中型企业	6177284	2190796	3986488	3882653
小型企业	5269461	1463485	3805976	3756714

指标名称	负债合计	流动负债合计	应付帐款	长期负债合计
总　　计	**18966149**	**15518737**	**3567851**	**2998211**
一、按登记注册类型分组:				
内资企业	14071484	11481950	2541107	2197865
国有企业	1046297	775755	90161	252084
中央企业	1572	1572	26	
地方企业	1044725	774183	90135	252084
集体企业	731509	599774	112975	89424
股份合作企业	54244	36826	8968	10212
联营企业	916	873	277	
国有联营企业	315	315	34	
集体联营企业	250	248	78	
国有与集体联营企业				
其他联营企业	351	310	164	
有限责任公司	5989125	4669714	980109	1183363
国有独资公司				
其他有限责任公司	5989125	4669714	980109	1183363
股份有限公司	2764756	2434858	618997	319610
私营企业	3411233	2908379	717298	326759
私营独资企业	327761	293841	79369	21598
私营合作企业	56207	48778	10035	6464
私营有限责任公司	2839200	2403188	591766	277100
私营股份有限公司	188066	162572	36128	21597
其他企业	73404	55770	12323	16413
港、澳、台商投资企业	1352133	1180227	275793	160937
合资经营企业(港或澳、台资)	803404	729025	215067	68053
合作经营企业(港或澳、台资)	2280	2280	846	
港澳台商独资经营企业	110987	98345	12103	8000
港澳台商投资股份有限公司	435463	350577	47777	84885
外商投资企业	3542533	2856561	750951	639409
中外合资经营企业	1946658	1629006	356980	275918
中外合作经营企业	83749	63142	38749	19689
外资企业	416893	380665	131198	32433
外商投资股份有限公司	1095232	783748	224025	311369
二、按经济组织类型分组				
独资企业	2633446	2148381	425806	403537

指 标 名 称	负 债 合 计	流动负债 合 计	应付帐款	长期负债 合 计
国有企业	1046297	775755	90161	252084
集体企业	731509	599774	112975	89424
私营独资企业	327761	293841	79369	21598
港澳台商独资经营企业	110987	98345	12103	8000
外资企业	416893	380665	131198	32433
合作、合伙企业	270799	207669	71197	52779
股份合作企业	54244	36826	8968	10212
国有联营企业	315	315	34	
集体联营企业	250	248	78	
国有与集体联营企业				
其他联营企业	351	310	164	
私营合伙企业	56207	48778	10035	6464
合作经营企业(港或澳、台资)	2280	2280	846	
中外合作经营企业	83749	63142	38749	19689
其他企业(内资)	73404	55770	12323	16413
股份有限公司	4483517	3731755	926926	737461
股份有限公司(内资)	2764756	2434858	618997	319610
私营股份有限公司	188066	162572	36128	21597
港澳台商投资股份有限公司	435463	350577	47777	84885
外商投资股份有限公司	1095232	783748	224025	311369
有限责任公司	11578387	9430933	2143923	1804434
国有独资公司				
私营有限责任公司	2839200	2403188	591766	277100
合资经营企业(港或澳、台资)	803404	729025	215067	68053
中外合资经营企业	1946658	1629006	356980	275918
其他有限责任公司	5989125	4669714	980109	1183363
三、在总计中:亏损企业	**1171231**	**786944**	**173226**	**343433**
在总计中:国有控股企业	4839630	3671414	908147	1148414
在总计中:农村工业	41950	37354	6448	367
在总计中:轻工业	7070410	5993185	1293520	993761
重工业	11895739	9525553	2274331	2004450
在总计中:大型企业	7879270	6592292	1580872	1252672
中型企业	6205678	4760355	899178	1257753
小型企业	4881202	4166090	1087802	487786

9－2 续表 10 单位:万元

指标名称	所有者权益合计	实收资本	国家资本	集体资本
总计	**13828767**	**5106360**	**553039**	**300454**
一、按登记注册类型分组:				
内资企业	10124782	3606924	518050	240053
国有企业	607894	206833	189235	
中央企业	8146	7000	7000	
地方企业	599748	199833	182235	
集体企业	572860	183168	390	180087
股份合作企业	26261	12511	500	5876
联营企业	1054	756	520	36
国有联营企业	853	520	520	
集体联营企业	50	36		36
国有与集体联营企业				
其他联营企业	150	200		
有限责任公司	3305518	1210910	224866	47655
国有独资公司				
其他有限责任公司	3305518	1210910	224866	47655
股份有限公司	2142647	654849	102539	1960
私营企业	3421681	1302603		1468
私营独资企业	416270	166898		730
私营合作企业	44037	26244		
私营有限责任公司	2837152	1050037		738
私营股份有限公司	124222	59425		
其他企业	46867	35294		2970
港、澳、台商投资企业	960384	430965	17881	14444
合资经营企业(港或澳、台资)	643594	286570	5309	13016
合作经营企业(港或澳、台资)	6188	1653		528
港澳台商独资经营企业	118322	72128		
港澳台商投资股份有限公司	192279	70614	12573	900
外商投资企业	2743602	1068471	17108	45958
中外合资经营企业	1092253	507911	17108	43186
中外合作经营企业	69545	43271		2771
外资企业	403457	267268		
外商投资股份有限公司	1178347	250020		
二、按经济组织类型分组				
独资企业	2118803	896295	189625	180817

9－2续表11 单位:万元

指标名称	所有者权益合计	实收资本	国家资本	集体资本
国有企业	607894	206833	189235	
集体企业	572860	183168	390	180087
私营独资企业	416270	166898		730
港澳台商独资经营企业	118322	72128		
外资企业	403457	267268		
合作、合伙企业	193952	119729	1020	12181
股份合作企业	26261	12511	500	5876
国有联营企业	853	520	520	
集体联营企业	50	36		36
国有与集体联营企业				
其他联营企业	150	200		
私营合伙企业	44037	26244		
合作经营企业(港或澳、台资)	6188	1653		528
中外合作经营企业	69545	43271		2771
其他企业(内资)	46867	35294		2970
股份有限公司	3637495	1034908	115111	2860
股份有限公司(内资)	2142647	654849	102539	1960
私营股份有限公司	124222	59425		
港澳台商投资股份有限公司	192279	70614	12573	900
外商投资股份有限公司	1178347	250020		
有限责任公司	7878517	3055429	247282	104596
国有独资公司				
私营有限责任公司	2837152	1050037		738
合资经营企业(港或澳、台资)	643594	286570	5309	13016
中外合资经营企业	1092253	507911	17108	43186
其他有限责任公司	3305518	1210910	224866	47655
三、在总计中:亏损企业	**466895**	**521762**	**156368**	**22300**
在总计中:国有控股企业	3601526	1077039	527671	2815
在总计中:农村工业	53571	28266		2052
在总计中:轻工业	5924774	2226719	66992	75961
重工业	7903994	2879641	486047	224493
在总计中:大型企业	5812859	1423683	163987	163739
中型企业	3653668	1518720	304539	83629
小型企业	4362240	2163957	84513	53086

指标名称	所有者权益合计			
	法人资本	个人资本	港澳台资本	外商资本
总计	**1700369**	**1552253**	**313727**	**686518**
一、按登记注册类型分组:				
内资企业	1421131	1346193	8046	73452
国有企业	16108	1490		
中央企业				
地方企业	16108	1490		
集体企业	809	1882		
股份合作企业	626	3509	2000	
联营企业		200		
国有联营企业				
集体联营企业				
国有与集体联营企业				
其他联营企业		200		
有限责任公司	357599	522875	5748	52168
国有独资公司				
其他有限责任公司	357599	522875	5748	52168
股份有限公司	377662	154402		18286
私营企业	646990	650848	299	2999
私营独资企业	70476	95495	99	98
私营合作企业	9755	16489		
私营有限责任公司	531952	514246	200	2901
私营股份有限公司	34807	24617		
其他企业	21337	10987		
港、澳、台商投资企业	64362	47730	285974	575
合资经营企业(港或澳、台资)	54080	17797	195794	575
合作经营企业(港或澳、台资)	320		805	
港澳台商独资经营企业			72128	
港澳台商投资股份有限公司	9962	29933	17247	
外商投资企业	214876	158331	19707	612491
中外合资经营企业	122049	73184	14920	237464
中外合作经营企业	35340	189		4971
外资企业				267268
外商投资股份有限公司	57488	84958	4787	102787
二、按经济组织类型分组				
独资企业	87393	98867	72227	267366

指标名称	所有者权益合计			
	法人资本	个人资本	港澳台资本	外商资本
国有企业	16108	1490		
集体企业	809	1882		
私营独资企业	70476	95495	99	98
港澳台商独资经营企业			72128	
外资企业				267268
合作、合伙企业	67377	31374	2805	4971
股份合作企业	626	3509	2000	
国有联营企业				
集体联营企业				
国有与集体联营企业				
其他联营企业		200		
私营合伙企业	9755	16489		
合作经营企业(港或澳、台资)	320		805	
中外合作经营企业	35340	189		4971
其他企业(内资)	21337	10987		
股份有限公司	479919	293910	22034	121074
股份有限公司(内资)	377662	154402		18286
私营股份有限公司	34807	24617		
港澳台商投资股份有限公司	9962	29933	17247	
外商投资股份有限公司	57488	84958	4787	102787
有限责任公司	1065680	1128102	216662	293107
国有独资公司				
私营有限责任公司	531952	514246	200	2901
合资经营企业(港或澳、台资)	54080	17797	195794	575
中外合资经营企业	122049	73184	14920	237464
其他有限责任公司	357599	522875	5748	52168
三、在总计中:亏损企业	**126128**	**98089**	**5811**	**113066**
在总计中:国有控股企业	234071	198947	11797	101738
在总计中:农村工业	344	25870		
在总计中:轻工业	787451	682019	245666	368631
重工业	912918	870235	68061	317887
在总计中:大型企业	432076	451791	39109	172981
中型企业	436423	355075	145301	193754
小型企业	831870	745387	129317	319784

单位:万元

指标名称	主营业务收入	主营业务成本	主营业务税金及附加	其他业务收入
总　计	**51534462**	**45263286**	**292926**	**1176764**
一、按登记注册类型分组:				
内资企业	42269976	37280957	267938	364995
国有企业	1863319	1669542	18772	32154
中央企业	4906	2563	777	541
地方企业	1858413	1666979	17994	31613
集体企业	2220983	2004244	20729	5737
股份合作企业	120462	109308	553	2223
联营企业	8731	8206	6	8
国有联营企业	5017	4632		8
集体联营企业	504	463	5	
国有与集体联营企业				
其他联营企业	3210	3111	2	
有限责任公司	13657275	12301718	108389	199776
国有独资公司				
其他有限责任公司	13657275	12301718	108389	199776
股份有限公司	5426016	4556909	35215	80505
私营企业	18768615	16449992	83422	44178
私营独资企业	2858164	2532415	15038	6740
私营合作企业	283466	241825	742	18
私营有限责任公司	15127057	13235089	65223	37039
私营股份有限公司	499928	440663	2419	381
其他企业	204577	181039	852	415
港、澳、台商投资企业	2885430	2469346	6856	58979
合资经营企业(港或澳、台资)	1933012	1623321	5663	34955
合作经营企业(港或澳、台资)	19296	16298	262	18
港澳台商独资经营企业	329278	284272	400	4975
港澳台商投资股份有限公司	603845	545455	532	19032
外商投资企业	6379055	5512983	18132	752789
中外合资经营企业	3989699	3443713	7954	59704
中外合作经营企业	252515	221089	1248	904
外资企业	1371234	1176950	8714	7750
外商投资股份有限公司	765607	671231	215	684432
二、按经济组织类型分组				
独资企业	8642977	7667423	63653	57355

9－2 续表15

单位:万元

指 标 名 称	主营业务收入	主营业务成本	主营业务税金及附加	其他业务收入
国有企业	1863319	1669542	18772	32154
集体企业	2220983	2004244	20729	5737
私营独资企业	2858164	2532415	15038	6740
港澳台商独资经营企业	329278	284272	400	4975
外资企业	1371234	1176950	8714	7750
合作、合伙企业	889048	777765	3664	3586
股份合作企业	120462	109308	553	2223
国有联营企业	5017	4632		8
集体联营企业	504	463	5	
国有与集体联营企业				
其他联营企业	3210	3111	2	
私营合伙企业	283466	241825	742	18
合作经营企业(港或澳、台资)	19296	16298	262	18
中外合作经营企业	252515	221089	1248	904
其他企业(内资)	204577	181039	852	415
股份有限公司	7295395	6214257	38381	784349
股份有限公司(内资)	5426016	4556909	35215	80505
私营股份有限公司	499928	440663	2419	381
港澳台商投资股份有限公司	603845	545455	532	19032
外商投资股份有限公司	765607	671231	215	684432
有限责任公司	34707042	30603841	187229	331474
国有独资公司				
私营有限责任公司	15127057	13235089	65223	37039
合资经营企业(港或澳、台资)	1933012	1623321	5663	34955
中外合资经营企业	3989699	3443713	7954	59704
其他有限责任公司	13657275	12301718	108389	199776
三、在总计中:亏损企业	**1359118**	**1336848**	**5148**	**27108**
在总计中:国有控股企业	6164308	5346118	49986	803269
在总计中:农村工业	227789	182151	4711	302
在总计中:轻工业	21715971	18926658	91264	820399
重工业	29818491	26336628	201663	356365
在总计中:大型企业	14819765	13104904	61896	924507
中型企业	14170047	12400502	108706	184694
小型企业	22544650	19757880	122324	67562

单位：万元

指标名称	其他业务利润	营业费用	管理费用	税金
总计	**91531**	**1022075**	**1356809**	**98718**
一、按登记注册类型分组：				
内资企业	70718	739960	1034707	84277
国有企业	13377	25662	82104	4016
中央企业	150	2	2244	193
地方企业	13226	25661	79860	3822
集体企业	1438	22329	34451	369
股份合作企业	2054	2679	3204	19
联营企业	8	171	59	23
国有联营企业	8	148	44	20
集体联营企业		6	5	2
国有与集体联营企业				
其他联营企业		18	10	
有限责任公司	29260	225068	357290	21635
国有独资公司				
其他有限责任公司	29260	225068	357290	21635
股份有限公司	11406	156525	189815	23064
私营企业	13125	304272	362532	33856
私营独资企业	1604	51657	46269	4061
私营合作企业	18	7453	7589	766
私营有限责任公司	11463	233718	297910	27460
私营股份有限公司	40	11444	10764	1570
其他企业	51	3253	5253	1296
港、澳、台商投资企业	5890	96994	109658	4720
合资经营企业（港或澳、台资）	3535	74376	78877	2826
合作经营企业（港或澳、台资）	18	110	280	44
港澳台商独资经营企业	871	9768	14439	733
港澳台商投资股份有限公司	1466	12740	16063	1117
外商投资企业	14923	185121	212444	9721
中外合资经营企业	13102	109734	116977	4175
中外合作经营企业	39	4121	2306	198
外资企业	1853	33780	67631	2258
外商投资股份有限公司	－70	37486	25531	3089
二、按经济组织类型分组				
独资企业	19143	143197	244893	11437

指标名称	其他业务利润	营业费用	管理费用	税金
国有企业	13377	25662	82104	4016
集体企业	1438	22329	34451	369
私营独资企业	1604	51657	46269	4061
港澳台商独资经营企业	871	9768	14439	733
外资企业	1853	33780	67631	2258
合作、合伙企业	2187	17787	18691	2345
股份合作企业	2054	2679	3204	19
国有联营企业	8	148	44	20
集体联营企业		6	5	2
国有与集体联营企业				
其他联营企业		18	10	
私营合伙企业	18	7453	7589	766
合作经营企业(港或澳、台资)	18	110	280	44
中外合作经营企业	39	4121	2306	198
其他企业(内资)	51	3253	5253	1296
股份有限公司	12842	218195	242172	28840
股份有限公司(内资)	11406	156525	189815	23064
私营股份有限公司	40	11444	10764	1570
港澳台商投资股份有限公司	1466	12740	16063	1117
外商投资股份有限公司	－70	37486	25531	3089
有限责任公司	57360	642896	851054	56095
国有独资公司				
私营有限责任公司	11463	233718	297910	27460
合资经营企业(港或澳、台资)	3535	74376	78877	2826
中外合资经营企业	13102	109734	116977	4175
其他有限责任公司	29260	225068	357290	21635
三、在总计中:亏损企业	**2960**	**29735**	**64575**	**3530**
在总计中:国有控股企业	26630	162733	239145	14173
在总计中:农村工业	10	8648	7076	299
在总计中:轻工业	25094	474972	563370	46249
重工业	66437	547102	793439	52469
在总计中:大型企业	28217	353148	375497	35245
中型企业	50143	273006	478240	22207
小型企业	13171	395921	503073	41267

指标名称	财务费用	利息支出	营业利润	投资收益
总　计	**675346**	**577454**	**3489436**	**34022**
一、按登记注册类型分组：				
内资企业	520637	435534	2807801	23673
国有企业	40873	37126	76732	4896
中央企业	63	63	1006	
地方企业	40810	37063	75726	4896
集体企业	32079	23000	203971	
股份合作企业	1383	1218	6138	1
联营企业	2		295	
国有联营企业	－1		202	
集体联营企业	2		24	
国有与集体联营企业				
其他联营企业	1		68	
有限责任公司	231000	206857	793047	5955
国有独资公司				
其他有限责任公司	231000	206857	793047	5955
股份有限公司	77114	68174	449891	11604
私营企业	136228	97581	1268020	1217
私营独资企业	16215	10138	188382	330
私营合作企业	2866	1885	17634	6
私营有限责任公司	111433	80829	1032975	500
私营股份有限公司	5714	4729	29029	381
其他企业	1959	1578	9708	
港、澳、台商投资企业	39542	31601	175327	142
合资经营企业（港或澳、台资）	17920	16513	140504	253
合作经营企业（港或澳、台资）	37	9	1905	
港澳台商独资经营企业	2890	2065	22107	35
港澳台商投资股份有限公司	18696	13014	10810	－146
外商投资企业	115166	110319	506308	10207
中外合资经营企业	79010	63596	261723	456
中外合作经营企业	1915	1233	21871	
外资企业	11833	5894	95902	282
外商投资股份有限公司	22409	39596	126812	9470
二、按经济组织类型分组				
独资企业	103889	78223	587094	5543

指标名称	财务费用	利息支出	营业利润	投资收益
国有企业	40873	37126	76732	4896
集体企业	32079	23000	203971	
私营独资企业	16215	10138	188382	330
港澳台商独资经营企业	2890	2065	22107	35
外资企业	11833	5894	95902	282
合作、合伙企业	8161	5923	57550	7
股份合作企业	1383	1218	6138	1
国有联营企业	－1		202	
集体联营企业	2		24	
国有与集体联营企业				
其他联营企业	1		68	
私营合伙企业	2866	1885	17634	6
合作经营企业(港或澳、台资)	37	9	1905	
中外合作经营企业	1915	1233	21871	
其他企业(内资)	1959	1578	9708	
股份有限公司	123933	125513	616542	21309
股份有限公司(内资)	77114	68174	449891	11604
私营股份有限公司	5714	4729	29029	381
港澳台商投资股份有限公司	18696	13014	10810	－146
外商投资股份有限公司	22409	39596	126812	9470
有限责任公司	439363	367796	2228248	7163
国有独资公司				
私营有限责任公司	111433	80829	1032975	500
合资经营企业(港或澳、台资)	17920	16513	140504	253
中外合资经营企业	79010	63596	261723	456
其他有限责任公司	231000	206857	793047	5955
三、在总计中:亏损企业	**41714**	**38468**	**－80543**	**－1744**
在总计中:国有控股企业	148858	155058	451643	24008
在总计中:农村工业	9798	1318	19357	
在总计中:轻工业	259869	237267	1438877	9676
重工业	415477	340187	2050558	24346
在总计中:大型企业	233593	241463	1080790	28817
中型企业	258281	215102	964655	2682
小型企业	183472	120889	1443991	2523

9－2 续表20 单位:万元

指标名称	补贴收入	营业外收入	营业外支出	利润总额
总计	**46880**	**135989**	**905518**	**2769530**
一、按登记注册类型分组:				
内资企业	36655	103075	776928	2164193
国有企业		14340	26701	68603
中央企业			2	1004
地方企业		14340	26699	67599
集体企业	851	4676	101370	108128
股份合作企业	8	－1691	354	4101
联营企业		14	12	298
国有联营企业		12		214
集体联营企业			10	14
国有与集体联营企业				
其他联营企业		3	1	70
有限责任公司	24173	42952	359418	494243
国有独资公司				
其他有限责任公司	24173	42952	359418	494243
股份有限公司	2798	21472	69061	401850
私营企业	8332	21057	219895	1076752
私营独资企业	379	2741	22950	168668
私营合作企业		112	3417	14335
私营有限责任公司	7019	17542	190520	866127
私营股份有限公司	934	663	3008	27623
其他企业	493	255	118	10217
港、澳、台商投资企业	8692	13818	10702	186705
合资经营企业(港或澳、台资)	992	9732	8736	142173
合作经营企业(港或澳、台资)		1	5	1901
港澳台商独资经营企业	202	3157	1604	23898
港澳台商投资股份有限公司	7497	928	356	18734
外商投资企业	1533	19095	117889	418632
中外合资经营企业	1108	－1610	53812	207332
中外合作经营企业		431	6014	16289
外资企业	212	3727	21774	78258
外商投资股份有限公司	214	16547	36288	116754
二、按经济组织类型分组				
独资企业	1644	28641	174400	447555

单位:万元

指标名称	补贴收入	营业外收入	营业外支出	利润总额
国有企业		14340	26701	68603
集体企业	851	4676	101370	108128
私营独资企业	379	2741	22950	168668
港澳台商独资经营企业	202	3157	1604	23898
外资企业	212	3727	21774	78258
合作、合伙企业	501	－878	9919	47140
股份合作企业	8	－1691	354	4101
国有联营企业		12		214
集体联营企业			10	14
国有与集体联营企业				
其他联营企业		3	1	70
私营合伙企业		112	3417	14335
合作经营企业(港或澳、台资)		1	5	1901
中外合作经营企业		431	6014	16289
其他企业(内资)	493	255	118	10217
股份有限公司	11442	39609	108713	564961
股份有限公司(内资)	2798	21472	69061	401850
私营股份有限公司	934	663	3008	27623
港澳台商投资股份有限公司	7497	928	356	18734
外商投资股份有限公司	214	16547	36288	116754
有限责任公司	33292	68616	612486	1709874
国有独资公司				
私营有限责任公司	7019	17542	190520	866127
合资经营企业(港或澳、台资)	992	9732	8736	142173
中外合资经营企业	1108	－1610	53812	207332
其他有限责任公司	24173	42952	359418	494243
三、在总计中:亏损企业	**10062**	**4942**	**29395**	**－104115**
在总计中:国有控股企业	12024	49055	105592	410532
在总计中:农村工业	4	9	3468	15898
在总计中:轻工业	17717	46958	273159	1237289
重工业	29162	89030	632359	1532241
在总计中:大型企业	9463	59742	301027	863941
中型企业	25816	38848	333145	685694
小型企业	11601	37399	271345	1219895

指标名称	应交所得税	亏损企业亏损总额	利税总额	本年应付工资总额
总　计	**420022**	**104115**	**4367723**	**2070237**
一、按登记注册类型分组:				
内资企业	339677	84327	3499277	1681206
国有企业	9893	2222	170914	65064
中央企业			33048	1250
地方企业	9893	2222	137866	63814
集体企业	12143	5	234585	115896
股份合作企业	172	727	6653	9352
联营企业	34		375	307
国有联营企业	29		215	204
集体联营企业	5		29	33
国有与集体联营企业				
其他联营企业	1		132	70
有限责任公司	101572	72445	917914	483251
国有独资公司				
其他有限责任公司	101572	72445	917914	483251
股份有限公司	62033	2606	609498	212137
私营企业	151311	5179	1542494	785478
私营独资企业	25085	218	240047	113800
私营合作企业	3290	56	21315	12626
私营有限责任公司	117217	4831	1240164	634806
私营股份有限公司	5720	74	40968	24247
其他企业	2519	1143	16844	9721
港、澳、台商投资企业	18514	603	276219	121858
合资经营企业(港或澳、台资)	12591	251	202830	86894
合作经营企业(港或澳、台资)	250		2769	889
港澳台商独资经营企业	2371	352	34447	19673
港澳台商投资股份有限公司	3303		36173	14403
外商投资企业	61831	19185	592227	267173
中外合资经营企业	26086	13388	308731	162798
中外合作经营企业	2461		24379	10621
外资企业	6837	4076	111560	68550
外商投资股份有限公司	26446	1721	147557	25205
二、按经济组织类型分组				
独资企业	56329	6873	791553	382982

9－2 续表23 单位:万元

指标名称	应交所得税	亏损企业亏损总额	利税总额	本年应付工资总额
国有企业	9893	2222	170914	65064
集体企业	12143	5	234585	115896
私营独资企业	25085	218	240047	113800
港澳台商独资经营企业	2371	352	34447	19673
外资企业	6837	4076	111560	68550
合作、合伙企业	8726	1926	72335	43515
股份合作企业	172	727	6653	9352
国有联营企业	29		215	204
集体联营企业	5		29	33
国有与集体联营企业				
其他联营企业	1		132	70
私营合伙企业	3290	56	21315	12626
合作经营企业(港或澳、台资)	250		2769	889
中外合作经营企业	2461		24379	10621
其他企业(内资)	2519	1143	16844	9721
股份有限公司	97502	4401	834196	275992
股份有限公司(内资)	62033	2606	609498	212137
私营股份有限公司	5720	74	40968	24247
港澳台商投资股份有限公司	3303		36173	14403
外商投资股份有限公司	26446	1721	147557	25205
有限责任公司	257466	90915	2669638	1367749
国有独资公司				
私营有限责任公司	117217	4831	1240164	634806
合资经营企业(港或澳、台资)	12591	251	202830	86894
中外合资经营企业	26086	13388	308731	162798
其他有限责任公司	101572	72445	917914	483251
三、在总计中:亏损企业	**－9638**	**104115**	**－59001**	**94059**
在总计中:国有控股企业	70706	53285	727568	212484
在总计中:农村工业	1056		32370	6997
在总计中:轻工业	179081	16966	1795653	1055810
重工业	240941	87149	2572070	1014427
在总计中:大型企业	152303		1362460	491111
中型企业	102020	62251	1156748	691749
小型企业	165699	41864	1848514	887377

单位：万元

指 标 名 称	本年应付福利费总额	本年应交增值税	本年进项税额	本年销项税额	全部从业人员年平均人数（人）
总　计	**184243**	**1305266**	**6068576**	**6976167**	**834540**
一、按登记注册类型分组：					
内资企业	157113	1067146	5012825	5850745	688342
国有企业	4993	83539	287618	421271	24465
中央企业	32	31266	53692	127630	2384
地方企业	4961	52273	233926	293641	22081
集体企业	5060	105728	237198	307254	31470
股份合作企业	402	1999	13663	13872	4584
联营企业	－2	71	241	273	106
国有联营企业	－18	1		1	64
集体联营企业	5	10	76	86	15
国有与集体联营企业					
其他联营企业	11	60	166	187	27
有限责任公司	43482	315282	1436376	1650504	213389
国有独资公司					
其他有限责任公司	43482	315282	1436376	1650504	213389
股份有限公司	20092	172432	874804	971399	62979
私营企业	82058	382320	2145530	2467127	347175
私营独资企业	8835	56341	337860	387800	49346
私营合作企业	614	6238	26077	32101	5008
私营有限责任公司	70917	308815	1728530	1985781	281618
私营股份有限公司	1691	10927	53064	61445	11203
其他企业	1029	5775	17395	19045	4174
港、澳、台商投资企业	5576	82658	293742	313097	48093
合资经营企业（港或澳、台资）	3611	54994	210274	226082	30462
合作经营企业（港或澳、台资）	98	607	2442	2042	608
港澳台商独资经营企业	1605	10149	34591	35277	8396
港澳台商投资股份有限公司	262	16908	46434	49696	8627
外商投资企业	21553	155463	762009	812324	98105
中外合资经营企业	11509	93445	468759	487981	58088
中外合作经营企业	817	6842	30862	35145	3563
外资企业	5767	24588	156668	161395	28322
外商投资股份有限公司	3460	30588	105719	127803	8132
二、按经济组织类型分组					
独资企业	26260	280346	1053935	1312997	141999

单位:万元

指标名称	本年应付福利费总额	本年应交增值税	本年进项税额	本年销项税额	全部从业人员年平均人数(人)
国有企业	4993	83539	287618	421271	24465
集体企业	5060	105728	237198	307254	31470
私营独资企业	8835	56341	337860	387800	49346
港澳台商独资经营企业	1605	10149	34591	35277	8396
外资企业	5767	24588	156668	161395	28322
合作、合伙企业	2958	21531	90680	102478	18043
股份合作企业	402	1999	13663	13872	4584
国有联营企业	－18	1		1	64
集体联营企业	5	10	76	86	15
国有与集体联营企业					
其他联营企业	11	60	166	187	27
私营合伙企业	614	6238	26077	32101	5008
合作经营企业(港或澳、台资)	98	607	2442	2042	608
中外合作经营企业	817	6842	30862	35145	3563
其他企业(内资)	1029	5775	17395	19045	4174
股份有限公司	25505	230854	1080021	1210343	90941
股份有限公司(内资)	20092	172432	874804	971399	62979
私营股份有限公司	1691	10927	53064	61445	11203
港澳台商投资股份有限公司	262	16908	46434	49696	8627
外商投资股份有限公司	3460	30588	105719	127803	8132
有限责任公司	129519	772536	3843940	4350348	583557
国有独资公司					
私营有限责任公司	70917	308815	1728530	1985781	281618
合资经营企业(港或澳、台资)	3611	54994	210274	226082	30462
中外合资经营企业	11509	93445	468759	487981	58088
其他有限责任公司	43482	315282	1436376	1650504	213389
三、在总计中:亏损企业	**6517**	**39965**	**144907**	**162559**	**41021**
在总计中:国有控股企业	21453	267050	997347	1286885	71863
在总计中:农村工业	867	11761	21488	32249	3204
在总计中:轻工业	99920	467100	2264640	2534573	447286
重工业	84323	838166	3803935	4441594	387254
在总计中:大型企业	46503	436623	2035921	2312982	162421
中型企业	51187	362348	1410385	1602179	255512
小型企业	86553	506295	2622270	3061006	416607

9－3　全市工业企业主要经济指标(二)

(2008 年)　　　　单位:万元

指标名称	企业单位数(个)	亏损企业	工业总产值(当年价格)	工业销售产值(当年价格)
总　计	**4835**	**230**	**53181258**	**52104854**
煤炭开采和洗选业	6		70350	70374
石油和天然气开采业	2		35515	35198
黑色金属矿采选业	10	1	27222	25587
有色金属矿采选业	3		5097	4919
非金属矿采选业	96	2	651901	633433
其他采矿业				
农副食品加工业	493	18	6029614	5932227
食品制造业	109	10	1284706	1254941
饮料制造业	40		294555	291009
烟草制品业	4		317554	312439
纺织业	820	35	6226735	6123798
纺织服装、鞋、帽制造业	163	9	1727038	1696947
皮革、毛皮、羽毛(绒)及其制品业	53		361321	356709
木材加工及木、竹、藤、棕、草制品业	56	1	649371	639767
家具制造业	84	1	541785	529857
造纸及纸制品业	157	3	2198728	2043729
印刷业和记录媒介的复制	43	3	178505	176714
文教体育用品制造业	28	4	93083	92630
石油加工、炼焦及核燃料加工业	21		2542814	2512278
化学原料及化学制品制造业	539	35	6860626	6677522
医药制造业	71	7	1076811	1048961
化学纤维制造业	8		510986	490011
橡胶制品业	89	2	1196603	1174197
塑料制品业	181	14	729961	714800
非金属矿物制品业	236	8	1343684	1315336
黑色金属冶炼及压延加工业	37	2	2214951	2170033
有色金属冶炼及压延加工业	47		540906	529678
金属制品业	152	5	815492	795502
通用设备制造业	473	23	3697954	3602542
专用设备制造业	249	13	2676885	2613150
交通运输设备制造业	203	8	4389901	4373108
电气机械及器材制造业	130	4	979509	970484
通信设备、计算机及其他电子设备制造业	60	7	474375	456644
仪器仪表及文化、办公用机械制造业	14		52339	45158
工艺品及其他制造业	113	2	474332	484198
废弃资源和废旧材料回收加工业				
电力、热力的生产和供应业	25	10	1842106	1843077
燃气生产和供应业	5		30260	30519
水的生产和供应业	15	3	37685	37382

单位:万元

指标名称	出口交货值	资产总计	流动资产合计	应收帐款
总　计	**4943709**	**32794916**	**14723562**	**2695791**
煤炭开采和洗选业		82145	46403	5127
石油和天然气开采业		87352	30617	15129
黑色金属矿采选业		55215	10891	1337
有色金属矿采选业	1786	1943	855	318
非金属矿采选业	1702	438088	178797	55699
其他采矿业				
农副食品加工业	610880	2682256	1282755	175642
食品制造业	305685	612325	285144	49471
饮料制造业		248149	136884	24965
烟草制品业		39937	9257	6716
纺织业	812194	2665544	1098139	178381
纺织服装、鞋、帽制造业	521495	1005651	569425	77334
皮革、毛皮、羽毛(绒)及其制品业	80394	98022	40134	8477
木材加工及木、竹、藤、棕、草制品业	77913	439489	196565	20221
家具制造业	148202	197398	83261	22471
造纸及纸制品业	136186	3147656	1259937	329313
印刷业和记录媒介的复制	1344	81609	32087	9181
文教体育用品制造业	32301	31158	13396	2053
石油加工、炼焦及核燃料加工业	36432	2010470	945857	65949
化学原料及化学制品制造业	417206	4689908	1920566	333826
医药制造业	189822	802449	390787	75576
化学纤维制造业	59677	590985	262915	18580
橡胶制品业	114356	573786	216696	66961
塑料制品业	158166	299991	150854	35141
非金属矿物制品业	76482	773656	291490	60903
黑色金属冶炼及压延加工业	59253	1505868	576703	53735
有色金属冶炼及压延加工业	23305	184339	117434	28769
金属制品业	29985	400736	183227	48660
通用设备制造业	222797	2173251	1225297	367058
专用设备制造业	291121	1549677	844184	208108
交通运输设备制造业	63048	2664935	1429047	120983
电气机械及器材制造业	85371	539329	259575	92210
通信设备、计算机及其他电子设备制造业	131090	476123	230658	64048
仪器仪表及文化、办公用机械制造业	2003	39152	24873	5086
工艺品及其他制造业	253515	202260	87815	19453
废弃资源和废旧材料回收加工业				
电力、热力的生产和供应业		1156183	223389	43535
燃气生产和供应业		47381	10322	1123
水的生产和供应业		200505	57327	4254

指 标 名 称	存　贷	产成品	流动资产年平均余额	固定资产合　计
总　计	**4477831**	**2108513**	**14142683**	**14104837**
煤炭开采和洗选业	17421	3056	44758	25388
石油和天然气开采业	177	177	17397	23022
黑色金属矿采选业	1136	787	8352	40048
有色金属矿采选业	265	192	753	1088
非金属矿采选业	46505	39433	158100	180615
其他采矿业				
农副食品加工业	539841	194371	1261727	1148799
食品制造业	108909	60138	277816	282224
饮料制造业	59671	18466	129222	77568
烟草制品业	1761	1082	9152	29465
纺织业	508304	225472	1100902	1402795
纺织服装、鞋、帽制造业	124833	79553	472954	334722
皮革、毛皮、羽毛(绒)及其制品业	18643	5110	40800	52103
木材加工及木、竹、藤、棕、草制品业	45944	10338	163905	226623
家具制造业	27622	12263	67758	102358
造纸及纸制品业	309699	195785	1101568	1122430
印刷业和记录媒介的复制	8015	4031	32633	43554
文教体育用品制造业	4096	2240	13237	15657
石油加工、炼焦及核燃料加工业	216601	116675	924581	922612
化学原料及化学制品制造业	504189	274023	1924290	2110545
医药制造业	70246	33053	328407	333843
化学纤维制造业	144601	11103	239618	201321
橡胶制品业	63658	42973	242071	327428
塑料制品业	56560	34737	152259	121795
非金属矿物制品业	103314	50933	277978	420692
黑色金属冶炼及压延加工业	162285	90655	564241	839318
有色金属冶炼及压延加工业	25671	11406	93724	63634
金属制品业	70777	31889	186899	181292
通用设备制造业	377573	155738	1189531	738348
专用设备制造业	319566	124817	796455	523578
交通运输设备制造业	330933	184552	1431720	733412
电气机械及器材制造业	55756	32282	265604	230081
通信设备、计算机及其他电子设备制造业	69039	29471	227383	134508
仪器仪表及文化、办公用机械制造业	15036	10551	23649	10709
工艺品及其他制造业	31132	13137	90494	96931
废弃资源和废旧材料回收加工业				
电力、热力的生产和供应业	35813	7504	218291	862994
燃气生产和供应业	1050	181	11477	26936
水的生产和供应业	1194	343	52979	116405

单位:万元

指标名称	资产总计			
	固定资产原价	累计折旧	固定资产净值	固定资产净值年平均余额
总计	**19154758**	**7028005**	**12126753**	**12673145**
煤炭开采和洗选业	37462	15263	22199	22679
石油和天然气开采业	26036	3014	23022	44789
黑色金属矿采选业	48642	8667	39975	39203
有色金属矿采选业	3240	2152	1088	972
非金属矿采选业	230590	65476	165114	163462
其他采矿业				
农副食品加工业	1884155	848315	1035840	1043866
食品制造业	401966	141980	259986	256950
饮料制造业	115589	41642	73947	74492
烟草制品业	40956	18086	22871	19417
纺织业	1774856	552881	1221976	1221021
纺织服装、鞋、帽制造业	473915	216814	257102	267157
皮革、毛皮、羽毛(绒)及其制品业	72025	20425	51599	49752
木材加工及木、竹、藤、棕、草制品业	326757	112614	214144	112443
家具制造业	210159	111477	98681	83472
造纸及纸制品业	1532885	496178	1036707	1068534
印刷业和记录媒介的复制	65730	25672	40058	34004
文教体育用品制造业	17798	2494	15303	16019
石油加工、炼焦及核燃料加工业	785777	205444	580333	581955
化学原料及化学制品制造业	2787123	1040464	1746658	1769525
医药制造业	363248	109846	253402	249654
化学纤维制造业	295902	121414	174488	190863
橡胶制品业	670664	366970	303694	301495
塑料制品业	152780	46754	106026	104997
非金属矿物制品业	538519	145611	392908	384491
黑色金属冶炼及压延加工业	1094437	460625	633811	769900
有色金属冶炼及压延加工业	76704	19230	57474	57771
金属制品业	229584	66010	163574	143356
通用设备制造业	1031837	355942	675894	629080
专用设备制造业	629725	189157	440569	443427
交通运输设备制造业	934001	310565	623436	1159311
电气机械及器材制造业	519731	307274	212457	191604
通信设备、计算机及其他电子设备制造业	156743	32404	124339	113751
仪器仪表及文化、办公用机械制造业	13678	6459	7219	7313
工艺品及其他制造业	136406	46457	89948	86850
废弃资源和废旧材料回收加工业				
电力、热力的生产和供应业	1303631	472512	831119	843309
燃气生产和供应业	31921	5821	26100	23572
水的生产和供应业	139589	35896	103693	102690

指标名称	负债合计	流动负债合计	应付帐款	长期负债合计
总　　计	**18966149**	**15518737**	**3567851**	**2998211**
煤炭开采和洗选业	37837	31173	5083	6657
石油和天然气开采业	9140	7122	2004	2018
黑色金属矿采选业	41715	41569	476	
有色金属矿采选业	886	817		
非金属矿采选业	271393	211521	31285	16713
其他采矿业				
农副食品加工业	1595738	1364748	215976	216416
食品制造业	345273	291871	65895	49525
饮料制造业	142777	138542	43197	3232
烟草制品业	6137	5319	26	361
纺织业	1533168	1366551	230008	153885
纺织服装、鞋、帽制造业	504225	486315	169742	13786
皮革、毛皮、羽毛(绒)及其制品业	42036	38737	15861	2331
木材加工及木、竹、藤、棕、草制品业	304690	298687	83179	5099
家具制造业	103217	86673	29639	6793
造纸及纸制品业	1525297	1178349	310839	335412
印刷业和记录媒介的复制	46509	42141	6499	942
文教体育用品制造业	13550	11371	3188	2108
石油加工、炼焦及核燃料加工业	1530357	1131020	92678	389718
化学原料及化学制品制造业	2761576	2215925	416587	397925
医药制造业	379110	323144	70229	54830
化学纤维制造业	397999	288843	36349	109105
橡胶制品业	260935	163274	36559	74715
塑料制品业	174325	157156	45507	12332
非金属矿物制品业	440239	285788	73944	147511
黑色金属冶炼及压延加工业	728719	586561	91250	112481
有色金属冶炼及压延加工业	119632	89220	17213	18726
金属制品业	212301	190952	33442	16932
通用设备制造业	1309567	1138600	401939	139353
专用设备制造业	1029696	889952	267754	114712
交通运输设备制造业	1563737	1460849	521366	88513
电气机械及器材制造业	293991	231144	69218	60025
通信设备、计算机及其他电子设备制造业	192592	167917	60850	23730
仪器仪表及文化、办公用机械制造业	27992	24661	11207	3259
工艺品及其他制造业	115828	98998	26723	13681
废弃资源和废旧材料回收加工业				
电力、热力的生产和供应业	799525	389344	73511	387618
燃气生产和供应业	23676	22185	2746	1492
水的生产和供应业	80765	61702	5886	16274

单位:万元

指标名称	所有者权益合计	实收资本	国家资本	集体资本
总　计	**13828767**	**5106360**	**553039**	**300454**
煤炭开采和洗选业	44308	10939		318
石油和天然气开采业	78212	22794	1900	
黑色金属矿采选业	13500	4580		
有色金属矿采选业	1058	251		251
非金属矿采选业	166695	75175	27598	8302
其他采矿业				
农副食品加工业	1086518	390731	1950	24763
食品制造业	267051	134029		799
饮料制造业	105372	60581	12117	300
烟草制品业	33799	16960	16960	
纺织业	1132377	481250	4581	6566
纺织服装、鞋、帽制造业	501426	127428		20236
皮革、毛皮、羽毛(绒)及其制品业	55986	29140		
木材加工及木、竹、藤、棕、草制品业	134799	43176		17708
家具制造业	94181	37854		
造纸及纸制品业	1622358	502843	1955	15106
印刷业和记录媒介的复制	35100	18998	6059	1172
文教体育用品制造业	17608	8285		
石油加工、炼焦及核燃料加工业	480113	100417	45555	3856
化学原料及化学制品制造业	1928332	742681	108441	18817
医药制造业	423339	127270	15762	
化学纤维制造业	192986	98399		
橡胶制品业	312851	115385		170
塑料制品业	125665	67947	390	1333
非金属矿物制品业	333417	172000	23597	32339
黑色金属冶炼及压延加工业	777149	213600		120050
有色金属冶炼及压延加工业	64707	25614		500
金属制品业	188435	76730	3000	1039
通用设备制造业	863684	313886	28778	3062
专用设备制造业	519981	195044	10205	5210
交通运输设备制造业	1101197	261684	21155	3417
电气机械及器材制造业	245338	117331	15428	56
通信设备、计算机及其他电子设备制造业	283530	123376		820
仪器仪表及文化、办公用机械制造业	11159	3353		
工艺品及其他制造业	86433	44705		1581
废弃资源和废旧材料回收加工业				
电力、热力的生产和供应业	356658	248813	183720	7316
燃气生产和供应业	23704	20450	14000	
水的生产和供应业	119740	72665	9889	5368

单位:万元

指标名称	所有者权益合计			
	法人资本	个人资本	港澳台资本	外商资本
总　计	**1700369**	**1552253**	**313727**	**686518**
煤炭开采和洗选业	2275	6650	471	1225
石油和天然气开采业	20894			
黑色金属矿采选业	4440	140		
有色金属矿采选业				
非金属矿采选业	6243	31867	707	458
其他采矿业				
农副食品加工业	105766	173532	25920	58799
食品制造业	43216	41415	6032	42568
饮料制造业	13338	15449		19377
烟草制品业				
纺织业	308852	113146	17614	30491
纺织服装、鞋、帽制造业	43680	31215	12347	19951
皮革、毛皮、羽毛(绒)及其制品业	16228	7146	50	5716
木材加工及木、竹、藤、棕、草制品业	12762	11782	842	83
家具制造业	17440	9287	9945	1182
造纸及纸制品业	98498	121608	145985	119692
印刷业和记录媒介的复制	2827	3055	5844	40
文教体育用品制造业	1450	1243	830	4762
石油加工、炼焦及核燃料加工业	22200	20252		8555
化学原料及化学制品制造业	253151	241876	31467	88929
医药制造业	37322	41229	978	31979
化学纤维制造业	39854	58545		
橡胶制品业	57415	31273	1162	25365
塑料制品业	26490	26891	6171	6673
非金属矿物制品业	48606	43120	3238	21099
黑色金属冶炼及压延加工业	10980	39685	4565	38320
有色金属冶炼及压延加工业	10298	14176	590	50
金属制品业	38944	28815	3038	1894
通用设备制造业	132765	101858	5730	41693
专用设备制造业	52022	82364	1709	43533
交通运输设备制造业	138164	82459	859	15630
电气机械及器材制造业	28271	68524	468	4585
通信设备、计算机及其他电子设备制造业	62258	34575	8357	17366
仪器仪表及文化、办公用机械制造业	75	3178		100
工艺品及其他制造业	12391	14593	11122	5018
废弃资源和废旧材料回收加工业				
电力、热力的生产和供应业	15366	32118	409	9886
燃气生产和供应业		1465	4985	
水的生产和供应业	15889	17725	2294	21502

9－3 续表 7

单位:万元

指 标 名 称	主营业务收入	主营业务成本	主营业务税金及附加	其他业务收入
总 计	**51534462**	**45263286**	**292926**	**1176764**
煤炭开采和洗选业	73837	56325	790	2668
石油和天然气开采业	35198	30971	7076	
黑色金属矿采选业	24040	22016	184	1496
有色金属矿采选业	4908	4645		
非金属矿采选业	632941	460865	19179	13224
其他采矿业				
农副食品加工业	6048521	5455789	13553	4805
食品制造业	1250558	1090499	8367	25920
饮料制造业	296355	231326	20901	9369
烟草制品业	26383	16217	1203	3638
纺织业	6176604	5385345	22614	23856
纺织服装、鞋、帽制造业	1663709	1380767	6000	1707
皮革、毛皮、羽毛(绒)及其制品业	357605	316740	1785	891
木材加工及木、竹、藤、棕、草制品业	643621	581338	2388	232
家具制造业	514001	438730	1508	282
造纸及纸制品业	2037901	1806891	3488	711084
印刷业和记录媒介的复制	177276	155172	749	161
文教体育用品制造业	89674	78289	157	55
石油加工、炼焦及核燃料加工业	2481989	2335943	32667	6679
化学原料及化学制品制造业	6745585	5921419	43707	135547
医药制造业	1023246	753855	2591	19839
化学纤维制造业	498286	451212	1510	7123
橡胶制品业	1161122	1053107	5587	375
塑料制品业	729566	656774	2876	4524
非金属矿物制品业	1342409	1133652	7291	5795
黑色金属冶炼及压延加工业	2382205	2225843	8032	25700
有色金属冶炼及压延加工业	542118	497356	1481	189
金属制品业	830164	721997	4189	3643
通用设备制造业	3644705	3168714	20194	32423
专用设备制造业	2679277	2389537	9660	37040
交通运输设备制造业	4274845	3660365	21036	64689
电气机械及器材制造业	976668	850609	8892	2833
通信设备、计算机及其他电子设备制造业	456757	362942	1985	8582
仪器仪表及文化、办公用机械制造业	44693	36023	130	159
工艺品及其他制造业	478727	422345	1635	1027
废弃资源和废旧材料回收加工业				
电力、热力的生产和供应业	1120958	1063067	8356	11265
燃气生产和供应业	29925	24528	171	5808
水的生产和供应业	38087	22077	997	4139

单位:万元

指标名称	其他业务利润	营业费用	管理费用	税金
总计	**91531**	**1022075**	**1356809**	**98718**
煤炭开采和洗选业	1390	874	8352	222
石油和天然气开采业		6800	1196	19
黑色金属矿采选业	15	37	1545	1
有色金属矿采选业		13	60	2
非金属矿采选业	3729	19245	20248	1073
其他采矿业				
农副食品加工业	2377	110225	129032	5274
食品制造业	1879	28928	30019	1901
饮料制造业	150	11681	13566	754
烟草制品业	1952	1100	5080	395
纺织业	2290	90009	127903	17292
纺织服装、鞋、帽制造业	282	69915	74670	2310
皮革、毛皮、羽毛(绒)及其制品业	44	4169	4899	422
木材加工及木、竹、藤、棕、草制品业	220	7126	11472	568
家具制造业	59	16283	12801	782
造纸及纸制品业	3242	69511	61833	4221
印刷业和记录媒介的复制	61	2559	5814	204
文教体育用品制造业	54	881	2220	50
石油加工、炼焦及核燃料加工业	1049	14711	30059	1719
化学原料及化学制品制造业	8679	107071	140303	11418
医药制造业	7253	27549	36391	3723
化学纤维制造业	2184	5692	15366	3127
橡胶制品业	45	19099	14655	1270
塑料制品业	－692	13286	15174	1156
非金属矿物制品业	799	41827	40101	4113
黑色金属冶炼及压延加工业	9052	26503	47029	1922
有色金属冶炼及压延加工业	43	6037	14715	675
金属制品业	3126	14140	17701	2061
通用设备制造业	10332	72221	107620	8200
专用设备制造业	5610	69293	89941	3639
交通运输设备制造业	9332	107238	144027	11911
电气机械及器材制造业	2016	20866	24958	1568
通信设备、计算机及其他电子设备制造业	2346	11859	27003	1232
仪器仪表及文化、办公用机械制造业	29	2310	3417	119
工艺品及其他制造业	266	11332	14123	1545
废弃资源和废旧材料回收加工业				
电力、热力的生产和供应业	6378	9336	54094	2560
燃气生产和供应业	4644	1415	2587	40
水的生产和供应业	1296	936	6837	1228

9－3 续表9 单位:万元

指标名称	财务费用	利息支出	营业利润	投资收益
总计	**675346**	**577454**	**3489436**	**34022**
煤炭开采和洗选业	112	105	8614	
石油和天然气开采业	92	27	16564	
黑色金属矿采选业	125	29	1549	
有色金属矿采选业	35	35	215	
非金属矿采选业	16257	5125	49183	182
其他采矿业				
农副食品加工业	68580	56017	292445	655
食品制造业	17583	12997	79269	86
饮料制造业	2572	2358	21918	－63
烟草制品业	108	102	6144	
纺织业	67901	54758	386257	109
纺织服装、鞋、帽制造业	14286	12714	131579	6
皮革、毛皮、羽毛(绒)及其制品业	2074	1763	30129	157
木材加工及木、竹、藤、棕、草制品业	9691	8131	67216	
家具制造业	3083	2316	37534	
造纸及纸制品业	30142	48856	203645	9828
印刷业和记录媒介的复制	1253	956	12631	51
文教体育用品制造业	572	160	4919	
石油加工、炼焦及核燃料加工业	74366	73539	69904	5834
化学原料及化学制品制造业	111251	78660	560467	4421
医药制造业	13670	11168	149106	48
化学纤维制造业	21438	20875	8537	－1278
橡胶制品业	12251	9561	60909	
塑料制品业	6954	4601	30809	－1438
非金属矿物制品业	18552	14912	88463	1206
黑色金属冶炼及压延加工业	20599	17647	214839	4
有色金属冶炼及压延加工业	5105	4783	20798	9
金属制品业	8245	5892	50180	58
通用设备制造业	36730	28910	242517	765
专用设备制造业	21052	19041	199774	312
交通运输设备制造业	26325	25588	345749	10516
电气机械及器材制造业	10985	8892	47694	15
通信设备、计算机及其他电子设备制造业	6530	5516	45837	－180
仪器仪表及文化、办公用机械制造业	558	557	691	16
工艺品及其他制造业	5682	4587	23211	76
废弃资源和废旧材料回收加工业				
电力、热力的生产和供应业	37451	33819	－29831	709
燃气生产和供应业	568	377	3791	
水的生产和供应业	2568	2084	6180	1921

9－3 续表 10

单位:万元

指标名称	补贴收入	营业外收入	营业外支出	利润总额
总　计	**46880**	**135989**	**905518**	**2769530**
煤炭开采和洗选业	21	1320	1375	8580
石油和天然气开采业			4	16560
黑色金属矿采选业			15	1534
有色金属矿采选业				215
非金属矿采选业	480	1515	1106	49786
其他采矿业				
农副食品加工业	10157	－5145	96318	201589
食品制造业	2237	31	14321	67189
饮料制造业	2325	2261	242	24569
烟草制品业		19	17	6146
纺织业	675	14402	65135	336280
纺织服装、鞋、帽制造业	796	6054	17253	121182
皮革、毛皮、羽毛(绒)及其制品业		832	11615	19345
木材加工及木、竹、藤、棕、草制品业	1144	2726	34207	36576
家具制造业	42	－10	2998	34567
造纸及纸制品业	694	21625	41031	194407
印刷业和记录媒介的复制		93	2429	10295
文教体育用品制造业		152	183	4888
石油加工、炼焦及核燃料加工业	3189	16776	32541	61263
化学原料及化学制品制造业	4601	9531	222100	353209
医药制造业	255	－935	7880	140362
化学纤维制造业	424	2537	6139	4082
橡胶制品业		523	16955	44477
塑料制品业	104	972	6893	23553
非金属矿物制品业	6221	3132	11033	87971
黑色金属冶炼及压延加工业	56	2647	129168	88378
有色金属冶炼及压延加工业	962	122	732	21156
金属制品业	80	1392	5494	46159
通用设备制造业	960	21424	50109	214461
专用设备制造业	414	3195	77007	126568
交通运输设备制造业	1185	18436	42574	323067
电气机械及器材制造业	18	2437	599	49548
通信设备、计算机及其他电子设备制造业	686	2856	776	47708
仪器仪表及文化、办公用机械制造业	24	401	94	1025
工艺品及其他制造业	3	979	1414	22856
废弃资源和废旧材料回收加工业				
电力、热力的生产和供应业	8980	3186	5101	－29980
燃气生产和供应业		254	285	3760
水的生产和供应业	150	251	378	6202

9－3续表11

单位:万元

指标名称	应交所得税	亏损企业亏损总额	利税总额	本年应付工资总额
总计	**420022**	**104115**	**4367723**	**2070237**
煤炭开采和洗选业	2182		14825	10497
石油和天然气开采业	711		27121	955
黑色金属矿采选业	35	289	2998	2237
有色金属矿采选业	41		455	355
非金属矿采选业	6771	6	103037	28580
其他采矿业				
农副食品加工业	30982	4505	292912	213404
食品制造业	10626	3415	102034	48759
饮料制造业	3251		58900	14161
烟草制品业	1214		10137	8119
纺织业	40919	3339	492447	336992
纺织服装、鞋、帽制造业	15350	836	167835	152283
皮革、毛皮、羽毛(绒)及其制品业	3922		27662	16441
木材加工及木、竹、藤、棕、草制品业	7037	64	54982	19923
家具制造业	2978	96	48963	28408
造纸及纸制品业	35654	1170	262657	68724
印刷业和记录媒介的复制	1937	737	14958	9848
文教体育用品制造业	761	125	6724	6925
石油加工、炼焦及核燃料加工业	11725		140811	23598
化学原料及化学制品制造业	55675	5371	568101	179348
医药制造业	20540	1859	181132	32055
化学纤维制造业	658		15148	23812
橡胶制品业	13920	6883	70152	49157
塑料制品业	3251	3828	40790	25124
非金属矿物制品业	15224	510	136258	71738
黑色金属冶炼及压延加工业	8489	516	200114	53259
有色金属冶炼及压延加工业	3251		31000	8282
金属制品业	7020	409	68111	33972
通用设备制造业	30270	2348	335522	192117
专用设备制造业	19080	4789	182250	115046
交通运输设备制造业	47484	1490	461563	139872
电气机械及器材制造业	11784	676	80885	37341
通信设备、计算机及其他电子设备制造业	6170	273	58033	25010
仪器仪表及文化、办公用机械制造业	178		2075	5235
工艺品及其他制造业	2379	74	36768	40250
废弃资源和废旧材料回收加工业				
电力、热力的生产和供应业	－2885	60253	56497	40612
燃气生产和供应业	283		4880	2578
水的生产和供应业	1157	256	8984	5222

9－3 续表 12　　　　单位：万元

指 标 名 称	本年应付福利费总额	本年应交增值税	本年进项税额	本年销项税额	全部从业人员年平均人数（人）
总　计	**184243**	**1305266**	**6068576**	**6976167**	**834540**
煤炭开采和洗选业	422	5455	4821	10261	5643
石油和天然气开采业	86	3485	3940	5920	230
黑色金属矿采选业	185	1280	3630	4906	1100
有色金属矿采选业	50	240	314	554	348
非金属矿采选业	2529	34072	43097	74754	14673
其他采矿业					
农副食品加工业	18746	77771	490001	538551	89679
食品制造业	3629	26479	146072	143424	19579
饮料制造业	1775	13430	28371	41280	7026
烟草制品业	297	2788	2107	4892	3271
纺织业	41847	133553	745338	822205	155475
纺织服装、鞋、帽制造业	6523	40654	127849	159640	53429
皮革、毛皮、羽毛（绒）及其制品业	1966	6532	44449	50964	7713
木材加工及木、竹、藤、棕、草制品业	2750	16018	82783	93680	10844
家具制造业	2062	12889	61391	72370	11647
造纸及纸制品业	5887	64762	258351	312377	25952
印刷业和记录媒介的复制	597	3914	20069	23526	3985
文教体育用品制造业	296	1679	4577	6077	4233
石油加工、炼焦及核燃料加工业	2683	46882	154592	200177	10816
化学原料及化学制品制造业	12277	171185	687240	804850	72554
医药制造业	1971	38179	114233	111842	13111
化学纤维制造业	3589	9556	69314	76982	10044
橡胶制品业	4700	20088	201921	221803	16141
塑料制品业	2191	14362	74152	77142	12789
非金属矿物制品业	5120	40995	147675	180292	29536
黑色金属冶炼及压延加工业	3332	103704	318088	374664	15877
有色金属冶炼及压延加工业	1357	8363	39939	47594	5798
金属制品业	2792	17764	93575	104663	15989
通用设备制造业	13815	100868	546011	625178	74826
专用设备制造业	9848	46023	350586	349159	42016
交通运输设备制造业	12138	117461	795142	891753	39427
电气机械及器材制造业	8101	22445	117484	132326	14855
通信设备、计算机及其他电子设备制造业	2532	8340	41572	37201	11021
仪器仪表及文化、办公用机械制造业	1422	921	4103	4907	1759
工艺品及其他制造业	2837	12277	59427	66240	18715
废弃资源和废旧材料回收加工业					
电力、热力的生产和供应业	3255	78121	182033	298644	11675
燃气生产和供应业	269	949	3377	3754	894
水的生产和供应业	367	1785	956	1614	1870

9－4 各县市区工业企业主要经济指标

（2008 年）　　　　单位：万元

地　　区	企业单位数（个）	亏损企业	工业总产值（当年价格）	工业销售产值（当年价格）
总　　计	**4835**	**230**	**53181258**	**52104854**
市区小计	977	128	13414077	13205432
潍 城 区	178	24	1856582	1802614
寒 亭 区	254	22	2448688	2413672
#经济开发区	71	19	580115	578757
坊 子 区	174	16	1827240	1773351
奎 文 区	51	11	1592325	1566866
青 州 市	530	12	5868606	5773024
诸 城 市	794	7	9325852	9223125
寿 光 市	529	12	6504197	6240366
安 丘 市	346	31	2020790	1916541
高 密 市	634		6036751	5988347
昌 邑 市	368	9	4876402	4732469
临 朐 县	318	4	2100989	2047347
昌 乐 县	339	27	3033594	2978204
高新开发区	125	32	2699619	2687460
滨海开发区	166	16	2876292	2863826
峡山生态区	29	7	113331	97644

9－4 续表 1　　　　单位：万元

地　　区	出口交货值	资产总计	流动资产合计	应收帐款
总　　计	**4943709**	**32794916**	**14723562**	**2695791**
市区小计	1092719	11420716	4983888	905027
潍 城 区	183903	784734	429702	84809
寒 亭 区	188664	1719453	744058	221664
#经济开发区	52028	326766	180208	48251
坊 子 区	180528	865072	460939	135828
奎 文 区	110178	1593175	668209	104293
青 州 市	210063	1997141	901720	205276
诸 城 市	1258984	5195017	2469824	400012
寿 光 市	565095	6126302	2673846	513558
安 丘 市	474555	1432985	708067	140177
高 密 市	632101	2118509	817328	158595
昌 邑 市	257259	2170342	1046302	140853
临 朐 县	79598	682706	321128	70840
昌 乐 县	373337	1651199	801459	161453
高新开发区	242230	3505632	1627342	181026
滨海开发区	172981	2883562	1005986	161090
峡山生态区	14236	69087	47652	16316

9－4 续表2

单位:万元

地　　区	存　货	产成品	流动资产年平均余额	固定资产合计
总　计	**4477831**	**2108513**	**14142683**	**14104837**
市区小计	1307870	575322	4804416	4688749
潍 城 区	150102	57673	399688	291058
寒 亭 区	224657	64130	673310	728062
#经济开发区	45317	20452	157144	111341
坊 子 区	190858	80719	458184	326965
奎 文 区	129510	70317	627756	788630
青 州 市	323701	188821	956323	891696
诸 城 市	692297	293802	2482979	2232413
寿 光 市	781782	392629	2398703	2579025
安 丘 市	225691	117425	651246	627364
高 密 市	450330	127339	838726	1150635
昌 邑 市	280506	175998	934411	915217
临 朐 县	120151	57682	311917	309903
昌 乐 县	295504	179496	763963	709836
高新开发区	386986	190244	1550032	1197168
滨海开发区	209035	99298	1050849	1340776
峡山生态区	16722	12942	44597	16091

9－4 续表3

单位:万元

地　　区	资产总计			
	固定资产原价	累计折旧	固定资产净值	固定资产净值年平均余额
总　计	**19154758**	**7028005**	**12126753**	**12673145**
市区小计	5636131	1822296	3813835	4579436
潍 城 区	363887	99561	264326	265132
寒 亭 区	886350	201055	685295	675133
#经济开发区	118938	30318	88619	87396
坊 子 区	405837	107925	297912	303393
奎 文 区	1041977	413893	628084	740356
青 州 市	1172602	424616	747986	769878
诸 城 市	4294411	2301812	1992598	1742945
寿 光 市	3362633	1151487	2211147	2259563
安 丘 市	778402	215314	563087	550001
高 密 市	1522735	519307	1003428	1030918
昌 邑 市	1130081	240190	889890	891178
临 朐 县	437913	151643	286270	282590
昌 乐 县	819851	201340	618511	566636
高新开发区	1516541	489870	1026671	1688381
滨海开发区	1399229	502082	897146	894984
峡山生态区	22312	7910	14402	12057

9－4 续表 4

单位：万元

地区	负债合计	流动负债合计	应付帐款	长期负债合计
总计	**18966149**	**15518737**	**3567851**	**2998211**
市区小计	6616466	5321420	1276780	1080021
潍城区	463035	404294	123333	55389
寒亭区	1031566	847473	272816	184092
#经济开发区	211373	198109	69844	13264
坊子区	519278	453573	179156	46944
奎文区	895834	748797	79485	125097
青州市	1177472	954218	210903	171775
诸城市	3022736	2653586	708280	295519
寿光市	3310007	2691144	657073	613886
安丘市	943497	708402	108360	221712
高密市	1110017	997126	208792	104103
昌邑市	1433991	1104821	119713	314355
临朐县	374385	290929	72954	59582
昌乐县	977579	797093	204996	137260
高新开发区	1952118	1525198	457957	419188
滨海开发区	1705146	1296210	154488	248555
峡山生态区	49490	45874	9545	757

9－4 续表 5

单位：万元

地区	所有者权益合计	实收资本	国家资本	集体资本
总计	**13828767**	**5106360**	**553039**	**300454**
市区小计	4804251	1891258	406860	167946
潍城区	321699	164096	36308	9371
寒亭区	687887	310218	8749	6327
#经济开发区	115393	60256	1000	2903
坊子区	345795	218413	3496	4758
奎文区	697341	257747	24788	130900
青州市	819669	293198	41701	33589
诸城市	2172281	669740	23378	34537
寿光市	2816295	788746	17015	25779
安丘市	489488	276090	10195	14581
高密市	1008492	502265	19067	
昌邑市	736350	217411	21109	3074
临朐县	308322	127002	7461	6291
昌乐县	673621	340651	6255	14656
高新开发区	1553515	549595	178880	8296
滨海开发区	1178416	384137	154639	8294
峡山生态区	19598	7053		

9－4 续表 6

单位:万元

地区	所有者权益合计			
	法人资本	个人资本	港澳台资本	外商资本
总计	**1700369**	**1552253**	**313727**	**686518**
市区小计	471135	470952	117612	256754
潍城区	50381	37218	5109	25708
寒亭区	122327	134791	4106	33918
#经济开发区	10266	27435	197	18456
坊子区	54302	36413	77590	41854
奎文区	45707	45552	10028	773
青州市	53749	108855	9252	46052
诸城市	238531	263283	30213	79797
寿光市	246515	303345	21348	174744
安丘市	99724	75943	14019	61629
高密市	384443	62339	17330	19086
昌邑市	121584	62155	5460	4030
临朐县	22620	79690	2727	8213
昌乐县	62070	125691	95766	36213
高新开发区	100491	143799	15231	102898
滨海开发区	94666	69938	4998	51602
峡山生态区	3261	3242	550	

9－4 续表 7

单位:万元

地区	主营业务收入	主营业务成本	主营业务税金及附加	其他业务收入
总计	**51534462**	**45263286**	**292926**	**1176764**
市区小计	12343092	10520940	92494	228247
潍城区	1097297	938166	5311	16024
寒亭区	2428642	2132606	19415	21687
#经济开发区	609031	481546	10623	1356
坊子区	1818822	1632425	3100	33954
奎文区	1635042	1509949	7496	44977
青州市	5474242	4953572	29999	15874
诸城市	9115019	8024365	39089	29085
寿光市	6490654	5755552	25232	815721
安丘市	1980687	1730940	12012	18914
高密市	6061312	5182847	28152	30230
昌邑市	4837823	4331444	47582	10840
临朐县	2114571	1943246	10576	2917
昌乐县	3117062	2820381	7792	24936
高新开发区	2649727	2103287	22381	85792
滨海开发区	2621028	2121590	34475	24315
峡山生态区	92535	82917	317	1496

9－4 续表8

单位:万元

地区	其他业务利润	营业费用	管理费用	
				税金
总计	**91531**	**1022075**	**1356809**	**98718**
市区小计	45665	295042	417850	15968
潍城区	4441	33288	50296	1484
寒亭区	4636	25487	61699	2072
#经济开发区	314	9324	18406	670
坊子区	6550	57439	46376	1440
奎文区	5365	27032	38774	1531
青州市	6457	66968	147503	6317
诸城市	9445	227503	240717	17989
寿光市	11270	134392	149020	11230
安丘市	6671	50743	60386	5120
高密市	5774	118557	95567	29058
昌邑市	2294	51598	99078	5733
临朐县	1169	23593	80401	3418
昌乐县	2786	53680	66288	3885
高新开发区	18305	100629	148149	4514
滨海开发区	6353	48633	69907	4908
峡山生态区	15	2533	2649	20

9－4 续表9

单位:万元

地区	财务费用		营业利润	投资收益
		利息支出		
总计	**675346**	**577454**	**3489436**	**34022**
市区小计	215443	159952	909653	16169
潍城区	9810	6173	120073	15
寒亭区	39288	29855	152564	-2669
#经济开发区	5586	3890	49232	
坊子区	8562	6261	96326	
奎文区	24150	21223	114610	-98
青州市	49575	44190	468918	685
诸城市	99069	92414	493721	293
寿光市	87834	90588	681000	13287
安丘市	41042	33663	70978	533
高密市	65976	55619	422223	
昌邑市	71352	65697	267007	602
临朐县	12367	9570	63059	235
昌乐县	32687	25762	112878	2219
高新开发区	53991	50156	222559	13427
滨海开发区	79079	45828	196511	5289
峡山生态区	563	456	7010	204

9－4 续表 10

单位:万元

地　区	补贴收入	营业外收入	营业外支出	利润总额
总　计	**46880**	**135989**	**905518**	**2769530**
市区小计	21185	48047	254837	714847
潍城区	2164	803	64836	58218
寒亭区	4075	5518	37854	121546
#经济开发区	1208	188	22579	27959
坊子区	1018	5842	46084	56803
奎文区	1552	3011	77047	40750
青州市	3135	3258	241589	234007
诸城市	1302	25512	23596	497232
寿光市	5928	27630	249686	476799
安丘市	3804	4602	2954	76243
高密市		15892	110465	327650
昌邑市	3153	4529	18616	255996
临朐县	999	1994	2203	63863
昌乐县	7374	4525	1572	122894
高新开发区	9072	15433	3306	237557
滨海开发区	2813	17439	25611	192572
峡山生态区	491	1	100	7401

9－4 续表 11

单位:万元

地　区	应交所得税	亏损企业亏损总额	利税总额	本年应付工资总额
总　计	**420022**	**104115**	**4367723**	**2070237**
市区小计	95119	79028	1289482	477560
潍城区	10413	4740	125626	54428
寒亭区	24793	3624	209661	70675
#经济开发区	4602	1930	53280	21887
坊子区	6852	3426	95052	70320
奎文区	3947	7799	143654	92448
青州市	38365	5048	344278	328806
诸城市	72066	8214	729565	464821
寿光市	98330	2561	662888	166508
安丘市	12702	5788	132360	66829
高密市	48826		506205	332777
昌邑市	25232	1249	394237	111545
临朐县	12875	1348	101303	55758
昌乐县	16507	880	207404	65634
高新开发区	31283	56501	374769	106002
滨海开发区	17517	2537	327998	78802
峡山生态区	315	402	12721	4886

9－4 续表 12

单位:万元

地区	本年应付福利费总额	本年应交增值税	本年进项税额	本年销项税额	全部从业人员年平均人数（人）
总计	**184243**	**1305266**	**6068576**	**6976167**	**834540**
市区小计	41171	482141	1715819	2076224	202337
潍城区	2871	62098	205904	304537	28534
寒亭区	7062	68700	336405	392647	41944
#经济开发区	1232	14698	96755	108376	10888
坊子区	7394	35149	177628	181312	35706
奎文区	6328	95408	218955	267479	25957
青州市	11463	80273	469301	529223	70776
诸城市	31559	193243	1296857	1459312	157534
寿光市	20019	160857	847247	927559	81667
安丘市	5258	44105	201890	213388	45893
高密市	52882	150404	689207	804679	126915
昌邑市	10103	90660	462402	524091	73023
临朐县	6186	26865	132587	154727	37352
昌乐县	5602	76718	253266	286964	39043
高新开发区	9450	114832	474995	548190	31670
滨海开发区	7412	100951	291508	366793	35271
峡山生态区	655	5004	10423	15268	3255

9-5 大中型工业企业一览表

(2008年)

企业名称	法人代表	注册类型	企业规模
潍柴动力股份有限公司	谭旭光	股份有限公司	大型
北汽福田汽车股份有限公司诸城汽车厂	孙加平	股份有限公司	大型
山东寿光巨能控股集团有限公司	田其祥	其他有限责任公司	大型
潍坊钢铁集团公司	武际宝	集体	大型
山东海化集团有限公司	肖庆周	国有	大型
诸城市外贸有限责任公司	王金友	中外合资经营	大型
山东晨鸣纸业集团股份有限公司	陈洪国	外商投资股份有限公司	大型
孚日集团股份有限公司	孙日贵	股份有限公司	大型
福田雷沃国际重工股份有限公司潍坊农业装备事业部	杜晓平	中外合资经营	大型
山东联盟化工集团有限公司	杨志强	其他有限责任公司	大型
得利斯集团有限公司	郑和平	中外合资经营	大型
山东墨龙石油机械股份有限公司	张恩荣	股份有限公司	大型
鲁丽集团有限公司	薛茂林	集体	大型
山东潍焦集团有限公司	夏云国	其他有限责任公司	大型
山东海化股份有限公司	刘景孟	股份有限公司	大型
山东泸河集团有限公司	许传弟	其他有限责任公司	大型
新郎希努尔集团股份有限公司	王桂波	与港澳台商合资经营	大型
诸城市龙光电力投资集团有限公司	岳合聚	其他有限责任公司	大型
山东新昌集团有限公司	李绪民	其他有限责任公司	大型
山东银鹰化纤有限公司	李桂荣	其他有限责任公司	大型
高密市供电公司	刘海清	国有	大型
潍坊乐港食品股份有限公司	孔凡升	港澳台商投资股份有限公司	大型
山东凯马汽车制造有限公司	李颜章	其他有限责任公司	大型
山东三工橡胶有限公司	孙乐华	其他有限责任公司	大型
潍坊亚星化学股份有限公司	董顺兴	港澳台商投资股份有限公司	大型
山东海龙股份有限公司	逄奉建	股份有限公司	大型
山东桑莎制衣集团有限公司	周　勇	其他有限责任公司	大型
寿光市天成食品有限公司	郭洪谦	其他有限责任公司	大型
山东浩信机械有限公司	金淑梅	私营有限责任公司	大型
诸城市润生淀粉有限公司	郭桂滋	私营有限责任公司	大型
山东耶莉娅服装集团总公司	袁文和	其他有限责任公司	大型
山东大地盐化集团有限公司	孙文勇	其他有限责任公司	大型
安丘市鲁安药业有限责任公司	王　军	其他有限责任公司	大型
歌尔声学股份有限公司	姜　滨	私营有限责任公司	大型
潍柴动力(潍坊)铸锻有限公司	徐　宏	其他有限责任公司	大型
帛方纺织有限公司	毕孝圣	其他有限责任公司	大型
山东高密大昌纺织有限公司	刘德昌	其他有限责任公司	大型

9－5续表1

企业名称	法人代表	注册类型	企业规模
山东万兴集团有限公司	高云德	私营有限责任公司	大型
诸城市中纺金维纺织有限公司	于国廷	其他有限责任公司	大型
山东潍坊龙威实业有限公司	袁荫龙	私营有限责任公司	大型
山东昌邑石化有限公司	张浩	其他有限责任公司	中型
潍坊弘润石化助剂有限公司	董华友	其他有限责任公司	中型
潍坊六和饲料有限公司	张效成	其他有限责任公司	中型
华电潍坊发电有限公司	钟统林	其他有限责任公司	中型
山东潍坊润丰化工有限公司	孙国庆	中外合资经营	中型
山东山工机械有限公司	*paul david Blackborn*	外资企业	中型
潍坊英轩实业有限公司	李世勇	与港澳台商合资经营	中型
寿光富康制药有限公司	杨维国	与港澳台商合资经营	中型
昌邑市供电公司	徐光平	国有	中型
昌乐世纪阳光纸业有限公司	王东兴	与港澳台商合资经营	中型
山东海化氯碱树脂有限公司	张忠生	中外合资经营	中型
潍坊中粮禽业发展有限公司	王金昌	其他有限责任公司	中型
寿光市新龙电化有限责任公司	李法曾	其他有限责任公司	中型
青州市南阳工商贸易总公司	张玉玲	集体	中型
山东柠檬生化有限公司	刘海清	港澳台商投资股份有限公司	中型
大业集团公司	丁忠平	集体	中型
青州市供电公司	辛卫东	国有	中型
山东巨力股份有限	谭旭光	股份有限公司	中型
山东万山集团有限公司	刘文先	私营有限责任公司	中型
诸城市义和车桥有限公司	陈忠义	私营独资	中型
潍坊万泉食品有限公司	尹炳涛	私营有限责任公司	中型
潍坊东方钢管有限公司	王联吉	其他有限责任公司	中型
山东新郎欧美尔家居置业有限公司	王桂波	与港澳台商合资经营	中型
诸城市昊宝服饰有限公司	常金香	私营有限责任公司	中型
昌邑华晨纺织集团有限公司	时述山	其他有限责任公司	中型
诸城市洋晨机械制造有限公司	于盛洋	其他有限责任公司	中型
山东杰富意振兴化工有限公司	夏云国	中外合资经营	中型
山东矿机集团股份有限公司	赵笃学	私营有限股份公司	中型
山东亚太中慧集团有限公司	张佃芝	其他有限责任公司	中型
福田雷沃国际重工股份有限公司潍坊车辆厂	王金富	股份有限公司	中型
青州市鲁青工贸总公司	伊国华	集体	中型
潍坊凤凰纸业有限公司	葛茂胜	私营有限责任公司	中型
山东鲁星钢管有限公司	吴学纪	中外合资经营	中型
潍坊市临朐燃气热力集团有限公司	谭士章	其他有限责任公司	中型

9－5 续表2

企业名称	法人代表	注册类型	企业规模
山东青阜纺织印染有限公司	孙明武	私营有限责任公司	中型
山东海王化工股份有限公司	杨春彬	股份有限公司	中型
山东北联集团总公司	崔安永	集体	中型
昌邑华达织造有限公司	韩良忠	与港澳台商合资经营	中型
山东华建铝业有限公司	吴维光	私营有限责任公司	中型
安丘市供电公司	范　华	其他有限责任公司	中型
山东同大海岛新材料有限公司	孙俊成	其他有限责任公司	中型
昌邑富民织造股份有限公司	逄新民	私营有限责任公司	中型
寒亭区供电公司	王敬信	国有	中型
潍坊长安铁塔股份有限公司	王光顺	股份有限公司	中型
山东海龙博莱特化纤有限责任公司	吉连政	其他有限责任公司	中型
山东潍柴华丰动力有限公司	徐华东	中外合资经营	中型
高密市三真纺织服装有限公司	黄一鸣	中外合作经营	中型
山东豪迈机械科技股份有限公司	张恭运	私营有限责任公司	中型
潍坊开发区华裕实业有限公司	刘玉华	其他有限责任公司	中型
诸城市万年食品有限公司	赵根祥	私营有限责任公司	中型
山东奥宝化工集团有限公司	刘宗满	其他有限责任公司	中型
山东省潍坊生建机械厂(集团)	李正义	国有	中型
高密利华纺织有限公司	陈松华	私营有限责任公司	中型
诸城市德利源纺织有限公司	张炳林	其他有限责任公司	中型
寿光市泰丰汽车底盘制造有限公司	张风太	私营有限责任公司	中型
潍坊潍柴道依茨柴油机有限公司	张　泉	中外合资经营	中型
山东青州市钰铧集团公司	窦兰惠	集体	中型
山东景芝集团有限公司	刘全平	其他有限责任公司	中型
山东昱合食品集团有限公司	高振波	私营有限责任公司	中型
山东海化华龙硝铵有限公司	孙培泉	股份有限公司	中型
潍坊潍柴零部件机械有限公司	刘祥伍	其他有限责任公司	中型
山东万豪纸业集团股份有限公司	尹培农	股份有限公司	中型
临朐县供电公司	鞠新坤	国有	中型
安丘市外贸食品有限责任公司	王克学	其他有限责任公司	中型
青州豪章铸造有限公司	魏光俊	港澳台商独资	中型
潍坊福润化工有限公司	李　忠	其他有限责任公司	中型
山东大业工贸有限责任公司	窦宝森	其他有限责任公司	中型
山东通力车轮有限公司	胡东海	股份合作	中型
潍坊盛泰药业有限公司	刘清太	中外合资经营	中型
潍坊恒联铜版纸有限公司	徐　建	私营有限责任公司	中型
山东海化羊口盐场有限公司	孙培泉	国有	中型

9－5 续表 3

企业名称	法人代表	注册类型	企业规模
山东长盛泰玻璃制品有限公司	赵海峰	股份有限公司	中型
山东乐化集团有限公司	沈孝业	私营有限责任公司	中型
山东四达工贸股份有限公司	窦宝荣	股份有限公司	中型
山东起重机厂有限公司	徐新民	其他有限责任公司	中型
山东银宝轮胎集团有限公司	刘永华	私营有限责任公司	中型
诸城泰盛化工股份有限公司	宋克勤	中外合资经营	中型
山东齿兴齿轮箱有限公司	房师芬	私营有限责任公司	中型
潍坊山水水泥有限公司	李文忠	其他有限责任公司	中型
安丘山水水泥有限公司	张　浩	中外合资经营	中型
高密市华振纺织有限公司	毛志厚	私营有限责任公司	中型
山东省天惠食品有限公司	肖士朋	私营有限责任公司	中型
寿光卫东化工有限公司	袁德洪	其他有限责任公司	中型
昌邑市大富印花有限公司	付亦坤	私营有限责任公司	中型
山东青州大华鑫生工贸有限公司	钟安生	集体	中型
潍坊歌尔电子有限公司	姜　滨	与港澳台商合资经营	中型
潍坊和盛园食品有限公司	范开梅	私营有限责任公司	中型
山东恒安心相印纸制品有限公司	许连捷	与港澳台商合资经营	中型
潍坊恒安散热器集团有限公司	李绍志	其他有限责任公司	中型
昌乐县供电公司	姜国骏	国有	中型
山东新方矿业集团有限公司	王明峰	其他有限责任公司	中型
山东海化金钟锌业有限公司	高永昌	国有	中型
昌邑市华宝纺织有限公司	刘爱民	私营有限责任公司	中型
昌乐山水水泥有限公司	李文忠	其他内资	中型
昌邑大有印染织造有限公司	刘须涛	中外合资经营	中型
山东青州永发实业集团有限公司	邢发勇	私营有限责任公司	中型
潍坊中云机器有限公司	张其智	私营有限责任公司	中型
山东恒大汽车内饰件制造有限公司	张夕杰	私营有限责任公司	中型
潍坊昱合畜禽有限公司	韩成祥	私营有限责任公司	中型
山东兰凤针织有限公司	王培臣	中外合资经营	中型
青州中联水泥有限公司	杜纪俊	其他有限责任公司	中型
诸城市紫阳陶瓷有限公司	迟令波	其他有限责任公司	中型
三鹿集团(山东)乳业有限公司	杭志奇	其他有限责任公司	中型
山东默锐化学有限公司	杨树仁	其他有限责任公司	中型
青州市宏源实业公司	李新华	私营合伙	中型
诸城市万茂汽车桥箱有限公司	郭东茂	其他有限责任公司	中型
青岛啤酒(寿光)有限公司	徐　楠	其他有限责任公司	中型
潍坊市元利化工有限公司	刘修华	私营有限责任公司	中型

企业名称	法人代表	注册类型	企业规模
诸城市爱玲包袋服饰有限公司	纪爱玲	其他有限责任公司	中型
诸城市东方帅领服饰有限公司	王玉华	其他有限责任公司	中型
山东海化盛兴化工有限公司	孙培泉	其他有限责任公司	中型
山东龙震集团有限公司	蔡沥菖	其他有限责任公司	中型
楼氏电子(潍坊)有限公司	王成军	外资企业	中型
山东千榕家纺有限公司	宋国强	其他有限责任公司	中型
山东高强紧固件有限公司	董超义	其他有限责任公司	中型
潍坊顺福昌橡塑有限公司	郭延顺	与港澳台商合资经营	中型
寿光市富士木业有限公司	付士祥	其他有限责任公司	中型
山东宏源集团有限公司	魏光奎	私营有限责任公司	中型
山东省高密市华裕纺织有限公司	王华田	私营有限责任公司	中型
诸城市海德威机械有限公司	高培海	私营有限责任公司	中型
潍坊市金河食品有限公司	金海东	私营有限责任公司	中型
山东潍坊华润纺织有限公司	石善博	中外合资经营	中型
山东金亿机械制造有限公司	马金英	其他有限责任公司	中型
昌邑市杨金华纺织有限公司	杨金华	私营有限责任公司	中型
山东圆友建设机械有限公司	谢俊德	私营有限责任公司	中型
山东高密高锻机械有限公司	毛志猛	其他有限责任公司	中型
诸城市绿丰园食品有限公司	娄运娟	其他有限责任公司	中型
诸城市良丰化学有限公司	宋　良	其他有限责任公司	中型
山东共达电声股份有限公司	赵笃仁	港澳台商投资股份有限公司	中型
昌邑盐业公司	赵培德	国有	中型
利丰化工股份有限公司	曹利萍	私营有限股份公司	中型
昌邑市荣源色织有限公司	付乃波	私营独资	中型
诸城市三维管件有限公司	董继法	其他有限责任公司	中型
潍坊金丝达实业有限公司	刘国田	私营有限责任公司	中型
潍坊华光散热器有限公司	陈玉广	其他有限责任公司	中型
潍坊仁和纺织有限公司	王亦强	中外合资经营	中型
山东丽波日化股份有限公司	戴晓忠	股份有限公司	中型
诸城市曙光车桥有限责任公司	李进巅	其他有限责任公司	中型
潍坊美成食品有限公司	张志武	中外合资经营	中型
诸城市顺合木业有限公司	李勋华	私营有限责任公司	中型
山东寿光健元春有限公司	赵世龙	其他有限责任公司	中型
山东光大机械制造有限公司	栾建成	私营有限责任公司	中型
寿光市嘉信纺织有限公司	刘法忠	其他有限责任公司	中型
昌邑市永富弹簧有限公司	宫召臣	私营有限责任公司	中型
临朐县第一棉纺织有限责任公司	傅绍山	其他有限责任公司	中型

9－5 续表 5

企业名称	法人代表	注册类型	企业规模
诸城市瀛海机械有限公司	张　翔	私营有限责任公司	中型
潍坊鑫荣制衣有限公司	齐晓政	中外合资经营	中型
诸城市桃林食品有限责任公司	宋吉辉	私营有限责任公司	中型
龙丰(潍坊)纺织印染有限公司	易建章	港澳台商独资	中型
昌乐宝都塑料有限公司	刘国强	中外合资经营	中型
新旭电子(潍坊)有限公司	营野高延	外资企业	中型
诸城市瑞生纺织有限公司	陆松泉	私营合伙	中型
青州市建富齿轮有限公司	张建富	私营有限责任公司	中型
山东仙霞服装有限公司	王金栋	其他有限责任公司	中型
山东开元电机有限公司	岳宁超	私营有限责任公司	中型
山东美林卫浴有限公司	齐瑞梁	外资企业	中型
山东巨环专用汽车有限公司	王　勇	私营有限责任公司	中型
山东沃华医药科技股份有限公司	赵炳贤	股份有限公司	中型
汶瑞机械(山东)有限公司	黄志源	中外合资经营	中型
诸城市建华阀门有限公司	王华梅	私营有限责任公司	中型
山东兄弟科技股份有限公司	郭秀安	股份有限公司	中型
潍坊恒联美林生活用纸有限公司	李瑞丰	中外合资经营	中型
山东金达双鹏集团有限公司	王德彬	私营有限责任公司	中型
昌邑市海玉盐化工有限公司	孟令平	与港澳台商合资经营	中型
山东昌邑灶户盐化有限公司	付忠东	其他有限责任公司	中型
安丘市瑞泰纺织有限公司	徐　亮	其他有限责任公司	中型
潍坊新时代食品有限公司	金海东	私营有限股份公司	中型
诸城市富源工艺品厂	刘洪忠	其他有限责任公司	中型
山东泰瑞汽车机械电器有限公司	张　波	其他有限责任公司	中型
山东潍坊鲁中拖拉机有限公司	胥德季	其他有限责任公司	中型
潍坊港峰纺织有限公司	韩立昌	与港澳台商合资经营	中型
青岛啤酒潍坊有限公司	董建军	其他有限责任公司	中型
山东莱央子盐场	杨国富	国有	中型
潍坊华港包装材料有限公司	高立在	与港澳台商合资经营	中型
昌邑市正大机械有限公司	吕继兆	私营有限责任公司	中型
昌邑市荣源印染有限公司	付乃波	私营有限责任公司	中型
山东贸发食品有限公司	李兴辰	私营有限责任公司	中型
诸城市汉通造纸机械有限公司	王希刚	私营有限责任公司	中型
青州市坦博尔服饰有限公司	王勇萍	私营有限责任公司	中型
潍坊鲁邑橡胶制品有限公司	谭柄禄	股份有限公司	中型
潍坊安泰玛钢有限公司	明连安	私营有限责任公司	中型
潍坊盛瑞动力机械科技有限公司	刘祥伍	私营有限责任公司	中型

9-5续表6

企业名称	法人代表	注册类型	企业规模
潍坊寒亭渤海水产综合开发中心	孙明辉	国有	中型
山东银石泸河橡胶轮胎有限公司	钟廷玉	中外合资经营	中型
潍坊恒联浆纸有限公司	李瑞丰	其他有限责任公司	中型
高密市恒源纺织有限公司	陈秀华	私营独资	中型
潍坊富源增压器有限公司	陈序尧	中外合资经营	中型
昌邑市丽晶纺织有限公司	史洪文	私营有限责任公司	中型
潍坊环球食品有限公司	吕其刚	私营独资	中型
高密鲁源纺织有限公司	孙彦民	私营有限责任公司	中型
诸城市万兴建材有限公司	刘常军	其他有限责任公司	中型
诸城市龙兴阀门有限公司	肖增军	其他有限责任公司	中型
山东宝马特制衣有限公司	张崇伟	外资企业	中型
山东潍河机械制造有限公司	赵金丽	其他有限责任公司	中型
诸城市和生食品有限公司	王　艳	私营有限责任公司	中型
昌邑市第三棉纺厂	邢胜辉	集体	中型
潍坊青特车桥有限公司	纪爱师	其他有限责任公司	中型
潍坊鲁元建材有限公司	刘金峰	其他有限责任公司	中型
高密市绿洲化工有限公司	孟庆祥	私营有限责任公司	中型
诸城华日粉末冶金有限公司	田岛义巳	中外合资经营	中型
山东麦丽香食品有限公司	李　岩	外资企业	中型
山东好友家纺有限公司	吕学生	与港澳台商合资经营	中型
潍坊海天棉纺有限公司	姜敏之	股份有限公司	中型
青州市全成食品有限公司	赵淑华	私营有限责任公司	中型
潍坊齐荣纺织有限公司	李德荣	其他有限责任公司	中型
山东邦泰散热器有限公司	夏纪运	私营有限责任公司	中型
潍坊玉成化工有限公司	孟庆洪	其他有限责任公司	中型
昌邑琨福纺织有限公司	刘载琨	私营有限责任公司	中型
高密市南洋食品有限公司	田有有	私营有限责任公司	中型
山东三丰机械有限公司	王在博	其他有限责任公司	中型
山东美晨汽车部件有限公司	张　磊	私营有限责任公司	中型
潍坊潍凯铸造有限公司	张滇军	私营有限股份公司	中型
山东潍坊拖拉机厂集团有限公司	李怀庆	其他内资	中型
潍坊泰华食品有限公司	郑　华	私营有限责任公司	中型
昌邑市昌宁机械有限公司	滕凤群	私营有限责任公司	中型
安丘市富瑞得食品有限公司	乔瑞霞	私营有限责任公司	中型
潍坊恒联玻璃纸有限公司	李瑞丰	其他有限责任公司	中型
山东凯加食品股份有限公司	贾　山	外商投资股份有限公司	中型
山东泰利汽车部件有限公司	石　林	其他有限责任公司	中型

9－5续表7

企业名称	法人代表	注册类型	企业规模
潍坊海洋化工高新技术产业开发区福利塑料编织厂	王风玉	集体	中型
山东金河纺织集团有限公司	刘文彦	其他有限责任公司	中型
诸城市箐华农牧发展有限公司	王焕玉	与港澳台商合资经营	中型
山东华燕制衣有限公司	刘海燕	私营有限责任公司	中型
山东信得科技股份有限公司	李朝阳	中外合资经营	中型
寿光市康跃增压器有限公司	郭锡禄	其他有限责任公司	中型
山东巨力机械有限公司	项　阳	私营有限责任公司	中型
诸城市金祥机械有限公司	庄方金	私营有限责任公司	中型
诸城威仕达机械有限公司	庄方金	中外合资经营	中型
潍坊华友亚麻纺织有限公司	张维友	中外合资经营	中型
高密建滔化工有限公司	张国强	港澳台商独资	中型
山东博润实业有限公司	王金森	其他有限责任公司	中型
潍坊锦源安博斯针织服装有限公司	李　琦	与港澳台商合资经营	中型
诸城市杨春水泥有限公司	张志国	私营有限责任公司	中型
潍坊宝威滤清器有限公司	*JOHSON*	中外合资经营	中型
潍坊六和康达食品有限公司	赵京全	私营独资	中型
诸城市帅领服饰有限公司	祝培杰	港澳台商投资股份有限公司	中型
高密市顺华木业有限公司	王玉华	私营有限责任公司	中型
青州鲁绣抽纱有限公司	卜范增	其他有限责任公司	中型
昌邑市海美塑品有限责任公司	丛梦海	其他有限责任公司	中型
潍坊巨龙纺织有限公司	刘法声	其他有限责任公司	中型
潍坊市鸢飞服装公司	刘新友	股份合作	中型
安丘福华食品有限公司	坂本亘	外资企业	中型
诸城中康农业开发有限公司	王治中	中外合资经营	中型
山东省昌邑市三得利印染厂	王家富	集体	中型
诸城天一巨服装有限公司	李跃进	中外合资经营	中型
潍坊信昌达纺织有限公司	安立华	其他有限责任公司	中型
山东红星百瑞特制造有限公司	葛　伟	其他有限责任公司	中型
山东横滨橡胶工业制品有限公司	王永堂	中外合资经营	中型
潍坊裕川内燃机配件有限公司	刘锦川	与港澳台商合资经营	中型
山东海化天际化工有限公司	高永昌	其他有限责任公司	中型
山东正泰希尔专用汽车有限公司	李希春	私营有限责任公司	中型
潍坊市五井煤矿有限公司	李传彬	私营有限责任公司	中型
潍坊中传拉链配件有限公司	林於宝	港澳台商独资	中型
潍坊港华燃气有限公司	候成钢	国有	中型
诸城市福杨车厢有限公司	许子福	私营有限股份公司	中型
山东威猛工程机械有限公司	杨连森	其他有限责任公司	中型

9－5续表8

企业名称	法人代表	注册类型	企业规模
安丘安泰玻璃有限公司	陈　箭	港澳台商独资	中型
诸城市义昌纺织印染有限公司	赵洪涛	其他有限责任公司	中型
诸城市益泰丰工贸有限公司	刘　刚	私营有限责任公司	中型
颐中(潍坊)实业有限公司	袁晓亮	国有	中型
山东潍坊福田模具有限责任公司	武　军	其他有限责任公司	中型
昌邑中佳印染织造有限公司	孙连忠	其他内资	中型
山东华特磁电科技股份有限公司	王兆连	股份有限公司	中型
诸城裕泰针织有限公司	王建陵	港澳台商独资	中型
潍坊华光精工设备有限公司	孙同江	其他有限责任公司	中型
青州银龙纺织有限公司	孟庆禄	其他有限责任公司	中型
山东茂德皮革集团有限公司	于永波	其他有限责任公司	中型
山东圣龙钢结构有限公司	宋良江	私营有限责任公司	中型
山东海化集团瑞源实业有限公司	刘景孟	其他有限责任公司	中型
山东亚泰机械有限公司	刘万彦	其他有限责任公司	中型
青州市东鑫纸业有限公司	黄进品	中外合资经营	中型
山东光耀超薄玻璃有限公司	张有良	其他有限责任公司	中型
山东京鲁烟叶复烤有限公司	王成才	其他有限责任公司	中型
诸城市华欣制衣有限公司	臧加华	私营有限责任公司	中型
瀚德液压(青州)有限公司	克拉斯瓦南德尔	外商投资股份有限公司	中型
诸城市柯美木业有限公司	吴德辉	私营有限责任公司	中型
山东红叶地毯有限公司	付少祜	私营有限责任公司	中型
潍坊市自来水总公司	杨长民	其他有限责任公司	中型
诸城市鹏飞木业有限责任公司	王金伟	私营有限责任公司	中型
山东高密市商羊神酒业有限公司	管贻清	私营有限责任公司	中型
潍坊盛瑞铸造有限公司	张述海	其他有限责任公司	中型
潍坊瑞福油脂调料有限公司	崔瑞福	股份有限公司	中型
诸城市瑞福生毛纺织有限责任公司	韩起树	其他有限责任公司	中型
山东省寿光市六丰实业有限公司	李友春	私营有限责任公司	中型
山东益都阀门股份有限公司	洪金枝	私营有限股份公司	中型
潍坊华盛隆印花有限公司	王鹏程	私营有限责任公司	中型
山东潍坊制药厂有限公司	姜林海	其他有限责任公司	中型
诸城市兴旺家居有限公司	冯建伟	其他有限责任公司	中型
诸城市新星纸业有限公司	孙德东	其他有限责任公司	中型
山东红旗机电有限公司	李成玉	私营有限股份公司	中型
山东隆泰水泥有限公司	王志强	其他有限责任公司	中型
潍坊瑞麦食品有限公司	廖清圳	外资企业	中型
山东潍棉纺织有限公司	张照树	私营有限责任公司	中型

9－5续表9

企业名称	法人代表	注册类型	企业规模
安丘市同力服装有限责任公司	孙业厚	其他有限责任公司	中型
诸城市铸德机械有限责任公司	葛金祥	私营有限责任公司	中型
诸城新纺纺织有限公司	姚建春	其他有限责任公司	中型
潍坊鲁光矿业有限公司	刘志礼	其他有限责任公司	中型
潍坊雷克兰劳保用品有限公司	张　晖	外资企业	中型
山东耶莉娅服饰有限公司	袁文和	中外合资经营	中型
潍坊千业色纺有限公司	李建玲	私营有限责任公司	中型
潍坊二棉纺织有限公司	刘　军	私营有限责任公司	中型
青州新华包装制品有限公司	蔚严春	与港澳台商合资经营	中型
安丘海洋机械制造有限公司	钟希刚	私营有限责任公司	中型
潍坊镇北盐场有限公司	蔡青松	私营独资	中型
安丘市茂源铸造有限公司	马仁殿	私营有限责任公司	中型
山东裕源集团有限公司	孟庆升	其他有限责任公司	中型
临朐海润织造有限公司	左士明	私营有限责任公司	中型
山东青能动力股份有限公司	郭　伟	股份有限公司	中型
潍坊朱刘煤矿有限公司	武金贤	其他有限责任公司	中型
诸城市金源建材有限责任公司	刘大康	其他有限责任公司	中型
山东秦池集团	胡福东	国有	中型
山东高密润达机油泵有限公司	单既明	其他有限责任公司	中型
安丘德隆寝装用品有限公司	于　娜	中外合资经营	中型
山东高天金属制造有限公司	李允志	股份有限公司	中型
青州市德昌化工有限责任公司	谭树奎	股份有限公司	中型
山东高密市同利化工有限公司	邱法忠	其他有限责任公司	中型
昌邑市富兴水泥有限责任公司	付玉兴	私营有限责任公司	中型
山东昌邑乾隆杯酒业有限责任公司	李德罡	其他有限责任公司	中型
青州市兴旺水泥有限公司	吕长宝	其他有限责任公司	中型
山东青州丽绣家纺制品有限公司	李保兰	其他有限责任公司	中型
高密双利针织有限公司	中村孝	港澳台商独资	中型
山东青州云门酒业(集团)有限公司	汲英民	其他有限责任公司	中型
潍坊三建滨海建筑材料有限公司	王连溪	与港澳台商合作经营	中型
潍坊新成达机械有限公司	王　成	其他有限责任公司	中型
潍坊市三维生物工程集团有限公司	宿明明	私营有限责任公司	中型
山东诸城密州酒业有限公司	董长安	股份有限公司	中型
寿光兴华毛纺有限公司	徐春来	中外合资经营	中型
高密市水业公司	徐兆远	国有	中型
潍坊华美精细技术陶瓷有限公司	王明峰	中外合资经营	中型
青州保足鞋业有限公司	夏良庆	与港澳台商合资经营	中型
潍坊鑫环盐化有限公司	李希环	其他有限责任公司	中型
山东润通纺织品有限公司	李道祥	私营有限责任公司	中型
山东龙威集团寿光制盐场	袁荫龙	集体	中型
青州泰和矿业有限公司	贾忠德	股份有限公司	中型

9－6　全市历年工业企业单位数及总产值

（1978－2008 年）

单位:万元

年　份	全部工业企业单位数(个)	#乡及以上工业(个)	全部工业总产值(现价)	#乡及以上工业	乡及以上工业总产值(90年不变价)	#国有	#集体	#乡镇办	#其他
1978		1643	322159	308267	411994	258888	153106	53112	
1979		1743	362922	333928	449566	282223	167343	62118	
1980		1828	399237	359216	478937	294381	184556	66407	
1981		1809	443601	380142	504232	325958	178274	68144	
1982		1816	498311	423413	547550	357617	189933	63444	
1983		1840	497109	418631	587261	381698	205563	66048	
1984		2198	531553	452140	651082	382743	268339	79639	
1985		2283	679112	616074	766155	436745	329410	113083	
1986	48532	2513	845727	695239	863484	472369	391115	158023	
1987	48580	2754	982550	873880	1029838	531259	498579	212921	
1988	54934	2606	1458604	1060469	1267073	628341	628050	331940	10682
1989	49202	2641	1959918	1346100	1425748	674567	741912	411254	9269
1990	50127	2627	2065015	1520395	1542982	840365	694998	363442	7619
1991	56717	2601	2417500	1763240	1811609	977555	821462	434046	12592
1992	61794	2612	3370192	2303726	2346340	1202200	1105967	646631	38173
1993	78753	2761	4994441	3617208	3482818	1230853	1848647	1057672	403818
1994	92179	2414	7843651	5379182	4472397	1174125	2400281	2038423	897991
1995	47460	2799	9714048	5230527	4418306	1486552	2013044	1747008	918710
1996	68110	2356	12009260	6341940	5211349	1658064	2449895	2227695	1103390
1997	63063	2190	12530709	6497130	5552938	1854703	2584963	2468086	1113272
1998	53670	1107	12738114	5765801	5052917	1590973	1598181	1275449	1863763
1999	44417	1151	10662824	6146984	5338564	1387427	1507159	1398795	2443978
2000	43311	1157	11851797	6875342	6084119	857763	1251403	1867911	3974953
2001	43045	1310	12843501	7423562	6571881	819965	917093	1128593	4834823
2002	42643	1435	13988518	9088518	8193077	938607	940212	662232	6314258
2003	45504	1970	17467041	12437041	10270855	1109407	688128	295187	8473320
2004	47449	3406	23820108	18969308	–	–	–	–	–
2005	50988	3833	32049083	27241383	–	–	–	–	–
2006		4119		34046982	–	–	–	–	–
2007		4310		43322291					
2008		4835		53181258					

注:2004 年数据为经济普查数据。

9-7 全市历年工业主要经济指标

(1978-2008年)

年份	全部工业增加值(亿元)		乡及乡以上独立核算工业(万元)							
	按现行价格计算	按90年不变价计算	企业单位数(个)	工业增加值(现价)	主营业务收入	利税总额	利润总额	亏损企业亏损额	固定资产原价	工业总产值(现价)
1978	9.78	13.18	1562		232007		19428	4484	122367	293212
1979	10.36	13.93	1509		232475		21634	3714	144661	305904
1980	11.55	15.55	1771		278292		26518	1925	162760	327966
1981	11.84	14.45	1799		310018		25353	2120	187063	360390
1982	11.89	13.16	1875		353819		25074	2146	205113	395656
1983	12.50	14.57	1659		347659		27776	1543	215706	395636
1984	12.94	16.58	1788		405689		29011	1477	236569	438798
1985	17.44	22.98	1836		496039		37763	1756	269422	543154
1986	21.85	28.30	2013		569359		36351	2914	328266	593564
1987	27.02	35.88	2171		656703	95064	45240	3268	415321	758926
1988	39.32	42.75	2258		913925	122412	62485	3186	528833	1017556
1989	50.83	50.54	2229		1111056	132448	61690	5417	689600	1300493
1990	55.80	54.80	2194		1132138	117952	42162	12058	838222	1448332
1991	65.16	61.42	2200		1453646	144048	54289	10165	947622	1694378
1992	77.50	78.93	2217		1804147	171007	68587	11416	1116529	2191493
1993	103.90	100.08	2260	754000	2684452	232544	93033	29740	1449858	3282896
1994	133.02	113.29	2135	938500	3532929	368542	156330	17702	1937823	5065897
1995	166.00	128.53	2360	1143400	4547640	420577	168600	39331	2824848	5052015
1996	198.00	148.12	2109	1380700	5174445	530468	218761	33875	3011371	6168281
1997	224.00	164.28	2018	1542400	5393512	522199	218742	50930	3354457	6400108
1998	239.00	182.59	1107	1484899	5435413	494200	194537	42936	3830642	5765801
1999	259.30	206.33	1151	1582848	5760829	504510	198658	48387	4124875	6146984
2000	295.63	234.39	1157	1814325	6621667	623056	278281	35048	4256014	6875342
2001	329.80	267.91	1310	1997960	7217823	689079	316733	28558	4441516	7423562
2002	379.25	310.78	1435	2449278	8590545	824108	400635	25300	5000342	9088518
2003	470.00	375.11	1970	3382101	12239598	1190162	649657	25688	6300204	12437041
2004	-	-	3406	5043841	18430568	1714239	1008660	35617	8130358	18969308
2005	-	-	3833	7140539	27368968	2403911	1441065	21377	10584372	27241383
2006	-	-	4119	8819509	33913986	2752245	1730238	18782	12327013	34046982
2007	1100.25	-	4310	11990278	42713500	3810534	2362484	41558	14991236	43322291
2008	1339.38	-	4835	13434551	51534462	4367723	2769530	104115	19154758	53181258

注:2004年数据为经济普查数据。

9-8 主要产品产量

（2007-2008年）

产品名称	计量单位	2008年	2007年
原煤	万吨	91.68	95.20
无烟煤	万吨	59.82	59.86
烟煤	万吨	23.07	26.34
一般烟煤	万吨	23.07	26.34
褐煤	万吨	8.80	9.00
铁矿石原矿量	万吨	11.16	25.03
原盐	万吨	1117.17	867.17
发电量	亿千瓦小时	156.48	148.64
火电	亿千瓦小时	156.48	148.64
自来水（生产量）	亿立方米	0.07	0.08
小麦粉	万吨	70.35	76.72
精制食用植物油	万吨	17.69	18.30
鲜冷藏冻肉	万吨	68.19	51.95
配混合饲料	万吨	219.02	238.30
糕点	万吨	0.21	0.20
速冻米面食品	万吨	0.46	0.50
方便面	万吨	0.21	0.18
乳制品	万吨	10.07	6.31
液体乳	万吨	9.26	5.59
罐头	万吨	6.68	5.32
发酵酒精（折96度，商品量）	万千升	15.51	1.03
饮料酒	万千升	36.17	31.23
白酒（折65度，商品量）	万千升	4.75	5.21
啤酒	万千升	30.88	25.82
葡萄酒	万千升	0.55	0.19
软饮料	万吨	24.60	20.86
碳酸饮料	万吨	0.21	0.15
果汁及果汁饮料	万吨	5.78	3.29
瓶（罐）装饮用水	万吨	7.18	6.22
卷烟	亿支	200.00	200.00
化纤浆粕	万吨	21.34	22.84
化学纤维	万吨	23.15	21.03
粘胶纤维	万吨	19.20	18.10
合成纤维	万吨	3.95	2.93
涤纶纤维	万吨	2.51	2.07
丙纶纤维	万吨	1.45	0.86
纱	万吨	65.40	59.47

9－8 续表1

产品名称	计量单位	2008年	2007年
棉纱	万吨	62.02	55.71
混纺纱	万吨	0.77	0.84
纯化纤纱	万吨	2.62	2.92
布	亿米	29.06	26.89
棉布	亿米	23.92	22.57
棉混纺布(混纺交织布)	亿米	2.06	1.44
化学纤维布(纯化纤布)	亿米	3.07	2.87
印染布	亿米	15.22	16.28
帘子布	吨	27900.00	18609.00
绒线(毛线)	万吨	0.05	0.06
毛机织物(呢绒)	万米	266.96	247.97
丝	吨	768.22	957.17
丝织品	万米	917.35	835.38
非织造布	万吨	0.43	0.29
服装	万件	33797.62	33594.16
梭织服装	万件	10944.61	10963.25
西服及西服套装	万件	41.80	34.10
衬衫	万件	689.60	513.60
羽绒服	万件	233.00	244.00
针织服装	万件	22853.01	22630.91
轻革	万平方米	74.19	222.00
皮鞋	万双	348.54	327.17
皮革服装	万件	101.97	91.93
天然皮革手提包(袋)、背包	万个	22.71	36.20
人造板	万立方米	54.71	37.31
胶合板	万立方米	47.13	28.34
刨花板	万立方米	5.66	7.04
人造板表面装饰板(人造板二次加工装饰板)	万平方米	0.51	0.64
家具	万件	715.09	700.77
木质家具	万件	680.01	665.22
软体家具(包括床垫、沙发)	万件	15.11	10.93
纸浆(原生浆及废纸浆)	万吨	89.77	75.11
机制纸及纸板(外购原纸加工除外)	万吨	298.12	265.28
新闻纸	万吨	40.76	34.95
未涂布印刷书写用纸	万吨	13.75	16.20
箱纸板	万吨	45.60	41.02
纸制品	万吨	21.96	20.07

9－8 续表2

产品名称	计量单位	2008年	2007年
瓦楞纸箱(纸箱)	万吨	14.32	12.40
多色印刷	万对开色令		0.01
光盘复制品	万张	448.00	334.00
原油加工量	万吨	325.79	263.18
汽油	万吨	69.27	53.53
柴油	万吨	95.49	71.31
润滑油	万吨	9.53	7.05
燃料油	万吨	2.39	2.78
溶剂油	万吨	2.38	
石油沥青	万吨	85.94	71.44
液化石油气	万吨	18.51	18.48
焦炭	万吨	120.00	115.20
机械化焦炉生产的焦炭	万吨	105.02	101.72
煤气生产量(煤气)	亿立方米	2.04	2.17
硫酸(折100%)	万吨	14.26	27.80
盐酸(含量31%以上)	万吨	13.30	12.93
氢氧化钠(烧碱)(折100%)	万吨	56.22	50.89
碳酸钠(纯碱)	万吨	214.19	208.91
碳化钙(电石)(折300升/千克)	万吨	0.17	0.51
合成氨	万吨	100.50	93.55
农用氮、磷、钾化学肥料总计(折纯)	万吨	66.20	65.77
氮肥(折含 *N* 100%)	万吨	62.86	60.68
尿素	万吨	58.27	54.79
磷肥(折合 *P2O5* 100%)	万吨	3.34	5.09
化学农药原药(折有效成分100%)	万吨	1.10	0.67
杀虫剂原药	万吨	0.23	0.23
杀菌剂原药	吨	1456.43	1526.25
除草剂原药	吨	4297.00	1701.00
纯苯	万吨	2.60	
精甲醇	万吨	40.84	25.91
冰醋酸	万吨	1.50	0.70
涂料(油漆)	万吨	17.22	17.92
建筑涂料	万吨	0.13	0.38
染料	万吨	0.17	0.17
初级形态的塑料(塑料树脂及共聚物)	万吨	40.84	38.66
聚氯乙烯树脂	万吨	24.73	22.38
聚丙烯树酯	万吨	1.38	1.71

9－8 续表3

产品名称	计量单位	2008年	2007年
合成纤维聚合物	万吨	0.06	0.04
聚脂	万吨	0.06	0.04
合成洗涤剂	万吨	8.85	10.12
合成洗衣粉	万吨	8.85	10.12
化学药品原药(化学原料药)	万吨	27.88	28.54
橡胶轮胎外胎(轮胎外胎)	万条	2985.79	2150.31
橡胶靴鞋(胶鞋)	万双	1363.00	1389.10
塑料制品	万吨	35.87	28.93
塑料薄膜	万吨	5.59	4.77
农用薄膜	万吨	4.68	4.05
塑料板、片及类似型材(塑料型材含板片材)	万吨	0.60	1.02
塑料制管子及其附件	万吨	6.60	5.38
塑料编织袋	万吨	8.12	5.80
塑料包装箱及容器	万吨	0.64	0.59
日用塑料制品	万吨	11.42	8.89
水泥熟料	万吨	571.74	547.39
窑外分解窑熟料(预分解窑熟料)	万吨	337.48	303.62
水泥	万吨	769.79	831.64
水泥排水管	千米	410.65	709.60
水泥电杆	万根	7.70	8.44
商品混凝土	万立方米	68.20	46.15
水泥混凝土桩(水泥预制管桩)	万米	6.69	6.40
砖(折标准砖)	亿块	5.85	3.94
瓦	亿片	0.19	0.16
天然大理石建筑板材(大理石板材)	万平方米	32.32	41.20
天然花岗石建筑板材(花岗石板材)	万平方米	8.94	
石膏板	万平方米	644.93	530.00
平板玻璃	万重量箱	131.35	124.23
中空玻璃	万平方米	48.74	36.39
钢化玻璃	万平方米	67.47	28.08
日用玻璃制品	万吨	21.25	22.22
玻璃保温容器	万个	246.50	356.00
卫生陶瓷	亿件	0.02	0.02
日用陶瓷	亿件	0.07	0.10
耐火材料制品	万吨	6.66	6.02
石墨及碳素制品	万吨	0.14	0.12
生铁	万吨	243.62	266.56

9－8 续表 4

产品名称	计量单位	2008 年	2007 年
粗钢	万吨	203.04	200.94
钢材	万吨	386.13	335.95
中小型型钢	万吨	3.32	2.16
棒材	万吨	219.07	155.60
钢筋	万吨	52.98	47.68
盘条(线材)	万吨	55.37	79.28
冷轧窄钢带	万吨	3.48	4.32
无缝钢管	万吨	22.20	20.99
焊接钢管	万吨	8.67	12.31
其它钢材	万吨	21.04	13.60
十种有色金属	万吨	0.02	0.02
精炼铜(铜)	万吨	0.02	0.02
黄金	千克	57.82	94.64
白银	千克	226.20	352.03
铝材	万吨	11.99	10.50
金属切削工具	万件	230.00	655.00
模具	万套	1.43	1.17
日用不锈钢制品	万吨	0.24	0.23
锁具	万把	232.37	310.00
工业锅炉	蒸发量吨	520.00	519.00
内燃机	万千瓦	6029.69	5402.44
金属成形机床(锻压设备)	万台	0.04	0.06
铸造机械	台	121.00	72.00
起重设备	万吨	5.81	11.00
泵(液体泵)	万台	3.94	2.87
风机	万台	5.57	3.01
气体压缩机	台	222.00	217.00
减速机	万台	1.10	1.38
滚动轴承(轴承)	亿套	0.03	0.05
阀门	万吨	1.12	0.90
液压元件	万件	84.92	68.51
粉末冶金制品	万吨	0.09	0.10
齿轮	万吨	1.87	0.68
铸钢件	万吨	2.24	1.46
铸铁件	万吨	27.64	16.72
金属锻件	万吨	27.80	19.56
棉花加工设备	台	548.00	480.00

9－8 续表 5

产品名称	计量单位	2008 年	2007 年
造纸机械	台	1506.00	1207.00
印刷机	吨	1005.00	1401.00
塑料加工设备	吨	11817.00	12886.00
水泥专用设备(水泥设备)	吨	315.00	273.00
包装专用设备(包装机械)	台	252.00	455.00
大中型拖拉机	台	42855.00	39873.00
小型拖拉机	万台	10.53	11.76
收获机械	台	39579.00	24218.00
场上作业机械	万台	0.12	0.11
农业运输机械	万辆	3.62	5.08
铲土运输机械	台	22338.00	20799.00
挖掘机	台	353.00	217.00
混凝土机械	台	5974.00	5290.00
环境保护专用设备	台(套)	580.00	531.00
水质污染防治设备	台(套)	551.00	396.00
大气污染防治设备	台(套)	29.00	135.00
汽车	万辆	26.21	26.37
载货汽车	万辆	26.21	26.37
摩托车	万辆	28.61	17.10
两轮自行车(非助动)	万辆	0.61	0.50
交流电动机	万千瓦	198.67	201.61
变压器	万千伏安	153.19	164.11
高压开关板	面	2908.00	1627.00
低压开关板	万面	0.91	0.44
电力电缆	万千米	1.40	1.36
钢芯铝绞线	吨	1810.80	1142.00
绝缘制品	吨	12439.00	12276.00
铅酸蓄电池	万千伏安时	14.70	13.98
原电池及原电池组(折 R20 标准只)	亿只	1.69	0.25
冷柜(含冷冻箱、冷藏箱、展示柜)	万台	0.13	0.05
光通信设备	台	92.00	145.00
半导体分立器件	亿只	1.89	2.60
电子元件	亿只	0.09	0.09
收录放音组合机(录放音机)	万台	2.54	2.00
光学仪器	万台	0.16	0.34
分析仪器及装置(成分分析仪器)	万台	0.16	
钟	万只	4.39	11.61
产品销售率	%	98.07	98.45
能源生产总量	万吨	65.46	67.97

9-9 全市及各县市区规模以下工业单位个数

(2008年)

单位:个

	企业个数	农村个体	工业企业
总　　计	**52255**	**40805**	**11450**
市区小计	9406	7300	2106
潍城区	3748	2950	798
寒亭区	2178	1556	622
坊子区	2975	2425	550
奎文区	505	369	136
青州市	5248	3654	1594
诸城市	4456	3021	1435
寿光市	6339	5466	873
安丘市	6012	4781	1231
高密市	7519	6760	759
昌邑市	3724	1965	1759
临朐县	5570	4602	968
昌乐县	3981	3256	725

9-10 全市及各县市区规模以下工业总产值

(2008年)

单位:万元

	工业总产值(当年价格)	农村个体		工业企业	
		总　值	均　值	总　值	均　值
总　　计	**5200000**	**2493700**	**57.67**	**2706300**	**228.76**
市区小计	1077400	578800	75.44	498600	235.40
潍城区	393400	183800	60.03	209600	268.04
寒亭区	187600	81900	53.54	105700	173.11
坊子区	440000	292500	109.69	147500	267.33
奎文区	56400	20600	55.15	35800	257.58
青州市	725100	249300	69.01	475800	281.50
诸城市	570000	273700	79.46	296300	187.78
寿光市	400400	249100	39.57	151300	158.67
安丘市	421700	220600	41.90	201100	148.17
高密市	650000	478000	67.77	172000	232.67
昌邑市	626600	127000	53.59	499600	255.15
临朐县	423100	144400	30.77	278700	263.41
昌乐县	305700	172800	60.06	132900	281.21

9－11 规模以下工业历年主要指标

（2000－2008 年）

单位：个、万元

年份	工业个数			工业产值		
	总计	农村个体	工业企业	总计	农村个体	工业企业
2000	42154	35274	6880	4976455	2533205	2443250
2001	41735	33477	8258	5419939	2720626	2699314
2002	41208	32078	9130	4900000	1935000	2965000
2003	43534	33020	10514	5031000	1909900	3121100
2004	44043	31625	12418	4850800	1619000	3231800
2005	47155	37085	10070	4807700	2302100	2505600
2006	49760	38811	10949	5100000	2436400	2663600
2007	50903	40007	10896	4800000	2307400	2492600
2008	52255	40805	11450	5200000	2493700	2706300

9－12 企业集团历史资料

（1999－2008 年）

单位：人、万元

年份	个数	年末资产总计	固定资产原价	流动资产年平均余额	主营业务收入	从业人员年末人数（人）
1999	138	5090598	－	2315855	3071259	238413
2000	121	4947234	－	2486239	3514321	213956
2001	66	4671899	2050405	2173917	305782	163345
2002	62	5952600	2664911	2758260	3603948	158175
2003	51	6840080	3079186	3265133	4380706	143615
2004	62	9813826	4107420	4545013	8523462	186702
2005	60	12399749	5831251	5986549	11820042	215535
2006	59	13910331	6209466	6693294	14645193	217417
2007	58	18784425	5687793	8041446	19089288	224785
2008	55	20906099	5904967	10176337	21553367	228557

注：2007 年起固定资产为净值。

能　源

TEN

ENERGY

10－1 工业企业能源购进、消费与库存情况

（2008 年）

能源名称	计量单位	年初库存量	购进量	
			实物量	金额（千元）
原煤	吨	980092.63	17776505.37	11916266.93
洗精煤	吨	156429.00	2227923.00	2121302.00
其他洗煤	吨	10.00	127.00	62.50
煤制品	吨	4258.00	4646.40	2241.00
型煤	吨		104.00	82.00
水煤浆	吨			
煤粉	吨	4247.00	4450.40	2109.00
焦炭	吨	46390.32	2088901.39	4232857.37
其他焦化产品	吨	1215.96	65942.51	27035.80
焦炉煤气	万立方米		15630.61	89143.58
高炉煤气	万立方米		3762.00	11333.00
其他煤气	万立方米			
天然气	万立方米		6675.04	172677.21
液化天然气	吨		176.04	871.88
原油	吨	80506.00	3856213.00	18667404.2
汽油	吨	1231.40	50615.76	303775.91
煤油	吨	58.39	399.28	2683.60
柴油	吨	3222.12	85382.91	534534.67
燃料油	吨	4245.00	107599.47	306867.26
液化石油气	吨		25506.00	78957.65
炼厂干气	吨		9.00	63.00
其他石油制品	吨	473.23	172483.30	817292.52
热力	百万千焦		39932741.7	2195026.32
电力	万千瓦时		1620530.07	9571979.76
其他燃料	吨标准煤		286215.90	90908.65
煤矸石	吨		134615.06	25812.55
生物质能	吨标准煤			
工业废料	吨标准煤			
城市固体垃圾	吨标准煤			
能源合计	吨标准煤			

10－1 续表 1

能源名称	计量单位	消费量					年末库存量
		合计	1. 工业生产消费	用于原材料	2. 非工业生产消费	合计中:运输工具消费	
原煤	吨	17840235.77	17744341.91	1550840.00	95893.89	146.00	1080470.65
洗精煤	吨	2322665.44	2322659.44	291680.00	6.00		144475.00
其他洗煤	吨	206.00	197.00		9.00		11.00
煤制品	吨	3701.22	3697.22		4.00		5303.18
型煤	吨	96.82	92.82		4.00		11.18
水煤浆	吨						
煤粉	吨	3515.40	3515.40				5289.00
焦炭	吨	2043485.11	2043448.11	115.39	37.00		39874.66
其他焦化产品	吨	60984.82	60984.82	54623.15			6133.15
焦炉煤气	万立方米	26767.61	26727.61		40.00		
高炉煤气	万立方米	3762.00	3762.00				
其他煤气	万立方米	2.77	2.77				
天然气	万立方米	7113.99	6969.62		144.37	1.87	
液化天然气	吨	176.04	175.94		0.10		
原油	吨	3772314.00	3772224.00	263583.00	90.00		164408.00
汽油	吨	51734.78	33040.11	7188.50	18696.03	19791.15	1066.92
煤油	吨	511.36	474.06		37.30	3.80	57.20
柴油	吨	87638.75	72527.33	78.16	15013.12	17416.03	2202.58
燃料油	吨	103970.45	103950.45	68788.00	20.00	33.00	6768.24
液化石油气	吨	25619.30	25613.90	24459.00	5.40	9.00	
炼厂干气	吨	9.00			9.00		
其他石油制品	吨	179596.30	177285.16	56.20	2311.14		258.83
热力	百万千焦	68127513.59	67347944.24		779569.35		
电力	万千瓦时	2211783.63	2178143.18		33641.76		
其他燃料	吨标准煤	282640.51	282640.51				28507.39
煤矸石	吨	133463.06	133463.06				
生物质能	吨标准煤						
工业废料	吨标准煤	19192.00	19192.00				
城市固体垃圾	吨标准煤						
能源合计	吨标准煤	28192054.09	28002036.18		190017.97		

10－2 工业企业能源购进、消费与库存附表情况

（2008 年）

能源名称	计量单位	工业生产消费量	加工转换投入合计		
				火力发电	供 热
原煤	吨	14297125.97	11950896.32	7363896.35	4543166.97
洗精煤	吨	2107500.44	1762343.00		
其他洗煤	吨				
煤制品	吨	3069.00			
型煤	吨				
水煤浆	吨				
煤粉	吨	3069.00			
焦炭	吨	1481008.92	109560.85	37017.41	71134.44
其他焦化产品	吨				
焦炉煤气	万立方米	11101.00	4620.00	390.00	4230.00
高炉煤气	万立方米				
其他煤气	万立方米				
天然气	万立方米	767.71	40.00	25.68	14.32
液化天然气	吨				
原油	吨	3772086.00	3387682.00		
汽油	吨	1338.67			
煤油	吨	17.56			
柴油	吨	13217.10	7031.33	5178.83	1833.50
燃料油	吨	100609.13	30276.03	4210.33	29.70
液化石油气	吨	79.00			
炼厂干气	吨				
其他石油制品	吨	149362.04	26188.00		
热力	百万千焦	31174303.91	250125.00	250125.00	
电力	万千瓦时	992484.95			
其他燃料	吨标准煤	271993.51	271993.51	98652.59	173340.92
煤矸石	吨	128337.06	128337.06	68438.11	59898.95
生物质能	吨标准煤				
工业废料	吨标准煤	9946.00	9946.00	4546.60	5399.40
城市固体垃圾	吨标准煤				
能源合计	吨标准煤	21671224.57	15208354.89	5299020.30	3388114.03

能源名称	计量单位	原煤入洗	炼焦	炼油	制气
原煤	吨				43833.00
洗精煤	吨		1762343.00		
其他洗煤	吨				
煤制品	吨				
型煤	吨				
水煤浆	吨				
煤粉	吨				
焦炭	吨				1409.00
其他焦化产品	吨				
焦炉煤气	万立方米				
高炉煤气	万立方米				
其他煤气	万立方米				
天然气	万立方米				
液化天然气	吨				
原油	吨			3387682.00	
汽油	吨				
煤油	吨				
柴油	吨				19.00
燃料油	吨			26036.00	
液化石油气	吨				
炼厂干气	吨				
其他石油制品	吨			26188.00	
热力	百万千焦				
电力	万千瓦时				
其他燃料	吨标准煤				
煤矸石	吨				
生物质能	吨标准煤				
工业废料	吨标准煤				
城市固体垃圾	吨标准煤				
能源合计	吨标准煤		1585488.70	4903025.53	32706.30

10－2 续表 2

能源名称	计量单位			能源加工转换产出	回收利用
		天然气液化	加工型煤		
原煤	吨				
洗精煤	吨				
其他洗煤	吨				
煤制品	吨				
型煤	吨				
水煤浆	吨				
煤粉	吨				
焦炭	吨			1228687.00	
其他焦化产品	吨			84231.20	
焦炉煤气	万立方米			25559.00	
高炉煤气	万立方米				
其他煤气	万立方米				
天然气	万立方米				
液化天然气	吨				
原油	吨				
汽油	吨			716185.00	
煤油	吨				
柴油	吨			954920.00	
燃料油	吨			23897.00	
液化石油气	吨			207030.00	
炼厂干气	吨				
其他石油制品	吨			1297770.00	
热力	百万千焦			77391989.0	128251.20
电力	万千瓦时			1631192.04	
其他燃料	吨标准煤				158586.00
煤矸石	吨				
生物质能	吨标准煤				
工业废料	吨标准煤				158586.00
城市固体垃圾	吨标准煤				
能源合计	吨标准煤			10376030.1	162959.36

10－3 产 值 能 耗 分 组 表

（2008 年）

指 标	综合能源消费量（吨标准煤）	工业总产值（万元）	产值单耗（吨标准煤/万元）
全部工业企业	**17463046.67**	**53175073.10**	**0.3284**
（一）采矿业	104762.74	788760.60	0.1328
煤炭开采和洗选业	36489.46	70349.60	0.5187
石油和天然气开采业	1373.64	35515.00	0.0387
黑色金属矿采选业	3604.90	27221.50	0.1324
有色金属矿采选业	358.72	5097.40	0.0704
非金属矿采选业	62936.02	650577.10	0.0967
其他采矿业			
（二）制造业	15065370.13	50476261.10	0.2985
农副食品加工业	499519.29	6029613.50	0.0828
食品制造业	472606.25	1284706.30	0.3679
饮料制造业	54797.48	294554.70	0.1860
烟草制品业	13745.93	317553.90	0.0433
纺织业	957648.11	6221873.50	0.1539
纺织服装、鞋、帽制造业	83400.22	1727037.70	0.0483
皮革、毛皮、羽毛（绒）等	22476.10	361321.10	0.0622
木材加工及木、竹、藤等	294821.47	649370.90	0.4540
家具制造业	18986.74	541785.10	0.0350
造纸及纸制品业	1271544.11	2198727.70	0.5783
印刷业和记录媒介的复制	8122.89	178505.30	0.0455
文教体育用品制造业	2956.08	93082.70	0.0318
石油加工炼焦及核燃料	1787920.29	2542814.30	0.7031
化学原料及化学制品制造	4499870.38	6860626.30	0.6559
医药制造业	153845.18	1076811.20	0.1429
化学纤维制造业	507848.04	510985.60	0.9939
橡胶制品业	187768.85	1196603.40	0.1569
塑料制品业	31705.95	729960.70	0.0434
非金属矿物制品业	1105385.59	1343683.70	0.8227
黑色金属冶炼及压延	1972587.96	2214950.90	0.8906
有色金属冶炼及压延	52433.24	540906.10	0.0969
金属制品业	45777.79	815492.30	0.0561
通用设备制造业	523979.87	3697953.90	0.1417
专用设备制造业	129077.43	2676884.60	0.0482
交通运输设备制造业	248210.43	4389901.30	0.0565
电气机械及器材制造业	77775.76	979508.60	0.0794
通信设备、计算机及其他	13498.16	474374.60	0.0285
仪器仪表及文化、办公用	798.87	52339.20	0.0153
工艺品及其他制造业	26261.67	474332.00	0.0554
废弃资源和废旧材料回收			
（三）电力、煤气及水的生产等	2292913.80	1910051.40	1.2004
电力、热力的生产和供应	2283210.24	1842105.60	1.2395
燃气生产和供应业	694.78	30260.40	0.0230
水的生产和供应业	9008.78	37685.40	0.2391

10－4 分县市区万元产值能耗表

（2008年）

分县市区	本期工业总产值（万元）	本期综合能源消费（吨标准煤）	单位产值能耗（吨标准煤/万元）
总　计	**531750731**	**17463047**	**0.03**
潍城区	18565818	430760	0.02
寒亭区	24486884	507760	0.02
经济开发区	5801148	73014	0.01
坊子区	18272400	277957	0.02
奎文区	15923248	1762194	0.11
青州市	58686055	1679527	0.03
诸城市	93258522	1335360	0.01
寿光市	65041969	3195623	0.05
安丘市	20207900	591594	0.03
高密市	60367511	1170145	0.02
昌邑市	48715410	1394665	0.03
临朐县	21009890	291219	0.01
昌乐县	30335944	999476	0.03
高新开发区	26996194	1910725	0.07
滨海开发区	28749679	1862794	0.06
峡山生态区	1133307	53268	0.05

10－5 分品种分行业能源消费

(2008年)

指标	原煤(吨)	洗精煤(吨)	其他洗煤(吨)	煤制品(吨)
全部工业企业	**17840235.77**	**2322665.44**	**206.00**	**3701.22**
(一)采矿业	65187.73			
煤炭开采和洗选业	30676.00			
石油和天然气开采业	42.00			
黑色金属矿采选业	209.70			
有色金属矿采选业	3.00			
非金属矿采选业	34257.03			
其他采矿业				
(二)制造业	12632681.72	2322665.44	206.00	3701.22
农副食品加工业	687136.26	7390.00		
食品制造业	576069.37			
饮料制造业	36744.05			
烟草制品业				
纺织业	933010.82	851.00		
纺织服装、鞋、帽制造业	56851.86		197.00	
皮革、毛皮、羽毛(绒)等	16749.00			
木材加工及木、竹、藤等	176517.41	12312.00		
家具制造业	10950.40			
造纸及纸制品业	1609887.00			
印刷业和记录媒介的复制	4732.07			
文教体育用品制造业	1539.11			
石油加工炼焦及核燃料	1842460.00	1723236.00		
化学原料及化学制品制造	2932485.18	291686.00		3250.82
医药制造业	70759.28			
化学纤维制造业	703315.00			
橡胶制品业	78226.99	11.00		
塑料制品业	9254.12			
非金属矿物制品业	1336432.73	10.00		
黑色金属冶炼及压延	1107433.90	286569.44		
有色金属冶炼及压延	10229.60			
金属制品业	18714.14			
通用设备制造业	124831.89	600.00		450.40
专用设备制造业	91613.68		9.00	
交通运输设备制造业	128178.77			
电气机械及器材制造业	38550.40			
通信设备、计算机及其他	4812.30			
仪器仪表及文化、办公用	3010.00			
工艺品及其他制造业	22186.39			
废弃资源和废旧材料回收				
(三)电力、煤气及水的生产等	5142366.32			
电力、热力的生产和供应	5141771.32			
燃气生产和供应业	35.00			
水的生产和供应业	560.00			

10－5 续表 1

指　　标	型　煤（吨）	水煤浆（吨）	煤　粉（吨）	焦　炭（吨）
全部工业企业	**96.82**		**3515.40**	**2043485.11**
（一）采矿业				500.00
煤炭开采和洗选业				
石油和天然气开采业				
黑色金属矿采选业				
有色金属矿采选业				
非金属矿采选业				500.00
其他采矿业				
（二）制造业	96.82		3515.40	2037618.26
农副食品加工业				745.20
食品制造业				
饮料制造业				
烟草制品业				
纺织业				190.00
纺织服装、鞋、帽制造业				
皮革、毛皮、羽毛（绒）等				
木材加工及木、竹、藤等				157125.00
家具制造业				
造纸及纸制品业				32.00
印刷业和记录媒介的复制				
文教体育用品制造业				
石油加工炼焦及核燃料				96030.00
化学原料及化学制品制造	92.82		3069.00	228345.49
医药制造业				
化学纤维制造业				
橡胶制品业				225.00
塑料制品业				
非金属矿物制品业				260.00
黑色金属冶炼及压延				1140783.30
有色金属冶炼及压延				686.25
金属制品业				8470.00
通用设备制造业	4.00		446.40	327333.39
专用设备制造业				16251.00
交通运输设备制造业				60505.63
电气机械及器材制造业				485.00
通信设备、计算机及其他				151.00
仪器仪表及文化、办公用				
工艺品及其他制造业				
废弃资源和废旧材料回收				
（三）电力、煤气及水的生产等				5366.85
电力、热力的生产和供应				5366.85
燃气生产和供应业				
水的生产和供应业				

10－5 续表2

指　　标	其他焦化产品（吨）	焦炉煤气（万立方米）	高炉煤气（万立方米）	其他煤气（万立方米）
全部工业企业	**60984.82**	**26767.61**	**3762.00**	**2.77**
（一）采矿业				
煤炭开采和洗选业				
石油和天然气开采业				
黑色金属矿采选业				
有色金属矿采选业				
非金属矿采选业				
其他采矿业				
（二）制造业	60984.82	26731.61	3762.00	2.77
农副食品加工业		134.00		
食品制造业				
饮料制造业				
烟草制品业				
纺织业				
纺织服装、鞋、帽制造业				
皮革、毛皮、羽毛（绒）等				
木材加工及木、竹、藤等				
家具制造业				
造纸及纸制品业				
印刷业和记录媒介的复制				
文教体育用品制造业				
石油加工炼焦及核燃料		11101.00		
化学原料及化学制品制造	60764.82	11605.02	3762.00	
医药制造业		50.04		
化学纤维制造业				
橡胶制品业				
塑料制品业				
非金属矿物制品业		108.76		
黑色金属冶炼及压延				
有色金属冶炼及压延		2020.00		
金属制品业				
通用设备制造业	220.00	690.23		2.77
专用设备制造业				
交通运输设备制造业		1022.56		
电气机械及器材制造业				
通信设备、计算机及其他				
仪器仪表及文化、办公用				
工艺品及其他制造业				
废弃资源和废旧材料回收				
（三）电力、煤气及水的生产等		36.00		
电力、热力的生产和供应				
燃气生产和供应业		36.00		
水的生产和供应业				

10－5 续表3

指　　　标	天 然 气（万立方米）	液化天然气（吨）	原　　油（吨）	汽　　油（吨）
全部工业企业	**7113.99**	**176.04**	**3772314.00**	**51734.78**
(一)采矿业	0.54		61.00	663.72
煤炭开采和洗选业			61.00	101.52
石油和天然气开采业	0.54			49.70
黑色金属矿采选业				101.75
有色金属矿采选业				17.00
非金属矿采选业				393.75
其他采矿业				
(二)制造业	7043.82	176.04	3772253.00	49960.82
农副食品加工业	68.88	71.10		4162.67
食品制造业	258.20	46.90		1445.01
饮料制造业	245.10			229.59
烟草制品业	32.73			153.90
纺织业	9.50			7029.83
纺织服装、鞋、帽制造业	8.20	3.10		3122.18
皮革、毛皮、羽毛(绒)等	0.37			273.25
木材加工及木、竹、藤等				401.98
家具制造业				654.51
造纸及纸制品业	2456.83	12.00		948.07
印刷业和记录媒介的复制				308.21
文教体育用品制造业				216.43
石油加工炼焦及核燃料			2179462.00	317.83
化学原料及化学制品制造	343.34		1592714.00	9710.19
医药制造业				563.23
化学纤维制造业				437.20
橡胶制品业				951.50
塑料制品业				975.37
非金属矿物制品业	1353.00			1692.30
黑色金属冶炼及压延	344.97			625.17
有色金属冶炼及压延	698.00	8.30		240.20
金属制品业	263.00			1308.87
通用设备制造业	362.54	10.00		4284.45
专用设备制造业	31.05		16.00	3312.16
交通运输设备制造业	539.11			2971.22
电气机械及器材制造业	28.00	24.64	61.00	1426.11
通信设备、计算机及其他				357.85
仪器仪表及文化、办公用				100.56
工艺品及其他制造业	1.00			1740.98
废弃资源和废旧材料回收				
(三)电力、煤气及水的生产等	69.63			1110.24
电力、热力的生产和供应	40.00			717.49
燃气生产和供应业	29.63			80.49
水的生产和供应业				312.26

10－5 续表4

指　　标	煤　油（吨）	柴　油（吨）	燃料油（吨）	液化石油气（吨）
全部工业企业	**511.36**	**87638.75**	**103970.45**	**25619.30**
（一）采矿业		4116.41	2.00	0.40
煤炭开采和洗选业		393.74		
石油和天然气开采业		24.90	2.00	0.40
黑色金属矿采选业		794.81		
有色金属矿采选业		64.00		
非金属矿采选业		2838.96		
其他采矿业				
（二）制造业	511.36	77804.01	103968.45	25618.90
农副食品加工业	5.00	5661.36	940.00	15.00
食品制造业		1295.76		
饮料制造业		298.71		
烟草制品业		93.90		
纺织业	4.91	4116.42		222.40
纺织服装、鞋、帽制造业	13.00	1988.14		
皮革、毛皮、羽毛（绒）等		218.20		
木材加工及木、竹、藤等		726.22		
家具制造业		295.73		
造纸及纸制品业		2410.15	733.13	
印刷业和记录媒介的复制		51.91		
文教体育用品制造业		65.50		
石油加工炼焦及核燃料		2557.00	854.00	
化学原料及化学制品制造	47.56	7962.24	99029.00	24707.00
医药制造业		999.74		
化学纤维制造业	3.00	1025.25		
橡胶制品业		663.39		
塑料制品业		905.18		
非金属矿物制品业		5057.15	10.00	101.00
黑色金属冶炼及压延	2.00	4125.73	688.32	
有色金属冶炼及压延	2.00	84.82	1290.00	402.00
金属制品业	88.50	1297.40		34.30
通用设备制造业	238.53	7160.09	16.00	56.13
专用设备制造业	36.85	4484.43		24.00
交通运输设备制造业	25.53	22117.36	2.00	
电气机械及器材制造业	23.00	1102.41		52.27
通信设备、计算机及其他		64.20		
仪器仪表及文化、办公用		16.83		
工艺品及其他制造业	21.48	958.79	406.00	4.80
废弃资源和废旧材料回收				
（三）电力、煤气及水的生产等		5718.33		
电力、热力的生产和供应		5602.68		
燃气生产和供应业		56.37		
水的生产和供应业		59.28		

10－5 续表 5

指　　标	炼厂干气（吨）	其他石油制　品（吨）	热　力（百万千焦）	电　力（万千瓦时）
全部工业企业	**9.00**	**179596.30**	**68127513.5**	**2211783.63**
（一）采矿业			118936.00	43474.21
煤炭开采和洗选业			118936.00	10273.94
石油和天然气开采业				1119.70
黑色金属矿采选业				2032.78
有色金属矿采选业				219.00
非金属矿采选业				29828.79
其他采矿业				
（二）制造业	9.00	179596.30	66996147.6	1993920.36
农副食品加工业			1260666.57	89368.34
食品制造业			2542813.00	56903.27
饮料制造业			519911.12	7713.80
烟草制品业			327168.51	2821.68
纺织业		40.60	7714426.85	230134.62
纺织服装、鞋、帽制造业			471904.06	19271.22
皮革、毛皮、羽毛(绒)等			110500.00	4714.69
木材加工及木、竹、藤等			336874.00	22979.16
家具制造业			19007.42	7681.24
造纸及纸制品业			14524896.0	224083.62
印刷业和记录媒介的复制				3814.15
文教体育用品制造业				1370.00
石油加工炼焦及核燃料		129401.93	2944293.80	88755.32
化学原料及化学制品制造		49738.35	25982805.5	603595.89
医药制造业			2092912.21	26618.33
化学纤维制造业		91.00	2836507.00	45469.89
橡胶制品业			2726955.00	31517.57
塑料制品业				20653.83
非金属矿物制品业			61364.00	93306.08
黑色金属冶炼及压延			2024783.00	169449.78
有色金属冶炼及压延				18663.67
金属制品业				16204.04
通用设备制造业		164.02	62367.94	82085.06
专用设备制造业		160.40	116930.63	34424.13
交通运输设备制造业	9.00		135424.89	42659.20
电气机械及器材制造业			173236.00	34421.97
通信设备、计算机及其他			2600.00	8586.58
仪器仪表及文化、办公用				449.53
工艺品及其他制造业			7800.00	6203.70
废弃资源和废旧材料回收				
（三）电力、煤气及水的生产等			1012429.98	174389.06
电力、热力的生产和供应			1012029.98	166759.92
燃气生产和供应业				300.04
水的生产和供应业			400.00	7329.10

指　　标	其他燃料（吨标准煤）	煤矸石（吨）	生物质能（吨标准煤）	工业废料（吨标准煤）	城市固体垃圾（吨标准煤）
全部工业企业	**282640.51**	**133463.06**		**19192.00**	
（一）采矿业					
煤炭开采和洗选业					
石油和天然气开采业					
黑色金属矿采选业					
有色金属矿采选业					
非金属矿采选业					
其他采矿业					
（二）制造业	242941.30	5126.00		19192.00	
农副食品加工业					
食品制造业	8237.00			8237.00	
饮料制造业					
烟草制品业					
纺织业					
纺织服装、鞋、帽制造业	80.00			80.00	
皮革、毛皮、羽毛（绒）等	662.00			662.00	
木材加工及木、竹、藤等					
家具制造业	267.00			267.00	
造纸及纸制品业	9946.00			9946.00	
印刷业和记录媒介的复制					
文教体育用品制造业					
石油加工炼焦及核燃料	222348.30				
化学原料及化学制品制造	485.00				
医药制造业					
化学纤维制造业					
橡胶制品业					
塑料制品业					
非金属矿物制品业	915.00	5126.00			
黑色金属冶炼及压延					
有色金属冶炼及压延					
金属制品业					
通用设备制造业	1.00				
专用设备制造业					
交通运输设备制造业					
电气机械及器材制造业					
通信设备、计算机及其他					
仪器仪表及文化、办公用					
工艺品及其他制造业					
废弃资源和废旧材料回收					
（三）电力、煤气及水的生产等	39699.21	128337.06			
电力、热力的生产和供应	39699.21	128337.06			
燃气生产和供应业					
水的生产和供应业					

10－6 工业企业水消费

（2008年）

指标	数量（万立方米）	金额（万元）
取水总量	**99471**	**73751.57**
1. 地表水	18644	20808.21
2. 地下水	60543	27388.64
3. 自来水	7667	21338.34
4. 管道供应的未经达标处理的水	46	138.28
5. 中水	3	1.10
6. 海水	12310	4077.00
7. 其他水	258	
重复用水	236403	

10－7 分县市区工业企业水消费（取水总量）

（2008年）

分县市区	取水总量（万立方米）	金额（万元）
总　计	**99471**	**73752**
潍城区	605	1866
寒亭区	2582	4468
经济开发区	109	156
坊子区	1463	2985
奎文区	1797	4653
青州市	1906	3342
诸城市	3050	3466
寿光市	15019	6545
安丘市	1570	2527
高密市	4701	10297
昌邑市	12807	5593
临朐县	810	1473
昌乐县	2272	3588
高新开发区	6787	3501
滨海开发区	44076	19435
峡山生态区	26	12

10-8 工业企业水消费（取水总量）

（2008年）

指标	数量（万立方米）	金额（万元）
全部工业企业	**99470.75**	**73751.6**
（一）采矿业	33011.06	5773.9
煤炭开采和洗选业	12.88	28.5
石油和天然气开采业	2.88	8.0
黑色金属矿采选业	55.22	42.7
有色金属矿采选业	7.98	12.0
非金属矿采选业	32932.10	5682.7
其他采矿业		
（二）制造业	48014.19	51133.7
农副食品加工业	1251.42	2062.8
食品制造业	780.82	882.1
饮料制造业	301.55	468.3
烟草制品业	139.23	338.0
纺织业	2652.42	4310.7
纺织服装、鞋、帽制造业	332.28	900.0
皮革、毛皮、羽毛（绒）等	57.48	86.5
木材加工及木、竹、藤等	40.45	78.1
家具制造业	47.21	70.4
造纸及纸制品业	3522.74	4217.5
印刷业和记录媒介的复制	13.98	34.3
文教体育用品制造业	6.49	16.5
石油加工炼焦及核燃料	2122.69	5738.8
化学原料及化学制品制造	30434.18	18038.9
医药制造业	463.02	1051.0
化学纤维制造业	2477.11	5803.0
橡胶制品业	96.37	148.5
塑料制品业	42.03	74.4
非金属矿物制品业	498.78	792.9
黑色金属冶炼及压延	936.99	1932.6
有色金属冶炼及压延	389.22	806.5
金属制品业	88.09	176.3
通用设备制造业	447.95	1259.4
专用设备制造业	244.00	594.1
交通运输设备制造业	459.61	881.5
电气机械及器材制造业	88.06	211.2
通信设备、计算机及其他	20.74	64.6
仪器仪表及文化、办公用	6.52	11.2
工艺品及其他制造业	52.73	83.7
废弃资源和废旧材料回收		
（三）电力、煤气及水的生产等	18445.51	16844.0
电力、热力的生产和供应	2852.63	3624.3
燃气生产和供应业	4.81	17.2
水的生产和供应业	15588.07	13202.5

10－9 地区能源平衡表(实物量)

(2008年)

指标名称	煤合计(万吨)	原煤(万吨)	洗精煤(万吨)	其它洗煤(万吨)
一.可供本地区消费的能源量	2612.82	2379.22	233.58	0.02
1.年初库存量	113.94	100.54	13.40	
2.一次能源生产量	120.00	120.00		
3.回收能	0.02			0.02
4.外省(区、市)调入量	2484.84	2282.16	202.68	
5.进口量				
6.我轮.机在外国加油量				
7.本省(区、市)调出量(－)				
8.出口量(－)				
9.外轮.机在我国加油量(－)				
10.年末库存量(－)	－105.98	－123.48	17.50	
二.加工转换投入(－)产出(＋)量	－1539.95	－1364.97	－176.32	
1.火力发电	－830.24	－830.24		
2.供热	－529.00	－529.00		
3.煤炭洗选				
4.炼焦	－176.32		－176.32	
5.炼油				
6.制气	－4.38	－4.38		
其中:焦炭再投入量(－)				
7.煤制品加工	－0.01	－1.35		
三.损失量				
其中:运输和输配损失				
四.终端消费量	1072.88	1014.25	57.26	0.02
(一)第一产业	122.05	122.05		
1.农.林.牧.渔业	122.05	122.05		
(二)第二产业	788.24	731.60	55.96	0.02
1.工业	780.84	724.20	55.96	0.02
#用作原料.材料		155.00	29.17	
2.建筑业	7.40	7.40		
(三)第三产业	19.95	18.20	1.30	
1.交通运输.仓储和邮政业	3.30	3.30		
2.批发、零售业和住宿、餐饮业	16.65	14.90	1.30	
3.其他				
(四)生活消费	142.64	142.40		
1.城镇	56.77	56.65		
2.乡村	85.87	85.75		
五.平衡差额(＋、－)	－0.01			
六.消费量合计	2612.83	2379.22	233.58	0.02

10－9 续表 1

指标名称	煤制品（万吨）	焦炭（万吨）	焦炉煤气（亿立方米）	其它煤气（亿立方米）
一. 可供本地区消费的能源量		145.15		
1. 年初库存量		2.36		
2. 一次能源生产量				
3. 回收能				
4. 外省（区、市）调入量		145.32		
5. 进口量				
6. 我轮. 机在外国加油量				
7. 本省（区、市）调出量（－）				
8. 出口量（－）				
9. 外轮. 机在我国加油量（－）				
10. 年末库存量（－）		－2.53		
二. 加工转换投入（－）产出（＋）量	1.34	111.93	2.10	
1. 火力发电		－3.69	－0.04	
2. 供热		－7.11	－0.42	
3. 煤炭洗选				
4. 炼焦		122.87	2.56	
5. 炼油				
6. 制气		－0.14		
其中：焦炭再投入量（－）				
7. 煤制品加工	1.34			
三. 损失量				
其中：运输和输配损失				
四. 终端消费量	1.35	257.08	3.11	
（一）第一产业				
1. 农. 林. 牧. 渔业				
（二）第二产业	0.66	254.83	2.67	
1. 工业	0.66	254.83	2.67	
#用作原料. 材料				
2. 建筑业				
（三）第三产业	0.45	2.25	0.10	
1. 交通运输. 仓储和邮政业				
2. 批发、零售业和住宿、餐饮业	0.45	2.25	0.10	
3. 其他				
（四）生活消费	0.24		0.34	
1. 城镇	0.12		0.34	
2. 乡村	0.12			
五. 平衡差额（＋、－）	－0.01		－1.01	
六. 消费量合计	1.35	267.88	3.57	

10－9 续表 2

指标名称	石油合计（万吨）	原油（万吨）	汽油（万吨）	煤油（万吨）
一. 可供本地区消费的能源量	**322.00**	**377.24**	**0.15**	
1. 年初库存量	3.22		1.30	
2. 一次能源生产量				
3. 回收能				
4. 外省（区、市）调入量	286.71	235.16		
5. 进口量	150.14	150.14		
6. 我轮. 机在外国加油量				
7. 本省（区、市）调出量（－）	－106.85			
8. 出口量（－）				
9. 外轮. 机在我国加油量（－）				
10. 年末库存量（－）	－11.23	－8.06	－1.15	－0.01
二. 加工转换投入（－）产出（＋）量	－25.04	－338.77	71.62	
1. 火力发电	－0.98			
2. 供热	－0.23			
3. 煤炭洗选				
4. 炼焦				
5. 炼油	－23.83	－338.77	71.62	
6. 制气				
其中：焦炭再投入量（－）				
7. 煤制品加工				
三. 损失量				
其中：运输和输配损失				
四. 终端消费量	282.29	38.47	57.05	0.06
（一）第一产业	14.46		5.57	
1. 农. 林. 牧. 渔业	14.46		5.57	
（二）第二产业	129.69	38.47	9.43	0.06
1. 工业	104.37	38.47	9.30	0.06
#用作原料. 材料	35.60	26.36	0.72	
2. 建筑业	25.32		0.13	
（三）第三产业	122.66		32.61	
1. 交通运输. 仓储和邮政业	103.73		26.88	
2. 批发、零售业和住宿、餐饮业	12.42		1.22	
3. 其他	6.51		4.51	
（四）生活消费	15.48		9.44	
1. 城镇	12.31		8.92	
2. 乡村	3.17		0.52	
五. 平衡差额（＋、－）	14.67		14.72	－0.06
六. 消费量合计	307.33	377.24	57.05	0.06

10－9 续表3

指 标 名 称	柴 油（万吨）	燃 料 油（万吨）	液化石油气（万吨）	炼厂干气（万吨）
一. 可供本地区消费的能源量	**20.13**	**31.32**	**－10.85**	**0.01**
1. 年初库存量	1.80	0.11		0.01
2. 一次能源生产量				
3. 回收能				
4. 外省（区、市）调入量	19.91	31.64		
5. 进 口 量				
6. 我轮. 机在外国加油量				
7. 本省（区、市）调出量（－）			－10.85	
8. 出 口 量（－）				
9. 外轮. 机在我国加油量（－）				
10. 年末库存量（－）	－1.58	－0.43		
二. 加工转换投入（－）产出（＋）量	94.77	－0.52	20.70	
1. 火力发电	－0.53	－0.45		
2. 供 热	－0.19	－0.04		
3. 煤 炭 洗 选				
4. 炼 焦				
5. 炼 油	95.49	－0.03	20.70	
6. 制 气				
其中：焦炭再投入量（－）				
7. 煤制品加工				
三. 损 失 量				
其中：运输和输配损失				
四. 终端消费量	114.90	30.80	9.85	
（一）第一产业	8.89			
1. 农. 林. 牧. 渔业	8.89			
（二）第二产业	21.72	25.80	3.05	
1. 工 业	21.40	25.80	3.05	
#用作原料. 材料		6.90		
2. 建 筑 业	0.32			
（三）第三产业	83.05	5.00	2.00	
1. 交通运输. 仓储和邮政业	76.85			
2. 批发、零售业和住宿、餐饮业	4.40	5.00	1.80	
3. 其他	1.80		0.20	
（四）生活消费	1.24		4.80	
1. 城 镇	0.59		2.80	
2. 乡 村	0.65		2.00	
五. 平衡差额（＋、－）				0.01
六. 消费量合计	115.62	31.29	9.85	

10－9 续表4

指 标 名 称	天 然 气（亿立方米）	其他石油制 品（万吨）	其他焦化产 品（万吨）	热 力（百万千焦）	电 力（亿千瓦时）	其他能源（万吨标煤）
一.可供本地区消费的能源量	**1.33**	**－96.00**				
1.年初库存量						
2.一次能源生产量						
3.回收能						
4.外省(区、市)调入量	1.33					
5.进 口 量						
6.我轮.机在外国加油量						
7.本省(区、市)调出量(－)		－96.00				
8.出 口 量(－)						
9.外轮.机在我国加油量(－)						
10.年末库存量(－)						
二.加工转换投入(－)产出(＋)量		127.16	8.42	8915.87	176.06	－18.40
1.火力发电				－25.01	176.06	－6.43
2.供 热				8940.88		－11.97
3.煤 炭 洗 选						
4.炼 焦			8.42			
5.炼 油		127.16				
6.制 气						
其中:焦炭再投入量(－)						
7.煤制品加工						
三.损 失 量						
其中:运输和输配损失						
四.终端消费量	1.35	31.16	5.83	9422.87	241.09	
(一)第一产业					9.94	
1.农.林.牧.渔业					9.94	
(二)第二产业	0.74	31.16	5.83	8094.81	186.41	
1.工 业	0.74	6.29	5.83	8074.01	184.73	
#用作原料.材料		1.62				
2.建 筑 业		24.87		20.80	1.68	
(三)第三产业	0.34			128.55	15.51	
1.交通运输.仓储和邮政业				6.00	2.56	
2.批发、零售业和住宿、餐饮业	0.24			90.55	4.48	
3.其他	0.10			32.00	8.47	
(四)生活消费	0.27			1199.51	29.23	
1. 城 镇	0.26			1199.51	10.51	
2. 乡 村	0.01				18.72	
五.平衡差额(＋、－)	－0.02		2.59	－507.00	－65.03	－18.40
六.消费量合计	1.35	31.16	5.83	9422.87	241.09	18.40

10－10 地区能源平衡表(标准量)

(2008 年)　　　　单位:万吨标准煤

指标名称	煤合计(万吨)	原煤	洗精煤	其它洗煤
一.可供本地区消费的能源量	**1909.71**	**1699.48**	**210.22**	**0.01**
1.年初库存量	83.88	71.82	12.06	
2.一次能源生产量	85.72	85.72		
3.回收能	0.01			0.01
4.外省(区、市)调入量	1812.56	1630.15	182.41	
5.进口量				
6.我轮.机在外国加油量				
7.本省(区、市)调出量(－)				
8.出口量(－)				
9.外轮.机在我国加油量(－)				
10.年末库存量(－)	－72.45	－88.20	15.75	
二.加工转换投入(－)产出(＋)量	－1133.02	－975.00	－158.69	
1.火力发电	－593.04	－593.04		
2.供热	－377.86	－377.86		
3.煤炭洗选				
4.炼焦	－158.69		－158.69	
5.炼油				
6.制气	－3.13	－3.13		
其中:焦炭再投入量(－)				
7.煤制品加工	－0.29	－0.96		
三.损失量				
其中:运输和输配损失				
四.终端消费量	776.70	724.48	51.53	0.01
(一)第一产业	87.18	87.18		
1.农.林.牧.渔业	87.18	87.18		
(二)第二产业	573.29	522.58	50.36	0.01
1.工业	568.00	517.30	50.36	0.01
#用作原料.材料	136.97	110.72	26.25	
2.建筑业	5.29	5.29		
(三)第三产业	14.40	13.00	1.17	
1.交通运输.仓储和邮政业	2.36	2.36		
2.批发、零售业和住宿、餐饮业	12.04	10.64	1.17	
3.其他				
(四)生活消费	101.84	101.72		
1.城镇	40.53	40.47		
2.乡村	61.31	61.25		
五.平衡差额(＋、－)				
六.消费量合计				

10－10续表1

指　标　名　称	煤制品	焦　　炭	焦炉煤气	其它煤气
一. 可供本地区消费的能源量		**141.00**		**0.01**
1. 年初库存量		2.29		
2. 一次能源生产量				
3. 回收能				0.01
4. 外省(区、市)调入量		141.16		
5. 进 口 量				
6. 我轮. 机在外国加油量				
7. 本省(区、市)调出量(－)				
8. 出 口 量(－)				
9. 外轮. 机在我国加油量(－)				
10. 年末库存量(－)		－2.46		
二. 加工转换投入(－)产出(＋)量	0.67	108.73	12.01	
1. 火力发电		－3.58	－0.22	
2. 供 热		－6.91	－2.40	
3. 煤炭洗选				
4. 炼 焦		119.36	14.63	
5. 炼 油				
6. 制 气		－0.14		
其中:焦炭再投入量(－)				
7. 煤制品加工	0.67			
三. 损 失 量				
其中:运输和输配损失				
四. 终端消费量	0.68	249.73	17.77	0.01
(一)第一产业				
1. 农. 林. 牧. 渔业				
(二)第二产业	0.33	247.54	15.26	0.01
1. 工 业	0.33	247.54	15.26	0.01
#用作原料. 材料				
2. 建 筑 业				
(三)第三产业	0.23	2.19	0.57	
1. 交通运输. 仓储和邮政业				
2. 批发、零售业和住宿、餐饮业	0.23	2.19	0.57	
3. 其他				
(四)生活消费	0.12		1.94	
1. 城 镇	0.06		1.94	
2. 乡 村	0.06			
五. 平衡差额(＋、－)	－0.01		－5.77	
六. 消费量合计				

10－10 续表 2

指　标　名　称	石油合计	原　　油	汽　　油	煤　　油
一. 可供本地区消费的能源量	**498.63**	**538.93**	**0.22**	
1. 年初库存量	4.71		1.91	
2. 一次能源生产量				
3. 回收能				
4. 外省(区、市)调入量	410.16	335.95		
5. 进 口 量	214.49	214.49		
6. 我轮. 机在外国加油量				
7. 本省(区、市)调出量(－)	－114.60			
8. 出 口 量(－)				
9. 外轮. 机在我国加油量(－)				
10. 年末库存量(－)	－16.13	－11.51	－1.69	－0.01
二. 加工转换投入(－)产出(＋)量	－78.59	－483.97	105.38	
1. 火力发电	－1.42			
2. 供 热	－0.33			
3. 煤 炭 洗 选				
4. 炼 焦				
5. 炼 油	－76.84	－483.97	105.38	
6. 制 气				
其中:焦炭再投入量(－)				
7. 煤制品加工				
三. 损 失 量				
其中:运输和输配损失				
四. 终端消费量	398.46	54.96	83.94	
(一)第一产业	21.15		8.20	
1. 农. 林. 牧. 渔业	21.15		8.20	
(二)第二产业	173.82	54.96	13.88	0.09
1. 工 业	148.29	54.96	13.68	0.09
#用作原料. 材料	47.92	37.66	1.05	
2. 建 筑 业	25.53		0.19	
(三)第三产业	179.57		47.98	
1. 交通运输. 仓储和邮政业	151.53		39.55	
2. 批发、零售业和住宿、餐饮业	18.44		1.80	
3. 其他	9.60		6.64	
(四)生活消费	23.93		13.89	
1. 城 镇	18.78		13.12	
2. 乡 村	5.14		0.77	
五. 平衡差额(＋、－)	21.58		21.66	－0.09
六. 消费量合计				

10-10续表3

指标名称	柴油	燃料油	液化石油气	炼厂干气
一.可供本地区消费的能源量	**29.33**	**44.74**	**-18.60**	**0.02**
1.年初库存量	2.62	0.16		0.02
2.一次能源生产量				
3.回收能				
4.外省(区、市)调入量	29.01	45.20		
5.进口量				
6.我轮.机在外国加油量				
7.本省(区、市)调出量(-)			-18.60	
8.出口量(-)				
9.外轮.机在我国加油量(-)				
10.年末库存量(-)	-2.30	-0.61		
二.加工转换投入(-)产出(+)量	138.09	-0.74	35.49	
1.火力发电	-0.77	-0.64		
2.供热	-0.28	-0.06		
3.煤炭洗选				
4.炼焦				
5.炼油	139.14	-0.04	35.49	
6.制气				
其中:焦炭再投入量(-)				
7.煤制品加工				
三.损失量				
其中:运输和输配损失				
四.终端消费量	167.42	44.00	16.89	
(一)第一产业	12.95			
1.农.林.牧.渔业	12.95			
(二)第二产业	31.65	36.86	5.23	
1.工业	31.18	36.86	5.23	
#用作原料.材料		7.59		
2.建筑业	0.47			
(三)第三产业	121.01	7.14	3.43	
1.交通运输.仓储和邮政业	111.98			
2.批发、零售业和住宿、餐饮业	6.41	7.14	3.09	
3.其他	2.62		0.34	
(四)生活消费	1.81		8.23	
1.城镇	0.86		4.80	
2.乡村	0.95		3.43	
五.平衡差额(+、-)				0.02
六.消费量合计				

10－10续表4

指标名称	天然气	其他石油制品	其他焦化产品	热力	
				当量值	等价值
一. 可供本地区消费的能源量	**17.69**	**－96.00**			
1. 年初库存量					
2. 一次能源生产量					
3. 回收能					
4. 外省(区、市)调入量	17.69				
5. 进口量					
6. 我轮. 机在外国加油量					
7. 本省(区、市)调出量(－)		－96.00			
8. 出口量(－)					
9. 外轮. 机在我国加油量(－)					
10. 年末库存量(－)					
二. 加工转换投入(－)产出(＋)量		127.16	9.26	304.03	391.47
1. 火力发电				－0.85	－1.10
2. 供热				304.88	392.57
3. 煤炭洗选					
4. 炼焦			9.26		
5. 炼油		127.16			
6. 制气					
其中:焦炭再投入量(－)					
7. 煤制品加工					
三. 损失量					
其中:运输和输配损失					
四. 终端消费量	18.01	31.16	6.41	321.32	413.73
(一)第一产业					
1. 农. 林. 牧. 渔业					
(二)第二产业	9.84	31.16	6.41	276.03	355.42
1. 工业	9.84	6.29	6.41	275.32	354.51
#用作原料. 材料		1.62			
2. 建筑业		24.87		0.71	0.91
(三)第三产业	4.52			4.38	5.64
1. 交通运输. 仓储和邮政业				0.20	0.26
2. 批发、零售业和住宿、餐饮业	3.19			3.09	3.98
3. 其他	1.33			1.09	1.41
(四)生活消费	3.64			40.90	52.67
1. 城镇	3.46			40.90	52.67
2. 乡村	0.19				
五. 平衡差额(＋、－)	－0.32		2.85	－17.29	－22.26
六. 消费量合计					

10－10 续表 5

指标名称	电力		其他能源	合计	
	当量值	等价值		当量值	等价值
一. 可供本地区消费的能源量				**2567.04**	**2567.04**
1. 年初库存量				90.88	90.88
2. 一次能源生产量				85.72	85.72
3. 回收能				0.02	0.02
4. 外省(区、市)调入量				2381.57	2381.57
5. 进 口 量				214.49	214.49
6. 我轮. 机在外国加油量					
7. 本省(区、市)调出量(－)				－114.60	－114.60
8. 出 口 量(－)					
9. 外轮. 机在我国加油量(－)					
10. 年末库存量(－)				－91.04	－91.04
二. 加工转换投入(－)产出(＋)量	216.38	601.11	－18.40	－579.60	－107.43
1. 火力发电	216.38	601.11	－6.43	－389.17	－4.68
2. 供 热			－11.97	－94.59	－6.91
3. 煤炭洗选					
4. 炼 焦				－15.44	－15.44
5. 炼 油				－76.84	－76.84
6. 制 气				－3.26	－3.26
其中:焦炭再投入量(－)					
7. 煤制品加工				－0.29	－0.29
三. 损 失 量					
其中:运输和输配损失					
四. 终端消费量	296.30	823.14		2084.70	2703.95
(一)第一产业	12.22	33.94		120.55	142.27
1. 农. 林. 牧. 渔业	12.22	33.94		120.55	142.27
(二)第二产业	229.10	636.45		1531.30	2018.03
1. 工 业	227.03	630.71		1497.71	1980.57
#用作原料. 材料				184.89	184.89
2. 建 筑 业	2.06	5.74		33.59	37.46
(三)第三产业	19.06	52.95		224.69	259.84
1. 交通运输. 仓储和邮政业	3.15	8.74		157.24	162.89
2. 批发、零售业和住宿、餐饮业	5.51	15.30		45.02	55.69
3. 其他	10.41	28.92		22.43	41.26
(四)生活消费	35.92	99.80		208.18	283.81
1. 城 镇	12.92	35.88		118.53	153.26
2. 乡 村	23.01	63.91		89.65	130.55
五. 平衡差额(＋、－)	－79.92	－222.03	－18.40	－97.27	－244.35
六. 消费量合计				2664.31	2811.39

交　通

ELEVEN

TRANSPORTATION

11－1 全市公路基本情况

（2008年）　　单位:公里

地　　区	公路通车里　程	按道路类别分						按技术等级分
		国　道	省　道	县　道	乡　道	专用路	村　道	高速公路
总　　计	**21996.3**	**593.1**	**1450.2**	**2267.8**	**3471.1**	**134.7**	**14079.4**	**352.4**
潍城区	636.8	35.6	40.7	71.3	135.8		353.4	16.1
寒亭区	934.1	26.9	54.5	103.3	137.2	7.5	604.7	12.4
坊子区	788.1	53.7	41.1	104.2	93.8	2.8	492.5	43.1
奎文区	142.9	19.2	5.3	23.6	12.1	5.7	77.0	1.1
青州市	2209.3	69.5	183.4	213.1	412.6	12.6	1318.1	36.9
诸城市	2666.4	116.4	185.2	285.4	313.7	3.3	1762.4	62.1
寿光市	3290.6	57.4	230.9	185.1	629.2	40.1	2147.9	57.4
安丘市	2888.5	40.7	108.8	328.9	376.0		2034.1	
高密市	1918.1	31.3	94.4	332.7	283.0		1176.7	31.3
昌邑市	1482.5	96.4	92.2	167.0	292.1	34.3	800.5	66.9
临朐县	2083.9		216.0	137.1	316.1		1414.7	
昌乐县	1709.2	30.0	120.6	170.0	235.5		1153.1	9.1
高新开发区	147.1			31.7	19.8	0.7	94.9	
滨海开发区	516.3	16.0	58.3	53.1	83.3	27.7	277.9	16.0
峡山生态区	582.5		18.8	61.3	130.9		371.5	

11－1续表1

地　　区	按技术等级分					按路面类型分		
	一级路	二级路	三级路	四级路	等外路	有铺装路　面	简易铺装路面	未铺装路　面
总　　计	**892.3**	**2446.8**	**2639.8**	**15518.0**	**147.0**	**14621.1**	**636.9**	**6738.4**
潍城区	74.0	97.0	66.7	383.0		376.3	24.3	236.2
寒亭区	24.0	89.2	95.0	713.5		525.9	63.6	344.6
坊子区	66.3	59.6	53.9	565.2		422.5		365.6
奎文区	35.1	22.0	13.8	70.9		95.8		47.1
青州市	98.4	305.3	241.6	1433.0	94.1	1889.2	66.9	253.2
诸城市	108.8	271.0	384.6	1839.9		2079.6	12.6	574.2
寿光市	172.8	353.6	334.3	2319.6	52.9	2059.4	235.0	996.2
安丘市	79.7	146.4	394.8	2267.6		1318.6	72.4	1497.5
高密市	25.5	288.1	202.2	1371.0		1496.5		421.6
昌邑市	78.4	150.2	322.5	864.5		817.7	27.0	637.8
临朐县	56.8	190.6	192.0	1644.5		1791.0	42.5	250.4
昌乐县	47.5	199.2	171.3	1282.1		962.8	65.7	680.7
高新开发区		79.5	28.5	39.1		135.0	3.2	8.9
滨海开发区	23.4	156.4	62.1	258.4		443.5	13.0	59.8
峡山生态区	1.6	38.7	76.5	465.7		207.3	10.6	364.6

11－2 全市营业性公路运输工具拥有量

（2008 年）

地区	货运汽车							
	总数		其中					
	辆数	吨位	大型	吨位	中型	吨位	小型	吨位
合计	**56997**	**261502**	**15261**	**205051**	**6407**	**20095**	**35329**	**36356**
潍城区	2510	7829	306	4497	771	2326	1433	1006
寒亭区	1179	5090	218	2744	517	1553	444	793
坊子区	3043	15980	867	14071	152	477	2024	1432
奎文区	3439	15082	740	11918	209	672	2490	2492
青州市	5586	21664	718	12558	1007	3444	3861	5662
诸城市	5411	20673	1298	15408	483	1484	3630	3781
寿光市	6930	38959	3404	33993	435	1403	3091	3563
安丘市	3424	17749	1222	13474	892	2703	1310	1572
高密市	7696	43367	1967	37716	316	1009	5413	4642
昌邑市	3293	13927	789	10251	409	1327	2095	2349
临朐县	4228	17970	1243	14202	335	1077	2650	2691
昌乐县	2044	12390	928	10959	97	306	1019	1125
高新、经济开发区	1188	1871	45	308	208	592	935	971
滨海开发区	1178	4287	280	2938	308	853	590	496
交运公司	232	686	2	60	230	626		
联运公司								
长远公司	62	780	40	710	15	60	7	10
市直其它	5554	23198	1194	19244	23	183	4337	3771
公交公司								

11－2 续表 1

地区	线路客车（含旅游）							
	总数		其中					
	辆数	客位	大型	客位	中型	客位	小型	客位
合计	**3574**	**78209**	**442**	**15453**	**2732**	**57019**	**400**	**5737**
潍城区	136	3184	14	488	85	2141	37	555
寒亭区	55	1031			30	681	25	350
坊子区	32	554			32	554		
奎文区	122	2666	5	197	116	2454	1	15
青州市	290	5256	13	523	247	4497	30	236
诸城市	426	9521	21	809	400	8639	5	73
寿光市	398	8650	48	1632	350	7018		
安丘市	321	7168	36	1330	277	5718	8	120
高密市	255	5888	39	1460	190	4044	26	384
昌邑市	312	5530	2	62	296	5274	14	194
临朐县	375	7479	10	421	129	3518	236	3540
昌乐县	232	4539	4	152	220	4267	8	120
高新、经济开发区								
滨海开发区	20	348			10	198	10	150
交运公司	320	8901	170	5359	150	3542		
联运公司	185	5032	53	2011	132	3021		
长远公司	58	1419	7	289	51	1130		
市直其它	20	720	20	720				
公交公司	17	323			17	323		

11－2 续表 2

地区	出租客车		拖拉机		其他机动车	
	辆数	客位	辆数	吨位	辆数	吨位
合计	**4088**	**20440**	**7606**	**10412**	**50257**	**39126**
潍城区	370	1850	230	550	988	790
寒亭区	34	170	121	90	964	481
坊子区	78	390	516	1695	5034	3433
奎文区	520	2600	46	106	256	120
青州市	364	1820	1036	1036	3889	5832
诸城市	372	1860	481	759	9180	5328
寿光市	257	1285	441	681	3307	3553
安丘市	132	660	1287	1382	3775	2995
高密市	232	1160	568	681	7668	5751
昌邑市	207	1035	344	433	4491	2834
临朐县	209	1045	1695	1531	5158	3392
昌乐县	157	785	500	800	4500	4000
高新、经济开发区	69	345	329	650	918	436
滨海开发区	42	210	12	18	129	181
交运公司	321	1605				
联运公司	191	955				
长远公司						
市直其它	533	2665				
公交公司						

11－3 全市水上运输情况

(2008 年)

指标	计量单位	数量
一、运输船舶		
1、货船	艘	69
总吨	吨位	140821
总载重量	吨位	236522
净载重量	吨位	234379
功率	千瓦	69074
2、驳船	艘	2
净载重量	吨位	2000
二、港口情况		
港口码头泊位数	个	11
港口吞吐量	万吨	1053.2
其中:沿海港口吞吐量	万吨	1053.2

11－4 全市交通运输业客、货运情况

（2008 年）

指　　标	计量单位	数　量
一、公路运输		
客运量	万人	15620
旅客周转量	万人公里	1025906
货运量	万吨	16021
货物周转量	万吨公里	1303656
二、水上运输		
货运量	万吨	359
货物周转量	万吨公里	490152
三、航空运输		
起落架次	次	2450
民用航空客运量	人	28721
民用航空货运量	吨	14158
客座率	%	56
载运率	%	49.6

注：公路客运量、旅客周转量、货运量、货物周转量因全国公路运输量专项调查数据交通部还未反馈，以上数据按原统计口径统计。

11－5 全市公路客、货运输情况

（2008 年）

地　　区	客运量（万人）	旅客周转量（万人公里）	货运量（万吨）	货物周转量（万吨公里）
总　计	**15620**	**1025906**	**16021**	**1303656**
潍 城 区	998	34063	638	41818
寒 亭 区	658	36676	916	70136
坊 子 区	602	51453	830	54404
奎 文 区	495	26912	575	30300
青 州 市	802	69729	1878	126611
诸 城 市	1355	97298	1626	152452
寿 光 市	851	57181	1610	178537
安 丘 市	795	48149	1033	63713
高 密 市	608	41746	1078	128659
昌 邑 市	520	32743	404	19210
临 朐 县	818	69352	1058	68274
昌 乐 县	449	24096	1649	151834
高新开发区	419	6170	610	7150
滨海开发区	211	14757	1144	125174
交　　运	2284	240792	336	16440
联　　运	3700	167850	560	61800
长　　远	55	6939	76	7144

注：公路客运量、旅客周转量、货运量、货物周转量因全国公路运输量专项调查数据交通部还未反馈，以上数据按原统计口径统计。

12

贸 易 业

TWELVE

DOMESTIC TRADE

12－1 分县市区社会消费品零售总额

(2008 年)　　　　单位:万元

	合 计	潍 城	寒 亭	坊 子	奎 文	临 朐	昌 乐	青 州
社会消费品零售总额	**8303044**	**708804.7**	**268408.0**	**201564.5**	**636441.0**	**523450.0**	**497332.8**	**894388.0**
#企业	4099447.9	489819.2	124338.0	52216.0	536201.4	219121.0	224612.4	290010.0
①限额以上	3343291.6	345286.2	76519.0	21903.0	465827.0	140832.0	183141.0	243722.0
②限额以下	756156.3	144533.0	47819.0	30313.0	70374.4	78289.0	41471.4	46288.0
个体经营户	3813287.5	190903.5	125637.0	132574.0	90097.0	279043.0	256785.0	558788.0
一、按销售单位所在地分组								
1.市	4816935.3	708804.7	268408.0	201564.5	636441.0			558685.0
2.县	526686.0					192934.0	191003.8	
3.县以下	2959522.0					330516.0	306329.0	335703.0
二、按行业分组								
1.批发业	1802520.7	162286.1	23506.0	11730.0	109749.0	146404.0	133292.0	246399.0
(1)企业	1424164.5	112265.6	20771.0	7192.0	85347.2	109626.0	115330.0	187349.0
①限额以上	1197442.9	57763.6	11370.0	5894.0	70130.9	81578.0	103163.0	155586.0
②限额以下	226721.6	54502.0	9401.0	1298.0	15216.3	28048.0	12167.0	31763.0
(2)个体经营户	378356.2	50020.5	2735.0	4538.0	24401.8	36778.0	17962.0	59050.0
2.零售业	5292950.6	448711.9	168324.0	149635.0	445589.3	287808.0	305143.0	520262.0
(1)企业	2469357.3	335141.9	99680.0	43435.0	408092.6	98651.0	103649.0	93632.0
①限额以上	2006726.1	259886.9	61887.0	14617.0	368124.0	54446.0	78066.0	82686.0
②限额以下	462631.2	75255.0	37793.0	28818.0	39968.6	44205.0	25583.0	10946.0
(2)个体经营户	2823593.3	113570.0	68644.0	106200.0	37496.7	189157.0	201494.0	426630.0
3.住宿业	58291.6	11350.0	24.0	24.0	14641.9	326.0	435.0	2907.0
(1)企业	47671.5	10953.0		24.0	13787.5		72.0	2273.0
①星级	30672.3	813.0			13021.5			2249.0
②星级以外	16999.2	10140.0		24.0	766.0		72.0	24.0
(2)个体经营户	10620.1	397.0	24.0		854.4	326.0	363.0	634.0
4.餐饮业	758972.5	58374.7	58121.0	23401.0	56318.2	63626.0	42527.4	79230.0
(1)企业	158254.6	31458.7	3887.0	1565.0	28974.1	10844.0	5561.4	6756.0
①限额以上	108450.3	26822.7	3262.0	1392.0	14550.6	4808.0	1912.0	3201.0
②限额以下	49804.3	4636.0	625.0	173.0	14423.5	6036.0	3649.4	3555.0
(2)个体经营户	600717.9	26916.0	54234.0	21836.0	27344.1	52782.0	36966.0	72474.0
5.其他	390407.9	28082.0	18433.0	16774.5	10142.6	25286.0	15935.4	45590.0
三、按经济成分分组								
1.公有经济	1064768.4	75234.0	33116.0	17304.0	62999.0	127236.0	82737.0	83709.0
(1)国有经济	705840.8	69255.0	7295.0	3992.0	56003.0	85006.0	79686.0	73319.0
(2)集体经济	358927.6	5979.0	25821.0	13312.0	6996.0	42230.0	3051.0	10390.0
2.非公有经济	7238374.9	633570.7	235292.0	184260.5	573442.0	396214.0	414595.8	810679.0
(1)私有经济	7151384.4	619970.7	235292.0	163019.5	565790.0	394958.0	414595.8	810679.0
#个体经济	4349888.6	306900.0	125637.0	142842.5	96100.0	286750.0	256785.0	691966.0
(2)港澳台经济	28583.0	13600.0		13727.0		1256.0		
(3)外商经济	58407.5			7514.0	7652.0			

12－1 续表1 单位:万元

	诸城	寿光	安丘	高密	昌邑	高新	经济	滨海
社会消费品零售总额	**914146.0**	**924571.0**	**694085.0**	**743262.0**	**676582.0**	**477360.1**	**94451.0**	**48297.2**
#企业	263391.0	547907.0	219320.0	390717.0	203903.0	424970.6	85848.0	27073.3
①限额以上	223231.0	503466.0	190124.0	292187.0	146276.0	412951.7	77762.0	20063.7
②限额以下	40160.0	44441.0	29196.0	98530.0	57627.0	12018.9	8086.0	7009.6
个体经营户	594284.0	339821.0	441063.0	326803.0	440044.0	20814.0	4049.0	12582.0
一、按销售单位所在地分组								
1.市	502391.0	492307.0	287500.0	325197.0	358277.0	477360.1		
2.县							94451.0	48297.2
3.县以下	411755.0	432264.0	406585.0	418065.0	318305.0			
二、按行业分组								
1.批发业	137376.0	240206.0	87293.0	125342.0	93760.0	268568.3	15495.0	1114.3
(1)企业	80431.0	213689.0	73854.0	98417.0	36920.0	266833.4	15162.0	977.3
①限额以上	78492.0	188509.0	60796.0	70345.0	32470.0	265637.1	14731.0	977.3
②限额以下	1939.0	25180.0	13058.0	28072.0	4450.0	1196.3	431.0	
(2)个体经营户	56945.0	26517.0	13439.0	26925.0	56840.0	1734.9	333.0	137.0
2.零售业	596240.0	601989.0	522291.0	509538.0	487108.0	153264.8	72828.0	24218.6
(1)企业	162160.0	323328.0	141372.0	276518.0	159884.0	139426.2	69442.0	14945.6
①限额以上	132856.0	304067.0	126266.0	215091.0	106975.0	130007.6	61997.0	9753.6
②限额以下	29304.0	19261.0	15106.0	61427.0	52909.0	9418.6	7445.0	5192.0
(2)个体经营户	434080.0	278661.0	380919.0	233020.0	327224.0	13838.6	3386.0	9273.0
3.住宿业	10811.0	1068.0	1505.0	2289.0	178.0	10721.1		2011.6
(1)企业	8816.0		951.0			8977.4		1817.6
①星级	5441.0		606.0			8541.8		
②星级以外	3375.0		345.0			435.6		1817.6
(2)个体经营户	1995.0	1068.0	554.0	2289.0	178.0	1743.7		194.0
4.餐饮业	113248.0	44465.0	49294.0	80351.0	62901.0	13230.4	1574.0	12310.8
(1)企业	11984.0	10890.0	3143.0	15782.0	7099.0	9733.6	1244.0	9332.8
①限额以上	6442.0	10890.0	2456.0	6751.0	6831.0	8765.2	1034.0	9332.8
②限额以下	5542.0		687.0	9031.0	268.0	968.4	210.0	
(2)个体经营户	101264.0	33575.0	46151.0	64569.0	55802.0	3496.8	330.0	2978.0
5.其他	56471.0	36843.0	33702.0	25742.0	32635.0	31575.5	4554.0	8641.9
三、按经济成分分组								
1.公有经济	34790.0	315322.0	78293.0	49700.0	30634.0	69196.4		4498.0
(1)国有经济	26473.0	138364.0	45525.0	17846.0	30178.0	68400.8		4498.0
(2)集体经济	8317.0	176958.0	32768.0	31854.0	456.0	795.6		
2.非公有经济	879356.0	609249.0	615792.0	693562.0	645948.0	408163.7	94451.0	43799.2
(1)私有经济	848188.0	609249.0	615792.0	693562.0	645948.0	396090.2	94451.0	43799.2
#个体经济	604209.0	460426.0	441063.0	437309.0	440044.0	20814.1	8440.0	30603.0
(2)港澳台经济								
(3)外商经济	31168.0					12073.5		

12－2 分月份社会消费品零售总额

（2008 年） 单位:万元

	合 计	一月	二月	三月	四月	五月	六月
社会消费品零售总额	**8303044.0**	**669294.2**	**674402.0**	**606201.9**	**626651.5**	**720966.4**	**642243.7**
#企业	4101214.6	337636.0	319062.0	283761.1	285245.9	328090.2	311902.7
①限额以上	3345073.0	274622.6	256984.5	228105.9	230240.4	265609.3	253199.8
②限额以下	756141.6	63013.4	62077.5	55655.2	55005.5	62480.9	58702.9
个体经营户	3814506.5	303345.2	327146.0	294225.6	312043.1	358349.8	299872.1
一、按销售单位所在地							
1.市	4824526.5	382886.0	379183.5	371147.4	369330.9	412185.8	383079.6
2.县	526588.5	42569.2	47359.5	33684.5	35359.6	39193.6	36097.1
3.县以下	2951929.0	243839.0	247859.0	201370.0	221961.0	269587.0	223067.0
二、按行业分组							
1.批发业	1802508.7	126554.3	116294.1	130478.1	127350.5	153781.8	151609.8
(1)企业	1424152.5	96728.6	84007.1	102087.1	99311.2	121971.8	119534.8
①限额以上	1197442.9	78813.2	66978.1	86877.8	83126.9	103819.8	102087.8
②限额以下	226709.6	17915.4	17029.0	15209.3	16184.3	18152.0	17447.0
(2)个体经营户	378356.2	29825.7	32287.0	28391.0	28039.3	31810.0	32075.0
2.零售业	5299683.7	451728.8	468310.7	386997.4	408676.0	464227.4	394896.4
(1)企业	2471271.4	225720.1	221111.7	168093.1	171891.7	190746.4	174446.4
①限额以上	2008642.9	184481.5	179903.7	130897.0	136712.5	150694.4	138686.4
②限额以下	462628.5	41238.6	41208.0	37196.1	35179.2	40052.0	35760.0
(2)个体经营户	2828412.3	226008.7	247199.0	218904.3	236784.3	273481.0	220450.0
3.住宿业	58291.5	4444.1	3692.9	3682.3	3913.0	4217.8	5880.4
(1)企业	47671.4	3741.4	3009.9	2985.0	3206.0	3419.9	5043.3
①星级	30672.2	2863.8	2349.4	2346.9	2515.2	2556.2	2516.4
②星级以外	16999.2	877.6	660.5	638.1	690.8	863.7	2526.9
(2)个体经营户	10620.1	702.7	683.0	697.3	707.0	797.9	837.1
4.餐饮业	755237.2	58254.0	57910.3	56828.9	57349.5	64213.0	59388.2
(1)企业	158119.3	11445.9	10933.3	10595.9	10837.0	11952.1	12878.2
①限额以上	108315.0	8464.1	7753.3	7984.2	7885.8	8538.9	9909.2
②限额以下	49804.3	2981.8	3180.0	2611.7	2951.2	3413.2	2969.0
(2)个体经营户	597117.9	46808.1	46977.0	46233.0	46512.5	52260.9	46510.0
5.其他	387322.9	28313.0	28194.0	28215.2	29362.5	34526.4	30468.9
三、按经济成分分组							
1.公有经济	1065321.4	71158.5	80579.8	78263.5	73201.8	90607.1	92177.7
(1)国有经济	705578.8	44665.9	50017.3	53399.9	48061.3	61337.7	63051.9
(2)集体经济	359742.6	26492.6	30562.5	24863.6	25140.5	29269.4	29125.8
2.非公有经济	7237722.6	598135.7	593822.2	527938.4	553449.7	630359.3	550066.0
(1)私有经济	7150772.1	594335.4	588753.6	522974.1	548401.5	625092.7	543189.8
#个体经济	4373508.5	333010.7	360906.0	325961.0	336320.5	398425.0	344682.0
(2)港澳台经济	28675.0	623.0	821.0	851.0	1043.0	743.0	1781.0
(3)外商经济	58275.5	3177.3	4247.6	4113.3	4005.2	4523.6	5095.2

12－2 续表1 单位:万元

	七月	八月	九月	十月	十一月	十二月
社会消费品零售总额	**622247.3**	**673297.0**	**744303.0**	**791614.4**	**730899.6**	**800923.0**
#企业	313665.3	323430.4	368374.1	403948.0	403772.2	422326.7
①限额以上	252992.5	261015.5	301753.9	330566.2	339648.6	350333.8
②限额以下	60672.8	62414.9	66620.2	73381.8	64123.6	71992.9
个体经营户	281481.0	318051.6	334133.4	348706.4	294664.4	342487.9
一、按销售单位所在地						
1.市	369638.6	397468.0	430522.2	453379.9	422066.0	453638.6
2.县	37490.2	40531.5	56404.8	53537.5	44432.6	59928.4
3.县以下	215118.5	235297.5	257376.0	284697.0	264401.0	287356.0
二、按行业分组						
1.批发业	140260.1	134287.6	177689.9	183214.9	177146.5	183841.1
(1)企业	110376.1	104069.2	145483.7	147465.7	145712.3	147404.9
①限额以上	91796.8	85170.3	127239.3	124550.3	126529.9	120452.7
②限额以下	18579.3	18898.9	18244.4	22915.4	19182.4	26952.2
(2)个体经营户	29884.0	30218.4	32206.2	35749.2	31434.2	36436.2
2.零售业	387592.2	436824.2	449659.6	490149.6	446417.1	514204.3
(1)企业	185930.7	202663.2	203625.8	233986.8	236888.3	256167.2
①限额以上	150062.9	164322.9	162277.7	193482.2	200527.7	216594.0
②限额以下	35867.8	38340.3	41348.1	40504.6	36360.6	39573.2
(2)个体经营户	201661.5	234161.0	246033.8	256162.8	209528.8	258037.1
3.住宿业	6237.3	5235.2	4409.6	5596.8	5412.1	5570.0
(1)企业	5361.3	4310.4	3325.9	4450.1	4274.4	4543.8
①星级	2390.2	2600.7	2581.4	2632.1	2692.6	2627.3
②星级以外	2971.1	1709.7	744.5	1818.0	1581.8	1916.5
(2)个体经营户	876.0	924.8	1083.7	1146.7	1137.7	1026.2
4.餐饮业	61056.7	65135.0	70748.4	73693.1	69460.9	61199.2
(1)企业	11997.2	12387.6	15938.7	18045.4	16897.2	14210.8
①限额以上	8742.6	8921.6	9655.5	9901.6	9898.4	10659.8
②限额以下	3254.6	3466.0	6283.2	8143.8	6998.8	3551.0
(2)个体经营户	49059.5	52747.4	54809.7	55647.7	52563.7	46988.4
5.其他	27101.0	31815.0	41795.5	38960.0	32463.0	36108.4
三、按经济成分分组						
1.公有经济	80096.6	81814.5	98467.2	107900.5	94510.0	116544.2
(1)国有经济	52675.8	52816.5	67185.1	72207.1	63651.7	76508.6
(2)集体经济	27420.8	28998.0	31282.1	35693.4	30858.3	40035.6
2.非公有经济	542150.7	591482.5	645835.8	683713.9	636389.6	684378.8
(1)私有经济	534670.1	583036.6	637190.3	674400.4	625987.2	672740.4
#个体经济	324987.0	365902.2	395254.9	416112.9	360927.9	411018.4
(2)港澳台经济	2182.0	3187.0	3214.0	4283.0	4395.0	5552.0
(3)外商经济	5298.6	5258.9	5431.5	5030.5	6007.4	6086.4

12－3 全市社会消费品零售总额

（2008 年）

单位：万元

	2008 年	2007 年	增幅 %
社会消费品零售总额	**8303044**	**6742966**	**23.14%**
#企业	4101215	3078017	33.24%
①限额以上	3345073	2394277	39.71%
②限额以下	756142	683740	10.59%
个体经营户	3814507	3317610	14.98%
一、按销售单位所在地分组			
1.市	4824527	3905053	23.55%
2.县	526589	422731	24.57%
3.县以下	2951929	2415182	22.22%
二、按行业分组			
1.批发业	1802509	1315258	37.05%
(1)企业	1424153	996360	42.94%
①限额以上	1197443	800153	49.65%
②限额以下	226710	196207	15.55%
(2)个体经营户	378356	318898	18.64%
2.零售业	5299684	4415520	20.02%
(1)企业	2471271	1924589	28.41%
①限额以上	2008643	1492924	34.54%
②限额以下	462629	431665	7.17%
(2)个体经营户	2828412	2490931	13.55%
3.住宿业	58292	46139	26.34%
(1)企业	47671	36000	32.42%
①星级	30672	25627	19.69%
②星级以外	16999	10374	63.87%
(2)个体经营户	10620	10138	4.75%
4.餐饮业	755237	618710	22.07%
(1)企业	158119	121068	30.60%
①限额以上	108315	75573	43.32%
②限额以下	49804	45495	9.47%
(2)个体经营户	597118	497642	19.99%
5.其他	387323	347340	11.51%
三、按经济成分分组			
1.公有经济	1065321	825620	29.03%
(1)国有经济	705579	538164	31.11%
(2)集体经济	359743	287456	25.15%
2.非公有经济	7237723	5917346	22.31%
(1)私有经济	7150772	5853969	22.15%
#个体经济	4373509	3624103	20.68%
(2)港澳台经济	28675	15445	85.66%
(3)外商经济	58275.5	47932.9	21.58%

12－4 社会消费品零售总额

（2008年） 单位:万元

地　区	2008年	2007年	增幅%
总　计	**8303044**	**6742966**	**23.14**
潍城区	708803	575793	23.10
寒亭区	362859	295939	23.00
坊子区	201565	167858	20.08
奎文区	636441	514034	23.81
青州市	894388	728168	22.83
诸城市	914146	737803	23.90
寿光市	924571	749777	23.31
安丘市	694085	565654	22.70
高密市	743262	605532	22.75
昌邑市	676582	551943	22.58
临朐县	523450	426920	22.61
昌乐县	497333	403316	23.31
高新开发区	477360	380551	25.44
滨海开发区	48297	39325	25.66
经济开发区	94451	76191	23.97

12－5 全市历年社会消费零售总额

（1978－2008 年）

年　份	社会消费品零售总额 （万元）	增幅（%）
1978	73015	
1979	82499	12.99
1980	103190	25.08
1981	120165	16.45
1982	127471	6.08
1983	149587	17.35
1984	177006	18.33
1985	227152	28.33
1986	253842	11.75
1987	303366	19.51
1988	394316	29.98
1989	423810	7.48
1990	447798	5.66
1991	538164	20.18
1992	665170	23.60
1993	958510	44.10
1994	1327633	38.51
1995	1691006	27.37
1996	1987947	17.56
1997	2156922	8.51
1998	2342632	8.61
1999	2504040	6.89
2000	2658539	6.17
2001	2884515	8.50
2002	3205273	11.12
2003	3679654	14.80
2004	4269135	16.02
2005	4933412	15.56
2006	5736374	16.28
2007	6742966	17.55
2008	8303044	23.14

12－6　亿元以上商品交易市场成交情况

（2008年）

指　标　名　称	年末出租摊位数量（个）	成　交　额（万元）
总　　计	**23052**	**3145459**
1、食品、饮料、烟酒类	5218	944990
（1）粮油、食品类	4223	896342
其中：粮油类	770	52683
肉禽蛋类	409	41681
水产品类	727	263825
蔬菜类	1841	474620
干鲜果品类	350	39099
（2）饮料类	505	17537
（3）烟酒类	490	31111
2、服装、鞋帽、针纺织品类	6633	451100
（1）服装类	1984	21390
（2）鞋帽类	843	30860
（3）针纺织品类	3806	398850
3、化妆品类	250	21870
4、金银珠宝类	158	56600
5、日用品类	1285	65150
其中：洗涤用品类	447	22852
儿童玩具类	231	10240
6、五金、电料类	1262	23385
7、体育、娱乐用品类	159	7350
8、书报杂志类	107	32088
9、电子出版物及音像制品类	50	5646
10、家用电器和音像器材类	88	7590
11、中西药品类	3	220
其中：西药类		
中草药及中成药类		
12、文化办公用品类	469	43366
13、家具类	310	13995
14、通讯器材类	121	15930
15、煤炭及制品类		
16、木材及制品类	373	77250
17、石油及制品类		
18、化工材料及制品类	69	1320
其中：化肥类		
19、金属材料类	858	494227
20、建筑及装潢材料类	1515	176419
21、机电产品及设备类	516	10893
其中：农机类		
22、汽车类	498	341800
23、种子饲料类	6	600
24、棉麻类		
25、其他类	3104	353670

12－7 亿元市场交易额基本情况

(2008 年)

市 场 名 称	年末出租摊位数（个）	总成交额（万元）
潍坊小商品城	4200	200000
潍坊新樱桃圆商城	300	11000
潍坊市新纪元建筑装饰材料市场有限公司	230	12000
潍坊豪德贸易广场	2100	17980
潍坊煜和钢材市场有限公司	73	73000
潍坊旧机动车交易市场	38	11000
潍坊北王国际汽配城	310	10800
潍坊科技市场	120	16700
山东金宝集团有限公司国际汽车城	30	290000
潍坊星河国际轻纺城	400	300000
潍坊图书中心	56	30000
潍坊南下河商贸有限公司	847	100000
临朐铝型材市场	361	360002
临朐兴隆路市场	200	8600
临朐奇石市场	560	29698
中国宝石城	148	56400
东方商城水产干货市场	86	17000
东方装饰建材批发市场	317	125700
山东大华机动车交易市场	120	30000
山东省潍坊青州市副食品批发市场	460	14064
青州市黄楼镇万红花卉交易大厅	2600	250000
青州市海天水产干货综合批发市场	170	142200
青州市亿丰宜佳装饰市场	624	28000
青州市钢材物流市场	197	18000
高柳镇东方蔬菜市场	108	100000
诸城市龙城市场服务中心	1850	130000
诸城市民兴生猪交易市场	100	10000
诸城市粮食交易市场	120	10000
诸城市密州商城管委会	396	20389
诸城市龙跃建材有限公司	55	10620
诸城市龙都建材城服务有限公司	180	10200
诸城市龙海商务有限公司	100	136000
诸城市舜王街道钢材市场办公室	201	86000
诸城市舜王商贸城有限公司	236	14320
诸城市桃园花生专业市场	56	18795
诸城市大岳峙草莓专业市场	60	10910
诸城市皂户辣椒专业市场	520	23672
山东省寿光市亚西亚商场	2400	18360
寿光市九巷蔬菜批发市场	285	181601
寿光市稻田蔬菜批发市场	300	108000
安丘市姜蒜批发市场	88	27392
高密市农贸市场	1300	62056
高密市北方木业市场	150	15000

13

对外经贸、旅游

THIRTEEN

FOREIGN TRADE AND TOURISM

13－1 分国别、地区外商直接投资情况

（2008年）

单位：万美元

国别（地区）	合同项目个数（个）	合同外资金额	实际利用外资金额
总计	**（含增资）165**	**75630**	**48495**
#香港	59	47293	22364
澳门			
日本	15	2078	1510
新加坡	5	1588	1974
菲律宾		400	
德国	3	1801	915
法国			12
加拿大		13	1180
美国	9	2782	2896
澳大利亚	1	44	171
台湾	6	1202	1402
韩国	14	2091	1634
马来西亚	2	390	2871
瑞士	1	439	231
巴西			
俄罗斯	1	100	368
荷兰	1	290	
英国	1	100	
意大利			
泰国	2	827	
匈牙利	1	250	

13-2 全市利用外资基本情况

（2008 年）

单位：万美元

	合同项目个数（个）	合同外资金额	实际利用外资金额
总　计			
一、对外借款			
外国政府贷款			
国际金融组织贷款			
外国银行商业贷款			
#短期贷款			
国际赠款			
对外发行债券			
二、外商直接投资	**165（含增资）**	**75630**	**48495**
合资经营企业	66（含增资）	23404	19297
合作经营企业	3（含增资）	4026	
独资企业	92（含增资）	41810	21901
合作开发			
股份制企业	4（含增资）	6390	7297
三、外商其他投资			
补偿贸易			
加工装配			
对外发行股票			
国际租赁			

13-3 全市分县市区实际利用外资金额情况

（2008 年）

单位：万美元

	2008 年
总　计	**48495**
潍 城 区	1475
寒 亭 区	3223
其中：经济开发区	642
坊 子 区	527
奎 文 区	1029
青 州 市	4088
诸 城 市	1613
寿 光 市	9152
安 丘 市	779
高 密 市	2414
昌 邑 市	2706
临 朐 县	2424
昌 乐 县	6726
高新技术开发区	5294
其中：出口加工区	37
滨海经济开发区	7045

13－4 （按国别、地区分）海关进出口商品总值

（2008年）

单位：万美元

国别（地区）	进出口总值	出口总值	进口总值
总计	**837854**	**654075**	**183779**
亚洲	**425195**	**340079**	**85116**
香港	13187	10764	2423
日本	120380	107332	13048
韩国	67611	41669	25942
台湾	14929	9956	4973
马来西亚	23262	16302	6960
印度尼西亚	15604	12596	3008
新加坡	7066	5030	2036
非洲	**47287**	**43505**	**3782**
南非	6943	6598	345
欧洲	**160509**	**118724**	**41785**
英国	15963	14477	1486
德国	38057	21071	16986
法国	8056	7126	930
意大利	15390	10474	4916
荷兰	11236	10500	736
西班牙	6341	5942	399
瑞典	3200	2440	760
瑞士	1664	382	1282
俄罗斯	17969	14241	3728
南美洲	**41476**	**30593**	**10883**
阿根廷	8226	4904	3322
巴西	9936	5572	4364
智利	4772	3156	1616
墨西哥	3560	3430	130
巴拿马	1312	1312	
秘鲁	1422	1392	30
北美洲	**142326**	**105938**	**36388**
美国	124167	97192	26975
加拿大	18150	8737	9413
大洋洲	**20981**	**15158**	**5823**
澳大利亚	18750	13537	5213
新西兰	1810	1220	590

13－5　对外承包工程和劳务合作情况

（1991－2008年）

年　份	合同金额（万美元）	营业额（万美元）	外派劳务人数（人）
1991	39	17	54
1992	70	38	115
1993	510.5	212	508
1994	2347	435	1001
1995	3149	1163	1301
1996	3550	2979	1321
1997	5039	3478	1433
1998	4554	3260	1216
1999	5877	4789	1376
2000	6482	5171	1425
2002	18477	6306	1703
2003	16641	4578	2537
2004	28378	17378	5056
2005	22251	24477	4714
2006	143857	33025	5224
2007	158290	40223	5748
2008	175098	82984	5842

13－6　全市接待港澳台胞、外国旅游者人数

（2008 年）　　单位:人

	人　　数
总　计	**131771**
一、香港	**10836**
二、澳门	**2383**
三、台湾	**12629**
四、外国人	**105923**
1、日本	23547
2、菲律宾	1495
3、新加坡	1961
4、泰国	458
5、印尼	568
6、马来西亚	1753
7、韩国	52858
8、美国	5297
9、加拿大	952
10、英国	1300
11、德国	1092
12、法国	1019
13、意大利	598
14、瑞士	77
15、瑞典	167
16、荷兰	177
17、西班牙	104
18、俄罗斯	1490
19、澳大利亚	1112
20、新西兰	341
21、其他国家	9593

13－7 全市国际旅游情况

（1990－2008 年）

年份	接待旅游人数（人次）	外国人	华侨	港澳台胞	旅游外汇收入（万元）	旅游外汇收入（万美元）
1990	7294	3805	494	2995	456.0	95.4
1991	8554	5394	291	2869	319.6	60.1
1992	9986	5565	300	4121	460.0	83.3
1993	10593	5179	636	4778	573.0	99.5
1994	11137	7204	565	3368	1261.1	146.3
1995	13086	9153	507	3426	1812.0	217.0
1996	15024	11426	508	3090	3639.8	438.0
1997	17380	11513	872	4995	3987.5	481.0
1998	19466	9520	715	9231	3560.0	430.0
1999	21516	9758	476	11282	4371.8	528.0
2000	24098	11895		12203	4876.9	589.0
2001	27086	11957		15129	6833.1	831.3
2002	30472	13768		16704	7584.0	916.0
2003	21455	12004		9451	5302.2	638.8
2004	30848	19453		11395	7474.9	903.1
2005	35840	24587		11253	8443.2	1055.4
2006	43052	33178		9874	10336.0	1292.0
2007	74159	58844		15315	27000.0	3606.9
2008	131771	105923		25848	481508	7081.0

注:2000 年后取消华侨分组。

13－8　全市国内旅游抽样调查历史数据

（2001－2008年）

指　　标	单　位	2001年	2002年	2003年	2004年
国内旅游人数	万人	574.17	662.06	593.47	771.44
1.过夜旅游者人数	万人	435.35	496.61	457.29	560.43
（1）旅游住宿设施国内旅游人数	万人	426.90	476.02	446.35	539.47
（2）住亲友家去景点的国内旅游人数	万人	8.46	20.60	10.93	20.96
2.不过夜旅游者（一日游）人数	万人	138.83	165.46	136.18	211.01
旅游景点接待一日游人数	万人	138.83	165.46	136.18	211.01
1.本地一日游人数	万人	22.52	26.11	20.24	39.43
2.外地一日游人数	万人	116.30	139.34	115.94	171.58
国内旅游人均花费	元	502.86	497.73	542.00	546.02
其中：旅游住宿设施国内旅游者人均花费	元	629.79	626.15	666.72	690.22
住亲友家去景点的国内旅游者人均花费	元	302.85	304.08	384.59	347.88
一日游旅游者人均花费	元	124.67	152.31	147.67	197.05
国内旅游收入	万元	288728.11	329525.26	321901.08	421225.36
1.接待过夜旅游者收入	万元	271419.78	304324.38	301791.89	379646.09
（1）旅游住宿设施接待国内旅游者收入	万元	268857.72	298060.33	297588.31	372354.55
（2）住亲友家去景点的国内旅游者旅游花费	万元	2562.08	6264.05	4203.58	7291.54
2.接待不过夜旅游者（一日游）收入	万元	17308.32	25200.86	20109.18	41579.27

13－8 续表1

指　　标	单　位	2005年	2006年	2007年	2008年
国内旅游人数	万人	886.46	1038.07	1413.57	1869.33
1.过夜旅游者人数	万人	641.01	747.26	1006.72	1268.14
（1）旅游住宿设施国内旅游人数	万人	615.61	717.81	958.70	1220.60
（2）住亲友家去景点的国内旅游人数	万人	25.40	29.45	38.02	47.54
2.不过夜旅游者（一日游）人数	万人	245.45	290.81	416.85	601.19
旅游景点接待一日游人数	万人	245.45	290.81	416.85	601.19
1.本地一日游人数	万人	45.58	54.92	75.43	165.08
2.外地一日游人数	万人	199.87	235.89	341.42	436.11
国内旅游人均花费	元	576.95	596.59	678.59	767.93
其中：旅游住宿设施国内旅游者人均花费	元	736.98	763.51	875.23	1028.76
住亲友家去景点的国内旅游者人均花费	元	368.03	370.92	454.33	516.53
一日游旅游者人均花费	元	197.22	207.42	246.82	258.25
国内旅游收入	万元	511445.08	619299.96	959238.21	1435510.16
1.接待过夜旅游者收入	万元	463037.34	558981.03	856352.12	1280253.00
（1）旅游住宿设施接待国内旅游者收入	万元	453689.45	548057.41	839078.64	1255697.18
（2）住亲友家去景点的国内旅游者旅游花费	万元	9347.89	10923.62	17273.48	24555.82
2.接待不过夜旅游者（一日游）收入	万元	48407.74	60318.93	102886.10	155257.16

教育　科技

FOURTEEN

EDUCATION SCIENCE AND TECHNOLOGY

14－1 各级各类学校基本情况

（2008年） 单位:人

各级各类教育	学校数（所）	毕业生数	招生数	在校学生数	教职工数	专任教师
一、高等教育	**11**	**33432**	**51979**	**131826**	**8385**	**6183**
（一）研究生		193	277	733		
（二）普通高等教育	10	29610	39976	112167	7796	5720
1、按学校性质分		29610	39976	112167		
本科院校	3	12710	14193	47167		
高职（专科）院校	7	16900	25783	65000		
2、按学生性质分		29610	39976	112167		
本科		5949	7501	29076		
专科		23661	32475	83091		
（三）成人高等教育	1	3629	11726	18926	443	336
教育学院	1	647	940	2156		
普通高等学校举办		2982	10786	16770		
（四）民办的其他高等教育机					146	127
二、中等职业教育	**63**	**55541**	**60556**	**158761**	**10472**	**7723**
（一）中等职业学校	53	43773	46756	122885	8464	6078
普通中等专业学校	9	14207	16512	43576	2253	1670
成人中等专业学校	5	2446	2826	6206	222	133
职业高中学校	39	27120	27418	73103	5594	4012
其他机构（教学点）	10				395	263
（二）技工学校	10	11768	13800	35876	2008	1645
三、基础教育	**3933**	**333243**	**334934**	**1238469**	**96967**	**84380**
（一）普通中学	411	158389	163711	469177	46019	38555
高　中	63	69743	52886	174360		13255
初　中	348	88646	110825	294817		25300
（二）职业初中						
（三）工读学校						
（四）小学	1347	109039	85336	582385	39798	37228
（五）特殊教育学校	12	239	260	2116	566	438
（六）幼儿园	2163	65576	85627	184791	10584	8159
（七）成人基础教育						

14－2 潍坊高等教育情况

（2008 年）

单位:人

学校名称	毕业生数	招生数	在校学生数	教职工数	专任教师
普通高等学校	**29610**	**39976**	**112167**	**8385**	**6183**
潍坊医学院	1971	3413	14915	1152	926
潍坊学院	6522	5479	18664	1745	1166
潍坊职业学院	3617	3857	10523	571	446
山东科技职业学院	2662	3675	9565	593	473
潍坊科技职业学院	4217	5301	13588	1076	762
山东畜牧兽医职业学院	1206	2827	5552	395	272
山东交通职业学院	2526	3568	8959	593	455
山东信息职业技术学院	1954	3034	7608	533	436
山东经贸职业学院	2613	3570	10704	726	465
潍坊学院北海学院					
潍坊医学院鲁中学院					
潍坊工商职业学院	263	2094	4538	412	319
潍坊教育学院	2059	3158	7551	443	336
山东潍坊工商管理专修学院				146	127
山东潍坊科技专修学院					

14－3 全市及各县市区普通中学情况

(2008年)

单位:所、人

地区	普通高中				普通初中			
	学校数	毕业生数	招生数	在校生数	学校数	毕业生数	招生数	在校生数
总计	**63**	**69743**	**52886**	**174360**	**348**	**88646**	**110825**	**294817**
市区小计	8	9362	9028	28287	67	15874	20460	55095
潍城区	1	1384	1707	4472	12	3064	4639	12665
寒亭区	1	1757	1624	5035	13	2871	3744	9985
坊子区	4	3186	2545	8348	24	4673	5615	14729
奎文区	2	3035	3152	10432	18	5266	6462	17716
青州市	8	7606	5846	19923	40	9447	13626	35336
诸城市	8	11506	7059	21866	40	13351	15713	43369
寿光市	8	8801	5826	20953	39	9640	17552	39813
安丘市	7	7531	6836	21672	42	14723	9990	32020
高密市	7	7029	5258	17611	37	7483	10983	28998
昌邑市	4	4023	2908	9320	25	4751	7252	20021
临朐县	7	6726	4720	17161	33	7514	8234	22760
昌乐县	6	7159	5405	17567	25	5863	7015	17405

14－4 全市及各县市区职业中学、小学情况

(2008年)

单位:人

地区	中职学校				小学			
	学校数	毕业生数	招生数	在校生数	学校数	毕业生数	招生数	在校生数
总计	**53**	**43773**	**46756**	**122885**	**1347**	**109039**	**85336**	**582385**
市区小计	23	15507	21838	48696	249	20348	17886	116097
市辖区	17	12992	20128	43401				
潍城区	3	1412	1058	4017	42	4848	4058	26355
寒亭区	2	970	652	1278	62	3883	2862	20410
坊子区					101	5859	5022	32812
奎文区	1	133			44	5758	5944	36520
青州市	3	4645	4502	16917	153	13111	9795	66566
诸城市	3	5941	6399	17414	159	15599	10581	75983
寿光市	3	6379	3514	10350	179	17535	11609	85780
安丘市	4	2842	2338	7031	149	9990	8792	55470
高密市	5	2470	3653	8240	104	10675	9077	58690
昌邑市	4	1747	929	3828	86	7067	4891	40405
临朐县	4	2823	2171	5612	174	8166	7200	46711
昌乐县	4	1419	1412	4797	94	6548	5505	36683

14－5 全市及各县市区中、小学教职工情况

（2008 年）

单位：人

地 区	普通中学		职业高中		小 学	
	教职工数	专任教师	教职工数	专任教师	教职工数	专任教师
总 计	**46019**	**38555**	**5594**	**4012**	**39798**	**37228**
市区小计	8579	6750	1305	813	7996	7083
市 辖 区			631	400		
潍 城 区	1601	1244	472	284	1866	1713
寒 亭 区	1724	1381	66	47	1491	1406
坊 子 区	2623	2221			2439	2278
奎 文 区	2631	1904	136	82	2200	1686
青 州 市	4599	4007	790	447	4314	4105
诸 城 市	5108	4637	473	209	4418	4311
寿 光 市	6253	5252	1414	1329	4953	4696
安 丘 市	5596	4763	445	344	4106	3840
高 密 市	4915	3982	341	228	4076	3767
昌 邑 市	2615	2097	41	33	2642	2392
临 朐 县	4181	3821	445	321	4251	4206
昌 乐 县	4173	3246	340	288	3042	2828

14－6 全市历年技工学校情况

（1996－2008 年）

年 份	学校处数（个）	招收人数（人）	毕业生人数（人）	在校生人数（人）	教职工数（人）
1996	24	11237	7291	22520	4406
1997	24	9363	8258	22992	4300
1998	24	7100	10099	19777	4133
1999	24	6355	9493	15810	3929
2000	24	4938	7258	12503	3868
2001	24	5885	5567	12775	3628
2002	16	9379	5200	15419	1828
2003	16	10770	4575	20186	1562
2004	13	10153	6846	23221	1584
2005	10	10521	9336	25398	1487
2006	10	12621	10370	26965	1675
2007	10	13392	10213	26906	1713
2008	10	13800	11768	35876	2008

14－7　全市技术贸易机构情况

（2008 年）

项　　目	机构数（个）	从事技术贸易活动人　员	专　职人　员	兼　职人　员	专职科技人　员	初　级职　称	中　级职　称	高　级职　称
2000 年	490	8700	7050	1650	2200	700	1000	500
2001 年	907	9076	7115	1961	3630	1412	1512	706
2002 年	898	7864	4530	3334	3586	890	1567	1120
2003 年	657	10620	7050	3570	3880	1890	1270	820
2004 年	912	7894	4540	3354	3765	1560	1210	995
2005 年	957	8765	5783	2982	4657	1878	1611	1168
2006 年	1021	9719	5001	4718	3781	871	1788	1122
2007 年	900	7404	4550	2854	3244	851	1425	968
2008 年	936	8312	4617	3695	3926	1391	1511	1024

14－8　全市各类技术合同签订及执行情况

（2008 年）

类　　别	合同数（项）	合同金额（万元）	技术交易额
总　　计	**800**	**52753**	**39343**
技术开发合同	117	27865	18470
技术转让合同	163	15360	11345
技术咨询合同	206	4287	4287
技术服务合同	314	5241	5241

14－9　县以上自然科学研究与技术开发机构情况

（2008 年）

指　　标	机构数（个）	职工总数（人）		经费收入总　额（万元）		经费支出总　额（万元）	
			从事科技活动人员		政　府拨　款		劳务费
总　　计	**16**	**752**	**380**	**12455**	**1884**	**10902**	**823**
农、林、牧、渔业	3	168	41	110	110	143.2	18.62
制造业	6	291	143	9484.2	374.4	9414.3	284.9
社会服务业	2	53	18	1098		280	50
卫生、体育和社会福利业	2	55	45	236.5	236.5	236.5	159.5
教育、文化艺术及广播电影电视业	2	44	31	30.5	2	77	51
科学研究和综合技术服务业	1	141	102	1496	1161	751	259

14－10　县以上自然科学研究与技术开发机构人员情况

（2008 年）

单位：人

指　　标	职工总数（人）	按工作性质分组			离退休人　员
		从事科技活动人员	从事生产经营活　动　人　员	其　他人　员	
总　　计	**752**	**380**	**190**	**12**	**170**
农、林、牧、渔业	168	41	104	3	20
制造业	291	143	37	2	109
社会服务业	53	18	32	1	2
卫生、体育和社会福利业	55	45	5	2	3
教育、文化艺术及广播电影电视业	44	31	6	1	6
科学研究和综合技术服务业	141	102	6	3	30

14－10续表1

指　标	从事科技活动人员	女　性	按工作性质分组			按职称和学历分组	
			科技管理	课题活动	科技服务	科学家工程师	其他科技人员
总　计	**380**	**33**	**30**	**44**	**130**	**131**	**12**
农、林、牧、渔业	41	3	4	6	10	15	3
制造业	143	12	11	20	48	50	2
社会服务业	18	1	2	2	6	6	1
卫生、体育和社会福利业	45	3	2	3	25	10	2
教育、文化艺术及广播电影电视业	31	3	3	6	13	5	1
科学研究和综合技术服务业	102	11	8	7	28	45	3

14－11　全市主要年份重要科技成果

（1996－2008年）

单位:项

年　份	成果数量	农　业	工　业	医　卫	其　他	国际水平	国内先进水平	省内先进水平
1996	298	45	158	79	16	8	220	64
1997	206	43	87	57	19	11	131	52
1998	163	32	61	64	6	6	147	8
1999	239	24	67	133	15	15	216	8
2000	191	16	39	123	15	15	216	8
2001	117	17	19	66	15	16	98	
2002	116	12	30	65	9	5	111	
2003	111	11	28	60	12	10	100	1
2004	107	28	14	65	2	10	97	
2005	109	12	10	75	12	22	87	
2006	126	22	37	64	3	26	97	
2007	194	45	52	93	4	42	152	
2008	366	31	131	200	4	42	324	

14－12　全市规模以上工业企业科技基本情况

（2008 年）

指 标 名 称	企业数（个）	#有科技活　动	#有 *R&D* 活　动	#有新产品开发
总　　计	**4835**	**364**	**212**	**275**
总计中：国有控股企业	84	18	16	14
一、按企业规模分组				
大型企业	38	28	24	27
中型企业	324	109	82	88
小型企业	4473	227	106	160
二、按登记注册类型分组				
内资企业	4362	322	182	245
国有企业	37	8	7	6
集体企业	63	4	1	3
股份合作企业	16	2	1	1
联营企业	3	1	1	1
国有联营企业	1			
集体联营企业	1			
国有与集体联营企业	1	1	1	1
有限责任公司	746	125	66	100
其他有限责任公司	746	125	66	100
股份有限公司	90	24	19	21
私营企业	3378	153	84	108
私营独资企业	623	21	5	11
私营合伙企业	64	9	1	
私营有限责任公司	2606	113	75	91
私营股份有限公司	85	10	3	6
其他企业	29	5	3	5
港、澳、台商投资企业	140	12	8	10
合资经营企业（港或澳、台资）	77	4	4	4
合作经营企业（港或澳、台资）	3	1	1	1
港、澳、台商独资经营企业	55	5	2	3
港、澳、台商投资股份有限公司	5	2	1	2
外商投资企业	333	30	22	20
中外合资经营企业	163	16	13	12
中外合作经营企业	14	2	1	2
外资企业	152	10	6	4
外商投资股份有限公司	4	2	2	2
三、按工业行业大类分组				
采矿业	118	5	2	1
煤炭开采和洗选业	6	1		
石油和天然气开采业	2			
黑色金属矿采选业	10			
有色金属矿采选业	3			
非金属矿采选业	97	4	2	1

指 标 名 称	企业数（个）	#有科技活 动	#有 R&D 活 动	#有新产品开发
制造业	4673	355	207	272
农副食品加工业	500	21	4	16
食品制造业	102	8	3	3
饮料制造业	40	2	1	2
烟草制品业	4			
纺织业	822	23	10	13
纺织服装、鞋、帽制造业	162	8	2	7
皮革、毛皮、羽毛（绒）及其制品业	54			
木材加工及木、竹、藤、棕、草制品业	53	5		5
家具制造业	86	4	1	3
造纸及纸制品业	158	9	5	8
印刷业和记录媒介的复制	44	1		
文教体育用品制造业	28	1	1	
石油加工、炼焦及核燃料加工业	21	3	3	3
化学原料及化学制品制造业	539	51	34	35
医药制造业	69	19	15	16
化学纤维制造业	9	3	2	3
橡胶制品业	88	2	1	2
塑料制品业	185	7	2	6
非金属矿物制品业	232	16	12	12
黑色金属冶炼及压延加工业	37	4	1	3
有色金属冶炼及压延加工业	46	6	3	5
金属制品业	148	9	3	6
通用设备制造业	468	59	44	47
专用设备制造业	252	30	25	24
交通运输设备制造业	212	14	7	11
电气机械及器材制造业	128	22	15	18
通信设备、计算机及其他电子设备制造业	58	13	9	11
仪器仪表及文化、办公用机械制造业	13	5	3	5
工艺品及其他制造业	114	9	1	7
废弃资源和废旧材料回收加工业	1	1		1
电力、燃气及水的生产和供应业	44	4	3	2
电力、热力的生产和供应业	25	3	3	2
燃气生产和供应业	5			
水的生产和供应业	14	1		
四、按隶属关系分组				
中央	8	2	2	2
省（自治区、直辖市）	18	5	5	3
地（区、市、州、盟）	75	20	15	17
县（区、市、旗）	153	39	30	32
其他	4581	298	160	221

14－12 续表2

指 标 名 称	#有科技机构	年末固定资产原价（万元）	生产经营用机器设备原价	微电子控制设备原价
总 计	**260**	**17341732**	**9569051**	**939208**
总计中:国有控股企业	14	4363758	2244719	216114
一、按企业规模分组				
大型企业	25	6166167	3950807	526977
中型企业	86	5947304	3191001	313051
小型企业	149	5228261	2427243	99179
二、按登记注册类型分组				
内资企业	230	13862046	7113115	859324
国有企业	6	1602947	721957	76181
集体企业	4	1030670	391113	179010
股份合作企业	1	52536	22627	965
联营企业	1	4197	2133	120
国有联营企业		333	331	
集体联营企业		219	150	
国有与集体联营企业	1	3646	1652	120
有限责任公司	101	4898405	2934432	286094
其他有限责任公司	101	4898405	2934432	286094
股份有限公司	17	1788412	822004	117047
私营企业	96	4415859	2180840	199553
私营独资企业	9	526575	247278	3854
私营合伙企业		48978	18234	585
私营有限责任公司	82	3624014	1815435	184649
私营股份有限公司	5	216292	99893	10465
其他企业	4	69020	38010	354
港、澳、台商投资企业	8	1059404	769625	23776
合资经营企业(港或澳、台资)	2	574347	412154	15456
合作经营企业(港或澳、台资)	1	7116	3680	6
港、澳、台商独资经营企业	3	142027	61293	2139
港、澳、台商投资股份有限公司	2	335915	292498	6176
外商投资企业	22	2420282	1686311	56107
中外合资经营企业	12	822406	389604	26076
中外合作经营企业	2	91178	19956	103
外资企业	6	415514	231340	26559
外商投资股份有限公司	2	1091184	1045412	3369
三、按工业行业大类分组				
采矿业	3	334106	170105	249
煤炭开采和洗选业	1	37462	5141	244
石油和天然气开采业		26036	26036	
黑色金属矿采选业		48081	2681	
有色金属矿采选业		3240	1440	
非金属矿采选业	2	219287	134807	5

14－12 续表 3

指 标 名 称	#有科技机构	年末固定资产原价（万元）	生产经营用机器设备原价	微电子控制设备原价
制造业	256	15081061	8371073	902795
农副食品加工业	17	972757	534931	27617
食品制造业	6	309574	211632	4998
饮料制造业	2	106971	51592	785
烟草制品业		132217	15076	490
纺织业	13	1618227	902422	102109
纺织服装、鞋、帽制造业	8	491480	327062	44206
皮革、毛皮、羽毛(绒)及其制品业		72497	26925	66
木材加工及木、竹、藤、棕、草制品业	4	329063	57401	4319
家具制造业	3	99000	59679	3928
造纸及纸制品业	5	1503153	1315333	21891
印刷业和记录媒介的复制		58454	23837	517
文教体育用品制造业		14544	6050	21
石油加工、炼焦及核燃料加工业	2	725775	405918	78553
化学原料及化学制品制造业	34	2733501	1346118	159813
医药制造业	13	294419	149886	18033
化学纤维制造业	3	298314	239323	7607
橡胶制品业	2	378073	231112	7474
塑料制品业	7	143683	80273	1863
非金属矿物制品业	12	506843	225309	6600
黑色金属冶炼及压延加工业	2	1093237	652422	177764
有色金属冶炼及压延加工业	4	83035	46803	8039
金属制品业	5	188217	85544	5371
通用设备制造业	44	955175	407726	29363
专用设备制造业	22	562438	272282	58481
交通运输设备制造业	11	827145	414706	77402
电气机械及器材制造业	14	272564	142717	49893
通信设备、计算机及其他电子设备制造	11	154395	71737	3670
仪器仪表及文化、办公用机械制造业	3	13237	8525	363
工艺品及其他制造业	8	135674	56303	1456
废弃资源和废旧材料回收加工业	1	7397	2431	104
电力、燃气及水的生产和供应业	1	1926565	1027874	36164
电力、热力的生产和供应业	1	1764475	983312	35725
燃气生产和供应业		31921	9055	
水的生产和供应业		130170	35507	439
四、按隶属关系分组				
中央	2	710716	176253	855
省(自治区、直辖市)	3	1362789	852922	75671
地(区、市、州、盟)	14	1466208	957209	91954
县(区、市、旗)	29	2009636	1003559	314536
其他	212	11792383	6579108	456193

14－13 全市规模以上工业企业科技活动人员情况

（2008 年）

单位:人

指 标 名 称	科技活动人员合计	#1. 参加科技项目人员	2. 科技管理和服务人员	#女性
总 计	**31612**	**22659**	**6659**	**6753**
总计中:国有控股企业	4992	3676	1074	983
一、按企业规模分组				
大型企业	14216	10561	3192	3331
中型企业	11856	8324	2339	2484
小型企业	5540	3774	1128	938
二、按登记注册类型分组				
内资企业	24875	17514	5581	5324
国有企业	1010	857	117	127
集体企业	835	602	210	198
股份合作企业	37	21	16	3
联营企业	16	15	1	10
国有与集体联营企业	16	15	1	10
有限责任公司	7770	5103	1722	1570
其他有限责任公司	7770	5103	1722	1570
股份有限公司	6426	4616	1700	1298
私营企业	8482	6084	1738	2089
私营独资企业	407	297	22	97
私营合伙企业	18	14	4	1
私营有限责任公司	7332	5128	1640	1891
私营股份有限公司	725	645	72	100
其他企业	299	216	77	29
港、澳、台商投资企业	2045	1292	472	563
合资经营企业(港或澳、台资)	508	332	116	70
合作经营企业(港或澳、台资)	77	48	29	7
港、澳、台商独资经营企业	138	106	14	25
港、澳、台商投资股份有限公司	1322	806	313	461
外商投资企业	4692	3853	606	866
中外合资经营企业	2327	1824	354	377
中外合作经营企业	85	77	8	10
外资企业	477	260	159	105
外商投资股份有限公司	1803	1692	85	374
三、按工业行业大类分组				
采矿业	158	118	24	11
煤炭开采和洗选业	120	100	20	5
非金属矿采选业	38	18	4	6
制造业	31210	22322	6620	6665

指标名称	科技活动人员合计	#1. 参加科技项目人员	2. 科技管理和服务人员	#女性
农副食品加工业	1936	1409	364	524
食品制造业	295	203	80	53
饮料制造业	116	87	29	18
纺织业	2259	1629	507	708
纺织服装、鞋、帽制造业	1283	981	284	843
木材加工及木、竹、藤、棕、草制品	564	458	102	82
家具制造业	109	94	13	36
造纸及纸制品业	2496	2030	397	555
文教体育用品制造业	5			2
石油加工、炼焦及核燃料加工业	964	646	140	2
化学原料及化学制品制造业	4410	3171	789	1028
医药制造业	1614	1110	322	348
化学纤维制造业	769	544	200	133
橡胶制品业	153	153		12
塑料制品业	68	59	9	12
非金属矿物制品业	623	457	134	91
黑色金属冶炼及压延加工业	334	233	101	16
有色金属冶炼及压延加工业	128	70	19	13
金属制品业	256	90	105	20
通用设备制造业	3805	2809	681	488
专用设备制造业	2990	2230	607	365
交通运输设备制造业	2265	1692	419	417
电气机械及器材制造业	1288	897	353	146
通信设备、计算机及其他电子设备制	2056	900	925	545
仪器仪表及文化、办公用机械制造业	140	120	20	27
工艺品及其他制造业	279	245	20	181
废弃资源和废旧材料回收加工业	5	5		
电力、燃气及水的生产和供应业	244	219	15	77
电力、热力的生产和供应业	219	194	15	75
水的生产和供应业	25	25		2
四、按隶属关系分组				
中央	175	148	6	73
省(自治区、直辖市)	2041	1024	1009	453
地(区、市、州、盟)	2999	2361	601	501
县(区、市、旗)	3612	2109	920	507
其他	22785	17017	4123	5219

单位:人

指 标 名 称	科技活动人员合计				
	#1. 全时人员	2. 非全时人员	#科学家 和工程师	高中级技术 职称人员	#R&D人员
总　　计	**14553**	**17059**	**19220**	**10096**	**16003**
总计中:国有控股企业	2086	2906	3212	1983	2962
一、按企业规模分组					
大型企业	6143	8073	8026	4437	6908
中型企业	5663	6193	7907	4065	6408
小型企业	2747	2793	3287	1594	2687
二、按登记注册类型分组					
内资企业	11365	13510	15466	8633	12839
国有企业	406	604	841	586	499
集体企业	314	521	267	153	147
股份合作企业	21	16	34	12	21
联营企业		16	13	7	1
国有与集体联营企业		16	13	7	1
有限责任公司	3746	4024	4757	2750	4107
其他有限责任公司	3746	4024	4757	2750	4107
股份有限公司	2694	3732	3861	1971	3284
私营企业	4075	4407	5477	2988	4593
私营独资企业	129	278	256	106	189
私营合伙企业		18	14	11	14
私营有限责任公司	3587	3745	4630	2538	3876
私营股份有限公司	359	366	577	333	514
其他企业	109	190	216	166	187
港、澳、台商投资企业	1154	891	949	461	934
合资经营企业(港或澳、台资)	297	211	223	68	330
合作经营企业(港或澳、台资)	13	64	20	17	36
港、澳、台商独资经营企业	89	49	77	50	84
港、澳、台商投资股份有限公司	755	567	629	326	484
外商投资企业	2034	2658	2805	1002	2230
中外合资经营企业	1077	1250	1900	632	1237
中外合作经营企业	85		59	31	32
外资企业	205	272	343	193	277
外商投资股份有限公司	667	1136	503	146	684
三、按工业行业大类分组					
采矿业	76	82	76	54	25
煤炭开采和洗选业	50	70	55	42	
非金属矿采选业	26	12	21	12	25
制造业	14444	16766	18964	9927	15810

单位:人

指标名称	科技活动人员合计				
	#1. 全时人员	2. 非全时人员	#科学家 和工程师	高中级技术 职称人员	#R&D 人员
农副食品加工业	1003	933	945	560	671
食品制造业	201	94	130	53	103
饮料制造业	80	36	71	61	82
纺织业	754	1505	912	635	980
纺织服装、鞋、帽制造业	931	352	926	820	806
木材加工及木、竹、藤、棕、草制品	168	396	115	58	
家具制造业	83	26	93	23	41
造纸及纸制品业	878	1618	970	255	911
文教体育用品制造业		5	1	1	5
石油加工、炼焦及核燃料加工业	284	680	588	379	321
化学原料及化学制品制造业	2037	2373	3017	1753	2707
医药制造业	779	835	1058	302	931
化学纤维制造业	455	314	676	400	592
橡胶制品业	118	35	101	36	148
塑料制品业	30	38	54	12	18
非金属矿物制品业	392	231	356	192	382
黑色金属冶炼及压延加工业	165	169	242	196	170
有色金属冶炼及压延加工业	68	60	105	39	58
金属制品业	125	131	99	53	138
通用设备制造业	2031	1774	2478	1334	2343
专用设备制造业	1386	1604	2149	895	1801
交通运输设备制造业	654	1611	1534	818	1194
电气机械及器材制造业	584	704	769	478	758
通信设备、计算机及其他电子设备制	970	1086	1316	499	612
仪器仪表及文化、办公用机械制造业	113	27	90	47	22
工艺品及其他制造业	155	124	164	27	16
废弃资源和废旧材料回收加工业		5	5	1	
电力、燃气及水的生产和供应业	33	211	180	115	168
电力、热力的生产和供应业	33	186	158	107	168
水的生产和供应业		25	22	8	
四、按隶属关系分组					
中央	56	119	122	89	148
省(自治区、直辖市)	624	1417	1370	614	833
地(区、市、州、盟)	1340	1659	2167	1410	1825
县(区、市、旗)	1661	1951	2033	1199	1787
其他	10872	11913	13528	6784	11410

14－14　全市规模以上工业企业办科技机构情况

（2008 年）

指 标 名 称	企业办科技机构数合计（个）	机构科技活动人员（人）	博士毕业	硕士毕业	机构科技经费内部支出（万元）	仪器设备（万元）
总　计	**323**	**13992**	**265**	**832**	**3929676**	**1994359**
总计中：国有控股企业	21	2334	43	229	1174627	514623
一、按企业规模分组						
大型企业	52	6108	97	359	2906835	1225026
中型企业	109	5327	127	335	729273	576278
小型企业	162	2557	41	138	293568	193055
二、按登记注册类型分组						
内资企业	278	11320	221	656	2837934	1631041
国有企业	6	677	11	40	271523	134923
集体企业	5	249	3	2	2131	7556
股份合作企业	1	21		3	1260	860
联营企业	1	13			11900	2500
国有与集体联营企业	1	13			11900	2500
有限责任公司	119	3964	67	175	879666	606648
其他有限责任公司	119	3964	67	175	879666	606648
股份有限公司	27	2382	50	197	852029	502347
私营企业	114	3936	88	230	794510	373150
私营独资企业	11	244	4	7	28895	52182
私营有限责任公司	95	3410	84	219	564484	285647
私营股份有限公司	8	282		4	201131	35321
其他企业	5	78	2	9	24915	3057
港、澳、台商投资企业	9	595	6	30	148580	73289
合资经营企业（港或澳、台资）	2	51			12210	14900
合作经营企业（港或澳、台资）	1	48	1	5	171	4300
港、澳、台商独资经营企业	4	108	2	2	7174	3408
港、澳、台商投资股份有限公司	2	388	3	23	129025	50681
外商投资企业	36	2077	38	146	943162	290029
中外合资经营企业	22	1176	24	109	548190	171510
中外合作经营企业	2	85			15447	3094
外资企业	6	149	2	20	42166	15783
外商投资股份有限公司	6	667	12	17	337359	99642
三、按工业行业大类分组						
采矿业	4	77		2	7106	4359
煤炭开采和洗选业	2	50			800	260
非金属矿采选业	2	27		2	6306	4099

14－14 续表1

指 标 名 称	企业办科技机构数合计（个）	机构科技活动人员（人）	博士毕业	硕士毕业	机构科技经费内部支出（万元）	仪器设备（万元）
制造业	318	13888	265	830	3910040	1985000
农副食品加工业	23	1027	26	65	394061	189055
食品制造业	6	168	2	15	7230	3507
饮料制造业	2	111	6	7	22085	12577
纺织业	14	672	11	16	185052	189721
纺织服装、鞋、帽制造业	10	735	2	14	89644	14334
木材加工及木、竹、藤、棕、草制品业	4	80	1	2	1239	5844
家具制造业	3	80	6	43	9981	2880
造纸及纸制品业	9	827	19	20	367389	117834
石油加工、炼焦及核燃料加工业	3	533	16	28	251468	126400
化学原料及化学制品制造业	43	1944	33	133	504119	330930
医药制造业	21	456	32	76	89189	42474
化学纤维制造业	3	450	11	39	290078	149834
橡胶制品业	2	153	6		26051	18123
塑料制品业	9	68			4159	1886
非金属矿物制品业	14	402	1	9	38340	24006
黑色金属冶炼及压延加工业	3	90	2	7	50725	14767
有色金属冶炼及压延加工业	6	98	5	20	32085	3856
金属制品业	5	176	2	2	1665	3699
通用设备制造业	50	1880	43	92	180081	272437
专用设备制造业	27	1635	14	65	585374	215834
交通运输设备制造业	15	1098	13	119	421891	154443
电气机械及器材制造业	20	614	10	27	307212	47772
通信设备、计算机及其他电子设备制造	14	348	4	24	36789	23871
仪器仪表及文化、办公用机械制造业	3	88		2	6815	12582
工艺品及其他制造业	8	150		5	7238	4334
废弃资源和废旧材料回收加工业	1	5			80	2000
电力、燃气及水的生产和供应业	1	27			12530	5000
电力、热力的生产和供应业	1	27			12530	5000
四、按隶属关系分组						
中央	2	56			16030	5489
省（自治区、直辖市）	5	529	8	117	222209	100982
地（区、市、州、盟）	17	1500	44	109	662773	339101
县（区、市、旗）	39	1800	35	76	429870	283959
其他	260	10107	178	530	2598794	1264828

14－15 全市规模以上工业企业科技活动经费筹集情况

（2008 年）

单位:万元

指 标 名 称	科技活动经费筹集总额	企业资金	金融机构贷款	政府资金	国外资金	其他资金
总　计	**663073**	**622004**	**30972**	**8119**	**456**	**1523**
总计中:国有控股企业	187608	186223		1385		
一、按企业规模分组						
大型企业	432843	420429	7730	4119		565
中型企业	170232	150067	16610	3164		391
小型企业	59998	51508	6632	836	456	567
二、按登记注册类型分组						
内资企业	510937	474156	28545	6262	456	1519
国有企业	47404	47145		259		
集体企业	4166	3544	330	292		
股份合作企业	166	166				
联营企业	1189	1189				
国有与集体联营企业	1189	1189				
有限责任公司	168021	145703	19300	2699		319
其他有限责任公司	168021	145703	19300	2699		319
股份有限公司	151650	149408	268	1781		193
私营企业	134616	123816	8147	1191	456	1007
私营独资企业	8256	8028	200	19		10
私营合伙企业	57	53		4		
私营有限责任公司	97200	87005	7604	1160	456	976
私营股份有限公司	29103	28730	343	9		21
其他企业	3725	3185	500	40		
港、澳、台商投资企业	23075	20551	2000	520		4
合资经营企业(港或澳、台资)	10370	8370	2000			
合作经营企业(港或澳、台资)	90	86				4
港、澳、台商独资经营企业	720	720				
港、澳、台商投资股份有限公司	11895	11375		520		
外商投资企业	129061	127297	427	1337		
中外合资经营企业	65304	64810	80	414		
中外合作经营企业	1545	1545				
外资企业	13345	13345				
外商投资股份有限公司	48868	47598	347	923		
三、按工业行业大类分组						
采矿业	2034	2034				
煤炭开采和洗选业	868	868				
非金属矿采选业	1166	1166				
制造业	657988	616919	30972	8119	456	1523

单位：万元

指标名称	科技活动经费筹集总额	企业资金	金融机构贷款	政府资金	国外资金	其他资金
农副食品加工业	51023	50588		435		
食品制造业	6011	3749	2100	52		110
饮料制造业	2325	2275		50		
纺织业	25847	24845	1000	2		
纺织服装、鞋、帽制造业	15275	10253	4230	292		500
木材加工及木、竹、藤、棕、草制品业	2853	2837	16			
家具制造业	1408	1408				
造纸及纸制品业	58460	57494		966		
文教体育用品制造业	88	88				
石油加工、炼焦及核燃料加工业	62569	62353		216		
化学原料及化学制品制造业	90570	76162	11630	2651		127
医药制造业	28813	24264	4500	25		25
化学纤维制造业	33927	33927				
橡胶制品业	2964	2964				
塑料制品业	598	577				21
非金属矿物制品业	4075	3515	443	113		4
黑色金属冶炼及压延加工业	6843	6343	500			
有色金属冶炼及压延加工业	5000	5000				
金属制品业	1497	1235	240	20		2
通用设备制造业	42562	37952	3118	794	456	242
专用设备制造业	76599	73479	2185	665		270
交通运输设备制造业	85521	84965		556		
电气机械及器材制造业	35367	34704	460	103		100
通信设备、计算机及其他电子设备制造业	13527	11738	500	1177		112
仪器仪表及文化、办公用机械制造业	2335	2273	50	2		10
工艺品及其他制造业	1917	1917				
废弃资源和废旧材料回收加工业	16	16				
电力、燃气及水的生产和供应业	3051	3051				
电力、热力的生产和供应业	2813	2813				
水的生产和供应业	238	238				
四、按隶属关系分组						
中央	2920	2920				
省（自治区、直辖市）	59343	57835		1443		65
地（区、市、州、盟）	89950	88179	890	830		51
县（区、市、旗）	76846	64166	10917	1733		30
其他	434014	408904	19165	4113	456	1377

14－16　全市规模以上工业企业科技活动经费支出情况

（2008 年）

单位：万元

指标名称	科技活动经费支出总额	内部经费支出	其中：1.经常费支出	劳务费	原材料费
总计	**718455**	**679132**	**585856**	**90428**	**256367**
总计中：国有控股企业	192730	174893	164360	18566	69394
一、按企业规模分组					
大型企业	474205	445660	398308	47225	194592
中型企业	178952	169754	135432	32477	41930
小型企业	65298	63719	52116	10726	19845
二、按登记注册类型分组					
内资企业	559655	522924	442605	71463	174783
国有企业	47347	36492	36492	4129	22291
集体企业	6901	5827	5591	1562	1498
股份合作企业	146	146	146	24	4
联营企业	1190	1190	1190	162	447
国有与集体联营企业	1190	1190	1190	162	447
有限责任公司	159199	151438	132309	23330	54678
其他有限责任公司	159199	151438	132309	23330	54678
股份有限公司	178400	166624	130419	14539	42109
私营企业	160362	155117	133554	27220	52764
私营独资企业	11059	10839	10178	1695	2288
私营合伙企业	319	314	57	16	2
私营有限责任公司	117910	112995	93544	22311	37716
私营股份有限公司	31073	30969	29776	3198	12758
其他企业	6111	6091	2904	496	993
港、澳、台商投资企业	25784	25237	23671	6022	8740
合资经营企业（港或澳、台资）	10524	10011	8995	1856	1826
合作经营企业（港或澳、台资）	98	97	86	62	1
港、澳、台商独资经营企业	1271	1271	1188	379	330
港、澳、台商投资股份有限公司	13891	13859	13403	3724	6584
外商投资企业	133016	130972	119581	12944	72844
中外合资经营企业	69179	67462	62716	6615	38962
中外合作经营企业	1545	1545	1545	370	863
外资企业	11359	11338	7158	1015	3284
外商投资股份有限公司	50934	50627	48163	4944	29735
三、按工业行业大类分组					
采矿业	1818	1818	1799	338	754
煤炭开采和洗选业	868	868	868	246	394
非金属矿采选业	950	950	932	92	360
制造业	713709	674687	581429	89453	254811

单位:万元

指 标 名 称	科技活动经费支出总额	内部经费支出	其中:1.经常费支出	劳务费	原材料费
农副食品加工业	63001	58637	53832	4663	29453
食品制造业	4127	4118	3961	454	313
饮料制造业	2725	2609	2209	417	97
纺织业	31322	27785	21954	6347	6245
纺织服装、鞋、帽制造业	18549	18167	16562	6301	8837
木材加工及木、竹、藤、棕、草制品业	3694	3034	2863	862	591
家具制造业	1405	1396	1396	481	763
造纸及纸制品业	61849	61397	57113	6961	30912
印刷业和记录媒介的复制	52	52			
文教体育用品制造业	88	88	88	15	20
石油加工、炼焦及核燃料加工业	50097	39464	39197	6483	22934
化学原料及化学制品制造业	81435	75696	60981	12605	24126
医药制造业	36971	34368	25433	6179	5643
化学纤维制造业	34446	34073	31910	3353	18352
橡胶制品业	3180	2830	2614	211	270
塑料制品业	721	659	509	136	194
非金属矿物制品业	5476	5447	4263	1314	1419
黑色金属冶炼及压延加工业	10228	8677	5411	735	1923
有色金属冶炼及压延加工业	5841	5771	4659	660	927
金属制品业	1548	1417	1322	356	536
通用设备制造业	47530	45881	41410	10285	13356
专用设备制造业	97129	96366	68726	5155	41702
交通运输设备制造业	102961	97948	87791	6839	24791
电气机械及器材制造业	35672	35487	35236	5195	17333
通信设备、计算机及其他电子设备制造业	10768	10551	9391	2509	3068
仪器仪表及文化、办公用机械制造业	832	827	792	215	258
工艺品及其他制造业	2048	1928	1790	715	745
废弃资源和废旧材料回收加工业	16	16	16	6	5
电力、燃气及水的生产和供应业	2928	2628	2628	637	803
电力、热力的生产和供应业	2690	2390	2390	584	754
水的生产和供应业	238	238	238	53	49
四、按隶属关系分组					
中央	2797	2675	2675	573	996
省(自治区、直辖市)	65828	60681	53090	3850	7281
地(区、市、州、盟)	96514	84699	75112	10710	42050
县(区、市、旗)	68741	67195	64101	11347	25229
其他	484575	463883	390878	63948	180810

指标名称	内部经费支出			其中:	
	购买和自制设备支出	其他	2. 科研基建支出	固定资产购建	设备购置
总计	**169081**	**69980**	**93277**	**262358**	**211548**
总计中:国有控股企业	56148	20251	10533	66682	63104
一、按企业规模分组					
大型企业	102782	53710	47352	150134	129038
中型企业	49151	11874	34321	83472	60038
小型企业	17149	4396	11603	28752	22471
二、按登记注册类型分组					
内资企业	148385	47974	80319	228705	186873
国有企业	8039	2033		8039	8039
集体企业	1540	992	236	1776	1754
股份合作企业	118			118	118
联营企业	581			581	581
国有与集体联营企业	581			581	581
有限责任公司	42688	11614	19129	61816	48740
其他有限责任公司	42688	11614	19129	61816	48740
股份有限公司	49966	23805	36205	86171	71039
私营企业	44422	9147	21564	65986	52671
私营独资企业	6006	188	661	6668	6329
私营合伙企业	17	22	257	274	150
私营有限责任公司	28063	5454	19452	47514	35456
私营股份有限公司	10336	3484	1193	11529	10736
其他企业	1032	383	3186	4218	3932
港、澳、台商投资企业	7215	1695	1566	8781	7785
合资经营企业(港或澳、台资)	4614	700	1016	5630	4883
合作经营企业(港或澳、台资)	17	6	11	28	25
港、澳、台商独资经营企业	99	380	83	182	99
港、澳、台商投资股份有限公司	2485	609	456	2941	2778
外商投资企业	13482	20311	11391	24872	16890
中外合资经营企业	7208	9931	4746	11954	9696
中外合作经营企业	222	90		222	222
外资企业	1560	1299	4180	5740	1788
外商投资股份有限公司	4492	8992	2465	6957	5185
三、按工业行业大类分组					
采矿业	582	126	19	600	593
煤炭开采和洗选业	102	126		102	102
非金属矿采选业	480		19	498	491
制造业	167534	69631	93258	260793	209990

14－16 续表 3

单位:万元

指标名称	内部经费支出：购买和自制设备支出	内部经费支出：其他	内部经费支出：2. 科研基建支出	其中：固定资产购建	其中：设备购置
农副食品加工业	11734	7983	4805	16539	13494
食品制造业	3052	142	157	3209	3111
饮料制造业	850	845	400	1250	890
纺织业	8107	1255	5831	13937	9194
纺织服装、鞋、帽制造业	1107	317	1605	2712	1687
木材加工及木、竹、藤、棕、草	622	788	171	793	793
家具制造业	152			152	152
造纸及纸制品业	9758	9482	4284	14042	10515
印刷业和记录媒介的复制			52	52	26
文教体育用品制造业	53			53	53
石油加工、炼焦及核燃料加工业	7757	2024	267	8024	7814
化学原料及化学制品制造业	18440	5811	14715	33155	23431
医药制造业	11676	1935	8935	20610	15626
化学纤维制造业	4427	5778	2162	6589	5620
橡胶制品业	2058	75	216	2274	2058
塑料制品业	156	23	150	306	196
非金属矿物制品业	1163	368	1183	2346	1445
黑色金属冶炼及压延加工业	2361	392	3266	5627	5311
有色金属冶炼及压延加工业	2328	744	1113	3441	2538
金属制品业	290	140	95	385	347
通用设备制造业	15391	2377	4472	19863	16569
专用设备制造业	8501	13369	27640	36141	23872
交通运输设备制造业	43903	12258	10157	54060	51024
电气机械及器材制造业	10433	2276	251	10684	10484
通信设备、计算机及其他电子设	2747	1068	1160	3907	3136
仪器仪表及文化、办公用机械制	263	56	35	298	278
工艺品及其他制造业	202	128	138	340	322
废弃资源和废旧材料回收加工业	5			5	5
电力、燃气及水的生产和供应业	965	223		965	965
电力、热力的生产和供应业	867	185		867	867
水的生产和供应业	99	38		99	99
四、按隶属关系分组					
中央	899	206		899	899
省(自治区、直辖市)	33200	8759	7591	40791	38951
地(区、市、州、盟)	14847	7505	9587	24434	20434
县(区、市、旗)	22186	5339	3094	25280	23555
其他	97949	48172	73005	170954	127709

指 标 名 称	其 中: 新产品开发经费支出	外部经费支出	对研究院所及高等学校支出	对其他企业支出
总　计	**424400**	**39323**	**20236**	**15447**
总计中:国有控股企业	104885	17837	8195	9641
一、按企业规模分组				
大型企业	290728	28545	12967	12878
中型企业	100057	9199	6337	2350
小型企业	33615	1579	932	219
二、按登记注册类型分组				
内资企业	310185	36731	18227	15278
国有企业	21834	10855	5792	5062
集体企业	2976	1074	293	749
股份合作企业	126			
联营企业	1190			
国有与集体联营企业	1190			
有限责任公司	101027	7762	5455	2275
其他有限责任公司	101027	7762	5455	2275
股份有限公司	83827	11776	3774	6879
私营企业	96542	5245	2914	292
私营独资企业	9406	220	50	
私营合伙企业		5		
私营有限责任公司	65745	4915	2833	282
私营股份有限公司	21391	104	31	10
其他企业	2663	20		20
港、澳、台商投资企业	22110	547	106	29
合资经营企业(港或澳、台资)	7869	512	71	29
合作经营企业(港或澳、台资)	71	2	2	
港、澳、台商独资经营企业	768			
港、澳、台商投资股份有限公司	13403	33	33	
外商投资企业	92105	2045	1903	140
中外合资经营企业	52260	1717	1692	25
中外合作经营企业	1545			
外资企业	4916	21	19	
外商投资股份有限公司	33384	307	192	115
三、按工业行业大类分组				
采矿业	230			
煤炭开采和洗选业				
非金属矿采选业	230			
制造业	422949	39022	20191	15191

指 标 名 称	其 中：新产品开发经费支出	外部经费支出	对研究院所及高等学校支出	对其他企业支出
农副食品加工业	41827	4363	1590	71
食品制造业	342	9	6	3
饮料制造业	540	117	117	
纺织业	17480	3537	1028	2504
纺织服装、鞋、帽制造业	11579	382	103	279
木材加工及木、竹、藤、棕、草制品	362	660	190	470
家具制造业	972	9	3	6
造纸及纸制品业	40400	452	289	163
印刷业和记录媒介的复制				
文教体育用品制造业				
石油加工、炼焦及核燃料加工业	23129	10633	5648	4984
化学原料及化学制品制造业	50930	5739	3717	1898
医药制造业	18892	2603	1866	325
化学纤维制造业	16573	373	373	
橡胶制品业	2614	350	260	90
塑料制品业	201	62	62	
非金属矿物制品业	3304	30	29	
黑色金属冶炼及压延加工业	5109	1551	1551	
有色金属冶炼及压延加工业	4200	70	50	20
金属制品业	602	130	65	50
通用设备制造业	33361	1649	1245	106
专用设备制造业	59805	763	634	97
交通运输设备制造业	48004	5014	960	4039
电气机械及器材制造业	34072	185	109	40
通信设备、计算机及其他电子设备制	6475	217	217	
仪器仪表及文化、办公用机械制造业	792	5		5
工艺品及其他制造业	1369	120	80	40
废弃资源和废旧材料回收加工业	16			
电力、燃气及水的生产和供应业	1221	301	45	256
电力、热力的生产和供应业	1221	301	45	256
水的生产和供应业				
四、按隶属关系分组				
中央	1548	123	45	78
省(自治区、直辖市)	21783	5148	1094	4054
地(区、市、州、盟)	50637	11815	6614	5201
县(区、市、旗)	55427	1546	688	856
其他	295004	20692	11795	5259

14－17　全市规模以上工业企业科研究与试验发展(*R&D*)情况

(2008年)　　　　单位:人年、万元

指标名称	*R&D*人员折合全时当量(人年)	其中:科学家和工程师	其中:全时人员	其中:基础研究	应用研究
总　计	**13720**	**10284**	**12401**		
总计中:国有控股企业	2607	1989	2419		
一、按企业规模分组					
大型企业	5748	4030	5056		
中型企业	5644	4639	5127		
小型企业	2328	1614	2218		
二、按登记注册类型分组					
内资企业	11166	8595	10207		
国有企业	416	345	357		
集体企业	147	106	147		
股份合作企业	21	21	21		
联营企业	1		1		
国有与集体联营企业	1		1		
有限责任公司	3447	2669	3090		
其他有限责任公司	3447	2669	3090		
股份有限公司	2790	2060	2558		
私营企业	4183	3235	3894		
私营独资企业	178	135	168		
私营合伙企业	1	1			
私营有限责任公司	3598	2863	3400		
私营股份有限公司	406	236	325		
其他企业	161	159	138		
港、澳、台商投资企业	919	647	908		
合资经营企业(港或澳、台资)	330	236	330		
合作经营企业(港或澳、台资)	36	25	36		
港、澳、台商独资经营企业	79	57	77		
港、澳、台商投资股份有限公司	474	329	465		
外商投资企业	1635	1041	1287		
中外合资经营企业	887	676	705		
中外合作经营企业	32	14	32		
外资企业	240	206	218		
外商投资股份有限公司	476	144	332		
三、按工业行业大类分组					
采矿业	23	23	22		
非金属矿采选业	23	23	22		

单位:人年、万元

指 标 名 称	R&D人员折合全时当量(人年)	其中:科学家和工程师	其中:全时人员	其 中 :	
				基础研究	应用研究
制造业	13588	10181	12308		
农副食品加工业	623	388	584		
食品制造业	103	54	103		
饮料制造业	82	82	82		
纺织业	773	382	631		
纺织服装、鞋、帽制造业	806	664	806		
家具制造业	41	41	41		
造纸及纸制品业	699	332	551		
文教体育用品制造业					
石油加工、炼焦及核燃料加工业	258	193	223		
化学原料及化学制品制造业	2373	1882	2154		
医药制造业	889	624	853		
化学纤维制造业	578	578	565		
橡胶制品业	148	96	148		
塑料制品业	18	13	18		
非金属矿物制品业	366	261	354		
黑色金属冶炼及压延加工业	146	144	126		
有色金属冶炼及压延加工业	52	44	47		
金属制品业	138	118	138		
通用设备制造业	2185	1758	2064		
专用设备制造业	1236	1026	1017		
交通运输设备制造业	862	638	703		
电气机械及器材制造业	655	415	584		
通信设备、计算机及其他电子设备制造	520	419	478		
仪器仪表及文化、办公用机械制造业	22	12	22		
工艺品及其他制造业	16	16	16		
电力、燃气及水的生产和供应业	108	79	71		
电力、热力的生产和供应业	108	79	71		
四、按隶属关系分组					
中央	100	71	69		
省(自治区、直辖市)	793	679	761		
地(区、市、州、盟)	1569	1301	1487		
县(区、市、旗)	1669	1340	1577		
其他	9589	6893	8506		

14－17 续表2

单位:人年、万元

指 标 名 称	其 中 ： 试验发展	R&D经费 内部支出 （万元）	1. 经常 费支出	其中：人 员劳务费	基础研究
总　　计	**13720**	**337391**	**330561**	**53126**	
总计中:国有控股企业	2607	97212	96553	12174	
一、按企业规模分组					
大型企业	5748	208490	205213	25333	
中型企业	5644	98276	95486	21632	
小型企业	2328	30626	29862	6161	
二、按登记注册类型分组					
内资企业	11166	265632	259608	41751	
国有企业	416	19057	19057	2551	
集体企业	147	2100	2100	558	
股份合作企业	21	126	126	4	
联营企业	1	1	1		
国有与集体联营企业	1	1	1		
有限责任公司	3447	89819	88141	16400	
其他有限责任公司	3447	89819	88141	16400	
股份有限公司	2790	74644	71901	7402	
私营企业	4183	76717	75433	14375	
私营独资企业	178	8085	8078	1327	
私营合伙企业	1	44	44	10	
私营有限责任公司	3598	52819	51586	11322	
私营股份有限公司	406	15770	15725	1717	
其他企业	161	3167	2848	461	
港、澳、台商投资企业	919	18462	18332	4710	
合资经营企业(港或澳、台资)	330	7999	7909	1584	
合作经营企业(港或澳、台资)	36	15	15	11	
港、澳、台商独资经营企业	79	404	404	234	
港、澳、台商投资股份有限公司	474	10044	10005	2881	
外商投资企业	1635	53298	52621	6665	
中外合资经营企业	887	22172	22018	3147	
中外合作经营企业	32	445	445	140	
外资企业	240	5272	4874	823	
外商投资股份有限公司	476	25410	25285	2555	
三、按工业行业大类分组					
采矿业	23	741	741	62	
非金属矿采选业	23	741	741	62	

指标名称	其中:试验发展	R&D 经费内部支出（万元）	1.经常费支出	其中:人员劳务费	基础研究
制造业	13588	334455	327625	52532	
农副食品加工业	623	24371	24114	2292	
食品制造业	103	2464	2461	230	
饮料制造业	82	2021	1985	375	
纺织业	773	8347	8121	2469	
纺织服装、鞋、帽制造业	806	5491	5450	1895	
家具制造业	41	427	427	142	
造纸及纸制品业	699	31625	31393	3473	
文教体育用品制造业		15	15	3	
石油加工、炼焦及核燃料加工业	258	19190	19163	3938	
化学原料及化学制品制造业	2373	49494	48181	10419	
医药制造业	889	18358	17769	3922	
化学纤维制造业	578	17108	16991	1790	
橡胶制品业	148	2625	2603	206	
塑料制品业	18	285	285	42	
非金属矿物制品业	366	2459	2379	823	
黑色金属冶炼及压延加工业	146	2935	2616	421	
有色金属冶炼及压延加工业	52	4121	4019	580	
金属制品业	138	532	532	117	
通用设备制造业	2185	30990	30676	7733	
专用设备制造业	1236	34338	31884	3291	
交通运输设备制造业	862	52691	52100	4099	
电气机械及器材制造业	655	19817	19794	3008	
通信设备、计算机及其他电子设备制造	520	4636	4552	1220	
仪器仪表及文化、办公用机械制造业	22	64	60	24	
工艺品及其他制造业	16	55	55	20	
电力、燃气及水的生产和供应业	108	2195	2195	532	
电力、热力的生产和供应业	108	2195	2195	532	
四、按隶属关系分组					
中央	100	2497	2497	531	
省（自治区、直辖市）	793	33551	33101	2733	
地（区、市、州、盟）	1569	45743	44937	7305	
县（区、市、旗）	1669	44850	44588	8076	
其他	9589	210749	205438	34481	

指　标　名　称	R&D 经费内部支出(万元)				
	经常费支出中:		2. R&D 科研基建支出	内部支出中:固定资产购建支出	设备购置
	应用研究	试验发展			
总　　计		**330561**	**6830**	**113857**	**110266**
总计中:国有控股企业		96553	659	33859	33623
一、按企业规模分组					
大型企业		205213	3277	64418	63055
中型企业		95486	2790	38851	36992
小型企业		29862	763	10588	10219
二、按登记注册类型分组					
内资企业		259608	6024	99604	96660
国有企业		19057		4536	4536
集体企业		2100		707	707
股份合作企业		126		118	118
联营企业		1		1	1
国有与集体联营企业		1		1	1
有限责任公司		88141	1678	32000	30850
其他有限责任公司		88141	1678	32000	30850
股份有限公司		71901	2743	31579	30566
私营企业		75433	1284	29317	28564
私营独资企业		8078	7	5478	5475
私营合伙企业		44		10	10
私营有限责任公司		51586	1233	18333	17624
私营股份有限公司		15725	45	5496	5456
其他企业		2848	319	1347	1318
港、澳、台商投资企业		18332	129	5917	5838
合资经营企业(港或澳、台资)		7909	91	4290	4225
合作经营企业(港或澳、台资)		15		3	3
港、澳、台商独资经营企业		404		9	9
港、澳、台商投资股份有限公司		10005	39	1615	1601
外商投资企业		52621	677	8335	7768
中外合资经营企业		22018	154	4489	4402
中外合作经营企业		445		22	22
外资企业		4874	398	1373	983
外商投资股份有限公司		25285	125	2451	2362
三、按工业行业大类分组					
采矿业		741		385	385
非金属矿采选业		741		385	385

14－17 续表 5　　　　单位:人年、万元

指　标　名　称	R&D经费内部支出(万元)				
	经常费支出中:		2. R&D科研基建支出	内部支出中:固定资产购建支出	设备购置
	应用研究	试验发展			
制造业		327625	6830	112674	109083
农副食品加工业		24114	257	5879	5704
食品制造业		2461	3	2044	2042
饮料制造业		1985	36	805	773
纺织业		8121	226	3364	3177
纺织服装、鞋、帽制造业		5450	40	747	722
家具制造业		427		45	45
造纸及纸制品业		31393	233	6928	6736
文教体育用品制造业		15		9	9
石油加工、炼焦及核燃料加工业		19163	27	3875	3854
化学原料及化学制品制造业		48181	1312	16006	15146
医药制造业		17769	589	8252	7995
化学纤维制造业		16991	117	2567	2512
橡胶制品业		2603	22	2077	2055
塑料制品业		285		110	110
非金属矿物制品业		2379	79	805	748
黑色金属冶炼及压延加工业		2616	319	1231	1203
有色金属冶炼及压延加工业		4019	102	2350	2269
金属制品业		532		210	210
通用设备制造业		30676	314	12620	12385
专用设备制造业		31884	2454	9344	8222
交通运输设备制造业		52100	591	26132	25969
电气机械及器材制造业		19794	22	5808	5789
通信设备、计算机及其他电子设备制造		4552	83	1451	1395
仪器仪表及文化、办公用机械制造业		60	4	15	13
工艺品及其他制造业		55			
电力、燃气及水的生产和供应业		2195		798	798
电力、热力的生产和供应业		2195		798	798
四、按隶属关系分组					
中央		2497		834	834
省(自治区、直辖市)		33101	450	20636	20527
地(区、市、州、盟)		44937	806	9799	9513
县(区、市、旗)		44588	263	16470	16327
其他		205438	5312	66119	63065

指 标 名 称	R&D 经费内部支出(万元) 内部经费支出中：				R&D 经费外部支出
	政府资金	企业资金	国外资金	其他资金	
总　计	**5045**	**331390**	**281**	**677**	**21729**
总计中：国有控股企业	931	96282			9203
一、按企业规模分组					
大型企业	2445	205904		140	13024
中型企业	2098	96040	1	138	7771
小型企业	502	29445	280	399	933
二、按登记注册类型分组					
内资企业	4025	260654	280	674	20255
国有企业	113	18944			4907
集体企业	626	1474			323
股份合作企业		126			
联营企业		1			
国有与集体联营企业		1			
有限责任公司	1724	87909		187	5521
其他有限责任公司	1724	87909		187	5521
股份有限公司	728	73862		55	5978
私营企业	826	75179	280	432	3527
私营独资企业	12	8066		6	3
私营合伙企业	4	40			
私营有限责任公司	810	51303	280	426	3524
私营股份有限公司		15770			
其他企业	8	3159			
港、澳、台商投资企业	443	18016		2	465
合资经营企业(港或澳、台资)		7999			437
合作经营企业(港或澳、台资)		14		1	
港、澳、台商独资经营企业	4	399		1	
港、澳、台商投资股份有限公司	439	9604			28
外商投资企业	577	52720		1	1009
中外合资经营企业	114	22057		1	859
中外合作经营企业		445			
外资企业		5272			
外商投资股份有限公司	463	24947			150
三、按工业行业大类分组					
采矿业		741			
非金属矿采选业		741			

14－17 续表 7

单位：人年、万元

指标名称	R&D 经费内部支出（万元）内部经费支出中：政府资金	企业资金	国外资金	其他资金	R&D 经费外部支出
制造业	5045	328454	281	677	21510
农副食品加工业	255	24116			2424
食品制造业	20	2394		51	3
饮料制造业	44	1978			105
纺织业	2	8345			1099
纺织服装、鞋、帽制造业	626	4738		127	323
家具制造业		427			
造纸及纸制品业	554	31071			199
文教体育用品制造业		15			
石油加工、炼焦及核燃料加工业	71	19119			4695
化学原料及化学制品制造业	1889	47564		41	4949
医药制造业	14	18311		33	1820
化学纤维制造业		17108			169
橡胶制品业		2625			350
塑料制品业		285			62
非金属矿物制品业	120	2336	1	2	15
黑色金属冶炼及压延加工业		2935			
有色金属冶炼及压延加工业		4121			50
金属制品业	2	531			69
通用设备制造业	411	30226	280	73	1385
专用设备制造业	260	33828		251	538
交通运输设备制造业	335	52357			3029
电气机械及器材制造业	60	19693		64	52
通信设备、计算机及其他电子设备制造	384	4227		25	170
仪器仪表及文化、办公用机械制造业	2	52		10	5
工艺品及其他制造业		55			
电力、燃气及水的生产和供应业		2195			219
电力、热力的生产和供应业		2195			219
四、按隶属关系分组					
中央		2497			113
省（自治区、直辖市）	543	32996		13	3097
地（区、市、州、盟）	565	45166		13	5724
县（区、市、旗）	1061	43760		29	1437
其他	2876	206972	280	622	11358

14－18 全市规模以上工业企业新产品产出和专利情况

（2008年）

单位：万元、件

指标名称	新产品产值（万元）	新产品销售收入	出口	专利申请数（件）	发明专利	拥有发明专利数（件）
总　计	**5474909**	**5241064**	**764145**	**2069**	**499**	**555**
总计中：国有控股企业	1454093	1427806	143548	171	84	85
一、按企业规模分组						
大型企业	4223624	4045663	561943	467	127	125
中型企业	903333	854036	156248	1029	240	198
小型企业	347953	341364	45954	573	132	232
二、按登记注册类型分组						
内资企业	4220721	4043301	521083	1744	388	513
国有企业	284332	291765	2011	16	3	13
集体企业	18516	21691	2930			1
股份合作企业	6325	6325		7		7
联营企业	7520	7261				
国有与集体联营企业	7520	7261				
有限责任公司	722293	697258	111468	527	174	213
其他有限责任公司	722293	697258	111468	527	174	213
股份有限公司	1488677	1389004	297525	237	75	72
私营企业	1685078	1623272	103315	935	132	203
私营独资企业	66218	54919	6055	59	10	8
私营合伙企业	18	1000	1000	2		
私营有限责任公司	627987	602190	95880	818	114	182
私营股份有限公司	990855	965163	380	56	8	13
其他企业	7980	6724	3834	22	4	4
港、澳、台商投资企业	196323	195899	48627	79	13	6
合资经营企业（港或澳、台资）	49070	48145		10	5	4
合作经营企业（港或澳、台资）	5278	3694		3	2	1
港、澳、台商独资经营企业	6541	6799	6481	31		
港、澳、台商投资股份有限公司	135434	137262	42145	35	6	1
外商投资企业	1057865	1001864	194435	246	98	36
中外合资经营企业	347420	350664	85213	217	92	29
中外合作经营企业	6500	6000	6000	8		
外资企业	71718	72627	33517	9	4	3
外商投资股份有限公司	632227	572572	69706	12	2	4
三、按工业行业大类分组						
采矿业	4217	4146				1
非金属矿采选业	4217	4146				1
制造业	5470693	5236917	764145	2063	499	554

14－18 续表 1 单位:万元、件

指标名称	新产品产值（万元）	新产品销售收入		专利申请数（件）		拥有发明专利数（件）
			出口		发明专利	
农副食品加工业	307410	319604	86608	73	6	7
食品制造业	15994	13642	156	7	1	7
饮料制造业	23820	23790		38	3	1
纺织业	176890	164300	99848	33	11	9
纺织服装、鞋、帽制造业	115136	100660	10642	13	3	6
木材加工及木、竹、藤、棕、草制品	728	4591	571			1
家具制造业	41890	41052		30		
造纸及纸制品业	711505	653484	80748	23	8	5
文教体育用品制造业		619	596			
石油加工、炼焦及核燃料加工业	248115	255622	2104	2	2	12
化学原料及化学制品制造业	408173	377374	58282	246	88	62
医药制造业	40487	39371	2209	121	99	31
化学纤维制造业	208461	208461	43678	13	12	7
橡胶制品业	152566	152334	16363	17	4	
塑料制品业	1656	1569		30	1	1
非金属矿物制品业	41965	38702	17105	71	5	13
黑色金属冶炼及压延加工业	8380	8703	2134	3		
有色金属冶炼及压延加工业	21417	20793	1500	142	12	12
金属制品业	2325	2491	95	52	13	20
通用设备制造业	358836	339700	27937	478	77	108
专用设备制造业	583314	558805	155042	251	50	50
交通运输设备制造业	1841146	1782412	105219	118	31	66
电气机械及器材制造业	29741	28475	2289	82	59	92
通信设备、计算机及其他电子设备制	96451	72478	41626	101	12	12
仪器仪表及文化、办公用机械制造业	18623	12758	1324	26	1	29
工艺品及其他制造业	10348	9808	8066	93	1	3
废弃资源和废旧材料回收加工业	5321	5321				
电力、燃气及水的生产和供应业				6		
电力、热力的生产和供应业				6		
四、按隶属关系分组						
中央				7		
省（自治区、直辖市）	878528	816688	127495	106	11	15
地（区、市、州、盟）	613485	611950	44761	167	41	36
县（区、市、旗）	180386	180810	19752	215	129	121
其他	3802511	3631616	572136	1574	318	383

14－19　全市规模以上工业企业技术改造、技术获取用减免税情况

（2008 年）　　　　单位:万元

指　标　名　称	技术改造经费支出	引进国外技术经费支出	引进技术的消化吸收经费支出	购买国内技术经费支　出	享受各级政府对技术开发的减免税
总　　计	**292554**	**12683**	**14443**	**9309**	**187322**
总计中:国有控股企业	148364		801		64839
一、按企业规模分组					
大型企业	186831	3649	5504	4638	166525
中型企业	83404	8432	8603	4158	20685
小型企业	22319	602	336	513	112
二、按登记注册类型分组					
内资企业	259076	11859	12980	8528	131652
国有企业	48437		40		
集体企业	4962	1600	300	500	1300
股份合作企业	1235				
联营企业	730				
国有与集体联营企业	730				
有限责任公司	66703	8687	10833	5309	9795
其他有限责任公司	66703	8687	10833	5309	9795
股份有限公司	100294		1055	1518	63345
私营企业	36270	1573	752	1172	57212
私营独资企业	1948		75		49830
私营合伙企业	286				
私营有限责任公司	33394	1573	647	1122	7382
私营股份有限公司	642		30	50	
其他企业	445			30	
港、澳、台商投资企业	17396	436	167	10	6800
合资经营企业(港或澳、台资)	6885	436	167	10	3000
合作经营企业(港或澳、台资)	1282				
港、澳、台商独资经营企业	48				
港、澳、台商投资股份有限公司	9182				3800
外商投资企业	16082	388	1296	771	48870
中外合资经营企业	10024	33	6	270	48870
外资企业	1379			100	
外商投资股份有限公司	4678	355	1290	401	
三、按工业行业大类分组					
采矿业	411				
煤炭开采和洗选业	400				
非金属矿采选业	11				
制造业	282194	12683	14443	9309	187322
农副食品加工业	12115	984	371	872	

14－19 续表 1　　单位:万元

指　标　名　称	技术改造经费支出	引进国外技术经费支出	引进技术的消化吸收经费支出	购买国内技术经费支　出	享受各级政府对技术开发的减免税
食品制造业	73		5	6	
饮料制造业	5				
纺织业	5307	631	145	1036	
纺织服装、鞋、帽制造业	3528	1604	303	504	1300
皮革、毛皮、羽毛(绒)及其制品业	12				
木材加工及木、竹、藤、棕、草制	2800				
家具制造业	400	5			
造纸及纸制品业	13028	355	1290	381	
印刷业和记录媒介的复制	36				
文教体育用品制造业	1				
石油加工、炼焦及核燃料加工业	41563	200	89	500	
化学原料及化学制品制造业	36707	7500	7636	3790	16536
医药制造业	16896	436	3188	333	3620
化学纤维制造业	2099				24750
橡胶制品业	881		22		
塑料制品业	231				
非金属矿物制品业	9985				1050
黑色金属冶炼及压延加工业	4529				
有色金属冶炼及压延加工业	3940			30	
金属制品业	286		20		
通用设备制造业	11008	530	244	157	56887
专用设备制造业	14420	85	118	135	50556
交通运输设备制造业	93028	10	766	2	32623
电气机械及器材制造业	1074	62	70	68	
通信设备、计算机及其他电子设备	4255			1400	
仪器仪表及文化、办公用机械制造	3615				
工艺品及其他制造业	370	281	176	96	
废弃资源和废旧材料回收加工业	4				
电力、燃气及水的生产和供应业	9949				
电力、热力的生产和供应业	9949				
四、按隶属关系分组					
中央	6030				
省(自治区、直辖市)	82839		761	1350	32623
地(区、市、州、盟)	62619		247	900	29170
县(区、市、旗)	27599	1800	3953	1178	11095
其他	113468	10883	9482	5881	114434

14－20　各县市区规模以上工业企业科技基本情况

（2008 年）

地　　区	企业数（个）	#有科技活动	#有 *R&D* 活动	#有新产品开发
总　计	**4835**	**364**	**212**	**275**
潍 城 区	178	27	21	24
寒 亭 区	254	47	21	14
其中:经济开发区	71	19	16	7
坊 子 区	193	15	8	13
奎 文 区	51	22	11	21
青 州 市	530	16	16	16
诸 城 市	794	86	31	68
寿 光 市	529	40	21	31
安 丘 市	346	17	13	11
高 密 市	634	25	17	20
昌 邑 市	378	13	11	13
临 朐 县	318	8	6	6
昌 乐 县	339	16	13	11
高新开发区	125	23	14	19
滨海开发区	166	9	9	8

注:峡山生态区含在坊子区中。

14－20 续表 1

地　　区	#有科技机构	年末固定资产原价（万元）	生产经营用机器设备原价	微电子控制设备原价
总　计	**260**	**17341732**	**9569051**	**939208**
潍 城 区	17	853384	365920	28070
寒 亭 区	21	875513	462317	14634
其中:经济开发区	14	108101	55848	7663
坊 子 区	13	420759	251875	41520
奎 文 区	11	1039320	678912	176957
青 州 市	13	1272613	128412	23570
诸 城 市	76	2180584	1334428	204798
寿 光 市	31	3362633	2343660	131031
安 丘 市	11	849288	385933	67236
高 密 市	22	1534586	697070	16569
昌 邑 市	9	800369	523419	10903
临 朐 县	6	437913	251754	17635
昌 乐 县	10	794774	577392	31106
高新开发区	12	1520767	968321	96127
滨海开发区	8	1399229	599639	79053

14－21　各县市区规模以上工业企业科技活动人员情况

（2008 年）　　单位:人

地　　区	科技活动人员合计	#1. 参加科技项目人员	2. 科技管理和服务人员	#女性
总　计	**31612**	**22659**	**6659**	**6753**
潍城区	1587	1071	331	378
寒亭区	1743	1290	205	358
其中:经济开发区	546	387	84	117
坊子区	2691	1861	626	603
奎文区	1972	1348	605	566
青州市	1302	683	301	186
诸城市	5815	4584	1117	1640
寿光市	5430	4542	599	1086
安丘市	972	511	186	187
高密市	2357	1798	559	434
昌邑市	1009	609	120	168
临朐县	432	261	129	43
昌乐县	828	396	191	94
高新开发区	3200	1730	1452	659
滨海开发区	2274	1975	238	351

注:峡山生态区含在坊子区中。

14－21 续表 1　　单位:人

地　　区	科技活动人员合计				
	#1. 全时人员	2. 非全时人员	#科学家和工程师	高中级技术职称人员	#*R&D* 人员
总　计	**14553**	**17059**	**19220**	**10096**	**16003**
潍城区	831	756	1101	769	969
寒亭区	900	843	1182	602	1253
其中:经济开发区	285	261	346	138	403
坊子区	1526	1165	1598	621	965
奎文区	627	1345	1257	650	875
青州市	670	632	804	432	751
诸城市	2840	2975	3972	2443	2894
寿光市	2528	2902	2626	1181	2692
安丘市	539	433	549	368	569
高密市	1055	1302	1190	646	1356
昌邑市	580	429	542	360	558
临朐县	169	263	254	149	234
昌乐县	418	410	385	179	425
高新开发区	931	2269	1959	862	1243
滨海开发区	939	1335	1801	834	1219

14－22　各县市区规模以上工业企业办科技机构情况

（2008年）

地区	企业办科技机构数合计（个）	机构科技活动人员（人）	博士毕业	硕士毕业	机构科技经费内部支出（万元）	仪器设备（万元）
总　计	**323**	**13992**	**265**	**832**	**3929676**	**1994359**
潍城区	18	528	15	42	67440	27423
寒亭区	22	968	25	71	276760	162971
其中:经济开发区	15	189	4	25	22540	16300
坊子区	17	1491	13	56	539891	299082
奎文区	15	653	11	36	165345	99074
青州市	13	404	1	23	117591	93450
诸城市	100	3308	47	206	1009559	397257
寿光市	44	2707	37	67	634413	299705
安丘市	11	652	22	37	84571	57402
高密市	22	898	11	33	292804	101404
昌邑市	9	341	1	11	45469	84350
临朐县	10	213	8	32	30984	11560
昌乐县	12	174	7	9	32257	22322
高新开发区	17	792	44	137	273812	126886
滨海开发区	13	863	23	72	358780	211473

注:峡山生态区含在坊子区中。

14－23　各县市区规模以上工业企业科技活动经费筹集情况

（2008年）　　单位:万元

地区	科技活动经费筹集总额	企业资金	金融机构贷款	政府资金	国外资金	其他资金
总　计	**663073**	**622004**	**30972**	**8119**	**456**	**1523**
潍城区	15306	13986	930	390		
寒亭区	41019	37804	2500	98	456	161
其中:经济开发区	12896	9740	2500	43	456	157
坊子区	55885	54230	1016	619		20
奎文区	28288	27213	460	615		
青州市	18026	12926	3790	1230		80
诸城市	135191	129594	4250	415		932
寿光市	111337	104352	6008	936		41
安丘市	27260	16085	10160	1015		
高密市	40909	40002	788	79		41
昌邑市	28016	27291	580	134		11
临朐县	5989	5784		185		20
昌乐县	14669	14523		146		
高新开发区	70064	67541	490	1944		90
滨海开发区	71115	70675		313		127

注:峡山生态区含在坊子区中。

14－24　各县市区规模以上工业企业科技活动经费支出情况

（2008 年）

单位：万元

地　　区	科技活动经费支出总额	内部经费支出	其中：1.经常费支出	劳务费	原材料费
总　计	**718455**	**679133**	**585856**	**90428**	**256367**
潍城区	21599	20699	16663	3937	6113
寒亭区	40568	40092	34603	4517	15704
其中：经济开发区	7927	7927	7307	974	1714
坊子区	63086	62638	57775	4265	38303
奎文区	27362	27049	25249	6496	9276
青州市	27599	25984	13732	3097	5546
诸城市	150546	146023	137378	22046	66406
寿光市	135623	130100	102675	13753	47310
安丘市	19522	18390	16411	2195	4608
高密市	44702	40725	34603	8180	15695
昌邑市	20617	20520	20480	4034	6264
临朐县	8077	7937	6288	1211	991
昌乐县	12148	12027	11169	3210	5462
高新开发区	85305	78755	64020	5630	10200
滨海开发区	61702	48194	44811	7859	24490

注：峡山生态区含在坊子区中。

14－24 续表 1

单位：万元

地　　区	内部经费支出			其中：	
	购买和自制设备支出	其　他	2. 科研基建支出	固定资产购建	设备购置
总　计	**169081**	**69980**	**93277**	**262358**	**211548**
潍城区	5519	1094	4036	9555	8630
寒亭区	9042	5340	5489	14531	10673
其中：经济开发区	4341	279	620	4961	4461
坊子区	5057	10150	4863	9920	7696
奎文区	8185	1293	1799	9985	8637
青州市	3843	1246	12252	16095	6361
诸城市	37010	11916	8646	45655	40676
寿光市	25320	16292	27426	52745	39803
安丘市	7311	2297	1980	9290	8451
高密市	7567	3162	6122	13688	9074
昌邑市	7727	2456	40	7766	7763
临朐县	3179	907	1649	4828	3618
昌乐县	2206	290	858	3064	2433
高新开发区	37841	10349	14735	52576	47284
滨海开发区	9276	3187	3383	12659	10449

14－24 续表 2

单位:万元

地　　区	其中:新产品开发经费支出	外部经费支出	对研究院所及高等学校支出	对其他企业支出
总　计	**424400**	**39323**	**20236**	**15447**
潍城区	14373	900	393	377
寒亭区	18265	476	322	119
其中:经济开发区	997			
坊子区	50821	448	363	84
奎文区	22514	313	83	60
青州市	12292	1615	958	605
诸城市	109287	4523	1823	
寿光市	75550	5523	3681	1482
安丘市	12281	1132	534	567
高密市	25700	3977	1501	2476
昌邑市	14403	97	91	5
临朐县	4990	140	130	10
昌乐县	8219	122	122	
高新开发区	30063	6551	2236	4280
滨海开发区	25642	13508	8002	5382

14－25　各县市区规模以上工业企业科研究与试验发展(*R&D*)情况

(2008 年)

单位:人年、万元

地　　区	*R&D* 人员折合全时当量(人年)	其中:科学家和工程师	其中:全时人员	其中:基础研究	其中:应用研究
总　计	**13720**	**10284**	**12401**		
潍城区	875	716	808		
寒亭区	1116	932	1021		
其中:经济开发区	337	206	301		
坊子区	566	393	361		
奎文区	840	624	811		
青州市	738	598	728		
诸城市	2593	1925	2371		
寿光市	2026	1351	1642		
安丘市	554	507	545		
高密市	1243	891	1154		
昌邑市	524	381	513		
临朐县	168	121	127		
昌乐县	423	300	421		
高新开发区	1003	841	959		
滨海开发区	1051	704	938		

注:峡山生态区含在坊子区中。

14－25 续表 1

单位:人年、万元

地区	其中:试验发展	***R&D*** 经费内部支出(万元)	1. 经常费支出	其中:人员劳务费	基础研究
总　计	**13720**	**337391**	**330561**	**53126**	
潍城区	875	15226	14849	3342	
寒亭区	1116	21236	21014	2767	
其中:经济开发区	337	4500	4478	588	
坊子区	566	17677	17480	1922	
奎文区	840	16137	15982	3865	
青州市	738	13533	12375	2803	
诸城市	2593	66017	65600	9482	
寿光市	2026	69940	67420	8777	
安丘市	554	14984	14806	1894	
高密市	1243	17036	16797	4485	
昌邑市	524	11382	11380	2508	
临朐县	168	5538	5390	985	
昌乐县	423	9950	9904	2953	
高新开发区	1003	37951	37056	3397	
滨海开发区	1051	20784	20508	3945	

14－25 续表 2

单位:人年、万元

地区	***R&D*** 经费内部支出(万元)				
	经常费支出中:		2. ***R&D*** 科研基建支出	内部支出中:固定资产购建支出	设备购置
	应用研究	试验发展			
总　计		**330561**	**6830**	**113857**	**110266**
潍城区		14849	378	5358	5286
寒亭区		21014	222	5773	5604
其中:经济开发区		4478	21	2799	2786
坊子区		17480	196	2754	2639
奎文区		15982	155	5754	5633
青州市		12375	1158	4614	3690
诸城市		65600	417	19682	19461
寿光市		67420	2520	21556	20398
安丘市		14806	177	6776	6699
高密市		16797	239	3940	3766
昌邑市		11380	2	6214	6214
临朐县		5390	148	3026	2914
昌乐县		9904	46	1906	1865
高新开发区		37056	896	22189	21941
滨海开发区		20508	276	4316	4154

14－25 续表3 单位:人年、万元

地　　区	R&D经费内部支出(万元) 内部经费支出中:政府资金	企业资金	国外资金	其他资金	R&D经费外部支出
总　计	**5045**	**331390**	**281**	**677**	**21729**
潍城区	707	14520			783
寒亭区	60	20833	281	63	209
其中:经济开发区	19	4137	281	63	
坊子区	121	17543	1	13	243
奎文区	534	15604	－1		31
青州市	1284	12196		54	1494
诸城市	242	65394		382	2682
寿光市	506	69420		14	2957
安丘市	289	14695			1076
高密市	75	16926		36	1351
昌邑市	68	11304		10	4
临朐县	182	5338		18	120
昌乐县	140	9810			116
高新开发区	744	37161		46	4360
滨海开发区	94	20649		41	6304

14－26 各县市区规模以上工业企业新产品产出和专利情况

(2008年) 单位:万元、件

地　　区	新产品产值(万元)	新产品销售收入	出　口	专利申请数(件)	发明专利	拥有发明专利数(件)
总　计	**5474909**	**5241064**	**764145**	**2069**	**499**	**555**
潍城区	94785	94552	28170	65	18	30
寒亭区	239532	237417	10589	71	33	24
其中:经济开发区	31407	32515	3900	39	13	9
坊子区	357212	359588	92719	215	22	8
奎文区	178097	173185	51179	68	28	36
青州市	142747	132510	31274	39	9	38
诸城市	1631869	1574739	137153	531	178	184
寿光市	1036997	960294	147878	194	29	49
安丘市	83056	86054	9882	109	41	25
高密市	227805	212017	94699	119	26	60
昌邑市	138805	125872	18020	18	7	10
临朐县	33500	32145	1713	164	19	20
昌乐县	71595	71534	3350	67	14	11
高新开发区	937855	874597	131386	383	50	37
滨海开发区	301056	306559	6131	26	25	23

注:峡山生态区含在坊子区中。

14－27 各县市区规模以上工业企业技术改造、技术获取用减免税情况

（2008 年） 单位:万元

地区	技术改造经费支出	引进国外技术经费支出	引进技术的消化吸收经费支出	购买国内技术经费支出	享受各级政府对技术开发的减免税
总计	**292554**	**12683**	**14443**	**9309**	**187322**
潍城区	10571	1646	339	570	1300
寒亭区	14122	89	120	101	28049.4
其中:经济开发区	4647			101	
坊子区	13416	631	43	1035	49595
奎文区	15882		70	98	34215.5
青州市	11282	7936	7040	2688	
诸城市	34184	983	527	1262	1050
寿光市	24982	641	1660	493	4686
安丘市	19521		3424		9070
高密市	1487	85	15	127	5780
昌邑市	2264				49830
临朐县	4553	62	100	50	
昌乐县	5240	200	89	530	
高新开发区	87023	410	1008	1360	3380
滨海开发区	48027		9	997	367

注:峡山生态区含在坊子区中。

社会 环境

FIFTEEN

SOCIETY AND ENVIRONMENT

15-1 社 会 发 展 基 本 情 况

（2007-2008 年）

指 标 名 称	计 量 单 位	2007 年 实 际	2008 年 实 际
一、环境保护	—		
1、城市人均公园绿地面积	平方米	12.84	13.66
2、废水排放总量	万吨	30121.45	34867.91
3、工业固体废物排放量	吨		
4、二氧化硫排放总量	万吨	13.53	12.48
5、工业废水排放达标率	%	99.29	99.85
6、工业固体废物综合利用率	%	91.76	93.82
7、城镇生活垃圾无害化处理率	%	100	100
8、城市污水集中处理率	%	82.67	84.95
9、环境污染治理投资总额	万元	267691.9	180036.7
10、环境污染与破坏事故直接经济损失额	万元		
11、人均耕地面积	亩	1.37	1.37
12、化学需氧量（*COD*）排放量	吨	48389.5	45103
13、烟尘排放量	吨	33277.52	31415.1
14、工业粉尘排放量	吨	24776.52	25110.4
二、人口状况	—		
1、年末总人口	万人	884	889
其中：女性	万人	444	445
2、乡村人口所占比重	%	51.2	50.77
3、0-14 岁人口	万人	134	138
其中：女性	万人	66	68
4、15-64 岁人口	万人	660	665
其中：女性	万人	323	326
5、65 岁以上人口	万人	89	85
其中：女性	万人	44	42
6、人口出生率	‰	11.36	10.59
7、人口自然增长率	‰	5.32	4.51
8、离婚对数	万对	0.6	0.7
9、成人识字率	%	80	81.68
10、平均预期寿命	岁	75.38	75.4
11、6 岁及以上人口人均受教育年限	年	8.55	8.6
三、主要经济指标	—		
1、地区生产总值	亿元	2056	2492
2、人均地区生产总值	元	23349	28106
3、第三产业增加值	亿元	624	755
4、居民消费水平	元	10800	11575
5、社会消费品零售总额	亿元	674.3	830.3

指　标　名　称	计　量 单　位	2007 年 实　际	2008 年 实　际
6、全社会固定资产投资总额	亿元	1208.4	1523.4
7、地方财政收入	亿元	110.6	132
8、地方财政支出	亿元	135.2	106.4
9、全社会劳动生产率	元/人	46011	55613
10、进出口贸易差额	万美元	385756	470296
四、居民生活	—		
1、城镇居民家庭人均可支配收入	元	13716	15691
2、农村居民家庭人均纯收入	元	6278	7072
3、居民储蓄存款余额	亿元	1045.1	1326.5
4、居民消费价格指数(上年为 100)	%	103.8	103
5、城市人均住房建筑面积	平方米	32.3	32.4
6、农村居民人均居住面积	平方米	33.6	35.7
7、城镇居民家庭恩格尔系数	%	29.1	31
8、农村居民家庭恩格尔系数	%	30	32
9、城镇居民最高收入户平均每人可支配收入	元	33801	44891
10、城镇居民最低收入户平均每人可支配收入	元	6044	5730
11、城镇居民人均旅游消费支出	元	93.1	57.1
12、农村居民人均旅游消费支出	元	10.6	7.5
13、人均生活用电量	千瓦时	296	339
14、城市私人机动车保有量	万辆	191.18	204.12
其中:私人汽车保有量	万辆	52.66	60.41
五、劳动就业	—		
1、就业人员数	万人	446.85	448.1
其中:女性	万人	183.21	184.33
城镇	万人	119.89	121.38
2、第三产业就业人员的比重	%	43.9	45.2
3、城镇登记失业率	%	3.12	3.2
4、职工工伤死亡人数	人	11	18
5、专业技术人员数	万人	35.6	45.59
其中:女性	万人	13.34	16.93
6、工矿商贸事故死亡人数	人	11	18
7、劳动争议案件数	件	2218	3352
六、社会保障	—		
1、民政经费	万元	56497.9	66141.8
2、离休、退休、退职人员数	人	238173	255536
3、离休、退休、退职人员保险福利费用	万元	342158	4053570
4、社会救济总人数	人	173400	168741

15-1 续表2

指标名称	计量单位	2007年实际	2008年实际
其中:城镇居民最低生活保障人数	人	36793	36451
农村社会救助总人数	人	156888	151851
#农村居民最低生活保障人数	人	136607	132290
5、享受低保人员数占救济总人数的比例	%	87.07	87.12
6、城镇低保资金	元	44582000	65274000
7、各种收养性社会福利单位数	个	162	160
8、各种收养性社会福利单位的床位数	张	17666	17758
9、各种收养性社会福利单位收养人数	人	15307	14926
10、城镇便民、利民服务网点数	个	9664	10689
11、城镇社区服务设施数	个	920	924
12、参加城镇基本养老保险的人数	人	985513	1005439
13、农村社会养老保险参保人数	人	1104194	1128546
14、参加基本医疗保险人数	人	985513	1103392
15、参加失业保险的人数	万人	672833	699541
16、参加工伤保险的人数	人	590488	697085
17、参加生育保险的人数	人	471495	525118
18、养老、失业、医疗、工伤、生育保险基金当年支出额	万元	443000	491600
19、社区服务中心	个	29	36
20、离婚办理	对	5930	7188
21、每千居民之离婚宗数	‰	0.69	0.83
七、卫生保健	—		
1、政府卫生支出	万元	27021.19	22291.51
2、公共卫生服务经费	万元	13234.5	10448.26
其中:妇幼卫生经费	万元	953.1	1161.31
防治防疫经费	万元	6350.7	5991.08
3、卫生机构总收入	万元	383641.2	505183.1
其中:业务(事业)收入	万元	354816.2	476196.3
4、卫生机构总支出	万元	367670.7	487259.4
其中:业务(事业)支出	万元	349816.1	479304.3
5、专业卫生人员数	人	37847	41779
其中:其他技术人员	人	1312	1479
管理人员	人	1461	1333
工勤人员	人	1848	1529
卫生技术人员	人	33246	37438
#执业医师	人	11700	12843
执业(助理)医师	人	3347	3781
注册护士	人	11321	13464

15－1 续表 3

指 标 名 称	计量单位	2007 年实际	2008 年实际
6、卫生机构数	个	1591	1401
其中：医院	个	84	90
卫生院	个	177	154
卫生防疫防治机构	个	15	16
社区卫生服务中心（站）	个	18	26
7、卫生机构床位数	张	26175	29199
其中：医院	张	17147	18796
卫生院	张	7080	7827
8、医院病床使用率	%	77.61	75.02
9、卫生机构诊疗人次数	人次	19731241	21750086
其中：医院	人次	7150716	8109127
10、健康检查人数	人	1787880	1943742
11、本年入院人数	人	917313	1047839
12、本年出院人数	人	879877	1068185
13、新生儿死亡率	‰	3.42	2.77
14、传染病发病率	十万分之一	100.18	96.95
15、孕产妇死亡率	1/10 万	11.2	3.8
16、5 岁以下儿童死亡率	‰	4.81	4.31
17、已改水受益人口占农村人口百分比	%	98.36	99.15
18、农村卫生厕所普及率	%	84.89	87.18
19、每千人口医院卫生院床位数	张	2.82	3.08
20、甲乙类法定报告传染病发病率	1/10 万	100.18	96.95
21、饮用自来水人口占农村人口百分比	%	89.9	93.21
八、教育科技	—		
1、教育经费总投入	万元	556448	682804
2、教育经费支出	万元	490305.5	617986.7
3、教育经费收入	万元	495341.2	621029.5
4、普通高等学校在校学生数	万人	10.5	11.2
其中：女生	万人	5.2	5.7
5、成人高等教育在校学生数	万人	1.1	1.9
其中：女生	万人	0.7	1.2
6、技工学校数	个	10	10
7、技工学校毕业生数	万人	1.02	1.18
8、技工学校在校生数	万人	2.69	3.59
其中：高级班	万人	0.86	1.63
9、技工学校教职工数	人	1849	2008
其中：专任教师数	人	1713	1645

15－1 续表4

指 标 名 称	计 量 单 位	2007年 实 际	2008年 实 际
10、技工学校招生数	万人	1.34	1.38
其中:高级班	万人	0.63	0.69
11、高中阶段在校生数	万人	19.2	17.4
其中:女生	万人	8.5	7.8
中等职业教育学生数	万人	11.4	12.3
12、初中在校学生数	万人	27.2	29.5
其中:女生	万人	12.7	13.9
13、小学在校学生数	万人	60.2	58.2
其中:女生	万人	28.6	27.6
14、小学学龄儿童净入学率	%	100	100
15、小学毕业生升学率	%	100	100
16、初中毕业生升学率	%	86.5	90
17、小学学生辍学率	%		
18、初中学生辍学率	%		
19、九年义务教育完成率	%	100	100
20、城镇居民人均教育费支出	元	1375	1307
21、科技活动经费内部支出	万元	503638	682301
22、从事科技活动人员	万人	2.4	3.3
23、***R&D*** 经费内部支出	万元	127243	357786
24、新产品销售率	%	16.5	25.4
九、文化体育	—		
1、文体广播经费	万元	3838.8	5152.36
2、文化部门文化产业单位本年收入合计	千元	52982	53210
其中:财政补助收入	千元	47168	50717
上级补助收入	千元		
事业收入	千元	5917	1687
经营收入	千元	104	806
3、文化部门文化产业单位本年支出合计	千元	55982	53210
其中:事业支出	千元	30373	16933
经营支出	千元	42	
支出合计中的从业人员劳动报酬	千元	25567	36277
4、文化馆机构数	个	13	13
5、文化馆人数	人	253	294
6、群众艺术馆机构数	个	1	1
7、群众艺术馆人数	人	46	45
8、文化站机构数	个	120	119
9、文化站人数	人	302	286

15－1 续表 5

指 标 名 称	计 量 单 位	2007 年 实 际	2008 年 实 际
10、艺术表演团体机构数	个	9	9
11、艺术表演团体人数	人	509	503
12、艺术表演场所机构数	个	1	1
13、艺术表演场所人数	人	30	36
14、公共图书馆机构数	个	12	12
15、公共图书馆人数	人	214	204
16、博物馆机构数	个	8	8
17、博物馆人数	人	214	219
18、艺术表演团体演出场次数	场次	1203	1122
19、公共图书馆藏书	万册	192	196
20、订销报纸期刊累计份数	万份	47	51
其中:期刊	万份	1	1
21、广播电台情况			
其中:电台数量	座	11	11
节目套数	套	13	13
自办节目时间	时:分	48291	49598
制作广播剧数量	部	1	15
广播人口综合覆盖率	%	95.23	95.42
22、电视台情况			
其中:电视台数量	座	7	7
节目套数	套	12	12
自办节目时间	时:分	22535	18955
制作电视剧数量	部		
电视人口综合覆盖率	%	98.23	98.31
23、有线电视入户率	%	57.38	61.53
其中:农村	%	54.46	58.65
24、广播、电视制作及播出机构			
其中:机构数	个	21	21
人员数	人	2663	3018
本年收入	万元	31313.1	40309.63
#财政拨款	万元	1627.1	2217.47
广告收入	万元	15904.2	17959.18
收视费	万元	11387.2	20660.83
25、等级裁判员	人	29	210
26、等级运动员	人	166	220
27、体育场地数	个	4032	2771
28、体育场地开放使用场次	次	251316	421863

15－1 续表 6

指 标 名 称	计 量 单 位	2007 年 实 际	2008 年 实 际
29、举办综合运动会次数	次	141	49
30、体育事业费收入	万元	4049.8	4208.5
其中：财政拨款	万元	3656.3	3779.5
事业收入	万元	393.5	358.3
经营收入	万元		70.7
31、体育馆收入	万元	12.8	44.6
32、《国家体育锻炼标准》学生达标率	%	95	95.1
33、全民健身活动设施数	个	5747	5069
34、举办全民健身活动次数	次	767	2888
35、参加全民健身活动人数	人	1591420	2134230
36、本年体育彩票发行额	万元	15327.3	11006
37、电脑体育彩票销售点个数	个	501	389
38、档案馆数	个	14	14
其中：国家综合档案馆	个	12	12
39、每万人口拥有公共文化机构数	个	0.2	0.2
40、文化体育与传媒经费	万元	10000.2	11068.67
41、每百户城镇居民家庭拥有的家庭电脑数	台	59	65
42、农村居民人均文教、娱乐用品及服务支出	元	5.2	6.1
十、新闻出版	—		
1、各类新闻出版单位机构数	个	1802	1602
其中：新华社山东分社	个		
各新闻单位派驻记者站	个	18	17
出版社	个		
报社	个	6	7
杂志社	个	5	4
图书发行企业网点	个	593	410
印刷企业	个	1180	1164
印刷物资供销企业	个		
2、各类新闻出版单位人员数	人	25573	25524
其中：新华社山东分社新闻采编组稿通联人员数	人		
各新闻单位派驻记者站新闻采编组稿通联人员数	人	40	40
出版社	人		
报社	人	520	550
杂志社	人	25	20
图书发行企业网点	人	2188	2188
印刷企业	人	22800	22726
印刷物资供销企业	人		

15－1 续表 7

指 标 名 称	计 量 单 位	2007 年 实 际	2008 年 实 际
3、报纸出版种数	种	6	7
4、报纸出版总印数	万份	8550	9000
5、杂志出版种数	种	5	4
6、杂志出版总印数	万份	8.5	5
7、图书出版种数	种		
8、图书出版总印数	万册		
十一、社会治安	—		
1、公检法司支出占地方财政支出的比重	%	5.08	5.07
2、人民警察数	人	6405	6824
3、律师数	人	582	627
4、交通事故死亡人数	人	625	521
5、火灾事故死亡人数	人		
6、交通事故损失额	万元	930.7	677.2
7、火灾事故损失额	万元	380	460
8、刑事案件立案数	起	18033	17963
9、治安案件查处数	起	27988	32466
10、未成年人刑事案件作案成员占全部刑事案件作案成员的比重	%	43.24	32.56
11、刑事案件破案率	%	63.14	66.19
12、公共安全支出占地方财政支出的比重	%	5.32	5.4
13、群众安全感指数	%		
十二、社会参与及其他	—		
1、省级人大代表人数	人	67	67
其中:女性	人	18	18
2、省级政协委员人数	人	28	31
其中:女性	人	5	7
3、基层地方妇联组织数	个	14607	14650
4、基层工会组织数	个	10694	11555
5、工会会员人数	万人	140.1	154
6、干部人数	人	23567	
其中:女性	人	3750	
7、县处级干部人数	人	1145	1484
其中:女性	人	105	126
8、专利申请数	件	3895	4858
9、专利授权数	件	2089	2586

15－2　全市主要年份文化事业基本情况

（1996－2008年）

年　　份	文化（艺术）馆		文化站		艺术表演团体	
	机构数（个）	人数（人）	机构数（个）	人数（人）	机构数（个）	人数（人）
1996	13	303	231	281	10	489
1997	13	303	231	287	10	489
1998	13	260	253	289	10	489
1999	13	263	253	289	10	496
2000	13	309	253	289	10	512
2001	13	309	253	289	10	510
2002	13	316	253	289	10	514
2003	13	316	252	280	9	514
2004	12	239	187	282	10	579
2005	13	228	180	304	9	487
2006	13	251	186	319	9	511
2007	13	253	116	302	9	509
2008	13	294	119	286	9	503

15－3　全市及各县市区卫生技术人员数

（2008年）

	卫生技术人员	医　生	乡会医生和卫生员数	乡村医生	卫生员
总　计	**37438**	**16624**	**12160**	**12108**	**52**
潍城区	1917	859	187	187	
寒亭区	1157	529	298	297	1
坊子区	933	443	335	318	17
奎文区	5470	2182	163	153	10
青州市	4799	2089	1851	1850	1
诸城市	5111	2674	1884	1865	19
寿光市	5242	2287	1353	1353	
安丘市	3166	1285	1566	1562	4
高密市	3294	1641	1335	1335	
昌邑市	1587	688	827	827	
临朐县	2343	1033	1605	1605	
昌乐县	2419	914	756	756	

15－4　全市及各县市区卫生机构及床位数

（2008 年）

	卫生机构数（个）	医　院	床位数	医　院床位数
总　计	**1401**	**90**	**29199**	**18796**
潍城区	191	8	1502	638
寒亭区	51	4	1267	846
坊子区	36	2	812	488
奎文区	214	21	4455	4320
青州市	157	15	4214	3193
诸城市	211	8	3968	2377
寿光市	106	11	3279	1908
安丘市	86	2	2284	960
高密市	175	5	2065	1007
昌邑市	84	3	1441	701
临朐县	49	5	1815	909
昌乐县	41	6	2097	1449

15－5　全市县及以上医院工作情况

（2007－2008 年）

项　　目	单　位	2007 年	2008 年
机构数	个	84	90
诊疗人次数	万人次	716	811
#门诊急诊人次数	万人次	696	794
#死亡人数	人	1335	1204
观察室收容病人数	万人次	18	17
#死亡人数	人	69	65
健康检查人数	万人	68	94
本年入院人数	人	527853	605808
本年出院人数	人	524501	602859
1、治愈	人	316900	369424
2、好转	人	163807	187322
3、未愈	人	7532	8012
4、死亡	人	3534	3768
5、其他	人	32728	34333
本年住院病人手术人次数	万人次	140508	148356
年底实有病床数	张	17147	18796
实际开放总床日数	万床日	599	685
平均每日开放病床数	张	16434	18720
实际占用总床日数	万床日	465	5140516
出院者占用总床日数	万床日	446	4824627
治愈率	%	66.7	61.28
好转率	%	31.23	31.07
病死率	%	0.67	0.63
病床周转次数	次	31.92	32.3
病床工作日	日	283.38	273.8

15－6 城市建设基本情况

（2007年－2008年）

指　　标	单　位	2007年	2008年
城市供水综合生产能力	万吨/日	129	153
供水管道总长度	公里	1903	3496
全年供水总量	万吨	31470	34898
其中：生活用水量	万吨	13779	15413
人均日生活用水量	升	104	108
节约用水量	万吨	2687	2866
年末实有公共交通运营车辆	辆	2000	2613
公交运营线路长度	公里	1920	2555
全年公共交通客运总量	万人次	19505	23076
年末实有出租汽车数	辆	3918	4084
煤气供气总量	万立方米	8807	19514
其中：家庭用量	万立方米	2193	11042
家庭用煤气人口	万人	39.95	129
液化石油气供气总量	吨	52833	55337
其中：家庭用量	吨	48844	50474
家庭用液化气人口	万人	213.44	246
集中供热能力：蒸汽	吨/小时	3468	4101
热水	兆瓦/小时	532	744
集中供热总量：蒸汽	万吉焦/年	3309	3935
热水	万吉焦/年	256	380
集中供热面积	万平方米	4130.3	4542
年末市政道路长度	公里	4273	4608
市政道路面积	万平方米	7340	7941
路灯盏数	万盏	12.5	16.5
排水管道长度	公里	3002	3550
污水年排放量	万立方米	26725	29970
污水年处理量	万立方米	23515	24729
污水年处理率	%	89	84
园林绿化覆盖面积	公顷	17951	19736
其中：建成区	公顷	14425	15799
园林绿地面积	公顷	15176	17664
公共绿地面积	公顷	3176	5354
公园个数	个	56	60
公园面积	公顷	3176	3456
建成区绿化覆盖率	%	37.8	39.2
人均公共绿地面积	平方米	12.84	12.9
公厕数量	座	423	440
生活垃圾清运量	万吨	105.95	115.9
垃圾粪便无害化处理厂	座	6	7
无害化日处理能力	吨/日	2245	3279

15－7 全市婚姻登记情况

（2007－2008年）

	单 位	2007年	2008年
一、国内登记结婚			
准予登记结婚	对	70019	60930
#恢复结婚	对	602	516
初婚人数	人	130586	112895
再婚人数	对	9604	8965
男性	人	4622	4285
女性	人	4982	4680
二、涉外登记结婚			
准予登记结婚	对	76	75
准予结婚登记人数	人	76	150
国内公民	人	76	74
男 性	人	9	11
女 性	人	67	63
港澳同胞	人	2	5
台湾同胞	人	25	17
华 侨	人	3	5
外国人	人	46	49
三、离婚登记			
民政部门受理离婚申请	对	5930	7188
#涉外婚姻	对	5	1
法院受理离婚案件	件		
准予登记离婚总数	对	5930	7188
民政部门办理离婚	对	5930	7188
#涉外婚姻	对	5	1

15－8　全市及各县市区企业养老保险在职参保人数

（2000－2008 年）　　单位:人

地　　区	2000 年	2005 年	2006 年	2007 年	2008 年
总　　计	**445411**	**619738**	**659248**	**718527**	**783137**
市　　直	96723	112730	117663	121482	128388
潍 城 区	22233	25669	27543	30355	32900
寒 亭 区	18383	25664	27070	29330	31570
坊 子 区	10935	22139	24478	27153	29862
奎 文 区	8210	17657	19738	23500	26986
青 州 市	42422	60403	63536	67748	72251
诸 城 市	56420	72037	74142	80266	86352
寿 光 市	34061	54467	59100	66356	75611
安 丘 市	31250	45110	48675	53580	57391
高 密 市	35635	50456	53564	58533	64521
昌 邑 市	24630	38371	42451	48942	54733
临 朐 县	29488	41945	43960	46811	49582
昌 乐 县	20301	29394	31314	34296	37159
高新开发区	1271	6997	8204	10530	13178
滨海开发区	13449	16699	17810	19645	22653

15－9　全市及各县市区城镇职工基本医疗保险参保人数

（2001－2008 年）　　单位:人

地　　区	2001 年	2005 年	2006 年	2007 年	2008 年
总　　计	**401839**	**789564**	**881608**	**985513**	**1103392**
市区小计	72475	202251	210044	214205	223531
潍 城 区	39102	39106	40604	43715	48017
寒 亭 区	10050	21378	27116	32120	34667
坊 子 区	9095	28617	32666	38252	44722
奎 文 区	15919	32453	34658	37658	42650
青 州 市	11947	55312	70772	81853	92580
诸 城 市	90934	96050	100462	114575	128660
寿 光 市	24760	67225	77490	87012	107950
安 丘 市	26463	40625	49742	61062	69088
高 密 市	3125	54623	63656	72678	79723
昌 邑 市	26713	40378	47390	55812	65120
临 朐 县	27000	42070	50838	61110	72644
昌 乐 县	25100	41467	44493	48009	52020
高新开发区	817	7623	10624	13668	15725
滨海开发区	18339	20386	21053	23784	26295

15－10　全市及各县市区生育保险参保人数

（2004－2008年）　　单位:人

地　区	2004年	2005年	2006年	2007年	2008年
总　计	**262678**	**384305**	**424922**	**471395**	**525118**
市区小计	84478	89832	92007	93537	98222
潍城区	17318	17482	17992	19247	20250
寒亭区	11622	13922	14422	15982	16882
坊子区		5748	7594	9484	13446
奎文区	8669	9185	9955	11475	16330
青州市	40032	40538	43741	47953	51531
诸城市	59851	60369	60986	63086	73726
寿光市		35474	37850	42583	51353
安丘市	271	271	15478	24400	29533
高密市		18500	28530	36332	37920
昌邑市		23530	24498	28500	30649
临朐县	32398	32908	33440	35031	36111
昌乐县	8039	20068	20571	22758	24393
高新开发区		3985	4859	7003	9742
滨海开发区		12493	12999	14024	15030

15－11　全市及各县市区工伤保险参保人数

（2004－2008年）　　单位:人

地　区	2004年	2005年	2006年	2007年	2008年
总　计	**455457**	**494653**	**537833**	**590488**	**697085**
市　直	97128	100017	103518	116000	122449
潍城区	16896	17482	22519	23439	27315
寒亭区	11622	18098	21600	25163	28263
坊子区	13133	14766	17314	20640	25279
奎文区	10415	12519	16030	19535	22720
青州市	50286	51194	54401	58613	67620
诸城市	61226	62284	63431	64883	82516
寿光市	40422	41808	44684	49711	62730
安丘市	20828	23043	28548	31310	42535
高密市	36007	37313	42923	45864	54931
昌邑市	26790	32420	35500	39050	48417
临朐县	33657	35867	36900	38491	46493
昌乐县	22585	26811	27839	30130	34270
高新开发区		5143	6148	7401	10256
滨海开发区	14462	15888	16488	20258	21291

15－12　全市及各县市区失业保险参保人数

(2004－2008 年)　　单位:人

地　区	2004 年	2005 年	2006 年	2007 年	2008 年
总　计	**620014**	**633723**	**648044**	**672833**	**699541**
市　直	139978	140873	142030	144588	145274
潍城区	28000	28300	28600	29002	29353
寒亭区	13032	14016	14362	15576	16026
坊子区	16078	16359	16830	18069	18535
奎文区	14000	14000	15800	18000	20405
青州市	56200	57200	58000	59200	59700
诸城市	69041	73322	74388	82676	89343
寿光市	55735	55836	58616	59653	69194
安丘市	48551	50150	50950	51910	52360
高密市	45286	46050	46900	48086	48655
昌邑市	35101	35596	36516	37280	37785
临朐县	44100	45250	46300	47050	47550
昌乐县	36789	37518	38358	38955	39716
高新开发区	4080	4836	5639	7088	8500
滨海开发区	14043	14417	14755	15700	17145

15－13　新型农村合作医疗参保人数

(2005－2008 年)　　单位:人

地　区	2005 年	2007 年	2008 年
总　计	**4092871**	**5891039**	**6033507**
潍城区		159840	166967
寒亭区		283539	240801
坊子区	42041	161000	202838
奎文区		44385	50244
青州市	613788	685036	691423
诸城市	756299	864159	859230
寿光市	760664	756921	821075
安丘市	641104	804771	731529
高密市	557000	633423	633420
昌邑市	183800	490034	441802
临朐县	29066	450545	593719
昌乐县	446930	459455	479349
高新开发区	32000	66000	72915
滨海开发区	30179	31931	48195

15－14 全市及各县市区享受最低生活保障人数

（2000－2008 年）

单位：人

地区	2000 年			2005 年			2008 年		
	合计	城市	农村	合计	城市	农村	合计	城市	农村
总计	**36233**	**5813**	**30420**	**77293**	**39022**	**38271**	**168741**	**36451**	**132290**
潍城区	1450	827	623	5377	5099	278	7306	4626	2680
寒亭区	1642	593	1049	3002	1198	1804	7437	1134	6303
坊子区	2421	1258	1163	9659	7835	1824	14589	8026	6563
奎文区	1305	884	421	5605	5126	479	7109	5374	1735
青州市	6755	204	6551	7253	2708	4545	17862	2808	15054
诸城市	2524	273	2251	11128	4758	6370	21957	3692	18265
寿光市	4340	458	3882	4361	860	3501	8936	586	8350
安丘市	5191	359	4832	6988	1764	5224	19644	1573	18071
高密市	2686	465	2221	6891	2147	4744	19257	3060	16197
昌邑市	1101	136	965	5107	2208	2899	9288	1681	7607
临朐县	4316	161	4155	4789	2030	2759	16723	1442	15281
昌乐县	2375	170	2205	6374	3099	3275	11243	1994	9249
高新开发区				534	159	375	906	119	787
滨海开发区	127	25	102	219	30	189	764	54	710
峡山生态区							5448	262	5186
经济开发区							272	20	252

15－15 全市及各县市区养老机构及人员数

（2000－2008 年）

单位：个

地区	2000 年		2008 年	
	机构数	人员数	机构数	人员数
总计	**412**	**7876**	**160**	**17758**
市级	3	411	3	640
潍城区	8	284	6	472
寒亭区	18	366	9	790
坊子区	8	155	6	570
奎文区	3	34	3	144
青州市	19	556	12	1615
诸城市	58	378	24	2439
寿光市	45	991	19	2256
安丘市	93	1537	14	2191
高密市	63	1382	17	2084
昌邑市	43	178	11	1103
临朐县	23	717	18	2000
昌乐县	27	842	13	708
高新开发区			1	170
滨海开发区	1	45	1	109
峡山生态区			2	435
经济开发区			1	32

15－16 环 境 基 本 情 况

（2007－2008 年）

指 标 名 称	计量单位	2007 年 实 际	2008 年 实 际
一、水环境	—		
1. 降水量	毫米	718	769
2. 水资源总量	亿立方米	34.03	27.28
其中：地表水资源量	亿立方米	17.68	17.03
地下水资源量	亿立方米	21.22	14.61
地表水和地下水资源重复量	亿立方米	4.87	4.36
3. 人均水资源量	立方米/人	396.16	316.47
4. 用水总量	亿立方米	17.27	16.91
其中：农业用水	亿立方米	11.89	11.16
工业用水	亿立方米	2.85	3.08
生活用水	亿立方米	1.97	2.07
生态用水	亿立方米	0.56	0.6
5. 废水排放总量	万吨	30121.45	34867.91
其中：工业废水排放量	万吨	14581.28	16892.74
生活污水排放量	万吨	15540.17	17975.17
6. 化学需氧量（*COD*）排放量	吨	48389.52	45103.52
其中：工业废水中 *COD* 排放量	吨	27745.87	17168.88
生活污水中 *COD* 排放量	吨	20643.65	27934.64
7. 氨氮排放量	吨	6579.35	5909.09
其中：工业废水中氨氮排放量	吨	1574.17	1288.24
生活污水中氨氮排放量	吨	5005.18	4620.85
8. 工业废水排放达标量	万吨	14477.03	16867.52
9. 工业废水排放达标率	%	99.29	99.85
二、大气环境	—		
1. 二氧化硫（*SO*2）排放量	吨	135291.41	124833.41
其中：工业 *SO*2 排放量	吨	112433.41	108035.53
生活 *SO*2 排放量	吨	22858	16797.88
2. 烟尘排放量	吨	33277.52	31415.09
其中：工业烟尘排放量	吨	24776.52	23698.69
生活烟尘排放量	吨	8501	7716.4
3. 工业粉尘排放量	吨	29512.82	25110.4
4. 工业 *SO*2 排放达标量	吨	111564.54	107430.08
5. 工业 *SO*2 排放达标率	%	99.2	99.44
6. 工业烟尘排放达标量	吨	24693.52	23669.82
7. 工业烟尘排放达标率	%	99.7	99.88
8. 工业粉尘排放达标量	吨	29478.15	25098.38
9. 工业粉尘排放达标率	%	99.9	99.35
三、固体废物	—		
1. 工业固体废物产生量	万吨	576.43	621.93
其中：危险废物产生量	吨	708733.2	624444.4
2. 工业固体废物排放量	吨		
其中：危险废物排放量	吨		

15－16 续表 1

指 标 名 称	计量单位	2007 年 实 际	2008 年 实 际
3. 工业固体废物综合利用量	万吨	528.95	586.84
其中:危险废物综合利用量	吨	274412.8	255924.8
其中:综合利用往年贮存量	万吨		3.56
4. 工业固体废物综合利用率	%	91.76	93.82
5. 工业固体废物处置量	万吨	45.68	36.85
其中:危险废物处置量	吨	456820.4	368519
其中:处置往年贮存量	万吨		
6. 工业固体废物处置率	%	8	5.93
7. "三废"综合利用产品产值	万元	89606.6	96911.8
四、生态环境	—		
1. 人均耕地面积	亩	1.37	1.37
2. 水土流失治理面积	千公顷	17.43	15.3
3. 森林面积	万公顷	28.45	31.78
4. 森林覆盖率	%	25.6	30.6
5. 人均森林面积	公顷	0.03	0.03
6. 活立木蓄积量	万立方米	914.89	1012.27
7. 森林蓄积量	万立方米	512.3	566.83
8. 当年造林面积	公顷	16078	47793
其中:人工造林	公顷	16078	47793
飞机播种	公顷		
无林地和疏林地本年新封	公顷		
9. 自然保护区数	个	2	2
其中:国家级自然保护区	个	1	1
10. 自然保护区面积	万公顷	0.31	0.31
11. 湿地面积	千公顷	362	362
五、自然灾害	—		
1. 受灾面积	公顷	135535	115120
其中:旱灾	公顷	108746	
洪涝灾	公顷	17257	104920
风雹灾	公顷	9532	6690
台风灾	公顷		
雪灾低温冷冻	公顷		500
2. 受灾人次	万人次	36.1	78.1
3. 直接经济损失	万元	49540	82106
4. 环境污染与破坏事故次数	次		
5. 环境污染与破坏事故直接经济损失	万元		
六、环境污染治理投资	—		
1. 环境污染治理投资总额	万元	267691.9	480283.7
其中:城市环境基础设施投资	万元	156554	300247
其中:燃气	万元	8938	8358
集中供热	万元	33754	16316
排水	万元	25940	126612

15－16 续表2

指 标 名 称	计量单位	2007年 实 际	2008年 实 际
园林绿化	万元	83561	146034
市容环境卫生	万元	4361	2927
工业污染源治理投资	万元	55404.9	106636.7
其中:治理废水	万元	33439.2	51883.7
治理废气	万元	21965.7	39331.5
治理固体废物	万元		403.5
治理噪声	万元		
治理其他	万元		15018
"三同时"项目环保投资	万元	55733	73400
2. 环境污染治理投资占 ***GDP*** 比重	%	1.3	11885.1
3. 排污费收入总额	万元	8892.8	
4. 本年完成营林投资额	万元	53129	182103
七、城市环境	—		
1. 城区面积	平方公里	3893.11	4135.16
其中:建成区面积	平方公里	381.47	403.21
2. 城市建设用地面积	平方公里	379.63	398.96
3. 城区人口	万人	356.03	360.02
4. 城区暂住人口	万人	21.22	31.88
5. 城市供水总量	万立方米	32989.32	34897.59
其中:生活用水量	万立方米	13779.35	15412.81
6. 城市用水普及率	%	96.51	99.46
7. 城市污水排放量	万立方米	25170	29970
8. 城市污水处理量	万立方米	21121	25193
9. 城市污水集中处理率	%	83.71	82.51
10. 城市生活垃圾清运量	万吨	106.92	115.92
11. 城市生活垃圾无害化处理量	万吨	78.95	91.77
12. 城市生活垃圾无害化处理率	%	73.84	79.17
13. 城市燃气普及率	%	88.28	95.82
14. 城市集中供热面积	万平方米	4130.3	4541.8
15. 每万人拥有公共交通车辆	标台	5.22	5.79
16. 人均公园绿地面积	平方米	12.84	13.66
17. 建成区绿化覆盖率	%	37.81	39.18
八、农村环境	—		
1. 农村改水受益率	%	98.36	99.15
2. 农村自来水普及率	%	89.9	93.21
3. 农村卫生厕所普及率	%	84.89	87.18
4. 农村沼气池产气总量	万立方米	2221.85	3800
5. 农村太阳能热水器面积	万平方米	43.11	46
6. 农村化肥施用量	万吨	61.51	54.2
7. 农药使用量	吨	19101	17283
8. 农用塑料薄膜使用量	吨	82958	69104
其中:地膜使用量	吨	19092	16282
9. 有效灌溉面积	千公顷	516.52	512.9

15－17　各县市区主要污染物排放情况(一)

(2008 年)

地　区	废水排放量（万吨）	其中：工业（万吨）	其中：生活（万吨）	化学需氧量排放量（吨）	其中：工业（吨）	其中：生活（吨）	氨氮排放量（吨）	其中：工业（吨）	其中：生活（吨）
总　计	**34868**	**16893**	**17975**	**45104**	**17169**	**27935**	**5909**	**1288**	**4621**
市辖区	10182	4177	6005	17665	6381	11284	2305	707	1598
潍城区	1132	17	1115	4783	17	4767	491	1	490
寒亭区	674	56	618	1067	61	1006	155	1	154
坊子区	627	141	486	1875	101	1774	273	7	266
奎文区	2901	239	2662	1833	102	1730	467	41	426
青州市	2898	1223	1675	2721	1303	1419	478	49	429
诸城市	4144	1518	2626	3964	986	2978	695	157	538
寿光市	4691	2978	1713	5400	2630	2771	528	136	392
安丘市	2253	998	1255	2855	697	2158	553	20	533
高密市	3842	2344	1498	2785	1383	1402	569	81	488
昌邑市	3054	1935	1119	5534	2433	3101	225	50	175
临朐县	1586	589	997	2144	406	1738	352	32	320
昌乐县	2218	1131	1087	2034	949	1084	204	56	148
高新开发区	912	197	715	783	87	696	83	3	81
滨海开发区	1482	1249	234	1165	230	935	486	377	109
经济开发区	2453	2278	175	6158	5782	376	350	278	72

15－18　各县市区主要污染物排放情况(二)

(2008 年)

地　区	二氧化硫排放量（吨）	其中：工业（吨）	其中：生活（吨）	烟尘排放量（吨）	其中：工业（吨）	其中：生活（吨）	工业粉尘排放量（吨）
总　计	**124833**	**108036**	**16798**	**31415**	**23699**	**7716**	**25110**
市辖区	51266	47040	4226	12093	10640	1453	9154
潍城区	1514	266	1248	426	112	314	
寒亭区	1638	474	1165	493	213	280	
坊子区	3136	2509	627	1163	939	224	2055
奎文区	8429	7930	499	1946	1634	312	1256
青州市	9575	7655	1920	3323	2363	960	3621
诸城市	8693	7112	1581	1482	604	878	1318
寿光市	19397	17797	1600	6106	5306	800	58
安丘市	8232	6472	1760	1938	1138	800	3259
高密市	8307	6656	1651	2390	1565	826	665
昌邑市	6599	5287	1312	1529	873	656	143
临朐县	5059	3379	1680	1256	416	840	2518
昌乐县	7706	6638	1068	1297	793	504	4375
高新开发区	1593	1130	463	317	106	210	
滨海开发区	12808	12648	160	2790	2710	80	5330
经济开发区	22147	22083	64	4958	4926	32	513

15－19　各县市区工业废水污染物排放及处理情况

(2008 年)

地　区	工业废水排放量（万吨）	工业废水排放法标量（万吨）	废水治理设施数（套）	废水治理设施运行费用（万元）	化学需氧量去除量（吨）	氨氮去除量（吨）	化学需氧量排放量（吨）	氨氮排放量（吨）
总　计	**16893**	**16868**	**465**	**42473**	**174100**	**5344**	**17169**	**1288**
市辖区	4177	4170	99	14791	29864	1118	6381	707
潍城区	17	17	13	69	156	5	17	1
寒亭区	56	56	13	71	453	3	61	1
坊子区	141	141	10	105	949	26	101	7
奎文区	239	239	9	892	3526	32	102	41
青州市	1223	1223	45	1224	1532	62	1303	49
诸城市	1518	1518	47	2440	15713	600	986	157
寿光市	2978	2978	78	9670	27331	1278	2630	136
安丘市	998	998	29	3655	15140	107	697	20
高密市	2344	2344	35	4281	32417	540	1383	81
昌邑市	1935	1935	34	2836	19824		2433	50
临朐县	589	589	51	519	547	13	406	32
昌乐县	1131	1113	47	3056	31734	1626	949	56
高新开发区	197	197	9	201	841		87	3
滨海开发区	1249	1249	11	3066	1214	1	230	377
经济开发区	2278	2271	34	10388	22724	1050	5782	278

15－20　各县市区环保项目投资情况

(2008 年)

地　区	本年施工项目总数（个）	本年竣工项目数（个）	施工项目本年完成投资额（万元）	其中:施工项目本年完成投资额工业废水治理项目(万元)	治理废水竣工项目新增设计处理能力（吨/日）
总　计	**88**	**69**	**106637**	**51884**	**313980**
市辖区	29	24	44580	28454	101650
寒亭区	1	1	117	117	500
坊子区	6	6	1750	332	1200
奎文区	5	2	12275	10262	30000
青州市	9	7	2068	350	2000
诸城市	18	10	27020	6840	70000
寿光市	7	6	15257	10996	
安丘市	3	1	2226	2226	11620
高密市	3	3	2860		
昌邑市	3	2	1678	885	7000
临朐县	7	7	501	471	101710
昌乐县	9	9	10448	1662	20000
滨海开发区	10	10	11776	5446	9600
经济开发区	7	5	18662	12297	60350

15－21　各县市区工业废气污染物排放及处理情况

（2008 年）

地　　区	工业废气排放量(万标立方米)	废气治理设施数（套）	废气治理设施运行费用（万元）	二氧化硫去除量（吨）	二氧化硫排放量（吨）	烟　尘去除量（吨）	烟　尘排放量（吨）	工业粉尘去除量（吨）	工业粉尘排放量（吨）
总　　计	**20786634**	**1007**	**37447.9**	**177576**	**108036**	**898743**	**23699**	**156330**	**25110**
市辖区	10289076	246	13839.1	113114	47040	403500	10640	40117	9154
潍城区	11973	21	35.1	59	266	770	112		
寒亭区	26276	14	30.0	72	474	2336	213		
坊子区	291421	38	533.7	1482	2509	21751	939	21455	2055
奎文区	1343126	29	819.4	4595	7930	22658	1634	3021	1256
青州市	2083042	67	780.1	1625	7655	39715	2363	14294	3621
诸城市	1043749	190	2337.0	8820	7112	110854	604	21796	1318
寿光市	2429321	83	11157.5	28830	17797	133062	5306		58
安丘市	827703	93	2801.6	4578	6472	21715	1138	26734	3259
高密市	1597269	56	1641.3	8911	6656	52857	1565	3108	665
昌邑市	797374	87	2115.6	3455	5287	45041	873	11041	143
临朐县	551099	99	643.4	1370	3379	6724	416	8397	2518
昌乐县	1168001	86	2132.3	6873	6638	85276	793	30844	4375
高新开发区	111623	12	357.0	1710	1130	17293	106		
滨海开发区	2096810	31	5342.0	17019	12648	137978	2710	5280	5330
经济开发区	6407847	101	6721.9	88176	22083	200714	4926	10360	513

15－22　各县市区工业固体废物排放及处理利用情况

（2008 年）

地　　区	工业固体废物产生量（万吨）	粉煤灰产生量（万吨）	炉　渣产生量（万吨）	工业固体废物综合利用量（万吨）	粉煤灰综利量（万吨）	炉　渣综利量（万吨）
总　　计	**622**	**241**	**167**	**587**	**241**	**167**
市辖区	380	161	77	342	161	77
潍城区						
寒亭区	1		1	1		1
坊子区	14	3	4	14	3	4
奎文区	48	12	10	48	12	10
青州市	24	3	16	24	3	16
诸城市	27	11	7	27	11	7
寿光市	91	38	29	91	38	29
安丘市	24	3	5	28	3	5
高密市	32	12	15	32	12	15
昌邑市	12	5	6	12	5	6
临朐县	10	1	5	10	1	5
昌乐县	21	9	6	21	9	6
高新开发区	4	1	1	4	1	1
滨海开发区	123	37	26	86	37	26
经济开发区	190	107	35	188	107	35

⑯

附　　录

SIXTEEN

APPENDIX

附　录1:　　2008年潍坊市乡镇(街办)主要经济指标

县市区	乡镇(街办)名称	年末总人口(人)	地方预算内财政收入(万元)	农民人均纯收入(元)	土地面积(平方公里)	村民委员会个数(个)	居民委员会个数(个)	乡村户数(户)
潍城区	城关街道	43797	1367		4		10	
	南关街道	56297	2387	7739	16	2	19	3480
	西关街道	56213	2332	7601	19		18	3791
	北关街道	55123	2549	8214	27		30	4799
	于河街道	29306	984	7460	44	35		7777
	望留街道	47475	2378	7021	59	60		12046
	军埠口项目区	25721	1466	8034	41	32		6654
	乐埠山生态区	21152	1471	7372	36	19		4868
	经济开发区	21658	6652	7660	28	24		6000
寒亭区	寒亭街道	84470	1196	7553	68	46	8	11674
	开元街道	32786	1500	7430	48	36	1	8434
	固堤街道	57534	580	7277	156	73		16339
	高里镇	86027	550	7057	183	114		25314
	朱里镇	62565	735	8858	105	88		17411
坊子区	凤凰街办	39526	3310	7373	34	11	14	6500
	坊城街办	92744	2954	7358	105	74	10	16300
	坊安街办	48893	949	6978	88	59		13200
	九龙街办	67883	2187	7358	120	76		18600
	黄旗堡镇	51886	575	7142	66	50		14155
奎文区	大虞街道	53392	6600	8370	10	7	9	3137
	北苑街道	26372	2054	7609	6	3	3	1673
	东关街道	54217	6461		3		9	
	潍州路街道	71451	3988	8231	4	4	6	1187
	广文街道	61184	4620	8313	4	3	7	1500
	梨园街道	31776	3121	7745	6	10	5	3862
	廿里堡街道	48546	7679	7342	44	38	4	11257
青州市	王府街道	116104	3583	7396	131	84	22	17716
	益都街道	83299	3024	8868	56	39	17	13066
	云门山街道	83449	2770	8907	56	43	24	13389
	弥河镇	52391	788	6883	86	77		14731
	王坟镇	49951	460	5483	230	103		14243
	庙子镇	40178	586	6121	193	68		12380
	邵庄镇	68435	1751	5822	165	92		20201
	高柳镇	71676	633	6800	119	95		20241
	何官镇	75419	3822	7210	135	82		20051
	东夏镇	85217	3406	8035	147	109		22266
	谭坊镇	95608	1177	8822	162	114		25143
	黄楼镇	81619	1720	8032	89	96		21767
诸城市	密州街道	177487	17070	8922.8	150	79	47	29565
	龙都街道	119048	10824	8566.3	103	66	20	22356
	舜王街道	122516	8586	8317.3	236	117	16	32214
	枳沟镇	47514	877	7728.5	87	55		11922

注:本表数据按调整后的新行政区划口径。

县市区	乡镇(街办)名称	年末总人口(人)	地方预算内财政收入(万元)	农民人均纯收入(元)	土地面积(平方公里)	村民委员会个数(个)	居民委员会个数(个)	乡村户数(户)
	贾悦镇	108010	2282	7239.5	288	188		27801
	石桥子镇	64360	932	7076.6	169	102		17429
	相州镇	68228	1526	7253.6	127	71		17886
	昌城镇	64269	3757	8530.4	119	72	6	16791
	百尺河镇	49320	918	6951.4	125	79		13781
	辛兴镇	41698	3778	7183.5	80	68		11086
	林家村镇	97419	1373	7117	326	167		27239
	桃林乡	35753	248	6809	138	72		19339
	皇华镇	72623	1494	7038.7	222	113		10028
寿光市	圣城街办	160894	13177	7800	68	70		16576
	文家街办	52944	3939	7730	65	56		14231
	古城街办	56590	8689	7730	87	61		15208
	孙集街办	57514	1785	7699.9	79	78		14718
	洛城街办	98674	6098	7760	143	118		29675
	化龙镇	52477	863	7650	88	53		13796
	营里镇	55219	2743	7720	303	50		15744
	台头镇	60246	2287	7720	144	42		16302
	田柳镇	65656	2643	7700	107	68		18050
	上口镇	66419	3853	7660	81	65		17588
	侯　镇	95196	9525	7750	212	86	1	27158
	纪台镇	53164	677	7660	85	72		14053
	稻田镇	93500	1891	7720	139	112		24761
	羊口镇	56718	8077	7760	472	37	6	16212
安丘市	新安街道	105132	3289	6307	195	112	45	26876
	兴安街道	183604	4384	6097	139	116	31	28110
	景芝镇	133823	2034	6408	202	139		34705
	凌河镇	99700	1158	6273	180	145		26271
	石埠子镇	65845	673	6157	156	100		18197
	大盛镇	36156	160	6030	76	62		10384
	辉渠镇	66864	540	4965	199	120		18673
	郚山镇	38185	233	5746	113	68		11276
	石堆镇	36916	110	6704	66	47		9878
	柘山镇	32834	82	5167	150	55		10203
	官庄镇	55406	157	5429	124	101		14586
	金冢子镇	39958	101	6237	82	56		10179
	旅游开发区	35819	986	6423	28	16	18	7589
高密市	开发区	56294	16045	7165	26		38	14584
	朝阳街办	47159	813	6544	90	62		12559
	醴泉街办	106548	8865	7096	121	55	14	23168
	密水街办	135301	10870	6985	122	61	25	30370
	柏城镇	70350	4798	7027	152	92		22976
	夏庄镇	68356	6411	7303	108	90		18076

附录1　续表2

县市区	乡镇(街办)名称	年末总人口(人)	地方预算内财政收入(万元)	农民人均纯收入(元)	土地面积(平方公里)	村民委员会个数(个)	居民委员会个数(个)	乡村户数(户)
	姜庄镇	70050	4714	7234	170	102		18415
	大牟家镇	50842	1111	6613	172	89		13051
	阙家镇	76371	1993	6682	137	93		20891
	井沟镇	66759	1653	6751	140	98		18018
	柴沟镇	84655	2563	6820	211	124		23390
	疏港物流园	16691	115	6475	76	17		4380
昌邑市	奎聚街办	85106	3734	7288	68	39	21	14148
	都昌街办	87852	2118	7072	164	61	21	20407
	龙池镇	24762	1898	7017	375	27		7647
	柳疃镇	47007	4093	6889	138	72		13528
	卜庄镇	78152	2632	7024	335	130		23860
	围子镇	99826	5093	7102	159	127		27841
	饮马镇	83374	2329	6996	166	100		22674
	北孟镇	73646	829	6608	172	93		20319
临朐县	城关街道	139985	5902	7255	84	39	28	18784
	东城街道	105203	5560	6717	144	91	32	26763
	五井镇	72866	574	5769	192	64		18572
	冶源镇	102298	1866	6223	150	79		27712
	寺头镇	73739	608	5058	256	114		20179
	九山镇	50825	447	5248	254	64		15311
	辛寨镇	116711	1469	6507	228	143		30478
	沂山镇	88452	581	5466	261	127		23827
	龙岗镇	68618	452	5830	168	98		18858
	柳山镇	41253	216	5396	97	58		11577
昌乐县	城关街道	77024	10269	10533	33		22	6176
	宝城街道	55358	2182	8016	80	24	10	15412
	朱刘街道	36605	3116	8639	50	8	17	8555
	城南街道	26961	540	6763	50	10	12	6927
	五图街道	31392	743	5560	69	55		8233
	乔官镇	86219	1265	5933	188	99		23309
	唐吾镇	80812	1160	5206	163	26		22784
	红河镇	89293	1531	6587	194	90		24709
	营丘镇	95733	1626	6500	217	121		27613
	高崖库区	22556	44	4108	56	19		6818
高新开发区	新城街道	7300		8100	27	17	6	5408
	清池街道	54777		6467	85	85		17800
	钢城街道	7333	525	6490	16	12		2328
滨海开发区	央子街道	16011		8023	313	18		5400
	大家洼街道	67809		9800	303	21	12	22000
经济开发区	北城街道	65000	12498	7348	58	46	1	9956
峡山生态区	王家庄街道	75372	416	3180	148	107		20266
	太保庄街道	57219	980	4364	73	80		16433
	峠山街道	44918	1079	4624	76	48		12203
	郑公街道	40892	39	2199	37	42		11054

附 录2:　　2008年全省各县主要经济指标

县(市、区)名称	GDP		一 产		二 产		三 产	
	总 量(亿元)	增长(%)	总 量(亿元)	增长(%)	总 量(亿元)	增长(%)	总 量(亿元)	增长(%)
济南市								
历下区	500.20	13.0			97.01	0.3	403.18	16.6
市中区	383.74	13.6	2.65	5.2	80.07	9.6	301.02	15.1
槐荫区	160.13	18.2	2.68	5.0	57.84	20.4	99.62	17.1
天桥区	257.81	14.6	2.68	4.9	55.12	16.0	200.01	14.1
历城区	550.16	11.1	25.99	5.6	335.09	7.7	189.08	16.5
长清区	193.18	16.1	24.29	4.1	107.42	18.2	61.47	16.9
平阴县	135.41	13.7	17.36	4.3	83.94	14.5	34.11	16.8
济阳县	141.04	16.0	27.93	5.0	76.48	20.8	36.63	14.3
商河县	71.42	14.0	26.34	7.5	25.56	18.0	19.52	17.6
章丘市	402.57	12.7	45.09	4.3	224.41	11.8	133.07	17.2
青岛市								
市南区	436.08	19.1			56.25	7.0	379.83	21.1
市北区	227.12	15.0			48.35	9.4	178.77	16.6
四方区	135.22	12.7			60.35	5.4	74.87	20.4
李沧区	185.08	14.8	0.12	22.1	105.71	11.7	79.25	21.0
崂山区	262.90	7.2	4.33	-14.3	152.34	6.2	106.23	10.0
黄岛区	708.18	16.2	3.19	-0.2	484.29	16.1	220.70	16.8
城阳区	566.10	15.7	12.04	7.0	361.51	16.0	192.55	15.9
胶州市	474.05	13.3	31.88	-2.5	272.56	13.7	169.62	15.6
即墨市	498.96	14.8	38.75	0.2	275.10	14.1	185.12	19.1
平度市	418.82	13.0	62.17	5.4	212.53	12.4	144.13	17.1
胶南市	439.63	13.2	35.40	0.8	258.31	14.0	145.92	14.6
莱西市	330.03	13.0	35.52	6.9	164.60	12.2	129.91	15.6
淄博市								
淄川区	319.53	13.1	6.22	6.7	202.54	12.0	110.76	15.5
张店区	443.39	13.1	1.55	6.7	237.15	9.5	204.68	17.2
博山区	225.65	12.5	6.48	6.7	144.72	9.0	74.45	19.9
临淄区	559.65	12.5	19.07	6.7	426.54	11.8	114.04	16.0
周村区	193.31	13.1	6.48	6.8	104.71	11.2	82.11	16.1
桓台县	265.40	14.5	12.04	6.8	184.68	12.9	68.68	20.4
高青县	83.02	14.5	13.80	6.8	43.56	14.6	25.66	18.8
沂源县	134.54	14.5	15.77	6.8	71.35	13.4	47.42	18.5
枣庄市								
市中区	108.25	13.1	5.29	1.7	66.35	11.9	36.61	16.9
薛城区	74.22	8.0	9.04	1.4	46.57	8.9	18.61	7.9
峄城区	83.37	13.0	11.61	0.6	49.19	13.0	22.57	18.7
台儿庄区	88.36	11.2	11.54	0.8	54.95	12.6	21.87	13.0
山亭区	65.66	11.0	11.78	3.3	30.40	11.1	23.48	13.9
滕州市	477.13	14.3	45.72	3.1	278.65	12.5	152.76	21.6

附录2　续表1

县(市、区)名称	地方财政收入		规模以上工业增加值		规模以上主营业务收入		规模以上工业利润	
	总　量（亿元）	增长（%）	总　量（亿元）	增长（%）	总　量（亿元）	增长（%）	总　量（亿元）	增长（%）
济南市								
历下区	16.21	29.1	647879	9.0	2812493	27.6	-120245	
市中区	15.42	25.5	616706	10.4	4545649	26.8	222071	-6.4
槐荫区	6.20	28.8	411087	30.1	1825351	31.8	106378	35.7
天桥区	7.63	23.2	239684	13.0	702100	12.4	-15092	
历城区	15.78	16.5	2776857	8.8	8630967	7.5	478295	-12.1
长清区	4.04	23.9	837869	22.9	3103787	44.6	192026	47.8
平阴县	3.55	18.0	737683	17.4	2116631	29.8	171253	29.3
济阳县	4.20	25.4	637161	25.9	2399389	37.9	166114	36.0
商河县	1.85	20.1	170838	23.5	557450	35.2	15092	77.8
章丘市	17.92	16.0	1812315	12.5	5570941	21.9	377046	15.2
青岛市								
市南区	23.00	15.4	367200	8.1	1432930	6.4	3719	-8729.5
市北区	12.03	15.0	305100	18.5	1266383	33.0	53348	-13.8
四方区	5.32	-5.0	504500	7.0	2068493	4.9	62731	-26.3
李沧区	7.31	-16.9	884900	13.0	7370289	12.6	-145754	-293.9
崂山区	22.92	19.3	1314400	7.7	4272417	4.4	203795	-0.5
黄岛区	25.16	17.5	4473600	17.4	17662299	28.2	-318409	-185.1
城阳区	14.54	20.7	3084800	15.1	9243489	18.5	346239	16.4
胶州市	18.51	25.2	2215700	17.1	8373119	24.5	543227	64.6
即墨市	20.07	25.5	2607100	18.6	10085763	33.0	761999	55.1
平度市	14.53	23.6	1766500	16.3	6027527	29.1	367418	9.5
胶南市	23.50	14.3	2151700	17.0	7396541	29.1	305178	14.9
莱西市	12.55	27.1	1281200	17.0	4168773	31.5	320208	31.9
淄博市								
淄川区	10.31	13.4	2601700	15.0	8834107	31.4	646875	34.3
张店区	15.77	17.4	2217500	9.1	7863369	13.3	467355	-2.7
博山区	7.38	19.6	1038500	5.9	3335431	32.3	213353	51.6
临淄区	16.52	10.7	4041800	6.0	15292261	21.2	71277	-90.7
周村区	6.61	20.0	1010600	9.5	3824789	25.3	222119	23.0
桓台县	11.05	24.0	1931400	12.6	7213257	23.7	378245	8.2
高青县	4.34	23.6	354200	16.3	1310659	31.7	79965	47.9
沂源县	6.50	23.1	509900	16.3	1825817	33.6	198631	37.7
枣庄市								
市中区	8.16	19.7	799047	16.4	3105048	28.6	230820	21.5
薛城区	3.11	1.2	590072	12.4	2182796	23.8	103888	20.8
峄城区	2.80	25.8	431036	16.0	1642309	30.0	114489	21.1
台儿庄区	2.85	15.4	538480	14.6	2175271	26.9	138124	20.9
山亭区	1.36	12.0	196036	13.9	674557	30.3	44019	16.8
滕州市	19.53	22.1	2033896	18.7	7798745	30.5	553156	21.6

县(市、区)名称	规模以上工业利税		规模以上固定资产投资		农民人均纯收入		出口总额	
	总量（万元）	增长（%）	总量（亿元）	增长（%）	总量（元）	增长（%）	总量（万美元）	增长（%）
济南市								
历下区	-39422		132.0	25.8	9139	14.0	42723	15.3
市中区	295508	-2.2	130.7	27.0	8096	14.8	63151	27.2
槐荫区	161478	32.7	103.9	32.0	8344	15.1	16813	7.9
天桥区	10816	-58.6	107.4	30.1	7839	14.8	81069	36.0
历城区	932027	-3.4	260.2	20.1	7893	13.6	136159	41.7
长清区	337264	51.8	184.6	28.2	7517	14.5	13637	16.7
平阴县	304516	35.0	65.3	23.6	6205	14.8	37355	75.4
济阳县	262515	34.5	83.1	25.0	6219	15.0	5535	18.0
商河县	35978	60.7	18.4	43.5	5336	15.2	5506	13.1
章丘市	642242	18.1	193.1	-12.0	8495	13.6	27853	43.2
青岛市								
市南区	58373	26.4	82.2	23.6			512168	27.0
市北区	93445	-7.2	76.7	41.7			111128	26.7
四方区	142305	-13.7	27.8	22.2			71554	20.9
李沧区	53339	-79.6	76.7	23.6			110610	16.0
崂山区	347300	5.2	111.9	5.7	9853	13.6	250192	18.1
黄岛区	78440	-88.2	254.3	18.3	9659	14.1	365052	18.7
城阳区	494689	11.5	245.3	19.2	8981	14.5	531062	18.4
胶州市	1141424	26.8	250.6	28.4	8436	13.3	330827	16.4
即墨市	1306828	34.8	252.4	25.4	8393	13.7	295431	17.2
平度市	575885	17.1	201.8	25.3	8136	13.9	95516	18.1
胶南市	679075	6.4	241.8	28.7	8382	13.7	190528	17.0
莱西市	414949	30.1	197.6	25.1	8150	13.9	121619	18.6
淄博市								
淄川区	1070699	37.0	120.2	23.5	7722	13.8	57350	19.1
张店区	913960	2.3	124.6	23.9	9054	13.8	38006	28.5
博山区	432774	54.7	87.2	52.1	7357	13.8	29196	1.0
临淄区	450403	-64.0	140.0	27.5	8267	13.8	53000	25.3
周村区	360324	23.7	88.6	20.6	7880	10.3	39848	17.4
桓台县	615041	10.1	115.7	32.8	8048	13.8	43514	31.8
高青县	156447	41.1	36.6	41.9	5815	15.6	12202	46.3
沂源县	305201	36.3	49.3	42.5	5786	15.6	13670	-1.2
枣庄市								
市中区	346450	20.4	76.7	26.9	6436	11.0	16218	16.8
薛城区	199489	20.0	52.5	27.1	5997	10.2	1517	6.1
峄城区	201767	21.2	46.2	27.5	5673	10.8	2910	-34.1
台儿庄区	218864	20.6	38.1	26.8	5266	10.6	4148	40.7
山亭区	73519	19.7	30.5	28.1	4588	10.9	4945	14.0
滕州市	965652	21.3	150.5	27.0	6231	11.3	16199	-5.5

附录2 续表3

县(市、区)名称	社会消费品零售总额		国税收入		地税收入	
	总量(亿元)	增长(%)	总量(亿元)	增长(%)	总量(元)	增长(%)
济南市						
历下区	307.66	17.9				
市中区	198.36	24.0				
槐荫区	180.92	24.0				
天桥区	141.75	24.1				
历城区	185.15	23.9				
长清区	68.06	25.5				
平阴县	43.56	24.4				
济阳县	45.90	24.4				
商河县	31.17	24.2				
章丘市	144.11	24.8				
青岛市						
市南区	212.78	22.8				
市北区	186.97	23.1				
四方区	90.43	20.7				
李沧区	126.30	22.1				
崂山区	64.29	20.9				
黄岛区	76.66	23.0				
城阳区	78.72	23.2				
胶州市	125.64	21.7				
即墨市	152.60	22.3				
平度市	138.00	21.0				
胶南市	110.22	21.4				
莱西市	102.17	22.5				
淄博市						
淄川区	115.38	22.9	12.36	8.7	6.63	-1.0
张店区	199.11	22.9	26.28	-2.0	17.45	13.8
博山区	78.72	22.9	9.47	3.5	3.48	21.1
临淄区	103.44	22.9	30.47	-46.4	13.99	-3.5
周村区	69.08	22.9	7.31	14.9	3.75	18.9
桓台县	73.43	23.0	14.15	14.2	7.83	7.3
高青县	18.51	22.9	5.15	24.6	2.55	21.7
沂源县	54.41	22.9	5.90	24.8	5.54	22.1
枣庄市						
市中区	46.94	25.1	4.97	31.5	6.03	20.0
薛城区	30.45	22.2	2.93	47.3	1.99	17.0
峄城区	22.95	21.3	2.98	34.1	2.69	23.4
台儿庄区	24.07	21.8	2.93	24.6	1.96	15.8
山亭区	26.87	22.0	0.97	3.8	1.21	11.1
滕州市	138.91	22.8	21.13	11.7	14.64	26.6

县(市、区)名称	GDP		一产		二产		三产	
	总量(亿元)	增长(%)	总量(亿元)	增长(%)	总量(亿元)	增长(%)	总量(亿元)	增长(%)
东营市								
东营区	180.15	20.0	9.66	5.7	92.40	20.7	78.09	21.0
河口区	84.47	20.3	7.23	6.5	51.24	23.7	26.00	17.4
垦利县	160.11	20.3	11.12	5.3	116.93	22.2	32.06	17.7
利津县	100.05	15.6	16.45	5.9	58.98	16.7	24.63	20.4
广饶县	322.33	19.2	24.80	5.6	238.00	21.4	59.53	17.0
烟台市								
芝罘区	183.96	16.0	2.09	-11.0	63.72	8.6	118.15	20.8
福山区	131.71	17.8	7.32	0.0	73.28	15.8	51.12	24.7
牟平区	170.53	7.9	21.96	10.5	90.26	6.0	58.31	10.3
莱山区	123.68	16.3	2.53	6.4	69.10	9.5	52.05	26.5
龙口市	570.04	14.8	27.98	9.1	361.08	13.4	180.98	18.7
莱阳市	280.31	12.3	30.07	4.3	165.58	9.8	84.67	20.4
莱州市	410.26	15.0	41.23	8.7	244.37	14.2	124.67	18.6
蓬莱市	290.58	13.2	20.00	0.0	182.62	11.6	87.96	20.3
招远市	369.47	16.2	20.12	7.9	240.29	15.0	109.06	20.3
栖霞市	136.08	5.4	30.61	0.7	58.32	7.8	47.15	5.7
海阳市	182.03	16.1	37.63	0.1	86.58	18.5	57.82	22.6
长岛县	34.96	14.4	19.62	14.0	3.87	8.0	11.47	16.9
潍坊市								
潍城区	131.66	12.5	7.16	7.2	73.20	9.5	51.30	17.5
寒亭区	77.72	13.9	7.46	2.0	41.73	15.7	28.53	15.1
坊子区	66.19	10.5	3.62	6.0	41.75	8.7	20.82	14.9
奎文区	105.38	10.8	0.82	5.0	49.54	6.8	55.03	14.7
青州市	263.47	13.9	25.64	3.9	155.85	13.2	81.98	18.0
诸城市	362.63	13.9	39.75	4.5	229.33	13.5	93.55	18.7
寿光市	400.63	13.9	51.55	9.8	216.84	14.3	132.25	15.0
安丘市	142.66	10.6	25.90	10.1	72.00	8.8	44.77	13.9
高密市	239.57	13.0	30.07	5.2	161.04	14.1	48.46	14.4
昌邑市	192.50	13.0	24.20	6.8	122.14	12.9	46.16	16.1
临朐县	113.53	13.1	20.24	10.2	59.31	14.1	33.98	13.3
昌乐县	128.50	17.0	20.15	7.0	71.80	19.2	36.54	18.5
济宁市								
市中区	138.02	14.1	4.78	5.2	61.96	12.4	71.28	16.0
任城区	163.51	14.8	15.03	5.2	87.58	15.3	60.90	16.4
微山县	195.06	14.7	22.59	4.9	98.85	17.5	73.62	13.9
鱼台县	87.70	14.0	18.87	5.1	40.79	17.4	28.04	15.2
金乡县	104.22	14.5	28.99	2.2	42.38	22.3	32.85	14.5
嘉祥县	125.97	14.3	17.74	5.0	73.12	15.9	35.11	15.5
汶上县	112.71	14.5	22.21	6.5	58.95	16.7	31.55	15.9

县(市、区)名称	地方财政收入		规模以上工业增加值		规模以上主营业务收入		规模以上工业利润	
	总　量（亿元）	增 长（%）	总　量（亿元）	增 长（%）	总　量（亿元）	增 长（%）	总　量（亿元）	增 长（%）
东营市								
东营区	12.88	22.0	937726	26.6	3279353	43.6	244463	38.3
河口区	5.33	18.0	571176	29.2	2245488	46.9	139599	44.6
垦利县	5.95	20.2	1290986	24.1	5461763	31.2	578825	31.6
利津县	3.36	20.1	782037	15.6	3465980	28.8	173238	31.1
广饶县	10.90	20.2	2749611	20.0	10990299	30.8	1016887	46.8
烟台市								
芝罘区	10.83	26.1	346101	16.9	1319600	22.0	67593	16.7
福山区	7.80	23.9	569173	21.1	1821845	26.8	85224	36.1
牟平区	6.19	10.2	848824	16.9	3201817	15.3	228229	1.0
莱山区	8.30	26.1	487564	20.6	1328689	25.7	96249	20.5
龙口市	25.01	19.0	3311394	16.8	13601165	15.8	1074058	12.3
莱阳市	6.87	10.1	1696234	16.0	5930848	13.4	368382	10.9
莱州市	16.51	23.9	2041520	17.7	8561130	29.3	640146	16.5
蓬莱市	11.00	20.0	2155205	17.0	7809957	25.6	573778	16.0
招远市	15.56	22.0	2454664	16.9	9303306	29.8	782298	22.2
栖霞市	2.82	10.1	436481	17.1	1535134	25.9	81845	32.3
海阳市	8.41	20.2	661509	19.1	2113619	27.9	154472	30.5
长岛县	0.80	26.0	25265	9.8	70777	10.0	2053	-5.5
潍坊市								
潍城区	5.80	18.1	623828	8.2	1851399	13.9	74444	14.2
寒亭区	4.63	15.5	536930	20.5	2398995	35.9	120972	11.9
坊子区	4.02	15.6	344270	10.4	1787317	20.3	56309	12.4
奎文区	9.40	13.7	380300	4.5	1728668	24.6	46164	11.2
青州市	11.78	21.2	1481675	17.2	5379034	29.4	228318	18.7
诸城市	20.41	25.1	2005496	13.3	9006730	22.2	488458	24.4
寿光市	21.00	23.5	1898932	13.7	7814871	16.8	528417	21.1
安丘市	4.33	16.0	438258	8.0	1929276	21.5	80454	12.3
高密市	11.76	23.0	1423129	16.3	6065744	23.4	321071	20.4
昌邑市	7.96	16.0	1069871	12.4	4927865	26.4	240783	26.5
临朐县	2.80	10.4	451635	19.4	2065530	26.4	59606	43.1
昌乐县	6.83	24.0	622303	29.5	3008771	50.0	121850	52.1
济宁市								
市中区	4.01	28.3	429339	15.7	1128491	19.8	6417	13.1
任城区	8.30	25.1	683184	18.1	2812898	37.0	180681	29.9
微山县	9.77	25.1	929218	18.8	2310701	48.6	312916	32.6
鱼台县	2.89	30.0	270056	19.6	880698	35.6	86231	60.4
金乡县	2.06	15.0	416689	28.6	1585733	94.6	93101	96.2
嘉祥县	4.38	30.0	573440	17.1	1894659	32.3	93440	10.1
汶上县	3.60	33.0	436506	28.7	1406835	93.8	126636	54.8

县(市、区)名称	规模以上工业利税		规模以上固定资产投资		农民人均纯收入		出口总额	
	总量(万元)	增长(%)	总量(亿元)	增长(%)	总量(元)	增长(%)	总量(万美元)	增长(%)
东营市								
东营区	360243	37.0	155.9	24.3	6738	14.1	39851	52.8
河口区	229048	45.2	99.0	25.7	6489	14.0	3671	18.4
垦利县	720307	28.5	104.6	25.4	6485	14.0	16007	1.9
利津县	321831	33.6	54.0	20.6	6257	11.3	5889	3.7
广饶县	1363119	44.8	160.5	25.5	6985	14.1	92316	36.8
烟台市								
芝罘区	90027	16.9	151.1	24.2	9310	16.2	58921	61.8
福山区	151651	31.5	172.2	32.7	8500	21.3	32190	-11.8
牟平区	293765	4.0	110.0	10.8	7750	7.3	21714	48.9
莱山区	149165	18.7	143.0	32.4	8833	16.8	34061	2.1
龙口市	1462460	12.5	264.7	25.5	9012	14.0	86614	77.8
莱阳市	440385	7.8	118.7	2.3	7075	8.6	7547	-10.8
莱州市	843665	16.8	188.3	27.3	8450	15.7	18069	21.3
蓬莱市	677634	16.9	131.7	25.5	8547	15.5	21304	-1.7
招远市	943243	21.3	195.6	25.3	8488	15.8	45264	24.0
栖霞市	101783	23.4	69.9	20.4	6421	10.0	4330	13.4
海阳市	240892	25.4	153.4	37.4	7328	16.9	12889	43.6
长岛县	3676	-10.3	2.7	36.7	10019	19.4	139	1.5
潍坊市								
潍城区	118603	12.7	78.2	32.6	7539	12.3	21084	18.9
寒亭区	192681	10.4	91.5	29.3	7509	11.0	63068	107.5
坊子区	81747	11.4	47.2	27.1	7239	14.3	29876	26.2
奎文区	114439	13.4	76.4	27.9	7648	12.5	40645	-3.3
青州市	335562	13.5	152.1	25.4	7023	15.0	29554	61.9
诸城市	720524	23.2	174.9	29.7	7701	13.5	70511	15.4
寿光市	746693	12.6	174.9	32.6	7655	15.6	85897	18.6
安丘市	133266	13.1	92.1	29.0	6026	11.4	38107	5.1
高密市	496984	18.2	145.4	25.5	6889	10.2	81864	37.7
昌邑市	353544	23.9	105.8	28.1	7059	11.0	29898	6.2
临朐县	96071	32.0	94.1	28.7	6073	13.4	11123	4.3
昌乐县	203732	51.0	86.9	32.5	6543	14.1	35152	23.5
济宁市								
市中区	40715	10.7	56.0	26.1	5354	-2.4	8588	30.6
任城区	315492	35.2	47.8	26.1	6507	13.6	10349	43.6
微山县	488923	33.1	64.1	39.3	5828	13.6	3795	44.5
鱼台县	112026	53.1	48.2	47.6	5780	12.2	836	-18.0
金乡县	146707	73.9	47.0	60.7	5994	7.8	14990	-25.3
嘉祥县	174226	10.2	52.4	25.1	5554	13.7	6391	30.8
汶上县	186230	59.3	50.9	32.0	5474	12.8	3621	41.2

县(市、区)名称	社会消费品零售总额		国税收入		地税收入	
	总量(亿元)	增长(%)	总量(亿元)	增长(%)	总量(元)	增长(%)
东营市						
东营区	146.16	23.4	20.57	27.4	7.09	15.8
河口区	17.65	24.2	4.00	-15.7	3.98	10.4
垦利县	13.04	24.1	6.95	8.1	3.77	19.7
利津县	18.87	22.5	4.01	6.1	1.80	18.5
广饶县	33.27	24.1	11.75	3.2	6.18	8.6
烟台市						
芝罘区	123.01	24.7	0.00	0.0	0.00	0.0
福山区	39.17	25.2	7.58	28.7	5.16	10.7
牟平区	56.02	22.0	5.77	10.6	4.04	28.3
莱山区	37.18	23.8	5.78	16.1	6.76	29.7
龙口市	121.96	23.6	39.41	17.4	13.22	9.7
莱阳市	102.63	22.2	6.49	2.0	3.54	6.8
莱州市	120.96	23.4	26.03	35.3	9.36	23.2
蓬莱市	63.44	23.5	10.82	11.2	6.28	2.1
招远市	71.29	23.8	9.29	21.3	12.34	15.7
栖霞市	60.12	19.2	2.86	0.5	2.07	19.9
海阳市	64.80	23.7	5.20	11.8	5.06	22.5
长岛县	9.13	18.6	0.24	-13.8	0.54	23.5
潍坊市						
潍城区	70.88	23.1	9.74	33.4	5.37	31.7
寒亭区	45.73	23.2	5.05	-0.9	3.36	51.4
坊子区	20.16	20.1	3.91	20.6	2.88	5.7
奎文区	63.64	23.8	9.48	16.7	8.15	30.2
青州市	89.44	22.8	21.68	14.5	7.90	21.0
诸城市	91.41	23.9	14.52	11.2	10.70	19.7
寿光市	92.46	23.3	21.70	20.0	12.23	22.2
安丘市	69.41	22.7	6.58	12.1	3.33	21.6
高密市	74.33	22.7	8.52	-9.6	7.93	16.1
昌邑市	67.66	22.6	8.87	14.9	6.04	6.1
临朐县	52.35	22.6	3.65	19.1	2.40	12.2
昌乐县	49.73	23.3	7.56	49.1	4.37	43.9
济宁市						
市中区	102.75	23.2	10.33	-5.1	3.63	21.5
任城区	54.85	26.5	18.35	34.1	6.63	14.7
微山县	43.10	26.5	15.73	33.4	8.24	28.9
鱼台县	31.30	26.0	2.97	25.8	2.55	16.0
金乡县	36.77	26.6	1.52	-12.4	1.27	13.0
嘉祥县	39.25	26.6	6.53	60.9	2.41	20.9
汶上县	36.23	26.4	6.78	61.1	2.45	22.9

附录2　续表8

县(市、区)名称	GDP		一　产		二　产		三　产	
	总　量（亿元）	增长（%）	总　量（亿元）	增长（%）	总　量（亿元）	增长（%）	总　量（亿元）	增长（%）
泗水县	89.33	15.7	21.21	5.1	42.93	20.5	25.19	16.1
梁山县	118.34	14.5	24.84	3.0	63.86	19.0	29.64	13.7
曲阜市	200.53	14.4	18.37	4.7	90.02	12.6	92.14	17.8
兖州市	289.30	14.3	27.74	5.0	174.72	15.5	86.84	14.7
邹城市	446.96	14.1	30.43	6.0	281.52	15.3	135.01	13.1
泰安市								
泰山区	225.26	14.0	6.15	3.6	92.09	8.9	127.02	18.2
岱岳区	162.80	13.5	32.27	1.9	76.00	15.1	54.53	18.2
宁阳县	153.34	13.6	29.44	5.1	77.04	13.9	46.86	18.6
东平县	129.51	13.5	22.92	6.0	70.58	13.3	36.01	18.2
新泰市	433.33	13.7	38.18	1.7	264.31	13.1	130.84	18.4
肥城市	368.84	13.7	31.34	0.1	226.93	13.8	110.57	18.5
威海市								
环翠区	236.34	11.4	15.09	1.5	126.94	10.0	94.32	15.5
文登市	476.84	11.7	36.09	4.4	288.57	10.8	152.18	15.4
荣成市	550.02	13.1	52.69	7.4	324.92	11.4	172.40	18.9
乳山市	288.44	12.9	24.22	2.3	173.41	11.1	90.80	19.7
日照市								
东港区	240.89	18.8	15.15	6.0	107.67	25.3	118.07	15.5
岚山区	201.01	36.5	20.19	6.4	139.00	47.1	41.82	26.6
五莲县	120.07	15.5	13.48	5.7	70.61	18.0	35.98	15.1
莒县	159.40	15.8	30.43	4.3	83.19	21.5	45.77	14.9
莱芜市								
莱城区	259.55	13.2	23.49	3.0	147.77	13.5	88.29	15.1
钢城区	196.24	10.1	4.49	3.2	161.22	9.0	30.53	16.8
临沂市								
兰山区	358.60	16.0	5.71	1.9	197.62	14.7	155.27	18.4
罗庄区	174.30	16.2	5.26	3.0	121.80	15.9	47.24	18.3
河东区	87.00	15.7	7.10	3.1	49.10	16.9	30.80	17.5
沂南县	115.25	16.4	24.48	5.3	50.43	19.4	40.34	18.2
郯城县	169.40	15.3	20.81	3.3	85.23	14.9	63.36	19.0
沂水县	194.20	15.9	24.10	3.5	99.41	16.8	70.69	18.6
苍山县	168.30	15.7	35.57	3.6	63.73	20.9	69.00	17.1
费县	168.20	15.9	24.11	3.8	88.58	17.6	55.51	18.6
平邑县	148.60	15.3	23.19	4.3	70.43	16.3	54.98	18.1
莒南县	152.47	15.6	27.24	5.3	63.78	17.2	61.45	17.5
蒙阴县	105.20	15.3	20.94	4.2	41.86	17.9	42.40	17.5
临沭县	117.16	15.6	14.23	4.1	63.56	16.6	39.37	18.0
德州市								
德城区	132.56	15.6	3.51	5.8	69.55	14.6	59.49	17.5

县(市、区)名称	地方财政收入		规模以上工业增加值		规模以上主营业务收入		规模以上工业利润	
	总　量（亿元）	增 长（%）	总　量（亿元）	增 长（%）	总　量（亿元）	增 长（%）	总　量（亿元）	增 长（%）
泗水县	2.31	15.6	422981	28.7	1456793	44.7	111688	55.4
梁山县	2.15	17.4	545459	26.5	1868047	36.8	141545	34.6
曲阜市	8.20	17.0	516583	17.6	1644434	21.6	158071	48.4
兖州市	15.64	18.2	1146699	18.2	3850027	31.8	396261	16.7
邹城市	22.20	15.0	2648566	18.1	5418629	20.5	666646	31.4
泰安市								
泰山区	7.30	20.0	754920	22.2	2292216	32.3	147452	30.7
岱岳区	3.70	20.0	546608	21.4	1758170	37.7	112543	39.5
宁阳县	5.40	20.0	605899	18.2	2064471	27.7	173077	39.1
东平县	4.50	20.0	481374	20.7	2159033	32.8	132336	32.1
新泰市	19.60	20.2	2742134	16.2	8226337	30.1	682177	39.3
肥城市	15.40	20.2	2592702	16.3	7373083	30.1	465449	35.3
威海市								
环翠区	16.22	10.8	808871	10.6	3249095	20.0	110143	-16.8
文登市	19.55	17.4	2957298	10.7	12126744	19.9	514881	10.2
荣成市	25.43	15.4	3459042	12.8	14348524	17.8	679363	18.3
乳山市	12.07	15.1	1445600	12.1	6390528	21.0	262795	17.5
日照市								
东港区	11.48	23.3	605871	38.0	1859136	60.9	67162	79.0
岚山区	12.15	78.1	1249565	49.0	5301820	69.4	737144	20.1
五莲县	2.51	7.2	590643	24.5	2382250	33.6	90503	35.1
莒县	3.00	17.0	526117	25.7	2138749	36.6	81828	32.2
莱芜市								
莱城区	10.86	9.6	1445206	21.6	5704473	58.6	201839	12.6
钢城区	15.38	18.8	1596686	4.1	7364878	17.2	181595	-39.5
临沂市								
兰山区	11.00	9.9	1968787	13.7	7090128	26.3	379274	12.9
罗庄区	4.89	18.0	1271365	16.0	4615121	30.2	290166	22.3
河东区	2.22	8.3	270284	19.5	892665	35.0	27412	31.7
沂南县	2.95	22.2	257378	20.7	928811	42.8	35102	47.4
郯城县	4.33	8.0	673644	18.5	2421954	37.3	188310	35.6
沂水县	5.36	10.6	702489	18.0	2567396	39.1	113354	44.5
苍山县	3.07	16.5	338074	19.6	1203748	37.5	61975	35.0
费县	3.82	8.6	673615	18.5	2514688	37.7	156674	13.0
平邑县	3.56	10.0	434720	16.0	1586228	21.9	78152	21.0
莒南县	3.36	2.1	362084	15.8	1320901	24.3	51003	27.8
蒙阴县	2.03	28.7	286792	16.5	1031216	31.4	54538	39.2
临沭县	3.19	16.1	554001	18.5	2043825	41.1	100451	48.8
德州市								
德城区	4.57	22.9	663036	16.5	2253819	30.7	122206	23.7

县(市、区)名称	规模以上工业利税		规模以上固定资产投资		农民人均纯收入		出口总额	
	总量(万元)	增长(%)	总量(亿元)	增长(%)	总量(元)	增长(%)	总量(万美元)	增长(%)
泗水县	161957	38.4	44.4	50.2	5401	13.8	8600	11.8
梁山县	191490	33.9	46.8	29.6	5307	13.4	1237	27.9
曲阜市	257239	39.1	62.6	26.2	6155	11.7	8929	4.5
兖州市	531489	15.6	91.8	10.2	7155	11.6	28272	107.9
邹城市	1082437	20.8	127.0	25.0	6543	12.1	7047	-71.3
泰安市								
泰山区	233846	28.9	107.9	27.6	6680	15.3	15446	20.2
岱岳区	180392	40.6	108.6	25.8	5460	13.9	9811	-22.6
宁阳县	264458	28.3	108.9	26.9	5193	14.2	3556	-38.7
东平县	187159	34.7	65.1	29.1	4610	15.0	1712	-3.2
新泰市	1190403	38.7	195.0	23.9	7316	13.4	9450	2.3
肥城市	896029	36.0	189.1	23.9	6924	13.4	21559	2.0
威海市								
环翠区	209773	-3.9	150.7	23.7	9093	9.4	163500	16.9
文登市	785254	8.2	201.2	23.4	8431	9.8	83100	4.4
荣成市	1043548	20.8	254.3	23.9	9116	9.8	130300	15.7
乳山市	402491	18.2	152.9	23.6	7533	9.8	44600	20.3
日照市								
东港区	117895	63.1	301.5	99.3	6170	14.8	111200	71.0
岚山区	958474	19.4	133.7	129.6	6832	16.0	72300	20.8
五莲县	127999	34.2	65.9	97.5	5622	12.0	12400	19.9
莒县	175743	60.5	99.8	101.8	5661	12.6	18100	9.0
莱芜市								
莱城区	341186	16.6	117.3	25.0	6624	12.9	28344	-5.2
钢城区	557608	-19.1	57.9	25.8	6964	13.8	5873	20.5
临沂市								
兰山区	494425	13.5	221.6	26.0	6557	13.1	50914	9.0
罗庄区	485883	23.6	61.7	26.4	5452	14.0	28047	8.0
河东区	44069	31.5	31.2	26.7	5333	14.1	19061	20.7
沂南县	58531	37.1	55.7	26.2	5282	14.4	7626	32.3
郯城县	292589	30.7	58.2	26.1	5333	14.0	5788	-8.0
沂水县	197489	31.9	63.5	26.0	5308	14.0	26277	24.9
苍山县	119005	33.2	60.5	26.0	5301	14.3	4226	-18.1
费县	240296	19.9	62.1	26.4	5282	14.4	21293	23.4
平邑县	130554	22.6	54.6	26.2	5324	14.0	10731	44.2
莒南县	79502	20.8	48.9	26.1	5295	14.3	31541	23.0
蒙阴县	85097	25.7	36.9	26.5	5325	14.0	5262	19.9
临沭县	127197	45.7	56.3	26.0	5308	14.0	14232	8.7
德州市								
德城区	240753	18.1	52.5	29.1	6046	13.1	19901	50.9

县(市、区)名称	社会消费品零售总额		国税收入		地税收入	
	总量(亿元)	增长(%)	总量(亿元)	增长(%)	总量(元)	增长(%)
泗水县	36.93	26.5	1.83	-15.0	1.46	45.0
梁山县	34.40	26.5	1.85	15.0	1.42	14.1
曲阜市	68.27	23.2	5.61	23.7	5.02	34.0
兖州市	72.43	23.1	17.69	16.4	10.10	33.1
邹城市	108.04	23.1	27.23	27.7	13.24	2.1
泰安市						
泰山区	101.20	23.3	4.46	15.2	3.80	31.2
岱岳区	60.70	23.3	3.30	14.5	3.27	30.0
宁阳县	55.50	23.4	5.33	14.4	3.04	10.8
东平县	40.30	23.4	1.96	5.7	2.54	29.6
新泰市	105.10	23.7	14.90	52.9	11.07	18.3
肥城市	100.00	23.6	14.92	17.4	7.62	21.9
威海市						
环翠区	82.89	23.1	14.62	12.8	5.75	13.9
文登市	120.48	23.4	8.24	6.1	10.73	25.4
荣成市	125.89	23.6	12.21	-1.5	13.44	13.2
乳山市	71.03	23.5	4.15	14.6	7.85	18.5
日照市						
东港区	93.27	26.5	11.05	26.5	3.42	33.1
岚山区	30.72	35.0	33.63	106.2	2.40	22.5
五莲县	27.40	20.2	2.92	13.1	2.57	-9.0
莒县	52.94	22.0	4.39	45.1	2.45	3.9
莱芜市						
莱城区	104.13	21.2	-	-	-	-
钢城区	31.47	21.3	-	-	-	-
临沂市						
兰山区	230.71	23.5	20.13	4.0	9.61	15.2
罗庄区	35.67	24.3	18.03	15.5	2.69	31.7
河东区	32.54	24.0	2.80	1.3	2.00	32.6
沂南县	41.61	23.7	2.56	33.4	2.03	24.1
郯城县	61.79	23.5	2.89	-11.7	3.01	14.1
沂水县	64.47	23.4	5.60	32.8	4.73	29.2
苍山县	65.43	23.8	3.44	44.0	2.31	37.1
费县	50.02	23.7	4.79	19.6	2.67	17.8
平邑县	59.82	23.8	2.22	21.9	2.33	12.0
莒南县	61.10	23.5	3.17	12.7	1.92	6.7
蒙阴县	37.39	23.6	2.68	13.7	1.26	26.4
临沭县	32.72	23.8	2.72	9.1	2.33	-2.4
德州市						
德城区	76.29	23.4	9.37	30.5	7.63	29.1

县(市、区)名称	GDP		一　产		二　产		三　产	
	总　量(亿元)	增长(%)	总　量(亿元)	增长(%)	总　量(亿元)	增长(%)	总　量(亿元)	增长(%)
陵县	118.89	15.9	18.86	10.6	63.30	16.3	36.74	18.0
宁津县	108.53	14.8	15.71	6.4	56.99	14.4	35.82	19.0
庆云县	75.30	15.9	7.37	6.2	33.41	15.2	34.52	19.4
临邑县	128.69	15.2	18.04	9.5	66.69	15.4	43.96	17.2
齐河县	131.38	14.8	21.61	10.4	68.28	15.0	41.49	16.7
平原县	107.43	14.6	17.94	6.4	55.82	15.6	33.68	17.8
夏津县	106.11	15.0	16.55	5.6	54.72	16.1	34.85	18.3
武城县	97.65	14.6	11.57	6.7	56.36	14.6	29.73	18.0
乐陵市	117.84	14.9	19.66	6.6	59.30	15.8	38.89	17.9
禹城市	120.33	15.3	18.91	10.9	60.68	15.6	40.74	16.9
聊城市								
东昌府区	200.84	11.5	21.22	4.7	103.06	13.2	76.55	11.4
临清市	175.86	14.0	15.97	3.6	113.54	16.1	46.36	13.4
阳谷县	130.90	13.5	24.06	4.4	76.77	17.0	30.07	12.8
莘县	140.42	13.0	33.08	4.3	69.12	16.5	38.22	13.8
茌平县	178.08	16.4	22.88	4.9	128.92	19.6	26.29	14.0
东阿县	94.11	13.6	11.65	4.8	62.35	14.6	20.11	15.7
冠县	119.98	13.9	25.57	4.5	64.79	17.1	29.62	16.3
高唐县	174.44	11.1	15.58	3.3	128.79	11.3	30.07	15.0
滨州市								
滨城区	266.20	14.0	13.09	1.6	152.15	13.4	100.96	16.7
惠民县	105.83	8.0	18.94	2.7	54.46	2.8	32.43	22.0
阳信县	68.73	10.5	13.08	3.7	38.69	9.4	16.96	18.4
无棣县	145.66	10.6	23.30	8.0	93.27	6.9	29.09	24.8
沾化县	97.19	8.1	20.28	11.6	47.60	2.6	29.31	15.4
博兴县	155.84	13.2	13.16	-1.3	93.29	10.9	49.39	23.0
邹平县	429.76	14.5	20.84	-9.6	328.86	19.0	80.06	17.8
菏泽市								
牡丹区	95.79	15.7	20.79	3.1	41.63	19.9	33.37	19.6
曹县	100.50	15.8	26.99	2.9	50.75	22.0	22.76	19.7
单县	98.01	16.3	28.14	2.9	47.75	23.1	22.12	23.1
成武县	65.01	15.6	17.24	3.0	35.67	21.3	12.11	20.4
巨野县	80.98	16.2	20.48	3.6	42.41	21.0	18.09	21.6
郓城县	102.53	16.0	27.15	3.4	55.52	21.9	19.86	19.5
鄄城县	58.51	15.2	18.09	2.8	24.98	23.1	15.43	19.5
定陶县	52.03	15.4	17.10	3.3	23.62	21.9	11.31	21.7
东明县	84.01	14.8	17.09	3.2	53.11	17.9	13.82	18.9

县(市、区)名称	地方财政收入		规模以上工业增加值		规模以上主营业务收入		规模以上工业利润	
	总　量（亿元）	增长（%）	总　量（亿元）	增长（%）	总　量（亿元）	增长（%）	总　量（亿元）	增长（%）
陵县	1.94	20.0	265959	17.2	2196919	36.8	135636	22.6
宁津县	1.52	-11.2	619897	15.4	2186090	30.4	133470	23.2
庆云县	1.08	49.8	644238	15.1	1144321	35.6	65332	23.4
临邑县	5.35	5.0	524479	13.5	2702582	30.6	165057	13.2
齐河县	5.65	10.1	519660	18.8	2618896	30.5	164734	6.4
平原县	1.84	-21.6	519115	18.3	1961629	26.3	42824	-19.3
夏津县	1.50	18.1	561430	16.8	2078930	36.8	110969	15.2
武城县	1.27	-10.5	619349	16.0	2005857	34.5	119070	13.1
乐陵市	1.44	0.6	581796	13.3	2147173	30.9	126696	21.2
禹城市	3.44	8.0	303488	13.7	2518655	31.2	152022	13.0
聊城市								
东昌府区	4.34	8.5	878678	16.8	3045958	31.6	114541	2.6
临清市	5.21	17.5	1213860	12.9	4819560	16.9	240748	1.1
阳谷县	2.27	16.3	1204083	18.8	4609655	28.6	296226	25.6
莘县	2.14	13.8	731200	19.0	2856858	30.7	209295	21.5
茌平县	9.02	20.0	521402	19.1	2044607	31.8	124259	34.6
东阿县	2.49	23.1	1214300	19.6	4711793	16.1	331849	3.0
冠县	2.01	21.6	394589	16.9	1589307	29.9	149561	20.9
高唐县	6.38	5.1	585584	19.9	2258891	38.7	134331	44.4
滨州市								
滨城区	17.61	10.8	782371	19.7	2954390	31.6	103872	16.0
惠民县	2.56	66.5	260089	9.9	1053767	19.0	25730	19.1
阳信县	1.56	-2.8	248849	15.7	979233	36.1	15263	10.8
无棣县	6.62	10.1	724886	5.3	2694698	28.3	200220	1.3
沾化县	3.60	25.8	302450	5.4	1178328	15.2	32464	25.9
博兴县	9.04	26.1	727625	11.3	3692572	28.9	111833	-0.6
邹平县	24.11	20.9	2996779	16.0	13220959	23.6	730947	-7.9
菏泽市								
牡丹区	5.75	14.9	344477	29.4	1303326	43.0	97511	60.0
曹县	5.29	29.3	460269	29.0	1842570	48.8	111824	60.6
单县	4.90	27.2	362085	30.9	1429386	38.4	98437	65.0
成武县	2.96	17.4	274083	28.7	1011734	46.2	54473	68.6
巨野县	4.31	32.1	354123	42.6	1312515	57.2	74377	121.5
郓城县	6.34	18.2	400160	28.8	1626840	39.7	119585	70.0
鄄城县	2.51	11.5	186509	28.2	728301	45.7	39285	63.0
定陶县	2.48	19.7	189235	27.9	750031	48.0	44096	49.3
东明县	5.46	17.2	464369	16.8	1901483	25.2	15397	-76.3

县(市、区)名称	规模以上工业利税		规模以上固定资产投资		农民人均纯收入		出口总额	
	总量(万元)	增长(%)	总量(亿元)	增长(%)	总量(元)	增长(%)	总量(万美元)	增长(%)
陵县	294280	18.8	63.1	27.5	5618	13.7	7182	85.4
宁津县	219609	17.4	58.8	26.5	5778	13.2	5539	8.8
庆云县	105238	18.7	31.7	25.7	5498	13.0	2380	8.5
临邑县	322833	16.6	74.0	28.2	5718	13.9	22621	148.6
齐河县	307292	18.0	78.6	27.9	5774	13.3	6233	64.7
平原县	147549	12.8	52.6	25.2	5618	13.7	2837	52.2
夏津县	215164	18.9	58.2	26.9	5552	13.9	1510	50.5
武城县	261987	17.9	49.3	23.2	5566	13.0	2609	38.0
乐陵市	257119	17.6	62.7	28.7	5577	13.8	6541	7.6
禹城市	301873	18.6	68.6	28.4	5707	13.8	15249	32.7
聊城市								
东昌府区	188871	7.8	50.0	20.9	5021	14.8	6812	63.9
临清市	331026	5.7	91.5	27.8	5017	10.2	28084	3.0
阳谷县	489715	26.1	53.5	31.1	5018	14.7	8940	-0.7
莘县	286511	26.5	49.2	30.9	5111	14.5	3177	66.2
茌平县	223368	34.5	92.0	32.1	5323	14.8	35262	137.5
东阿县	470767	-4.8	36.5	29.5	5018	14.8	5660	124.0
冠县	259779	18.3	50.1	31.5	5067	14.7	17421	280.4
高唐县	226061	40.6	63.6	19.5	5323	9.0	15497	-0.7
滨州市								
滨城区	206173	22.8	84.9	14.7	5901	15.3	45146	55.1
惠民县	58183	20.2	49.1	12.5	5107	9.5	1361	37.1
阳信县	36711	24.7	58.5	15.5	4821	12.4	15071	21.2
无棣县	240390	6.6	73.0	22.9	5302	14.5	2266	9.2
沾化县	58924	18.9	83.0	12.2	5601	16.1	810	16.7
博兴县	177033	5.5	91.8	10.4	5896	13.3	24786	56.6
邹平县	1090204	-5.7	82.3	7.1	6865	13.7	115418	9.3
菏泽市								
牡丹区	132061	53.1	37.7	18.5	4660	14.1	11052	-9.5
曹县	230077	62.5	36.9	18.1	4508	14.1	26885	16.9
单县	188281	65.3	48.6	21.5	4556	14.1	5571	35.8
成武县	91919	60.6	27.0	17.2	4679	14.0	1787	30.0
巨野县	113938	114.2	41.3	19.8	4640	14.1	9660	-6.3
郓城县	206893	74.9	35.9	17.6	4630	14.1	6113	33.3
鄄城县	77913	68.3	23.7	16.2	4458	13.6	8856	57.3
定陶县	71347	61.4	25.6	16.8	4627	14.1	2783	-2.8
东明县	71559	-38.5	38.8	18.9	4581	13.0	4423	107.3

县(市、区)名称	社会消费品零售总额		国税收入		地税收入	
	总量(亿元)	增长(%)	总量(亿元)	增长(%)	总量(元)	增长(%)
陵县	35.30	23.9	2.05	33.2	1.91	16.1
宁津县	35.41	24.3	1.23	9.0	1.43	11.4
庆云县	28.57	24.1	1.28	28.0	1.16	87.2
临邑县	41.49	23.2	4.11	18.3	3.34	4.5
齐河县	41.16	23.1	7.05	5.7	3.42	35.0
平原县	32.76	22.8	1.54	-19.6	2.70	32.0
夏津县	30.49	23.6	2.36	8.3	1.33	19.3
武城县	30.30	23.0	1.16	24.5	1.08	4.9
乐陵市	39.91	23.7	1.70	10.6	1.21	23.9
禹城市	39.80	23.5	3.30	10.4	2.80	34.6
聊城市						
东昌府区	87.95	22.9	12.87	3.8	2.92	9.4
临清市	59.38	23.0	6.15	13.2	3.20	17.6
阳谷县	46.29	23.2	3.11	43.5	1.73	34.4
莘县	56.64	23.2	2.33	18.8	1.36	17.4
茌平县	38.00	23.7	17.02	-5.6	6.90	7.9
东阿县	26.68	23.0	5.73	33.7	2.02	24.4
冠县	40.96	23.0	2.76	21.4	1.23	37.2
高唐县	40.82	23.0	2.65	-0.9	3.74	0.5
滨州市						
滨城区	84.96	23.3	24.32	15.1	12.22	-3.8
惠民县	36.33	22.6	6.55	253.7	1.17	25.3
阳信县	20.25	23.7	3.10	52.4	1.01	18.5
无棣县	30.25	23.1	5.28	29.2	2.83	-13.4
沾化县	27.24	22.3	2.92	10.6	1.74	25.4
博兴县	37.90	23.2	7.60	13.1	4.60	23.4
邹平县	65.70	22.7	26.94	-5.8	13.13	14.6
菏泽市						
牡丹区	65.62	23.8	5.02	51.9	3.85	16.4
曹县	55.96	23.6	3.36	-9.9	3.45	39.3
单县	50.04	23.6	2.51	36.3	3.55	16.4
成武县	27.09	23.3	1.44	18.0	2.11	8.4
巨野县	39.51	23.3	1.79	42.0	3.92	44.1
郓城县	46.98	23.5	4.28	38.0	5.93	32.3
鄄城县	33.35	23.1	1.54	7.2	1.66	-7.7
定陶县	26.41	23.3	1.42	3.5	1.76	29.5
东明县	30.78	23.1	7.05	24.3	3.41	12.4

附　录3：　　各　市　主　要　指　标　（一）

（2008 年）

地　　区	年末总人口（万人）	土地面积（平方公里）	人口密度（人/平方公里）
全　　省	**9417.23**	**157126**	**599**
济南市	662.69	7999	829
青岛市	845.61	11175	757
淄博市	450.51	5965	755
枣庄市	365.04	4563	800
东营市	200.48	7923	253
烟台市	701.91	13746	511
潍坊市	889.54	16005	556
济宁市	796.70	11194	712
泰安市	545.62	7762	703
威海市	280.61	5698	492
日照市	274.09	5348	513
莱芜市	127.53	2246	568
临沂市	983.25	17202	572
德州市	548.94	10356	530
聊城市	557.09	8715	639
滨州市	368.86	9033	408
菏泽市	818.77	12194	671

注:本表中全省及各市人口均为抽样调查推算数(常住人口数),土地面积均为国土资源厅提供的数据。

各　市　主　要　指　标　（二）

（2008 年）

地　　区	地区生产总值（亿元）	比上年增长（%）	第一产业增加值（亿元）	比上年增长（%）
全　　省	**31072.06**	**12.1**	**3002.65**	**5.1**
济南市	3017.42	13.0	175.01	5.0
青岛市	4436.18	13.2	223.40	1.4
淄博市	2316.78	13.0	82.18	7.2
枣庄市	1092.83	13.1	96.09	1.7
东营市	2052.62	13.7	70.08	5.0
烟台市	3434.19	13.6	275.55	2.0
潍坊市	2491.81	13.2	281.69	5.7
济宁市	2122.16	13.1	256.81	3.7
泰安市	1513.30	13.4	161.08	2.6
威海市	1780.35	12.1	132.28	4.1
日照市	773.14	15.1	82.74	5.7
莱芜市	455.79	12.3	27.98	3.1
临沂市	1958.21	13.2	235.93	3.7
德州市	1400.91	13.0	169.73	1.3
聊城市	1252.67	13.0	187.03	4.3
滨州市	1236.83	13.1	122.69	2.9
菏泽市	821.79	15.6	195.51	3.1

各市主要指标（三）

（2008年）

地区	第二产业增加值（亿元）	比上年增长（%）	第三产业增加值（亿元）	比上年增长（%）
全省	**17702.17**	**12.1**	**10367.23**	**14.0**
济南市	1330.68	10.1	1511.73	16.8
青岛市	2255.45	11.1	1957.33	17.1
淄博市	1500.45	12.6	734.15	14.6
枣庄市	686.16	13.0	310.58	16.8
东营市	1570.93	13.2	411.60	17.2
烟台市	2090.97	13.6	1067.66	16.5
潍坊市	1455.05	12.6	755.07	16.8
济宁市	1183.49	14.8	681.86	13.5
泰安市	839.29	12.5	512.93	18.4
威海市	1088.56	11.0	559.51	16.5
日照市	419.74	17.5	270.67	15.1
莱芜市	308.99	11.7	118.82	15.6
临沂市	1001.70	13.8	720.58	15.3
德州市	783.41	11.9	447.77	19.9
聊城市	738.98	14.1	326.66	15.5
滨州市	753.67	12.3	360.47	18.8
菏泽市	415.15	20.0	211.13	20.3

各市主要指标（四）

（2008年）

地区	第一产业所占比重（%）	第二产业所占比重（%）	第三产业所占比重（%）	人均地区生产总值（元）
全省	**9.6**	**57.0**	**33.4**	**33083**
济南市	5.8	44.1	50.1	45724
青岛市	5.0	50.8	44.1	52678
淄博市	3.5	64.8	31.7	51547
枣庄市	8.8	62.8	28.4	29978
东营市	3.4	76.5	20.1	102741
烟台市	8.0	60.9	31.1	49012
潍坊市	11.3	58.4	30.3	28106
济宁市	12.1	55.8	32.1	26721
泰安市	10.6	55.5	33.9	27794
威海市	7.4	61.1	31.4	63519
日照市	10.7	54.3	35.0	28300
莱芜市	6.1	67.8	26.1	35846
临沂市	12.0	51.2	36.8	19949
德州市	12.1	55.9	32.0	25606
聊城市	14.9	59.0	26.1	22556
滨州市	9.9	60.9	29.1	33610
菏泽市	23.8	50.5	25.7	10050

各市主要指标（五）

（2008年）

地　区	农林牧渔业总产值（亿元）	比上年增长（%）	林牧渔业产值（亿元）	林牧渔业产值占总产值的比重（%）
全　省	**5646.75**	**5.1**	**2504.58**	**44.4**
济南市	308.69	5.0	120.88	39.2
青岛市	400.85	2.2	209.53	52.3
淄博市	151.23	6.7	47.43	31.4
枣庄市	183.38	1.9	57.75	31.5
东营市	138.06	5.0	67.78	49.1
烟台市	497.81	3.0	252.18	50.7
潍坊市	561.64	6.8	244.95	43.6
济宁市	505.49	4.7	192.79	38.1
泰安市	283.76	4.6	109.27	38.5
威海市	259.72	4.1	190.89	73.5
日照市	141.64	4.4	69.71	49.2
莱芜市	55.39	3.5	24.99	45.1
临沂市	433.42	5.3	168.03	38.8
德州市	380.56	4.3	151.96	39.9
聊城市	342.80	4.3	90.82	26.5
滨州市	240.19	4.8	101.81	42.4
菏泽市	352.84	3.1	118.58	33.6

各市主要指标（六）

（2008年）

地　区	粮食产量（万吨）	棉花产量（万吨）	油料产量（万吨）	水果产量（万吨）
全　省	**4260.50**	**104.06**	**340.63**	**2612.62**
济南市	281.50	3.54	5.95	136.41
青岛市	333.66	0.42	47.15	127.59
淄博市	157.74	1.77	1.76	96.77
枣庄市	180.03	0.37	11.68	52.48
东营市	72.93	13.63	0.47	22.36
烟台市	240.72	0.01	48.97	473.78
潍坊市	491.20	5.16	29.97	271.30
济宁市	416.94	16.56	28.44	159.81
泰安市	290.68	1.24	19.89	73.25
威海市	100.13	0.00	26.43	91.68
日照市	106.35	0.13	23.78	32.75
莱芜市	27.38	0.12	1.77	10.80
临沂市	432.47	1.25	79.46	274.70
德州市	572.48	25.06	2.21	98.61
聊城市	459.92	9.74	16.52	195.62
滨州市	276.96	16.11	1.10	134.74
菏泽市	505.02	28.87	32.42	309.28

注：水果产量包括果用瓜和园林水果。

各市主要指标（七）

（2008年）

地　区	肉类总产量（万吨）	水产品产量（万吨）	规模以上工业增加值（亿元）	比上年增长（%）
全　省	**660.31**	**749.07**	**16718.75**	**13.8**
济南市	36.20	4.09	1094.96	12.0
青岛市	51.54	105.74	2018.96	14.0
淄博市	12.93	2.91	1433.10	12.9
枣庄市	21.03	4.27	594.65	16.3
东营市	20.97	41.82	1676.48	14.5
烟台市	40.23	184.04	2005.73	17.5
潍坊市	103.70	46.20	1343.46	14.4
济宁市	65.29	30.36	1047.70	17.6
泰安市	32.74	6.94	800.57	16.8
威海市	10.80	205.64	1003.26	10.8
日照市	14.31	46.47	369.57	28.2
莱芜市	5.60	0.34	304.19	12.0
临沂市	57.34	11.60	884.17	16.5
德州市	52.02	7.28	695.08	16.1
聊城市	43.28	32.61	674.37	16.9
滨州市	34.73	6.34	660.55	13.0
菏泽市	52.45	12.44	352.39	25.7

注:1. 全省肉类总产量系与农业普查衔接后的数据。
2. 工业指标均为规模以上工业口径。

各市主要指标（八）

（2008年）

地　区	工业主营业务收入（亿元）	比上年增长（%）	工业利润总额（亿元）	比上年增长（%）
全　省	**61739.27**	**26.5**	**3836.52**	**13.3**
济南市	3704.00	21.2	179.95	1.8
青岛市	7887.52	24.1	254.51	-9.4
淄博市	5249.50	23.7	237.48	-12.3
枣庄市	2198.56	33.4	154.50	26.2
东营市	4205.88	34.2	752.66	38.1
烟台市	7711.76	24.5	533.85	17.0
潍坊市	5418.26	24.3	282.02	18.8
济宁市	3124.54	35.0	269.29	34.6
泰安市	2543.43	30.6	178.50	35.8
威海市	4196.47	19.0	192.69	14.9
日照市	1512.41	53.6	105.01	26.5
莱芜市	1306.94	31.8	38.34	-21.1
临沂市	3127.86	31.5	168.56	22.4
德州市	2740.50	31.2	161.87	11.0
聊城市	2607.46	25.5	160.36	15.3
滨州市	2786.90	24.4	126.24	-5.8
菏泽市	1355.54	41.4	71.04	43.5

各市主要指标（九）

（2008年）

地区	工业利税总额（亿元）	比上年增长（%）	产成品（亿元）	比上年增长（%）
全省	**6430.46**	**18.2**	**2245.55**	**24.0**
济南市	361.89	8.2	268.31	62.8
青岛市	577.71	1.1	308.31	16.1
淄博市	450.65	-1.8	157.99	18.7
枣庄市	272.76	23.4	46.50	45.5
东营市	1239.11	56.1	120.31	34.1
烟台市	709.82	15.7	245.23	10.8
潍坊市	447.08	16.6	220.59	17.8
济宁市	417.80	31.1	150.88	54.3
泰安市	308.58	35.4	69.51	22.7
威海市	293.87	15.5	115.37	7.8
日照市	149.53	27.4	57.44	-2.1
莱芜市	89.88	-9.3	62.37	24.5
临沂市	260.59	22.0	161.11	30.2
德州市	304.39	15.0	69.20	29.7
聊城市	248.49	15.5	74.21	24.0
滨州市	210.91	0.4	78.50	3.1
菏泽市	128.51	48.5	39.11	17.9

各市主要指标（十）

（2008年）

地区	工业亏损面（%）	比上年增减百分点	亏损企业亏损额（亿元）	比上年增长（%）
全省	**7.11**	**23.2**	**316.45**	**315.7**
济南市	13.63	18.5	33.16	244.3
青岛市	16.21	18.3	125.52	385.0
淄博市	6.31	20.9	66.12	572.0
枣庄市	3.32	25.0	6.08	394.3
东营市	2.40	-24.0	0.58	-34.9
烟台市	8.26	14.2	10.68	80.0
潍坊市	3.89	30.0	10.12	225.4
济宁市	5.57	44.4	19.08	260.3
泰安市	4.19	18.8	3.36	119.6
威海市	7.34	37.0	3.82	89.6
日照市	6.55	-1.7	5.08	35.9
莱芜市	23.76	68.6	2.27	276.4
临沂市	4.31	22.0	10.43	280.6
德州市	1.14	93.8	1.29	234.9
聊城市	2.56	66.7	6.57	1637.7
滨州市	10.01	32.0	5.63	143.2
菏泽市	3.24	2.1	2.01	171.5

各市主要指标（十一）

（2008年）

地　区	应收帐款净额（亿元）	比上年增长（%）	产品销售率（%）	比上年增减百分点
全　省	**2691.48**	**18.4**	**98.30**	**0.12**
济南市	231.50	16.6	98.14	-0.14
青岛市	553.71	15.9	96.96	0.36
淄博市	218.18	17.3	98.26	-0.06
枣庄市	47.46	38.9	99.36	-0.01
东营市	128.97	30.8	98.72	1.74
烟台市	326.87	9.4	98.56	0.21
潍坊市	254.70	16.0	98.07	-0.38
济宁市	153.49	32.9	98.09	-0.43
泰安市	111.40	28.1	98.15	-0.44
威海市	161.73	-1.8	98.73	0.02
日照市	60.10	28.6	99.61	1.88
莱芜市	48.75	63.5	97.73	-1.29
临沂市	139.03	47.6	97.57	-0.15
德州市	57.57	18.8	99.25	0.33
聊城市	68.54	9.2	99.08	-0.17
滨州市	77.82	21.3	98.74	-0.39
菏泽市	41.35	30.1	99.15	0.61

各市主要指标（十二）

（2008年）

地　区	高新技术产业产值占规模以上工业比重（%）	比上年增减百分点	全社会投资额（亿元）	比上年增长（%）
全　省	**30.73**	**1.52**	**15435.42**	**23.1**
济南市	37.33	1.95	1415.33	23.3
青岛市	46.31	0.06	2019.01	23.5
淄博市	33.54	1.41	807.97	24.9
枣庄市	17.31	2.01	462.36	25.9
东营市	19.24	0.51	873.81	25.1
烟台市	39.37	4.69	1953.79	24.1
潍坊市	28.09	2.80	1499.88	26.2
济宁市	30.81	1.86	796.34	25.1
泰安市	28.75	1.87	802.98	25.8
威海市	31.91	1.85	926.14	23.7
日照市	15.42	2.04	518.43	26.4
莱芜市	15.06	1.93	207.46	25.5
临沂市	26.51	1.87	897.50	26.1
德州市	22.30	1.79	732.89	26.0
聊城市	24.43	1.57	525.22	25.3
滨州市	13.86	0.65	578.69	21.0
菏泽市	19.31	1.39	380.63	18.3

各市主要指标（十三）

（2008年）

地区	房地产开发投资额（亿元）	比上年增长（%）	社会消费品零售额（亿元）	比上年增长（%）
全省	**1975.60**	**29.9**	**10381.20**	**23.0**
济南市	274.12	41.9	1356.68	23.0
青岛市	373.14	15.8	1464.77	22.2
淄博市	121.37	15.3	729.62	23.0
枣庄市	38.88	11.9	297.60	22.9
东营市	67.99	7.1	254.61	23.3
烟台市	263.69	28.6	1023.44	23.4
潍坊市	196.44	25.4	830.30	23.1
济宁市	68.56	19.6	728.34	23.2
泰安市	43.07	27.0	466.84	23.4
威海市	150.22	58.5	483.62	23.2
日照市	54.09	44.2	212.36	23.3
莱芜市	12.84	-5.2	135.60	21.2
临沂市	119.00	77.4	816.94	23.6
德州市	63.80	32.7	476.29	23.0
聊城市	33.13	29.1	396.73	23.1
滨州市	50.67	116.5	302.62	23.0
菏泽市	44.60	20.8	404.85	23.5

各市主要指标（十四）

（2008年）

地区	进出口总值（亿美元）	比上年增长（%）	出口总值（亿美元）	比上年增长（%）
全省	**1581.45**	**29.0**	**931.75**	**23.8**
济南市	80.27	29.1	45.97	33.8
青岛市	536.52	17.3	326.31	15.3
淄博市	56.93	21.3	36.33	21.2
枣庄市	6.69	4.1	5.18	-4.2
东营市	41.19	55.3	19.72	40.7
烟台市	350.31	46.3	206.47	46.5
潍坊市	83.79	28.8	65.41	26.2
济宁市	32.68	23.7	18.65	8.2
泰安市	15.08	12.1	9.21	8.0
威海市	118.05	10.0	74.55	9.6
日照市	92.68	60.9	25.25	28.6
莱芜市	27.63	67.6	13.66	12.4
临沂市	39.89	27.0	26.30	17.1
德州市	15.48	48.6	12.19	38.7
聊城市	29.06	69.0	15.15	51.7
滨州市	45.28	34.8	23.01	22.3
菏泽市	9.94	16.7	8.37	15.8

各市主要指标（十五）

（2008年）

地　　区	进口总值（亿美元）	比上年增长（%）	实际到帐外资金额（万美元）	比上年增长（%）
全　　省	**649.70**	**37.1**	**820246**	**10.2**
济南市	34.30	23.3	86448	40.6
青岛市	210.21	20.7	260595	5.8
淄博市	20.59	21.5	31247	16.4
枣庄市	1.51	48.5	17652	89.8
东营市	21.47	71.6	17961	15.0
烟台市	143.84	46.0	105786	12.0
潍坊市	18.38	38.8	48495	17.0
济宁市	14.03	52.7	38778	22.9
泰安市	5.87	19.1	15788	107.5
威海市	43.50	10.8	52615	31.3
日照市	67.42	77.7	51288	171.4
莱芜市	13.97	222.3	7591	5.0
临沂市	13.59	51.6	30314	-27.8
德州市	3.29	101.8	16415	15.2
聊城市	13.91	92.9	11864	173.9
滨州市	22.27	50.8	16603	-47.2
菏泽市	1.56	21.5	10806	4.1

各市主要指标（十六）

（2008年）

地　　区	地方财政一般预算收入（亿元）	比上年增长（%）	地方财政支出（亿元）	比上年增长（%）
全　　省	**1956.87**	**16.8**	**2704.76**	**19.6**
济南市	186.02	18.5	221.49	23.1
青岛市	342.44	17.0	369.41	15.0
淄博市	114.69	17.2	141.78	20.6
枣庄市	52.73	16.6	79.91	17.3
东营市	70.95	18.0	89.72	17.6
烟台市	166.17	18.0	209.25	19.9
潍坊市	131.96	19.3	182.35	22.6
济宁市	119.45	18.0	174.67	22.2
泰安市	76.40	19.0	111.62	6.7
威海市	93.67	14.2	122.22	18.3
日照市	36.33	25.4	57.08	23.1
莱芜市	30.25	16.0	39.38	14.0
临沂市	80.23	16.7	152.40	19.9
德州市	47.10	12.1	95.78	24.3
聊城市	48.93	15.4	91.20	21.5
滨州市	70.37	18.5	100.88	18.8
菏泽市	50.48	19.9	115.43	20.8

各市主要指标（十七）

（2008年）

地区	国税税收收入（亿元）	比上年增长（%）	地税税收收入（亿元）	比上年增长（%）
全省	**2640.99**	**19.6**	**1104.39**	**16.6**
济南市	250.04	9.2	144.83	17.5
青岛市	714.38	23.8	206.12	13.1
淄博市	136.94	-9.5	64.28	11.4
枣庄市	51.06	20.5	39.46	19.3
东营市	67.18	17.5	51.90	10.2
烟台市	237.58	20.8	106.63	18.6
潍坊市	157.57	18.2	84.04	21.1
济宁市	143.84	23.4	92.23	19.4
泰安市	59.52	22.7	40.60	29.7
威海市	70.64	6.6	53.65	16.4
日照市	163.05	52.8	22.10	17.9
莱芜市	58.24	18.6	20.08	16.3
临沂市	84.68	12.8	48.00	15.1
德州市	50.03	12.4	32.13	26.0
聊城市	66.97	21.4	29.09	12.2
滨州市	92.76	20.5	35.72	8.3
菏泽市	41.44	30.2	33.52	21.9

各市主要指标（十八）

（2008年）

地区	金融机构存款余额（亿元）	金融机构贷款余额（亿元）	居民储蓄存款余额（亿元）
全省	**26930.18**	**20053.89**	**14382.18**
济南市	5036.83	4116.88	1588.53
青岛市	4735.37	3748.33	2123.36
淄博市	1677.91	1076.86	1007.36
枣庄市	617.93	411.57	373.83
东营市	1032.78	695.89	554.07
烟台市	2570.05	1575.58	1566.76
潍坊市	2040.44	1495.56	1326.48
济宁市	1460.27	864.62	888.17
泰安市	974.12	605.11	624.83
威海市	1126.39	778.44	700.51
日照市	612.13	533.05	321.02
莱芜市	444.79	350.14	216.41
临沂市	1407.83	1041.49	997.16
德州市	881.44	617.15	610.24
聊城市	828.45	601.33	570.43
滨州市	691.43	646.61	382.29
菏泽市	696.42	478.93	530.00

各市主要指标（十九）

（2008年）

地　　区	城镇居民人均可支配收入（元）	比上年增长（%）	城镇居民人均消费支出（元）	比上年增长（%）
全　省	**16305**	**14.3**	**11007**	**13.9**
济南市	20802	15.5	13905	12.2
青岛市	20464	14.6	14999	12.1
淄博市	17629	11.2	11447	12.3
枣庄市	14320	13.8	8842	15.8
东营市	19487	15.0	12416	14.2
烟台市	19350	15.4	13152	11.2
潍坊市	15691	14.4	11575	7.2
济宁市	16246	13.8	10086	18.3
泰安市	16095	16.5	11732	17.7
威海市	18537	13.8	13521	12.6
日照市	14409	10.7	10119	9.7
莱芜市	17224	15.5	10789	17.3
临沂市	17136	17.6	10926	11.2
德州市	14545	17.4	9536	11.0
聊城市	14559	17.4	9459	19.1
滨州市	15960	14.9	10815	18.1
菏泽市	11581	19.2	7698	13.0

各市主要指标（二十）

（2008年）

地　　区	农民人均纯收入（元）	比上年增长（%）	农民人均生活消费支出（元）	比上年增长（%）
全　省	**5641**	**13.2**	**4077**	**12.6**
济南市	7180	14.0	4385	15.7
青岛市	8509	13.8	5303	12.0
淄博市	7364	13.9	4757	10.7
枣庄市	5723	10.9	3491	8.2
东营市	6661	13.5	4160	7.2
烟台市	7935	13.7	4206	8.0
潍坊市	7072	12.6	4828	17.1
济宁市	5965	13.2	3735	13.3
泰安市	6046	13.9	3573	13.6
威海市	8495	9.8	4701	6.2
日照市	6038	13.5	3583	7.7
莱芜市	6646	12.4	3773	10.0
临沂市	5382	14.0	3312	12.6
德州市	5659	13.5	2731	18.7
聊城市	5108	13.5	2942	11.7
滨州市	5661	13.5	3749	8.8
菏泽市	4584	13.9	3085	19.6

主要统计指标解释

根据鲁统字[2004]12号文及国统字【2004】4号文的精神,从2004年1月起将地区 **GDP** 的中文名称作如下调整:地区 **GDP** 的中文名称改为"地区生产总值";特定地区的 **GDP** 用行政区的名字作定语,如"**XX** 省生产总值",简称为"**XX** 省 **GDP**"。各地 **GDP** 称为"各地生产总值"。

国民生产总值(GNP) 指一个国家(或地区)所有常住单位在一定时期内收入初次分配的最终结果。一国常住单位从事生产活动所创造的增加值在初次分配中主要分配给该国的常住单位,但也有一部分以生产税及进口税(扣除生产和进口补贴)、劳动者报酬和财产收入等形式分配给非常住单位;同时,国外生产所创造的增加值也有一部分以生产税及进口税(扣除生产和进口补贴)、劳动者报酬和财产收入等形式分配给该国的常住单位,从而产生了国民生产总值的概念。它等于国内生产总值加上来自国外的初次分配收入净额。与国内生产总值不同,国民生产总值是个收入概念,而国内生产总值是个生产概念。

国内生产总值(GDP) 指一个国家(或地区)所有常住单位在一定时期内生产活动的最终成果。

国内生产总值有三种表现形态,即价值形态、收入形态和产品形态。从价值形态看,它是所有常住单位在一定时期内生产的全部货物和服务价值超过同期中间投入的全部非固定资产货物和服务价值的差额,即所有常住单位的增加值之和;从收入形态看,它是所有常住单位在一定时期内创造并分配给常住单位和非常住单位的初次收入分配之和;从产品形态看,它是所有常住单位在一定时期内最终使用的货物和服务价值与货物和服务净出口价值之和。在实际核算中,国内生产总值有三种计算方法,即生产法、收入法和支出法。三种方法分别从不同的方面反映国内生产总值及其构成。

①生产法 是从生产过程中生产的货物和服务总产品价值入手,剔除生产过程中投入的中间产品的价值,得到增加价值的一种方法,公式为:

增加值 = 总产出 - 中间投入

总产出:是一定时期内一个国家(或地区)常住单位生产的所有货物和服务的价值。既包括新增价值,也包括转移价值。

中间投入:是常住单位在生产或提供货物与服务过程中,消耗和使用的所有非固定资产货物和服务的价值。中间投入也称为中间消耗。

增加值:是指常住单位生产过程创造的新增价值和固定资产的转移价值。按生产法计算它等于总产出减去中间投入。

②收入法 收入法也称分配法,按收入法计算国内生产总值是从生产过程创造收入的角度,对常住单位的生产活动成果进行核算。按照这种计算方法,增加值由劳动者报酬、生产税净额、固定资产折旧和营业盈余四个部分组成。用公式表示为:

增加值 = 劳动者报酬 + 生产税净额 + 固定资产折旧 + 营业盈余

国民经济各部门的增加值之和等于国内生产总值。

劳动者报酬:指劳动者因从事生产活动所获得的全部报酬。它包括劳动者获得的各种形式工资、奖金和津贴,既包括货币形式的,也包括实物形式的,它还包括劳动者所享受的公费医疗和医疗卫生费、上下班交通补贴和单位直接支付的社会保险费等。

生产税净额:生产税减生产补贴后的差额。

生产税:指政府对生产单位生产、销售和从事经营活动以及因从事生产活动使用某些生产要素,如固定资产、土地、劳动力所征收的各种税、附加费、和规费。具体包括销售税金及附加、增值税、管理费中开支的各种税、应交纳的养路费、排污费和水电费附加、烟酒专卖上缴政府的专项收入等。

生产补贴:与生产税相反,是政府对生产单位的单方面收入转移,因此视为负生产税处理,包括政策亏损补贴、粮食系统价格补贴、外贸企业出口退税收入等。

固定资产折旧:指一定时期内为弥补固定资产损耗按照核定的固定资产折旧率提取的固定资产折旧,或按国民经济核算统一规定的折旧率虚拟计算的固定资产折旧。它反映了固定资产在当期生产中的转移价值。各种类型企业和企业化管理的事业单位的固定资产折旧指实际计提并计入成本费用中的折旧费;不计提折旧的单位,如政府机关、非企业化管理的事业单位和居民住房的固定资产折旧则是按照统一规定的折旧率和固定资产原值计算的虚拟折旧。

营业盈余:是指常住单位创造的增加值扣除劳动者报酬、生产税净额和固定资产折旧后的余额。它相当于企业的营业利润加上生产补贴,但要扣除从利润中开支的工资和福利等。

③**支出法** 支出法是从最终使用角度来反映国内生产总值最终去向的一种方法。最终使用包括货物和服务的最终消费支出、资本形成总额、货物和服务净出口三部分。最终消费是指常住单位在一定时期内对于货物和服务的全部最终消费支出,也就是常住单位为满足人们物质、文化和精神生活的需要,从本国经济领土和国外购买的货物和服务的支出。最终消费分为居民消费和政府消费。

最终消费 指常住单位在一定时期内对于货物和服务的全部最终消费支出,也就是常住单位为满足物质、文化和精神生活的需要,从本国经济领土和国外购买的货物和服务的支出;不包括非常住单位在本国经济领土内的消费支出。最终消费分为居民消费和政府消费。

居民消费 指常住住户对货物和服务的全部最终消费支出。居民消费按市场价格计算,即按居民支付的购买者价格计算。购买者价格是购买者取得货物所支付的价值,包括购买者支付的运输和商业费用。居民消费除了直接以货币形式购买货物和服务的消费之外,还包括以其他方式获得的货物和服务的消费支出,即所谓的虚拟消费支出。居民虚拟消费支出包括以下几种类型:单位以实物报酬及实物转移的形式提供给劳动者的货物和服务;住户生产并由本住户消费了的货物和服务,其中的服务仅指住户的自有住房服务;金融机构提供的金融媒介服务;保险公司提供的保险服务。

政府消费 指政府部门为全社会提供公共服务的消费支出和免费或以较低价格向住户提供的货物和服务的净支出。前者等于政府服务的产出价值减去政府单位所获得的经营收入的价值,政府服务的产出价值等于它的经常性业务支出加上固定资产折旧;后者等于政府部门免费或以较低价格向住户提供的货物和服务的市场价值减去向住户收取的价值。

资本形成总额 指常住单位在一定时期内获得的减去处置的固定资产加存货的变动,包括固定资本形成总额和存货增加。

固定资本形成总额 指常住单位购置、转入和自产自用的固定资产,扣除固定资产的销售和转出后的价值,分有形固定资产形成总额和无形固定资产形成总额。有形固定资产形成总额包括一定时期内完成的建筑工程、安装工程和设备工器具购置(减处置)价值,以及土地改良、新增役、种、奶、毛、娱乐用牲畜和新增经济林木价值。无形固定资产形成总额包括矿藏的勘探、计算机软件、娱乐和文学艺术品原件等获得减处置。

存货增加 指常住单位存货实物量变动的市场价值,即期末价值减期初价值的差额。存货增加可以是正值,也可以是负值;正值表示存货上升,负值表示存货下降。它包括生产单位购进的原材料、燃料和储备物资等存货,以及生产单位生产的产成品、在制品等存货等。

货物和服务净出口 指货物和服务出口减货物和服务进口的差额。出口包括常住单位向非常住单位出售或无偿转让的各种货物和服务的价值;进口包括常住单位从非常住单位购买或无偿得到的各种货物和服务的价值。由于服务活动的提供与使用同时发生,因此服务的进出口业务并不发生出入境现象,一般把常住单位从国外得到的服务作为进口,非常住单位从本国得到的服务作为出口。货物的出口和进口都按离岸价格计算。

三次产业 是根据社会生产活动历史发展的顺序对产业结构的划分,产品直接取自自然界的部门称为第一产业,对初级产品进行再加工的部门称为第二产业,为生产和消费提供各种服务的部门称为第三产业。它是世界上较为通用的产业结构分类,但各国的划分不尽一致。

按照国民经济行业分类标准(***GB/T***4754 - 2002)和我国的实际情况,我国的三次产业划分是:

第一产业:农林牧渔业(包括农业、林业、畜牧业、渔业、农林牧渔服务业)。

第二产业:工业(包括采掘业,制造业,电力、煤气及水的生产和供应业)和建筑业。

第三产业:除第一、第二产业以外的其他各业。由于第三产业包括的行业多、范围广,根据我国的实际情况,第三产业分为十五个门类。具体为:交通运输、仓储和邮政业,信息传输、计算机服务和软件业,批发和零售业,住宿和餐饮业,金融业,房地产业,租赁和商务服务业,科学研究、技术服务和地质勘查业,水利、环境和公共设施管理业,居民服务和其他服务业,教育,卫生、社会保障和社会福利业,文化、体育和娱乐业,公共管理和社会组织,以及国际组织。

当年价格 指报告期的实际价格,如工业品的出厂价格,农产品的收购价格,商业的零售价格等。按当年价格计算,是指一些以货币表现的物量指标,如工农业总产值、国内生产总值等,按照当年的实际价格来计算总量。使用当年价格计算的数字,是为了使国民经济各项指标互相衔接,便于考察当年社会经济效益,便于对生产流通、生产和分配、生产和消费进行经济核算和综合平衡。

按当年价格计算的价值指标,在不同年份之间进行对比时,因为包含有各年间价格变动的因素,不能确切地反映实物量的增减变动。必须消除价格变动因素后,才能真实反映经济发展动态。因此,在计算增长速度时都使用按可比价格计算的数字。

可比价格 指计算各种总量指标所采用的扣除了价格变动因素的价格,可进行不同时期总量指标的对比。按可比价格计算总量指标有两种方法:一种是直接用产品产量乘某一年的不变价格计算;另一种是用价格指数进行换算。

不变价格 指以同类产品某一时期的平均价格作为固定价格,用于计算各时期的产品价值。按不变价格计算的产品价值消除了价格变动因素,不同时期对比可以反映生产的发展速度。新中国成立后,随着工农业产品价格水平的变化,国家统计局先后五次制定了全国统一的工业产品不变价格和农业产品不变价格。从 1949 年到 1957 年使用 1952 年工(农)业产品不变价格,从 1957 年到 1971 年使用 1957 年不变价格,从 1971 年到 1981 年使用 1970 年不变价格,从 1981 年到 1990 年使用 1980 年不变价格,从 1991 年开始使用 1990 年不变价格。

平均增长速度:我国计算平均增长速度有两种方法:一种是习惯上经常使用的“水平法”,又称几何平均法,是以间隔期最后一年的水平同基期水平对比来计算平均每年增长(或下降)速度;另一种是“累计法”,又称代数平均法或方程法,是以间隔期内各年水平的总和同基期水平对比来计算平均每年增长(或下降)速度。在一般正常情况下,两种方法计算的平均每年增长速度比较接近;但在经济发展不平衡、出现大起大落时,两种方法计算的结果差别较大。

总人口 指一定时点、一定地区范围内有生命的个人的总和。按不同统计范围分为常住人口和户籍人口;两种人口均指每年 12 月 31 日 24 时的人口。

从业人员 指从事一定社会劳动并取得劳动报酬或经营收入的全部劳动力。包括:

①全部在岗职工

②城镇私营企业从业人员

③城镇个体劳动者

④农村社会劳动者

⑤其他社会劳动者

这一指标取代了现行制度中的社会劳动者，它反映了一定时期内全部劳动力资源的实际利用情况，是研究我国基本国情国力的重要指标。

职工 指在国有经济、城镇的集体经济、联营经济、股份制经济、外商和港、澳、台投资经济、其他经济单位及其附属机构工作，并由其支付工资的各类人员。不包括城镇私营企业和乡镇企业从业人员。

在岗职工 指在本单位工作并由单位支付工资的人员以及有工作岗位，但由于学习、病伤、产假等原因暂未工作，仍由单位支付工资的人员。

从业人员劳动报酬 指各单位在一定时期内直接支付给本单位全部从业人员的劳动报酬总额。包括在岗职工工资总额和本单位其他从业人员劳动报酬两部分。

在岗职工工资总额 指各单位在一定时期内直接支付给本单位全部在岗职工的劳动报酬总额。包括：计时工资、计件工资、奖金、津贴和补贴、加班加点工资和其他工资。

职工平均工资 指企业、事业、机关单位的职工在一定时期内平均每人所得的货币工资额。它表明一定时期职工工资收入的高低程度，是反映职工工资水平的主要指标。计算公式为：

职工平均工资＝报告期实际支付的全部职工工资总额/报告期全部职工平均人数

固定资产投资 是社会固定资产再生产的主要手段。通过建造和购置固定资产的活动，国民经济不断采用先进技术装备，建立新兴部门，进一步调整经济结构和生产力的地区分布，增强经济实力，为改善人民物质文化生活创造物质条件。

固定资产投资额是以货币表现的建造和购置固定资产活动的工作量，它是反映固定资产投资规模、速度、比例关系和使用方向的综合性指标。全社会固定资产投资按登记注册类型可分为国有、集体、股份合作、联营、有限责任公司、股份有限公司、港澳台商、外商、个人投资等。按照我国现行计划管理体制，全社会固定资产投资总额分为基本建设、更新改造、房地产开发投资和其他固定资产投资四个部分。其他固定资产投资中的城乡集体投资包括城镇集体投资和农村集体投资。城乡居民个人投资包括私营个体投资、城市、县城镇所辖范围内的个人建房和农村个人建房及购买生产性固定资产的投资。

基本建设投资 是指利用国家预算内拨款、自筹资金、国内外基本建设贷款以及其他专项资金进行的，扩大生产能力（或新增工程效益）为主要目的新建、扩建工程及有关的工作。基本建设投资综合范围为计划总投资（或实际需要总投资）50万元及50万元以上的基本建设项目。具体包括：

（1）列入中央和各级地方本年基本建设计划的建设项目，以及虽未列入本年基本建设计划，但使用以前年度基建计划内结转的投资（包括利用基建库存设备材料）在本年继续施工的建设项目。

（2）本年基本建设计划内投资与更新改造计划内投资结合安排的新建项目和新增生产能力（或工程效益）达到大中型项目标准的扩建项目，以及为改变生产力布局而进行的全厂性迁建项目。

（3）国有单位既未列入基建计划，也未列入更新改造计划的新建、扩建、恢复项目和为改变生产力布局而进行的全厂性迁建项目，以及行政、事业单位增建业务用房和行政单位增建生活福利设施的项目。

更新改造投资 一般是利用企业折旧资金、国家更新改造预算拨款、企业自由资金、国内外技术改造贷款等资金，对现有企、事业单位原有设施进行技术改造（包括固定资产更新）以及相配套的辅助性生产、生活福利设施等工程和有关的工作。

更新改造投资综合范围为计划总投资（或实际需要总投资）50万元及50万元以上的更新改造单位（或项目）。具体包括：

（1）列入中央和各级地方本年更新改造计划的投资单位（或项目）以及未列入本年更新改造计划，但使用上年更新改造计划内结转的投资在本年继续施工的单位（或项目）。

（2）本年更新改造计划内投资与基本建设计

划内投资结合安排的对企、事业单位原有设施进行技术改造或更新的项目和增建主要生产车间、分厂等,其新增生产能力(或工程效益)未达到大中型项目标准的项目,以及由于城市环境保护和安全生产的需要而进行的迁建工程。

(3)国有企、事业单位既未列入基建计划也未列入更新改造计划,属于改建或更新改造性质的项目,以及由于城市环境保护和安全生产的需要而进行的迁建工程。根据更新改造项目的直接用途,可分为:

a. 增产:是指增加工业以及农、牧、渔业产品生产能力的建设的项目。

b. 节约能源:指节约煤、电、油等燃料动力的项目,如为了压缩燃料的消耗而进行的烧油锅炉改烧煤工程;为节约用煤而进行的低效锅炉改造、余热利用等工程;为了压缩用电而进行的电加热设备改为红外线技术工程等等。

c. 其他节约:指节约钢材、木材、棉花、化工原料等各种原材料的项目和其他节约项目。

d. 增加品种:指增加产品花色品种的项目。

e. 提高产品质量:指提高产品质量,促进产品升级换代的项目。

f. 三废治理:指各生产企业为减少和消除环境污染、回收物资等而治理废水、废气、废渣的项目。

g. 其他:指除上述各项用途之外的更新改造投资。

其他固定资产投资其他固定资产投资综合范围包括:

(1)国有单位按规定不纳入基本建设计划和更新改造计划管理,计划总投资(或实际需要总投资)50万元及50万元以上的以下工程:

①用油田维护费和石油开发基金进行的油田维护和开发工程;

②煤炭、铁矿、森工等采掘采伐业用维简费进行的开拓延伸工程;

③交通部门用公路养路费对原有公路、桥梁进行改建的工程;

④商业部门用简易建筑费建造的仓库工程。

(2)城镇集体经济单位固定资产投资:所有隶属城市、县城和经国务院及省、自治区、直辖市批准建制的镇领导的集体经济单位(乡镇企业局管理的除外)建造和购置固定资产其计划总投资(或实际需要总投资)50万元及50万元以上的单位(项目)。

(3)除国有、城镇集体以外的其他各种登记注册类型的企业,事业单位建造和购置固定资产其计划总投资(或实际需要总投资)50万元及50万元以上、未列入基本建设计划和更新改造计划的单位(项目)。

房地产开发投资 房地产开发投资额又称房地产开发工作量,是指房地产开发公司、商品房建设公司及其他房地产开发单位进行土地开发工程、商品房屋建设工程所完成的投资额。

房地产开发投资综合范围包括各种房地产开发公司、商品房建设公司及其他房地产开发单位统一开发的包括统代建、拆迁还建的住宅、厂房、仓库、饭店、宾馆、度假村、写字楼、办公楼等房屋建筑物和配套的服务设施、土地开发工程,如道路、给水、排水、供电、供热、通讯、平整场地等基础设施工程。包括附属于其他法人单位实际从事房地产开发或经营的活动单位。

商品房建设投资额:是指房地产开发企业(单位)开发建设的供出售、出租用的商品住宅、厂房、仓库、饭店、度假村、写字楼、办公楼等房屋工程及其配套的服务设施所完成的投资额(含拆迁、回迁还建用房)。

商品住宅:是指房地产开发企业(单位)建设并出售、出租给使用者,仅供居住用的房屋。

土地开发投资额:是指房地产开发企业(单位)进行的土地开发工程所完成的投资额,如进行场地平整、道路、给水、排水、供电、供热、通讯等工程所完成的投资额。未进行开发工程、只进行单纯的土地交易活动不作为土地开发投资统计。

城镇私人建房投资和农村个人投资城镇私人建房包括市、县城镇所辖范围内的全部私人建房,不论其房主是否系本地的常住户口均应包括。农村个人投资包括农村个人建房及购置生产性固定资产的投资。

固定资产投资资金来源：

本年资金来源：是指固定资产投资单位在报告期收到的，用于固定资产投资的各种货币资金。包括国家预算内资金、国内贷款、债券、利用外资、自筹资金和其他资金。

（1）国家预算内资金：分为财政拨款和财政安排的贷款两部分。包括中央财政的基本建设基金（分经营性基金和非经营性基金两部分）、专项支出（如煤代油专项等）、收回再贷、贴息资金，财政安排的挖潜改造和新产品试制支出、城建支出、商业部门简易建筑支出、不发达地区发展基金等资金中用于固定资产投资的资金、地方财政中由国家统筹安排的资金等。

（2）国内贷款：指报告期固定资产投资单位向银行及非银行金融机构借入的用于固定资产投资的各种国内借款，包括银行利用自有资金及吸收的存款发放的贷款、上级主管部门拨入的国内贷款、国家专项贷款（包括煤代油贷款、劳改煤矿专项贷款等），地方财政专项资金安排的贷款、国内储备贷款、周转贷款等。

银行贷款：是指向各商业银行、政策性银行借入的用于固定资产投资的各项贷款。

非银行金融机构贷款：是指向除上述银行之外从事金融业务的机构借入的用于固定资产投资的各项贷款。非银行金融机构包括城市信用社、农村信用社、保险公司、金融信托投资公司、证券公司、财务公司、金融租赁公司、融资公司（中心）等。

（3）债券：是企业（公司）或金融机构通过发行各种债券，筹集用于固定资产投资的资金。包括由银行代理国家专业投资公司发行的重点企业债券和基本建设债券。

（4）利用外资：是指报告期收到的用于固定资产建造和购置的境外资金（包括设备、材料、技术在内）。包括外商直接投资、对外借款（外国政府贷款、国际金融组织贷款、出口信贷、外国银行商业贷款、对外发行债券和股票）及外商其他投资（包括补偿贸易和加工装配由外商提供的设备价款、国际租赁）。不包括我国自有外汇资金（包括国家外汇、地方外汇、留成外汇、调济外汇和中国银行自有资金发行的外汇贷款等）。

（5）自筹资金：是指报告期收到的，由各地区、各部门及企事业单位筹集用于固定资产投资的预算外资金，包括中央各部门、各级地方和企业、事业单位的自有资金。发行股票：指股份制企业通过发行股票筹集到的，用于固定资产投资的资金。

（6）其他资金来源：是指在报告期收到的除以上各种资金之外其他用于固定资产投资的资金。包括社会集资、个人资金、无偿捐赠的资金及其他单位拨入的资金等。固定资产投资按国民经济行业分建设项目归哪个行业，按其建成投产后的主要产品或主要用途及社会经济活动性质来确定。基本建设按建设项目划分国民经济行业，更新改造、国有单位其他固定资产投资及城镇集体投资根据整个企业、事业单位所属的行业来划分。一般情况下，一个建设项目或一个企业、事业单位只能属于一种国民经济行业。为了更准确地反映国民经济各行业之间的比例关系，联合企业（总厂）所属分厂属于不同行业的，原则上按分厂划分行业。

施工和竣工房屋建筑面积　房屋建筑面积是从房屋的外墙线算起的各层平面面积的总和，包括房屋结构（如柱、墙）占用的面积和地下室面积。多层建筑按各自然层面积计算，包括房屋内的楼隔层，突出墙面的眺望间、门斗、有柱雨罩的面积。不包括突出墙架结构的构件、艺术装饰等所占面积，如台阶等。

施工房屋面积　指报告期内施工的全部房屋建筑面积。包括本期新开工的面积和上期开工跨入本期继续施工的房屋面积，以及上期已停建在本期复工的房屋面积。本期竣工和本期施工后又停缓建的房屋，其建筑面积仍计入本期施工房屋面积中。

竣工房屋面积　指在报告期内房屋建筑按照设计要求已全部完工，达到住人和使用条件，经验收鉴定合格（或达到竣工验收标准），可正式移交使用的各栋房屋建筑面积的总和。

能源生产总量 指一定时期内全国一次能源生产量的总和,是观察全国能源生产水平、规模、构成和发展速度的总量指标。一次能源生产量包括原煤、原油、天然气、水电、核能及其他动力能(如风能、地热能等)发电量,不包括低热值燃料生产量、生物质能、太阳能等的利用和由一次能源加工转换而成的二次能源产量。

能源消费总量 指一定时期内全国(地区)用于生产和生活的各种能源消费量的总和。能源消费总量包括原煤和原油及其制品、天然气、电力。不包括生物能和太阳能等的利用。能源消费总量分为三部分,即终端能源消费量、能源加工转换损失量和损失量。它是观察能源消费水平、构成和增长速度的总量指标。

(1)终端能源消费量指一定时期内全国(地区)物质生产部门、非物质生产部门和生活消费的各种能源数量。不包括用于加工转换的中间能源消费量、加工转换损失量和损失量。

(2)能源加工转换损失量指一定时期内全国(地区)投入加工转换的各种能源数量之和与产出各种能源产品及其它石油制品和其它焦化产品之和的差额。它是观察能源在加工转换过程中损失量变化的指标。

(3)能源损失量指一定时期内能源在输送、分配、储存过程中发生的经营管理损失和由于客观原因造成的各种损失量。不包括各种气体能源放空、放散量。

财政收入 指国家财政参与社会产品分配所取得的收入,是实现国家职能的财力保证。财政收入所包括的内容几经变化,目前主要包括:

(1)各项税收:包括增值税、营业税、消费税、土地增值税、城市维护建设税、资源税、城市土地使用税、印花税、固定资产投资方向调节税、个人所得税、企业所得税、关税、农牧业税和耕地占用税等。

(2)专项收入:包括征收排污费收入、征收城市水资源费收入、教育费附加收入等。

(3)其他收入:包括基本建设贷款归还收入、基本建设收入、捐赠收入等。

(4)国有企业计划亏损补贴:这项为负收入,冲减财政收入。

财政支出 国家财政将筹集起来的资金进行分配使用,以满足经济建设和各项事业的需要,主要包括:

(1)基本建设支出:指按国家有关规定,属于基本建设范围内的基本建设有偿使用、拨款、资本金支出以及经国家批准对专项和政策性基建投资贷款,在部门的基建投资额中统筹支付的贴息支出。

(2)企业挖潜改造资金:指国家预算内拨给的用于企业挖潜、革新和改造方面的资金。包括各部门企业挖潜改造资金和企业挖潜改造贷款资金,为农业服务的县办"五小"企业技术改造补助,挖潜改造贷款利息支出。

(3)地质勘探费用:指国家预算用于地质勘探单位的勘探工作费用,包括地质勘探管理机构及其事业单位经费、地质勘探经费。

(4)科技三项费用:指国家预算用于科技支出的费用,包括新产品试制费、中间试验费、重要科学研究补助费。

(5)支援农村生产支出:指国家财政支援农村集体(户)各项生产的支出。包括对农村举办的小型农田水利和打井、喷灌等的补助费,对农村水土保持措施的补助费,对农村举办的小水电站的补助费,特大抗旱的补助费,农村开荒补助费,扶持乡镇企业资金,农村农技推广和植保补助费,农村草场和畜禽保护补助费,农村造林和林木保护补助费,农村水产补助费,发展粮食生产专项资金。

(6)农林水利气象等部门的事业费用:指国家财政用于农垦、农场、农业、畜牧、农机、林业、森工、水利、水产、气象、乡镇企业的技术推广、良种推广(示范)、动植物(畜禽、森林)保护、水质监测、勘探设计、资源调查、干部训练等项费用,园艺特产场补助费,中等专业学校经费,飞播牧草试验补助费,营林机构、气象机构经费,渔政费以及农业管理事业费等。

(7)工业交通商业等部门的事业费:指国家预算支付给工交商各部门用于事业发展的经费,包括勘探设计费、中等专业学校经费、技术学校经费、干部训练费。

(8)文教科学卫生事业费:指国家预算用于文化、出版、文物、教育、卫生、中医、公费医疗、体育、档案、地震、海洋、通讯、电影电视、计划生育、党政群干部训练、自然科学、社会科学、科协等项事业的经费支出和高技术研究专项经费。主要包括工资、补助工资、福利费、离退休费、助学金、公务费、设备购置费、修缮费、业务费、差额补助费。

(9)抚恤和社会福利救济费:指国家预算用于抚恤和社会福利救济事业的经费。包括由民政部门开支的烈士家属和牺牲病残人员家属的一次性、定期抚恤金,革命伤残人员的抚恤金,各种伤残补助费,烈军属、复员退伍军人生活补助费,退伍军人安置费,优抚事业单位经费,烈士纪念建筑物管理、维修费,自然灾害救济事业费和特大自然灾害灾后重建补助费等。

(10)国防支出:指国家预算用于国防建设和保卫国家安全的支出,包括国防费、国防科研事业费、民兵建设以及专项工程支出等。

(11)行政管理费:包括行政管理支出,党派团体补助支出,外交支出,公安安全支出,司法支出,法院支出,检察院支出和公检法办案费用补助。

(12)价格补贴支出:指经国家批准,由国家财政拨给的政策性补贴支出。主要包括粮食加价款,粮、棉、油差价补贴,棉花收购价外奖励款,副食品风险基金,市镇居民的肉食价格补贴,平抑市价肉食、蔬菜价差补贴等以及经国家批准的教材课本、报刊新闻纸等价格补贴。

存款　企业、机关、团体或居民根据可以收回的原则,把货币资金存入银行或其他信用机构保管并取得一定利息的一种信用活动形式。根据存款对象的不同可划分:企业存款、财政存款、机关团体存款、对外贸易存款、城镇居民储蓄存款、农村存款等科目。

贷款　银行或其他信用机构根据必须归还的原则,按一定利率,为企业、个人等提供资金的一种信用活动形式。我国银行贷款,分流动资金贷款、固定资产贷款,城乡个体工商户贷款以及农户贷款等科目。

商品零售价格指数　是反映城乡商品零售价格变动趋势的一种经济指数。零售物价的调整变动直接影响到城乡居民的生活支出和国家的财政收入,影响居民购买力和市场供需平衡,影响消费与积累的比例。因此,计算零售价格指数,可以从一个侧面对上述经济活动进行观察和分析。商品零售价格指数分为食品、饮料烟酒、服装鞋帽、纺织品、中西药品、化妆品、书报杂志、文化体育用品、日用品、家用电器、首饰、燃料、建筑装璜材料、机电产品等十四个大类,国家规定 304 种必报商品,需要予以特别说明的是,从 1994 年起,国家、各省(区)和县编制的商品零售价格指数不再包括农业生产资料。

居民消费价格指数　是度量一组代表性消费品及服务项目价格水平随着时间而变动的相对数,反映居民家庭购买的消费品及服务价格水平的变动情况。它是宏观经济分析和决策、价格总水平监测和调控以及国民经济核算的重要指标。其按年度计算的变动率通常被用来作为反映通货膨胀(或紧缩)程度的指标。居民消费价格指数分为食品、烟酒及用品、衣着、家庭设备用品及维修服务、医疗保健和个人用品、交通和通讯、娱乐教育文化用品及服务、居住等八大类,下设 251 个基本分类。自 2001 年起,编制以 2000 年为固定基期的定基价格指数。

工业品出厂价格指数　是反映全部工业产品出厂价格总水平的变动趋势和程度的相对数,包括工业企业售给本企业以外所有单位的各种产品和直接售给居民用于生活消费的产品。通过工业品出厂价格指数能观察出厂价格变动对工业总产值的影响。工业品出厂价格指数采用加权算术平均公式计算。我国从 1986 年开始正式编制工业品出厂价格指数。

原材料、燃料和动力购进价格指数　是反映工业企业作为生产投入,购买原材料、燃料、动力产品的价格水平变动趋势和程度的统计指标,是扣除工业企业物质消耗成本中的价格变动影响的重要依据。

固定资产投资价格指数 是反映固定资产投资额价格变动趋势和程度的相对数。固定资产投资额是由建筑安装工程投资完成额、设备、工器具购置投资完成额和其他费用投资完成额三部分组成的。编制固定资产投资价格指数应首先分别编制上述三部分投资的价格指数,然后采用加权算术平均法求出固定资产投资价格总指数。

编制固定资产投资价格指数可以准确地反映固定资产投资中涉及的各类商品和取费项目价格变动趋势和变动幅度,消除按现价计算的固定资产投资指标中的价格变动因素,真实地反映固定资产投资的规模、速度、结构和效益,为国家科学地制定、检查固定资产投资计划并提高宏观调控水平,为完善国民经济核算体系提供科学的、可靠的依据。

可支配收入 指调查户可用于最终消费支出和其它非义务性支出以及储蓄的总和,即居民家庭可以用来自由支配的收入。计算公式为:

可支配收入 = 家庭总收入 - 交纳所得税 - 个人交纳的社会保障支出 - 记帐补贴

工薪收入 指就业人员通过各种途径得到的全部劳动报酬,包括所从事的主要职业的工资以及从事第二职业、其他兼职和零星劳动得到的其它劳动收入。

工资及补贴收入 指劳动者从工作单位得到的全部劳动报酬。既包括单位支付的计时计件劳动报酬,也包括根据国家的有关政策、法令规定,为了不使职工工资受某些特殊因素影响而支付的工资性津贴、补贴,以及根据国家法律、法规和政策规定,因病、工伤、产假、计划生育假、婚丧假、事假、探亲假、定期休假、停工学习、执行国家或社会义务等原因按计时工资标准或计时工资标准的一定比例支付的工资。

经营净收入 指家庭成员从事生产经营活动所获得的净收入。是全部生产经营收入中扣除生产成本和税金后所得的收入。

财产性收入 指家庭拥有的动产(如银行存款、有价证券)、不动产(如房屋、车辆、土地、收藏品等)所获得的收入。包括出让财产使用权所获得的利息、租金、专利收入;财产营运所获得的红利收入、财产增值收益等。

转移性收入 指国家、单位、社会团体对居民家庭的各种转移支付和居民家庭间的收入转移。包括政府对个人收入转移的离退休金、失业救济金、赔偿等;单位对个人收入转移的辞退金、保险索赔、住房公积金、家庭间的赠送和赡养等。

出售财物收入 指调查户出售家庭财物所得到的收入。由于出售财物是家庭财产从实物形态转为货币形态,家庭财产总量不变,因此不计入可支配收入中。

借贷收入 指家庭资产不发生增减的周转性收入。包括提取银行存款、提取储金会款、借入款、收回借出款、兑售有价证券、收回的投资本金、贷款等。

家庭总支出 指家庭除借贷支出以外的全部实际支出。包括消费性支出、购房建房支出、转移性支出、财产性支出、社会保障支出。支出统计是以实际购得的商品或服务的总价值填报,不论其付款方式是一次付清、分期付款,还是赊购,只要商品或服务已被消费就要按其总价值计量。

消费支出 指调查户用于本家庭日常生活的全部支出,包括食品、衣着、家庭设备用品及服务、医疗保健、交通和通讯、娱乐教育文化服务、居住、杂项商品和服务八大类等。不包括用于赠送的商品或服务。

服务性消费支出 指调查户用于本家庭支付社会提供的各种文化和生活方面的非商品性服务费用。不包括为别人付款的服务。服务消费与商品消费不同,其特点在于其劳动过程和消费过程在时间与空间上的统一。

购房与建房支出 指包括居民家庭购买住房、建房时的全部支出。

转移性支出 指居民家庭对国家、单位、住户、个人的转移支付。包括交纳的税款、捐赠和赡养支出等。

财产性支出 指家庭购买或维护财产所支付的利息等有关费用。

社会保障支出 指调查户成员参加国家法律、法规规定的社会保障项目中由个人交纳的保障支出。不包括职工所在单位交纳的那部分社会保障金。

借贷支出 包括所有权没有变化的周转性支付,如存入储蓄款、借出款;资金归还,如归还借款、归还各类贷款等。

粮食产量 指全社会的粮食作物产量。包括国营农场等全民所有制经营的、集体统一经营的和农民家庭经营的粮食产量,还包括工矿企业家属办的农场和其他生产单位的产量。粮食除包括稻谷、小麦、玉米、高粱、谷子及其他杂粮外,还包括薯类和大豆。其产量计算方法,豆类按去豆荚后的干豆计算;薯类包括甘薯和马铃薯,不包括芋头和木薯。1963 年以前按每 4 公斤鲜薯 1 公斤粮食计算,从 1964 年以后按 5 公斤鲜薯折 1 公斤粮食计算。其他粮食一律按脱粒后的原粮计算。

油料产量 指全部油料作物的生产量。包括花生、油菜籽、芝麻、向日葵籽、胡麻籽(亚麻籽)和其他油料。不包括大豆、木本油料和野生油料。花生以带壳干花生计算。

水产品产量 指人工养殖的水产品和天然生长的水产品的捕捞量。包括海水的鱼类、虾蟹类、贝类和藻类以及淡水的鱼类、虾蟹类和贝类,不包括淡水水生植物。

猪、牛、羊肉产量 指当年出栏并已屠宰的猪、牛、羊的肉产量。即屠宰后除去头蹄下水后带骨肉(即胴体重)的重量。

耕地面积 指年初可以用来种植农作物、经常进行耕锄的田地,包括熟地、当年新开荒地、连续撂荒未满三年的耕地和当年的休闲地(轮歇地),还包括以种植农作物为主并附带种植桑树、茶树、果树和其他林木的土地,以及沿海、沿湖地区已围垦利用的"海涂"、"湖田"等面积。

不包括属于专业性的桑园、茶园、果园、果木苗圃、林地、芦苇地、天然或人工草地面积。

农作物播种面积指实际播种或移植有农作物的面积。凡是实际种植有农作物的面积,不论种植在耕地上还是种植在非耕地上,均包括在农作物播种面积中。在播种季节基本结束后,因遭灾而重新改种和补种的农作物面积,也包括在内。

灌溉面积 指有效灌溉面积,即具有一定的水源,地块比较平整,灌溉工程或设备已经配套,在一般年景下半年能够进行正常灌溉的耕地面积。

农用化肥施用量 指本年内实际用于农业生产的化肥数量,包括氮肥、磷肥、钾肥和复合肥。化肥施用量要求按折纯量计算数量。折纯量是指把氮肥、磷肥、钾肥分别按含氮、含五氧化二磷、含氧化钾的百分之一百成份进行折算后的数量。复合肥按其所含主要成分折算。

农业机械总动力 指主要用于农、林、牧、副、渔业的各种动力机械的动力总和。包括耕作机械、排灌机械、收获机械、农产品加工机械、运输机械、植物保护机械、牧业机械、林业机械、渔业机械和其他农业机械(内燃机按引擎马力折成瓦(特)计算),电动机按功率折成瓦特计算。不包括专门用于乡办工业、基本建设、非农业运输、科学试验和教学等非农业生产方面用的动力机械与作业机械。

工业 指从事自然资源的开采,对采掘品和农产品进行加工和再加工的物质生产部门。具体包括:(1)对自然资源的开采,如采矿、晒盐、森林采伐等(但不包括禽兽捕猎和水产捕捞);(2)对农副产品的加工、再加工,如粮油加工、食品加工、轧花、缫丝、纺织、制革等;(3)对采掘品的加工、再加工,如炼铁、炼钢、化工生产、石油加工、机器制造、木材加工等,以及电力、自来水、煤气的生产和供应等;(4)对工业品的修理、翻新,如机器设备的修理、交通运输工具(包括小卧车)的修理等。

1984 年以前农村的村及村以下办工业归属农业,1984 年以后划归工业。

工业统计调查单位工业统计调查单位分为两

类:独立核算法人工业企业和工业活动单位。

(1)独立核算法人工业企业:指从事工业生产经营活动的单位。独立核算法人工业企业应同时具备以下条件:①依法成立,有自己的名称、组织机构和场所,能够承担民事责任;②独立拥有和使用资产,承担负债,有权与其他单位签订合同;③独立核算盈亏,并能够编制资产负债表。

(2)工业活动单位:指在一个场所从事一种或主要从事一种工业生产活动的经济单位。它包括独立核算工业企业按主营业务活动(即工业生产活动)划分的主营业务活动单位和非工业企业所属的工业生产活动单位(即原非独立核算工业生产单位)。工业活动单位,一般应同时具备以下三个条件:①具有一个场所,从事一种或主要从事一种工业活动;②单独组织工业生产、经营或业务活动;③单独核算收入和支出。

国有经济工业(即过去的全民所有制工业或国营工业)指生产资料归国家所有的一种经济类型。包括中央和地方各级国家机关、部队、科研机构、学校、人民团体和国有经济企事业单位等举办的国有经济工业。1957 年以前的公私合营和私营工业,后均改造为国营工业,1992 年改为国有工业,这部分工业的资料不单独分列时,均包括在国有工业内。

集体经济工业指生产资料归公民集体所有的一种经济类型,是社会主义公有制经济的组成部分。包括城乡所有使用集体投资举办的企业,以及部分个人通过集资自愿放弃所有权并依法经工商行政管理机关认定为集体所有制的企业。

轻工业 指主要提供生活消费品和制作手工工具的工业。按其所使用的原料不同,可分为两大类:(1)以农产品为原料的轻工业,是指直接或间接以农产品为基本原料的轻工业。主要包括食品制造、饮料制造、烟草加工、纺织、缝纫、皮革和毛皮制作、造纸以及印刷等工业;(2)以非农产品为原料的轻工业,是指以工业品为原料的轻工业。主要包括文教体育用品、化学药品制造、合成纤维制造、日用化学制品、日用玻璃制品、日用金属制品、手工工具制造、医疗器械制造、文化和办公用机械制造等工业。

重工业 指为国民经济各部门提供物质技术基础的主要生产资料的工业。按其生产性质和产品用途,可以分为下列三类:(1)采掘(伐)工业,是指对自然资源的开采,包括石油开采、煤炭开采、金属矿开采、非金属矿开采和木材采伐等工业;(2)原材料工业,指向国民经济各部门提供基本材料、动力和燃料的工业。包括金属冶炼及加工、炼焦及焦炭化学、化工原料、水泥、人造板以及电力、石油和煤炭加工等工业;(3)加工工业,是指对工业原材料进行再加工制造的工业。包括装备国民经济各部门的机械设备制造工业、金属结构、水泥制品等工业,以及为农业提供的生产资料如化肥、农药等工业。

根据上述划分原则,修理业中以重工业产品为修理作业对象的划为重工业,反之划为轻工业。

工业总产值 是以货币表现的工业企业在一定时期内生产的已出售或可供出售工业产品总量,它反映一定时期内工业生产的总规模和总水平。包括在本企业内不再进行加工,经检验、包装入库(规定不需包装的产品除外)的成品价值,对外加工费收入,自制半成品、在产品期末期初差额价值。工业总产值采用"工厂法"计算,即以工业企业作为一个整体,按企业工业生产活动的最终成果来计算,企业内部不允许重复计算,不能把企业内部各个车间(分厂)生产的成果相加。但在企业之间、行业之间、地区之间存在着重复计算。

轻重工业总产值的划分也是按"工厂法"计算的,即一个工业企业在正常情况下生产的主要产品的性质属于轻工业,则该企业的全部总产值作为轻工业总产值;一个工业企业生产的主要产品的性质属于重工业,则该企业的全部总产值作为重工业总产值。

工业增加值 指工业行业在报告期内以货币表现的工业生产活动的最终成果。

固定资产原价 指企业在建造、购置、安装、改建、扩建、技术改造某项固定资产时所支出的全部货币总额。它一般包括买价、包装费、运杂费和安装费等。

固定资产净值 指固定资产原价减去历年已提折旧额后的净额。

流动资产 指可以在一年或者超过一年的一个营业周期内变现或者耗用的资产,包括现金及各种存款、短期投资、应收及预付货款、存货等。

总资产贡献率 反映企业全部资产的获利能力,是企业经营业绩和管理水平的集中体现,是评价和考核企业盈利能力的核心指标。计算公式为:

总资产贡献率(%)=(利润总额+税金总额+利息支出)/平均资产总额×100%

资产负债率 该指标既反映企业经营风险的大小,也反映企业利用债权人提供的资金从事经营活动的能力。计算公式为:

资产负债率(%)=负债总额/资产总额×100%

工业成本费用利润率 指在一定时期内实现的利润与成本费用之比,是反映工业生产成本及费用投入的经济效益指标,同时也是反映降低成本的经济效益的指标。计算公式为:

工业成本费用利润率(%)=利润总额/成本费用总额×100%

工业增加值率 指在一定时期内工业增加值占同期工业总产值的比重,反映降低中间消耗的经济效益。计算公式为:

工业增加值率(%)=工业增加值(现价)/工业总产值(现价)×100%

流动资产周转次数指在一定时期内流动资产完成的周转次数,反映流动资产的周转速度。计算公式为:

流动资金周转次数=产品销售收入/全部流动资产平均余额

产品销售收入 指企业销售产品的销售收入和提供劳务等主要经营业务取得的收入总额。

产品销售成本 指企业销售产品和提供劳务等主要经营业务的实际成本。

产品销售利润 指企业销售产品和提供工业性劳务等主要经营业务收入扣除其成本、费用、税金后的利润。

利润总额 指企业实现的利润。

应交增值税 指企业在报告期内应交纳的增值税额。

产品销售率 指报告期工业销售产值与同期全部工业总产值之比,是反映工业产品已实现销售的程度,分析工业产销衔接情况,研究工业产品满足社会需求程度的指标。计算公式为:

产品销售率(%)=工业销售产值/工业总产值(现价)×100%

全员劳动生产率 指根据产品的价值量指标计算的平均每一个从业人员在单位时间内的产品生产量,是考核企业经济活动的重要指标,是企业生产技术水平、经营管理水平、职工技术熟练程度和劳动积极性的综合表现。目前我国的全员劳动生产率是将工业企业的工业增加值除以同一时期全部从业人员的平均人数来计算的。计算公式为:

全员劳动生产率=工业增加值/全部从业人员平均人数

为了使各年度的全员劳动生产率数字可以比较,1990年以前各年的全员劳动生产率均按指数换算成1990年不变价格。

实收资本 指企业实际收到的投资人投入的资本。按投资主体可分为国家资本、集体资本、法人资本、个人资本、港澳台资本和外商资本。

总资产 指企业拥有或控制的全部资产。包括流动资产、长期投资、固定资产、无形及递延资产、其他长期资产、递延税项等,即为企业资产负债表的资产总计项。

(1)流动资产:指企业可以在一年内或者超过一年的一个生产周期内变现或耗用的资产合计,包括现金及各种存款、短期投资、应收及预付款项、存货等。

(2)固定资产:指企业固定资产净值、固定资产清理、在建工程、待处理固定资产损失所占用的资金合计。

(3)无形资产:指企业长期使用而没有实物形

态的资产,包括专利权、非专利技术、商标权、著作权、土地使用权、商誉等。

总负债 指企业承担并需要偿还的全部债务。包括流动负债和长期负债、递延税项等,即为企业资产负债表的负债合计项。

(1)流动负债:指企业在一年内或者超过一年的一个营业周期内需要偿还的债务合计,包括短期借款、应付及预收款项、应付工资、应交税金和应交利润等。

(2)长期负债:指企业在一年以上或者超过一年的一个生产周期以上需要偿还的债务合计,包括长期借款、应付债务、长期应付款项等。

所有者权益 指企业投资人对企业净资产的所有权。企业净资产等于企业全部资产减去全部负债后的余额,其中包括投资者对企业的最初投入,以及资本公积金、盈余公积金和未分配利润,对股份制企业即为股东权益。

建筑业 是国民经济中专门从事建筑安装工程施工的物质生产部门。建筑业生产就是以工农业产品为原料,经过建筑安装活动形成各种用途的固定资产。其主要活动包括:①各种房屋、建筑物和构筑物的建造;②各种线路、管道和机械设备的安装;③原有房屋、建筑物和构筑物的修理;④部分非标准设备的制造。

建筑业总产值 是以货币表现的建筑安装企业和附营施工单位在一定时期内生产的建筑业产品的总和。它是反映建筑业生产规模、发展速度、经营成果的重要标志,也是用以计算建筑业经济效益、劳动生产率和建筑业在国民经济中所占比重的依据。建筑业总产值包括:

(1)建筑工程产值:指列入建筑工程预算内的各种工程价值。

(2)设备安装工程产值:指设备安装工程价值,不包括被安装设备本身价值。

(3)房屋、构筑物修理产值:指房屋、构筑物修理所完成的价值,但不包括被修理房屋、构筑物本身的价值和生产设备的修理价值。

(4)非标准设备制造产值:指加工制造没有定型的、非标准的生产设备的加工费和原材料价值,以及附属加工厂为本企业承建工程制作的非标准设备的价值。

建筑业增加值 指建筑业企业在报告期内以货币表现的建筑业生产经营活动的最终成果。目前建筑业增加值采用分配法(收入法)计算,即从收入的角度出发,根据生产要素在生产过程中应得的收入份额计算。具体计算公式为:

建筑业增加值 = 本年提取的固定资产折旧 + 应付工资 + 应付福利费 + 管理费用中的劳动待业保险金、税金 + 工程结算税金及附加 + 工程结算利润

竣工产值 是指以货币表现的建筑业生产所形成的成品的价值,反映建筑业的成就,是考核建筑业施工速度和经济效益的依据之一。竣工产值包括范围应是报告期内竣工单位工程从开工到竣工的全部自行完成的价值。

房屋建筑面积 是指房屋全部平面面积的总和。它从房屋的外墙线算起,包括可供使用的有效面积和墙柱等结构占用面积。多层房屋按各层(包括地下室)面积总合计算。旧房加层或改造,只计算增加的建筑面积;旧房拆除重建,计算其全部面积;临时房屋不计算建筑面积。房屋竣工面积是指在报告期内房屋建筑按照设计要求已全部完工,达到了使用条件,经检查验收鉴定合格的房屋建筑面积。

资产 是企业拥有或控制的能以货币计量的经济资源,包括各种财产、债权和其他权利。建筑业企业的资产其按流动性分为:流动资产、长期投资、固定资产、专项工程、无形及递延资产和其他资产。

固定资产原价 指企业在建造、购置、安装、改建、扩建、技术改造某项固定资产时所支出的全部货币总额。它一船包括买价、包装费、运杂费和安装费等。

利润总额 指建筑施工企业在一定时期内所实现的利润。它包括工程结算利润、产品销售利润、作业销售利润、材料销售利润及其他销售利润、

营业外收支差额。

工程结算利润 指已结算工程实现的利润，如亏损以"-"号表示。计算公式为：工程结算利润=工程结算收入-工程结算成本-工程结算税金及附加

铁路通车里程 指已经建成通车的铁路正线总长度。凡是全线或部分建成双线及以上的线路，以第一线的实际长度计算；复线、站线、段管线、岔线和特别用途线以及不计算运费的联络线都不计算通车里程。铁路通车里程是反映铁路运输业基础设施发展水平的重要指标，也是计算客货周转量、运输密度和机车车辆运用效率等指标的基础资料。

公路通车里程 是指实际达到交通部制定的公路工程技术标准规定的等级的公路长度。它包括大中城市的郊区公路以及通过小城镇街道的公路里程，也包括桥梁、渡口的长度，但不包括城市的街道以及厂矿、林区和农业生产用道的里程。两条或多条公路共同经由同一路段，只计算一次，不得重复计算里程长度。公路里程是反映公路建设发展规模的重要指标，也是计算运输网密度等指标的基础资料。

货(客)运量 指运输业实际运送的货物(旅客)数量。货运按吨计算，客运按人计算。货物不论运输距离长短，货物类别，均按实际重量统计；旅客不论行程远近或票价多少，均按一人一次作为客运量统计。半价票、小孩票也按一人统计。货(客)运量反映运输业为国民经济和人民生活服务的数量指标，也是制定和检查运输生产计划，研究运输发展规模和速度的重要指标。

货物(旅客)周转量 指运输业运送的货物(旅客)数量与其相应运输距离的乘积之总和，通常以吨公里和人公里为计算单位。计算货物周转量通常按发出站与到达站之间的最短距离，也就是计费距离计算。它是反映运输业生产总成果的重要指标，也是编制和检查运输生产计划、计算运输效率、劳动生产率以及核算运输单位成本的主要基础资料。

沿海主要港口货物吞吐量 指由水运进出沿海主要港口港区范围，并经过装卸的货物数量。吞吐量可以分为进口、出口，又可以分为国内贸易和对外贸易。货物吞吐量的货种分类及其主要流向流量，反映了港口在国内外物资交流和对外贸易运输中的地位和作用。

邮电业务总量 指以货币表现的邮电部门为用户传递信息和提供其他邮电服务的总量。它用各种邮电分类业务量，如函件件数、电报份数、长话张数、市内电话和农村电话的年均户数、订销报刊累计份数等，分别乘以相应的平均单价(不变价)，加总后再加上出租电路和设备的收入、代用户维护电话交换机和线路等设备的收入、其他业务收入求得。邮电业务总量综合反映了一定时期邮电工作的总成果，是研究邮电业务量构成和发展趋势的重要指标。

商品购进总额 指从本企业以外的单位和个人购进(包括从国外直接进口)作为转卖或加工后转卖的商品。本指标由从生产者购进额、从批发零售贸易业购进额、进口额和其他项目组成。这个指标反映批发零售贸易企业从国内、国外市场上购进商品的总量。

商品销售总额 指对本企业以外的单位和个人出售(包括对国外直接出口)的商品(包括售给本单位消费用的商品)。本指标由对生产经营单位批发额、对批发零售贸易业批发额、出口额及对居民和社会集团商品零售额项目组成。这个指标反映批发零售贸易企业在国内市场上销售商品以及出口商品的总量。

批发 指除零售以外的一切商品销售活动，包括对生产经营单位批发、对批发零售贸易业批发和出口。

期末库存 指批发零售贸易企业已取得所有权的全部商品。这个指标反映批发零售贸易企业的商品库存情况和对市场商品供应的保证程度。

社会消费品零售总额 指各种经济类型的批发零售贸易业、餐饮业、制造业和其他行业对城乡居民和社会集团的消费品零售额和农业生产者对

非农业居民零售额的总和。

市 指中央直辖市，省、地辖市的市区和郊区以及县级市的市区。

县 指县城关镇地区。

县以下 指县城关区以及县级市的市区以外的集镇和农村。

进出口总额 是指实际进出我国国境的货物总金额。包括对外贸易实际进出口货物，来料加工装配进出口货物，国家间、联合国及国际组织无偿援助的物资和赠送品，华侨、港澳台同胞、外籍华人的捐赠品，租赁期满归承租人所有的租赁货物，进料加工进出口货物，边境地方贸易及边境地区小额贸易进出口货物(边民互市贸易除外)，中外合资经营企业、中外合作经营企业、外商独资经营企业进出口货物和公用物品，到离岸价格在规定限额以上的进出口货样和广告品(无商业价值、无使用价值和免费提供出口的除外)，从保税仓库提取在中国境内销售的进口货物，以及其他进出口货物。我国规定出口货物按离岸价格统计，进口货物按到岸价格统计。

利用外资 是指我国各级政府、部门、企业和其他经济组织通过对外借款、吸收外商直接投资以及用其他方式筹措的境外现汇、设备、技术等。

外商直接投资 是指外国企业和经济组织或个人(包括华侨、港澳台胞以及我国在境外注册的企业)按我国有关政策、法规，用现汇、实物、技术等在我国境内开办外商独资企业、与我国境内的企业或经济组织共同举办中外合资经营企业、合作经营企业或合作开发资源的投资(包括外商从企业得到收益的再投资)，以及经政府有关部门批准的项目投资总额内，企业从境外借入的资金。

对外承包工程 包括各对外承包公司以招标议标承包方式承揽的下列业务(1)承包的国外工程建设项目；(2)承包我国对外经援项目；(3)承包我国驻外机构的工程建设项目；(4)承包我国境内利用外资进行建设的工程项目；(5)与外国承包公司合营或联合承包工程项目时我国公司分包的部分；(6)以服务成果向业主收费的技术服务项目(包括承担的地形地貌测绘；地质资源勘探与普查；建设区域规划；提供设计文件、图纸、生产工艺技术资料和工程技术经济咨询；工程项目的可行性考察、研究和评估；进行技术指导和培训人员等)；(7)对外承包兼营的房屋开发业务。对外承包工作的营业额是以货币表现的本期内完成的对外承包工程的工作量，包括以前年度签订的合同和本年度新签订的合同在报告期完成的工作量。

对外劳务合作 指以收取工资的形式向业主或承包商提供技术和劳动服务的活动。我国对外承包公司在境外开办的合营企业，中国公司同时又提供劳务的，其劳务部分也纳入劳务合作统计。劳务合作营业额按报告期内向雇主提交的结算数(包括工资、加班费和奖金等)统计。

旅游人数 包括入境国际旅游者人数、出境居民人数和国内旅游者人数。

(1)入境国际旅游者人数：指来中国参观、访问、旅行、探亲、访友、休养、考察、参加会议和从事经济、科技、文化、教育、宗教等活动的外国人、华侨、港澳和台湾同胞的人数。不包括外国在我国的常驻机构，如使领馆、通讯社、企业办事处的工作人员；来我国常住的外国专家、留学生以及在岸逗留不过夜人员。

(2)出境居民人数：指大陆居民因公务活动或私人事务短期出境的人数。公务活动出境居民人数包括在国际交通工具上的中国服务员工，因私出境居民人数不包括在国际交通工具上的中国服务员工。

(3)国内旅游者人数：指我国大陆居民和在我国常住1年以上的外国人、华侨、港澳台同胞离开常住地在境内其他地方的旅游设施内至少停留一夜，最长不超过6个月的人数。

普通高等学校 指按照国家规定的审批程序批准举办，通过全国统一招生考试，招收高级中等学校毕业生和具有同等学历者，实施高等教育，培养高等专门人才的学校。包括大学、专门学院、专科学校和短期职业大学。

成人高等学校 指按照国家规定的审批程序

批准举办，招收在职高中毕业或同等学历者，利用多种形式对成人实施高等教育，培养相当普通高等学校专科或本科毕业水平的专门人才的学校。包括广播电视大学、职工高等学校、农民高等学校、干部管理学院、教育学院、独立函授学院以及普通高等学校举办的函授、夜大学等。

科技活动 是指在自然科学、农业科学、医药科学、工程与技术科学、人文与社会科学领域（简称科技技术领域）中与科技知识的产生、发展、传播和应用密切相关的有组织的活动。为核算科技投入的需要，科技活动可分为科学研究与试验发展（***R&D***）、科学研究与试验发展成果应用及相关的科技服务三类活动。

从事科技活动人员合计 指调查单位在报告年度直接从事科技活动、以及专门从事科技活动管理和为科技活动提供直接服务的人员。累计从事科技活动的实际工作时间占全年制度工作时间10%以下（不包含10%）的人员，不统计。（1）直接从事科技活动的人员包括：在独立核算的科学研究与技术开发机构、高等学校、各类企业及其他事业单位内设的研究室、实验室、技术开发中心及中试车间（基地）等机构中从事科技活动的研究人员、工程技术人员、技术工人及其它人员；虽不在上述机构工作，但编入科技活动项目（课题）组的人员；科技信息与文献机构中的专业技术人员；从事论文设计的研究生等。（2）专门从事科技活动管理和为科技活动提供直接服务的人员包括：独立核算的科学研究与技术开发机构、科技信息与文献机构、高等学校、各类企业及其他事业单位主管科技工作的负责人，专门从事科技活动的计划、行政、人事、财务、物资供应、设备维护、图书资料管理等工作的各类人员，但不包括保卫、医疗保健人员、司机、食堂人员、茶炉工、水暖工、清洁工等为科技活动提供间接服务的人员。

科技活动人员中科学家和工程师 指科技活动人员中具有高、中级技术职称（职务）的人员和不具有高、中级技术职称（职务）的大学本科及以上学历人员。

艺术表演场所 指由各级文化主管部门或文化单位举办的除部队系统外的其他部门举办的，具有观众厅、舞台、灯光设备，经常供专业艺术表演团体演出，在工商、税务部门登记，公开售票的营业场所。

公共图书馆 指文化部门举办的面向社会服务的图书馆。

群众艺术馆、文化馆、文化站 指从事群众文化工作的专业机构。不包括临时抽调人员组成、没有编制的农村和街道文化工作队、服务站等。

艺术创作机构 指有专职创作人员、独立建制的剧目创作室（组）、美术创作室（组）及各类画院等专门从事艺术创作的机构。不包括业余性质的文艺创作单位。

等级运动员人数 指经考核正式批准授予等级运动员称号的人数。运动员等级分为国际级运动健将、运动健将、一级运动员、二级运动员、三级运动员、少年级运动员。

等级裁判员人数 指经考核正式批准授予等级裁判员称号的人数。裁判员等级分为国际裁判、国家级裁判、一级裁判、二级裁判、三级裁判。

年末自来水生产能力 指年末城建部门管理的自来水厂和社会单位自备水源的取水、净化、送水、出厂输水干管等环节的实际生产能力。

年末供水管道长度 指从送水泵至用户水表之间所有管道的长度。

全年供水总量 指公用自来水厂和社会单位自备水源全年的供水总量，包括有效供水量及损失水量。

生活用水量 指居民日常生活与公共福利设施的用水量。包括饮食店、旅馆、医院、理发店、浴池、洗衣店、游泳池、商店、学校、机关、部队等单位的用水量。

煤气供气总量 指售给各类用户的全部煤气量。包括工业用量、家庭用量和其它用量。

城市供热能力 指热电厂和热力公司每小时向城市输送的蒸汽、热水能力。

供热总量 指热电厂和热力公司全年向城市

输送的全部蒸汽、热水量。

供热管道长度 指热电厂和热力公司管理的集中供热热源到用户之间的全部供气、供热水的管道长度。

城市园林绿地面积 指城市公共绿地、专用绿地、生产绿地、防护绿地、郊区风景名胜区的全部面积。

公共绿地 指供游览休息的各种公园、动物园、植物园、陵园以及花园、游园和供游览休息用的林荫道绿地、广场绿地。不包括一般栽植的人行道树及林荫道的面积。

城市人口用水普及率、用气普及率 指城市人口中的非农业人口用自来水、用煤气(包括人工煤气、液化石油气、天然气用气量)的普及情况。

中国统计出版社最新图书简目

（仅供参考，以最后出书为准）

统计资料

中国统计年鉴－2009

中国统计摘要－2009

国际统计年鉴－2009

2009 中国发展报告

中国第三产业统计年鉴－2009

中国区域经济统计年鉴－2009

长江和珠江三角洲及港澳特别行政区统计年鉴－2009

中国社会统计年鉴－2009

中国城市统计年鉴－2008

中国劳动统计年鉴－2009

中国人口和就业统计年鉴－2009

中国工业经济统计年鉴－2009

中国建筑业统计年鉴－2009

中国房地产统计年鉴－2009

中国能源统计年鉴－2009

中国商品交易市场统计年鉴－2009

中国贸易外经统计年鉴－2009

中国基本单位统计年鉴－2009

中国民政统计年鉴－2009

中国农村统计年鉴－2009

中国农产品价格调查年鉴－2009

中国建制镇统计资料－2009

中国教育经费统计年鉴－2008

中国农村贫困监测报告－2009

中国高技术产业统计年鉴－2009

中国科学技术协会统计年鉴－2009

工业企业科技活动资料－2009

全国农产品成本收益资料汇编－2009

中国棉花年鉴－2007/2008

中国城市（镇）生活与价格年鉴－2009

中国县（市）社会经济调查年鉴－2009

中国农村住户调查年鉴－2009（中、英文）

中国农村全面建设小康监测报告－2009

中国国内生产总值核算历史资料（1952－2004）

中国季度国内生产总值核算历史资料（1992－2005）

中国零售和餐饮业连锁企业统计年鉴－2009

大中型批发零售和住宿餐饮企业统计年鉴－2009

2005 年中国 1% 人口抽样调查系列资料

第二次全国残疾人抽样调查资料系列

2009 年省级综合统计年鉴系列

北京 天津 河北 山西 内蒙古 辽宁 吉林 黑龙江 上海 江苏 浙江 安徽 福建 江西 山东 河南 湖北 湖南 广东 广西 海南 重庆 四川 贵州 云南 西藏 陕西 甘肃 青海 宁夏 新疆 新疆生产建设兵团

2009 年市（县）级综合统计年鉴系列

石家庄 唐山 邯郸 太原 大同 长治 阳泉 晋城 朔州 晋中 运城 忻州 临汾 呼和浩特 包头 沈阳 大连 长春 吉林市 四平 延吉 哈尔滨 齐齐哈尔 黑龙江垦区 上海浦东新区 苏州 无锡 常州 徐州 南通 盐城 镇江 江阴 丹阳 杭州 宁波 绍兴 台州 舟山 温州 金华 嘉兴 衢州 安庆 福州 福州经济技术开发区 厦门经济特区 南昌 上饶 济南 青岛 潍坊 东营 郑州 洛阳 三门峡 南阳 武汉 宜昌 十堰 荆州 黄冈 长沙 广州 东莞 惠州 深圳 桂林 南宁 柳州 来宾 河池 海口 成都 贵阳 昆明 西安 庆阳 银川 乌鲁木齐 吐鲁番

“十一五”规划教材

非参数统计　医学统计学

概率论与数理统计　统计学

现代金融投资统计分析

多元统计分析　经济计量学教程

应用时间序列分析

统计指数理论及应用

统计数据处理概论

质量管理统计方法　社会统计学

多元统计分析实验

企业经营管理统计

市场调查与预测

统计学原理（非统计专业使用）

统计学：从数据到结论

国民经济核算教程（国民经济统计学）

概率论与数理统计（经济、管理类专业使用）

重点图书

新中国六十年

挑大学选专业 2010—高考志愿填报指南

挑大学选专业 2010—考研择校指南